KB154318

역사의 시작

 M 아우또노미아총서 65

역사의 시작 The Beginning of History

지은이 맛시모 데 안젤리스
옮긴이 권범철

펴낸이 조정환
책임운영 신은주
편집 김정연
디자인 조문영
홍보 김하은
프리뷰 이수영

펴낸곳 도서출판 갈무리 등록일 1994. 3. 3. 등록번호 제17-0161호
초판인쇄 2019년 3월 13일 초판발행 2019년 3월 18일
종이 화인페이퍼 인쇄 예원프린팅 라미네이팅 금성산업 제본 은정제책

주소 서울 마포구 동교로18길 9-13 [서교동 464-56] 2층
전화 02-325-1485 팩스 02-325-1407
website http://galmuri.co.kr e-mail galmuri94@gmail.com

ISBN 978-89-6195-201-9 93300
도서분류 1. 정치학 2. 경제학 3. 철학 4. 문화비평 5. 사회운동 6. 정치사상

값 25,000원

이 도서의 국립중앙도서관 출판예정도서목록(CIP)은 서지정보유통지원시스템 홈페이지(http://seoji.nl.go.kr)와 국가자료
공동목록시스템(http://www.nl.go.kr/kolisnet)에서 이용하실 수 있습니다.(CIP제어번호 : CIP2019006918)

역사의 시작

The Beginning of History

Value Struggles and
Global Capital
by Massimo De Angelis

가치 투쟁과 전 지구적 자본

맛시모 데 안젤리스 지음

권범철 옮김

일러두기

1. 이 책은 Massimo De Angelis의 *The Beginning of History : Value Struggles and Global Capital* (Pluto Press, 2006)을 완역한 것이다.
2. 단행본과 정기간행물에는 겹낫표(『』)를, 논문에는 홑낫표(「」)를 사용하였다.
3. 영어판에서 이탤릭체로 강조된 것은 고딕체로 표기하였다. 단, 영어판에서 영어가 아니라서 이탤릭으로 강조한 것은 한국어판에서 강조하지 않았다.
4. 지은이 주석과 옮긴이 주석은 같은 일련번호를 가지며, 옮긴이 주석에는 [옮긴이]라고 표시하였다.
5. 영어판의 대괄호는 ( )를 사용하였고, 옮긴이가 덧붙인 내용은 [ ] 속에 넣었다.
6. 인명과 문헌 제목의 원어는 본문에서는 이해를 위해 꼭 필요한 경우에만 병기하고, 모두 색인에 넣는 것을 원칙으로 하였다.
7. 영어판에서는 직접인용, 강조 등 모든 경우 큰따옴표를 사용하고 있다. 한국어판에서는 명백하게 직접 인용으로 보이는 경우에는 큰따옴표를, 그 외의 경우에는 작은따옴표를 사용하였다.
8. 본문의 〈웹 1〉, 〈웹 2〉 등은 이 책 478쪽의 「다른 웹 문헌」의 웹 자료를 지시하는 것이다.
9. 내주 뒤에 출판된 한국어판의 출판년도(와 쪽수가 확인되는 경우에는 한국어판의 쪽수)를 대괄호 속에 넣어 표기하였다 (예 : Marx 1976a : 7 [2008 : 7]). 인용된 문헌의 한국어판의 전체 서지사항은 참고문헌에서 확인할 수 있다.

『역사의 시작』은 탈근대 자본주의를 "외부"가 없는 총체적인 체계로 바라보는 하트와 네그리의 『제국』에 도전한다. 데 안젤리스에게 "외부"는 공유와 공생공락 그리고 공통성의 공간 속에서 건재하다. 이것은 삼림 공유지를 보호하는 제3세계 마을의 여성 농부부터 "자유" 소프트웨어와 "안티카피라이트" 라이선스를 만드는 인터넷 활동가에 이르는 지구 전역의 투쟁들에 의해 계속 창조된다. 『역사의 시작』은 이 창조성을 반자본주의적 사고의 중심으로 가져오며, 이를 통해 아나키즘과 사회주의 그리고 코뮤니즘이라는 개념에 새로운 의미를 불어넣는다.

— 실비아 페데리치, 『캘리번과 마녀』 저자

맛시모 데 안젤리스는 자율주의 사상가 — 이 전통은 네그리와 비르노 같은 인물을 배출한 바 있다 — 의 새로운 세대에서 가장 뛰어나다는 명성을 쌓았다. 이제 우리는 그 이유를 알 수 있다. 『역사의 시작』은 엄밀할 뿐 아니라 흥미진진하며, 그 자체가 일종의 지적 혁명이다.

— 데이비드 그레이버, 『부채, 그 첫 5,000년』 저자

맛시모 데 안젤리스의 『역사의 시작』은 반자본주의 이론에서 큰 발전을 이룬 책이다. 데 안젤리스는 공통장, 종획, 자율, 사회적 재생산 같은 개념들을 그러모아서 자본주의가 자신에 맞선 투쟁에 직면하여 어떻게 살아남고 축적하는지 밝힌다. 이와 동시에 그는 가치, 시초 축적, 자본 같은 맑스주의의 대상화된 개념들을 탈물신화하고 그것들의 살아 있는 정수를 드러낸다. 그는 21세기의 사고와 행동에 유용한 맑스주의 이론을 만들어 낸다. 독자는 반지구화 운동의 슬로건인 "다른 세계는 가능하다"에 대한 풍부하고 선명한 비판과 함께 이 책을 덮는다. 데 안젤리스가 다른 세계, 반자본주의적 세계가 이미 존재하고 있음을 보여 주기 때문이다.

— 조지 카펜치스, 『피와 불의 문자들』 저자

　나의 책 『역사의 시작』의 한국어판이 출간되어 매우 기쁘다. 이탈리아와 미국에서 대학을 다닐 때 나는 1980년대와 90년대에 독재 정권과 저임금에 저항했던 한국의 노동자 및 사회 운동의 투쟁에서 영감을 받았다. 그 후 한국은 지구화의 결정적인 마디다. 나는 이 책에서 신자유주의 시대의 지구화 패턴들을 하나의 틀로 해석하려고 노력했다. 그 틀은 자본뿐 아니라 다양한 층위의 투쟁까지 포함하며, 이 자본과 투쟁은 직·간접적으로 신자유주의 지구화에 형태를 부여한다. 나의 접근법에서 새로운 점은 이 투쟁을 떠받치고 있는 가치 실천과 그에 상응하는 공통장commons 1을 밝히는 것이다. 모든 투쟁은 반드시 이 공통장을 통해 형태를 갖추게 된다. 유사한 공통장이 재생산 영역에서 그것을 고갈시키지 않고 형태를 갖추듯이(어쨌든 가부장제는 여전히 크게 남아 있다) 우리의 투쟁은 사회의 모든 영역에서 공통장을 통해 구성된다. 따라서 이 책은, 자본과 관련되어 있지만 그럼에도 급진적으로 다른 가치 실천들로 구성되는 자본의 외부로서의 공통장에 열려 있다. 그러므로 공통장은 분석의 단위이자 새로운 세계를 재건하기 위한 전략적인 지렛대 지점이 된다. 이것은 내가 2017년에 쓴 책 『모

---

1. [옮긴이] 일반적으로 commons는 공유지, 공유재, 공통재 등으로 불린다. 그러나 이 용어들은 모두 commons를 특정한 재화로만 한정하는 한계를 갖는다. 데 안젤리스는 2017년에 쓴 『모든 것은 공통적이다』(*Omnia Sunt Communia*, 갈무리, 근간)를 비롯한 여러 글에서 commons를 공통재(common goods), 주체(공통인, commoner), 활동(공통화, commoning)을 갖춘 하나의 사회적 체계로 다룬다. 이러한 점을 고려하여 이 책에서는 공통장을 commons의 역어로 선택하였다.

든 것은 공통적이다』*Omnia Sunt Communia*에서 계속 분석하는 내용이다. 나는 이 책이 사회 활동가, 연구자, 일반 대중이 자본과 권력자가 도시의 유일한 행위자가 아니라는 것을, 그리고 그들의 지배와 착취 바깥에는 우리가 공통의 삶을 이루는 데 필요한 비배타적인 가치 실천들의 세계가 있음을 깨닫는 데 도움을 주기를 진심으로 바란다.

2019년 2월 22일
런던에서
맛시모 데 안젤리스

차례

한국어판 지은이 서문 6

그림 차례 12

표와 상자 차례 12

서문 13

1장   역사의 시작 22

다른 차원들 22

전선과 대안 29

적대의 발현 34

그릇된 양극단들 39

책의 구조 44

1부   방향 설정 : 경합 지형으로서 살림살이의 공동 생산

2장   가치 투쟁들 51

일시적 시공간 공통장 51

하나의 윤리 체계로서의 시장 61

외부를 상정하기 69

가치 투쟁들 75

3장   하나의 사회적 세력으로서의 자본 80

하위체계로서의 자본주의 80

자본 88

텔로스, 충동 그리고 코나투스 90

4장 **한계가 없는** 98

자본의 무한함 98

전 지구적 M-C-M′ : 고전적 실례 104

5장 **생산과 재생산** 113

순환 결합 113

임금 노동과 비임금 노동 그리고 비가시적인 것의 영역 122

6장 **생산, 재생산 그리고 전 지구적 순환고리** 139

전선 : 코나투스들의 절합 139

국제 노동 분업 150

2부 **전 지구적 순환고리들 : 현대 노동 기계에 대한 몇 가지 탐구**

7장 **종획과 훈육적 통합** 158

세대와 항상성 158

개념 지도 163

통치성 172

8장 **전 지구적 순환고리들** 200

신자유주의적 지구화 200

지구화 211

9장 **전 지구적 노동 기계** 223

전 지구적 생산 네트워크와 초국적 기업들 223

훈육 무역 229

공간적 대체가능성과 '계급 구성' 240

3부   맥락, 경합, 텍스트 : 담론과 그것의 충돌하는 실천들

10장   **맑스, 그리고 우리가 직면한 종획** 252

자본은 종획한다 252

맑스와 종획의 지속적인 성격 259

지속성, 사회적 갈등 그리고 대안들 266

11장   **한계 없는 종획** 271

전선으로서의 종획 271

종획의 유형 274

12장   **'가치법칙', 비물질 노동, 그리고 힘의 '중심'** 285

전 지구적 시장과 가치 실천들 285

'가치법칙'이란 무엇인가? 292

'가치법칙'에 대한 비판적 접근 297

힘의 '중심' 322

13장   **자본의 가치화와 측정** 328

측정과 피드백 328

상품 가치 333

측정과 투쟁 354

14장   **시장 자유와 감옥 : 하이에크와 벤담** 360

방향 설정 360

시장질서 364

파놉티시즘 372

시장과 파놉티시즘 : 중첩되는 두 질서들 381

15장   **프랙털 파놉티콘과 편재하는 혁명** 393

시장질서와 파놉티시즘 393

파놉티시즘을 넘어서 407

4부 '물으면서 걷기' : 탐구의 문제

16장 **'외부'** 411

역사의 시작 411

'외부' 414

종획, 강탈 그리고 외부 419

제국주의로의 아주 짧은 우회 426

디트리터스-코나투스 429

17장 **공통장** 434

공통장의 생산 434

자유, 공동체 … 437

… 그리고 공통장 443

아나키즘, 코뮤니즘, 사회주의 445

옮긴이 후기 451

참고문헌 461

다른 웹 문헌 478

인명 찾아보기 479

용어 찾아보기 481

:: 그림 차례

〈그림 1〉 무한 축적 101

〈그림 2〉 자기보존 코나투스들의 절합 145

〈그림 3〉 생산과 재생산의 양식화된 지구적 연계 153

〈그림 4〉 자본의 순환고리와 계급투쟁 165

〈그림 5〉 '기러기' 245

〈그림 6〉 사회적으로 필요한 노동시간(SNLT)의 형성 346

〈그림 7〉 항상성 과정과 사회적으로 필요한 노동시간 351

〈그림 8〉 아이디어와 정동의 사회적으로 필요한 노동시간 353

〈그림 9〉 파놉티콘 도면 373

〈그림 10〉 프랙털 파놉티콘 400

:: 표와 상자 차례

〈표 1〉 새로운 종획의 유형과 양식의 분류 278

〈상자 1〉 시장과 파놉티시즘:중첩되는 두 질서들 383

1969년, 그러니까 전설적인 프랑스의 5월보다 1년이 더 지난, 이탈리아의 뜨거운 가을 무렵 초등학교 4학년이었던 나는 선생님이 우리에게 준 짧은 휴식 시간 동안 내 책상에 앉아 있었다. 나는 아홉 살이었고 밀라노에 살고 있었다. 나는 "이탈리아의 역사" 컬렉션의 작은 그림엽서를 제목이 맞는지 확인하면서 앨범에 열심히 붙이고 있었다. 불현듯 아주 생생하게 기억난다. 나는 믿을 수 없었다. 내 손에 들고 있던, 큰 흰색 셔츠를 입고 고함치는 것처럼 보이는 한 남자의 그림을 말이다. 그의 손에는 배너가 있었고 거기에는 또렷하게 대문자로 "SCIOPERO", 즉 파업이라고 쓰여 있었다. 그 그림의 제목은 "1908"이었다. 어린아이인 나는 매우 궁금한 마음에 그림을 가리킨 채 올려다보며, 엄숙한 표정을 지은 채 서성거리고 있던 선생님에게 물었다. "그런데 예전에 파업이 있었나요?" 그는 그림을 내려다보며 짧게 끄덕였다. 그는 목으로 낮은 소리를 내고는 감독관의 걸음을 계속했다.

그때는 몰랐지만, 그것이 아마도 내가 이 책에서 "외부"라고 부르는 것과 처음 마주쳤던 순간이었던 것 같다. 어린 시절 나는 1960년대 말과 1970년대 초에 급속하게 번져 가던 파업과 시위와 저항들이 무언가 새롭고, "과거와는 다른" 것이라고 반복해서 들었고, 이 신화를 믿으면서 자랐다. 그렇지만 가족과 함께 살던 작은 아파트의 2층 발코니에서 나는 슬로건과 붉은색의 가두 행진 참가자들이 있는 시위를 종종 보고 들을 수 있었다. 그들이 모퉁이에서 사라지기 전까지 말이다. 우리 가족이 일요일에 공원에서 산책하는 동안 긴 머리에 입에는 꽃을 물고 아이스크림을 나누어 먹으면서 기타를 치는 이 청년들은 나를 혼란스럽게 만들었다. 그들은 나에게 정말 "멋져" 보였다. "까로셀로" — 대부분의 이탈리아 어린이들에게 어른들의 세계에서 물러나 잠자리에 들 시간이 다가왔다고 알려주는 패키지형 엔터테인먼트 광고[1] — 가 끝나 자러 가기 전에 나는 바깥 세계에 대한 앵커의 놀라운 보도를 종종 생각했다. 그러나 나는 이 모든 것이 새롭고 이상하며 일어나서는 안 되는 일이라고 들었다. 그러므로 1908년이라고 쓰인 그 그림의 발견은 정말 흥미로운 것이었다.

나는 곧 그 모든 것들, 그러니까 고함 소리와 긴 머리와 바랜 청바지와 기타와 작은 빨간 책과 공원에서 건네던 아이스크림이 무엇인지 직접 알기 위해 세상 속으로 나아갔다. 나는 이 모든 것이 오랜 역사를 갖고 있다는 — 따라서 그것은 정말로 지극히 정상이라는 — 사실에 어쩐지 위안을 받았다. 실제로 그것은 곧 나에게 정상적인 것이 되었다.

이탈리아는 거의 1970년대 내내 혁명 사상과 실천으로 들끓고 있었다. 나는 운 좋게도 그 시기에 자랐다. 고등학교에서 우리는 격주마다(아니면 격일로) 상상할 수 있는 모든 이유로 동맹 휴교를 했다. 교실 지붕이 새는 것에 항의하며, 파업 중인 인근 공장 노동자들과 연대하며, 교통요금 인상에 반대하며, 전제적인 교사에 맞서, 총파업에 참여하며, 혹은 그냥 날씨 좋은 봄날이어서. 우리는 우리 손으로 결정하는 법을 배우고 있었다. 그리고 또 팸플릿, 리플릿, 혁명 서적과 잡지,

---

1. [옮긴이] "이탈리아에서는 … 광고들을 매일 한 채널에서만 묶어 방송하였는데, 이를 '까로셀로'(carosello)라 불렀다. 1957년부터 1977년까지 까로셀로는 저녁 8시 50분, 1번 채널에서 저녁 뉴스가 끝난 후에 방송되었다. 이 시기 많은 이탈리아 가정의 어머니들은 '까로셀로가 끝난 후에 잠재우기'라는 공식에 맞춰 아이들을 재웠다고들 한다."(제롬 부르동, 『유럽 텔레비전 문화사』, 김설아 옮김, 커뮤니케이션북스, 2014, 32쪽). 까로셀로는 회전목마라는 뜻이다.

주장과 이론을 비교하고 논쟁하고 비웃고 고취하며 공부하고 있었다. 행정의 어떤 커리큘럼도 우리의 상상력을 봉할 수 없었다. 기술학교 학생들은 헤겔을 공부하고 있었고 인문학교 학생들은 태양 에너지의 기술적 문제를 공부하고 있었다. 금지된 것을 공부하는 일은 전복적인 많은 활동 중 하나가 되었다. 몇 달 전 영국에서 이라크 전쟁 반대 시위가 벌어지는 동안, 언론이 목소리를 높여 "건방지게" 수업을 빼먹고 유쾌한 거리 교육에 참여한 고등학교 학생들을 비난했을 때, 나는 어안이 벙벙해졌다. 국가 커리큘럼에 자신의 에너지를 쏟아부으면서 잦은 시험으로 엄격하게 측정되는 이 아이들이 지금까지 잃어버린 것은 무엇일까?

그 시절 10대였던 나에게 가장 중요했던 것은 내가 자라는 동안 무엇을 하든 혁명이 일상의 배경에 자리 잡고 있었다는 점일 것이다. 혁명은 모든 곳에 있었다. 인간이 되기에 얼마나 좋은 시간인가! 돌이켜 보면 내가 일상의 일부로 호흡했던 혁명은 핵심적인 지적 태도를 나에게 심어 주었다. 탈근대 학계에서 가장 중요한 '문제화'problematisation가 그것이다. 실제로 그 당시 사람들은 모든 곳에서 사회적 관계들을 '문제화하고' 있었다. 공장 노동자들은 생산관계, 저임금, 임금 위계를 '문제화하고' 있었고, 여성들은 가부장적 관계, 자신의 신체에 대한 사회적 통제, 임금으로부터의 배제를 '문제화하고' 있었다. 게이들은 이성애 사회에서 자신들의 비가시성과 차별을 '문제화하고' 있었고, 청년들은 권위주의적인 가정의 사회적 관계를 '문제화하고' 있었다. 등등. 그 당시 성장이란 진행 중인 논쟁에서 당신이 한 편을 선택해야 한다는 것을 뜻했다. 당신은 사상과 토론과 정동과 관계의 유동적인 흐름 속에서 자리를 찾아야 했고, 동시에 이러한 관계의 '문제화'에 저항하는 (가부장적, 정치적, 경제적, 문화적) 권위가 지닌 전통적인 정상 체계의 압력을 견뎌야 했다. 그러므로 1970년대에 나의 세대가 경험했던 창조적 혁명은 경계선의 문제화이기도 했다. 실제로 나는 경계선을 전선 ― 상이한 가치들에 기반을 두고 종종 충돌하는 상이한 실천들의 또렷한 경계 ― 으로 인식하며 자랐다.

이러한 혁명적 기반과 실존적 맥락은 내가 그것을 이해하는 법을 배우기 시작하자마자 나의 발끝에서부터 흔들거렸다. 1980년대 초, '여피화'가 일어나고 반테러법을 통해 운동이 범죄화되던 시절, 나는 밀라노에서 다니고 있던 대학의 학생 구내식당에서 30대 후반의 또 다른 학생과 활기차게 논쟁하고 있었다. 그는 이탈리아 공산당PCI의 당원이었고, 나처럼 정치학 야간 강좌를 듣고 있었고 낮에는 알파로메오2에서 현장 감독으로 일했다. 우리는 매우 활기차게 논쟁하고 있었다. 그가 국민이 단결하여 위기를 종결하고 임금 조정을 수용하며 경쟁력을 키워야 한다는 이탈리아 공산당의 노선을 반복하면, 나는 경쟁력에 대한 관심은, 그 성취가 세계의 다른 어딘가에 있는 다른 일부 노동자의 손해를 뜻하기 때문에 이탈리아 공산당이 주장하는 "국제주의"와 전혀 부합하지 않는다고 주장했다. 덥수룩한 콧수염 때문에 "조 아저씨"[스탈린]처럼 보이는 그는 얼마간 이런 식으로 논쟁한 뒤에 내 앞에 서서 나를 손가락으로 가리키며 소리쳤다. "너는 테러리스트야!" 구내식당은 조용해졌고 나는 누군가 그의 말을 [곧이곧대로] 믿을까 봐 두려웠다. 국가가 협박을 하던 당시의 ― 비상사태법이 경찰 조사관의 기분에 따라 수천 명을 투옥하던 ― 분위기에서 곤경에 빠지기란 어렵지 않았다.

사반세기가 지난 요즘 나는 런던에서 살고 일한다. 그렇지만 그때 느꼈던 그 궁지에 몰린 듯한 이상한 느낌이 영국 국제개발부 장관 힐

---

2. [옮긴이] Alfa Romeo. 밀라노에 있는 자동차 제조업체.

러리 벤Benn이 참석한 공청회를 보는 동안 나를 사로잡았다. 2006년 1월 19일 런던에서 그 장관은 개발을 다룬 정부 백서를 "상의"하는 정부 자문단과 비판적인 시민단체들로 이루어진 청중과 자신 있게 대면했다. 그 노동당 장관은 진보를 강조하고 비판가들에게 윙크를 보내며 정책을 설명했다. 그 정책은 통상적인 신자유주의 스타일로 ─ 세계의 빈곤과 싸우기 위해 필수적이라고 이야기되는 조건인 ─ "효과적인 경쟁"을 창출한다는 측면에서 모든 것이 정당화되고 조정되어 있었다. 한 국가가 중국처럼 "절대적인 무역 우위"를 가질 때 일어나는 일과 그 결과는 무엇인지를, 예컨대 방글라데시의 섬유 산업 노동자와 그들의 공동체의 붕괴를 설명하라는 요청을 받자, 그는 "경쟁은 피할 수 없는 현실입니다."라고 설명했다. 그렇다. 나는 1970년대의 투쟁에서 가부장제는 "피할 수 없는 현실"이라고 주장하는 남성에게 여성이, 인종주의는 "어쩔 수 없는 현실"이라는 주장에 대해 흑인이, 아니면 국경 통제는 "어쩔 수 없는 현실"이라는 주장에 대해 이민자가, 호모포비아는 "어쩔 수 없는 현실"이라는 주장에 대해 게이가, 또는 성스러운 땅의 사유화는 "어쩔 수 없는 현실"이라는 주장에 대해 원주민이 무엇이라고 말했을지 상상할 수 있다. 이 모든 사례에서 이 투쟁하는 주체들이 다양한 양상으로 말하고 행했던 것은 그들이 가치화하지 않는, 좀 더 분명하게 말하면 그들이 증오하는 관계 양식과 싸우는 것이었다. 그렇지만 삶 실천들을 절합하는 지배적인 관계 양식에 대해, "경제"라고 불리는 그것에 대해 우리는 말하지 않는 것 같다. 우리는 "경제학"에 함축된 관계 양식들의 지배 앞에 마비된 것 같다. 그래서 우리가 이 행성에서 살아가고 일하는 방식이 잘못되었다고 느끼는 비평가들은 이 관계 양식들이 생산하는 효과, 즉 빈곤이나 환경 재앙 같은 효과를 상소한다. 그들의 비판적 입장은 그들에게 주어진 현실을 바로잡는 일과 권력의 '거짓말'

을 드러내려는 시도에 주력한다. 이것은 물론 아주 훌륭한 일이다. 그러나 그들은 좀처럼 권력의 "진리"에 입각해서, 즉 권력은 우리 비평가들이 옹호하지 않는 것을 옹호한다는 사실에 입각해서 권력을 검토하지 않는다. 그렇게 하려면 우리가 가치화하는 것에 대한 척도를 가지고 권력을 평가해야 하고 경계선이 갈등의 선, 즉 전선이라는 사실을 받아들여야 한다.

이민자에게도 경계선[국경]은 잠재적으로 갈등의 선이다. 그들은 구금 수용소로 끌려가 구타와 감금과 굴욕을 겪을 수 있고 추방될 수 있다. 그러나 만일 [경계선을] 통과하면 그들은 삶을 재건하고 자신과 고향 마을의 살림살이livelihoods를 재생산하며 자신의 욕망, 가치, 열정으로 반대편을 물들인다는 희망을 품을 수 있다. 권력을 쥔 자들이 국경은 "어쩔 수 없는 현실"이라고 주장함에도 불구하고 국경을 넘는 이민자들에게서 우리는 배워야 한다.

이 책은 그 경계선들을 "문제화하는" 책이다. 우리의 일상 행동이 우리가 자본주의라고 부르는 체계적 세력에 연결되어 있는 한 그 경계선들은 우리의 삶에 넘쳐난다. "역사의 시작"은 이 경계선과의 경합이 새로운 것의 구성이기도 한 사회적 과정이다.

◇◆

이 책이 출판되기까지 오랜 시간이 걸렸다. 내가 호명할 수 있는 것보다 더 많은 사람들이 많은 방식으로 출간에 기여했다. 의례적인 모든 주의사항이 아래 감사의 글에 적용된다는 것은 말할 필요도 없다.

우선 이 책에 실린 몇몇 글을 발간했던 저널과 책의 편집자들에게 감사드리고 싶다. 특히 10장과 11장은 저널 『역사적 유물론』에 실린 글(De Angelis 2004a)을 가져온 것이다. 14장은 폴 자렘브카가 편집한 『정치경제학 연구』에 실린 글(De Angelis 2002)을, 15장은 아나 디너스

테인과 마이클 니어리가 편집한 선집 『노동 논쟁』에 실린 글(De An-gelis 2005a)을 가져온 것이다. 7장의 협치에 대한 절은 『리뷰』에 실린 글(De Angelis 2005a)에서 가져온 것이고 13장의 두 번째 절은 『국제 사회과학저널』에 수록된 글(De Angelis 2004c)에서 가져온 것이다. 2 장의 첫 번째 절은 데이빗 하비, 케어 밀번, 벤 트로트 그리고 데이비드 와츠가 편집했으며 글렌이글스에서 열린 반G8 집회를 다룬 선집, 『그 들을 멈추자!』에 다그마 디즈너와 함께 쓴 글(De Angelis and Diesner 2005)에서 가져온 것이다. 8장의 지배된 노동labour commanded에 대한 절은 데이빗 하비와 내가 2004 비주류 경제학 콘퍼런스에 발표한 글에서 가져왔다.

오랫동안 강의를 하면서 만난 학생들은 이 책의 핵심 측면을 발전시키는 데 큰 도움을 주었다. 많은 학생들이 서아프리카에서 온 이민자 혹은 이스트런던의 빈민가 같은 소위 "불우한" 배경 출신이었다. 그들은 나의 정치경제학 수업을 신청했지만 대개 별다른 이유는 없었다. 아마도 내 강의 제목에 "경제"라는 말이 있고 수학을 요구하지 않았기 때문일 것이다. 유일하게 분명한 건 어느 시점에 그들이 "고객 만족도" 측면에서 설문지를 작성하고 나를 평가하도록 지시받는다는 것이다. 결국에는 나 역시 그들의 "고객"이었음을, 즉 그들의 서비스의 직접적인 수혜자였음을 그들이 깨달았는지 궁금하다. 그들이 — 빚, 스트레스 받는 과로, 집에서의 학대, 자신이 넘은 경계들 그리고 투쟁에 대한 — 구체적인 경험을 나의 "추상적인 학문적" 이야기와 동일시 할 때마다, 그들은 내가 시도하고 있던 것이 일리 있고 의미 있는 것이라는 점을 확인시켜 주었다.

영국의 고등교육이 행정 직원에게 행사하는 압력이 엄청나게 커져 가고 있음에도 준June 대니얼스는 선의를 가지고 나를 수차례 도와주었다. 전 지구적 협치를 연구하는 대학원생 조지나 살라는 골치 아픈 참고문헌 정리를 도와주었다. 나와 아주 많이 상충되는, 그리고 교육적·학술적 관점에서 종종 의미 없는 요구들이 그 분야의 교원에게 쏟아지는 환경에서 이스트런던 대학 경제학과 동료들은 내가 '연구' 욕구를 따를 수 있도록 오랫동안 지원해 주었다.

많은 사람들이 사물에 대한 나의 척도가 감춰진 것처럼 보인다고 이야기하면서 내가 주장을 가다듬을 수 있도록 도와주었다. 교열을 보는 중에 앤서니 와인더는 문제를 찾아내고 해결책을 제시했다. 코디 버클리-지스텔은 비판 철학의 척도를 제공했고, 워너 본펠드는 철학적이고 논쟁적인 비판의 척도를 제공했다. 존 맥머트리는 초기 원고에 소중한 의견을 주었다. 수년 동안 조끼노 또니와 주고받은 이메일과 대화 덕분에 나는 계속 활기차게 웃을 수 있었고 우리가 우리의 살림살이를 재생산하는 동안 따라야 하는 어리석은 경로에 대해 가벼운 풍자와 패러디를 함께 나눌 수 있었다. 경험에 기초한 균형 잡힌 논평을 하는 앤 그레이는 나에게 쟁점을 다루는 것을 피할 구실을 주지 않았다. 다른 한편 '초과'excess 범주에 대한 데이빗 하비의 열정은 나에게 그 문제를 다루는 것을 피할 구실을 주었다(모든 것을 감안해 볼 때 나는 그게 옳았다고 생각한다).

오래된 결론 초고에 대한 올리비에 드 마르셀루스의 논평을 듣고 풀뿌리 민주주의와 공통감각에 대한 그의 열정을 함께 나눈 일은 고무적이었다. 주체 없는 우화에 매혹된 세계에서 건강한 대항점으로 기능하는 실비아 페데리치의 주장에서 나는 비가시적인 재생산 주체를 잊어서는 안 된다는 것을 배웠다. 피터 라인보우는 전적으로 역사적인 통찰로 나의 비역사적인 작업에 찬사를 보내면서 투쟁과 공통장의 역사가만이 줄 수 있는 자신감을 나에게 심어주었다. 조지 카펜치스에게서 받은 선물을 언급하지 않을 수 없다. 이 책은 그와 주고받은 편지와 대화에서 얻은 수많은 통찰로 짜여 있다. 그러나 아마도 가장 중요한 것은 철학은 투쟁에서 태어난다는 생각일 것이다. 이것은 많은 사람들이 공유하는 생각이지만 지적 작업에서 그것을 달성하는 이들은 거의 없다.

지난 몇 달 동안 나는 소수의 사람들과 만나 내 책의 초고 일부를 함께 읽고 의견을 나누었다. 이것은 생각이 비슷한 사람들 ─ 놀랄 만큼 현명한 비평가들! ─ 의 척도로 나의 주장을 평가하고 세밀하게 조정할 수 있는 마지막 기회였다. 특히 클라라 브레케, 샤라드 차리, 엠마 다울링 그리고 니꼴라 몬타냐가 여러 차례 보여 준 따뜻한 통찰에 감사드리고 싶다.

이 책은 나와 함께 삶을 공유하는 이들을 위한 영적 존재이기도 하다. 반려자인 다그마 디즈너Dagmar Diesner는 내가 이 책에서 할 수 있었던 것보다 훨씬 덜 추상적인 용어로 생산과 재생산의 결합에 대해 많은 것을 이야기해 주었다. 이 작업에서 그녀의 지원은 매우 놀랄 만큼 현실에 근거하고 있었기 때문에 내가 그녀에게서 얻은 통찰은 그 어느 것과도 비교할 수 없다. 두 살이 된 우리의 아들 레오나르도는 내가 만난 최고의 지식인이다. 그는 "addah", "오오" 또는 "c-tat"라고 말하면서 내재성의 철학자가 나에게 줄 수 있는 가장 설득력 있는 논거를 제시한다. 이 책을 다그마와 레오나르도에게 바친다.

2006년 4월 16일
런던에서
맛시모 데 안젤리스

1장

역사의 시작

다른 차원들

다른 차원들! 『역사의 시작』의 문제계problematic는 모두 살림살이의 공동생산과 삶의 다른 차원들의 시작에 관한 것이다. 시작은 텍스트와 학습한 단어에 있는 것이 아니라 전 지구적인 사회적 신체 내에서 출현하는 다양한 투쟁에서 발생하며, 터무니없는 확신과 이데올로기적 신념을 가지고 역사의 종말의 시대가 도래했다고 선언한 이들의 얼굴에 드리워져 있다. 그렇다. 역사의 종말[1]은 "현실 사회주의"와 동구권의 폐허 위에 신자유주의적 자본의 기치를 심는 것과 부합하는 학술

---

1. 역설적이게도 그 이데올로기적 신념은 역사의 종말이 "이데올로기의 종말"과 함께 도래했다고 말한다. 프랜시스 후쿠야마는 그 테제를 처음 제안한 사람이다. 그에 따르면 자유민주주의는 "인류의 이데올로기 진화의 종점"이며 "인류 최후의 정부 형태"다. 자유민주주의는 "지구 전역의 상이한 지역과 문화에 걸쳐 일관성 있는 유일한 정치적 염원으로 남아 있다." 즉 "이전 정부 형태들은 중대한 결함과 비합리성으로 인해 결국 붕괴되었지만 자유민주주의가 그러한 근본적인 내적 모순으로부터 자유롭다는 것은 거의 틀림없다." 이것은 이 민주주의에 "부정이나 심각한 사회 문제가 없다."는 뜻이 아니다. 다만 이 문제는 "근대 민주주의의 토대인 자유와 평등이라는 두 원리 자체의 결함이라기보다 그것의 불완전한 실행에서 생겨난 문제"라는 것이다(Fukuyama 1992 : xi [2003 : 7, 10]). 이 책의 관점에서 이 "불완전함"은 엄밀하게 말하면, "자유"를 소비자 선택에 국한하고 지구적인 사회적 신체를 가로질러 불평등을 재생산하고 확장하는 자본주의적 시장의 침투로의 회귀를 뜻한다는 것은 말할 필요도 없다.

서적의 제목에 그치지 않기 때문이다. 그것은 서와 동 그리고 전 지구적 남의 공통장에 대한 대규모 공격을 시사한다. 이 공격은 사반세기에 걸친 사유화, 권리 삭감, 구조조정, 금융적 훈육, 공적 이전이 재생산(그중에서도 보건과 교육)의 필요를 충족시킬 사회적 권리에서 기업보조로 옮겨간 것 그리고 전반적으로 증가한 부의 양극화, 빈곤, 환경악화, 전쟁 그리고 정치적 어리석음 등을 통해 일어난다.

역사의 시작이란 문제계는 역사의 종말이란 이미지로 세계를 구축하는 것에 대한 거부다. 그것은 다른 가치들을 상정하는 것이며, 화폐로 부패된 민주주의, 살림살이를 위협하는 경쟁으로 부패된 사회적 공동생산 그리고 비시장 공통장을 종획[2]하는 구조조정과는 다른 지평들을 받아들이는 것이다. 자본주의를 넘어선 실재의 사회적 구성과정은 창조일 수밖에 없다. 다른 삶의 차원들의 생산, 즉 행위하고 관계 맺는, 가치화하고 판단하는, 살림살이를 공동 생산하는 다른 양식들의 생산일 수밖에 없다. 나머지 모든 것, 규제, 개혁, "대안", 정당, 선거, 사회운동, "유럽연합" 그리고 "혁명"조차도 다른 삶의 차원들에 대한 질문으로 돌아가지 않는다면 의미 없는 단어일 뿐이다.

아이들은 또 다른 차원에서 생활한다고 흔히들 말한다. 나의 20개월 된 아들 레오나르도의 시간 활용을 관찰하고 그것이 나의 시간 활용과 절합되는 방식을 성찰해 보면 그는 나에게 아주 중요한 것을 가르쳐 준다. 그는 언제나 "상相시간"phase time에서 생활하는 것처럼 보인

---

2. [옮긴이] 종획(enclosure)은 공유지(commons)를 울타리로 둘러싸는 행위, 즉 사유화의 실천을 뜻한다. 이 종획은 토지와 봉건제에 얽매어 있던 농민들을 "해방"시켜 도시의 노동자로 만들었다. 그에 따라 맑스주의 전통은 종획을 자본주의 사회의 출발점으로 이해한다. 그러나 데 안젤리스를 비롯하여 다른 계열에 서 있는 이들은 종획을 자본주의의 "시초"에만 일어난 일회적인 사건이 아니라 축적의 경로를 따라 주기적으로 귀환하는 자본의 전략으로 이해한다(10장 참고).

다. 아이의 관심은 자신이 주의를 돌린 새로운 대상에, 거리를 걸으면서 향할 새로운 방향에 열광적으로 사로잡혀 있다. 이것이 뜻하는 바는 물론 나의 파트너와 내가 그를 계속해서 기쁘게 만들어 줄 새로운 방식을 끊임없이 발명해야 한다는 것이다. (상점에 가기, 설거지하기 등) 직선시간과 (일상생활에서 번갈아 나타나는 리듬, 즉 자러 가기, 먹기 등) 순환시간에 기초한 우리 일상의 사소하지만 필수적인 활동에 우리가 그를 데려갈 때 말이다. 상쾌시간은 새로운 차원들이 출현하는 시간이며 직선시간과 순환시간처럼 삶의 일부다. 이 작은 집안 풍경을 새로운 세계를 만드는 문제로 확장하면 이 [세] 시간 차원들 중 어떤 것도 특유하게 혁명의 시간, 즉 새로운 사회적 공동생산 양식의 시간이 아니라는 점이 명백해진다. 혁명은 그 시간들의 절합 양식, 즉 상쾌시간, 직선시간, 순환시간의 재절합 양식이다. 다른 한편 우리가 자본주의라고 부르는 사회적 체계에서 널리 확산된 상품 생산은 고유의 방식으로 세 가지 시간 차원을 모두 포섭하고 절합한다.

직선시간은 생산물을 낳는 연속적인 변형, 기능들의 절합, 시간표와 스케줄을 통한 계획의 구조화가 지닌 특징이다. 탈근대성과 지구화를 관찰하는 몇몇 사람들이 기록한 사회적 행위doing의 끊임없는 가속화란 이 직선성을 광란으로 바꾸는 것이다. 이것은 지구화 시대를 맞은 오늘날에는 더욱 그러하다. [기업의] 사명, 목표, 시장 기준 그리고 가속화된 회전율에 내포된 계산에 종속되는 사회적 실천들의 숫자가 늘어나는 것이다. 그러나 우리가 으레 한탄하는 이 가속화된 직선성은 그것에 절합되는 순환시간 양식들이 없다면 사회적 실천들을 지배할 수 없다.

직선시간이 목적의식적인 행동, 목표 성취, 기능 수행의 차원이라면, 순환시간은 행동이 되풀이되는 시간이다. 따라서 규범과 가치를 정의하고 형태를 부여한다. 규범과 가치가 없다면 그러한 행동과 목적은 무의미할 것이다. 어슐러 르 귄은 자신의 소설 『빼앗긴 자들』에서 "진정한 여행"은 "회귀하는 것"이라고 쓴다. 그녀는 뛰어난 통찰을 보여 준다. 행동이나 실천이 회귀하는 것[되풀이되는 것]은 느슨하게 정의된 측정 활동이다. 그 속에서 주체는 비교하고 대조하고 평가하며 따라서 새로운 행동과 새로운 과정을 위한 조건을 창조한다. 그러므로 순환시간은 척도의 시간이며, 이러한 이유로 규범을 정의하는 시간이다. 규범과 가치를 창조하는 행동의 회귀[되풀이]는 여러 가지 방식으로 일어난다. 상이한 규모의 행동으로 순환성의 양식에 기대서 말이다. 그렇지만 어떤 방식으로든 우리는 피드백 과정의 발생을 경험한다. 우리는 이 책에서 그것을 간단히 순환고리*loops*라고 부를 것이다. 따라서 예를 들면 행동의 회귀[되풀이]는 기술이 거의 투여되지 않는 농업 활동의 경우, 불가항력적으로 자연의 리듬에 의해, 즉 계절뿐만 아니라 낮과 밤의 교차에 의해 규정될 수 있다. 해는 아직 높게 뜨지 않았고 난 여전히 침대에 누워 있다. 하지만 소가 젖을 짜달라고 우는 소리가 들린다. 인간의 생산을 자연의 주기에 결합함으로써 대체로 나에게 주어지는 리듬이 나를 측정한다[조정한다]. 나는 일어나서 일터로 가야 한다. 내일도 그다음 날도. 또는 상이한 맥락에서 순환고리는 이웃과 친구와 동료와의 맞물림과 충돌 그리고 마주침의 패턴에 의해 구성된다. 여기서 다양한 직접 교환과 관계적 실천은 결국 패턴을 형성하고, 주어지는 형태의 규범을 이룰 수도 있다. 우리가 오늘날 자본주의에서 목격하고 있는 연속적인 사회적 생산의 가속화는, 행동과 사회적 실천들이 회귀하며[되풀이되며] 그에 따라 행위가 측정되는 순환고리들이 늘어나는 것이다. 새로운 사회적 실천 영역들에 만연한 상품화 — 이것은 대부분 사회적 신체에 대한 종획의 강제에 의존한다(10장과 11장) — 는 새로운 실천들을 자본주의적 측정 양식이 규정하는 유형의 순환시간에 삽입한다(12장과 13장). 역사의 시작을 위한 투쟁이 맞닥뜨리는 가장 큰 적은 이러한 측정 양식이다. 이것은 성격상 훈육적이며 따라서 일상사를 수행하는 주체에 크게 내면화되어 있다.[3]

그러나 주체들이 시장의 정상화 메커니즘에 삽입되어 있다고 말하는 것이 투쟁을 망각하는 것은 아니다. 반대로 주체들은 시장의 주기시간[4]의 가치화와 측정 양식에 맞서 투쟁하며 언제나 투쟁한다. 정상화normalisation는 투쟁하는 주체들의 정상화이며 투쟁은 정상화에 맞서/넘어서 시작된다. 역설처럼 보이는 정상화와 투쟁의 동시대적 현존은 사실 자본주의에 에너지를 제공하고 자본주의의 맥박을 뛰게 하는 자본주의의 생명줄이며, 극복되어야 하는 폐소공포증적 변증법이다. 상相시간은 출현의 시간, "초과"의 시간, 접선接線의 시간, "엑소더스"와 "탈주선"이며, 규범[정상]과 가치뿐 아니라 목표와 텔로스telos를 재정의하고 재배치하면서 직선성과 순환성을 파열시키는 것이다.[5] 그것은 푸

---

3. 페미니스트 학자 중에서도 뤼스 이리가라이는 호흡, 공동 호흡 그리고 관계적 정체성에 대한 분석을 통해 남성 및 여성 주체성의 생산에서 주기시간의 중심적인 역할을 강조한다. 그녀는 또한 "삶의 시간은 늘 적어도 어느 정도는 계절의 시간처럼" 또는 풀과 나무의 시간처럼 "주기적이라는 것을" 인정한다(Irigaray 1997 : 47 [2000 : 52]). 비판적 인류학도 주체성의 생산에서 주기시간이 중요하다고 인정해 왔다. 영국 인류학자 크리스 나이트 (Knight 1991)는 그 사례다. 그는 인간 언어의 출현을, 월경 주기를 달의 주기에 동기화함으로써 조작상 가능하게 된 여성들 간 연대의 생산에 연결시킨다.

4. [옮긴이] 저자는 주기시간을 순환시간과 같은 의미로 사용한다.

5. 명확하게 말하자면 상(相)시간은 상전이(phase transitions) 고유의 시간 차원을 뜻한다. 나는 이 말을 물리학에서 빌려 왔다. 물리학에서 상전이는 물질이 가진 하나 이상의 물리적·조직적 속성이 갑작스럽게 변하는 것을 가리킨다. 나의 사용법에서 상시간은 인간 경험에 만연한 사회적·경험적 "상들"이 갑작스레 변하는 시간을 환기시키려는 목적을 갖고 있다. 사랑에 빠진 남자나 여자, 한창 전쟁 중인 군인, 무력한 진압 경찰이 지켜보는 가운데 카니발을 위한 광장을 되찾고 있는 시위대, 자동차 사고, 퇴거에 저항할 준비를 하는 토지 스콰터들(squatters)의 커뮤니티 또는 좀 더 큰 규모의 사회적 행동에서 살림살이의 공동 생산이 지닌 맥락의 갑작스러운 변화. 사회 이론에서 전이와 파열을 강조하기 위해 사용되는 여러 개념들은 어떻게든 상시간과 관련이 있다. 예를 들어 "탈주선"(Deleuze and Guattari 1988 [2001]), "엑소더스"(Hardt and Negri 2000

코가 한계-경험, 즉 변형의 경험이라고 부른 의미에서 주체가 경험할 수 있는 새로운 것의 출현, 창조적 행동의 시간이다.[6] 그러나 자본주의에서, 더군다나 현대의 "탈근대" 전 지구적 자본주의에서 상㉾시간은 자본의 척도 속으로 다시 끌려간다(13장). 상이한 규모의 사회적 행동에서 신자유주의 정책은 사회적 신체의 창조성을 시장 순환고리, 시장형 주기cycles의 출현, 순환성, 시장 척도에 묶어 두려고 한다. 따라서 탈주선은 착륙 곡선으로 바뀔 위험이 있다. 그 땅은 자본주의적 항상성 과정의 낡은 지대다. 전문직의 "탈전문화"에 대한 한탄과 공공 서비스에서 "관리주의"의 성장이 전문직과 그에 상응하는 가치 실천이 지닌 주기시간과 시장의 주기시간을 결합하고 전자가 후자에 종속되는 이 과정의 진통이 아니라면 무엇이란 말인가? 그러므로 이 책에서 우리는 탈근대를, 대기 중인 코뮤니즘으로 여기는 관점과 명확하게 거리를 둔다. 실제로 이것은 하트와 네그리(Hardt and Negri 2000 [2001])의 접근법이 때때로 암시하는 것 같은 관점이다. 만일 이 접근법이 옳다면, 이 책의 기획, 즉 우리 시대의 자본의 범주를 이해한다는 기획은 무의미할 것이다. 오직 긍정적인 용어로만 정의되는 전 지구적 다중들의 세계에서 자본의 범주(가치, 지대, 이자, 이윤 등)는 상징이 아니라 하찮은 것이기 때문이다. 이것은 범주에 속한 바로 그 참조 대상들이 더 이상 이 시대에 존재하지 않고, 우리가 코뮤니즘 속에 살고 있다는 것을 실제로 보려면 제국을 뚫고 지나야 하기 때문에 그렇다. 반대로 이 책에서는 범주에 속한 참조 대상들은 존재하며, 돌연변이가 되었을지도

[2001]; Virno 1996b), "초과의 순간"(Harvie and Milburn 2006)을 보라. 때때로 이 상이한 개념들은 하나의 실존적 경험을, 또 어떤 때에는 대중 행동을 가리킨다. 급진적 변형의 사회적 과정들은 양자를 절합하며 그 구별이 순전히 분석적인 것이라는 점은 말할 나위도 없다

6. 예를 들어 Foucault 1991 [2004]를 보라.

모르지만 그 참조 대상들은 살아있고 활기차며 일상적 실천과 절합으로 재생산된다. 이를 통해 지구의 살림살이들의 재생산이 일어난다. 하트와 네그리와는 달리, 이 책의 핵심 교의는 모든 형태학적 돌연변이에도 불구하고 우리가 자본이라고 부르는 사회적 세력은 오늘날 여전히 그 어느 때보다 더 사회적 실천의 측정 과정에 기반을 두고 있다는 것이다. 그것은 "물질적"이든 "비물질적"이든, 임금을 받건 그렇지 않건 그 행위를 노동으로 바꾸는 척도에 기반을 두고 있다(12장).

따라서 자율주의적 맑스주의7로 불린 이론적 환경에 공통의 뿌리를 내리고 있음에도, 말하자면 "창조적", "비물질" 노동자를 거의 혁명의 "전위"로 바라보는 정치학과, 대신 나처럼 사빠띠스따와 다른 유사한 공통인들commoners, 특히 살림살이와 존엄을 위해 다양한 맥락에서 투쟁하는 원주민, 소작농, 제3세계의 "자유 무역 지대"에서 일하는 적시just-in-time 공장 노동자들, 시골 어머니, 슬럼 공동체를 고찰하는 정치학 간에는 차이가 있다. 유럽의 비물질 불안정 노동자들의 투쟁이 덜 중요해서도 아니고, 반反 G8/WTO/IMF/세계은행 행동의 날에 도시 전장에서 "떼swarm 전술"이 보여 준 조직적 혁신을 과소평가하기 위해서도 아니다. 오히려 그 공통인들의 투쟁이 자본의 척도와 다른 척도의, 자본의 가치와 다른 가치의 결합의 파열을 우리 모두에게 가장 분명하게 보여 주기 때문이다. 그에 따라 그들은 "역사의 종말" 관점에서 정의된 주기시간과, 투쟁하는 사회적 신체와 그것의 "역사의 시작"이라는 지평이 촉진하는 주기시간의 탈구를 시급한 문제로 제기한다. [그들의 투쟁이 파열을] 가장 분명하게 보여 주는 이유는 어쩌면 이 투쟁들에

---

7. 이 전통을 다른 맑스주의 형태들과 비교하며 검토하는 고전으로는 Cleaver 1979 [2018]의 서문을 보라.

서 자본으로부터의 탈구라는 문제계, 자본과 거리를 두는 방법의 문제가 거의 삶과 죽음의 문제가 되었기 때문인지도 모른다. 여기에서 자본과 다른 가치 실천에 기초한 살림살이의 재생산 그리고 자본 순환으로부터 자율적인 살림살이의 보호나 촉진은 신체의 보전과 관계망, 즉 공동체의 재생을 위한 유일한 지형이 된다. 따라서 이 투쟁들 덕분에 우리는 전선에 초점을 맞출 수 있다. 이 전선은 불안정 "비물질 노동자들"의 삶도 가로지른다. 그러나 이 전선은 보통 그렇게 말끔하게 나타나지는 않는다 — 예를 들어 이탈리아의 사회 센터 운동처럼 공통 공간을 함께 장악하여 아래로부터의 부의 기획으로 바꾼 사례나, 2006년 첫 몇 달 동안 프랑스에서처럼 거리를 장악하여, 불안정성을 더 촉진하는 신자유주의 정책에 장벽을 세운 사례는 제외하고 말이다. 이것은 만연한 시장의 맥락에서, "평생 학습" 정책이나 "소규모 기업 대출"이 살림살이 수단에 접근하는 방법에 관한 개인의 어려움을 다르게 제시하는 데 일조하기 때문이다. 즉 새로운 공동 생산 양식과 생존 수단에 대한 공통적인 접근에 열려 있기보다 사업 감각, 주어진 시장 구조 안에서의 위험 감수 그리고 그로 인해 타자보다 더 나은 성과를 내는 것을 요하는 것으로 재구성하는 것이다. 이와 달리 역사의 시작은 공통장을 위한 투쟁을 엿본다. 이것은 자연과 '사물'과 서로에 대한 관계이며, 개별화하고 정상화하는 시장 척도로 매개되지 않는다. 공통장 안에서 신체들은 살아갈 수 있고 양육할 수 있으며 번영할 수 있고 욕망할 수 있으며 충돌할 수도 있다. 그 신체들은 화폐에 의해 측정되지 않으며 서로에 대한 그리고 '사물'에 대한 고유의 척도를 만든다.

전선과 대안

이 책은 또한 낡은 자본주의적 체계의 잔해에서 피어오른 연기가 가라앉은 뒤에야 역사가 시작한다고 생각하는 전통적인 맑스주의에 이의를 제기한다. 우리가 아래에서 논의할 ─ 맑스의 유명한 표현을 사용하면 ─ 인류의 "전사"前史는 종말을 맞은 낡은 질서이며 새로운 질서는 그것의 폐허 위에 세워진다는 것이다. 역사의 시작을 향한 또 다른 노정은 좀 더 평온한 길로서 여기서는 정치권력을 획득한 진보 정당이 진보적인 개혁을 추진한다. 이 두 가지 이야기는 모두 "권력 장악" 신화에 속한다. 존 홀러웨이(Holloway 2002 [2002])는 이 신화를 전면적으로 비판했고 하트와 네그리(Hardt and Negri 2000 [2001]; 2004 [2008])도 그것을 내재성의 정치학을 따라 다른 방식으로 비판했다. 오랫동안 대립되는 것으로 이해되었던 이 두 가지 고전적인 전략은 실제로는 정치 정당과 대중의 관계를 교화敎化의 관계로 이해했다는 점에서 중요한 요소들을 일부 공유했다. 정당은 역사의 시작이 어떤 모습인지 알았고 대중을 그 운명으로 데려가고 있었다. 이것은 일반적으로 한 모델의 적용을 의미했는데, 그 모델은 전前자본주의에서 시초 축적과 토지 수용 그리고 강제된 집산화라는 "필연적인" 이행을 거쳐 어쩌면 서구보다 높은 성장률로 사회주의적 축적을 달성하며 마침내 먼 미래에는 국가가 소멸되고 미래의 떠오르는 태양에 투영된 현재의 억압된 판타지가 모두 "실현"되는 코뮤니즘에 이르는 발전 "단계"를 믿는다.[8] 다

---

8. 맑스주의의 "단계 이론" 버전에 따르면 맑스는 세계사를 [여러] 단계로 분할한다. 각각의 단계는 고유의 경제적·사회적 구조를 갖는다. "하위" 단계에서 "상위" 단계로의 이행은 논리적인 경로를 따르며 발전 단계를 건너뛰는 것은 불가능하다. 얼마 전까지 지배적이었던 이러한 해석은 고전적인 역사적 유물론의 기본 틀을 구성한다. 그것은 시간적으로 명확한 시초 축적이 세계사의 자본주의적 단계로의 이행을 위한 조건을 창출한다는 점에서 우리가 10장에서 비판적으로 검토하는 시초 축적에 대한 역사적 해석과 연결된다. 공교롭게도 맑스는 영국의 경험을 사회·경제 발전의 보편사를 위한 모델로 전환하는 것에 반대했다. 예를 들면 맑스 본인이 마지막으로 수정한 『자본』 프랑스어판에서 맑스는

시 말해서 고전적인 급진적 전통은 개량적이든 혁명적이든 전적으로 직선적인 시간 개념을 받아들인다. 단계론적이고 '진보적'이기 때문이다. 그동안 사회주의적 대중은 주기시간이 자본주의적 대중의 활동을 측정하는 것과 거의 완전히 동일한 방식으로 작업 현장의 활동을 측정하는 주기시간의 지배를 받으며 직선성을 견뎌야 한다. 스톱워치, 세심하게 주의를 기울이는 현장 감독 그리고 훈육적 실천은 이 척도를 구성하는 요소들이었다. 레닌은 결국 테일러주의와 사랑에 빠졌다.

이 '진보'가 개혁으로 일어난다고 믿든 혁명으로 일어난다고 믿든 그것은 여기서 부차적인 문제다. 두 경우 모두 순환시간, 즉 가치와 규범 창출의 문제계를 멀리하고 새로운 것의 출현을 미래로 추방한다. 이로써 사회주의적 모델은 열망하는 목적과 조직적 수단의 분할에 입각한 정치적 실천에 토대를 두었다. (강제 수용소gulags, 정치적 처형, 탄압, 정당 내부의 수직적 위계, (비)민주적인 중앙집권주의 등의) 조직적 수단은 직선시간으로 추방된 정의, 자유, 평등, 코뮌주의commune-ism를 향한 열망을 반영할 필요가 없었다. 극단적인 마키아벨리주의가 사회적 변형의 생산 구조에 내포되어 있었다. 사회주의 군주의 행동은 다른 행위 양식을 향한 사회주의 대중의 열망을 따를 필요가 없었다. 이러한 이접disjunction에 기초한 급진 전통은 역사의 주체들을 투입물로 간주하며, 인류 역사의 시작을 새로운 가치 실천들에 형상을 부여하는 살아있는 세력이라기보다 산출물로 간주한다.

따라서 이 책의 접근법은 역사는 산출물이 아니며 사람들은 투입

시초 축적에 대한 자신의 분석을 서구 유럽으로 분명하게 국한시킨다(Smith 1996:54). 맑스가 보편적인 단계 이론에 분명하게 반대하면서 베라 자술리치에게 보낸 유명한 응답이 이를 보여 준다. "그러므로 … 생산자로부터 생산수단의 … 완전한 분리라는 '역사적 필연성'은 … 분명히 서구 유럽 국가들에 제한된다"(Marx 1983:124).

물이 아니라는 것이다. 역사는 혁명 이후에 시작하는 것이 아니라 행동의 규모와 무관하게 자본으로부터 자율적으로 상刪시간·주기시간·직선시간의 재절합을 실천하는 사회적 세력들이 존재하면 언제라도 시작한다. 그리고 우리가 2장에서 살펴볼 바와 같이 모든 사회적 실천은 가치 실천이기 때문에, 즉 '좋은 것'과 '나쁜 것'을 선별하고 그에 상응하는 척도 및 관계적 실천을 구축하는 사회적 실천이기 때문에 역사의 시작이라는 문제계를 제기하는 것은 자본의 가치 실천의 극복이라는 문제계를 제기하는 것이다.

그러므로 이 책의 첫 번째 과제는 전선과 그 안에서 출현하는 사회적 과정들을 이야기하는 것이다. 한편에는 우리가 자본이라고 부르는, 삶을 식민화하는 세력이 있다(3장). 이 세력은 끝없는 성장과 화폐가치의 재생산이라는 단 하나의 목적을 위해 때로는 잔혹하고 때로는 매혹적이고 매력적인 다양한 수단들의 무기고를 이용한다. 다른 한편에는 삶을 되찾으려는 세력이 있다. 이 세력의 실천은 식민주의자와의 관계를 끊고 자신의 방식대로 삶의 망을 재배열하기 위해 분투하는 것처럼 보인다. 그러나 대안이란 사실 없다고 속삭이는 반대 진영의 우화에 종종 현혹되거나 압도당한다. 그것은 선과 악의 투쟁처럼 들리겠지만 그렇지 않다. 그것은 근본적으로 선은 무엇이고 악은 무엇인지, 더 정확히 말하면 우리는 무엇을 가치화하고 하지 않는지를 정의하는 투쟁이다. 이 전선을, 양쪽을 선명하게 분할하는 곧은 경계로 여길 필요는 없다. 실제로 15장에서 논의하듯이 상품 생산을 향한 정상화 메커니즘의 프랙털적 특징이 뜻하는 바는 이 투쟁의 전선이 다양한 규모의 행동들을 관통하고, 주체와 제도 들을 가로지르며, 전선의 식별이라는 문제계는 자본의 가치 실천과 양립할 수 없는 가치 실천들을 상정하는 문제계라는 것이다.

이 책의 두 번째 과제는 대안지구화 운동의 '삶을 되찾으려는' 세력들이 최근 시급하게 제기한 자본주의의 대안이라는 문제계에 개입하는 것이다. 그러나 이것은 다른 대안 모델들의 '장점'과 '단점'에 대한 비판적 분석을 통해 이루어질 수 없다. 또한 우리 모두가 그것을 따른다면 인류의 모든 문제들을 분명히 해결할 것 같은 새로운 선언이나 천진난만한 계획 또는 새로운 멋진 아이디어를 제안하는 것으로도 이루어질 수 없을 것이다. 그보다 나는 대안의 흡수라는 문제를 제기하면서 대안이라는 문제를 문제화하고 싶다. 역사의 시작은, 시작하는 여느 것과 마찬가지로 그 결과의 측면에서 정의될 수 없다. 새로운 무언가의 출현은 그것이 상정하는 가치, 그것이 성취하고자 분투하는 목적 그리고 그것이 취하는 조직적 수단의 측면에서 이해될 수 있다. 오늘 시작하는 '무언가'는 내일 끝날 수도 있다. 그것의 가치를 흡수하거나 대체함으로써, 그것의 목적을 모호하게 만들거나 새로운 방향으로 틀어버림으로써, 그것의 조직적 수단을 탄압하거나 이용함으로써 새로운 무언가의 발전을 끝낼 수 있는 대항세력에 직면한다면 말이다. 이러한 이유로 그리고 이 책의 저자는 분명히 전 지구적 자본의 삶 식민화에 대한 투쟁과 대안의 편에 있기 때문에 이 책의 두 번째 과제, 즉 대안지구화 운동이 제기하는 문제계에 대한 개입은, 역사를 시작하기 위해 분투하고 있는 세력들이 반대하는 것(자본주의와 그 참사)보다는 삶을 되찾으려는 세력들이 대면하는 것(자본과 삶을 식민화하려는 자본의 충동)의 일반적인 성격이 무엇인가를 분석하는 것이다. 다시 말해서 이 책은 자본주의에 반대하는 논거를 만드는 것이 아니라 — 사실 새로 추가할 필요가 없을 정도로 '반대학'againstology 문헌은 풍부하고 잘 기록되어 있다 — 처음부터 이 논거를 가정하고 대신 자본주의를 극복하는 문제에 집중하려 한다. 그러나 우리는 공허한 공식이나 웅대한 선언서로 이 문제에 개입할 수 없다. 우리는 급진적이어야 하고 사물의 뿌리로 나아갈 용기가 필요하다. 자본주의의 극복은 결국 우리의 살림살이를 공동 생산하는 양식의 극복이다. 이 극복을 문제화하는 것은 무엇보다 우리가 살림살이를 공동 생산하는 방식과 심지어는 우리의 투쟁조차 ─ 아무리 그 투쟁이 필요할지라도 ─ 그 체계의 재생산에서 하나의 역할을 맡을 수 있게 되는 방식을 문제화하는 것이다.

적대의 발현

그러므로 이 책에서 우리는 자본주의적인 지배적 배열을, 비판적인 문헌에서 흔히 그렇듯이 그것의 효과의 측면에서 다루지 않을 것이다. 그 효과는 우리가 익숙해지고 있는 끝없는 참혹한 통계로 요약된다. 이것은 특정한 담론적 맥락에서 전 지구적 시장의 이러한 '효과'나 '영향'을 기술하는 것의 중요성을 부정하는 것이 아니다(2장에서 나는 예증을 위해 이 중 일부를 직접 사용한다). 그러나 오늘날 정치경제학 비판에 관한 한 그렇듯이 '영향 분석'이 급진 이론의 무기고에서 지배적인 비판 무기로 격상되는 일이 보여 주는 것은 세계 '빈곤'의 증대만이 아니라 이론의 빈곤이다. 이것은 두 가지 서로 연관된 이유 때문이다. 첫째, 자본주의적 지구화 과정들이 다양한 사회적 주체들에게 끼치는 효과나 영향에 특히 초점을 맞추는 이론적 비판은 이 주체들을 투쟁하는 주체도 "행위자"도 아닌 전적으로 피해자로 구축한다.[9] 둘째, 그렇게 해서 이 주체들에게 영향을 끼친다고 여겨지는 "지구화된 자본주의" 같은 사회적 실천들은 늘 이 주체들의 투쟁 자체와는 독립적인 것으로

---

9. 여성 주체들의 구축에 적용된 유사한 비판으로는 Mohanty 2003 [2005]을 보라.

정의된다. 이 책의 방법론적 관점에서 볼 때 이것은 터무니없는 생각이다. 전 지구적 자본주의를 구성하는 과정을 논의할 때는 어떻게 투쟁이나 갈등, 주체 혹은 좀 더 일반적으로 말해서 ─ 사회 이론가들이 사랑하는 생기 없는 용어인 ─ "행위자"가 자본주의라고 불리는 사회적 과정을 구성하는 요소인지 이해해야 한다.

적대와 갈등을 사회적 신체가 취하는 사회적 형태의 구성 요소로 인식해야만 역사의 시작이라는 문제계를 제기할 수 있다. 우리의 담론에 투쟁을 기입해야만, 서로 연결된 지구의 살림살이들의 재생산이 수반하는 사회적 관계 유형과 그에 상응하는 사회적 과정을 문제화할 수 있다. 다시 말해서 역사의 시작이라는 문제계는 우리의 살림살이를 사회적으로 공동 생산하는 자본주의적 양식을 극복하는 문제계이며, 이것은 적대를 발현하고 있는 사회적 공동 생산 양식을 극복하는 것과 같다. 나는 이것이 어느 유명한 구절에서 맑스가 암시하고 있었던 것이라고 믿는다. 여기서 그는 인류 역사의 시작을 그가 인간 사회의 "전사"前史라고 불렀던 것의 종말과 동일시했다.

> 부르주아적 생산관계들은 사회적 생산 과정의 마지막 적대 ─ 개인적 적대라는 의미가 아니라 개인들의 사회적 실존 조건들로부터 발현하는 적대라는 의미에서 적대적인 ─ 형태다. 그러나 부르주아 사회 내에서 발전하는 생산력은 이러한 적대의 해결을 위한 물질적 조건들 또한 창출한다. 따라서 인간 사회의 전사는 이 사회 구성체와 더불어 종말을 고한다(Marx 1987 : 263~4 [2008 : 478]).

여기서 전사와 역사의 단절은 ─ 특정 개인들 간의 의식적인 적대가 아니라 "개인들의 사회적 실존 조건들에서 발현하는" 적대라는 의미에서 ─ 적대

형태로 조직된 사회적 생산 과정의 종말이라는 측면에서 이해된다. 다시 말해서 이것은 사람들이 자신의 실존 조건들을 생산하고 재생산하면서 서로 상호 작용하는 방식에 뿌리를 둔 적대다. 이런 의미에서 역사의 시작은 이러한 적대의 극복과 그리고 새로운 사회적 협력 형태의 상정과 일치한다. 이 적대가 우리 시대에 어떻게 벌어지는가의 문제를 다루는 것은 어떤 의미에서 이 책 특유의 주제라고 할 수 있다. (2장에서 두 번째 유형의 참혹한 통계라는 외피 아래 논의한) 내가 자명하다고 여기는, 나의 주장의 기본적인 중심 가정을 유념할 필요가 있다. 그것은 사회적 힘들이 수많은 형태로 크게 발전하여, 지구의 사회적 신체로 취해진 "부르주아 사회 내에서 발전하는 생산력"이 이제는 "이러한 적대의 해결을 위한 물질적 조건들"을 상당한 시간 동안 이미 창출해 왔다는 것이다.

이 적대를 이해하는 두 가지 상관적인 방식이 있다. 첫째, 계급투쟁으로서 적대는 전통적으로 고용인 대 피고용인, 부르주아지 대 프롤레타리아트, 자본가 계급 대 노동 계급을 의미했다. 각각의 전통들이 후자를 다르게 정의하지만 말이다. 여기서 충돌은 이해관계에 반대하는 이해관계, 즉 고임금 대 저임금, 사회적 안전·충분한 연금 대 불안정한 노동 조건, 소농을 위한 토지 접근·식량 주권 대 토지 종획·대규모 기업식 영농·도시의 불결함처럼 두 화살이 상이한 방향을 가리키는 직선적 형태를 취한다. 이 영역에서 양극단을 경제적 합리성과 일치시키려고 하는 담론이 널리 퍼져 있다. 미국의 자유주의자들은 25년간의 신자유주의 개혁에도 불구하고 유럽을 여전히 부러운 듯 바라본다. 그리고 보편적 보건과 저렴한 교육을 인정하는 것이 미국 경제의 ─ 따라서 미국에 이해관계가 있는 전 지구적 부르주아지의 ─ 최선의 이익이라고 주장한다. 왜냐하면 이것이 투자를 희망하는 기업들에게는 비용 절감을 뜻하기 때문이다. 이것에 대한 예로 폴 크루그먼의 『뉴욕 타임스』 칼럼을 읽어보라. 아니면 유연한 노동 시장에 내포된 위협적 실업이라는 채찍뿐 아니라 임금 인센티브라는 당근으로 노동자들의 생산성을 향상시키는 것이 가능하다고 믿는 효율 임금 이론가들, 아니면 전 지구적 남South이 무역 자유화에 따른 값싼 수입품의 범람으로 산업과 농업이 붕괴되기 전에 좀 더 경쟁력을 갖출 수 있도록 유럽연합과 미국이 도와야 한다고 생각하는 NGO의 개발 경제학자들, 아니면 사람들은 궁극적으로 "성취하고" "효율적이며" "경쟁할" 수 있는 – 즉 "경제 성장"을 위해 타인들에게 "악"할 수 있는 – 기회가 주어질 때에만 "선"하다고 믿는 "선한" 사람들이 사용하는 모든 "선한" 주장들을 살펴보라. 우리가 그 "선함"을 받아들여 자본주의 시장이 재생산하는 가치 실천 영역에서 상대방과의 거래를 단절하자마자, 우리는 "개인들의 사회적 실존조건들로부터 발현하는 적대"가 극복되지 않고 재직조될 뿐이라는 사실을 깨닫게 된다. 내가 사장이나 정부와 맺은 성공적인 거래는 나의 사장과 내가 [그에 맞서] 다투고 있는 나의 계급에 속한 이들에게는 사실상 위협적인 파멸을 의미한다.[10]

시간의 이러한 순환성을, 즉 행동은 피드백 순환고리와 상호 관계 체계의 일부라는 사실을 살펴봄으로써, 우리는 직선시간만으로는 현재를 문제화하고 역사의 시작이라는 지평을 열기에 불충분하다는 점을 발견한다. 대립하는 이해관계를 공통의 이해관계로 만들어 같은 방향으로 움직이게 함으로써 충돌하는 화살들이 목적의식적인 행동의

---

10. 이러한 적대의 극복은 적대의 양극단이 타협하는 것을 의미하지 않는다. 특정한 상황에서의 타협 그 자체는 아무런 문제가 없다. 그러나 타협이 모순을 해결하는 것은 아니다. 타협은 단지 모순을 미래로 영속시킬 뿐이다. 극복은 시간성과 역사에 대한 그리고 사회적 변화의 본성에 대한 특정한 개념을 담고 있다.

직선시간 속에서 양립할 수 있다고 해도 동일한 적대를 순환시간에서 바라볼 때 그러한 양립은 불가능하다.

이것이 적대의 두 번째 의미이며 계급의 재개념화다. 살림살이 재생산의 조건에서 발현하는 적대는 노동 계급 내의 분할에 상응한다. 이 분할은 통합에 대한 추상적인 요구로 극복될 수 있는 단순한 이데올로기적 분할이 아니다. 그것은 임금 노동자와 비임금 노동자들이 위계에 따라 사회적 부에 대한 접근권을 [차별적으로] 갖는 사회적 신체의 단순한 물질적 분할이 아니다. 만연한 시장이 절합하고 재생산하는 그 분할은 사회적 신체의 조직적 배열이며 사회적 신체 — 공동 생산하는 다중 — 를 이루는 복수의 지향력들powers to을 절합하는 주어진 형태다. 이 분할은, 무엇보다 공통장을 종획하고 삶을 상품화하며 그리하여 살림살이들을 서로 대결시키는 사회적 실천들(종획)의 조건이자 결과다. 이 대결은 일반적으로 시장 경쟁이라 불리며 이를 통해 자본은 삶에 대한 사회적 통제를 행사할 수 있고 자신의 텔로스 — 이윤, 축적 — 를 추구할 수 있다. 이러한 사회적 협동 양식 — 이 양식을 대표하는 이론 모델과 관련한 구조적인 왜곡에도 불구하고 그것은 오늘날 점점 지구를 뒤덮고 있다 — 과 대결하지 않고서는 대안의 상상은 시작조차 할 수 없다. 이러한 실천에 내포된 가치와 그것이 가치화하는 실천에 도전하기 위해 '나서지' 않고서는 결코 다른 가치들을 제기할 수 없을 것이다. 역사의 시작은 살림살이의 재생산과 관련된 경쟁적 실천의 몰락 위에 구성된다. 이 [경쟁적] 실천이 사회적 신체에 보편화되어 사회적 신체가 살림살이를 재생산하기 위해 이 실천에 의존하게 될 때, 이 실천은 언제나 누군가의 몰락이나 몰락에 대한 두려움을 함의하기 때문이다. 여기서 지구의 — 임금 및 비임금 — 노동 계급은 실제로 다중으로, 즉 "특이성들의 집합"이나 "총체"로 나타난다(Hardt and Negri 2004 : 99

[2008 : 147]). 그러나 지구적인 임금 위계 내에서 분할되어 서로 대결하는 특이성들의 실천을 통해 그 총체가 구성되므로 이러한 다중은 극복되어야 한다. 계급투쟁은 자본주의적 발전과 자본의 가치화 과정의 주요 계기이기 때문에 자본의 극복은 동시에 노동계급의 극복을 뜻한다고 우리가 배웠던 것처럼 말이다.[11]

그릇된 양극단들

"개인의 사회적 실존 조건에서 발현하는" 적대에 중점을 두는 것은 현재의 사태를 성찰하는 정치적 담론들을 특징짓는 여러 다른 대립과 이분법과 양극단 들이 역사의 시작이라는 문제계를 제기하기에 부적절한 담론적 구축물임을 뜻한다. 예를 들어 우리가 점점 익숙해지고 있는 "참혹한 통계"(2장을 보라)는 일반적으로 '제3세계'라고 부르는 실재를 우리에게 정의내리고 그것을 일반적인 정의 방식으로 정의한다. 그것은 우리가 그 그림을 담론적으로 구축하는 동안 무언가를 배제하는 방식이다.[12] "전 지구적 빈민"이 스스로 행하고 있는 것, 즉 공동체 활력화empowerment와 투쟁, 재주, 지혜, 솜씨와 공유, 요컨대 자본의 가치를 넘어서는 가치 창출의 주기시간에 대한 많은 이야기들이 이 그림에서 제외된다는 것은 말할 나위도 없다(16장). 이렇게 함으로써

---

11. 마리오 뜨론띠의 고전 *Operai e capitale* (1966)을 보라. 이 책의 절들의 영어 번역본은 Tronti 1972를 보라.

12. 예를 들어 우리는 다음과 같은 질문을 배제한다. 하루에 1달러를 버는 사람들은 실제로 어떻게 사는가? 시장 교환을 거의 하지 않는 사람들은 서로 어떤 교환 형태를 맺고 있는가? 제3세계를 "저개발된"[상태]로 보는 패러다임에 대한 비판과, 그에 상응하는 논의로서 "개발" 담론이 통제와 권력의 전략으로 구축되는 메커니즘에 대한 비판은 다음을 보라. Escobar 1994, Esteva 1992, Esteva and Prakash 1998, Latouche 1993.

'제3세계'는 많은 '필요들'이 충족되지 않은 세계로, 주체의 신체들이 폐허 속에서 쇠퇴하는 세계로, 뉴욕과 제네바의 국제기관에 있는 박식한 경제학자들의 진부한 지혜와 저작들이 요구하듯이 무언가가 해야 할 뿐만 아니라 하지 않으면 안 되는 세계로만 나타난다.

다른 한편 '제1세계'는 당신이 어떻게 판단하든 우리에게 매혹과 빛, 풍요로움의 장소로 나타난다. "여기에는 등lights이 많다." 몇 년 전 정치 콘퍼런스에 참석하기 위해 제네바를 방문했을 때 메다 파트카르는 나에게 말했다. "쓰레기도 많고."[13] 인도에서 온 그녀는, 수출 산업에 공급하는 인도의 전기 발전량을 늘리기 위해 계획된 댐 공사로 위협받는 나르마다 계곡의 수천 개의 공동체의 생존 투쟁을 이끄는 활동가였다. 그 관찰은 특히나 날카로웠다. 그러나 트럭에 숨어 국경을 넘으며 여권이나 비자 또는 통행 허가에 자신의 희망을 맡긴 이민자들은 말한다. "그래서 뭐? 그곳은 풍요로운 곳이야." 그러므로 당신이 어떻게 판단하든 '제1세계'는 우리에게 풍요로움의 장소로, 필요가 충족된 장소로, 욕망이 자유롭게 배회할 수 있는 장소로 나타난다. 우리는 물론 '제1세계' 안에 '제3세계'가 있다는 것을 안다. 가난한 노동자들의 이야기에서, 기본적인 필요를 충족시키기 위해 더욱 빚을 지는 이야기에서, 스트레스로 지친 삶에서, 가난하게 살면서 교활한 기업 세일즈맨의 표

---

13. 소박한 관찰처럼 보일지도 모르지만 실제로 이 말은 금욕적이지 않은 이들에게도 매우 유의미하다. 2006년 3월 영국 정부는 이산화탄소 배출 저감 목표를 달성하지 못했다고 인정했다. 그에 따라 정부는 가정에 초점을 맞춘 에너지 효율 캠페인에 나섰다. 백열등을 교체해라, 이중 유리창을 사용해라, 지붕을 단열 처리해라 등등. 정부는 시내 중심가 상점 주인들에게 쓸모없는 상품을 (보통 상품 하나당 전구 하나의 비율로) 밤낮없이 밝히는 쓸모없는 전등의 스위치를 내려 [에너지 효율에] 기여하라는 말은 한마디도 하지 않았다. 런던의 피커딜리 광장 광고판처럼 하루 24시간 맥도날드와 코카콜라의 미덕을 세상에 공언하는 거대한 이동형 상업 광고판을 끄는 것에 관해서도 한마디도 하지 않았다. 좀 더 일반적으로 보면 화폐로 측정되는 경제 성장과 수익성의 신성함을 문제화하고 그것을 다른 가치들에 종속시키는 일을 시작하는 것에 관해서도 한마디도 하지 않았다.

적이 된 아이들의 이야기에서,[14] 아니면 바로크 협주곡이 바소 콘티누오를 동반하듯이 지난 25년간 신자유주의 개혁이 동반한 소득과 부의 양극화에 대한 무미건조한 통계에서,[15] 제1세계의 아주 많은 '필요

---

14. 미국에서 2001년과 2003년 감세로 인한 돈의 66%가 1%의 부유층에게 돌아가는 사이(Walker 2004) "유일하게 남은 초강대국"의 빈곤 통계는 심상치 않다. 2003년 8월 미국 통계국은 2000년 이후 추가로 늘어난 미국 빈곤층의 숫자가 4백만 명이라고 보고했다. 공식 빈곤선인 18,819달러 아래에 있는 사람들의 숫자는 3천 5백 9십만 명에 도달했다. 2002년의 3천 4백 6십만 명보다 1백 3십만 명이 늘어난 수치다(U.S. Census Bureau 2003). 어쨌든 오로지 기본적인 필요만을 채우기 위해 평균적인 가구가 지출하는 금액을 대략 계산하면 이 소득의 가정에는 약 1,500달러의 빚이 남는다(CCHD 2004를 보라). 평균적으로 미국에서 16%의 아이들이 빈곤한 상태에 있지만 미국 센서스 2000에 따르면 (45.3%인 브라운스빌이나 40.5%인 뉴올리언스 같은) 일부 도시 지역에서 이 비율은 40 내지 45%에 이른다. 2002년 폴란드 인구보다 조금 적은 3천 4백 9십만 명이 기본적인 영양을 위한 음식을 충분히 섭취하지 못한 채 자유와 민주주의의 땅에서 살고 있었다. 이 수치는 1999년의 3천 1백만 명보다 더 증가한 숫자다. 미국에서 굶주림을 경험하는 사람들의 공식적인 숫자는 거의 9백 4십만 명이다(Nord et al. 2003). 이것은 스웨덴의 인구와 비슷한 숫자다.

15. 도심지의 미국 흑인들이 인도의 케랄라 지역이나 스리랑카 또는 중국에 사는 사람들보다 기대수명이 낮다는 것은 잘 알려져 있다(Sen 1999 [2013]). 결국 온갖 신념을 가진 활동가들은 값비싼 대학 교육과 일자리에 대한 (종종 부서진) 전망이 가난한 사람들이 미군에 입대하는(American Friends Service Committee 2004), 그로 인해 생명뿐만 아니라 노동력과 지적 능력을 오늘날 제국의 전략에 제공하는 핵심 요인들 중 하나라고 광범위하게 주장해 왔다. 연방 정부의 통계에 따르면 전체 인구에서 아프리카계 미국인이 차지하는 비율은 12%에 불과하지만 군대에서 그들의 비율은 21%에 이른다(Roy 2003). 푸에르토리코 같은 지역에서 늘어나는 가난한 라틴계 인구에 신병 모집이 집중되고 핼리버튼 같은 민간 기업들이 가난에 시달리는 중앙아메리카에서 이라크에 보낼 "민간" 장병을 모집하고 있지만(Democracy Now 2004) 빈곤 및 취약성과 연결된 모병에 반대하는 항의가 미국 전역에서 늘어나고 있을 뿐 아니라 신병 모집은 줄어들고 있다. 마리스칼(Mariscal 2005)이 보도하듯이 "모병 본부를 겨냥한 좀 더 극적인 항의들 중 하나는 2004년 11월 말 필라델피아에서 일어났다. 지역의 홈리스 가정의 필요에 대한 주택도시개발국의 부실한 답변에 점점 불만을 느낀 켄싱턴복지권조합(KWRU)의 조합원들은 그들이 만든 부시빌 텐트촌에서 나와 그 도시의 육군 주요 징병소에서 연좌 농성을 벌였다. '집에 투자하라', '전쟁에는 수십억을 쏟아붓지만 가난한 사람에게는 여전히 한 푼도 없다'라고 적힌 표지판을 든 그들은 사무실을 일시적으로 점거하고 적정 주택(affordable housing)과 가정 폭력 쉼터를 비롯한 요구사항 목록을 발표했다. 몇몇 홈리스 가족은 이라크에 파병된 친척이 있다고 말했다. 연좌 농성은 소방관과 경찰이 도착했을 때 평화롭게 마무리되었고 홈리스 가족은 자신들의 캠프장으로 돌아갔다."

되지 않은 것처럼 보인다. 그리고 아주 많은 '욕망들'이 궁핍
과 판자촌 한가운데 건설된 '제3세계'의 쇼핑몰을 배회하는
것 보인다. 따라서 시장에 정상화된 정신의 관점에서 제3세계가
필요가 충족되지 않은 참혹한 왕국에 불과하다면, 참혹함에 정상화된
정신의 관점에서 제1세계는 욕망과 매혹의 왕국이다. 남과 북 모두에
서 쇼핑몰은 풍성함을, 가지각색의 색깔과 모양을 한 풍요로움의 이야
기를 들려준다. 고객 만족을 위해 웃는 얼굴, 자신의 욕망을 가격표에
접한 선으로 드러내는 신체-주체들을 위한 순수한 유목 공간. 충족되
지 않은 필요의 공간 대 욕망의 공간, 신체의 죽음의 공간 대 영혼의
죽음의 공간, 절대적인 것 대 절대적인 것이라는 이분법, 이것 아니면 저
것 ─ 대안은 없는 것처럼 보인다. 제3세계 대 제1세계의 대립은 그릇된
대안 담론의 한 사례다. 이 대립은 '그들'이 '우리'처럼 되기를 요구하며,
'우리'가 '그들'처럼 되지 않은 것을 고맙게 여겨야 한다고 알려준다. 그
것은 구조조정과 정상화라는 양극단이다. 그래서 우리는 질문을 던지
지 않고 계속해서 경주를 이어간다.

그릇된 양극단의 다른 사례가 있다. 사실 현대의 비판 담론들은
종종 양극단의 다른 면에 반하여 한 면을 수용한다는 점에서 그릇된
양극단에 빠져 있다. 내가 이 책에서 취하고 있는 방법론적 관점에서
볼 때, 그릇된 양극단은 실제로 그것을 생성하는 체계적 역학에 진정한
대안을 제시하지 않는다. 예를 들어 다음의 양극단들을 살펴보자. 그
것들은, 관습적으로 '경제'라고 부르는 것의 상이한 측면들에 관한 정
치적 '좌'·'우' 스펙트럼 사이의 논쟁에서 우리가 종종 만나는 것들이다.

· 이기심·경쟁 대 협력
· 자유방임주의 대 국가 개입

· 자유 무역 대 보호무역주의

일반적으로 말하면 경제 자유주의자는 [위] 대립의 왼쪽 극을 수용
해 온 반면 그들의 비판자들은 반대 극을 옹호하곤 했다. 그런데 실제
로는 경제 자유주의와 시장 체계가 그들의 반대 극을 통해 실현되어
왔다. 이기심과 경쟁은 생산에서의 노동 협력을 통해,[16] 시장의 창출은
국가를 통해,[17] 자유 무역은 보호무역주의를 통해[18] [실현되어 왔다]. 비
평가들이 양극의 체계적 유대(즉, 양극 사이의 역동적인 관계 때문에
양극이 자신들이 취하는 그 형태를 취한다는 사실)를 문제 삼지 않
고, 그리고 한 극과 다른 극의 관계가 지닌 본성을 문제화하지 않은 채
대신 한쪽 극을 채택하는 한, 비평가들은 이 역동적 관계를 재생산할

---

16. 7장에서 간략히 논의할 바와 같이, 사회적 마디들(조직들)을 가로지르는 경쟁은 생산
   지점에서의 어떤 협력 형태에 뿌리를 둔다. 그러므로 우리가 경쟁을 이야기할 때, 실제
   로는 **협력**하는 마디들의 경쟁을 이야기하고 있는 것이다. 자본주의적 생산 조직의 상이
   한 모든 모델들은 더 위계적이든 덜 위계적이든, 근대적인 1920년대의 포드(Ford)와 더
   유사하든 탈근대적인 21세기 구글과 더 유사하든, 바깥의 어떤 '타자'에 대한 내부 갈등
   을 관리하여 협력을 구조화하는 방법을 찾아야 한다. 초기 자본주의부터 근대 산업까
   지의 협력과 노동 분업을 다룬 고전적인 논의는 맑스의 『자본』(Marx 1976a [2008]) 13,
   14, 15장을 보라 [한국어판에서는 11, 12, 13장]. 모든 규모의 사회적 생산 마디들(기업,
   도시, 지역, 국가)의 "성장"과 "경제적 성공"과 "경쟁력"에 있어 "사회적 자본"의 중요성을
   다루는 현대의 논의는 파편화하는 시장의 힘에 대항하여 자본주의적 생산이 일어나기
   위해 어느 정도 필요한 결합을 재생산할 필요성의 측면에서 이해될 수 있다. 사회적 자
   본과 "개발"의 관계에 대해서는 Fukuyama 1995를 보라.
17. 이 관계에 대한 고전적인 서술로는 이 책 5장에서 논의하는, 『자본』(Marx 1976a
   [2008])에서 시초 축적을 다룬 맑스의 논의와 칼 폴라니의 『거대한 전환』(Polanyi 1944
   [2009])이 있다. 물론 오늘날의 문헌은 대부분 국가가 세계시장 촉진에서 담당한 역할을
   다룬다. 예를 들어 전 지구적인 금융 시장 형성에서 국가가 담당한 역할에 대한 논의로
   는 Helleiner 1995를 보라.
18. 역사적으로 영국 같은 친 자유무역 국가들이, 자신이 보호한 자국 산업이 힘을 갖추
   고 나서야 자유화를 촉진하기 시작했다는 것은 잘 알려진 사실이다. [이에 대한] 개관은
   Went 2002를, 좀 더 자세한 분석으로는 Hudson 1992를 보라.

수 있는 여지를 열면서 그들의 대립 극을 위해 봉사하게 된다.

따라서 예를 들어 미국과 유럽연합 같은 자유 무역 옹호자들[조차] 다양한 형태의 (예를 들어 농가 보조금을 통해 농업에서) 보호무역주의를 실행한다는 이유로 무역 자유화에 반대하는 것은, 인상적인 한마디가 중요한 2분짜리 라디오 인터뷰에서 점수를 딸 수 있을 뿐이지 살림살이들을 서로 대결시키는 체계에 대한 비판은 아니다(기껏해야 그것은 위선의 증거다). 오히려 그것은 '큰 손들'의 자유 무역 수사修辭를 해명하려고 '큰 손들'을 수용하는 것이다. 권력자들이 이 비판 담론들을 진지하게 취급할 때 일어날 수 있는 결과는 우리가 '경제'라고 부르는 현재의 상호관계 체계가 의지하고 있는 가치 실천들의 약화가 아니다. 오히려 그 결과는 이 체계가 표준 경제학 교과서에 실린 허구의 서사대로 작동하는 것을 방지하는 '장벽'과 '경직성'을 해체함으로써 이 체계가 전진하는 것이다. 디스토피아를 향해 한 걸음 더! 네오콘이자 세계은행 총재인 폴 월포위츠가 오늘날[2006년] 옹호하는 것이 바로 이것이다. 그보다 우리는 이러저러한 양극단 전체를 검토할 필요가 있다. 그것은 양극의 절합을 붕괴시키는 과정들뿐 아니라 양극을 절합하는 과정들을 검토하는 것이다.

책의 구조

"개인의 사회적 실존 조건에서 발현하는" 적대의 극복은 인간의 능력들을 실행시키는 자본주의적 양식의 극복이다. 새로운 것의 정립이란 사회적 힘을 다르게 행사하고 다르게 절합하는 양식들의 정립일 수밖에 없다. 이를 위한 기본 조건은 훈육 시장과는 독립적으로 사회적 자원에 접근하는 것이다. 다시 말해 우리는 시장 의존도를 줄이고 자유로운 사회적 개인으로서 삶을 살아가기 위해, 모든 규모의 사회적 행동을 통해 공통장의 영역을 우리의 사회적 행위의 점점 더 많은 범위로 확장해야 한다.

이 책에서 우리는 이 과정의 반대편을 연구할 것이다. 즉 자본주의적 시장이 어떠한 방식으로 인간의 능력들의 실행과 그에 상응하는 필요와 욕망과 열망 들을 절합하는, 행위의 체계적 질서화인지를 연구한다. 그것은 공통장의 종획에 입각한 질서화로서, 축적이라 불리는 텔로스를 추구하고, 살림살이들을 서로 대결시킴으로써 재생산되며, 풍요로움의 한가운데에 결핍을 생산한다.

이 책은 4부로 나누어져 있다. 1부에서 나는 자본주의적 행위 양식과 사회적 공동 생산의 광범위한 특징을 논의한다. [이를 위해] 임금 주체뿐 아니라 비임금 주체들의 투쟁과 사회적 갈등이 어떤 식으로 자본주의적 항상성 순환고리의 구성에 통합되어 있는지, 따라서 그 체계의 역동적 재생산에 어떻게 통합되어 있는지 보여 주는 데 몰두한다. [1부의] 2장에서 나는 이 연구의 존재론적 출발점이라 할 수 있는 자본주의적인 사회적 공동 생산 과정을 다룬다. 여기서 나는 가치 실천들 간의 투쟁 - 행위하고, 관계 맺고, 의미를 부여하고 사회적 능력들을 절합하는 양식들 간의 충돌 - 의 측면에서 갈등 개념을 재구성한다. 나는 또한 다양한 투쟁들을 가치 투쟁들로 해석함으로써 우리가 '외부', 즉 '자본과 다른 것'을 인정할 수 있고, 그렇게 함으로써 모든 것을 자신의 목적에 종속시키고자 하는 사회적 세력의 망상으로부터 고귀한 정신과 자율성을 되찾을 수 있다고 주장한다. 3장에서 나는 이러한 측면에서 볼 때, 새로운 형태의 사회적 협력을 추구하고자 하는 이들의 '적'은 '자본주의' - 이것은 가치 실천들 간의 투쟁에서 출현하는 하나의 체계에 대한 이름이다 - 가 아니라 자본, 즉 특유의 행위 양식과 사회적 능력들의 절합으로 삶을 식민화하고자 하는 하나의 사회적 세력이라는 것을 보여 준다. 나는 또한 우리의 정치에 희망의 차원을 복원하고 싶다. 그리고 사실 자본주의는 많은 사회적 생산 및 교환 체계들 중 하나일 뿐인데도 자본주의가 우리의 삶을 지배하며 모든 것을 에워싸고 있는 체계라고 믿는 이들에게 이의를 제기하고 싶다. 나는 또한 여기서[3장] 책 전체에서 사용되는 몇 가지 기본 용어를 논의하고 내가 이해하는 사회적 세력들이 무엇인지 명확하게 밝힌다. 4장에서 나는 맑스의 화폐 자본 순환을 사용하여 자본 축적의 무한한 성격을 다루며, 어떻게 이 무한함이 식민화된 주체를 구성하기 위한 전략 ─ 이 전략은 투쟁과 경합한다 ─ 을 담고 있는지 논의한다. 그리고 나는 분리와 종획의 과정을 통해 능력들을 전 지구적으로 절합하는 역사적 예증을 제공한다. 5장에서 나는 임금 생산자들과 비임금 생산자들의 활동이라 할 수 있는 생산 순환과 재생산 순환의 근본적인 결합을 논의하는 것으로 분석을 확장한다. 나는 역사적으로 임금 활동과 비임금 활동의 분할이 자본주의 체계 전체를 재생산하는 데 있어, 그리고 전 지구적인 노동 분업을 따라 살림살이들을 서로 대결시키는 '적대 발현'을 구성하는 데 있어 근본적이었다고 주장한다. 6장에서 나는 지구적 수준에서 생산 순환과 재생산 순환의 일반적인 관계를 논의한다. 여기서 나는 자본주의 시장의 피드백 과정들이 가치 실천들 간의 투쟁들을 절합하는 것을 표현하는 기본 틀을 그린다. 그리고 이 투쟁들과 투쟁들의 전치dis-placement라는 측면에서 현대의 전 지구적 노동 분업을 독해하는 일반적인 틀을 제공한다. 자본의 화폐 순환을 사용하는 이 세 장[4, 5, 6장]과 이후 프랙털 파놉티콘을 다루는 15장에서 독자는 사실 내가 개별 주체성들이 덫에 걸려 있는 구조를 이론화한다는 인상을 받을지도 모른다. 오히려 나의 주장은 그 반대이며, 맑스의 정신에 더 가깝다. 개별 주체성들은 자신들을 덫에 옭아매려고 하는 사회적 형태로 자신들의 사회적 협력을 절합하지만 [그 사회적 형태가] 존재하는 모든 이들을 옭아매지는 못한다. 그 덫은 끊임없이 붕괴되고 다른 공간들이 끊임없이 창조되기 때문이다.

2부는 우선 1부에서 발전시킨 전체 틀을 기반으로 삼는다. 그런 다음 내가 제안하는 틀을 기초로 해서 지구화를 다룬 문헌에서 논의된 쟁점 몇 가지를 다룬다. 7장에서는 자본의 가치 실천들의 기본적인 좌표를 종획과 훈육적 통합으로 간주하며, 가치 실천들 간의 충돌로 이해되는 투쟁들과 자본주의적 항상성 과정들의 관계가 지닌 일반적인 특징을 논의한다. 그다음 나는 오늘날의 신자유주의적 협치 담론을 비판적으로 분석한다. 8장에서는 지구화를 다룬 문헌의 몇 가지 주요 교의를 비판적으로 검토하고 그 교의들을 제안된 이론적 틀로 재구성한다. 8장의 분석 대상이 지구화의 일반적 경향과 담론이라면 9장에서는 오늘날 임금 순환고리와 비임금 순환고리의 결합으로 이해되는 전 지구적인 자본주의적 생산을 좀 더 상세히 연구한다. 여기서 나는 어떻게 해서 현재의 무역 패턴과 전 지구적인 상품 사슬의 구조가, 가치 투쟁들이 전치되는 항상성 메커니즘의 도구인가를 보여 준다.

3부는 낯선 제목을 갖고 있다. 맥락, 경합, 텍스트. 앞의 [1, 2]부에서 내가 가치 투쟁들이 생산 및 재생산 순환을 통해 산출하는 광범위한 사회적 역학을 검토했다면, 여기서는 자본의 가치 실천들을 산출하고 재생산하는 주요 과정들을 연구하는 데 집중한다. 10장과 11장에서 나는 전통적인 맑스주의와는 달리, 맑스가 시초 축적이라고 부르는 것, 즉 좀 더 간단히 말하면 종획이 자본주의적 생산의 연속적인 특징이라고 주장한다. 10장이 [종획의] 이론적 주장과 근거를 개괄한다면, 11장은 현대의 종획 분석을 위한 분석틀과 실례를 다룬다. 자본의 가치 실천은 종획에서 자신의 계보를 발견한다. 종획은 권력을 "행동에 대한 행동"으로 정의하는 푸코의 용어로 우리가 이해할 수 있는 것이다. 이처럼 이 두 장은 '맥락'이라는 주제를 다룬다. (성공적인) 종획의 행동이, 살림살이를 재생산하고 특유의 형태(훈육 시장)로 행위를 절합하는 하나의 맥락(타자의 행동에 대한 행동)을 창출하기 때문이다. 12장과 13장에서 자본의 가치 실천은 자본 고유의 척도에 대한 논의를 통해 밝혀진다. 12장에서는 맑스의 가치 이론에 대한 보다 정통적인 해석자들 및 '경제 환원론자들'과 거리를 유지하면서도 '가치법칙'에 대한 현대의 비평가들 몇몇을 비판적으로 검토한다. 특히 포스트포드주의와 비물질 노동과 서비스 경제가 성장하면서 자본은 더 이상자신의 가치를 측정할 수 없으며 따라서 사회적 신체에 노동을 부과할 수 없다고 주장하는 이들을 비판적으로 검토한다. 이 [12]장과 13장에서 나는 이들과 달리 훈육 시장을 하나의 사회적 과정으로 간주한다. 이 과정을 통해 개별 행위자들은 행위를 측정하고 따라서 그것을 분류하며 — 앞 장들에서 논의한 — 전 지구적인 훈육 순환고리를 낳는하나의 사회적 위계 속에 그것을 구조화한다. 계속 진행 중인 자본주의적 측정 양식의 과정은 맑스가 사회적으로 필요한 노동시간이라고부른 것의 형성과 일치한다. 이것은 눈에 보이지 않으며, 임금 및 비임금 공동 생산자들 뒤에서 사회적 공동 생산의 규범을 낳는 과정이다. 그들에게 사회적 공동 생산을 '누가', '얼마나', '무엇을', '어떻게' 하는가, 라는 것은 민주주의와 자유를 조롱하는 낯선 세력이 된다. 여기서 '경합'은 이 측정 과정, 즉 자본 고유의 측정 양식이 가치 실천들 사이에서진행 중인 투쟁에 의해, 즉 사회적 신체 내에서 진행 중인 내전에 의해구성된다는 사실을 나타낸다.

마지막으로 '텍스트'는 두 가지 고전 텍스트에 대한 분석과 성찰이다. 이를 통해 우리는 하이에크가 시장질서라고 부르는 것에 기반을 두는 자본주의적 측정 과정의 창발적 결과가 어째서 특정한 유형의 감옥, 즉 벤담의 파놉티콘과 유사한 조직 원리를 가지고 사회적으로 통제하는 조직 기하학인지, '메타 행동'인지 밝힐 수 있다. 우리가 "프랙털 파놉티콘"(14장과 15장)이라고 부르는 이 만연한 훈육 시장의 조직 질서에서 주체성과 투쟁은, 풍요로움의 한가운데에 결핍을 낳고 결핍의 한가운데에 풍요로움을 낳는 하나의 공동 생산 양식 속에 들어선다. 이 공동 생산 양식은 주체들의 행동과 두려움과 성향에 그에 상응하는 영향을 끼치며, 이 주체들의 살림살이들은 그렇게 적대적인 형태로 함께 엮인다.

4부에서 나는 역사의 시작, 즉 자본의 가치 실천으로부터의 탈구라는 문제계로 돌아간다. 가설을 다루는 이 두 장[16, 17장]에서 내가 시도하는 것은 계획적인 해답을 제시하는 것이 아니라 "우리를 걷게 하는" ─ 사빠띠스따의 슬로건을 변주한 이 문구는 4부의 제목이다 ─ 질문들의 틀을 짜는 데 기여하는 것이다. 공통장의 생산 그리고 자본의 가치 실천의 "외부 되기"라는 문제계는 앞 장들의 논의에 기초하여 이 되기의 조건에 대한 고려와 함께 논의된다.

이 책이 교환가치, 사회적으로 필요한 노동, 시장 같은 범주들을 사용할지라도, 나를 경제학자로 만든 직업 교육이 가끔씩 나의 언어와 문체를 짓누를지라도 '맑스의 비판사회이론의 경제적 환원'이라는 고전 맑스주의의 오류를, 할 수 있는 한 피하려고 노력했다는 점을 독자들이 알아주기 바란다. 나는 맑스의 정치경제학 비판을 정치경제학으로 환원하는 것이 아니라, 정치경제학의 범주들을 가능한 한 비판사회이론의 도구로 확장하려고 노력했다.

1부

방향 설정 : 경합 지형으로서 살림살이의 공동 생산

2장

가치 투쟁들

일시적 시공간 공통장

2005년 7월 글렌이글스 반G8 행동이 진행되는 동안 스털링 캠프는 일시적 자율 지대, 즉 주기시간, 상[絲]시간, 직선시간의 세 차원이 재절합되었던 일시적 시공간 공통장이었다. 참가자들은 이 재절합의 배우들이었고, 또한 부모와 그 아이들이기도 했다. 이 공통장의 경험은 전 지구적 시장이라는 뒤집어진 공통장에서의 일상적 실천들을 평가하는 데 유용하다. 시간의 재절합을 통해 스털링 캠프는 다른 가치들이 사회적 협력, 즉 공동 생산을 지배하는 장소가 되었다. 그곳은 평화로운 전쟁을 개시하는 평화의 장소였다.

그곳이 평화의 장소였다는 것은 우리가 오후 늦게 도착했을 때 바로 알 수 있었다. 우리는 혼돈된 질서의 웅성거림을, 즉 사회적·관계적 실험의 실험실이 지닌 전형적인 분위기를 느낄 수 있었다. 캠프에 들어서는 것은 집합적인 상[絲]시간에 들어서는 것이었다. 우리는 작은 밴을 넓은 모래밭 옆에 주차했다. 이것은 우리 아이를 위한 선물이었다. 레오나르도는 이리저리 뛰어다니기 시작했고 다른 아이들과 함께 놀면서 옆 사람의 물건을 집어 들기도 하며 즐거운 시간을 보냈다. 이 행사에 참여하면서 부모들이 얻은 것 중 하나는 코뮌적 차원이 여기서는 판타지나 이데올로기가 아니라는 것이다. 그것은 신체에 영향을 미친다. 감금의 장소들, '규칙과 규제 들' 그리고 과잉코드화된 '건강과 안전' 절차들을 중심으로 구조화된 우리의 일상에서 우리가 놓치고 있는 것이 무엇인지 당신은 깨닫게 된다. 특히 당신이 전 지구적 북North의 도시 환경에서 살고 있다면 더욱 그렇다. 대신 당신은 아이에 대한 통제를 포기하면서 손을 놓게 된다. 주위에 있는 다른 눈과 귀가 상삐시간에 잠재하는 위험을 직선시간의 '책임성'과 기꺼이 연결하며, 필요하다면 행동한다는 것을 알기 때문이다. 마치 한 개인으로서의 당신이 단순히 타인들과 좀 더 가깝게 있다는 것만으로 자신의 힘을 증폭하고 자신의 걱정을 더는 것 같다. 그곳의 타인들은 (지하철 객차에서 타인들과 가깝게 있을 때처럼) 할 일과 따라갈 방향이 있는 신체인 것만은 아니다. 당신과 함께 순환시간, 즉 규범과 가치 창출의 시간에 함께 하는 타인들이다. 다시 말해서 그 캠프는 두 가지 상관적인 의미에서 하나의 관계적 장이었다. 첫째 '구조적 수준'에서 그러했다. 그 캠프는 사람들이 쓰레기 수거와 음식 조달부터 직접 행동에 이르는 일을 결정하고 조정하는 구역으로 조직되어 있었기 때문이다. 둘째 일반적으로 나타나는 소통의 긴장감을 고려해 볼 때 [캠프에서는] 우리가 '타인'에 대해 가진 고정된 이미지를 극복하는 대화와 관계 맺기가 전반적으로 쉬웠다. 예를 들면 우리가 도착한 지 몇 분 지나지 않아 젊은 청년 두 명이 모래밭으로 다가오더니 창을 던지고는 얼마나 날아가는지 지켜보기 시작했다. 그들은 떠벌리는 영국 타블로이드 신문 일 면에서 볼 수 있는 이미지를 쏙 빼닮았다. 후드를 푹 뒤집어쓰고 거들먹거리는 걸음을 하면서 이렇게 말하는 사람들 말이다. 날 방해하지 마. 나는 레오나르도의 손을 붙잡았다. 그들이 정확히 우리 쪽으로 창을 던지고 있었기 때문이다. 내가 뭐라고 말하려던 바로 그때, 그들은 레오나르도가 있다는 걸 알아챘고, 창을 던져도 괜찮을지 아니면 다른 쪽으로 던지는 게 더 좋을지 정중히 물었다. 중년의 학자가 타블로이드 신문과 총리실이 묘사한 주택 단지 '건달'의 이미지를 만난다. 재미있는 것은 그들이 소통할 수 있다는 것이다. 그들은 **공통**의 담론을 공유한다. 아이들의 안전!

부모로서 반G8 시위에 가는 일은, 특히나 '폭력'으로 더럽혀진 그림에 굶주린 언론과 경찰이 에워싸고 있는 스털링 캠프에 머무르기로 결정하는 일은 쉽지 않았다. 반려자와 나는 전부터 시위와 행동에 참여해 왔고, 2001년 제노바에서 벌어진 최악의 경찰 만행은 순전히 운이 좋아 피할 수 있었다. 다른 사람들은 정말 운이 없었다. 우리 둘 다 할 이야기가 있었다. 그러나 생애 처음으로 우리는 언제나 상(常)시간에서 살고 있는 아이들에 관련된 '안전'이라는 비이론적인 문제계에 직면했다. 아이들의 모든 경험은 형성 중이다. 즉 모든 사건은 잠재적으로 정신적 외상으로 남을 수도 있고 아니면 풍요로운 것이 될 수도 있다. 이것은 물론 전 세계의 많은 아이들과 그 부모, 친구, 친척 들이 매일 마주치는 위험이다. 지구적 시장과 금융 훈육 그리고 '경쟁력'을 지고의 존재로 여기지 않는 사회적 신체의 필요와 욕망에 맞서 촉발되는 잔인함과 우둔함이다. 우리는 어떤 기자가 아이를 집회에 데려오는 건 무책임한 행동이 아니냐고 한 엄마에게 묻는 것을 들었다. 두 아이를 데려온 젊은 엄마는, 발라클라바[1]를 쓰고 검은 옷을 입은 활동가를 경찰이 구타하는 사진 옆에 실려 타블로이드 일 면을 장식할 것이다. 이제 사진을 찍을 시간이다! 우리는 그 제목을 상상해 볼 수 있다. "부끄러운 줄 알아라!" 그녀는 반G8이 소요 사태라는 걸 모르는가?

---

1. [옮긴이] 머리와 목, 얼굴을 거의 다 덮는 모자.

그 기자는 물론 G8이 구조조정과 삶의 시장화와 전쟁을 촉진한다
는 걸 이해하지 못했다. 그리고 그것이 전 세계 수백만의 아이들의 삶
에 끼치는 무책임한 영향을, 참혹한 통계를 이해하지 못했다. 손가락
을 튕기면, 그곳에서 예방 가능한 질병으로 한 명의 아이가 죽는다. 다
시 손가락을 튕긴다 … 얼마나 '무책임'한가! 그렇지만 이것이, 우리의
언론이 크게 보도하는 참혹한 통계다. 이것은 정치적 스펙트럼의 좌·
우파뿐 아니라 좌·우파 궁정광대들의 '증언'에 의해 충격적인 사건으
로 거듭 이야기된다. 자유주의자 빌 클린턴, 네오콘 폴 월포위츠, 궁정
광대 보노Bono와 밥 겔도프는 모두 동일한 신조를 공유하면서 충격적
인 사건을 크게 떠들고 시장 개혁을 그 해결책으로 추진한다.[2] 그들은
뉴스 헤드라인이 우리에게 무엇을 알려주는지 알고 있다. 예를 들어
에비앙에서 열린 이전 G8 회담 행사 당시, 영국의 신문 『가디언』은 우
리가 점점 익숙해지고 있는 몇 가지 참혹한 통계를 일 면에 보도했다.
다음은 그 견본이다. "현재 추이로 봤을 때 사하라 사막 이남의 아프리
카가 빈곤 상태에 있는 사람들의 숫자를 반으로 줄일 것으로 기대할
수 있는 연도는 2147년이다." "매일 2만 명의 아이들이 예방 가능한 질

---

2. 예를 들어 〈빈곤을 역사로 만들자〉(Make Poverty History)와 〈라이브 8〉 캠페인의 사례
를 보라. 이 캠페인은 2005년 스코틀랜드 글렌이글스에서 진행된 G8 정상회담에 맞춰
열렸다. 록스타 보노가 "세계가 말했고 정치인들이 들은" 행사라고 불렀고, "임무 완수"
라는 밥 겔도프의 판정으로 종결된 그 캠페인의 활동가들은 G8 지도자들을 찬양하고
싶어 했고 심지어는 G8에 반대하는 20만 명의 행진을 "스코틀랜드에 온 G8 지도자들을
환영하기 위한 … 걸음"이라고 불렀다. 약속된 부채 면제가 전 지구적 남(South)에서 금
융 중심로로 흘러가는 전체 이익에 비하면 얼마나 보잘것없는 것인지, 부채 감축의 약속
이 어째서 구조조정과 시장 개혁을 촉진하는 신자유주의 의제의 일환인지에 대해서는
Hodkinson 2005를 보라. 그러므로 CNN에서 록스타 보노와 전(前) 대통령인 자유주의
자 빌 클린턴 그리고 개발경제학자인 "좋은 사람" 제프리 삭스가 이라크 전쟁의 네오콘
전략가이자 현재 세계은행 총재인 폴 월포위츠와 동일한 신조를 공유할 수 있으며, 이들
모두 반부패라는 코드명 아래 시장 개혁이 부채와 빈곤 감소에서 중요하다고 동의하는
것은 놀라운 일이 아니다. 예를 들어 영상 샘플로는 World Bank 2005a를 보라.

병으로 죽는다." "1분에 한 명씩, 1년에 5십만 명의 여성들이 임신 혹은 출산 중에 죽는다." "1990년대에 1천 3백만 명의 아이들이 설사로 목숨을 잃었다 — [이것은] 2차 세계대전 이후 무장 충돌로 사망한 전체 숫자보다 많다"(Elliott 2003). 그리고 매년, G8 회담이 열릴 때마다 동일한 충격적 사건, 동일한 격분, 시장 개혁에 의지하는 동일한 목록의 해결책이 나온다.3

엄마들과 시위에 당황한 우리의 기자는 두 번째 유형의 참혹한 통계를 성찰할 수도 있었다. 이것은 우리가 방금 언급한 통계와는 달리 우리를 절망에 빠뜨리지 않는다. 오히려 이 통계는 우리를, 신문을 덮고 타인의 생존이 아니라 우리의 생존에만 집중하게 되는 일상적인 분주함의 소용돌이 속으로 밀어 넣기보다는, 또는 쉬운 해결책을 가진 경직된 이데올로기적 구성물로 합리화하기보다는 우리를 일순간 당혹스럽게 만든다. 두 번째 유형의 참혹한 통계는 소화하기 힘든 하나의 실재를 가리킨다. 기술적으로 말하면 세계의 주요 문제는 어려운 일이 아니다. 영양실조와 에이즈와 말라리아로 죽을 필요는 없다. 아이들이 놀거나 학교에 가는 대신 전쟁터에 가야 할 필요는 없다. 세계의 많은 참혹한 일들은 방지할 수 있을 뿐 아니라 처리할 수 있다. 모든 이들의 삶에 대한 구조조정을 중단함으로써 [문제를] 방지할 수 있는 권력은 대안적인 살림살이 수단을 중지시킴으로써 삶의 모든 영역에 시장 경쟁을 강제하는 그 권력이다. 이것들은 놀랄 만큼 처리하기 쉬운 문제들이기 때문에 치유할 수 있다. 예를 들어 수백만 명의 목숨을 앗아

---

3. 『가디언』의 그 기사는 『유엔 인간개발보고서 2003』(United Nations 2003)을 보도한 것이었다. 이 보고서는 인간 면역 결핍 바이러스(HIV)와 에이즈, 기근, 부채 그리고 정부 정책의 조합을 통해 전 세계 국가의 4분의 1이 넘는 곳에서 빈곤이 증가했음을 보여 주었다.

가는 전 세계의 주요 질병과 영양실조를 없애기 위해 필요한 것은 우리가 향수의 소비에 지출하는 자원의 양과 동일하다.[4]

독자들은 내가 단순히 방향제를 포기하는 것만으로 문제를 해결할 수 있다는 이야기를 하고 있다고 속단해서는 안 된다. 나는 우리가 지구상에서 사회적 재생산의 가장 끔찍한 문제라고 인식하는 것을 맥락화하는 방법으로 참혹한 통계라는 메타포를 사용하고 있다. 화폐 가치, 즉 이윤을 좇아 세계 금융 중심지들을 매일 거쳐 가는 거의 3조 달러라는 돈 앞에서, 기본적인 생활 조건을 보전하기 위해 연간 필요한 수십억 달러라는 이 돈은 정말 완전히 무의미해 보인다. 가려운 데를 긁는 정도처럼 보인다. 그러므로 사회적 신체 전체의 재생산이라는 관점에서 보면 결핍은 존재하지 않는다. 그것은 허구며, 발명품이다. 그렇

---

4. "골드만삭스의 애널리스트는 — 240억 달러에 이르는 피부 관리와 180억 달러의 메이크업, 380억 달러의 모발 관리 상품 그리고 150억 달러의 향수로 이루어진 — 전 지구적인 미용 산업이 연간 7%까지 성장하고 있다고 추산한다. 이것은 선진세계 GDP [성장 속도]보다 두 배 이상 높은 비율이다. 이 분야의 시장 선도 기업인 로레알은 13년 동안 연평균 14%의 이윤 성장률을 기록했다. 같은 기간 니베아의 매출은 연간 14% 성장했다"(*Economist* 2003). 동일한 보고서는 "미용 산업"이 연간 약 1천 6백억 달러의 가치가 있다고 주장한다. 다른 한편 2015년까지 인간 면역 결핍 바이러스/에이즈와 주요 질병의 영향력을 역전시키고 빈곤, 기아, 영양실조를 (없애는 것이 아니라) 반으로 줄이기만 하는 모든 주요 "개발 목표"를 달성하는 데 연간 약 1천억 달러 — 대략 전 세계 원조액 5백 6십억 달러의 두 배 — 가 소요된다고 한다(Johansson and Stewart 2002). 물론 이 추산은 오늘날 제3세계가 원조로 받는 것보다 더 많은 빚을 북(North)에 갚는다는 사실에 대해서는 침묵한다. 1999년 발전도상국에 대한 보조금이 1파운드라면 부채상환으로 되돌아가는 금액은 13파운드가 넘는다(World Bank 2001). 전체적으로 발전도상국들은 고소득 세계에 대한 순자본수출국이 되었다(World Bank 2005b). 또한 기본적인 "개발 수요" 비용을 나타내는 이 수치는 크루즈 미사일 1기에 대한 비용 3백 8십만 달러(최근 이라크 전쟁에서 첫 달에만 발사된 크루즈 미사일이 750개였다) 또는 B-52 폭격기에 대한 비용 4천 2백 9십만 달러와 비교해 보면 왜소해 보인다(Brookings Institution 1998). 미국의 군비가 4천 2백억 달러이며 향후 5년간 군대에 2조 2천억 달러 이상을 지출한다는 부시 행정부의 계획은 언급할 필요조 없다(Center for Arms Control and Non-Proliferation 2005).

지만 이 사회적 신체를 구성하며 자원 제약과 맞닥뜨린 개별 개인과 공동체 들에게 그것은 엄연한 현실이다. 그리고 그것이 자본의 척도가 지배하는, 즉 자본 자신의 주기시간 양식이 지배하는 상호작용인 한에서 그것은 사회적 상호작용의 각각의 규모에서 경험된다.[5] 이런 이유로 두 번째 유형의 참혹한 통계가 하나의 측정 단위, 화폐로 표현된다는 점을 명심하라. 화폐는 중립적이지 않다. 우리가 이 책에서 보게 될 것처럼 그것은 참혹한 통계가 요약하는 패턴과 현상을 낳는 사회적 관계들의 집합을 구성하는 요소다.

우리의 당황한 기자는 아이들과 함께 G8에 항의하는 이 엄마들 사이의 가교를 볼 수 없었다. 그리고 이 엄마들이 그곳에 가서 표현하려고 했던 전 지구적인 사회적 신체 내의 긴장을 볼 수 없었다. 우리가 인류로서 개발해 온 엄청난 힘들과 세계의 공동 생산자로서 살아가야 하는 광란의 삶, 즉 많은 사람들이 겪는 비참함 속에서 좀 더 눈에 보이는 효과를 발견하는 광란 사이의 긴장[을 볼 수 없었다].[6]

---

5. 결핍은 필요와 수단 사이의 한 관계다. 현대 주류 경제학 담론은, 목적은 "무제한"한 것으로, 수단은 제한된 것으로 상정한다(Robbins 1984). 이 관계에서 결핍의 자연화가 일어난다. 즉 결핍은 인간의 자연적인 상태라는 믿음이 생겨난다. 실제로 이러한 의미에서 결핍은 하나의 담론적 실천이며, 이것은 개인은 파편화되고 원자화되어 있으며 공동체에서 분리되어 있다는 생각에 바탕을 둔다. 그 개인을 경제학자들은 호모에코노미쿠스라고 부른다. 파편으로 구축된 개인으로서, 사회적 신체의 힘에서 소외된 특이성으로서 우리는, 우리가 훈육 시장을 통해 매일 재생산하는 결핍의 세계에서 실제로 살아간다. 이 훈육 시장은 살림살이들을 서로 대결시킴으로써 우리가 살림살이들을 공동 생산하는 사회적 관계 형태다. 결핍의 극복은 고립과 파편화의 극복과 같다. 자율적인 원주민 공동체들이 자본주의적 시장이라는 추상적인 메커니즘보다는 구성원들 간의 직접적인 관계를 수반하는 사회적 과정들을 통해 어떻게 목적과 수단을 정하는지 기술하는 저자들이 입증했듯이 말이다. 이러한 관점에서 결핍 개념을 비판하는 글로는 다음을 보라. Esteva and Prakash 1998.

6. 유엔의 추산에 따르면 12억에 가까운, 즉 지구 인구의 약 1/5이 극심한 빈곤 상태에서 살고 있다. 약 8억 명은 만성적으로 굶주린다. 우리가 여기서 살펴볼 수는 없지만, 물론 무엇을 "빈곤"으로 볼 것인가를 둘러싼 논쟁이 있다. 어쨌든 이 논쟁의 흥미로운 입구는

그러나 스털링 캠프에 있는 엄마와 아이들을 보고 있는 기자의 충격적인 사건에는 또 다른 문제가 있다. 그리고 이것은 '위험'risk의 개념 및 구축과 관련이 있다. 주류 금융적·경제적 훈육에서 '위험 평가'는 기업가와 사업가 들이 늘 하는 것이다. 그들이 말하는 '위험'은 일반적으로 개인 행위자들이 투자 결정을 내린 뒤 자산이나 돈을 잃을 수 있는 가능성을 말한다. 우리의 경우 '위험 평가'는 캠프와 행동에 참여하기로 결정을 내리기 전에 할 수 있는 것이 아니었다. 왜냐하면 일단 당신이 자율 지대의 일부가 되면, 그러한 다른 차원의, 주기시간·상(相)시간·직선시간의 상이한 절합의 일부가 되면, 당신은 타인들과 함께, 그 위험이 다양한 관점과 필요에서 평가될 뿐 아니라 구축되는 맥락을 창출하는 데 기여하기 때문이다. 당신은 타인들과 함께 사회적으로 '위험'을 구성하는 배우가 된다.

부모들과 아이들의 동종 집단affinity group이 생겨난 건 바로 잔혹한 경찰 전술의 가능성에 맞서 연합 전선을 꾸릴 필요가 있었기 때문이다. 많은 참가자들(거의 여성과 엄마들)이 이전에 경제적·군사적·지구적 권력을 직접 겨냥했던 집회에 참여하거나 정상회담에 반대한 경험이 있었고 그래서 우리 정부가 사회 운동을 진압하고 대중 시위가 회담의 레드존에 접근하지 못하도록 경찰력을 어느 정도 사용할지 알고

경제 성장과 빈곤 감소의 직접적인 관계는 없다 ― 경제학자들이 듣기 싫어하는 말 ― 는 증거가 늘어나면서(United Nations 2004) 빈곤 척도의 변경을 고려해야 할지도 모른다고 말하는 연구들이다(Deaton 2003). 이와 달리 또 어떤 사람들은 하루에 1 또는 2달러 미만을 버는 사람들의 숫자로 빈곤을 측정하는 세계은행의 방법론을 비판한다. 이 방법론이 시점 간 그리고 장소 간 의미 있는 비교를 용인하지 않는 추상적인 통화 척도에 의존함으로써 빈곤한 사람들의 숫자를 지나치게 낮게 추산한다는 것이다. 이러한 비판을 감안하면 세계의 빈곤이 줄어들고 있다는 주장은 정당화될 수 없을 것이다. 어떤 이들은 "가난한 사람들의 소득이 추상적인 '화폐로 측정한' 국제 빈곤선에 비교하여 충분한가가 아니라 그 소득이 일단의 기초적인 능력을 획득하기에 충분한가."에 중점을 두는 절차를 제안한다(Reddy and Pogge 2003:32).

있었다. 우리 중 다수가 오랫동안 그 운동에 참여해 왔기 때문에 부모가 된다는 것이 우리가 G8과 전 지구적 자본주의 기관들을 대하는 방식을 바꾸지는 않는다. 오히려 부모가 되면서 그 분노는 더 커지고, 좀 더 구체적인 깊이를 획득하며, 더 깊은 비애감과 뒤섞인다. 그에 따라 당신은 구조조정 피해자들의 고통에 좀 더 쉽게 공감하게 되고, 세계의 다른 지역에서 식량과 물, 의료, 교육을 위해 싸우는 우리 형제자매들의 투쟁이 얼마만큼 아이들의 신체와 영혼, 존엄 그리고 미래의 보존이라는 가치를 획득하는지 이해하게 된다.

그곳에 가기로 한 우리의 결정이 의미했던 것은 경찰의 잔혹함에 대한 두려움을 피하지 말고 맞서야 한다는 것이었다. 다른 많은 부모들이 같은 생각을 했고 이에 따라 우리는 아이들과 함께 누군가 '아기' 구역이라 부르고 싶어 했던 것을 준비했다 ─ 그렇지만 그 이름은 더 나이 든 아이들이 [자신을] 어린아이로 여기지 않았기 때문에 거부되었다. 그래서 '어린이' 구역이 생겨났다. 우리는 그것을 '꼬마 녀석 구역'으로 부르고 싶었지만.

적어도 50가구가 사람들의 입에서 입을 통해 캠프 한가운데에서 소집된 첫 번째 회의에 참석했다. '안전'의 문제 그리고 시위와 직접 행동에 참여하는 법이 우리 의제에서 최우선이 되었다. 첫 번째 중요한 결정은 쉽게 이루어진 합의를 통해 내려졌다. 다른 대부분의 동종 집단은 그들이 차단하려고 하는 고속도로에 도착하기 전에 경찰에 포위되는 것을 피하기 위해서 한밤중에 혹은 이른 아침에 캠프에서 출발할 계획이었지만, 우리는 확신했다. 우리 아이들은 아침을 먹기 전에 출발하는 것은 허락하지 않을 것이다! 그리고 나서 토론과 결정 그리고 문제·과제·위험·기회에 대한 철저하게 현실적인 걱정이 이어졌다. 아이들과 재생산의 문제가 중심에 있을 때 무의미한 모든 정치적 대화는 증발하고, 결정은 이데올로기적 분할이 아니라 **공통** 감각의 문제가 된다. 그것은 **공유된** 삶의 조건, 공유된 시간의 절합을 중심으로 구축되는 감각이다.

물론 주된 문제 중 하나는 거리에서든 아니면 캠프가 급습을 당할 때든 또 다른 제노바 시나리오가 전개될 경우 경찰의 만행에 대처하는 방법이었다. 어떤 경우에도 우리는 우리가 뚜렷하게 하나의 집단으로 입장을 고수하더라도 경찰이 우리를 건드리지 않기를 바랐다. 스털링 캠프가 급습을 당하면 우리는 경찰이 아이들을 볼 수 있도록 캠프 가운데 있는 빈터에 모일 것이었다. 경찰이 습격한다는 소문과 추측이 돌고 있었기 때문에 우리는 언론뿐 아니라 경찰에게 캠프에 아이들이 있다는 걸 주지시켰다. 우리는 또한 우리의 행동과 의도가 분명하게 드러날 수 있도록 경찰 및 언론과의 연락망을 확보했다. 이러한 사례에서 당신과 경찰 사이의 **공통적인** 것에 당신이 의지하는 방식은 흥미롭다. 그들도 아이가 있다. 그렇지 않은가? 그들은 그것이 무슨 뜻인지 알고 있고 거기에는 여성 경찰도 있다. 그렇지 않은가? 우리는 어떤 타블로이드 신문을 읽었던 것을 기억한다. 그 신문은 시위대가 기회주의적이게도 아이들을 방패로 삼는다고 비난했다. 진실과는 거리가 먼 이야기다. 자신의 아이를 거리로 데려갈 때 부모는 아이를 방패로 사용하지 않는다. 그것은 부모가 자신의 가치들을 지키기 위해서 맞서고 있는 개별 경찰들에게 책임을 묻는 것이다. 그들은 아이들의 안전이 두 진영 사이의 **공통의** [문제]라는 사실과 진짜 적은 다른 곳에 있다는 사실을 경찰이 받아들이거나 거부하도록 강요하고 있는 것이다.

일시적 시공간 공통장의 실천은 무력하고 순진한 것이라고 간단히 무시해 버릴 수도 있다. 실제로 전통적인 좌파의 대부분이 그렇게 한다. 나에게, 그들의/우리의 존재는 언덕 위에 서서 풍경을 응시하는 것과 비슷했다. 구경꾼 외부에는 구경꾼이 되돌아가야 할 동일한 세계가 놓여 있다. 그러나 이 전경을 바라보는 관점에서 우리는 사태들이 어떻게 관련되어 있는지 좀 더 분명하게 알 수 있다. 그래서 우리는 풍경의 한가운데로 돌아가면서 우리 자신과 타인을, 우리의 공동 생산 관계를, 그리고 우리의 행동에 좀 더 깊은 의미를 부여하는 가치를 측정[평가]할 수 있다. 우리의 일상 행동과 재생산, 안전, 목적, 열망을 우리가 책임지는 공통장의 경험은 직선·주기·상帶 시간을 다른 차원에서 절합하는 것이다. 그것은 다른 가치들을 따라 사회적 공동 생산을 절합하는 것이고, 다른 가치 실천들을 실험하고 시도하는 것이며, 가시적인 자본의 가치 실천 외부에 있는 하나의 차원을 만드는 일이다. 우리가 그곳에서 우리의 존재를 다른 것으로 선언함으로써 말이다. 일시적 시공간 공통장은 가치 실천들의 충돌을 확인시켜 준다. 그러므로 우리는 자본을 가리키며 말할 수 있다. 우리는 자본 외부에 있다!

하나의 윤리 체계로서의 시장

실제로 외부는 이른바 '경제'를 구축하는 활동들을 일상적으로 영위할 때는 매우 흐릿한 것처럼 보인다. 자본주의적 시장이 사람들의 삶에 훨씬 더 크게 작용하는 세계 지역에서 사회적 공동 생산의 행위를 지도하는 경제적 계산법의 외부를 인식하기란 어렵다. 비즈니스는 비즈니스라고 선언하는 동어반복은 시장 합리성을 다른 많은 가치 실천들 속에서 갈등을 빚는 하나의 가치 실천으로 간주하기보다는 '어쩔 수 없는 현실'로 간주하는 것과 밀접한 관련이 있다.

가치 실천들

내가 가치 실천으로 의미하는 것은 하나의 주어진 가치 체계에 입각할 뿐 아니라 결국 그 체계를 (재)생산하는 행동과 과정이며 또한 그에 상응하는 관계망이다. 다시 말해서 이것은 특정한 방식으로 개별 신체와 사회적 신체 전체를 절합하는 사회적 실천들과 그에 상응하는 관계들이다. 이 절합은, 한 가치 체계 내에서 무엇이 '좋고' 무엇이 '나쁜지'를 담론적으로 선택하고 실제로 이 선택에 의거하여 행동하는 개별 특이성들이 생산한다. 이 행동은 사회적 실천들을 절합하고 이 '좋음'과 '나쁨'을 새로 구성하는 방식으로, 또는 피드백 메커니즘의 본성이 주어질 경우 이 '좋음'과 '나쁨'에 한계를 설정하는 방식으로 결국 사회적 신체를 가로지르며 피드백 메커니즘을 관통한다. 그러므로 가치 실천을 말하는 것은 사회적 형태, 조직적 범위, 행위 양식, 공동 생산과 관계 양식, 힘들의 절합 형태가 사회적 과정들을 통해 어떻게 구성되는지 말하는 것이다.

가치 실천을 말하는 것은 사회적 실천이나 사회적 행위 혹은 사회적 공동생산이 '좋음'과 '나쁨'을 선별하는 평가 체계에 기반을 둔다 ― 여기서 개별 특이성들은 이 평가를 기초로 행동한다 ― 는 사실과 이 행동들의 효과는 결국 다른 가치 실천들과 충돌하는 이 가치 체계의 매개변수 내에서 측정된다는 사실을 강조하는 것뿐이다. 다시 말해서 결국 사람들의 행동을 이끄는 것은 그들이 그들의 행동에 부여하는 의미라는 사실을 강조하는 것이다. 일반적으로 나는 여기서 '가치'를 이렇게 행동을 이끄는 의미라고 이해한다. 인류학자들의 말에 따르면, 가치는 사람들이 자기 행동의 중요성을 자기 자신에게 재현하는 방식이다(Graeber 2001 [2009]). 이 중요성을 재현함으로써 그들은 자신의 행동에 대한 지침을 갖는다. 그러나 가치는 나머지 사회에서 고립된 개인들로부터 불쑥 나오는 것이 아니다. 어떤 행동이나 과정도 "오직 더 큰 행동 체계 속에 통합될 때에만 의미를 획득한다(헤겔식 용어로 말하면 "구체적이고 특유한 형태"를 띠게 된다)"(Graeber 2001 : 68 [2009]). 개인과 전체의, 부분과 총체의 절합이 함의하는 바는 가치를 추구함으로써 우리는 전체, 즉 공동 생산의 망을 재생산한다는 것이다. 그러므로 가치 추구의 상이한 유형들은 상이한 유형의 전체들, 상이한 자기조직 체계들, 상이한 유형의 '사회들'을 재생산한다. 그러므로 우리가 자본주의적 생산양식 — 인간 역사상 유일하게 두 번째 유형의 참혹한 통계, 즉 풍요로움 속의 결핍을 낳은 생산양식 — 을 어떻게 재생산하는가를 연구하는 것은 그러한 특징을 갖는 가치를 우리가 어떻게 추구하는가를 연구하는 것이다. 대안의 정치는 궁극적으로 가치의 정치, 즉 어떤 가치 실천을 [새롭게] 확립하는 정치다. 즉 개별 신체들과 사회적 신체 전체를 절합하는 사회적 실천들과 그에 상응하는 관계들을 확립하는 정치다.

하나의 윤리 체계로서의 시장

시장에 관한 한 캐나다 철학자 존 맥머트리가 여기서 이 쟁점들을 명확히 하는 데 도움을 준다. 그의 비판적 작업은 다양한 경제학파들의 실증주의적·객관주의적 환상에 맞서 시장은 하나의 윤리 체계라고 주장한다. 그러므로 우리가 시장 안에서 무엇을 하든 그것은 가치 판단과 그에 따른 타자와의 관계를 수반한다. 이 타자가 보통 우리에게 보이지 않을지라도 말이다. 맥머트리의 작업은 시장을 규범으로 이해하는 유일사상pensée unique의 최면 장막을 간파하는 데 도움을 준다. 그리고 시장 가치들에 입각해 사회적 신체의 활동들을 절합하는 양식에 대안은 정말 없다고 우리가 믿기를 원하는 사회적 세력들의 가치 프로그램을 약화시키는 데 도움을 준다.[7]

그의 주장을 요약하면 이렇다. 다양한 경제학파들은 우리의 (사회적) 선택 및 가치에서 독립적인 경제법칙의 존재를 믿는다. 사실 "경제학자들은 모든 분석 단계에서" 다른 가치 체계들을 "비가시적으로" 만들면서 "하나의 가치 체계를 상정하고 있음에도 그들의 분석에 어떤 가치 판단이 작용하고 있다는 것을 단호하게 부인한다"(McMurtry 1998 : 13). 그러나 현실에서 모든 시장 결정은 시장 가치 체계의 표출이다. 우리가 이 가치 체계에 내포되어 있는 한, 우리가 그 체계의 코드화된 언어와 매개변수 안에서 행동하는 한, 우리는 자신이 헤엄치고 있는 바다를 볼 수 없는 한 마리 물고기와 같다. 우리가 작동시키는 그 가치 체계를 이해하기 위해서 우리는 시장이 제공하는 매개변수 외부로 걸어 나가야 하고 [우리에게] 주어진 시장을 거부해야 한다. 맥머트리는 이 외부로의 발걸음을 개념적 작동으로 이해한다. 이것은, 맑스가 『자본』의 독자들에게 우리가 자연적이고 주어진 것으로 받아들이는 자본주의적 생산양식의 사회적 형태들을 이해하기 위해서 추상의 개념적 힘을 사용해야 한다고 주장하는 것과 매우 비슷하다. 그러나 내가 이후에 주장하듯이 그리고 스털링 캠프 이야기에서 예로 들었듯이 시장의 외부로 향하는 개념적 발걸음은 시장의 가치 실천들에 직접 대립하는 구체적인 많은 사회적 실천들과 투쟁들에서 유사한 것을 발견하기도 한다.

맥머트리는 가치 체계와 가치 프로그램이라는 두 개념을 구별한다. 일반적인 용어 '가치'가, 우리가 중요하거나, 매력적이거나, 우선하거나 혹은 귀중한 것으로 간주하는 (그리고 우리의 경제생활에서 우리가 화폐로 측정하는) 어떤 것이라면, 가치들은 함께 전체 사고 구조로 결합하여 가치 체계들을 낳는다.[8] 따라서 가치 체계는 우리가 세계를 이해

7. 예를 들어 McMurtry 1998 ; 1999 ; 2002를 보라.

하는 하나의 개념 격자다. 그것은 무엇이 좋고 무엇이 나쁜지, 무엇이 정상이고 무엇이 비정상인지, 우리가 무엇을 단념해야 하고, 무엇을 바꿀 수 있는지 (심지어 무의식적으로) 정의한다. 우리가 12장에서 보게 될 것처럼 가치 체계는 격자를, 즉 무엇이 '좋고' 무엇이 '나쁜지'를 선별하는 원리를 제공한다. 이 원리 안에서 특이성들은 사물을 측정[평가]하고 정리하며 그 결과 자신의 행동에 기준점을 부여한다. 다른 한편 가치 프로그램은 자신을 넘어선 외부를 **생각해낼** 수 없게 하는 하나의 가치 체계다.[9]

이와 같이 사회적 신체, 이른바 '경제'의 생산과 재생산을 지배하는 가치 체계/프로그램과 관련하여 맥머트리는 수출용 새우 생산에서 양식을 위해 사용되는 베트남 폭탄 구멍의 예를 든다. 여기서 경제 담론이 제공하는 개념 격자로 인해 이 생산은 성공작으로 평가된다. 수출 이익이 증가했고, 효율성이 개선되었으며, 자본 투자를 유치했다 등등. 그러나 이 개념 격자가 선별한 이러한 시장-지향 가치 체계에는 보이지 않는 문제들이 여전히 많다. 삶의 안녕 – 즉 시장 가치와는 다른 가치 – 이란 측면에서 평가하면, 새우 생산의 역사는 상실과 재앙의 역사

---

8. "가치 체계는 세계에서 사고하고 행동하는 필수적인 방식으로 지지되는 좋음과 거부되는 나쁨을 연결한다"(McMurtry 1998:7).

9. "가치 체계 혹은 윤리는 상정된 자신의 가치 구조가 자신을 넘어서는 사고를 배제할 때 하나의 프로그램이 된다"(McMurtry 1998:15). 따라서 예를 들면 "힌두교도가 카스트법을 넘어선 실재를 사고하지 못할 때, 마케팅 전문가가 시장 가격을 넘어선 가치를 매기지 못할 때 우리는 가치 프로그램이 작동하는 사례들을 본다. 사회적 가치 프로그램은 질투의 신이다. 의식과 결정, 선호와 거부는 그 안에 갇혀 있다. 그것에 반대하는 모든 것은 이방인, 악, 비정상으로 배척된다. 역할과 개별화, 개인적인 만족과 기피의 양상들은 자아로 내면화된 프로그램의 동화와 분화로 나타난다. 역할 교사(role-master)에 대한 살아 있는 대안은 금기시된다. 종의 성장기에 집단의 모든 구성원은 그 집단이 보는 대로 본다. 모든 구성원이 집단이 경험하는 대로 경험한다. 모든 구성원이 집단이 하는 대로 지지하고 거부한다. 대문자 타자(the Other) 외에 가치 프로그램을 넘어서는 실재는 없다"(McMurtry 1999:21).

다. 지하수가 오염되고 농지는 사막으로 변했으며 살림살이는 파괴되었다.[10]

비슷한 사례는 물론 많다. 실제로 세계은행, IMF, 국제연합 그리고 정부 기관과 부처는 모두 동남아시아와 아프리카 그리고 라틴아메리카 전역에서 토지의 그런 '혁신적' 이용을 장려해 왔고, 그 결과 비슷하게 참혹한 이야기들이 이들 지역에서 보고되고 있다. 이제 우리는 물을 수 있다. 이러한 사례에서 시장 가치 체계가 잘못 작동했던 것인가? 그렇지 않다. 시장의 개념적 틀이 자연자원과 자급자족 부지들을 가치들로, 즉 가치를 지닌 것으로 포함하지 않으며 따라서 그 틀은 이윤을 추구하는 기업이 미친 영향을 – 경제학자들이 부르듯이 – 시장 가치 체계의 외부성으로만 간주하기 때문이다. 부수적으로 이 '외부성들'이 야기하는 사회적 격변 가능성을 진정시키기 위해 보상이 마련될 수도 있다. 그러나 보상은 다음 차례의 자본 운동이 반복해서 동일한 '외부성'을 일으키는 것을 막을 수 없다. 그러므로 핵심은, 이것은 경제학자들이 부르는 '시장 실패', 즉 시장 법칙의 불충분한 이행에 따른 결함이 아니라는 것이다. 오히려 그것은 시장 가치 구조를 구성하는 요소다.

---

10. "인구 밀도가 높은 8개국에서 높은 가격을 받는 새우에 할당된 메콩강 삼각주 지역과 해안의 매우 기름진 토양 대부분은 빠르게 상태가 나빠졌고 염수를 계속 채우면서 영양분, 산소, 용수량, 나무뿌리가 약화되었다. 지하수는 오염되어 마시기에 위험한 물이 되었다. 대규모 새우 플랜테이션은 투자에 대한 세금 혜택을 받고 들어왔다. 플랜테이션은 소작농의 땅을 임대하거나 매입하여 확보했고, 토지에 물을 가득 채웠으며, 가축을 팔아 가축이 새우 재고를 소모하지 않도록 소작농들을 압박했고, 토지가 황폐화되면 즉시 다른 수익성 좋은 곳으로 옮겨갔다. 작은 땅을 가진 농부가 활발하게 증가한 시장 활동과 거래에서 새우 양식을 위해 자신의 작은 땅을 임대했든 팔았든 혹은 사용했든, 그들에게 남은 것은 온통 사막화된 토지뿐이었다. 마치 보복 습격을 하는 침략군이 의도적으로 한 것처럼 땅에는 틀림없이 그리고 파괴적으로 소금이 뿌려졌다. 그러나 일어났던 모든 일은 선호와 가치라는 시장 체계의 원리를 한결같이 표현했다"(McMurtry 1998:8~9).

이러한 사례들은 아주 많으며, 우리가 보게 될 것처럼 시장 가치 실천들이 실제로 다른 가치 실천들과 충돌한다는 사실을 알려준다.

그뿐만 아니라 개별적인 '좋음'과 '나쁨'은 '좋음'과 '나쁨'을 함께 연결하는 가치 체계에 담론적으로 절합되어 있음을 유념하는 것이 중요하다. 그러므로 이것들은 결국 기능적으로 그리고 구조적으로 관련되어 있다. 우리가 만일 어떤 것을 '좋음'으로 정의하면, 그것의 발생에 필요한 조건들도 '좋음'으로 간주되는 식으로 말이다. 예를 들어 초국적 기업이 투자를 하면 거의 모든 사람이 기뻐한다. 그것은 일자리를 창출하고, 공동체를 부활시키며, 국가 번영에 이바지하고, ─ 특히 문제의 그 기업이 노동과 환경 분야에서 효과적인 홍보 전략을 갖고 있다면 ─ 심지어는 환경에도 이롭다고들 한다. [그러나] 틀림없이 어떤 이들은 항의할 이유가 있을 것이다. [그 기업을] 의심하는 환경운동 단체는 주변 강에 끼칠 수 있는 환경 영향이나 새로운 도로가 가져올 환경 파괴에 항의할 것이다. 주민 협회는 소음과 생활의 혼란이나 더 최악의 경우 새 공장 인근 사람들이 겪을 건강상의 위험을 우려할 것이다. 또 다른 사람들은 주변의 공장이 자기 집의 금전적 가치에 끼칠 영향을 염려할 것이다. 그러나 대체로 이 우려들은 기껏해야 정치인들의 다양한 향후 조정 약속과 다른 전술을 통해 진정되고 무시될 것이다. 어쨌든 그곳에는 당신처럼 아마도 가족이 있고 아이를 키우는 사람들이 필요를 갖고 산다. 어떤 필요는 다른 필요보다 우위에 있다. 그리고 모든 사람에게 '괜찮은' 삶의 '기회'를 제공할 필요는 모든 정부의 최우선사항이다.

이 짧은 이야기는 우리 사회에서 일자리 창출은 '괜찮은 삶'이라고 여겨지는 것의 주요한 전제조건이라는 믿음과 그러므로 '좋음'은 세계를 바라보는 우리의 공통감각 방식에 뿌리내리고 있다는 사실을 보여준다. 그리고 내가 보기에 이것은 유럽연합과 미국에서 지난 사반세기 동안 일자리 보장과 '완전고용'이라는 포드주의적 합의를 대체했던 노동의 비정규직화 증가로 인해 더 사실처럼 보인다. 이것이 살림살이 수단에 있어 사회적으로 그리고 역사적으로 결정된, 임금에 대한 우리의 의존과 전적으로 비례하는 공통감각이라는 점은 말할 필요도 없다. 따라서 그 투자는 결국 그 자체로 좋은 것이며 누구도 의문을 던지지 않는다. 다른 경우에는 참혹한 통계 — 이것의 대다수는 공동체를 그들의 땅에서 몰아내는 투자의 직접적인 결과다 — 를 매우 열정적으로 보도하는 신문과 잡지의 편집장들조차 의문을 던지지 않는다. 그리고 우리의 경제 체계에서 투자는 그냥 이루어지는 것이 아니라 동일한 것을 하려고 하는 다른 행위자들과 마주하여 이윤을 추구하기 때문에(이른바 '경쟁 환경'), 다른 '좋음들'(과 그것들의 비가시적인 보충물들)은 효율성(과 스트레스에 지친 삶), 비용 효율성(과 긴축), '좋은 사업 환경'(과 사업 지침 준수 완화), 낮은 영업세율(과 사회적 지출의 삭감), 교통 및 통신 인프라의 우선적 처리(와 온실가스, 더 많은 교통 체증, 더 많은 숲의 콘크리트화) 그리고 이윤을 추구하는 자본을 유치한다고 하는 다른 모든 변수들을 포함해야 한다. 일단 '좋음'이 담론적으로 구축되면, '나쁨'이 따라온다. (무기 생산이나 주민을 내쫓는 댐의 투자회수를 비롯하여) 투자회수, 비효율성(과 공생공략하는 행위), 더 높은 화폐 비용(과 덜 화폐화된 '생활' 비용), '나쁜' '사업 환경'(과 정의正義에 대한 요구를 인정하는 정부), 높은 영업세(와 무상 교육 및 보건), 엄격한 환경·노동 규제(더 깨끗한 환경과 더 여유롭고 건강한 삶) 그리고 이윤을 추구하는 자본을 쫓아 버린다고 이야기되는 다른 모든 변수들. 사실 이것들은 다른 가치 체계들의 관점에서 보면 반드시 나쁜 것은 아니다.

외부를 상정하기

우리는 어떻게 우리 자신의 안전과 살림살이를 재생산하는 가치 체계를 인식할 수 있을까? 레비스트로스는 "자신이 인간을 연구하기 위해 프랑스를 떠나야 했다."고 주장했다.[11] 우리의 삶에 침투하는 가치 체계를 인식하기 위해 우리는 외부로 걸음을 옮겨야 한다. 그러나 여기서 어려움이 따르는 것 같다. "위험 속에 자신을 던지지 않으면"(McMurtry 1998, 강조는 인용자의 것) 지배적인 가치 프로그램의 ─ 맥머트리의 암의 은유를 빌면, 그 프로그램의 "병리학적 구조"를 인식하기 위한 ─ 외부에 설 수 없기 때문이다.[12] 앞에서 예로 든 스털링 캠프는 여기서 좋은 사례다. '경제'의 상품화된 공간 외부에 있는 이 일시적인 시공간 공통장에서 벌어진 대부분의 논의는 습격의 위험과 관련이 있었기 때문이다. 이것은 치아빠스의 사빠띠스따처럼 자율을 위

---

11. McMurtry 1998 : 15에서 인용.

12. 맥머트리에 따르면 이 가치 체계 자체를 "나쁘다고" 비판하는 것은 가능하다. 그러나 그렇게 하려면 우리는 그 체계가 두른 "방어적 합리화의 갑옷"의 주위를 돌면서 그 체계를 폭로해야 한다. 각각의 가치 체계는 그 체계가 처한 곤경이 인류 전체의 "좋음"으로 표현될 때까지 그러한 갑옷을 두르고 있다. 그래서 예를 들면 인종주의적 패러다임은 (자유, 서구 문명 그리고 백인우월주의자들이 사용하는 다른 유행어들 같은) 특정 가치를 고수한다고 주장하지만 대신 다른 가치도 고수한다. 문제는 한 가치 체계가 고수한다고 주장하는 가치와 그것이 실제로 고수하는 가치의 이러한 간극을 폭로하는 것이다. 다시 말해서 이것은 그 가치 체계에 책임을 묻는 것이다. 나는 이것이 억압을 재생산하는 ─ 특히 자본처럼 사람들의 살림살이를 조정함으로써 억압을 재생산하는 ─ 가치 체계를 처분하기에 충분한 "방법"이라고 확신하지 않는다. 그것은 너무 합리주의적이며, "방어적 합리화의 갑옷"의 책임을 누구에게 물어야 하는지가 분명하지 않다. 노엄 촘스키 같은 세련된 비평가들이 미국의 대외 정책이 두른 "방어적 합리화의 갑옷" 이면의 거짓말을 폭로하기 시작한 지 이제 수십 년이 지났지만 그 중심에 자리 잡은 가치의 변화에는 조금도 기여하지 못했다. 또한 시장 메커니즘은 궁극적으로 살림살이의 재생산과 사회적 생산의 조정을 가능하게 하지만 승자와 패자를 끝없이 만들어낸다. 비평가들이 패자의 문제를 지적하면 [시장] 옹호론자들은 승자의 성공적인 역사를 이야기한다.

해 그리고 토지와 자원의 신자유주의적 종획에 맞서 투쟁하며 따라서 자본주의적 시장 외부의 차원을 위해 투쟁하는 원주민 공동체에게도 명백하다. 이것은 투쟁에 참여하는 많은 임금 혹은 비임금 공동체에게도 명백하다. 그들이 [자신의] 입장을 밀어붙여 시장의 가치에 의문을 던지는 단계로 나아가는 한 그렇다. 여기에는 실제로 이중의 위험이 있다. 첫째, 우리의 이동의 자유, 삶, 물리적·심리적 온전함을 위협하는 국가와 국가의 억압 장치에 관한 위험. 둘째, 우리의 살림살이 수단과 관련한 위험. 이 두 가지 위험은 가치 체계가 어떻게 가치 프로그램으로 경화되는가에 대한 분석에서 명백하게 드러난다. 이 경화가 일어나면 가치 프로그램은 "자신의 행동 패턴을 '필수적인' 것으로 부과한다"(McMurtry 1999 : 19). 이것이 살림살이를 파괴하고 이에 저항하는 이들을 살해하고 감금하며 고문할지라도 말이다. 실제로 - 이 책 10장에서 개괄하는 - 이른바 시초 축적에 대한 맑스의 분석이 보여 주듯이, 시장 가치 체계가 하나의 가치 프로그램으로, 오늘날 많은 이들에게 "정상적인" 상태로 비춰지는 것으로 경화될 수 있는 건 그것이 국가라는 세력을 수반하기 때문이다. 그뿐 아니라 사고방식의 드러냄을 막는 정신적 장벽, 즉 "사회의 원주민[들] … 로 매일같이 세뇌된"(McMurtry 1999 : 20) 이들에게 가치 프로그램이라는 전제가 생겨난 것은 단순히 개념적·이데올로기적 주입으로 이해될 수 없다. 시장 가치 프로그램은 사회적 행위를 절합하며, 특정한 방식으로 그것을 한다. 사회의 개별 마디들은 이 가치 프로그램의 관습과 매개변수의 인도를 받아 자신의 살림살이를 생산하고 재생산한다. 노동자에게 고임금은 '좋은 것'이고 저임금은 '나쁜 것'이며 실업은 보통 '최악'이다. 주주에게 고배당은 '좋은 것'이고 저배당은 '나쁜 것'이다. '소비자'에게 저렴한 것은 '좋은 것'이고 브랜드는 '좋은 것'이며 비싼 것은 '나쁜 것'이다. 기업 간부에게 저비용은 '좋은 것'이고 고비용은 '나쁜 것'이며 소비자의 충성은 '좋은 것'이다. 이들 및 다른 사회학적 집단들의 추상 작용은 하나의 프로그램이 된 지배적인 시장 가치 체계에서 의미를 찾음으로써 측정[평가]하고 계산하며 선택을 한다. 일반적으로 이것은 살림살이의 공동생산이라는 효과를 가져오는 선택이다.

그러나 이야기는 여기서 끝나지 않는다. 우리가 13장에서 보게 될 것처럼, 하나의 시장 가치 프로그램에 입각한 실천들은 사회적 협력 규범을 만드는 훈육 과정의 구성 요소들이다. 다시 말해서 모든 실천들과 그에 상응하는 선택들은 하나의 행위 체계에 절합되어 있는데 여기서 개별 부분들은 처벌의 위협과 보상의 약속을 경험한다. 이것이 푸코가 정상화 제재라고 부르는 것이다. 그것은 정상화된 주체를 만드는 반복적인 과정이다. 그러나 이것은 사람들이 자신의 살림살이를 재창출하는－혹은 그러기를 희망하는－과정이기도 하다.

이 과정들을 이론화하기 위해서 우리의 초점을 가치 체계들에서 가치 실천들로 옮길 필요가 있다. 맥머트리가 가치 체계라는 용어를 사용하면서, 가치들의 체계를 의미작용과 의미들의 구조가 주어져 있는 하나의 전체성으로 정의한다면, 나는 가치 실천들이라는 용어로, 그러한 가치 체계에 입각해 있을 뿐 아니라 결국 그것을 (재)생산하는 행동과 과정과 관계망 들을 나타낸다. 다시 말해서 가치 실천들은 개별 신체들과 전체 사회적 신체들을 절합하는 사회적 실천들과 그에 상응하는 관계들이다. 그 실천과 관계 들은 무엇이 '좋고' 무엇이 '나쁜지'를 개념적으로 그리고 담론적으로 선별할 뿐만 아니라 실제로 이 선별에 기초하여 행동함으로써, 따라서 피드백 메커니즘을 통하여 이 '좋음'과 '나쁨'을 구성하기 위해 사회적 실천들을 절합함으로써 그렇게 한다[개별 신체들과 전체 사회적 신체들을 절합한다]. 그러므로 가치 실천들에 관해 말하는 것은 사회적 형태와 조직 범위, 행위 양식, 공동 생산 및 관계 양식뿐만 아니라 이 형태를 낳는 과정들에 대해 말하는 것이다.

개인들은 대안적인 가치 실천들의 행위자이자 전달자인 것과 마찬가지로 많은 경우 자신의 삶에서 자본주의적 가치 실천들의 특이한 singular 행위자이자 전달자이다. 예를 들어 내가 슈퍼마켓에 가서 커피를 살 때 나는 브랜드를 선택하고 긴 지구적 공동 생산 사슬의 마지막 이음매가 된다. 이 사슬은 그 브랜드와 그에 상응하는 일단의 기표 속에서 그 커피를 그 형태로 그곳에 데려오는 수많은 삶 실천들의 사례와 나를 연결한다. 이처럼 구매 행동은 타인들과 절합하는 행동이다. 나의 멍한 쇼핑객 의식 속에서는 그 일이 쇼핑 목록에 있는 물품을 사는 일에 지나지 않을지라도 그렇다.

사회적 신체 내의 절합은 정보와 소통, 즉 피드백 체계를 통해 일어난다. 실제로 모든 관계 체계에는 그 요소들을 횡단하는 소통 관계와 정보 흐름 들이 있다. 인간 체계의 정보는 상이한 수단을 거쳐 이동한다. 연설, 라디오 전파, 쓰인 말, 상이한 유형의 기호들, 이 중에서 가격은 시장 교환에 관한 하나의 사례를 구성한다. 어떤 유형의 정보든 그리고 그 소통을 위해 채택된 어떤 수단이든 사회적 체계와 생물학적 체계의 한 가지 핵심적인 차이는 사회적 체계의 경우 정보의 의미를 해석하지 않으면 정보를 사용할 수 ─ 즉 정보에 기초하여 행동할 수 ─ 없다는 것이다.[13] 그러나 ─ 여기가 문제의 핵심인데 ─ 어떤 해석 체계든 그것은 특정한 가치들에 기초하는 체계다. 일상의 행동에서 사회적 행위자들이 이것을 알든 모르든 그렇다. 이 가치를 통해 행동하는 행위자들의 관점에서 보면 가치는 선택의 원리로 볼 수 있다. 이 코드[선택 원

---

13. Dobuzinskis 1987 : 119를 보라.

리를 통해 그들은 타인과의 관계 양식 안에서 체계 내 행동으로 이해되는 자신의 행동과 관련 있는 정보를 선택한다. 따라서 예를 들어 내가 대형 슈퍼마켓 체인의 구매 담당자라고 가정해 보자. 커피 가격이 갑작스럽게 하락했을 때 나와 관련 있는 정보는 가격이 회복되기 전에 내가 커피를 비축할 수 있다는 것이다. 즉 그것은 나의 행동과 관련 있는, 나에게 무언가를 의미하는, 내가 어떻게든 가치를 부여하는 정보다. 시장 행위자로서의 나와 관련 없는 정보, 그러므로 내가 나의 사회적 역할을 수행하면서 걸러내는 정보와 그 결과 나의 행동과 관련 없는, 즉 내가 가치를 부여하지 않는 정보는 커피 가격의 하락이 세계 전역의 많은 소규모 생산자와 농부들의 파산을 의미한다는 것이다. 이 정보는 물론 다른 누군가에게는, 즉 그 현상으로 직접적인 타격을 입는 이들뿐만 아니라 그들과 각기 다른 방식으로 연대 관계에 있는 이들에게도 어떤 의미가 있다. 정보를 파악하고 의미를 부여하며 그것에 기초하여 행동하는 이 두 가지 상이한 방식은 물론 실재(무언가를 의미하고 그 결과 행동의 기반이 되는 정보)의 구축에 참여하고 상이한 관계 체계를 낳는 두 가지 상이한 방식을 재현한다. 실제로 우리는 상이한 가치 실천들이 관계 체계들의 경계들을 사실상 구성하며 사회적 갈등은 이 경계들 사이의 교차점에서 벌어지는 충돌이라고 말할 수 있을 것이다.[14]

---

14. 여기서 내가 언급하는 가치 실천들이 한 가치 체계 내에서 주체들이 사용하는 선택 원리라는 점을 분명히 해둘 필요가 있다. 이것은 한 특정 행위자가 믿는 윤리적 원리와 관습들의 집합이 아니다. 후자는 특정한 특이성이 지도받을 필요가 있는 그런 가치들, 즉 전체 체계에서 출현하고 개별 특이성들에게 부과되는 가치 실천들에서 벗어날 수 있다. 예를 들어 한 명의 '윤리적인 자본가'는 실제로 이윤에 대한 고려보다 노동권이나 환경에 대한 관심에 더 치중할 수도 있다. 그러나 윤리적 자본가와 비윤리적 자본가를 모두 절합하는 체계적 힘에 의해 발생되는 '자본의 윤리'는 결코 이윤보다 다른 어떤 것에 더 치중하지 않을 것이다. 자본의 윤리는 특정한 양식으로 서로 상호작용하는 다수의 (따

실제로 이 책에서 우리는 상충하는 가치 실천들 – 가치 **투쟁들** – 이 사회적 신체에서 진행 중인 긴장을 구성한다고 이해한다. 이것이 의미하는 바는 "외부"가 존재한다는 것이고, 하트와 네그리(Hardt and Negri 2000 [2001])의 말을 바꾸어서 표현하면 그것은 "사회적 신체의 살 속에", 즉 그 고유의 실천 속에 있으며 개념의 영역에 갇혀 있지 않다. 또한 우리가 본 것처럼 가치 실천들은 특이성들과 전체들을 연결하므로 그 과정에서 그 실천들은 사회적 세력들forces을 구성한다. 우리가 다음 장에서 보게 될 것처럼 이것들은 지향력들powers to의 절합들이며, 텔로스, 즉 하나의 방향감각을 지니고 있다. 이 텔로스는 형이상학적인 특질이 아니라 전체들을 구성하는, 서로 관계 맺고 있는 특이성들의 가치 실천들에 내재적이다. 사회적 행위는 특정한 가치 실천들을 통해 서로 관계 맺는 특이성들을 가로지르며 구성된다. 그리고 이 절합의 전체는 우리가 사회적 세력들이라고 부를 수 있는 것을 구성한다. 그러므로 이 틀 내에서 사회적 주체들은 '선'하지도 '악'하지도 않고 '우리'도 '그들'도 아니며 '노동 계급'도 '자본가'도 아니다. 다수의 가치 실천들이 실재를 구성하는 한 우리는 사회적 주체들을, 그들이 구성에 기여하는 사회적 세력들, 즉 보통은 서로 상충하는 사회적 세력들이 횡단하는 존재로 간주할 수 있다. 이것은 주체를 전장으로(Virno 2004 [2004]), 모순과 투쟁의 장소로(Laing 1960 [2018]) 이론화하는 이들을, 개인을 고정된 개체가 아니라 진행 중인 과정으로(Simondon 2002 [2017]) 이론화하는 이들을 따르는 것이다. 그렇지만 이러한 주체

라서 주체성들, 정동들, 관점들, 위치성들 등의) 윤리들이 지닌 창발적 속성이다. 그것은 자본주의적인 사물의 질서를 계속해서 재창조하는 속성이다. 그것은 임금 생산자든 비임금 생산자든 모든 특정 개별 생산자에 대해 하나의 '객관적' 실재의 힘이 되는, 즉 모든 개인의 행동을 제약하는 속성이다.

성의 개념화는 이 연구의 배경에 머물 것이다. 대신 이 책은 투쟁으로 표현되는 주체성들과 그들의 상호작용에서 출현하는 체계적 세력들의 연계를 다룬다.

가치 투쟁들

우리가 외부에서, 즉 특이성들을 절합하는 다른 가치 실천들과 양식들의 관점에서 자본의 윤리를 관찰할 때 우리는 사회적 공동 생산을 지배하고자 하는 이 윤리 체계가 스스로 생산되고 재생산되는 사회적 메커니즘을 드러내기 시작한다. 따라서 우리는 질문을 던지며 출발한다. 이 가치 체계와 그에 상응하는 담론 및 행동 지침은 우리의 최선의 판단과 투쟁에 맞서 어떻게 지속되는가? 자발적이든 그렇지 않든 우리는 어째서 우리의 다양한 가치와 꿈에도 불구하고 이 가치 실천의 전달자가 되는 것인가? 우리가 한 번도 동의하라고 요구받은 적이 없는 이 윤리 체계의 끝없는 산물처럼 보이는 두 번째 유형의 그 참혹한 통계가 보여 주는 광란을 극복하기 위한 조건은 무엇인가? 그리고 더 중요한 것으로서, 우리는 어떻게 다른 역사를 시작할 수 있는가, 즉 어떻게 삶-상호작용들을 재절합할 수 있는 다른 가치 실천들의 공동 생산 과정에 참여할 수 있는가?

그러나 급진적인 전환의 관점에서 실재를 구축하는 데 도움을 주며 그로 인해 실천적으로 관련 있는 다른 질문을 무한히 던지게끔 하는 핵심 질문은 이것이다. 다른 새로운 성향의 관점에서 검토하기 위해 우리는 자기재생산하는 자본의 윤리의 외부를 어디에서 찾을 것인가? 그것은 어려운 과제다. 오늘날 오직 전 지구적 자본과 그것의 제국만 있을 뿐 외부는 분명 없다(Hardt and Negri 2000 [2001])고 확언하는 자본 비판가들을 따른다면 훨씬 더 어려운 과제가 된다. 물론 이 주장은 건강한 대항점을 제공한다. 자본에서 해방된 새로운 세계라는 정치적 문제를 개혁적 수단을 통해서든 아니면 혁명적 수단을 통해서든 국민국가의 심장부를 공격하고 권력을 장악한다는 전통적인 방식으로 사고하는 이들과 위로부터의 주권과 권력의 문제계가 지구화 과정으로 소멸된 것이 아니라 하트와 네그리가 제국이라고 부르는 새로운 네트워크 지배 양식으로 전치되었을 뿐이라는 점을 이해하지 못하는 이들에게는 그러하다. 그러나 외부가 존재하지 않는다는 주장은 매우 문제적이다. 이것을 옹호하는 근거 ─ 오늘날의 자본은 전 지구적 지배의 한 형태이고 만연한 생명정치에 의존하며, 이것은 사회적 삶과 상호작용의 모든 영역을 포괄하고 그 결과 만연하는 권력으로서 정상화된 권력이라는 것 ─ 는 논란이 많다. 자본은 언제나 전 지구적이었고 언제나 노동력의 생명정치적 재생산에 의존해 왔으며 언제나 정상화 전략에 의존해 왔기 때문이다. 이것은 오늘날의 자본이 자기재생산을 시도하는 방식에 중요한 차이가 없다는 뜻이 아니다. [오히려] 그 반대다. 중요한 것은 하트와 네그리가 외부의 종말을 선언함으로써 현실의 실질적인 고갈로서의 역사의 종말을 우리가 받아들이게끔 한다는 점이다. 이런 이유로 그들의 관점에서 그리고 그들이 비판하는 고전적인 결정론적 맑스주의의 관점에서 대안은 제국을 "뚫고 지나" 터널의 반대편 끝에서 만나는 것으로 구축될 수 있다. 이것은 예를 들어 푸에블라-파나마 계획을 통한 토지 종획에 맞서 투쟁하는 중앙아메리카 원주민들에게 당신이 추천하고 싶은 것은 아니다.[15]

---

15. 제국이 현실을 고갈시킨다는 이 관점은 정말로 매우 문제적이다. 만일 현실에서 제국이 아직 현실을 고갈시키지 않았다면 그것의 정치적 함의는 제국의 발달을 옹호하는 것이 될 것이다. 예를 들면 여기에 해당하는 사례는 신자유주의적인 유럽헌법을 두고 2004

나는 여기서 실제로 외부는 존재한다고, 물질적·사회적 삶이 자본 외부에서 재생산되는 대안적인 영역은 존재한다고 제안하고 싶다. 이 영역은 고정된 공간을 가질 수도 있지만 반드시 그런 것은 아니며 반드시 고정된 정체성을 갖는 것도 아니다. 외부 영역은 여기서 자본의 가치 실천들을, 즉 자본이 가치화하는 것과 그에 상응하는 과정들 및 사회적 관계 체계들을 우리가 관찰하는 지점이기 때문에 이 외부도 분명 가치와 관련이 있다. 그러나 이 가치는 단순히 인간 삶의 재생산이라는 필요와 무관하게 출현한 관습 목록이 아니다. 그것은 단순히 추상적으로 정의된 '당위'와 '의무'를 논하는 문제가 아니다. 자본의 가치처럼, 외부의 가치도 삶의 재생산과 삶의 필요를 위한 물질적 실천에 기초하는 가치다. 그것은 그저 담론으로 출현할 수도 있고, 주어진 힘 관계에서 제한된 자원 접근으로 인해 시공간이 제한된 대상화의 실천

년 5월 열린 프랑스 국민투표에서 찬성표를 옹호하는 네그리의 논쟁적인 입장이다. 이 투표는 반대표가 승리했다. 찬성표를 옹호하는 네그리의 주장은 "헌법은 제국, 즉 새로운 전 지구화된 자본주의적 사회와 싸우는 하나의 수단"이라는 것이었다(De Filippis and Losson 2005:829). 현대의 자본에 대한 우리의 관점에서 볼 때 새로운 모든 영역에서 전 지구적인 시장과 사회 서비스의 시장화를 촉진하는 신자유주의적인 유럽헌법은 통일된 유럽 대외 정책을 구성하는 기획과 분리될 수 없다. 미국 일방주의를 상쇄할 수 있는 것은 유럽 국가가 아니다. 이 국가의 기획이 미국의 전 지구적 기획과 동일한 방식으로 살림살이들을 서로 대결시키는 전 지구적 질서라는 걸 생각해 보면 그렇다. 두 기획에서 모두 안전(security)은 주로 전 지구적인 경영 활동의 안전이라는 측면에서 이해된다. 자본 축적의 무한한 성격을 고려해 볼 때 이것은 전 지구적으로 진행 중인 자본주의적 성장의 욕구를 (그러므로 더 많은 종획과 피와 눈물을) 포함한다. 실제로 미국 일방주의에 대한 위협은, 심지어 미래에 있을 수 있는 제국을 위한 다국적 전쟁에 대한 위협은 전쟁을 사보타주하고 실제로 그것을 거부하며 다른 가치들과 다른 가치 실천들을 실천할 수 있는 미국과 유럽의 풀뿌리 대중(grass roots)의 능력이다. 여기서 우리는 이라크 대학살을 막는 데 실패한 전례 없는 반전 대중 운동을 성찰할 때 문제화되어야 하는 마디를 발견한다. 테이블 위에 대안적인 기획이 없기 때문에, "한 세대 이후 실질적인 진전을 성취한, 노조나 시민사회가 제안하는 사회 재조직화의 기획이 없기"(같은 책) 때문에, 평화와 사회 변형에 대한 우리의 희망을 유럽의 신자유주의적 헌법으로 흘려보내는 것은 정확히 "역사의 종말"의 급진적인 정상화로 보인다.

과 필요로 표현될 수 있다. 그것은 창발성의 상㘤시간에 있을 수 있지만 규범[정상] 창출의 주기시간으로 발달할 수는 없다. 그러나 여전히 그것은 거기에 있고 실재적이며 하나의 사회적 세력이다.

내가 말하고 있는 '외부'의 가치는 자신의 투쟁 참여 경험을 돌이켜 보는 이라면 누구에게나 분명한 것이다. 여기서 이 가치는 한 운동 내에서 개별 특이성들의 관계적 실천들을 구성하는 논의와 비판, 피드백과 참여의 연속적인 과정을 통해 집합적으로 지각되고 구축된다. 예를 들어 사회 곳곳에서 환경 파괴나 가부장제 또는 인종주의에 맞서는 투쟁도 그 운동 내부에서 자신의 실천을 계속 문제화한다. 투쟁하는 운동 내부에서의 차이는 새로운 공통의 가치를 생산하는 조건이기도 하다.[16] 그러나 '다른' 가치들의 출현은 모든 사람들이 날마다 얽혀 들어가는 많은 미시적인 갈등에서도 명백하게 나타난다. 우리가 13장에서 보게 될 바와 같이 여기서 상충하는 '측정' 실천들이 절합된다.

내가 받은 인상은 모든 임금 투쟁 혹은 (공동체의 살림살이 보존, 이동의 권리와 자유 등을 위한 투쟁 같은) 비임금 투쟁의 즉각적인 지평은 외부를 구성하며 그려진 선이라는 것이다. 여기서 '우리의 가치'(우리가 옹호하는 것)는 '그들의 가치'(그들이 옹호하는 것)와 명확하게 분리되어 있다. "우리는 필요를 지지하고, 그들은 이윤을 지지한

---

16. 예를 들어 아파르트헤이트 이후 남아프리카 공화국의 공동체 투쟁을 다룬 애쉬윈 데사이의 책(Ashwin Desai 2002)에 실린 다음의 일화를 보자. 지방 의회의 위협적인 퇴거에 저항함으로써 채츠워스(Chatsworth)의 아파트 거주자들은 그들 사이에서 새로운 가치 실천을 발전시키기도 했다. 이로 인해 그들은 그들의 정체성을 극복하고 새로운 공통장을 확립했다. 나는 이것을 16장에서 간략하게 논의한다. 여기서 우리는 도덕들의 충돌, 가치 체계들의 충돌뿐 아니라 충돌하는 사물의 척도들에 영향을 받는 가치 실천들의 충돌을 경험한다. 그러나 그것은 '사회적인' 것을 능동적으로 구축하며, 상이하고 정말로 충돌하는 방식들 — 신자유주의적인 빚 수금업자의 방식과 투쟁하는 공동체의 방식 — 로 이루어진다.

다.", "우리는 정의를 지지하고, 그들은 부정의를 지지한다.", "우리는 자유를 지지하고, 그들은 억압을 지지한다.", "우리는 연대를 지지하고, 그들은 경쟁을 지지한다." 등등. 이 명료함은 투쟁에 참여하는 이들의 정신의 명료함에, 즉 그들이 상정하는 가치에 대한 자기인식에 상응할 수도 있고 그렇지 않을 수도 있다. 그러나 여기서 중요한 점은 투쟁하는 주체들의 자기인식이 어떤 수준에 있든 투쟁하는 사회적 신체들이 대항점을 이루면, 화학적 반응처럼 사회적 신체의 자기보전을 위해 다른 가치들이 출현하는 것을 관찰할 수 있다는 것이다. 투쟁은 가치와 긴장과 경계선을 전면에 내세우며 이것은 창발적 속성으로서의 외부를 창조한다.

여기서 나의 가설은 이 가치들의 수단도 구체적인 목적도 다루지 않았다. 구체적인 목적과 수단은 투쟁하는 사회적 신체의 상이한 성향들이 근본적으로 차이를 보이는 영역이다. 이 차이는 종종 경직된 이데올로기적 예단으로 얼룩져 있다. 더군다나 나는 투쟁의 유형들과 그 고유의 가치들을 재단하고 싶지 않다. 여기서 쟁점은 오로지 다음과 같다. 자신의 텔로스와 코나투스conatus가 외부에 있는 모든 것 자체의 해체와 식민화를 요구하는 사회적 세력에 대한 투쟁에 사회적 주체들이 참여할 때면 언제라도 하나의 외부가 구성된다는 것이다. 이처럼 외부는 투쟁하는 살아있는 주체들에 의해 구성된다. 이러한 의미에서 그것은 하나의 사회적 세력이다. 이 사회적 세력은 자신을 지배적인 가치들 외부에 있는 하나의 사회적 세력으로 상정함으로써, 이 다른 가치들을 자신의 목적으로 전환하고 그에 따라 변화를 위해 필수적인 조건들을 정하는 하나의 주체다. 물론 조건'들'이다. 이 조건들의 현실화와 그것의 개발은 무수히 많은 다른 요인들에 달려 있기 때문이다.

3장

하나의 사회적 세력으로서의 자본

하위체계로서의 자본주의

투쟁에서 출현하는 '가치들'의 외부는 '경제'를 다루는 담론이 좀처럼 보여 주지 않는 근본적인 연결을 깨닫게 해 준다. 즉 '가치들'과 '행위'의 노력들이 상호보완적이라는 사실을 보여 준다. 우리는 다른 하나 없이 어느 하나를 가질 수 없다. 이후 장들에서 우리가 자본이라고 부르는 사회적 세력의 가치 및 전략 들이 어떻게 다른 가치 및 전략 들과 절합되고 대립하는지 상세히 탐구할 것이다. 그러나 여기서 우리는 이 연결을 성찰해야 하며 그것을 우리의 연구의 진정한 존재론적 출발점으로, 투쟁에 뿌리를 내리고 있는 출발점으로 만드는 것에 대가를 치를 준비를 해야 한다. 우리가 사회적 행위와 가치의 절합을 이야기할 때 우리는 인간 공동 생산(급여를 받는 것과 무관하며 삶의 직접적인 재생산을 포함하는 인간 생산의 광범위한 개념)에 대해, 사회적 공동 생산이 어떻게 절합되는가에 대해, 공동 생산자들이 살림살이 조건을 재생산하는 동안 그들의 관계가 어떻게 재생산되는가에 대해 말하고 있는 것이다.

가치 투쟁에 대한 강조는 우리의 분석에서 절대 놓쳐서는 안 되는 근본적인 주장으로 이어진다. 우리의 세계, 우리의 사회적 관계들의 체계는 자본주의가 아니라는 것이다. 우리의 세계는 자본주의보다 훨씬 더 거대하고 더 많은 것을 포괄한다. 자본주의를 이렇게 개념화함으로써 우리가 탐구할 수 있는 세 가지 주제가 있다. 첫째 우리의 삶의 비자본주의. 둘째 대안들이 출현하는 조건의 문제화. 셋째 갈등의 만연함에 대한 인식.

대안지구화 운동에서 나온 비판적 문헌뿐 아니라 우리가 살고 있는 세계를 다루는 좀 더 광범위한 정치적·경제적 논의들을 읽으면서 우리가 자본주의에서 살고 있다는 오해와 마주치기란 쉬운 일이다. 나는 우리가 그렇지 않다고 믿는다.[1] 이것은 매우 단순한 이유 때문이다. 우리가 우리의 세계를 "자본주의"라고 부를 때, 우리는 우리 삶의 "비자본주의"를 잊고 있다. 즉 우리가 자본주의적 생산 관계를 넘어서 구성하는 — 어쩌면 그 내부일지도 모르지만 다른 양식들로 구성되고 따라서 다른 가치 실천들에 의해 절합되는 — 힘 관계와 갈등과 상호 부조 형태뿐 아니라 관계와 가치 실천과 정동의 영역을 우리는 잊고 있다. 이 사회적 장들fields에서는 사회적 상호작용의 규범들이 시장의 항상성 메커니즘

---

1. 물론 '자본주의'(capitalism)라는 단어를 의심하는 사람이 나뿐인 것은 아니다. 위대한 자본 비판가 맑스는 자신의 모든 작업을 통틀어 한 번도 그 단어를 사용한 적이 없다. 대신 자본주의적(capitalist) 생산양식이라는 훨씬 더 환기(喚起)적인 용어를 선호한다 (Smith 1996). 좀 더 근래에는 프랑스 역사가 브로델이 일반적으로 자본주의로 불리는 것의 16세기 기원을 논의하면서 이렇게 썼다. "그것을 어떻게 사회 전체에 확대된 '체계'로 이야기할 수 있겠는가? 그것은 그 자체를 둘러싸고 있는 사회적·경제적 맥락과 비교하면 상이하고 낯설기까지 한 독립된 세계이다. '자본주의'라고 정의되는 것은 이후에 출현할 새로운 자본주의적인 형태와 비교해서만이 아니라, 이 맥락과 비교해서 이루어져야 한다. 즉 거대한 비율을 차지하고 있는 비자본주의와 비교해야 하는 것이다. '진정한' 자본주의는 19세기에 가서야 나타나는 것이라는 이유를 들면서 이와 같은 지난날의 경제의 이중성을 받아들이려고 하지 않는다면, 자본주의의 옛날 위상이라고 부를 수 있을 이 경제를 분석하는 데 핵심적인 중요성을 가지는 것을 이해하지 못하게 된다. 그 자본주의가 우연이 아니라 어떤 곳을 선택해서 자리 잡았다는 것은 이런 곳만이 자본의 재생산에 유리한 곳이기 때문이다"(Braudel 1982:239 [1996]).

에 의해, 즉 화폐와 화폐 소득과 축적에 의해 정의되지 않는다. 이 장들이 반드시 별개의 분리된 영역들은 아니며 우리는 특정한 계급과 단체와 집단과 연합할 수 있다. 다시 말해서 내가 비자본주의적 장들을 이야기할 때 자본주의적 생산과 연결되어 있지 않은 특정 공동체를 언급하는 것은 아니다. 연결되어 있지 않은 경우도 있을 수 있지만 말이다. 대신 나는 타인들과의 관계망의 복합성에 대해 그리고 관계 양식들의 뒤얽힌 다양성과 그에 상응하는 유형의 피드백 과정에 대해 말하고 있는 것이다. 개별 '특이성들'로서 임금 생산자들과 비임금 생산자들이 다양한 양식들로 그들 외부의 세계와 관계 맺고 있다는 것과 그들은 이 피드백 순환고리 내에서 창조되며 또한 창조자라는 것을 우리는 인식해야 한다. 따라서 우리는 하나의 '주의'ism안에 살고 있는 것이 아니라 실재하는 혹은 잠재하는 수많은 '주의들'의 교차로에서 살고 있다. 즉 서로 다른 항상성 과정들을 지닌, 인간 존재들 사이의, 사회적 망들 사이의 그리고 인간 존재들과 환경들 사이의 수많은 피드백 관계 체계들에서 살고 있다.

지난 30년 동안 이 '자본주의와 다른 것'을 이론화하고 기록하는 많은 문헌들이 나왔다. 이 [자본주의와 다른] 관계적 장에서는 상품과 화폐가 아니라 공통장, 선물, 공생공락, 정동이, 또한 가부장제 같은 전통적인 억압 형태가 사회적 관계 규범의 주요 형성자, 제작자, 파괴자이다. 즉 가치와 의미 창출의 주요 배경이다.[2] 이 문헌의 일부는 자본주

---

2. 이론가와 정치 활동가들의 한 조류는 새로운 용어로 비시장 관계들을 기술한다. 이것은 "비임금 노동"(Dalla Costa and James 1972), "사회적 공장"(Tronti 1973), "그림자 경제"(Illich 1981 [2015]), "일반 경제"(Bataille 1988), "도덕 경제"(Thompson 1991), "비공식 경제"(Latouche 1993)의 영역이다. 카펜치스가 지적했듯이 이 새로운 개념들과 더불어 "새로운 일군의 사회경제적 양극단들이 출현했다. 공식/비공식, 생산/재생산, 시장/도덕, 합리적/관습적, 근대/탈근대가 그것이다. 그리고 사회적 형태들의 해체가 시작되

의적 장과 비자본주의적 장의 연결과 절합을 탐구해 왔고, 때때로 전자가 후자를 식민화하고 착취하기 위해 후자에 개입한 방식을 강조한다.[3] 몇몇 다른 논의들은 자본주의적 관계와 거리가 있는 것처럼 보이는 관계 맺기 양식과 구축적 실천을 강조한다.[4] 또 어떤 사례에서 사회적 주체들은 자본에 대한 투쟁에서 이 자본주의와 다른 관계들을 발전시킨다.[5] 우리는 어떤 경우 하나의 실천으로서의 이 '자본주의와 다른 것'을 자본의 한 가운데에서 발견한다. 즉 작업장과 사무실에서 노동자들 사이의 선물과 상호부조, 연대의 실천을 발견한다. 또 어떤 경우 그것을 외부에서 발견하거나, 투쟁 순환을 통해 그것이 자본주의적 조직을 가로질러 작동하고 있음을 발견한다. 대개 이 선물과 공동체라는 세력은 자본주의적 기업이 다른 기업에 대한 경쟁우위를 위해 이용할 수 있어야 하는 사회적 세력이다.[6] 이러한 문헌을 폭넓게 검토

<hr>

었다. 명백한 이분법들이 확인되자마자, 당연한 것으로 여겨졌던 긍정적 극단과 부정적 극단 들이 새로운 관계의 장들을 드러내기 위해 대체되거나 전도되었기 때문이다. 예를 들어 자급 농업을 비롯한 재생산 노동이 가시적으로 되자 예전에는 맑스주의 경제 분석과 비맑스주의 경제 분석 양쪽에서 모두 가장 중요한 자리를 차지했던 임금 노동의 크기가 비임금 노동의 양 때문에 왜소해 보이는 건 더 이상 무시할 수 없는 사실이었다"(Caffentzis 2002:3 [2018]).

3. 물론 로자 룩셈부르크(Luxemburg 1963 [2013])(그에 따르면 비자본주의는 자본이 확장하기 위해 식민화해야만 하는 것이다)부터 메이야수(Meillassoux 1981)(그에 따르면 자본은 노동력의 값싼 재생산을 위해 세계의 비자본주의적 국가 경제에 의존한다)에 이르기까지 비자본주의적 영역과 자본주의적 영역의 관계를 논하는 오랜 전통이 있다.

4. 예를 들어 이반 일리치의 토박이(vernacular) 개념을 보라. 그는 이 개념을 "교환을 목적으로 하지 않는 사람들의 활동을 지칭할 간단명료한 단어, 사람들이 일상적인 필요를 충족시키기 위해 행하는 자율적이고 비시장적인 행동 — 본성상 관료적 통제를 벗어나고 필요를 충족시키는 활동을 하다 보면 그 과정에서 필요의 구체적 형태가 갖춰지는 그런 행동 — 을 지칭하는 단어"로 사용한다(Illich 1981:5~58 [2015:101~102]). 또는 시장 교환의 합리성 및 과정과 융화되지 않는 선물 교환을 분석한 칼 폴라니의 글을 보라(Polanyi 1944 [2009], 1968 [2002]).

5. E.P. Thompson 1991의 "도덕 경제"가 그런 사례로 보인다.

6. 예를 들어 프랑스 저자 크리스토프 드주르(Dejours 1998)는 "노동의 정신역학"(psycho-

하는 일은 이 책의 주제가 아니다. 우리의 목적에 있어 중요한 것은 이 다양한 문헌이 제시하는 문제계를 통해 가치 실천들의 투쟁의 열기에서 출현하는 경계의 존재를 인정할 수 있다는 점이다.

'자본주의'라는 단어가 지닌 위험은 우리의 사회적 존재의 복합성과 다양성을 보지 못하게 하고 따라서 — 우리의 관계망을 '경제'라고 부름으로써 그 망에 대한 시야를 축소시키는 — 우리와 대립하는 상대의 담론적 실천을 어떤 의미에서 받아들이게 하는 것만이 아니다. 자본주의라는 단어에 내가 제기하는 문제는 결과적으로 정치적 문제이기도 하

---

dynamics)을 다룬 자신의 연구에서 아래로부터의 조직 형태는 언제나 시키는 것만 하는 것 이상을 뜻한다는 사실을 폭넓게 기록했다. 드 마르셀루스(De Marcellus 2003 : 2)가 지적하듯이 "시키는 것만 하는 것은 직장에서 이루어지는 고전적 형태의 사보타주에 대한 정의, 즉 태업(slowdown)이다." 드주르는 협력과 사회적 창조성이 관리자와 상사로부터 독립적으로 날마다 생산과 조직의 문제를 해결한다는 것을 보여 준다. 노동자들은 상사가 없으면 스스로를 조직할 수 없다는 전통적인 인식과는 반대로, 그 반대가 사실로 보인다. 환자를 돌보거나, 학생을 '교육'하거나, 또는 공공 서비스를 운영하기 위한 노동의 본질적인 측면은 경영진과 그 척도에게는 보이지 않는다. 지난 20년간 시장 또는 그것의 모의실험을 도입한 신공공관리 실천의 표적이 된 것이 바로 자본의 척도 외부에 있는 이 차원이다. 전선에서 가치 실천들의 충돌은 향후 수년간 공공 서비스 [영역에서 격렬해질 운명이며, 가치 측면에서 그것의 문제화는 정치적으로 필수적이다. 모스 학파에 속해 연구하는 다른 저자들은 전통적인 원주민 사회에서 선물 교환이 수행한 중심적인 역할을 다룬 프랑스 인류학자 마르셀 모스의 연구를 현대 사회로 연장하려고 했다. 예를 들어 고드부(Godbout 2000)와 모스 학파의 다른 연구자들은 현대 사회가 가족 및 친구(즉 작은 전통 사회와 크기가 비슷한 네트워크)와의 선물 교환이라는 전통적인 형태를 보존하고 있지만 "낯선 사람에 대한 선물"이라는 새로운 실천도 개발했다는 것을 발견했다. 국가와 시장의 발전과 더불어 이 사회적 관계 형태는 사회가 더 커지고 더 파편화되고 더 익명적으로 되면서 발전한 것으로 보인다. 저자들은 자원봉사, 자선, 헌혈, 자립 단체, 장기 기증처럼 국가와 시장 어디에도 속하지 않는 모든 종류의 유대와 사회 활동을 이 범주에 포함시킨다. 캐나다에서 가족 관계 내에서 제공되거나 낯선 사람에 대한 선물로 제공된 이러한 형태의 무보수 노동은 1998년 기준 GNP의 34%를 차지하는 것으로 계산되었으며 1980년대 이래 증가해 왔다. 특히 경제 위기 시기 낯선 사람에 대한 선물의 실천은 훨씬 더 중요하게 된다. 선물과 공통장을 자본주의적 발전으로 흡수하기 위해 사용되는 전략 범위를 다루는 체계적 연구에 참여하는 것은 흥미롭고 중요한 일일 것이다.

다. 그 용어는 패배의 이미지를 갖고 있으며 그것은 정치적 사고와 담론에 흡수된다. 그것은 한편으로는 '혁명'의 대의에 대한 주의주의적 소명을 통해서만, 다른 한편으로는 전 지구적 다중의 비전략적이고 무비판적인 자유방임을 통해서만 터득되는 패배다. 이것은 자본주의라는 용어가 모든 단일 공동 생산자와 그들의 다양한 결사結社 및 공동체 외부에 있는 세계에 일관성과 폐쇄를 투사하기 때문이다. 이때 사실 정치적 사고는 사회적 행위의 모든 맥락과 규모에서 틈과 열림을, 새로운 공통장의 생산에 필요한 그러한 틈과 열림을 찾을 수 있어야 한다. 그것은 또한 우리가 모든 종류의 선언들(과 그에 상응하는 '주의들')을 통해 대안들을 대안적 '체계들'로 사고하게 한다. 물론 그런 기획들은 대개 훌륭한 지적 활동이며, 자본의 대안을 추구하는 이들이 직면하는 체계적 세력들을 비교하기 위한 상이한 모델들을 만들어 내는 데 이바지할 수 있다. 그러나 이 대안적 '체계들' 중 어떤 것이 '시행될' 역사적 조건이 무르익는다면, 고려되지 않은 누군가, 들리지 않는 목소리, 그 '체계'의 설계자는 보지 못하는 필요와 열망을 가진 사람은 찾을 수 없으리라고 생각하는 건 터무니없는 일일 것이다. 자본을 넘어서는 근본적인 정치 담론은 하나의 체계를 위한 싸움이나 제안이어서는 안 된다(이러한 싸움이나 제안은 그 체계가 무엇인지를 '아는', 그래서 그 체계를 알지 못하는 이들의 구체적인 지식을 경시하는 지식인 계급에게, 또는 그 체계를 이행할 자격을 가진 관료와 전문가 계급, 즉 배제되어 따르기를 꺼리는 이들을 박해할 법률 집행가 계급에게 항상 의존한다). 오히려 그것은 인간 상호작용의 맥락을 형성하는 조건들을 식별하고 이를 위해 싸우는 것이어야 한다. 여기서 자본의 가치 실천을 대신할 가치 실천들이 번성하고 번창할 수 있을 것이다. 그리고 이 맥락은 오늘날 자본과 맞서 싸우는 이들의 욕망과 필요와 열망을 출발점으로 취할 수밖에 없다.

자본주의가 우리의 세계가 아니라면 그것은 우리의 세계의 부분 집합이다. 실제로 일반 체계 이론은 어떤 체계도 부분적 전체holon라고 말한다. 이것은, 만일 그 체계 내에서 본다면 그것은 하나의 전체로 나타나고, 외부에서 보면 그것은 더 크고 더 포괄적인 체계의 부분으로 나타난다는 것을 뜻한다(Koestler 1967 : 48). 따라서 상이한 규모의 체계들은 서로 맞물려 있고 서로 위계 관계 속에 있다.[7]

체계들의 위계 수준에 대한 관찰은 하나의 근본적인 질문으로 우리를 이끈다. 만일 자본주의가 하나의 체계라면, 그것의 요소는 무엇인가? 역사적으로 보면 (대략적으로 말해서 이윤 동기에 기초한 하나의 사회적 생산·분배·교환 체계이며 소수의 손에 생산·분배·교환 수단의 통제가 집중되어 있는) 자본주의는 사회적 협력의 한 형태다. 부족이나 봉건 또는 어떤 형태의 생산이든 자본주의와의 공통점은 그것들이 모두 '사회적 협력' 형태라는 점이다. 이 체계들의 공통점은 사

---

7. 그러나 자본주의라는 사회 체계로 돌아오면 우리는 여기서 체계들 사이의 위계와 한 체계 내에서 ─ 사회적 역할의 전달자로서 ─ 사람들 사이의 위계를 구별해야 한다. 그 차이는 조직 패턴을 구성하는 정보 흐름의 방향에 있다. 예를 들어 사회적 체계 내 위계는 하향식 통제의 특징을 갖는다. 여기서 더 높은 층들은 매개변수를 설정하고 이 안에서 더 낮은 층들은 자신의 상호작용을 조직해야 한다. 기업의 조직도나 국가의 관료제는 이러한 체계 내 위계의 사례다. 다른 한편 우리가 말하고 있는 체계들 사이의 위계는 위가 아니라 아래로부터 구성된다. 그것은 한 체계의 요소들(요소들 자체가 더 낮은 수준에 있는 체계들이다)의 상호작용과 그에 따른 조직 형태이며, 이것은 그 요소들로 이루어진 한 체계의 속성을 만들어 낸다. 따라서 예를 들면 일정한 숫자의 생산자들의 사회적 협력 체계는 서로 고립되어 일하는 동일한 숫자의 생산자들보다 더 높은 생산성을 만들어 낸다(Marx 1976a [2008], ch. 12). 이것은 사회적 조직 체계가 지닌 '창발적' 속성이다. 이것은 그 자체가 하나의 체계인 개별 요소들에는 존재하지 않는다. 세포들 역시 체계들이지만 하나의 유기체는 그것을 이루는 세포들에서는 찾을 수 없는 특징을 보여준다. 체계의 재생산을 위한 조직력은 아래로부터 나온다. 상이한 체계들을 구성하는 조직적 추진력은 상향식일 수밖에 없다.

람들이 자신의 공정工程을 통해 자신의 역량을 쏟고 조직 형태와 지향력을 발전시키며 그 과정에서 자신의 살림살이를 (재)생산한다는 점이다. 다시 말해서 상이한 모든 생산양식들은 동일한 것의 상이한 형태들(이것은 그것들 내부에서 힘들의 위계들을 절합하는 상이한 방식들을 포함한다)이다. 즉 사람들 서로 간의 사회적 관계와 사람과 자연과의 사회적 관계[의 상이한 형태들이다]. 그런데 우리의 시선을 역사에서 현재로, 통시적 비교에서 공시적 비교로 옮기더라도 우리는 여전히 자본주의가 많은 사회적 협력 체계들 중 하나라는 점에 주목하지 않을 수 없다. 예를 들어 우리의 살림살이는 다양한 교환을 통해 재생산된다. 이 교환은 분명히 시장 교환과 그에 상응하는 사회적 생산 관계를 포함하(고 어쩌면 점점 그럴지도 모르)지만 그것들로 환원될 수는 없다. 그러므로 이러한 점에서 생각해 보면 하나의 생산양식으로서의 자본주의는 훨씬 더 광범위하고 모든 것을 아우르는 어떤 것, 즉 사회적 재생산 체계 — 이 안에서 상이한 하위체계들이 절합된다 — 에 속한 하나의 하위체계에 불과하다는 것을 알게 된다. 공동체 관계, 선물 교환, 서로 다른 유형의 가족 및 친족 관계, 연대와 상호부조 관계, 존재하는 것뿐 아니라 상상할 수 있는 것까지, 이 모든 것들은 사회적 협력과 생산 체계들을 이룬다. 이것들은 함께 있고, 다양한 정도로 종종 교차하며, 우리가 자본주의라고 여기는 사회적 협력과 생산 체계에 흡수되거나 그것과 직접적인 갈등을 빚는다. 이 모든 체계들의 집합뿐 아니라 그 체계들의 절합이 우리가 지구에서 살림살이를 재생산하는 방식을 정의한다. 그러므로 자본주의는 전체가 아니다. 자본주의에 대한 다양한 대안들도 전체의 구성에 참여하며, 우리는 이 관계들의 체계들 사이에서 다른 가치 실천들에 기초하여 정립하고 구성할 수 있다.

자본

자본주의가 모든 곳에 침투한 체계가 아니라고 할 때 이 체계를 출현시키는 사회적 세력, 즉 자본은 인간 및 비인간 삶의 모든 영역에 침투하여 스며들기를 열망하며 그 모든 영역을 자신의 행위 양식으로, 따라서 특유의 사회적 관계로, 즉 사물을 가치화하고 그 결과 사물의 질서를 만드는 자신의 방식으로 식민화한다. 자본이란 끝없는 축적에 관한 것이다. 그것은 성장하고 성장을 추구하며 성장에 매진하는, 성장하지 않으면 쇠퇴하고 소멸할 화폐 가치에 관한 것이다. 그러므로 자본은 두 가지로 확인된다. 자본은 모든 가치 실천들을 자신의 가치 실천에 종속시키기를 열망하는 하나의 사회적 세력이다. 또한 이에 상응하는 것으로서 하나의 행위 양식, 그러니까 서로 관계 맺는 양식, 즉 일군의 사회적 관계들이다. 이 책에서 나는 사회적 세력을 하나의 텔로스 – 또는 내가 뒤에서 설명할 것처럼 자기보전의 코나투스 – 를 지닌 사회적 힘들(Holloway 2002 [2002]에서처럼, 지향력들)의 연결 혹은 절합의 관점에서 이해한다. 다른 한편 나는 자본주의를 – 종종 상이하고 충돌하는 텔로스들 및 가치 실천들과 더불어 – 상이한 사회적 세력들과 가치 실천들의 결합, 상호관계, 맞물림에서, 그리고 이에 상응하는 것으로서 자본을 조절하고 보전하며 확장하는 창발적인 항상성 순환고리들에서 출현하는 체계로 이해한다.

이것은 물론 자본을 이야기하는 비전통적인 방식이다. 이것은 적어도 맑스까지 거슬러 올라간다. 전통적인 학문과 그에 상응하는 담론에서 자본은 결코 특정한 유형의 사회적 관계들이나 사회적 세력을 뜻하지 않는다. 자본은 일반적으로 특정 상품의 생산에 필요한 하나의 사물, 즉 일군의 기계와 도구와 원자재 등으로 이해된다.[8] 그것은 또한 일정한 액수의 화폐, 금융자산 재고를 의미한다. 심지어는 기술과 지식("인적자본") 그리고 신뢰 관계("사회적 자본")를 뜻하기도 한다.[9] 그러나 물론 이 모든 상이한 "사물들"(기계나 종잇조각, 인간 지식이나 사회적 유대)을 우리가 "자본"이라고 부르는 이유는 그것들이 공통점이 있기 때문이다. 그리고 이 공통점은 사물성의 특징이 아니라 그보다 훨씬 더 견고하지 않은 실재의 특징을 갖는다. 이 사물들은 그 소유주들이 ― 또는 그것의 대출에서 수익을 기대하는 은행 매니저나 경제적 인간의 시선으로만 세계를 바라보는 경제학자가 ― 그것 속에서 이윤 창출의 가능성을, 즉 화폐 가치의 순 흐름을 인식할 때 담론적으로 자본으로 구성된다. 나의 부엌에 있는 것들을 자신의 범주로 재명명하는 경제학자들의 주장에도 불구하고 나의 평범한 일상에서 나는 냄비와 요리 재료를 '자본'으로 여기지 않는다. 그것은 바로 내가 차린 저녁 식사에서 내가 기대하는 것은 손님들과의 유쾌한 시간과 포만감이지, 화폐 이윤과 그에 따라 증가하는 은행 잔고가 아니기 때문이다. 대신 이윤을 추구하는 이들이 원하는 것은 자신이 ('사전에') 뿌린 가치보다 더 높은 화폐 가치를 수확하는 것이다. 이윤의 실현이 뜻하는 것은, 우리가 관습적으로 자본이라고 부르는 그 사물의 소유주(혹은 그것의 은행 관리자나 경제학자)의 관점에서 자본은 자신을 가치화했고, 가치로 성장했으며, 이윤에 대한 기대는 이 가치화에 대한 기대라는 것이다.

그러므로 이 관점에서 보면 자본은 스스로 가치화하기를 열망하는 가치다. 이러한 방식으로 자본은 상응하는 사회적인 지향력들을 특

---

8. 이렇게 자본을 하나의 사물로 정의하는 것은 고전 정치경제학과 현대 경제학의 유산이기도 하다. 예를 들어 Perelman 2000을 보라.
9. 인적자본에 대한 전형적인 정의는 Becker 1993의 논의를 보라. 사회적 자본의 사례로는 Fukuyama 1995의 신뢰에 대한 논의를 보라. 오늘날 현대의 국제개발기구가 사용하는 사회적 자본에 대한 비판적인 검토는 Fine 2001을 보라.

유의 형태로 작동시키고 절합한다. 그러므로 이 매우 일반적인 수준의 분석에서 사회적 세력으로서의 자본은 두 가지 구성 요소를 갖는다. 하나는 자본에 방향을 지시하는 것으로서 충동이나 텔로스 또는 자기 보전의 코나투스 – 또는 맑스가 말하듯이 자기가치화하는self-valorising 가치, – 즉 이윤이라 부를 수 있는 것이다. 다른 하나는 자본에게 영향력 leverage, 역능potentia, 조직 범위, 자본이 옹호하는 것을 추구할 수 있는 능력을 제공하는 것이다. 이 두 요소들은 물론 서로 연관되어 있다. 일반적으로 '이윤 동기'와 관련 있는 자본의 열망은, 다양한 사회적 주체의 실천들이 함께 얽혀 그것에 구체적인 형태를 부여하고, 사회적 신체가 이 열망을 따라 행동할 수 있게 하고, 다양한 사회적 힘들을 자본-특정적 가치 실천들과 절합할 때 하나의 사회적 세력이 된다. 여기서 개별 특이성들(즉 현실의 '신체 주체들'이나 좀 더 큰 규모에서 보면 집단과 개인들의 네트워크, 공동체, 조직, 기업 등)이 이 동기와 열망을 공유하느냐 그렇지 않으냐는 관련이 없다. 자본이 하나의 사회적 세력으로 구성될 때 중요한 것은 이 특이성들의 정신적·육체적 활동들, 즉 사회적 관계망에서 구성되는 그들의 행위가 이 가치 실천과 결합되어 있다는 것이다. 자기 팽창을 향한 끝없는 충동 속에서 자본 그 자체를 재생산할 수 있도록 말이다. 이 결합 혹은 도킹을 정식으로 기술하기 전에 우리가 자본이라고 부르는 이 사회적 세력의 방향을 기술하기 위해 이 책에서 사용하는 범주들을 간략하게 설명하려 한다.

텔로스, 충동 그리고 코나투스

나는 보통 텔로스와 충동과 코나투스를 바꿔 쓸 수 있는 용어로 사용하지만, 우리가 자본이라고 부르는 사회적 세력에 적용할 때 그 용어들은 동일한 것 – 자기 팽창을 위한 자본의 끝없는 갈망 – 에 대해 서로 다른 뉘앙스를 표현한다. 세 가지 모두 사회적 세력으로서의 자본이 지닌 구성적 속성과 관련이 있다. 이것은 우리가 자본이란 존재의 필수불가결한 조건으로 간주하는 것과 연결된 것으로서 이 조건이 없다면 자본은 자본이 아니다. 이러한 의미에서 이것은 "생산을 위한 생산"으로서 "자기가치화하는 가치"로서의 자본에 대한 맑스의 언급을 강조하기 위한 용어들이다.

자본과 연관된 텔로스라는 용어는 이 사회적 세력이 열망하는 지평을 강조하기 위한 것이다. 후설의 사용법을 따르면 텔로스는 "특정한 구성적 과정의 목적"을 가리킨다(Tymieniecka 1976). 그러나 나는 텔로스를 한 개인의 속성이나 역사를 초월한 본질의 속성으로 여기지 않는다. 반대로 나는 그것을 다양한 삶 세계들의 상호작용으로부터 계속해서 사회적으로 구성되는 하나의 목적으로 독해한다. 예를 들어 자본의 텔로스가 이윤이라고 말하는 것은 이러저러한 자본가의 목표를 말하는 것이 아니다. 오히려 그것은 다양한 경험과 삶 세계와 목적 들이 자본의 자기팽창을 목표로 하는 하나의 사회적 과정을 구성하는 방식으로 절합되어 있음을 강조하는 것이다. 그 과정 안에 있는 개별 행위자들의 목표와 삶 세계가 무엇이든 간에 말이다. 나는 텔로스와 목적goals의 구별이 유용하다고 생각한다. 자본주의적 생산의 텔로스는 이윤이지만 그것의 목적은 다를 수 있다 – 가령 고전 산업 경제학이 상기시키듯이, 주어진 경쟁자와의 개별 다툼에서는 시장점유율의 극대화가 목적이 될 수 있다. 목적이 개별적인 맥락에 달려 있는 반면, 텔로스들은 개별적인 사회적 행위자들의 사회적 구성에 달려 있다.

하나의 열망적 지평은 하나의 사회적으로 구성된 긴박감에 부착된 하나의 충동이다. 자본의 충동이 이윤이라고 말하는 것은 자본은 축적해야만 한다고 말하는 것이다. 그리고 자본은 축적의 텔로스가 자본의 우발적인 결핍에, 즉 새로운 축적의 조건을 창출하는 위기의 수립에 의존하는 시기에도 축적해야 한다. 실제로 맑스의 광범위한 작업은 살아 있는 존재에게 숨 쉬는 행동이 숨을 들이마시고 내뱉는 두 가지 계기로 구성되듯이 위기로의 진입은 우리가 자본이라고 부르는 이 사회적 세력을 구성하는 삶 과정의 일부라는 점을 보여 준다. 7장에서 우리는 이러한 유형의 위기를 "불균형" 위기로 부를 것이다. 우리는 그 위기를 사회적 갈등과 관련하여 자본주의에 내포된 조절 기능의 일부로 이해한다. 다른 한편 우리가 "사회적 안정의 위기"라고 부를 또 다른 유형의 위기가 자본의 사물의 질서를 구축하는 기본 가정에 직접적인 위협임을 보게 될 것이다.

자본의 '충동'에서처럼 '충동'이라는 단어는 하나의 사회적 세력으로서의 자본이 사회적 신체에 확산시키는 것처럼 보이는 항구적인 긴급 상태의 감각을 우리에게 부여한다. 즉 사회적인 것을 결핍의 왕국으로 구성하는 것과 매우 큰 연관이 있는 긴박감을 부여한다. 이 충동은 추상적인 형이상학적 정의가 아니라 구체적인 사회적 협력 메커니즘으로부터, 압도적 다수를 배제하는 소유권과 자원 접근권의 특정한 짜임으로부터 출현하는 것이다. 우리는 충동의 행동이 다그침과, 나아가서 강요와 연관되어 있음을 유념해야 한다. 충동되는 것은 공격받는 상태다. 누군가를 미치도록 충동하는 것은 그가 미치게끔 강제하는 것이다. 그렇지만 우리는 이 충동을 인간 본성의 불가피한 결과로 만들어 그것을 자연화하는 위험은 피해야 한다. 분명히 ─ 돈이든 이윤이든 시장점유율이든 ─ 특정한 목표를 얻기 위해 조직된 노력은 내부 개인들의 충동들을 합산한 결과로 독해할 수 있다. 예를 들어 이것은 주류 경제학의 방법론적 개인주의가 사회적인 것을 구축하는 방식이다. 그 방식은 자연화된 개인의 이윤–최적화 또는 효용–최적화 계산법이라고 개념화한 것을 합산하는 것이다.[10] 대신 내가 자본의 충동을 이야기할 때 나는 개별 행위자들의 충동이 아니라 그들이 자본을 위해 행동할 때 그들의 상호작용에서 출현하는 충동을 기술하려는 것이다. (어떤 사회적 위계 수준에서건) 자본주의적 공동 생산망에서 일하는 가장 냉담한 행위자도 이 망이 일으키는 체계의 충동 요구를 계속해서 대면해야 한다. 개별 행위자들의 담론이 이 체계적 충동을 나타내는 정도는 거부, 생존, 출구 등 그들의 전략과 힘뿐 아니라 체계의 요건에 대한 이 행위자들의 정상화 정도에 달려 있다. 명백하게 드러나겠지만 결국 정상화의 정도는 훈육 메커니즘에, 즉 투쟁을 극복하고 포획하여 그것

---

10. '합성의 오류'는 현대 경제학 담론을 비롯하여 모든 유형의 방법론적 개인주의를 지배하는 논리적 오류다. 이것은 대부분의 공공 정책 담론에 영향을 미친다. 요컨대 합성의 오류는 개인의 활동에 적용되는 법칙과 속성이, 그 개인들의 상호작용에서 비롯되는 전체에 반드시 적용되는 것은 아니라는 것이다. 사회는 사회적 삶을 지배하는 부분들(개인들)의 합이 아니라는 뜻이다. 현대 정책에 내포된 합성의 오류의 사례는 무수히 많다. 몇 가지만 언급하면 개별 국가들을 '구조조정'하여 성장과 발전을 촉진하고 그 국가들이 국제 부채를 상환하는 데 필요한 현금 수입을 벌 수 있도록 환금 작물을 장려하는 국제 금융 기관의 시도를 보라. 모든 국가가 이 권고를 충실히 이행하자 그들은 서로를 넘어서기 위해 경쟁하게 되었고 부채를 지고 빈곤에 빠지게 되었다. 그들의 상호작용에 따른 결과가 환금 작물의 과잉생산과 그에 따른 가격 하락이었기 때문이다(FAO 2005). 또 다른 사례는 영국 노동당 정부가 '교육'이 더 좋은 삶과 더 부유한 삶으로 가는 길이 될 것이라고 약속하면서, 대학 졸업자가 비졸업자보다 평균 소득이 더 높다는 것에 근거하여 재정 지원 혜택의 폐지와 수업료 도입을 정당화하고 따라서 대학 등록금에 대한 책임을 개별화한 것이다. 얼마나 비열한 수법인가! 점점 지구화 과정에 연결되고 경쟁에 노출되는 유연한 노동시장의 맥락에서 고등 교육의 결과적인 팽창은 모두에게 적용될 규칙을 바꾸게 될 것이다. 몇 년 전 학사학위는 좋은 급여와 일자리 안정을 위한 선망의 대상이 되는 입구였지만 오늘날 많은 이들에게 이것은 더 이상 사실이 아니며 미래에는 더 그럴 것이다. 점점 더 많은 대학 졸업자들이 '유연한' 노동시장에서 서로 경쟁함에 따라 그들은 점차 자신의 기술과 지식과 힘을 서로를 약화시키는 수단으로 사용하는 상황에 처하게 될 것이고 그리하여 결핍을 (재)생산할 것이다.

을 자본주의적 가치 생산으로 돌리는 항상성 과정에 크게 의지한다.

　마지막으로 (자본의) 코나투스라는 용어는 열망적 지평(텔로스)의 의미와 자본의 긴박감(충동)을, 실존을 위해 투쟁하면서 다른 세력들을 상대하는 어떤 사회적 세력이 직면하는 전략적 문제계를 결합한다. 코나투스는 자기보전의 성향 또는 노력과 관련하여 스피노자가 사용하는 용어다.[11] 현대 문헌에서 코나투스는 살아 있는 유기체의 피드백 메커니즘과 신경학적 항동성을 개념화하기 위해 사용되어 왔다. 예를 들어 신경생리학자 안토니오 다마지오는 스피노자의 코나투스 개념이 다음과 같은 직관을 집약하고 있다고 말한다. "모든 살아 있는 유기체는 의식적으로 알아채지 않고도, 또 스스로 결정하지 않고도 개체 자신을 보전하기 위한 노력을 수행할 수 있다. 간단히 말해서 유기체는 자신이 해결하고자 하는 문제가 무엇인지 알지 못한다는 것이다"(Damasio 2003 : 79 [2007 : 98]). 우리에게 이 범주가 중요한 것은 그것이 자본을 소멸의 위협에 계속 직면하는 하나의 사회적 세력으로 말끔하게 개념화하기 때문이다.[12] "오늘날의 시각에서 해석해 볼 때" 스피노자의 개념은 "살아 있는 유기체가 삶을 위협하는 수많은 역경에 맞서 자신의 구조와 기능의 일관성을 유지하도록 구축된다는 것을 암시한다."(Damasio 2003 : 36 [2007 : 48]).

　이처럼 나는 자본과 같은 사회적 세력들과 관련하여 이 용어를 사용하면서 사회적 세력들은 살아 있는 유기체처럼 사회적으로 구성된 위험에 직면하여 자신을 보전하려는 욕구를 가지고 있다는 사실을 강조하려 한다. 보통 이 자기보전의 코나투스는 어떤 단일한 계획가(자

---

11. 스피노자가 쓴 *Ethics* (Spinoza 1989 [2014]) 3부의 정리 6과 7 그리고 8을 보라.
12. 지속가능성 담론과 그 담론을 자본의 의제로 각색하는 것은 자본의 자기보전과 관련 있는 하나의 담론적 전략을 예증할 것이다. 협치를 다룬 7장을 보라.

본가, 정부, 개인이나 기관 형태의 어떤 인간 행위자) 없이 다수의 상호 작용으로부터 출현하는 사회적 행동의 형태와 패턴으로 표현된다. 예를 들어 경기 순환과 주기적인 위험 같은 항상성 패턴은 그것이 많은 사람들의 삶을 무너뜨릴 때에도, 자본주의적 체계 전체의 관점에서 보면 사회적 권리뿐 아니라 노동 조건과 임금을 억누르는 데 기여하고 자본의 보전을 위한 조건을 재창출하는 데 도움을 준다. 이 위기들이 (혹은 위협받는 위기들이) 모든 형태의 사회적 권리와 임금 인상 요구에 끼치는 "조절" 효과는 하나의 사회적 세력으로서의 자본의 보전이 달려 있는 이윤율의 조건이 지나치게 위협받지 않도록 하는 것이다. 이 것은 "훈육"을 찬양하는 국제경제의 관리자와 계획가 들에게 분명하게 드러나는 공통감각이다.[13] 주어진 역사적 맥락에서 이 "훈육"을 위한 조건들의 설계와 조작화는 우리가 자본의 전략들이라고 부를 수 있는 다양한 무기고에 속한다.[14] 이 전략들은 — 1930년대의 대공황에도 불구하고, 1970년대의 긴축 정책에도 불구하고, 전 지구적 남South의 수많은 국가들의 부채 위기에도 불구하고, 그리고 21세기 초와 같은 훈육 시장에도 불구하고[15] 더 좋은 삶의 조건을 위해 싸우는 임금 투쟁뿐 아니라 비임금 투쟁 들 같은 — 자본과는 다른 사회적 세력들이 출현하여 자본의 항상성 과정이 지닌 논리를 거부하고 축적 강요에 장벽을 쌓자마자 그 필요성이 분명해진다.

사실 자본의 코나투스라는 개념은 자본에 대한 대안의 정치를 문제화하려고 할 때 우리가 직면하는 고유의 어려움을 강조한다. 한편으로 자본과 직접적인 축적 조건에 맞서 스스로를 구성하는 사회적 세

---

13. 당시 IMF 총재가 분명하게 진술하듯이 "국가들은 전 지구적 시장의 축복을 다툴 수 없고 그 시장의 훈육을 거부할 수 없다"(Camdessus 1997 : 293).
14. 이러한 자본의 정치적 독해에 대한 이론적 기반은 다음을 보라. Cleaver 1979 [2018].
15. 포스트브레튼우즈 시나리오에서 금융의 훈육 역할뿐 아니라 (아르헨티나에서 그랬던 것처럼) 이 전략이 스스로 위기로 뛰어든 일에 대한 설명은 Herold 2002를 보라.

력들(예를 들어 더 많은 임금, 더 적은 노동, 더 엄중한 환경 규제, 공통장과 권리를 위한 투쟁들)은 이윤율의 조건에 맞서는 '삶의 위협'을 나타내고 그에 따라 자본의 집적적인 존재 조건을 위협한다. 다른 한편으로 자본은 외적 위험에 직면한 살아 있는 유기체처럼 자기보전을 위해 적응하고자 분투해야 한다. 이 적응에서 이 갈등을 포획하고 흡수하며 다른 세력들을 배제하라는 요구를 일부 받아들여 포섭하고 새로운 축적의 조건으로 만들기 위해 분투하는 자기조직화 패턴이 출현한다. 이 새로운 축적 조건은 노동과 사회적 협력을 질적으로 새롭게 조직하는 형태지만 사회적 신체에는 동일한 기본적인 삶 형태를, 동일한 생산 관계를, 사회적 신체 내에서 동일한 무한경쟁을 그리고 결핍의 인공적 생산을 재생산한다. 이것은 항상성 메커니즘을 유지하는 데 근본적인 것들이다. 결핍이라는 사회적 창조물은 더 큰 규모에서 질적으로 새로운 도구 및 조직 형태와 더불어 동일하게 유지될 뿐이며, 노동을 위한 노동, 분주함을 위한 분주함은 살림살이들이 서로 대결하는 상태를 인간의 사회적 협력의 정상적인 형태로 만드는 끝없는 무한경쟁 속에서 동일하게 강요된다. 낡은 자유주의 체제에서 케인스주의로, 케인스주의에서 신자유주의로 [옮겨가면서] 자본은 살아남았고 자신의 범위를 확장했으며 다양한 사회적 형태를 통해 사회적 힘들을 동원했다. 그러므로 대안이라는 예의 그 문제는 우리가 이 변증법에서 어떻게 빠져나오는가의 문제가 된다. 즉 어떻게 사회적 신체 내부의 갈등이 자본의 코나투스에 다시 얽매이지 않고 자본의 가치 실천으로부터 자율적이고 독립적인 가치 실천들을 사회적으로 구성하는 하나의 세력이 되느냐의 문제가 된다.[16]

---

16. 우리는 마지막 두 장에서 이 문제로 돌아갈 것이다. 여기서는 네그리(Negri 1984 : 188

[네그리 1994 : 332])가 자본의 가치화 과정과 구별되는 노동계급의 "자기가치화"라는 용어로 자본의 변증법에 대한 부정을 매우 통찰력 있게 서술하는 대목을 말하는 것으로 충분하다. "자본 관계는 세력 관계이며 이것은 자신의 적과 분리되고 독립된 존재를 지향한다. 그 적은 노동자들의 자기가치화 과정, 즉 코뮤니즘의 역학이다. 적대는 더 이상 변증법의 한 형태가 아니다. 그것의 변증법의 부정이다." 클리버는 자기가치화 개념의 계보를 자율주의적 맑스주의의 전통에 놓는다. 이처럼 그 개념은 "(사회의 모든 것을 '사회적 공장'으로 전환하려고 하는 시도와 같은) 자본주의적 권력의 전 범위를 파악하기 위해, 그리고 이와 동시에 '거부'라는, 즉 자본주의적 지배를 전복하는 노동계급 권력의 완전한 잠재력과 표현을 파악하기 위해 빤찌에리와 뜨론띠 그리고 기타 사람들의 초기 연구에서 발전해 나왔다"(Cleaver 1992 : 128~9 [1998 : 364~5]). 클리버는 네그리의 "자기가치화" 개념을 하나의 전략적 장을 정의하는 방식으로 해석한다. 다시 말해서 그 개념은 "거부의 힘이 어떻게 구성의 힘에 의해 보완될 수 있고 보완되어야 하는지를 보여 주기" 때문에 중요하다(같은 책 : 129 [같은 책 : 365]). 이 책의 마지막 두 장에서 우리는 이 변증법의 극복이라는 문제를 논의할 것이다.

4장

한계가 없는

자본의 무한함

이제 자본의 가치 실천들을 본격적으로 다루면서 우리의 이전 요점을 잊어서는 안 된다. 여기서 되풀이하자면 우리가 자본을 이야기할 때, 삶 실천들 전체를 식민화하기를 열망하는 하나의 사회적 세력을 이야기하고 있다는 것 말이다. 우리는 하나의 상태, 즉 이 삶 실천들 전체가 실제로 식민화된 고정된 조건을 말하고 있는 것이 아니다. 우리가 이 구별을 유념하지 않고 자기보전의 코나투스를 모든 곳에 침투한 주어진 삶의 조건으로 혼동한다면, 우리의 비판적 입장은 효능을 상실한다. 그것으로 인해 투쟁하는 주체와 그 주체가 자본의 자기보전에 가하는 현재적 혹은 잠재적 위협은 시야에서 사라질 것이기 때문이다.

자본의 가치 실천을 재현하는 가장 단순한 방법은 자본의 존재를 보전하고 재생산하기 위해 일어나야만 하는 변형의 연속을 그리는 것이다. 자본의 재생산은 우리가 이윤이라고 부르는, 전보다 더 큰 액수의 화폐 생산을 수반한다는 점을 유념하면서 말이다.

우리는 맑스의 자본 순환[1]을 사용하여 자본의 자기 팽창 또는 축

---

1. 맑스가 "자본의 화폐 순환"이라고 부르는 것에 대한 논의는 『자본』 1권 4장을 보라

적이라 불리는 것의 기본 특징을 그린다. 따라서 우리는 이렇게 쓸 수 있다.

<공식 1>　　　$M-C-M'$

즉 가장 단순한 형태의 축적 과정은 화폐 M으로 시작한다. 개별 투자자들은 그것을 상품 유통 과정(소위 시장)에 투입하여 상품 C를 구매한다. 개별 투자자들의 관점에서 화폐 M은 상품 C로 변형되었다. 이것은 M-C로 표현되는 '구매' 행동이다. 그러나 우리 투자자들의 개인적인 텔로스는 이 상품을 이용하여 [구매자의] 필요를 충족하는 것이 아니라 이윤을 획득하는 것이었다. 그것이 처음 지출한 화폐 M보다 더 큰 화폐 M'다. 그러므로 그들이 소유한 상품 C는 구매자를 찾기를 바라면서 시장에 다시 나와야 한다. 구매자를 만나 충분한 단가로 판매되면(C-M') 투자자들은 두 화폐 액수의 차이를 이윤으로 챙길 수 있을 것이다. 실제로 $M'=M+\Delta M$이고 여기서 ΔM은 획득되는 추가 화폐량(이윤)이다.

　$M-C-M'$ 순환은 거기서 멈출 수 없다. 충분히 축적한 개별 투자자들은 시간을 더 유용하게 쓰려고 은퇴할 수도 있지만, 투자자 '계급'은 계속해서 그 체계를 유지해가야만 한다. 개인은 그만둘 때를 인식할 수 있을지 몰라도 개별 자본 순환들을 엮으면서 그 체계를 구성하는 '이윤 동기'는 그렇지 않다.[2]

(Marx 1976a [2008]). [이에 대한] 체계적인 설명은 2권(Marx 1978 [2010])에서 제시된다. 오늘날 순환을 분석틀로 사용하는 사례는 위기를 다루는 Bell and Cleaver 2002가 있다. 카펜치스(Caffentzis 2002 [2018])는 사회적 재생산의 문제와 관련하여 순환을 논의한다. 다이어-위데포드(Dyer-Witheford 1999 [2003])는 순환 개념을 사용하여 고도 기술 자본주의를 다룬다.

따라서 ΔM은 돈을 더 많이 벌기 위해 – 여기서 다시 자본의 텔로스
가 작동한다 – 재투자될[3] 것이다. 따라서 새로운 순환이 시작된다.

<공식 2>   M′-C′-M″

즉 더 큰 가치를 가진 상품의 구매 C-M′와 이것을 더 큰 액수를 받고
팔기 위해 시장에 다시 내놓는 것. 투자자들은 다시 끝없이 새로운 순
환에 나설 준비가 되어 있다.

<그림 1>은 이렇게 내재적으로 무한한 상품과 화폐의 축적 과정을
그린 것이다.

<그림 1>에서 우리는 계속해서 M과 C를 제한 없이 추가할 수 있
다. 그것은 바로 이윤 추구에 한계란 없기 때문이다. 이처럼 이윤을 내
는 활동은 내재적으로 무한하고, 한계가 없다.[4] 내가 여기서 "내재적으
로"라고 말할 때 나는 이윤 동기의 가치 실천 내에서 어떤 한계를 인식하
는 것은 불가능하다고 말하는 것이다. 한계는 이 가치 실천의 외부에서

---

2. 이것을 직관적으로 이해하기 위해 심리 실험을 해보자. 당신이 큰 기업의 일원이라고 상
상해보자. 그 기업의 사업은 바로 돈을 버는 것이다. 당신은 큰 책임을 맡은 위치에 있다.
당신은 기업 간부, 은행가, 재계의 거물이며 사업 행위자로서 주요 관심사는 돈을 버는
것이다. 자신에게 물어보자. 얼마만큼의 돈이 있어야 충분한가? 2백만 파운드면 충분한
가? 5백만 파운드? 1천만? 1조면 충분할까? 물론 현실에서는 어떤 주어진 시기의 환경
에 의해 한계가 정해진다. 그러나 핵심은 이러하다. 이윤 창출의 관점에서 보면 '돼지 원
리'가 지배한다. [돈은] 많으면 많을수록 좋은 것이다. 특히 당신이 포기한 기회를 다른
누군가가 채갈 것이기 때문이다. 당신은 약육강식이라는 시장의 철칙을 이겨내고 살아
남도록 애써야 한다.
3. 여기서 나는 편의상 투자자 자신의 삶의 재생산을 위해 공제되는 액수는 없다고 가정했
다. 이렇게 가정하지 않더라도 이 주장의 주안점은 바뀌지 않는다.
4. "자본으로서의 화폐 유통은 그 자체가 목적인데 왜냐하면 끊임없이 갱신되는 이 운동
내에서만 가치의 가치화[가치증식]가 일어나기 때문이다. 그러므로 자본의 운동은 무한
히 계속된다"(Marx 1976a : 253 [2008 : 232]).

나와야만 한다.[5]

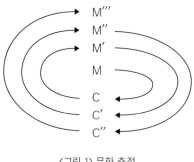

〈그림 1〉 무한 축적

자본의 무한한 본성은 아리스토텔레스가 거의 2,500년 전에 인식한 특징이었다. 당시 자본의 가치 실천들은 가족 영농에 기초한 지배적인 가치 실천들에 비해 매우 미미했다. 가족 영농은 가부장적 관계와 노예제로 운영되었을 뿐 아니라 고대 그리스의 관습에서 그러했듯이, 그리고 실제 대부분의 고대 세계에서 그러했듯이[6] 자급자족과 자립경제autarchy의 원리에 따라 규제되었

---

5. 네그리가 올바르게 이야기하듯이 이러한 이유로 자본에게 "한계는 존재하며 오로지 한계와 비율을 다시 수립하기 위해서만 장애로 간주된다"(Negri 1984 : 189 [1994 : 333]). [원문 각주에는 "한계와 비율을 다시 발견하기(find)"라고 되어 있는데 네그리의 글에는 "수립하기"(found)로 되어 있다. 인용 과정에서 생긴 오기로 보인다. — 옮긴이]

6. 고대 그리스의 사회적 신체의 생산과 재생산의 조건에 대한 연구는 오랫동안 논쟁의 대상이었다. 19세기 말 그 논쟁은 무역의 존재와 화폐의 사용을 고려하여 기원전 5세기의 고대 그리스 경제가 '원시적'이었는지 '근대적'이었는지, 즉 서로 연결된 시장과 상품과 가격을 갖춘 '근대적인' 자본주의적 경제와 유사했는지 아닌지의 측면에서 진행되었다. 20세기 중반 칼 폴라니는 그 논쟁에 새로운 측면을 야기했다. 그는 시장 교환과는 다른 형태를 갖춘 인간들의 교환이 존재하며 시장이 존재할 때에도 경제는 시장 체계라는 자기 조정 제도를 중심으로 조직될 필요가 없다고 주장했다. 그는 인류학적·사회적 연구들로부터 두 가지 경제 분석 형태의 구별을 이끌어냈다. 그는 이것을 "형식주의"(formalist)와 "실질주의"(substantivist)라고 불렀다. 전자는 서로 연결된 비인격적인 시장 메커니즘과 가격을 결정하는 수요와 공급의 힘에 초점을 맞추는 근대적인 "자기조정" 시장에만 적용된다. 후자의 경우 재화는 비시장과 비경제적인(즉 문화적이고 사회적이며 정치적인) 제도에 의해 가치가 매겨질 수 있을 뿐 아니라 생산되고 교환될 수 있다. 그러므로 이 재화의 가치는 시장 실천과는 다른 실천들, 가령 선물 교환과 국가의 재분배 및 행정적인 가격 결정 같은 실천에서 파생된다. 그는 이 실천들을 이해하기 위해 다른 분석 도구들이 필요하다고 주장했다. 그러한 도구들을 한데 묶은 것이 그가 "실질주의" 경제학이라고 불렀던 것이다. 폴라니는 헬레니즘 시대 이래 살림살이의 재생산에 투여된 일군의 활동들, 즉 우리가 오늘날 "경제"라고 부르게 된 것은 하나의 분리되고 독립적인 제도로 볼 수 없다고 주장했다. 오히려 이 활동들은 다른 사회적·정치적·문화적 제도에 "내포되어" 있다.

다(Polanyi 1968 [2002]). 우리는 아테네의 부두에서 상인들을 관찰하는 아리스토텔레스를 상상해볼 수 있다. 이 상인들은 흑해로 나갈 준비가 된 포도주와 도자기와 올리브를 감독한다. 한편 또 어떤 상인들은 시칠리아산 보리와 밀을 싣고 막 도착했다. 아리스토텔레스는 그들의 화폐 계산법과 금전적 소득에 대한 강박관념이 행복과 어떤 관계가 있는지 심사숙고한다. 그는 결론을 내렸다. "사업가의 삶은 [스스로 선택한 것이 아니라] 일종의 강요된 삶이며, 부는 다른 목적을 위한 [다는 이유에 한해서만 선택할 가치가 있는] [단순한] 수단에 불과하므로 분

모시스 핀리(Finley 1973)는 한 영향력 있는 저작에서 이 계통을 따라 고대 그리스 경제는 규모뿐 아니라 조직 성격에서 현대의 시장 경제와 근본적으로 다른 경제였다고 주장했다. 그리스는 장거리 무역을 비롯한 시장 교환에 참여했고, 통화 시스템과 화폐 제도를 갖고 있었으며, 재화의 생산과 소비에 얽혀 있었지만 이 활동들은 하나의 분리된 영역, 즉 "경제"를 구성하는 것으로 이해되지 않았다. 임금 노동과 더 많은 돈을 벌기 위해 투자하는 일과 같은 현대의 정상화된 경제 활동들은 멸시를 받았다. 그 활동들이 자급 생산 및 가족 농장의 관리와 관련이 없었기 때문이다. 이 후자의 활동들은 살림(house-holding)과 자급자족에 입각해 있었고 농장 생산에 뿌리를 두고 있었다. 이는 남성, 비노예 시민에게 충분한 자유시간을 주었고 그들은 폴리스의 활동에 적극적으로 참여할 수 있었다. 다른 한편 임금노동과 돈벌이는 자율 및 자급보다는 의존의 원리에 입각하고 있었다. 시장 교환과 생산은 개인적인 그리고 가족의 필요에 관련되어 있거나 친구와 더 넓은 공동체의 이익을 위한 것이었다. 즉 그것은 목적을 위한 수단이었지 그 자체를 목적으로 하는 이윤 창출이나 "경제 성장"의 달성을 위한 것이 아니었다.

핀리는 이뿐만 아니라 고대 그리스인들 사이에서는 "시장적 사고방식"(market mentality)도, 시장 가격을 결정하는 비인격적인 메커니즘도 없었다고 주장했다. 각각의 개별 도시 국가에는 자신의 아고라가 있었다. 그곳은 열린 시장이자 회합의 장소였다. 그러나 이 아고라들은 서로 연결되어 있지 않았다. 이것은 가격이 수요와 공급이라는 비인격적인 힘이 아니라 지역의 관습과 지역적 조건 그리고 개인 관계에 따라 결정되었음을 뜻한다. 이것은 그리스 도시 국가들에서 강조되었던 자급자족이라는 자립경제 원리로 인한 것일 뿐 아니라 지중해 동부의 상이한 도시 국가들이 유사한 재화를 생산하는 경향이 있었기 때문이었다. 그러므로 무역은 일종의 "잉여배출"(vent-for-surplus) 무역이었고 폴라니(Polayni 1977)의 말을 바꾸어 표현하면 "현지에서 이용할 수 없는 재화"에 한정되었다. 이것은 오늘날의 "훈육 무역"(9장)과는 매우 다르다. 훈육 무역의 주요 목적은 현지에서 이용할 수 없는/생산할 수 없는 재화를 이용할 수 있게 하는 것이 아니라 만연한 경쟁을 통해 사회적 신체를 훈육하는 것이다. 핀리의 고전 모델에 대한 현대의 논쟁을 비롯하여 그 논쟁에 대한 일반적인 논평은 Engen 2004를 보라.

명 우리가 찾고 있는 좋음good이 아니다"(Aristotle 1985 : 8 [2013 : 30]).
이윤을 위한 상업에서, 화폐는 화폐를 위한 화폐, 즉 그 자체가 목적이
된다. 따라서 인간 행복의 원천일 수는 없다. 이윤이 이끄는 그러한 화
폐 상업 활동에서는 돈을 버는 하나의 수단으로 분투하는 부 역시 한
계가 없다. 그렇지만 "진정한 부"는 ─ 아리스토텔레스가 자급자족에 입각
한 살림 활동과 관련시키는 부는 ─

〔크기의 한계가 있으며, 이것은 그것이 봉사하는 결사체의 목적에 의해 결
정된다.〕 그리고 훌륭한 삶을 살기 위해서 재물이 무한히 많을 필요는
없다 … 모든 기술에 필요한 모든 도구의 수와 크기는 그 기술의 요건
에 따라 제한된다. 그리고 부는 가정이나 국가에서 쓰이는 〔그리고 각
각의 '기술'에 필요한〕 도구들의 집합이라 할 수 있다.(Aristotle 1948 : 26
[2009 : 40~41])

인간의 교환과 인간 행위 과정의 텔로스를 구성하는 것이 사용가치(노
동 생산물의 유용한 속성)냐 아니면 교환가치(생산물의 소외와 함께 획
득할 수 있는 화폐 가치)냐 하는 것은 큰 차이를 낳는다. 착취가 사람
들의 행위에 큰 타격을 주는 계급 사회는 착취와 억압을 구성하는 가
치 실천들이 (오만하고 부패했을지라도) 지배 계급의 필요에 의해 제한
되느냐 아니면 무한한가, 즉 지배 계급이 항상 더 차지하려고 애쓰느냐
에 따라 나뉠 수 있다.7 두 경우 모두 계급투쟁이 만일 충분한 사회적

---

7. 맑스에게 "생산물의 교환가치보다 사용가치가 더 큰 중요성을 띠는 경제적 사회구성체
에서는 잉여노동이 어느 정도 필요의 크기에 따라 제한을 받는 게 사실이다 … 잉여노
동에 대한 무제한적인 갈망이 생산 그 자체의 성격에서 생겨나는 것은 아니다"(Marx
1976a : 345 [2008 : 335]). 맑스는 계속해서 이렇게 설명한다. 비자본주의적 생산양식 내
에서 이 법칙의 예외는 생산물이 바로 화폐인 경우에 찾을 수 있다. 가령 고대에서 "교환

힘을 전개할 수 있다면 사용자의 탐욕을 제어하고 자율성의 공간을 창출할 수 있다. 그러나 [착취와 억압을 구성하는 가치 실천이 제한되는] 이 제어는 첫 번째 경우에는 착취에 대한 분명한 경계지만, 두 번째 경우에는 모호한 경계다. 즉 M-C-M′의 가치 실천들은 그 경계를 파괴하려 할 뿐 아니라 우회하고 흡수하려 할 것이다. 자본의 자기보전 코나투스는 모든 한계를 극복해야 하는 장벽으로 간주하며 무한한 축적을 추구하기 때문이다.

자본의 무한한 성격이 역사적 형태에서 어떻게 구체화되는지 그리기 전에, 한계의 부재가 처음부터 특정한 관계 양식과 주체성의 생산 – 특유의 방식으로 타자를 구성하는 것 – 을 구성한다는 것을 지적해야 한다. 외부 세계와의 관계에서 자신의 충동과 열망이 무한하다고 상정하는 특이성은 모두 타자들의 주체성을 소거하기 위해 상정된 특이성이다. 즉 그들을 물리적으로 제거하거나 그들 자신의 행위 양식으로 통합하고 종속시키는 특이성이다. 그러나 물리적 제거와 종속적 통합은 가부장적인 혹은 국가적인 '환상의 공동체'의 수단이기도 하다. 따라서 국가, 가부장제 그리고 자본주의적 시장은 개별 주체들 외부에서 하나의 규칙을 정의하면서 서로를 보완하고 강화한다.[8]

전 지구적 M-C-M′ : 고전적 실례

가치를 그 독립된 화폐형태로 획득하려는, 즉 금과 은을 생산하는 경우에는 놀랄만한 과잉노동이 나타났다. 이런 경우에는 폭력적인 살인적 노동이 과잉노동의 공공연한 형태였다"(같은 책).

8. 이것에 반대하는, 그중에서도 뤼스 이리가라이(Irigaray 1997 [2000 : 108]) 같은 페미니스트 저자들은 한계에 대한 의식에서 출발하여, 즉 "각자의 특이성을 소거시키지 않는 개인적·집단적 책임성에서" 출발하여 "나"와 "우리"를 정의하는 문제를 제기한다.

무한 축적 원리의 한 실례 – 이것은 또한 지구적 범위의 M-C-M′ 순환에 대한 성찰을 가능하게 하며 어떻게 이 축적이 국가 폭력 및 가부장제의 생산과 동일한지를 드러낸다 – 는 봉건제에서 자본주의로의 소위 "이행", 즉 16세기에 벌어진 피와 약탈의 과정이다. 당시 유럽의 지배 계급은 자본의 처벌뿐 아니라 자본에 대한 처벌을 이용하여(Linebaugh 1991) 소작농과 도시 노동자 들이 이전 세기의 투쟁들 속에서 봉건 지배에 설정한 한계를 극복할 수 있었다. 실제로 유럽의 봉건 지배가 피해갈 수 없었던 한계는 중세 시대에 퍼져 나간 일련의 오랜 계급 갈등이 야기한 한계였다(Hilton 1978). 중세 시대에는 소작농의 봉기와 이단 및 천년왕국 운동뿐 아니라 지주와 교회와 정치 지배자에 맞선 도시 장인들의 투쟁이 일어났고, 이것은 계급들 간의 힘 균형을 크게 변화시켰다. 특히 유럽 전역에서 일어난 지방 소작농들의 봉기는 "특권과 헌장"을 기어코 쟁취했으며, 이는 경제적·사법적 권리의 영역을 확장했을 뿐 아니라 지주의 이익으로 추출되는 잉여노동 부담을 조정했다. 인구 대부분이 사용하는 공통장을 위한 관습적 권리 또한 확립되었다. (곧 출간될) 라인보우[의 책은] 공통장을 위한 그리고 공통장을 통한 공통인들의 투쟁이 어떻게 마그나카르타 같은 헌장을 기초하는 기반이었는가를 보여 준다.[9] 페데리치가 봉건제의 위기를 다룬 문헌을 검토한 뒤에 쓴 것처럼,

중세 말기 봉건경제는 한 세기 넘게 지속된 축적위기로 인해 그 운을 다했다. 1350년부터 1500년 사이에 노동자와 사용자 간의 힘 관계가

---

9. [옮긴이] 이 책은 *The Magna Carta Manifesto*라는 제목으로 2009년에 출간되었다. 한국어판은 피터 라인보우, 『마그나카르타 선언』, 정남영 옮김, 갈무리, 2012.

크게 변했음을 보여 주는 몇몇 기본적인 추정치로부터 몰락의 정도를 가늠할 수 있다. 실질임금이 100% 상승했고, 물가가 33% 하락했으며, 지대도 하락했다. 또 일일노동시간이 감소했고, 지역적 자급자족 경향이 나타났다(Federici 2004 : 62 [2011 : 99]).

상업 자본의 시대와 함께 그리고 "신세계" 사람들에 대한 탐험, 식민화, 정복의 거대한 물결과 함께 16세기에 시작한 M-C-M' 무역 순환은 그에 상응하는 가치 실천들이 주도했으며 자신의 지구적 범위를 확장하기 시작했다. 이것은 유럽 지배 계급이 당면한 위기로부터 벗어나는 하나의 방법이었다. 이때가 지금도 유지되는 공생이, 그러니까 자본 축적과 전쟁의 공생, 좀 더 일반적으로 말하면 "경제"와 "국가", "경제 권력"과 무력武力 "정치 권력"의 공생이 출현한 시기다. 당시의 경제 엘리트들, 즉 대大상인의 우려를 왕과 황제에게 전달하는 중상주의 저술가, 즉 최초의 "경제학자들"은 우리가 오늘날 "경제학"이라고 부르는 새롭게 발명된 담론으로 공생을 이론화했다(Latouche 2001). 이것은 경제를 "문화", "정치" 그리고 사실상 "사회" 영역과 분리된 독립된 사회 활동 영역으로 "발명"하는 담론일 뿐 아니라,[10] 이 분리를 만들고 그에 상응하는 서사를 구축하면서 이 분리를 창조하는 방식으로 사회적 신체에 작용하는 담론이다. 초기 중상주의자들의 경우 그 분리는 국내 정책으로 창조된다. 이 정책은 공통장의 종획과 수탈, 최고 임금 설정을 촉진하며, 노동자를 축적의 경제적 근거를 제공하는 생산의 투입물로서

---

10. 칼 폴라니는 자신의 영향력 있는 저서인 『거대한 전환』에서 "경제"가 사회에서 독립되어 있고 분리된 인간 행동 영역이라는 신고전주의 개념과 자기조정 시장이라는 신화를 폭로했다(Polanyi 1944 [2009]). 고대뿐 아니라 다른 자급자족 사회 조직의 작동을 연구한 그는 경제가 하나의 구별되는 영역이기보다는 사회에 내포되어 있으며 따라서 영역들 내에서의 구별은 문제적이라고 주장했다.

담론적으로 구축한다.[11] 그러나 중상주의자들의 실질적인 "기여"는 전쟁과 국제 무역의 시너지를 확립함으로써 지구적 수준에서 이루어진다. 전쟁은 멀리 떨어진 토지와 자원에 접근할 수 있게 하고 대립하는 국가 권력과 해적 들에 맞서 무역로를 확립하고 방어하는 도구가 되었다. 다른 한편 무역은 새로운 함대와 군인을 군대에 공급하는 재원, 즉 금을 가져다주고 국가의 힘에 기여할 것이었다. 완력과 금으로 이루어지고 무역으로 매개되는 선순환은 새로운 밀레니엄의 2차 이라크 전쟁에서 시도된 것처럼 무역과 금융 자유화로 매개되는 공포와 석유의 순환과 매우 유사하다.

16세기 말부터, 특히 17세기와 18세기에 M-C-M′ 순환은 지구 전역에서 인간 행위의 망을 엮기 시작했다. 본질적으로 무한한 자본의 가치 실천과 삶 실천 및 살림살이 조건을 이전에는 한 번도 경험하지 못했던 규모로 결합하고자 했다. 지구를 에워싸기 시작한 M-C-M′ 순환은 명백히 판매할 상품이라는 존재에 기반을 두고 있었고 후자 [상품]은 그것을 생산하는 인간 노동에 기반을 두고 있었다. 대다수의 사람이 부족의 일원이든 아니면 씨족이나 교구의 일원이든 자급자족이라는 조건에서 생활하고 일했던 세계에서는 그들의 사용자가 그들로부터 얼마나 많은 잉여노동을 추출하든 상품 생산, 특히 원거리 무

---

11. 예를 들어 토머스 먼(1571~1641)과 윌리엄 페티(1623~87)로 대표되는 중상주의자들은 부자의 과소비와 다른 모든 사람들의 가난이 상호 보완적이며 긍정적인 "경제적" 효과를 갖는다고 믿었다. 전자는 빈자를 위한 일자리를 창출할 것이고 후자는 임금 억제에 기여하고 노동 훈육에 저항하는 능력을 제한함으로써 사람들이 생존을 위해 노동하도록 강제할 것이었다. "극빈과 결핍은 사람을 현명하고 근면하게 만든다"(Mun 1664). 윌리엄 페티는 임금이 낮게 유지되어야 하고 빈곤이 사람들을 일하도록 만들어야 한다고 요구했다. 만일 임금이 너무 높으면 사람들은 이제 일을 하지 않을 것이기 때문이었다. "곡식이 매우 풍족할수록 빈자의 노동은 귀한 것이 된다. 노동은 거의 이루어지지 않을 것이다(그들은 너무 방탕해져서 먹기 위해서, 아니 술을 마시기 위해서만 일을 한다)"(Petty 1690).

역을 위한 상품 생산은 세계 인구의 대다수에게는 주변적인 활동이었다. 즉 그들의 재생산의 핵심에는 거의 기여하지 않는 활동이었다. 그러므로 이미 생산되어 있던 사치품을 특히 초기 스페인 정복자들이 직접적으로 약탈했던 초창기 이후 대상인들의 M-C-M′ 순환은 광산과 플랜테이션에서 죽을 때까지 강제로 일하는 지역 원주민들이 추출한 금, 은, 설탕 그리고 목화의 공급 확대로 유지되기 시작했다.

그러나 지역 원주민들은 까다로운 "생산 투입물"이었다. 그들은 자신들이 잘 알고 있고 [억압에서] 벗어나기 위한 수단과 방어를 제공해 줄 수 있는 자신들의 땅에서 반란을 일으켰을 뿐 아니라 유럽인들이 들여오고 저지른 질병과 대학살로 점점 사라지고 있었다. 17세기의 인구·경제 위기라는 맥락에서 유럽의 한정된 인구로 인해 "'신세계'에서 설탕과 담배와 목화라는 주요 작물을 경작하는 데 필요한 자유로운 노동자들은 대규모 생산을 할 수 있을 만큼 충분히 공급될 수 없었다. 노예는 이러한 이유로 필수적이었다"(Williams 1964 : 6). 자본의 가치 실천은 본질적으로 무한하며 그러므로 노동에 투입할 수 있는 인구[의 부족] 같은 장벽 앞에서 멈추지 않는다.

횡국가적transnational 노예무역은 16세기부터 19세기 전반기까지 이루어졌으며 18세기와 19세기 초(산업혁명 시기)에 정점에 달했다(Potts and Bond 1990 : 41). 축적의 충동은 자발적이며 이용할 수 있는 충분한 노동력 공급원의 부족으로 인한 제약을 뛰어넘었다. 이는 아프리카 대륙에서 살던 1천만 명에서 2천만 명 사이의 사람들을 인류 역사상 가장 강압적으로 이주시키는 납치로 이어졌다. 중상주의 시대의 인간 화물에 적용된 평가 과정과 계산은 오늘날 사업 관리자들이 횡국가적 상품 사슬 곳곳에서 복잡한 정보 기술을 사용하여 비용을 최소화하기 위해 적용하는 것과 기본적으로 동일하다. 이윤을 가져오고 최대화되어야 하는 '좋음'과 비용을 줄이고 최소화되어야 하는 '나쁨'을 정의하는 동일한 측정 활동, 동일한 선별 원리[가 적용되었다]. 배의 선장은 이 수송으로 죽을 많은 남성과 여성과 아이 들을 고려하여 계산한다. 그가 '최적'이라고 생각하는 숫자의 신체들로 배를 '채우고'(이동 중에 죽을 인간 화물 비율로 인한) 경제적 손실을 예상 수익에서 '차감한다.'

노예무역이 정점에 이른 18세기에 가장 큰 노예무역 참가국은 잉글랜드, 포르투갈, 프랑스였다. 이들은 각각 그 무역의 41.3%, 29.3%, 19.2%를 차지했다. 네덜란드, 영국령 북아메리카(미국), 덴마크, 스웨덴 그리고 브란덴부르크가 뒤를 이었다(Potts and Bond 1990). 대서양을 횡단하는 노예무역은 곧 아프리카 서부 해안, 아메리카와 카리브해 지역, 그리고 유럽의 삼각 무역 또는 순환 무역의 일부가 되었다. 영국의 리버풀과 런던, 브리스톨 항구는 그 삼각 무역에서 가장 중요한 유럽의 마디들이었으며, 이 무역은 (대부분 영국 산업혁명 시기 착취 공장sweatshops에서 제조된) 유럽에서 나온 제조업 상품들의 흐름으로 이루어졌다. 이 상품들은 아프리카와 아랍 중개상이 잡아 온 노예들에 대한 최종 지급물이었다. 노예는 차례차례 아메리카와 카리브해 지역으로 운송되었고 지주들은 유럽에 생산물을 팔아 얻은 수익으로 노예를 구매했다. 모든 판매는 다른 누군가의 구매이듯이 금은 물론 반대 방향으로 흘러갔다.

우리는 이 무역 순환에서 자본주의적 지구화 과정들의 초기 사례를 볼 수 있다. 세 대륙은 M-C-M′ 가치 실천들로 서로 묶여 있었다. 이 가치 실천들은 여전히 거칠고 단순한 수준, 즉 아직 정상화되지 않은 수준에 머물러 있었지만 보상과 처벌을 유포했다. 대서양의 양쪽을 가로지르는 여러 공동체들의 살림살이는 하나의 연결된 운명을 따르고 있었다. 이 상황에서 희생자들은 투쟁의 주체이기도 했다.[12] 물론 이후에는 이와 동일한 – 조금 수정되긴 했지만 피비린내 나는 영향은 마찬가지인 – 것이 아시아 식민지들의 M-C-M′ 순환에 적용되었다.

지구를 가로지르는 공동체들의 연결은 그들 모두의 공통점을 통해 확인할 수 있다. 첫째, 그 공동체들은 모두 종획, 즉 자신의 살림살이를 재생산하기 위한 비시장 조건들로부터의 강압적인 분리라는 역사적 과정을 견뎌야 했다. 영국 산업혁명과 동시에 일어난 노예무역의 정점에서 아주 적은 돈을 받고 맨체스터의 착취 공장에서 매일 14시간 또는 16시간을 일하는 남성과 여성과 아이들은 토지 종획이 진행된 지난 3세기 동안의 프롤레타리아화, 공통장을 위한 투쟁에 대한 국가 탄압 그리고 '궁핍'과 '방랑'의 범죄화, 즉 살림살이 재생산을 위한 수단으로서의 시장(이 경우 '노동 시장')에 대한 의존을 심화시킨 모든 수단들의 결과였다. 또한 '신세계'의 광산, 플랜테이션 그리고 다른 '사업 활동'이 지역민에게서 수탈한 강과 토지에서 시행되었다. 한편 그곳에서 일하도록 실려 온 노예 신체들은 자신의 공동체에서 강압적으로 분리된, 자신이 '종획된' 이들이었다. 더욱이 장벽의 본성이 무엇이든 그것을 하나의 사업 기회로 취급하는 자본에서 태어난 것은 근대 노예제만이 아니다. 경제적 계산과 그것의 회계 도구가 체계적으로 보이지 않게 만드는 다른 비임금 활동도 재구조화의 표적이 되고 그것에 종속된다. 재생산, 즉 생명을 불어넣고 양육하는 활동, 또한 공동체를 돌보고 그에 상응하는 지식 형태를 창조하고 발전시키는 활동, 역사적

---

12. 예를 들어 라인보우와 레디커(Linebaugh and Rediker 2000 [2008])는 노예무역 순환의 상이한 시기에 일어난 투쟁과 저항의 물결을 다룬다. 얀-물리에 부탕(Boutang 2002:392)은 뉴잉글랜드의 [노예제] 폐지론자들의 운동이 – 몇몇 설명에 따르면 도망자가 십만 명, 즉 전체 노예 인구의 약 5분의 1로 추산되는 – 노예제로부터의 거대한 탈출 물결 덕분에 동력을 얻었다고 주장한다.

으로 여성의 노동에 집중된 활동은 '구세계'뿐 아니라 '신세계'에서도 벌어진 마녀사냥이라는 구조조정, 즉 여성의 출산 통제권을 범죄화하고 담론적으로 여성을 비노동자로 정의하는 일을 겪는다(Federici 2004 [2011]). 이때가 마을의 준자율적 공동체들이 파편화되는 시기다. 그리고 19세기와 20세기 초 절정에 이르는 한 움직임 속에서 가족은 '소국가'로 바뀌기 시작하며, 이는 노동계급 가족 내에서 임금의 가부장제를 향한 길을 연다. 여기서 임금에 대한 통제는 상류계급 가족에서 재산[에 대한 통제]과 동일한 역할을, 즉 여성에 대한 남성의 권력 원천으로서의 역할을 수행한다.

둘째 대서양을 횡단하는 M-C-M′ 무역 순환은 생산과 재생산의 상이한 조건들과 활동들, 상이한 사회경제적 노동 구성들compositions, 상이한 계급 구성들[13], 상이한 문화적 투쟁 언어들, 상이한 주체성들의 전 지구적인 절합의 초기 사례다. 자본과 자본 재생산의 관점에서 그 사례는, 사람들을 고용하고 무역 순환에서 상품을 사고파는 자본 소유주의 화폐 이윤을 최대화하기 위하여, 사람들의 저항과 투쟁에도 불

---

13. [옮긴이] "빤찌에리와 뜨론띠를 비롯한 1960년대 초기 이탈리아 신좌파 이론가들은 '자본의 구성'이라는 맑스의 개념에 '계급 구성'(class composition)을 병치시켰다. 두 개념 모두 동일한 현상, 즉 생산 과정의 조직화를 가리킨다. 하지만 맑스의 개념[자본의 구성]이 불변 자본에 의한 가변 자본의 집계적(aggregate) 지배를 강조한다면 '계급 구성' 개념은 불변 자본과 가변 자본의 특정한 조직화와 결합한 노동 분업 내에 현존하는 계급 권력 구조에 대한 하나의 탈집계된 상을 포함한다. 더욱이 여기서 '계급 권력'(class power) 개념은 자본의 지배하는 권력뿐 아니라 노동자들의 저항하는 권력과도 관련되어 있는데 이것은 노동자들 사이의 권력의 계급 내적 배치와도 직접적으로 연관되어 있다. 지적된 바 있듯이 모든 노동 분업은 ― 대개 임금 위계로 코드화된 ― 계급 내적 권력의 일정한 위계적 배치를 수반한다. 따라서 '계급 구성'으로의 이동은 맑스주의자들이 이제껏 '자본의 구성'이란 개념으로 상기시켰던 것보다 훨씬 더 복잡한 종류의 계급 세력 분석으로 이르는 문을 열어젖혔다. 그것은 맑스주의 이론을 이론적으로나 정치적으로 풍부하게 하는 것이었다"(해리 클리버, 「마르크스주의 이론에 있어서의 계급 관점의 역전」, 『사빠띠스따』, 이원영·서창현 옮김, 갈무리, 1998, 335쪽).

구하고 가능한 한 효율적으로 이들을 일하도록 만드는 상이한 기법들과 전략들의 전 지구적인 절합이다. 다시 말하면 M-C-M′ 가치 실천은 생산과 재생산에 침투하여 삶 실천들을 점차 "노동"으로 바꾸기 시작했다(Cleaver 1979 [2018]).

이 점을 강조해야 한다. 국가 자본주의들이라는 역사 서사를 통해 자본주의를 이론화하는 것에 우리가 익숙해졌기 때문이다.[14] 영국 산업혁명의 단계와 조건에 대한 맑스의 초점에서부터 포드주의와 포스트포드주의의 근대적·현대적 이론화에 이르기까지, 자본주의는 노예제에서 임금 노동, 비임금 재생산 노동에서 포스트포드주의적 임시 노동, 최저 소득으로 살아가는 비임금 제3세계 소규모 상품 생산자에서 고도기술 자본주의의 고숙련 '시스템 분석가', 포드주의적 착취 공장에서 불안정한 인지 노동에 이르는 많은 기법과 전략 들의 전 지구적 절합으로 충분히 문제화되지 않았다. 전 지구적인 임금 위계에서 이 상이한 위치성들의 절합이 자본 훈육의 진정한 구성적 계기가 된 오늘날 우리는 더 이상 주저할 수 없다. 자본주의의 극복이라는 총체적인 문제, 그것의 가치 실천으로부터의 엑소더스라는 문제는 전 지구적인 사회적 신체를 분할하고, 공동 생산하는 공동체들을 서로 대결시키는 이 절합의 극복이라는 문제로 모두 표현된다.

---

14. 전통적인 맑스주의 역사 접근법에 종종 내포된 이 협소한 지리학적 얽매임은 물론 몇몇 사람들의 비판을 받았다. 예를 들어 월터 로드니(Rodney 1972 : 101)는 아프리카의 저개발을 다룬 자신의 유명한 연구에서 이렇게 쓴다. "이데올로기적 심연은 대부분의 부르주아 학자들이 유럽의 노예무역을 자본의 초기 축적의 한 요인으로 전혀 언급하지 않고 영국의 산업혁명 같은 현상을 서술하는 이유다 … 그러나 오랫동안 (모리스 돕과 에릭 홉스봄처럼 저명한) 맑스주의자들조차 아프리카인들과 아시아인들 그리고 아메리카 인디언들에 대한 대규모 착취는 별로 언급하지 않은 채 유럽 내부의 봉건제도에서 자본주의로의 진화를 고찰하는 데 집중했다."

5장

생산과 재생산

순환 결합

노예무역은 실제로 우리가 현대의 지구화 과정들과 관련하여 발견하는 다양한 근대적 테마들을 예시한다. 특히 플랜테이션 시스템은 "지금까지 자본주의적 계급관계의 패러다임으로 작동하고 있는 노동관리, 수출지향 생산, 경제 통합 그리고 국제 노동 분업의 본보기"를 만든다(Federici 2004 : 104 [2011 : 170]). 게다가 그것은 "노예 노동자와 임금 노동자의 분할을 지리적·사회적으로 유지하면서 ('소비재'의 생산[1]을 통해) 노예 노동을 유럽 노동력의 재생산에 통합시킨 국제 노동 분업 형성의 결정적인 단계였다"(같은 책). 따라서 빵을 제외하고 유럽의 노동력 재생산에서 가장 중요한 상품들, 즉 설탕, 차, 담배, 럼주 그리고 목화의 식민지 생산은 노예제가 제도화되고 유럽의 임금이 조금씩 오르기 시작한 다음에야 개시되었다고 페데리치는 이어서 말한다.[2] 그러나 여기서 페데리치가 지적하는 중요한 지점은 노동력의 재생산이 국제 노동 분업과 훈육 과정에 기반을 두기 시작했다는 점이다. 이것

---

1. [옮긴이] 저자는 "재생산"(reproduction)으로 인용했으나 페데리치의 원문에는 "생산"(production)으로 되어 있다. 인용 과정에서 생긴 오기로 보인다.
2. Rowling 1987을 보라.

은 자본의 축적에 중요했다. 첫째, 전 지구적인 조립라인의 확립을 통해 자본주의는 유럽의 노동력 비용을 절감했다. 이 조립라인은 "오늘날 '선진' 자본주의 국가들을 위한 (암살단과 군사 폭력이 값싸게 만든) '저렴한' '소비자' 재화의 공급원으로서 아시아, 아프리카, 라틴 아메리카 노동자들을 활용하는 자본주의의 모습을 예견하는" 방식으로 노예 노동자와 임금 노동자의 노동을 절합했다. 둘째,

> [식민] 모국의 임금은 노예 노동자들이 생산한 재화를 시장에 진출시키고 노예노동의 생산물 가치를 실현하는 수단이 되었다. 이렇게 해서 노예노동은 여성의 가내노동과 마찬가지로 모국 노동력의 생산 및 재생산에 확실하게 통합되었다. 나아가 임금은 축적의 도구로 재정의되었다. 즉 임금을 받는 노동자들의 노동을 동원하는 방편으로서, 뿐만 아니라 임금을 받지 못하기 때문에 임금에 의해 은폐되는 많은 노동자들의 노동까지 동원하는 방편으로서 재정의된 것이다(같은 책 [같은 책 : 171]).

자본과 그것의 지구적 차원에 대한 우리의 분석틀 안에서 생산과 재생산의 이 연계를 포착하려면 〈공식 1〉을 확장하여 자본 축적의 형태를 취하는 공동 생산 과정을 명백하고 가시적으로 드러내야 한다.

만일 ··· 하다면 자본 축적은 가능하다

앞서와 같이 〈공식 3〉에서 우리는 맑스를 따라 화폐 자본을 M으로 표시하고 상품 자본의 총 가치 — 즉 자본의 자기팽창의 계기로 이해되는 상품과 화폐의 총량 — 는 C로 표시한다. 그렇지만 여기서는 임금 노동자가 노동 시장에서 판매하는 노동력 — 물질적이든 비물질적이든, 그리고

숙련 수준과 능력과 노동의 복합성을 얼마만큼 요구하든 간에 인간 힘들의, 즉 지향력들의 주어진 절합 – 을 나타내는 LP도 있다. MP는 생산수단, 즉 원자재든 사회적 생산에 의한 좀 더 정교한 변형 과정의 결과 – 도구, 기계, 컴퓨터, 건물 등 – 든 생산 과정에서 사용되는 다른 모든 "자연의 분절들"을 의미한다. 생산수단과 노동력은 생산 과정(··· P ···)에서 만난다. 관여하는 인간 주체의 관점에서 보면 이것은 삶 실천의 감각적 과정에 다름 아니다. 여기서 인간의 에너지는 다양한 감정 상태를 통해 (고전 맑스주의 문헌이 적고 있듯이 뇌, 근육, 신경이) 소비되며 종종 상충하는 다양한 가치 실천들에 의해 주도된다.

생산 과정은 새로운 상품 C′의 생산으로 끝난다. 그 소유주는 이전과 같이 판매를 기대하면서 그것을 시장에 내놓고 화폐 M′와 이윤 ΔM을 챙길 것이다.

$$\langle 공식\ 3\rangle \qquad M-C\{LP\,;MP\}\cdots P\cdots C'-M'$$

〈공식 3〉으로 그려진 이 자본 순환은 정해진 시간에 실제로 일어나는 일이 아니라 – 인간 공동 생산의 특정한 형태로서의 – 자본이 더 큰 규모로 자신을 재생산하기 위해 필요한 조건들의 연쇄를 보여 주는 것에 지나지 않음을 이해해야 한다. 이렇게 [더 큰 규모로 자신을 재생산하려면 각 계기는 다음 계기로 전환되어야 한다. 자본은 이전 단계가 완수되어야만 재생산된다. 이것을 실패하면 위기가 발생한다.[3] 따라서 가

---

3. 내가 사용하는 틀에서, 자본주의적 위기의 '원인'이 과잉생산인지, 과소소비인지, 이윤율 하락인지, 아니면 이윤 압박인지를 규명하기 위해 급진적인 정치경제학자들 사이에서 1970년대에 계속된 고전적인 논쟁은 무의미하다. 이 책의 목적에서 보면 그것들은 모두 자본주의적 체계들의 항상성이 지닌 조절 과정을 구성하는 가치 실천들 간 충돌의 징후 이다.

치화 과정 ─ 삶 에너지들이 우리가 살펴볼 것을 통해 산 노동의 형태로 지출되는 실제 생산 단계(…P…)는 상충하는 가치 실천들이다 ─ 은 자본이, 자신의 노동력을 기꺼이 팔 수 있고 정해진 숙련 상태를 공급할 수 있는 노동자들을 찾을 수 있다고 가정한다. 실현 단계 C′-M′는 실제 산 노동이 노동자에게서 추출되었고 화폐 가치의 형태로 대상화되었다고 가정한다. 구매 단계 M-C는 화폐가 축적된 부로 집중되어 있고 이용할 수 있으며 투자 과정에 투입된다고 가정한다. 따라서 연쇄 과정으로 재현된 자본 순환 전체는 자본이 더욱더 큰 규모로 재생산되려면, 즉 성장이 이루어지려면 무엇이 일어나야만 하는지 말해 준다. 그것은 실제로 일어날 일을 말해주는 것이 아니다.

실제로 이 일반적인 공식의 각 단계는 시간 속에 놓여 있고 구축되어 있을 뿐 아니라 투쟁을 통해 구축되며 따라서 파열이나 위기 혹은 장애의 가능성에 노출되어 있다. 벨과 클리버(Bell and Cleaver 2002)가 지적했듯이 자본 순환의 각 계기는 투쟁의 계기다. 이것은 강도와 합성 그리고 조직 범위에 따라 다른 계기들로 순환할 수 있고 자본 축적의 정도와 형태에 영향을 미칠 수 있다.

그러므로 예를 들면 임금 투쟁은 이윤율에 영향을 미치며, …P… 에서의 노동시간과 리듬에 대한 투쟁 역시 그러하다. 투자[과정] M-C는 기대 이윤에 달려 있고 이것은 결국 과거 이윤들의 조합, 즉 …P… 과정에서 다른 장소의 다른 사람들과 비교했을 때 노동자들로부터 노동을 추출할 수 있다고 기대되는 능력의 '비용 효율성'에 달려 있다. 자본 순환이 작동하는 상이한 맥락에 따라 기대 이윤과 투자는 또한 노동자들이 새로운 재구조화와 일자리 삭감을 받아들이게 하는 것에, 원자재 추출 비용을 효율적으로 할 수 있는 능력에, 환경 단체가 문제제기할 수 있는 인프라 건설로 사회적 생산성을 증진시킬 수 있는 능력 등에 달려 있다. 결국 실현 과정 C–M′는 팔 수 있는 능력에 달려 있고, 이것은 구매력뿐 아니라 경쟁하는 자본들의 투쟁에 달려 있다. 결국 후자는 노동자를 생산 대상(생산성을 증가시키는 재구조화의 대상이나 임금 삭감의 대상)으로 바꿀 수 있는 개별 자본들의 차별화된 능력의 반영, 즉 산 노동에 대한 명령을 훈육할 수 있는 차별화된 능력의 반영이다. 따라서 〈공식 3〉이 함축하는 바는 자본주의적 축적이 일어나려면 각 계기에 내재한 위기를 극복하기 위한 전략적 개입이 요구된다는 사실이다. 자본의 가치 실천들에 입각한 이 전략적 개입들 및 목적의식적인 행동들과, 반대 방향으로 나아가는 공동 생산자들의 가치 실천들 사이의 충돌이 맑스가 계급투쟁이라고 불렀던 것이며, '가치법칙'으로 언급되어 온 것을 낳는다(13장). 우리가 보게 될 것처럼 이 '법칙'이 결정론적인 것을 전혀 뜻하지 않음에도 말이다.

자본 축적을 위해 필요한 더 많은 조건들

그렇지만 우리가 지금까지 살펴본 것에서 맑스의 화폐자본 순환이 빠뜨린 것이 있다. 그것은 자본주의적 생산의 핵심적 구성요소, 즉 노동력을 재생산하는 노동이며 이것은 대부분 비임금으로 이루어진다. 클리버(Cleaver 1979 [2018])는 달라 코스따와 제임스(Dalla Costa and James 1972)의 통찰에 기초하여 노동력의 재생산 과정을 자본의 화폐 순환과 결합된 순환으로 재현했다. 이렇게 하면 재생산 노동과 자본 가치화 과정의 관계뿐 아니라 재생산 투쟁이 전체 결합 순환과 관련하여 갖는 전략적 중요성을 드러내고 문제화하는 것이 가능하다.[4]

---

4. 예를 들어 [〈공식 4〉의] 위쪽 순환에서 P*에서의 재생산 노동 감소는 생산을 위한 노동력의 축소를 의미하며 따라서 P에 대한 부정적 영향을 뜻한다. 그럼에도 자본은 자신이 지불하는 사회적 임금을 줄이기 위해 공공 지출의 삭감 비용을 비임금 노동에 전가

이것은 〈공식 4〉로 표현된다. 여기서 재생산 순환은 자본의 화폐 순환 위에 놓여 있다.

$$〈공식\ 4〉 \qquad LP-M-C \cdots P^* \cdots LP^*$$
$$M-C\{LP;MP\} \cdots P \cdots C'-M$$

재생산 순환에서 노동력LP과 교환하여 얻은 화폐M는 상품C을 사는 데 사용된다. 그렇지만 상품은 노동의 지출, 즉 P*을 통해 가정에서 가공해야 한다. 이 재생산 노동 지출을 통해 노동력의 육체적·정신적 재생산이 가능해진다(LP* = 재생된 노동력). 그런 다음 그것은 자본가에게 다시 판매될 수 있다.

이 순환에서 노동력의 생산만 일어나는 것은 아니라는 점은 말할 필요도 없다. 신체와 정신과 영혼을 여러 측면에서 재생산하는 동안 우리는 자본과는 다른 가치 실천들을 재생산하고 확장시키기도 한다. 친족 관계에서든 친구 관계에서든 아니면 다른 네트워크에서든 사회적 관계와 욕망과 이미지는 공동 생산을 통해 새롭게 (재)생산된다. 이 것은 특정한 특질로 노동력을 재생산함으로써 특정 수준까지만 자본과 결합되어 있다. 그와 동시에 우리 신체의 재생산의 상당수는 자본을

함으로써 재생산 노동 P*를 증가시킬 방법을 찾으려고 할 수도 있다. 이 단순한 관계는 하비(Harvey 1999 [2007])가 "공간적 조정"(spatial fix)이라고 부른 것의 측면에서도 이해될 수 있다. 이것은 국외 자본 팽창과 다양한 형태의 영토 지배를 통해 특정한 자본의 이윤율 문제를 해결하는 것이다. 그러나 하비와 사실 대부분의 맑스주의 문헌이 그렇듯이, 생산과 재생산의 관계라는 측면에서 보면 "공간적 조정"은 제국주의와 축적의 차원들의 분리를 요하지 않는다. M-C-M', 즉 축적은 오직 시공간 내에서만 작동할 수 있기 때문이다. 이것이 의미하는 바는 (노동력의 가치를 줄이고, 더 많은 시장을 창출하며, 원자재에 접근하기 등을 위한) "외부 팽창"이 종획에 다름 아니라는 것 그리고 종획된 공간과 훈육시장의 결합에 다름 아니라는 것이다. 축적과 제국주의의 관계에 대한 간략한 언급은 16장을 보라.

위한 노동력이 되는 것을 넘어서며 사실상 그것과 대립한다. 그래서 예를 들면 아이들이 '글로벌 경제에서 경쟁'할 수 있도록 가르치는 기술 및 교육 수준을 충족시키는 점수를 올리도록 아이들을 경쟁시켜야 한다는 압력이 부모들에게 증가하고 있지만 나는 지속적인 관계적 실천을 줄일 수 없다. 이것은 부모로서 '우리'가 노동력 재생산의 측면에서, 화폐 중심 사회에서 아이들이 살아남기 위해 필요한 리듬, 시간 개념, 기술 포트폴리오에 대한 아이들의 향후 결합을 돕는다는 측면에서 아이들에게 해야 하는 것이다. 우리가 아이들과 함께 하는 놀이를 통해, 아이들에게 읽어 주는 이야기를 통해, 세상과 상호작용하는 우리를 조용히 관찰하는 것을 통해 아이들 역시 자본의 가치 실천을 측정하는 사람이 되는 것과는 대립되는 기술과 지평과 가치를 자신만의 방식으로 개발할 것이다.

재생산 순환으로 돌아가면, 성별 간에 존재하는 지배적인 가부장적 관계 내에서 여성들이 재생산 노동의 대부분을 하고 있음에도, 이 순환은 우리에게 누가 이 노동을 수행하는지 알려주지 않는다. 어떤 경우에도 〈공식 4〉에서 기술하는 상호 연결된 자본 순환들은 재생산 노동과 자본 축적의 연계를 개념화하는 개괄적인 이론적 틀을 제공할 뿐이다. [〈공식 4〉의 위쪽 순환은 원리상 학생의 노동 같은 다른 비임금 노동 형태를 설명하기 위해 사용할 수 있다. 결국 자본주의는 "피착취자의 아이들이, 지배 계급이 조직하고 통제하는 제도에서 훈육되고 교육받는 최초의 생산 체계다"(Dalla Costa and James 1972 : 25). 여기서 아래쪽 순환에서 위쪽 순환으로 흐르는 화폐 흐름은 이전移轉의 형태(학비 보조금)를 취할 수도 있고 학비 보조금의 폐지로 간단히 제거될 수도 있다. 생산 과정 P*가 경제학자들이 "인적 자본"이라고 부르는 것을 생산하는 과정을 나타낼지라도 말이다. 게다가 학업을 통해 인적 자본을 생산하는 데 소요되는 기간은 〈공식 4〉에서 가정된 시간을 넘어 연장될 수 있다. 우리는 모든 생산이 사회적 협력의 형태인 것처럼 노동력의 재생산 역시 그러하다는 것 또한 알아야 한다. 그러나 자본주의적 협력은 임금 위계를 통해 구조화된다. 그래서 예를 들면 재원을 두고 경쟁하는 모든 학교에서 아이들에게 정해진 측정 가능한 기준을 완수하라고 점점 더 압력을 가하는 일은 부모에게 이전되어 그들을 무급 교사로 흡수한다.[5] 프랭크 푸레디의 말처럼 "초등학교에서는 처음부터 아이들의 성적은 집에서 얼마만큼 도움을 받느냐와 밀접하게 연결되어 있다고 [부모에게] 이야기한다. 교육 수준을 끌어올리기 위해 필사적으로 시도하면서 아이들에 대한 부모의 관심은 자신을 무급 교사로 끌어들이는 것으로 조종된다"(Furedi 2006:28).[6]

맑스의 분석 덕분에 우리는 주류 경제학이 감추는 것(생산 노동)을 중심에 둘 수 있지만, 맑스의 자본 순환을 이렇게 수정함으로써 우리는 주류 경제학(과 주류 맑스주의!)이 감추는 다른 대규모 인간 활동을 파악할 수 있다. 비임금 노동[이 그것이다]. 맑스의 자본 순환 분석이 공통으로 보유하던 자원에서 공동체의 종획(시초 축적)이라는 계보학적 계기를 가리킨다면 그에 상응하는 노동력 재생산 순환의 계보

---

5. 14장에서 나는 제레미 벤담이 어떻게 "감시자의 가족"이 수행하는 비임금 노동의 흡수에서 파놉티콘 감옥의 비용 효율을 높게 만드는 도구들 중 하나를 찾았는지 논의한다.
6. 푸레디에 따르면 이렇게 가정의 비임금 노동으로 교육을 아웃소싱하는 일은 영국의 고등교육이 겪고 있는 극적인 표절 추세의 근원이다. 이것은 일반적으로는 인터넷에 대한 손쉬운 접근에서 기인한다. 그는 이렇게 주장한다. 실제로 "인터넷은 표절을 아이의 놀이로 바꾼다. 하지만 인터넷은, 다른 정직한 학생들이 다른 사람들의 작업을 자신의 것인 양 행세하도록 조장할 수 있는 도덕적 힘을 지니고 있지 않다. 인터넷을 탓하는 것은 부정행위가 중요한 문제로 간주되지 않는 풍토를 양성한 것에 대한 교육 시스템의 책임으로부터 주의를 다른 곳으로 돌리는 것일 뿐이다."(Furedi 2006:28). 이렇게 점점 경쟁적으로 되어가는 교육 시스템에서 중요한 문제란 임금이며, 학위는 그것에 접근할 수 있게 해준다고 여겨진다.

학적 계기는 신체의 종획이다. 이 특유의 종획 형태는 사회적 공동 생산을 '사적' 영역과 '공적' 영역으로 분할하여 구성하는 궁극적인 근원이다.

〈공식 4〉가 강조하는 것은 임금 노동과 비임금 노동 모두 자본의 연속적인 변형의 계기들이며 그러므로 그것들은 자본의 전략의 상호 보완적인 표적, 즉 자본의 가치 실천과 가치 투쟁을 위한 영역이 된다는 사실이다. 그것은 포스트포드주의와 '비물질' 혹은 '인지' 노동이 출현하기 훨씬 전부터 자본의 노동일은 하루 24시간이었다는 것 또한 보여 준다.[7]

따라서 교육 시스템의 형태나 인구 성장 수준 또는 공공 서비스 지출의 형태와 크기 같은 재생산 측면에서의 자본의 전략 ─ 실제 신체에 대한 훈육과 통제를 관통하는 전략, 또는 푸코의 용어로 말하면(Foucault 1981:135~145 [2010:153~165]) 생명정치의 영역을 정의하는 전략 ─ 은 사회적 임금을 증진하거나 규제할 부문을 정하는 생산 측면에서의 전략과 상호보완적이다. 다른 한편 가정으로 향하는 사회적 임금 및 이전[소득]의 삭감은 기업으로 향하는 이전 및 보조금의 증가를 동반하며, 생산 노동과 재생산 노동을 재구조화하는 이중 효과를 갖는다. 그럼에도 한 순환에서의 투쟁은 다른 순환에서 순환할 수 있고 종종 순환할 것이다. 아니면 가령 1960년대 유럽과 미국의 여성들의 투쟁들처럼 다른

---

7. 예를 들면 달라 코스따와 제임스가 묘사하듯이 여성은 두 가지 이유로 자본주의에 유익하다. "여성은 임금을 받지 않고 파업하지 않고 가내 노동을 수행할 뿐 아니라 경제 위기로 인해 일자리에서 주기적으로 쫓겨나는 이들 모두를 언제나 집으로 다시 수용하기 때문[에 유익하다]. 가족, 즉 언제나 유사시에 돕고 보호할 준비가 되어 있는 이 모성의 요람은 실제로 실업자들이 즉각 파괴적인 외부인 무리가 되지 않게 하는 최상의 담보였다"(Dalla Costa and James 1972:34). [달라 코스따와 제임스의 글에서는 "모성의 요람"(maternal cradle)이나 저자의 각주에는 "물질적인 요람"(material cradle)으로 되어 있다. 인용 과정의 오기로 보인다. ─ 옮긴이]

순환에서 개시된 전략에 대한 저항의 지점을 정의할 것이다. 이 투쟁들은 또한 가부장적 가족이라는 소국가를 붕괴시키고 전복시킴으로써, 자본 축적을 돕는 전체 사회 구조를 뒤흔들어 놓았다. 이것은 특수한 형태와 절차로 이루어지는 남성 노동자의 재생산을 위협함으로써 노조 노동자들이 단체교섭을 통해 거래한 임금 인상과 생산성 향상이라는 포드주의적 합의에 입각한 '사회적 평화'를 뒤흔드는 데 기여한다.[8]

오늘날 전 지구적 자본의 신자유주의 시대에 시장을 통해 사회적 협력을 조절하는 훈육 메커니즘이 비임금 노동의 영역에도 점점 침투하고 있다는 것을 예측하는 것도 중요하다. 이 침투는 특히 전 지구적 북North의 국제 금융과 전 지구적 남South의 부채가 지닌 훈육적 역할을 통해 이루어진다. 사실 모든 규모의 사회적 행위에서 국제 경쟁이 일어날 수 있는 이유가 지구적 공장에서 재생산 노동을 하고 있는 비임금 노동자들의 비축만은 아니다. 게다가 상이한 규모의 사회적 행동에서 타인과의 경쟁 관계는 점점 생명정치적 경쟁으로 구성된다. 즉 차별적인, 느슨하게 이해된 신체의 협치(인구학, 건강, 교육, 환경의 문제로 이해하라)에, 장소특정적인 계급 구성에서 출현하는 필요와 욕망을 경쟁적 전투의 필요와 절합하고 결합하려 하는 협치에 종속된다.

임금 노동과 비임금 노동 그리고 비가시적인 것의 영역

생산 노동과 재생산 노동, 화폐화된 것과 비화폐화된 것, 임금과

---

8. [옮긴이] "케인스주의의 생산성 임금제는 임금 인상을 생산성 상승에 묶어 놓음으로써 노동계급 투쟁을 자본주의 발전의 원동력으로 이용한다는 것이 그것이다"(해리 클리버, 『자본을 어떻게 읽을 것인가』, 조정환 옮김, 갈무리, 2018, 169~170쪽).

비임금의 분할을 바라볼 때 우리가 응시하는 것은 사회적으로 구축된 행위의 분할이며 이것은 사회적 신체를 가른다. 사회적 신체의 보전, 필요의 충족, 욕망의 추구라는 관점에서 보면 이 분할은 그냥 말이 안 되는 정도가 아니라 '미친' 짓 아니면 헛소리다. 그것은 다양한 단계로 분리를 재생산하고 유지할 뿐 아니라 분리를 향해 질주하는 권력 행사에 의해서만 생산되고 유지된다.

자본과 구별되며, 생산하는 신체의 필요와 욕망에 뿌리를 둔 가치 실천들의 관점에서 보면 아이들과 노는 것과 요리를 하는 것은 결혼 식에서 악기를 연주하거나 소프트웨어를 설계하거나 혹은 철로를 까 는 일만큼이나 한 '공동체'의 재생산에 기여한다. 이 모든 경우에 우리 는, 맑스의 말을 바꾸어 표현하면, 자연의 생산을 우리의 욕구에 적응 시킨 형태로 전유하고 있다(Marx 1976a : 171~3 [2008 : 141~143]). 그러므 로 '사용가치'의 관점에서 이 모든 것은 폭넓게 정의된 공동체의 살림 살이에 기여한다. 그러나 '교환가치'의 관점에서, 즉 영리라는 목적/텔 로스를 위해 생산된 사용가치의 관점에서 생산 형태는 이윤의 욕구에 적응한다.

적응은 생물학적 혹은 사회적 조직이 특정한 목적에 적합하게 되 는, 특정한 상황에 맞춰지는 과정이다. 생물학에서 적응 과정은 일반 적으로 생리학적 혹은 진화적 측면에서 이해된다. 첫 번째 경우 그것 은 살아 있는 유기체가 일생 동안 (다른 살아 있는 유기체를 포함한) 환경에 순응하는 것을 뜻한다. 두 번째 경우 그것은 첫 번째와는 다르 게 여러 세대에 걸친 인구의 조정을 뜻한다. 여기서 우리의 목적에 비 추어 보면 생산 및 협력 형태를 이윤의 욕구에 적응시키는 과정은 비 가시적인 것의 구성 과정이기도 하다. 적응의 과정에서 어떤 것은 상실 되어야 하기 때문이다. 그리고 이 어떤 것은 대개 생산자 자신에게는 가치 있는 것이지만 자본의 가치 생산의 중심에 있지는 않으며 심지어는 대립될 수도 있는 것이다. 그러나 상실된 것이 지구상에서 사라지는 것은 아니다. 세계를 구축하는 자본의 담론과 가치 실천에 비가시적인 것이 될 뿐이다. 상실된 것은 이 [자본의 가치] 실천의 정상화와 자연화가 공동 생산자들에게 확장되는 만큼 공동 생산자들 자신에게 비가시적이다. 사회적 주체, 삶 실천, 열망 그리고 체험의 비가시성이라는 이 조건은 자본의 자기보전에 필수적인 조건이다. 자본의 경우 가치를 가지는 모든 것에는 가격표가 달려 있고 자본주의는 공동 생산의 한 하위체계이기 때문에 어떤 것의 가치가 그것의 가격표에 의존하지 않는다는 인식은 그것을 상품화하기 위한 전제조건과/또는 상품들의 체계에 대한 비가시적인(즉 비화폐화된) 절합으로 바뀔 뿐이다.

우리가 자본의 가치 실천의 눈을 통해, 그러나 다른 가치들의 관점을 잃어버리지 않고 사회적 공동 생산을 고찰한다면 비가시적인 것의 세 가지 연관된 영역들이 보일지도 모른다. [첫째] 상응하는 화폐 가치가 행위자에게 지불되지 않는 행위, 즉 착취로 정의되는 무급 노동, [둘째] 공동 생산의 체험, [셋째] 현실화되거나 욕망되거나 상상된 대안적인 공동 생산 양식과 그에 상응하는 사회적 관계들.

임금 노동과 비임금 노동의 분할

첫 번째 [영역을] 우선 살펴보면 임금 활동과 비임금 활동, 공과 사, 화폐를 위한 일과 '여가 시간의' 일, 생산과 재생산, 일과 집안일, 해당 가격표로 자본이 가치화하는 것과 그렇지 않은 것의 분할은 자본 착취의 근원에 있는 비가시적인 것의 영역이 구축되는 진정한 물질적 토대다. 왜냐하면 만일 맑스를 따라 잉여가치가 임금 노동자들의 노동에서 추출되어 이윤 형태로 전유되는 비가시적인 가치라는 것이 사실이라면, 임금 노동자들이 자신을 재생산해야 하는 것도 사실이며, 이것은 그들도 타인의 노동 생산물에 접근해야 한다는 뜻이기 때문이다. 그들의 저녁이 조리되고, 옷이 세탁되고, 건강이 유지되는 것은 비가시적인, 대상화된 노동자들 덕분이다. 이것은 가부장적 가정에서 여성의 종획이 절정이던 '과거'에도 그랬고, '오늘날' 포스트 여성 해방 운동 지형에서도 그러하다. 그 형태는 서로 다르며 오늘날의 형태는 정말로 신비화되고 있다.

자본의 유럽적 뿌리에 관한 한, 그러나 다양하고 상이한 맥락과 형태로 오늘날에도 여전히 존재하는[9] 과거의 이야기는 우리가 이전 장에서 간략하게 본 것처럼 상당히 직접적이다. 그것은 여성을 살해하고 공동체에서 여성의 역할을 증발시키는, 따라서 공통장을 지키는 유럽 농부들의 운동에서 가장 열렬한 활동가들인 여성을 박탈하는 마녀사냥에 기초하고 있다. 그것은 또한 이 여성들이 행위 하던 것을 새롭게 행위 하는 양식의 문을 열었고 그리하여 새로운 사회적 관계를 구성했다. 예를 들어 수 세기에 걸쳐 치료와 산파술은 의료 산업으로 직업화되고 산업화되었다. 주로 공동체적이고 공생공락이던 과정은 주로 경쟁적이고 이윤을 지향하는 것으로 대체되었다. 직접적인 사회적 관계들의 춤, 서로를 먹여 살리고 정체성과 망을 구성하는 선물 교환의 춤, 활력화하는empowering 지식을 창조하면서 출산과 양육의 경험을 성찰

---

9. 오늘날의 지구적 공장에서 가장 알려져 있지 않고 논의되지 않은 현상 중 하나는 마녀사냥의 역할이다. 실비아 페데리치(Federici 2004 : 237 [2011 : 342])는 이렇게 주장한다. "사라져 가는 자원을 둘러싼 사활이 걸린 경쟁의 결과로서, 1990년대 트랜스발 북부 지역에서 — 일반적으로 늙고 가난한 — 많은 수의 여성들이 사냥의 대상이 되었는데, 여기서는 1994년 첫 4개월 동안에만 70명이 화형에 처해졌다. 1980년대와 1990년대 IMF와 세계은행에 의한 구조조정 정책의 시행으로 새로운 형태의 종획이 나타나고 빈곤이 전례가 없을 정도로 확산되면서 케냐, 나이지리아, 카메룬에서도 마녀사냥이 보고되었다."

하고 공유하는 상이한 세대의 여성들의 춤은 절차들로 이루어진 하나의 질서로, 즉 의사-환자 위계, 고립되고 탈활력화된 여성, 지구적인 상품 사슬, 이윤을 위해 생산되고 살인적인 특허권이 종획하는 '치료' 상품과 대기자 명단으로 대체되었다. 이것은 과거를 낭만화하는 것이 아니며, 근대 의학의 사용가치를 선험적으로 거부하는 것도 아니다. 그러나 후자는 다루기 힘든 신체에 대한 강제된 실험을 통해 발전해 왔기 때문에, 그리고 그것은 오늘날 이윤과 지대를 추구하는 거대 제약회사의 활동에 적합한 형태로 구속되어 있기 때문에 현재의 낭만화에 의존하는 것은 오늘날의 주류 '의료' 관행을 무비판적으로 승인하는 것이다.

이 변형을 통해서 서구식 가부장제 가족, 여성을 집에 종획하는[가두는] 고전적인 모델이 태어났고, 여성의 인간성을 그 갇힌 영역 내에 구축했다. 가부장제는 물론 3세기에 걸친 자본의 헤게모니보다 훨씬 더 오래된 일이다(Mies 1998 [2014]). 그러나 여성 자신의 생산력, 즉 여성의 신체를 수탈하고 관리하는 일반적인 실천을 우리가 접할 때 그것은 무한한 이윤 창출과 그에 상응하는 가치 실천들의 도구일 뿐이다. 이것은 교묘한 노동 분업, 교묘한 역할 제한을 만든다. 이것의 함의는 명백하다.

여성이 직접적인 사회화된 생산에서 배제되고 집에 고립된 결과, 근린 바깥의 모든 사회적 삶의 가능성은 그들에게 부정되었다. 그러므로 여성에게는 사회적 지식과 사회적 교육이 허락되지 않았다. 여성이 산업 투쟁과 다른 대중 투쟁을 집합적으로 조직하고 계획하는 넓은 경험을 박탈당할 때, 그들은 교육의 기본 원천을, 사회적 봉기의 경험을 거부당하는 것이다. 그리고 이 경험은 주로 당신 자신의 능력, 즉 당신

의 힘과 당신의 계급의 능력, 즉 힘을 학습하는 경험이다. 따라서 여성
이 겪었던 고립은 여성 무능력의 신화를 사회에 그리고 자기 자신에게
확인시켰다(Dalla Costa and James 1972 : 29~30).

이 "전례 없는 성별의 경제적 분할, … 전례 없는 경제적 개념으로서의
가족 … 전례 없는 가정과 공공 영역의 대립은 임금 노동을 삶의 필수
요소로 만들었다"(Illich 1981 : 107 [2015 : 189]). 그것은 또한 남성 임금
노동자를 가사노동의 감독자로, 직접적인 착취자로, 재생산 활동의 전
유자이자 관리자로 바꾸어 놓았다. 재생산 활동은 계속해서 강해지는
임금 노동 리듬으로 인해 정신적·육체적으로 고갈된 남성 신체의 필
요와 욕망에 부합해야 했다.[10] 이것이 의미하는 바는 여성 그리고 오
늘날에는 [예전보다] 더 많은 수의 남성이 수행하는 비임금 재생산 노동
을 사용가치만이 아니라 자본을 위한 가치를 생산하는 것으로 생각해
야 한다는 것이다.[11] 그러므로 이러한 틀에서 집 안의 여성들의 투쟁은

---

10. 가부장제 가족의 여성들은 남성들에 의해 그리고 주부로서 자본에 의해 착취 받는다.
    만일 여성들이 임금 노동의 영역에도 들어서면 그들은 임금 노동자로서도 착취 받는다
    (Dalla Costa and James 1972 ; Mies 1998 [2014]). 그러나 집에서 일어나는 여성들에 대
    한 한 남성의 착취는 잉여가치, 즉 이윤을 추출하기 위해서가 아니라 그 자신의 필요와
    욕망을 충족하기 위해서였다는 점을 주목해야 한다. 반면 여성들에 대한 남성들의 착
    취"는 자본주의적 착취가 진행되는 형태일 뿐이다"(Fortunati 1981 : 146 [1997]).
11. 달라 코스타와 제임스가 기술하듯이, 노동력을 재생산하는 비임금 노동이 "자본주의
    적 노동 조직화를 떠받치는 바로 그 기둥"이라는 점을 "우리가 완전하게 이해하지 못
    한다면", "그것[비임금 노동]을 변화를 위해 공장에서의 투쟁 단계에만 의존하는 하나
    의 상부구조에 지나지 않는 것으로 간주하는 실수를 저지른다면, 언제나 계급투쟁의
    기본적인 모순 그리고 자본주의적 발전에 기능적인 하나의 모순을 영속시키고 심화시
    킬 절름발이 혁명으로 다가갈 것이다." 다시 말해서 우리는 비임금 재생산 노동자를 자
    본주의적 가치가 아니라 "사용가치만을 생산하는 이들"로 간주하는 오류를 영속시킬
    것이다. "주부들을 계급 외적인 존재로 간주하는 한, 계급투쟁은 모든 순간과 모든 지
    점에서 지연되고 좌절되며 자신이 행동할 수 있는 여지를 충분히 발견하지 못할 것이
    다"(Dalla Costa and James 1972 : 34).

자본 생산 순환과 재생산 순환의 동기화를 붕괴시키고, 한 순환에서 다른 순환으로 거부와 불복종과 구성적 욕망의 파도를 보내면서 자본의 축적 능력에 직접 도전하는 결과를 낳았다(Bell and Cleaver 2002).

오늘날의 이야기는 본질적으로 바뀐 게 없다. 그러나 재생산 노동이 새로운 위계들로 지구적으로 재구조화되면서 그 형태가 변했다. 1960년대와 70년대 가사노동과 가족 역할에 맞선 서구 여성들의 투쟁에 대한 자본의 대응은 공장과 사무실의 임금 노동자들이 임금 인상과 노동시간 단축을 위해 벌인 투쟁에 대한 자본의 대응과 유사한 영향을 끼쳤다. 지구화, 외부화, 아웃소싱이 그것이다. 이것의 결과는, 대부분의 서구 국가에서 남성의 가사노동 참여가 다소 늘어났고 여성들의 투쟁이 남성과, 남성의 전통적 역할에 대한 남성의 인식을 위기로 몰아넣는 데 기여했음에도 불구하고 그와 동시에 신자유주의 담론이 많은 여성들에게 명백한 거래를 제안했다는 것이다. 가사노동을 하지 않는 남성과 싸우는 일은 이제 그만 두고 가사노동을 시장에 맡겨라. [신자유주의 담론은] 이런 방식으로 우리가 일석삼조의 상황을 맞이한다고 주장했다. 직업적으로 많은 돈을 벌기를 원하고 매우 경쟁력 있는 직업을 쫓는 여성들은 출산을 포기하지 않고도 그것을 이룰 수 있고, 전 지구적 남South의 여성들은 부의 양극화가 심화되고 신자유주의 종획이 몰아치면서 점점 더 필요하게 된 일자리에 접근할 수 있으며, 마지막으로 남성은 점점 힘들어지는 임금 일자리가 기꺼이 가사노동을 하려는 의지조차 꺾을 때, 그 이상 가사노동을 할 필요가 없다는 것이다.

이처럼 1960년대와 70년대 여성 운동은 재생산에서의 부불 노동을 보여 주는 데는 성공했지만 노동이 착취되는 다른 사회적 행위 영역에 도전하는 데는 성공하지 못했다. 실제로 여성들의 투쟁에 대한 신자유주의적 해결책은 '여성 해방', 아니 그 누구의 해방과도 거리가 멀다. 지난 30년간 국제 임금 노동 분업이 포드주의에서 수공업 생산까지, 신노예제에서 포스트포드주의까지 노동을 통제하는 수많은 관리 형태를 통합하며 재구조화된 것처럼 국제 가사노동 혹은 재생산 노동 분업은 ─ 북North으로 온 가난한 불법 이민자들이 만드는 TV 저녁 식사에서 고향에 남아 부모와 동생을 돌보는 이민자 자매들의 아동 노동까지 ─ 보통 상호 관련된 수많은 형태를 띤다.

바바라 에런라이크와 알리 러셀 혹실드가 자신들이 편집한 책에서 여성들이 전 지구적 경제에서 수행하는 가내노동과 성노동에 대해 쓴 것처럼,

> 제1세계는 가족에서 ─ 독선적이고, 권한을 가지며, 요리와 청소를 하지 못하고 자신의 양말을 찾지 못하는 ─ 전통적인 남성 같은 역할을 맡는다. 가난한 국가는 가족 내에서 ─ 참을성이 있고, 육아를 하며, 자기 부정을 하는 ─ 전통적인 여성 같은 역할을 맡는다. 그것이 '지역적'이었을 때 페미니스트들이 비판했던 노동 분업은 이제 은유적으로 지구적으로 되었다(Ehrenreich and Hochschild 2002 : 11).

사실 당신의 해방이 다른 누군가의 노예 상태에 의존한다면 자유라는 단어의 의미에는 문제가 있다. 그리고 우리는 여기서 실제로 노예 상태를 이야기하고 있다. 대부분의 북South 국가에서 임금을 받는 하인은 점차 많은 노동계급 가족에게 정상[표준]이 되고 있다. 매우 강도 높은 직업 때문에 모든 성별의 가족 구성원들이 가사노동과 재생산에 충분한 시간과 에너지를 쏟을 수 없을 뿐 아니라 이민자 보모와 가정부의 임금 수준이 고국에서의 빈곤 확산과 그에 상응하는 대규모 노동

공급으로 인해 낮게 유지되기 때문이다.[12] 재생산 노동의 점점 더 많은 부분이 이윤을 추구하는 산업에 의해 상품화되는 것은 말할 나위도 없다. 이 산업은 어머니의 슬로우 쿠킹 수프를 패스트푸드 산업으로 바꾸어 놓았다. 전자가 요구했던 것이 집 안에 있는 비가시적인 노동자의 요리와 설거지라면, 후자가 요구하는 것은 가시적인 현금 지불뿐이다. (우리가 북North에서 먹는 샐러드의 토대를 이루는 쓰레기 같은 재료, 스트레스 주는 노동 과정, 동물 학대, 환경 파괴, 이주노동자들의 지구적인 생존 순환과 그들이 벌이고 있는 생존 투쟁을 비롯한) 나머지 모든 것은 감추어져 있다.[13] 다시 말해서 비임금 재생산 노동의

---

12. 예를 들어 Anderson 2000과 Parreñas 2001 [2009]를 보라.

13. 식품산업에 관한 끔찍한 이야기는 수없이 많으며 언론과 대중 서적을 통해 널리 보고되었다. 이 책은 그 주제를 탐구하는 자리가 아니다. 특히 나를 충격에 빠뜨린 한 가지 사례는 치킨 너겟이다. 2000년 가정에서 소비된 것만 7천 9백만 파운드, 21,000톤에 이르렀고, 성인들은 집 밖에서 상응하는 양을 소비했다. 영국에서는 아이들도 이 별미를 먹어치우고 있다. 학교 식당에서 제공되고 전국의 가정에서 아이들을 쉽게 달래는 용도로 사용하기 때문이다. 영국 병원의 환자들도 침대에서 너겟을 먹는다. 그 너겟을 해체해 보면, 점점 더 많은 서구 아이들에게 주어지는 이 작은 금빛 요리는 끔찍한 덩어리로 나타나며, 우리가 자연과 우리 신체와 그리고 서로와 맺고 있는 상품화되고 소외된 관계를 전형적으로 보여 준다. "그것은 가축의 산업화에, 즉 표준화된 공장 기계에 들어맞는 균일한 공장 닭의 끝없는 공급에 의존한다. 그것은 또한 합법뿐 아니라 불법 노동자의 대량 이주에 의존한다. 그것에 가치를 첨가하는 일은 마찬가지로 끝없는 저가 노동 공급을 필요로 하기 때문이다"(Lawrence 2002 : 2). 현대 자본주의의 횡국가적 산업의 전형적 생산물인 치킨 너겟은 끔찍한 현실을 풍부한 육즙과 바삭한 껍질 뒤에 감추고 있다. "오늘날 우리가 먹는 대부분의 음식처럼 너겟은 고도로 가공되어 그것의 맛과 질감은 어느 원재료 못지않게 가공과 첨가물에 의존한다. 이것은 값싼 혹은 불량 식품을 위장하는 손쉬운 방법이다. 너겟의 형태가 그것의 내용물과 전혀 다른 것처럼 우리는 그 내용물의 원천과, 그것을 제공하는 동물과, 그것을 변형시키는 사람들과 완전히 분리되었다. 실제로 너겟은 매우 세분화되어 있고 복잡한 횡국가적 사슬의 생산물이기 때문에 그 사업에 종사하는 이들조차 그 사슬의 몇몇 부분들이 어떻게 작동하는지 완전히 알지 못한다"(같은 곳). 여느 다른 사슬들처럼 이 횡국가적 사슬에서 비용을 타자(그것을 생산하는 임금 및 비임금 노동자, 소비자 그리고 자연)에게 외부화하는 것은 가능하다. 따라서 "특히 샌포드(Sandford)가 맨체스터의 공공 분석 실험실과 함께 개발한 유전자 감식으로 인해 영국의 식품표준청은 '할랄' 라벨이 붙은 네덜란드 닭가슴살 샘

비용은 생산 노동과 마찬가지로 아웃소싱을 통해 외부화된다. 우리가 8장과 9장에서 보게 될 것처럼, 모든 사람들의 비용의 외부화는 다른 누군가의 내부화라는 것을 명심하자.

자본주의와 가부장제와 재생산 노동의 관계에 대한 과거와 오늘의 이야기가 우리에게 알려주는 것은 자본주의적 발전은 신체의 종획에, 즉 신체를 사회적으로 측정가능한 생산물을 산출하는 도구, 기계, 수단으로 이해하고 구축하는 것에 달려 있다는 점이다. 그 신체가 다른 아이들 및 다른 학교와 경쟁하며 국가 교육과정의 요구를 충족시

플에서 다량의 물(어떤 경우 43%)과 극미량의 돼지고기 단백질을 검출할 수 있었다. 6개월 뒤 아일랜드 당국은 닭고기에서 훨씬 더 [사람들을] 동요시키는 발견을 했다. 네덜란드 가공업자에게서 받은 17개의 샘플에서 신고되지 않은 소의 단백질을 발견한 것이다. 몇몇 제조업자들은 ― 소위 가수분해 단백질을 주입하는 ― 새로운 기법을 사용하고 있었다. 이 단백질은 늙은 동물이나 피부, 털, 가죽, 뼈, 인대처럼 음식으로 사용되지 않는 동물 부위에서 화학적 가수분해를 통해 혹은 고온으로 추출한 것이다. 그리고 콜라겐 성형 이식처럼 그것은 살을 부풀게 하고 수분을 유지하게 한다." 이러한 발견은 닭고기로 인한 광우병 발병가능성을 제기한 것이었다. 다른 한편 냉동 닭은 태국의 방콕 외부에 있는 대규모 공장에서 유럽과 영국의 패스트푸드 및 슈퍼마켓 체인으로 수출된다. 아주 적은 보수를 받는, 대다수가 여성인 다양한 국적의 이주노동자들이 이 냉동 닭을 "생산한다." 이 공장들에서는 하루에 15만 마리의 닭을 도살한다. 각 노동자는 한 시간에 190마리까지 도살하며 그런 다음 닭을 세척하고 자르고 다지고 뼈를 발라내고 부위를 재배열하고 포장한다. 이들은 하루에 165바트(2.5파운드 또는 3달러)를 받고 일주일에 6일을 일하며 한 시간의 휴식을 포함하여 하루에 9시간을 일한다. 노동자들은 하루에 두세 시간의 잔업을 하면 집으로 좀 더 많이 송금할 수 있다. 그들의 대다수는 실제로 "가족 중에서 공장에 나가는 첫 번째 사람들이다. 그들의 부모는 쌀농사를 지었다"(Lawrence 2002).

최근 음식과 땅, 생물다양성 그리고 "올바른 삶"의 문제와 연결된 다양한 투쟁들의 성장은 이윤을 추구하는 식품 산업의 방식과 재료에 대한 대중의 인식과 저항을 확산하는 데 기여했을 뿐 아니라 농업을 자본과는 다른 가치 실천들에 기초하도록 하는 데 기여했다(Dalla Costa and De Bortoli 2005). 그러나 그와 동시에 우리의 살림살이를 재생산하는 경쟁적이며 소외시키는 체계 내에서 우리가 서로와의 상호관계 양식, 임금과 비임금을 구축하는 가치 실천이란 문제와 직면하지 않는다면 식품 문제에 접근할 수 없다는 것은 분명하다. 치킨 너겟의 사진이 나를 응시한다. 그 금빛 이미지는 자본주의적 생산이 가진 모든 문제, 극복해야 하는 모든 것을 담고 있다!

키느라 지친 영국의 어린아이든, 전자 부품을 생산하는 조립 라인에서 버티고 있는 중국 여성이든, 12개월 된 아이와 집에서 살 수 있게 해주는 보조금을 계속 수령하기 위해 자신이 일자리를 구하고 있음을 입증하려고 애쓰는 영국 어머니든 말이다. 그와 동시에 과거와 오늘의 이야기는 모두 타자의 구축은 물질적 기반을 갖고 있고, 이것은 임금 관계에 근거하고 있음을 우리에게 상기시킨다. 임금 관계는 살림살이의 재생산이 점점 화폐에 대한 접근에 달려 있는 조건에서는 임금의 부재에 의해서도 규정된다. 임금은 단순히 보수를 지불하는 도구만이 아니라 분할의 수단이며, 따라서 임금 위계를 따라 취약함과 강함의 경계를 정하는 수단이다. 그것은 한 여성과 그녀가 고용하고 해고할 수 있는 가사 노동자 사이의 힘 관계를 근거 짓는다. 확실히 많은 여성들이 도우미와 가사 노동자를 고용한다. 그들은 그것을 피할 힘이 없기 때문이다(그들은 사회적 권리가 축소되고 경쟁 강화로 임금 인하 압력을 받는 상황에서 임금을 벌어 와야 한다). 그러나 여기서 임금은 가령 간병인을 고용하는 변호사의 노동 같은 다른 노동에 비해 돌봄 노동 같은 특정 노동의 가치를 떨어뜨리는 방법이기도 하다. 물론 시장의 힘이 여기서 작용한다. 그러나 여기가 바로 시장 과정이 가치 실천들을 재생산하는 지점이다. 그러므로 우리는 1970년대 페미니스트들의 가내노동 비판이 멈추어 선 지점부터 다시 시작해야 하며 자본주의적 사회에서 노동이 무엇인가를 재정의함으로써 계급 개념을 확장해야한다. 이것은 그들이 그랬듯이 임금 노동자와 비임금 노동자를 포함하는 것일 뿐 아니라, 사회적 신체를 가로질러 끝없이 분할을 재생산하려하는 물질적 과정을 강조하고 문제화하면서 그들을 넘어서는 것이며 공통장의 구성이라는 우발적인 문제를 제기하는 것이다.

비가시적인 체험과 대안들

자본주의적 착취의 전체 체계가 의존하는 이 신체의 종획은 자본의 가치 실천의 관점에서는 보이지 않는 두 가지 다른 상호 보완적인 사회적 행위의 차원을 연다. 우리는 그 차원들로 초점을 옮길 필요가 있다. 첫째, 행위의, 즉 자본주의적 의미에서는 '노동'의 ─ 이것은 그것 외부의 세력에 의해 측정되는 행위다 ─ 임금 또는 비임금 생산의 체험은 자본의 텔로스 및 가치 실천과는 대체로 무관하다. 그러나 그 체험은 생산자들 자신과는 무관하지 않으며 역사의 시작이라는 질문을 제기하고자 하는 비판적 담론과도 무관하지 않다. 자본에게 이 체험은 물론 그것이 거부와 반란과 엑소더스의 지반일 때 ─ 즉 그것이 주목받고 억제되어야만 할 때 ─ 중요해진다. (생산 지점에서) 인적 자원 관리 같은 관리 담론과 (판매와 소비 지점에서) 마케팅은 바로 좌절한 주체들과 투쟁하는 주체들의 결합과 자본의 가치 실천을 재언명하고 안정화시키기 위해 구축된다. 행위의 체험을 주변화하는 것, 즉 감각적이고 관계적인 과정들에 대한 의식을 목적과 결과로 종속시키는 것은 행위가 지닌 특유의 가부장적 성격이다. 뤼스 이리가라이가 말하듯이, 역사적으로 가부장적 전통에서,

개인적·집합적 삶은 자연계의 영역 외부에서 조직되기를 원하고, 그렇게 될 수 있다고 여겨진다. 소우주라고도 불리는 신체는 대우주로 불리는 세계로부터 단절된다. 신체는 사회학적 법칙들에 종속된다. 즉 신체 자신의 감각에 낯선 리듬에, 낮과 밤, 계절들, 식물의 성장 … 등의 생생한 지각에 낯선 리듬에 종속된다. 이는 빛, 소리와 음악, 냄새, 촉각, 또는 자연스러운 미각에 참여하는 상이한 형태들이 인간의 자질로 더 이상 고양되지 못한다는 것을 의미한다. 신체는 더 이상 자신의

지각을 영적으로 키우는 교육을 받지 않으며, 보다 추상적이고 사변적이며, 보다 논리적인 문화를 위해 감각적인 것으로부터 멀어지라는 교육을 받는다(Irigaray 1997 : 56~7 [2000 : 61], 인용자의 번역).

여기서 가부장제와 자본주의의 연계는 행위의 체험이 다른 사물을 우선시하는 합리성과 계산에, 그러므로 '자신의 감성에 낯선', 따라서 신체에 외부적인 방식(주주 가치, 이윤, 성과 지표 등)으로 측정되는 '리듬'과 주기시간에 종속되는 것에 정상화된 주체의 구축에 있다. 자본주의를 구성하는 가치 실천들의 충돌은 가부장제가 생산하는 신체의 종획에 의거한다. 실제로 나에게 이것은 그 두 가지를 연결하는 가장 중요한 연계 중 하나다. 가부장제는 하나의 [생산]라인 관리 체계와 같고, 그 체계가 그렇듯 자신을 모든 자본주의적 조직에 기입한다는 점에서 그렇다. 이 자본주의적 조직 어디서나 경제적 근거는 다른 근거들을 걸러내도록 설정되고, 합리성과 이질적인 리듬과 척도가 감각적 지각과 관계적 춤보다 우선하며, 이 선별 과정들은 경합한다.

둘째, 행위자의 생생한 경험에 드리워진 그림자는 대안적인 협력 형태와 사회적 행위의 지평들도 그림자 속에서 담론적으로 선별되고 경시되고 조롱됨을 뜻한다. 이것은 변형의 물질적 세력이, 행위하는 신체가 겪은 기존의 생생한 경험을 극복하고자 하는 욕망으로 출현할 수밖에 없기 때문이다. 이 체험이 또한 공동 생산자 자신들의 소통 정도에서 직접 영향을 받는다는 것은 말할 필요도 없다. 이 욕망은 담론적으로 소거된다. 그러므로 예를 들어 호모 에코노미쿠스라는 이론화는 공동 생산하는 특이성들이 또 다른 삶의 차원을, 그러니까 자신의 살림살이들을 절합하는 다른 양식을 욕망하지 않는다는 가정, 즉 이 욕망은 하나의 물질적 세력으로서 행동하지 않는다는 가정이 아니면 무엇이겠는가? 모든 경제학과 학생들의 신조인 제한적 극대화constrained maximisation 패러다임은 사물의 기존 질서에 대한 대안들에 드리워진 그림자가 아니면 무엇이겠는가? 이로 인해 경제학자들은 개별 행위자들이 완전한 고립 상태에 있고 그에 따라 언제나 그들에게 제약이 주어진다고 이론화할 수 있는 것이다. 욕망하는 신체의 관점에서, 즉 타인들과 소통하는 공동 생산의 경험을 통해 투쟁하고 살아가는 신체의 관점에서 제약은 결코 주어지는 것이 아니다. 타인들과 소통하며 욕망하는 신체의 관점에서 주어지는 모든 것은 사회적으로 구축된다. 그리고 사회적으로 구축되는 모든 것은 사회적으로 탈구축될 수 있을 뿐 아니라, 현재의 새장cage으로 주어지는 제약을 견고하게 하는 것과는 다른 가치 실천들을 통해 사회적으로 재구축할 수 있다.

다시 말해서 자본의 생산이 근거하는 것은 양적으로 한정할 수 있는 비가시적인 잉여 노동, 즉 지불된 임금을 초과하여 임금 노동과 비임금 노동이 수행하는 부불노동만은 아니다. 그뿐 아니라 자본의 가치 실천이 사회적 공동 생산에 지시하는 담론은 행위자의 생생한 경험에, 그리하여 다른 행위 양식들을 향한 욕망에 그림자를 드리운다. 고전적인 용어로 기술하면 착취율과 소외의 정도는 동일한 동전의 양면이다.

행위자의 비가시성이 지닌 이 이중적인 질적 성격의 생산과 유지는 결국 보다 근본적인 소외와 비가시성에 입각한다. 그리고 여기에는 임금 생산과 비임금 재생산의 연계가 지닌 또 다른 측면이 있다. 그것들은 모두 가치 실천들의 고착에 입각한다. 자본의 가치 실천은 이윤을 위한 생산을 특정 가치에 입각한 자연과 인간 사이의 그리고 인간들 사이의(위에서 논의한 이중 비가시성) 의식적인 상호 작용이 아니라 인간 본성의 활동으로 간주한다. 모든 주류 경제학파는 애덤 스미스가 그의 고전『국가의 부』에서 쓴 것처럼 "운반하고 물물 교환하려는", 그리고 "이윤"을 획득하려는 인간의 충동과 자본주의적 시장을 자연화하는 경향이 있다. 그러나 이 이데올로기적인 구축은 시장 훈육 메커니즘이 계속 반복되면서 이러한 삶의 양식과 노동의 사회적 협력이 정상화되는 것에 미친 영향과 비교하면 아무것도 아니다. 즉 그에 상응하는 가치 실천들이 자본주의적 시장의 맥락에서 자신의 살림살이를 재생산하려고 하는 파편화된 사람들의 일상적 활동과 전략에 고착되는 것이다. 일을 하러 가거나 일자리를 구하면서, 수표에 서명하거나 복지사무소에서 줄을 서면서, 연금기금에 투자하거나 동네 슈퍼에서 할인 포인트를 적립하면서 우리는 그 체계가 우리에게 원하는 것을 그 체계에 돌려주고 있다. 그것이 참여다. 그리고 우리가 개별 행위자들로 행동하는 한, 이것은 정말 피할 수 없는 일이다. 우리가 훈육 시장 안에 사는 동시에 외부에서 산다는 자각이 없다면 우리는 이러한 사회적 공동 생산 양식에 익숙해지고 그것을 정상화하며 따라서 그것을 자연화하고 고착시킬 것이다.

유사한 자연화가 자본주의적 가부장제 안에서 일어난다.

여성의 가사노동과 양육 노동은 그들의 생리 기능physiology의, 그들이 아이를 낳았다는 사실의, '자연'이 여성에게 자궁을 주었다는 사실의 연장으로 이해된다. 출산 노동을 비롯하여 삶의 생산에 들어가는 모든 노동은 자연과 인간의 의식적인 상호작용, 즉 진정한 인간 활동으로 이해되지 않고 무의식적으로 동·식물을 생산하고 이 과정을 통제하지 않는 자연의 활동으로 이해된다(Mies 1998 : 45 [2014 : 121]).

이처럼 사회적 공동 생산의 두 가지 상이한 계기들 사이에 유사성이 존재한다. 우리가 자본의 텔로스의 관점에서 그 계기들을 측정할 때 조차 그렇다. 두 경우 모두 주체들, 그들의 피드백 순환고리들, 그들의 관계적 춤은 그들을 '주부'로, 임금 노동자로, 혹은 소비자로, 즉 자신의 활동이 '자연'에 의해 정의된 목적/텔로스를 갖는 행위자로 사회적으로 구축하는 족쇄에 얽매인 자연을 통해 대상화된다. 그러나 이 활동은 사실 사회적으로 구축되고 가치를 부여받는다.

물론 활동들을 자연화하는 두 유형에는 차이가 있다. 생산 노동의 경우 자연화가 사회적 신체에서 생산력(생산수단뿐 아니라 텔로스)의 분리를 뜻한다면, 재생산 노동의 경우 수탈의 표적이 되는 **생산력은 신체**다! 아이들의 생산, 아이들의 양육 등을 자연[본성]의 산물로 여기는 담론적 실천은 여성들 자체를 자연[본성]의 수동적인 수취인으로 간주한다. 이것은 국가, 인구 계획가와 해당 전문가, 보건 기구 그리고 마녀 사냥꾼에게 그런 여성들을 다룰 수 있는 길을 열어 준다.[14]

다시 이것은 실제로는 생산의 생생한 경험을 비가시적으로 만드는 그림자를 드리운다.

역사 과정에서 여성은 자신의 신체 변화를 관찰했고, 관찰과 실험을 통해 신체의 기능에 대해, 생리menstruation 주기와 임신과 출산에 대해 방대한 양의 경험적 지식을 습득했다. 자신의 신체라는 자연에 대한 이러한 전유는 식물, 동물, 땅, 물, 공기 등 외부 자연의 생식력에 대한 지식의 습득과 밀접한 관련이 있었다.

---

14. 마리아 미즈가 쓴 것처럼 "여성 신체의 생산성은 동물의 번식력과 같다는 이 시각 ― 인구학자와 인구 계획가들이 오늘날 전 세계에 전파하고 대중화시킨 시각 ― 은 가부장적이고 자본주의적인 노동 분업의 전제조건이 아니라 그 결과로 이해해야 한다"(Mies 1998 : 54 [2014 : 138]).

따라서 여성은 단순히 암소처럼 아이를 키운 것이 아니라, 자신의 생식력과 생산력을 전유했고, 자신의 과거 경험을 분석하고 고찰했으며, 딸들에게 전수했다. 이것은 여성이 자신의 신체가 지닌 생식력의 무력한 희생자가 아니라, 산아 조절을 비롯해 신체에 영향력을 행사하는 법을 배웠음을 의미한다.(Mies 1998:54 [2014:138~139])

대안적인 공동 생산 양식들을 구성하기 위한 기본적인 전제조건은 자본의 가치 실천들이 계속 비가시화하는 것을 가시적으로 만드는 것에 근거한다.

6장

생산, 재생산 그리고 전 지구적 순환고리

전선 : 코나투스들의 절합

이 장에서 나는 임금 활동과 비임금 활동의 관계를 〈공식 4〉의 직선시간보다는 순환시간 내에 위치시켜 보여 주고 싶다. 이 시간은 행위가 되풀이되며 따라서 패턴과 정상[규범]을 창출하는 시간이다. 이것은 이 장의 마지막 절에서 지구를 가로지르며 생산과 재생산을 절합하는 국제 노동 분업의 더 넓은 개념화로 이어질 것이다.

〈그림 2〉에서 우리는 임금 순환과 비임금 순환, 즉 M–C–M′과 C–M–C를 합쳤다.[1] 이 두 순환의 필연적인 상호보완성을 인식하는 것이 중요하다. M–C–M′, 즉 판매를 위한 구매는 C–M–C, 즉 구매를 위한 판매가 없다면 아무것도 아닐 것이다. 그러나 자본의 보전이 새로운 가치에 대한 끝없는 갈증을 채우는 것이라면, 필요를 가진 신체의 보전은 그 필요를 충족시키는 사용가치를 획득하는 것이다. 첫 번째 경우 화폐가 그 자체로 목적이라면, 두 번째 경우 그것은 목적을 위한 수

---

1. C–M–C, 즉 구매(M–C)를 위한 판매(C–M)는 모든 변형에 적용된다. 이것은 사용가치를 목적으로 삼으며, 임금 노동의 판매뿐 아니라 소규모 상품 생산까지 포함한다. 앞 장의 〈공식 3〉은 확장된 C–M–C 공식이다. 이것은 임금 노동자를 재생산하는 사례에서 가사노동을 설명한다.

단이다. 첫 번째 경우에서 획득이 무한하다면, 두 번째 경우는 유한하다. 그러나 일단 [두] 순환이 절합되면, 전자의 목적은 결국 후자의 수단을 조형할 수 있다. 두 가지 극단적인 가능성만 존재하며 현실은 아마도 그 사이 어딘가에 있을 것이다. 하나는 M-C-M′의 무한한 성격이 다양한 마케팅과 조작 수단을 통해 소비를 소비주의로 바꾸면서 성공하는 것이다. 물론 더 소비하려는 충동은 늘 예산의 제약을 겪으며, 따라서 끝없는 결핍 상태의 재생산과 빚에 시달린다. 또 하나는 우리가 그 안에서 우리의 필요를 위해 규정하고 충족시키고 생산하는 경계가 자본이 제한되는 경계, 즉 자본이 극복해야 할 '장벽'의 구성 요소가 되는 것이다. 따라서 가치 투쟁을 보여 주는 가장 일반적인 방식은 교환가치와 사용가치의, 이윤을 위한 생산과 필요를 위한 생산의 모순의 측면에서 그것을 설정하는 것이다. 전통적인 맑스주의가 그렇듯이 말이다.

그러나 교환가치와 사용가치의 이 대립은 실제 일어나는 일의 일부만을, 특정한 형태로 그리고 모순된 특정 목적을 위해 행위하고 관계 맺는 가치 실천들이 충돌하면서 일어나고 있는 일의 일부만을 포착할 뿐이다. 한 자본주의적 기업의 생산은 이윤을 위한 것인 동시에 ('조작된' 필요이든 구매자의 '진정한' 필요와 욕망이든) 필요를 위한 것이기도 하다. 그뿐 아니라 이러저러한 생산 현장에서 계속되는 노동은 필요와 욕망을 가진 주체들의 활동이며, 이 활동은 결국 필요와 욕망을 생산한다. 다른 한편 재생산 영역 내에서의 행위가 필요를 위한 생산인 것만은 아니다. 자명종 시계의 훈육을 학습하고 내면화함으로써, 제시간에 학교에 가고 시험을 보고 시험 성적 등과 같은 성과 기준으로 자신과 타인을 평가하는 것을 배움으로써 우리가 생산하는 것은 다름 아닌 경쟁과 결핍과 이윤을 중심으로 조직된 사회의 필요를 위한 신체와 정신이다.

내부에서 출현하는 '외부'

내가 여기서 강조하고자 하는 것은 우리가 2장에서 논의한 가치 투쟁들이 자본의 임금 순환과 비임금 순환을 횡단하며 그것에 영향을 미친다는 사실이다. 그 투쟁들은 재생산 영역과 생산 영역에서 일제히 나타난다. 그러므로 '외부'는 이러저러한 영역이, 하나의 사회적 생산 영역이 아니다. 그것은 다양한 정도로 자본에의 절합을 거부하는, 이 실천이 임금 위계를 따라 배치되는 어디에서나 자본으로부터의 자율성을 상정하는 가치 실천들과 그에 상응하는 조직적 범위다. 자본의 가치 실천과 달리, 실천하는 주체들이 스스로 설정하는 경계를 갖는 가치 실천들이다. 우리는 이 가치 투쟁들이 생산 및 재생산 순환을 가로지르며 순환한다고, 그리고 이러한 방식으로 자본의 자기보전하는 방어 메커니즘을 낳는다고, 그러니까 우리가 다음 장에서 보게 될 것처럼 항상성 메커니즘을 낳는다고 볼 수 있다.

생산 순환과 재생산 순환을 묶어 하나의 전체로 취급하면 자본의 자기보전 코나투스가, 자신을 보전하려고 노력하는 살아 있는 세력들과 유사한 특징을 가진다는 것을 더 잘 관찰할 수 있다. 세포나 복잡한 유기체들처럼 자본 역시 외부를 먹이로 삼아야 하고, 외부에서 에너지의 원천을 얻어야 하며, 그 과정에서 나온 폐기물을 외부에서 처리해야 한다.

더 나은 단어가 없기 때문에 '공동체'라고 부를 수 있는 것이 외부의 첫 번째 영역이다. 다른 하나는 '자연' 영역이다. 우리는 분명히 이 용어들을 매우 느슨하게 이해하고 있으며, 이 두 용어가 필연적으로 일깨우는 복잡하고 모순적인 의미망을 알고 있다.

이 분석의 목적을 위해 나는 공동체를 자본이 인간 행동을 측정하고 그 등급을 정하는 방식으로 네트워크 마디들의 관계가 구성되지 않는 사회적 협력, 사회적 실천들로 이해한다. 자본의 방식과는 반대로 그 실천들은 자본의 가치 실천과 화폐로 매개되지 않는, 즉 어떤 경우든 화폐 척도가 다른 척도에 종속되는 다른 유형의 관계들로 이루어진다. 그러므로 공동체에 대한 나의 잠정적 정의는 갈등 그리고/또는 협력을 통해 반복되는 참여와 피드백 과정들 덕분에 자본의 것과는 다른 가치들에 기초하여 상호작용의 규범을 정의할 수 있는 주체들의 직접적인 관계망이다. 상품 교환이 공동체 안에서 일어날 때, 이것은 우연적이고 비정기적이며 사람들 간 관계의 성격을 구성하는 요소가 아니다. 이러한 의미에서 공동체는 구성원들의 특정한 숫자나 특정한 형태로 정의되는 것이 아니다. 이 논의의 목적에서 우리가 정의하는 [공동체는] 핵가족에서 부족까지, 재생산의 특정한 측면을 공유하는 친구들의 네트워크에서 연대하고 투쟁하는 국제 네트워크까지 포괄할 수 있다 ― 또는 부족 국가 같은 메타 공동체에서 서로의 내부에 자리 잡거나 아니면 불화와 경쟁으로 분리되는 공동체들 간의 특유의 관계로 [정의될 수 있다]. 다시 말해서 우리에게 공동체는 자기보전의 코나투스가 화폐 가치의 무한한 팽창이 아니라 필요에 의해 제한되고, 욕망에 의해 정향되며, 다른 가치 실천에 의해 구성되는 인간 재생산의 영역을 포괄한다. 이 필요와 욕망과 가치 실천들이 특정한 맥락에서 무엇으로 나타나든지 말이다. 이 인간 재생산의 영역이 자본에 연결된 경우 우리는 '노동력의 재생산'이란 측면에서 그러한 공동체들을 언급할 수 있을 것이다. 그 재생산이 비임금 노동의 영역에서 일어나든 아니면 사장이 요구하는 일과는 반대로 임금 노동자들의 공동체적 연결 영역에서 일어나든 말이다. 어떤 경우든 우리가 앞 장에서 본 것처럼 노동력 재생산의 영역은 그 자체가 공동 생산과 그에 상응하는 공동체 관계들의 하위체계다. 다음 절에서 우리는 '지구화' 시대에 노동력 재생산이 국제 노동 분업을 통해 어떻게 대체되는지, 그것이 '서비스' 영역을 통해 얼마나 상품화되고 자본의 자기보전 코나투스로 흡수되는지 간략히 살펴볼 것이다. 그러나 전체적인 관점에서 보면 이러한 흡수조차 노동력 재생산의 비가시적인 영역을 소거하지 않는다. 그것은 그 영역을 지리적으로 대체하고 노동자의 노동 생활을 강화할 뿐이다.

연결된 생태들

우리가 고려해야 하는 자본 '외부의' 또 다른 영역은 우리가 '자연'이라고 부른 것이다. 자연은 일련의 연결된 생태들로, 세포에서 인간 사회에 이르는, 광합성에서 기후 패턴에 이르는 일련의 항상성 과정들로 이루어져 있다. 이 과정들의 총체가 — 그 자체가 고유의 특징을 지닌 하나의 생태계인 — 인간 재생산과 관련하여 정의될 때 그것은 '환경'으로 불린다. 다시 말해서 환경 개념은 자연 개념을 과정들보다는 사물들의 더미로 나타낸다.[2] 자본의 코나투스의 관점에서 이 사물들의 더미는 이중의 의미를 가진다. 첫째, 그것은 광대한 자원, 광대한 광산이다. 여기서 상품 생산 과정에 필요한 기본적인 원자재를 끝없이 추출한다(또는 관광객에게 보여 주기 위한 테마파크다). 둘째, 그것은 성장

---

2. "환경은 그 정의상 우리 외부에 있는 사물들의 집합이다. 이것은 본질적인 구조를 갖지 않는다. 반면 생태는 내적 관계들로 정의되는 하나의 전체다. 환경은 나열할 수 있고 수치로 평가할 수 있다. 생태는 그러한 용기(packaging)를 제공하지 않는다. 생태들 사이의 경계는 내부와 외부를 가르는 고정된 선이 존재하지 않는 활발한 변형의 장소다. 특히 인간과 자연의 경계는 매우 역동적이며, 역사적으로 이해되고 정치적으로 변형되는 문제가 된다. 이러한 정신으로 우리는 생태 위기라는 문제에 접근할 것이다"(Kovel 2002:17; 강조는 인용자의 것).

하는 생산 과정에서 나온 모든 쓰레기를 쏟아붓는 광대한 쓰레기 처리장이다.

자본 외부에 있는 자연의 항상성 과정을 개념화하는 것이 자본주의적 생산이 자연에 효과를 미치지 않는다는 의미가 아니라는 것은 말할 필요도 없다. 지구 온난화와 그에 상응하는 기후 패턴의 변화는 자본주의적 생산의 항상성 과정과 자연의 항상성 과정 간의 상호연결과 피드백의 직접적인 결과다. 다가오는 생태 재앙은, 사회적 생산 방식을 변화시킨다는 희망을 가진 우리가 인정해야 하는 불가피한 한계라고 크게 떠드는 것은 실질적인 변화를 위한 설득력 있는 주장이 아니라는 것 또한 주의해야 한다. 우리는 자본이 한계를 극복하기 위해 분투하며 그것의 자기보전 코나투스가 생태 위기를 일련의 '사업 기회'로 바꿀 수 있다는 사실을 인정해야 한다. 그것은 '일자리 창출' 도구로 이미 광고되고 선전되고 있으며 분명히 그렇게 될 것이다. 홍수에 대비한 해안 장벽, (쓰나미가 쓸어버린) 어촌 공동체가 있던 곳에 건설되는 호텔을 비롯한 다른 관광 시설, 아니면 더 간단한 것으로서 공항 대합실에서 이미 살 수 있는, '어디를 가든'[사용할 수 있는] 개인 공기정화기가 그 사례다].

초순환

상이한 유형을 지닌 이 일군의 상호연결과 피드백 과정들은 〈그림 2〉처럼 일반적 수준에서 묘사할 수 있다.

〈그림 2〉에는 초순환hypercycle으로 부를 수 있는 것, 즉 피드백 고리를 지닌 일련의 과정들이 있으며 이것은 서로 연결되어 있고 상호의존적이다.[3] 여기에서 표현된 그런 과정들은 세 가지가 있다. 이 각각의 과정들은 수백만까지는 아니라도 수천 명의 타인이 구성하는 것으로 볼

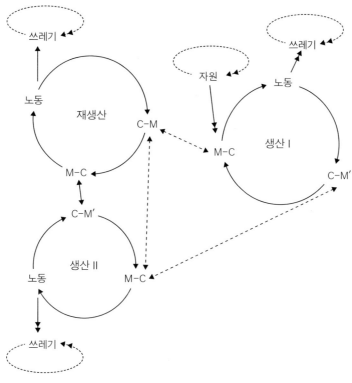

〈그림 2〉 자기보전 코나투스들의 절합

수 있겠지만 말이다.[4] 생산 I과 생산 II 순환은 〈공식 3〉과 관련하여 논

---

3. Capra 1997 : 92~4를 보라.

4. 맑스는 『자본』 2권에서 열역학 이론을 도구로 미시적인 것에서 거시적인 것으로의 운동
을 묘사한다. 카펜치스에 따르면 이것은 "19세기 중반 물리학에 의해 발전"되었으며, "거
시적인 현상들을 수백만의 미시적인 사건들과 개체들의 산물로 설명한다(2). 이 방법을
따라 맑스는 자본주의의 거시적인 양상을 수백만의 미시적인 사건들의 산물로 기술했
고, 미시물리학적 궤도, 상이한 속도와 시간을 가진 개별 자본들의 순환들에 기초하여
사회적 자본의 재생산을 설명했다"(Caffentzis 2002 : 5 [2018]). 말한 바대로 맑스는 이렇
게 쓴다. "… 개별 자본들의 순환은 연결되어 있으며, 서로를 전제하고 서로를 조건으로
삼는다. 바로 이런 연결을 통해서 개별 자본들의 순환은 사회적 총자본의 운동을 구성
한다. 단순상품유통에서 한 상품의 전체적인 형태변화가 상품세계 전체의 총 형태변화
가운데 하나의 고리로 나타나는 것과 마찬가지로 이제 여기에서는 개별 자본의 형태변

의된 자본의 화폐 순환을 그린다. 여기서 생산 II는 소비재와 소비자 서비스의 자본주의적 생산을 나타내고 생산 I은 생산수단의 자본주의적 생산을 뜻한다. 따라서 여기에는 두 가지 상이한 영역들, 즉 '부문들'이 있다. 이 영역들은 상이한 숫자의 개별 자본들로 이루어진다.

자본의 화폐 순환은 하나의 사회적 세력으로서의 자본이 자신의 삶을 보전하기 위해 거쳐야만 하는 계기들 – 이윤과 축적 – 의 도식에 불과하다는 것을 우리는 살펴보았다. 그러나 이 요구되는 변형들의 각각의 계기들이 가치 투쟁의 한 계기라는 것도 보았다. 따라서 공동체 – 즉 자본과는 다른 가치 실천들과 그 조직적 범위 – 는 임금 노동 내부에서도 출현한다.

다른 한편 재생산으로 표시된 고리에서도 자기보전은 공동체 구성원들의 필요를 충족시키고 욕망을 따르기 위해 일련의 계기들과 피드백 과정들을 통과한다. 이러한 공동체가 자기보전을 위해서 화폐 소득에 대한 접근에 의존하는 그 만큼, 어떤 공동체 구성원들은 공동체 내에서 생산되는 '사물'이든 '서비스'든 판매할 상품을 구하거나 아니면 '일자리'를 구해야 한다. 이 후자의 경우 그 공동체 구성원들은 자신의 노동력을 팔 것이다. 노동을 위한 능력으로서, 일정한 지향력들을 전개하기 위한 능력으로서 이것은 자본주의적 생산과 훈육적 통합의 과정 M–C–M'에 들어설 것이다. 이 노동력(또는 소규모 상품이나 '서비스')의 대가로 공동체는 – 또는 그 구성원들 중 선발된 사람들은 – 일정량의 화폐, 즉 노동력의 경우 '임금'을 받고 [상품이나 서비스를 판매한 경우] 판매한 상품의 시장 가격을 받는다. 이 화폐를 가지고 공동체는 자기 필

화가 사회적 자본의 총 형태변화 가운데 하나의 고리로 나타난다"(Marx 1978:429~30 [2010:438]).

요의 물질적 요소들을 일부 혹은 모두 해결해야 한다. 말하자면 '쇼핑'을 한다. 그들이 이것을 해야 하는 정도는 그들이 시장에 의존하는 정도에 달려 있다. 뒤집어서 말하면 생산수단에 대한 비시장 접근으로부터 분리된 정도에 달려 있다. 이 재화들이 공동체 영역 내부로 들어오면 그것들은 변형되어야 한다. [다시 말해서] 집안일, 가사노동, 공동체 노동이 필요하다. 상품 생산의 경우 후자는 생산수단의 생산적 소비를 통해 생산되었다. 그래서 노동력의 재생산 과정은 장바구니의 생산적 소비로 (우선 쇼핑하러 가기 위해 필요한 신발의 생산적 소비로) 시작한다. 재화들을 유용한 재생산 요소로 변형하기 위해서는 노동, 즉 ― 앞 장에서 논의했듯이 임금 노동의 경우처럼 가치 투쟁의 현장인 ― 가사노동이 필요하다. 일단 이것이 이루어지면, 예를 들어 저녁 식사의 형태로 수행되면, 그것의 노동 국면을 수행하는 것은 우리의 생물학적 체계의 항상성에 달려 있다. 이것으로 인해 결국 우리의 신체는 재생되며 I부문이나 II부문에서 또 다른 날에 일할 (아니면 단순히 일자리를 구할) 준비를 갖추게 된다.

여기서 그려진 세 번째 항상성 과정은 (공동체의 자기보전뿐 아니라 자본의 자기보전으로서) 인간 재생산과 '환경'의 교환으로 시작한다. 이 교환은 자연의 단편들이 자본주의적 생산과 공동체 재생산 과정에 자원으로 들어가서 '쓰레기'로 나온다고 본다(〈그림 2〉에서 나는 단순히 편의상 자원이 I부문의 자본 과정에 들어간다고 표시했다. 그러나 현실에서는 다양한 각도에서 결정적으로 인간 생산은 모든 상황에서 자연을 하나의 자원으로 간주한다). 결국 이것들은 다양한 생태들이 지닌 자연적인 항상성 과정들의 대상이 될 것이다. 여기서 이것을 다룰 수는 없다. 자원과 쓰레기가 추출되고 버려지는 정도는 물론 이 항상성 과정들의 균형에 영향을 미칠 것이다. 지구 온난화, 기후 패턴

붕괴, 삼림 파괴, 사막화 그리고 홍수는 모두 거시적인 징후다. 여기서 우리는 우리가 '환경'으로 부르는 것이 실제로는 '자연'임을 발견한다. 우리가 보았듯이 이것은 사물들의 더미가 아니라 과정들의 망이다. 그 망의 질서 원리는, 붕괴되고 탈구되면 '반격하는' 일련의 연결된 생태들로 이루어져 있다.

디트리터스

이 쓰레기 개념이 주체들과 관련이 있는 한 좀 더 살펴볼 필요가 있다. 2장에서 나는 자본주의적 순환고리들로 흐르는 일군의 삶 실천들보다 사회적 재생산이 훨씬 더 크다고 주장했다. 그러나 이것이 함의하는 바는 자본주의가 만연할수록, 노동력의 생산 및 재생산 순환에서 흘러나오는 '쓰레기'가, 즉 경제학자들이 '외부성'이라고 부르는 것이 자본 외부에 있는 삶과 실천의 조건에 더욱더 진입하고 그것을 더욱더 식민화한다는 것이다. 16장에서 우리는 디트리터스detritus라는 개념을 논의할 것이다. 이것은 신체와 환경에 기입되는 쓰레기 층을 포착하려는 시도다. 그것은 자신의 코나투스를 따르는 삶 실천들을 자본의 순환고리들(과 자본의 코나투스)에 절합하는 것에서 출현한다. 예를 들어 신체에 기입된 쓰레기는 3부에서 다룬 시장의 훈육 메커니즘에 대한 에너지 소모성 참여의 측면에서 이해할 수 있다. 이것은 맑스가 『자본』에서 노동력의 지출이라고 부르는 것이다. 이런 의미에서 디트리터스는 (임금 위계 내의 상이한 맥락과 상이한 지점에서 다양하지만) 공통의 물질적 조건이다. 여기서 사회적 재생산이라는 문제는 '강탈당한' 비임금 노동자 및 임금 노동자의 수중과 그들의 조직적 범위 안에서만 유일하게 존재한다. 다시 말해서 사회적 재생산은 투쟁의 효과성과 조직적 범위 그리고 공동체적 구성과 디트리터스의 조건에서 공통장을 되찾고 구성하는 능력에 크게 의존한다. 이것이 단순히 자본의 순환으로 다시 흡수되는 노동력을 재생산하는 것이든, 아니면 자본의 가치 실천을 넘어서 구성의 실천을 통해 살아가는 것이든 말이다.

다수의 투쟁들과 편재하는 혁명

〈그림 2〉에서 초순환 전체를 구성하는 순환고리들은, 출생일과 사망일 그리고 삶 순환에 의해 시간적으로 정의되고 사람들과 대상들의 네트워크 내부에 있는 관계들의 집합에 의해 공간적으로 구성되는 계기들에 다름 아니다. 그뿐만 아니라 이 각각의 계기들은 상이한 방향으로 달려가는 사회적 세력들과 그에 상응하는 가치 실천들 사이의 갈등에 의해 구성된다. 그 일반적인 성격은 계기의 유형에 달려 있고, 그 특유의 구체적인 성격은 맥락과 생활사에 달려 있다. 여기서 갈등은 실제로 삶의 질료stuff이기 때문에, 즉 삶에 역동성을 부여하고 궁극적으로 – 반복을 통해 – 사회적 형태를 창조하기 때문에 나는 '내포된' 혹은 '표현된'이라는 용어 대신 '구성된'이라는 용어를 사용한다.

이것은 또한 생산과 재생산 순환고리들에 만연하는 갈등이 상이한 형태를 취하지만, 한 가지 분명한 것은 갈등에 관여하는 주체들 누구도 '보편적 주체'의 속성을 띠지 않는다는 것을 함의한다. 그것은 산업 노동자도, 여성도, 소작농도, '비물질 노동자'도 아니다. 자본주의적 생산과 같은 하나의 피드백 메커니즘 체계에서 각 부분은 전체 생산의 도구이며, 따라서 어떤 부분도 중심이 아니다. 그렇지만 모든 부분은 투쟁의 현장이며, 다른 부분들과 절합된다는 점에서 투쟁이 순환하고 강화되며 그 형태가 발전하는 하나의 잠재적 계기다. 우리는 지구화 시대에 자본이 어떻게 생산뿐 아니라 재생산에서 훈육 과정들을 통해 이 갈등들을 절합하려고 하는지 살펴볼 것이다. 간단히 말해서 자본주의적 가치에 입각해 있고 그것을 재생산하는 자본주의적 사회관계들은 어디에나 있을 수 있다. 이 사회적 관계들의 극복은 다양한 계기들을 절합하는 하나의 삶 생산 양식과 삶 양식의 극복을 뜻한다. 혁명은 편재할 뿐 아니라 어느 곳에서도 촉발될 수 있다. 그리고 회로들을 가로지르는 순환의 문제는 혁명의 재생산에 중심이 된다.

국제 노동 분업

앞의 분석에서 강조해야 하는 것 중 하나는 아주 분명하지만 거의 논의되지 않는 것, 즉 각 생산 마디와 가치 실천들 M-C-M′이 재생산 순환고리들과도 얽히게 된다는 점이다. 이것이 뜻하는 것은 그 두 가지가 화폐화된 영역에, 즉 주류 경제학자들이나 맑스주의 교의에서 '경제'라고 부르는 것에 어떻게 갇혀 있는지 만이 아니라 그 두 가지가 어떻게 절합되는지를 우리의 자본 분석에서 파악하려고 시도해야 한다는 것이다. 이것은 만일 재생산이 피드백 과정을 통해 생산과 연결된다면, 투쟁 주체들이 두 순환고리에 모두 있다면, 재생산이 일어나는 맥락 특정적 조건들에 대한 이해뿐 아니라 이 조건들을 바꾸기 위해 전개되는 전략들이 우리가 자본을 이해할 때 다른 무엇보다 가장 중요하다는 것을 뜻한다.

따라서 예를 들면 신자유주의 시대가 동반하는 금융 탈규제화에 의해 심화된 금융 자본 이동은 사회적 임금의 요소에서 노동력의 재생산 비용을 낮추는 데 기여한다. 이것은 자본 유치가 목적인 상이한 신자유주의 정부들의 조세 경쟁은 동시에 사회적 지출의 경쟁이기 때문이다. 전 지구적 북North의 국가들에서 비교적 자유로운 은행 신용 규제를 동반하는 이 체제는 임금과 다른 권리의 삭감에 대응하기 위해 필요한 개인 부채 증가를 초래한다. 다른 한편 전 지구적 남^{South}에서 권리의 삭감과 종획은 구조조정 정책과 부채 위기의 관리를 통해 사회적 신체에 부과된다. 계속 진행 중인 국가와 시장의 힘의 작동 그리고 각각의 기초에 있는 갈등은 상이한 질적·양적 특질을 가진 재생산 지역들의 세계적인 짜임을 창출한다. 이윤 추구 행위자의 시선에서 보면 이 지역들은 임금, 환경 기준, 규제 체제, '정치적 위험' 등의 조건과 관련하여 하나의 위계 등급으로 평가할 수 있다.[5]

그러나 핵심은 지구적 생산 네트워크 안에서 더 낮은 재생산 비용(이것은 말하자면 더 낮은 환경 기준, 더 낮은 사회적 임금, 덜 엄격한 조세 체제 등을 뜻한다)을 제공하는 지역들은 대체로 자본이 전 지구적 회로 M-C-M′의 계기로 거래를 외부화하려고 하는 지역들이라는 점이다. 그리고 — 부유하든 가난하든, 제1세계든 제3세계든 — 세계의 모든 개별 지역이 부채나 자본 운동을 통한 총체적인 금융 체제에 의해 결핍의 조건에 놓이게 되면, 상이한 공간적 지역들은 자신의 재생산을 위해 필요한 노동시간을 줄이려고 경쟁하면서 서로 대결하게 된다. 이것이 이루어지는 방식은 재생산 노동을 시장 외부화하거나 재생산 비용을 비가시적인 영역(비임금 노동과 환경)으로 전가하는 것이다.

만일 상이한 재생산 조건들이 끝없는 경주에서 서로 대결한다면, '신경제'라는 풍요로운 세계에서, 생명공학과 유전공학의 세계에서, '비물질 노동'과 '포스트포드주의'의 세계에서, 첨단 기술과 즉각적인 의사소통의 세계에서, 어떻게 그리고 왜 가장 혐오스러운 인간 실천들이 어떤 먼 곳에서 '여전히' 구시대의 유산으로 남아 있기보다 현대 자본

---

5. 예를 들어 세계경제포럼이 매년 발간하는 상세한 "경쟁력 보고서"를 보라(http://www.weforum.org).

주의적 관계들의 구성적 계기들이 되는지 명료하게 이해할 수 있게 된다. 예를 들면 ― 인간 생산의 역사에서 가장 독특한 특징을 가진 ― 현대의 노예제는 더 값싼 식량과 더 값싼 재생산의 일반적 조건을 가능하게 함으로써, 따라서 노동력의 가치를 낮춤으로써 지구적 생산 사슬을 타고 빈국에서 부국으로 흘러간다trickles up. 말하자면 즉각적인 의사소통에 의해 미국의 고객과 연결되는 숙련된 인도 프로그래머의 노동력의 가치를 낮춤으로써 말이다. 이와 같이 많은 제3세계 지역에서 소년과 소녀의 낮은 재생산 비용은 초국적 기업들의 이윤이 되어 빈국에서 부국으로 흘러간다. 이 기업들은 세계의 광산과 착취 공장과 들판에서 지구적 생산 사슬과 직·간접적으로 연결되어 이윤을 얻는다.[6]

재생산 장들

〈그림 2〉를 기초로 한 〈그림 3〉은 지구적 수준에서 생산과 재생산이라는 두 영역 사이의 그리고 내부의 절합을 양식화한 것이다. 그 영역들은 재생산 조건들의 위계를 구성한다.

〈그림 3〉에서 각각의 세계 지역World region은 **재생산 장**reproduction field에 해당한다. 이 장은 역사적으로 그리고 사회적으로 생산되는 사회적·정치적·문화적 공간이며, 특정한 시대에 노동력의 일반적인 재생산 조건들을 규정한다. 이 장은 사람들의 삶과 살림살이의 재생산이 시장에 의존하는 정도에 따라 규정될 수 있다. 그뿐만 아니라 특정한 임금률과 평균 생활수준, 즉 상품을 사용하는 특정한 문화적 조건에 의해 규정될 수 있다. 재생산에 관여하는 공동체의 관점에서 보면

---

6. 신노예제의 특징과 그것의 전 지구적 경제와의 상호연결에 대한 예로는 Bales 2004 [2003]을 보라.

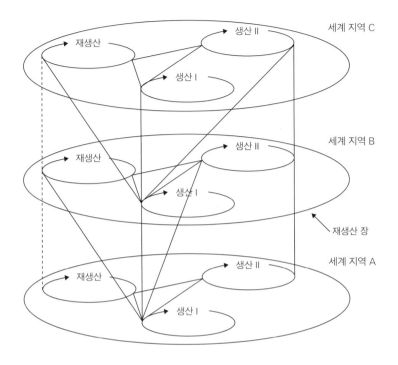

〈그림 3〉 생산과 재생산의 양식화된 지구적 연계

우리가 재생산 장들이라고 부르는 것은 특정한 관계들과 문화적 규범 및 과정들로 이루어지는 반면, 자본 축적의 관점에서 보면 상이한 세계 지역들의 재생산 장들은 평균적인 노동력을 재생산하는 데 필요한 화폐 가치의 측면에서 대체로 달라진다. 이렇게 정의된 각 [세계] 지역에서 재생산과 자본주의적 생산 순환고리들은 〈그림 2〉와 관련하여 논의된 것처럼 작동하고 있다. 물론 [각] 지역들은 두 생산 부문에서 생산되는 상품의 유형에 따라, 또한 그것이 생산되는 정도에 따라 달라질 수 있다. 그러나 지구화라는 우리 시대에서조차 모든 지역들이 두 생산 부문의 조합을 갖고 있다고 여기는 것이 타당해 보인다. 예를 들어 가장 '선진적인' 지역 A에서도 부문 I에 들어가는 원자재 생산은 전력

[공급] 형태로 여전히 이루어진다. 필요한 대부분의 원자재 화물은 다른 지역에서 오지만 말이다. 이와 같이 이 그림이 보여 주는 요점은 세계적인 생산과 재생산의 역학이나 상태가 아니라 둘 사이의 지구적 연계를 절합으로 이해할 수 있는 일반적인 틀이다.

〈그림 3〉에서 그림의 유일한 목적을 위해 우리는 재생산 장들 간의, 즉 노동력 재생산 조건들 간의 국제적 위계를 나타내는 세 지역을 상정한다. 지난 두 세기의 상이한 시기에 철도와 대서양 횡단 선박, 전신, 전화, 의사소통과 정보 기술 덕분에 I부문 혹은 II부문의 자본가들은 이 위계를 이용할 수 있었고 실제로 국가의 압제와 식민 군대와 더불어 그 위계의 형성에 기여할 수 있었다. 이것은 옛 제국들의 '세계경제들'과 주요 모^母도시들의 영향권 내에서 잉여 분출 무역과 함께, 그에 따라 ─ 우리가 9장에서 논의할 ─ 강제된 생산 전문화와 함께 처음 일어났다. 이로 인해 지구적 임금 프롤레타리아트와 비임금 프롤레타리아트의 분리가 유지되면서 제국의 모도시와 그 매듭에서 노동력의 가치가 나란히 하락했다. 그러나 제국 시대의 잉여 분출 무역은 문제점을 안고 있었다. 공통장에 대한 접근을 위해서든, 더 높은 임금이나 노동시간의 축소, 사회적 임금에 대한 권리를 위해서든, 아니면 가정에서의 성별 노동 분업을 재구성하기 위해서든 재생산 조건을 둘러싼 투쟁은 만일 충분한 임계점에 도달할 수 있다면 지역 자본에게 수익성의 위기를 가져올 것이었다. 지역 자본에 대한 압력은 재생산 장들의 국제적 위계와 그에 상응하는 국제 노동 분업을 재직조하기 위해서, 새로운 세계 지역들을 찾아서 도입하고 절합하는 일이 될 것이었다. 옛 제국들의 역사는 지구적인 수준의 생산과 재생산 순환고리들에서 일어난 이 강제된 병합과 절합의 한 사례다.

그러나 낡은 제국 정책들의 소멸과 민족해방투쟁에도 불구하고 자본주의적 회로들의 지구적 확장과 그 회로들의 절합은 자본의 필수품이 되기를 중단하지 않았다. 1970년대 말부터 지구적 엘리트들은 구조조정 정책과 자본 시장 탈규제를 통해 생성된 새로운 재생산 장들의 위계를 가로지르는 지구적 생산 과정들의 지구적 재구조화를 통해 그들이 직면한 축적 위기에 대응해 왔다. 그러나 옛 제국들의 국제 노동 분업이 주변부는 원자재에, 식민지 모국들은 산업 생산물에 비교적 고정되어 전문화되었던 것과는 달리, 오늘날 재생산 장들 간의 절합은 좀 더 역동적이며 전 지구적 훈육의 단순한 결과라기보다 그것을 구성하는 요소다. 이처럼 소위 '깊은 단계의 통합'으로 인해, 자본가들은 비용을 최소화하기 위해 생산의 일부를 외부화함으로써, 즉 생산을 횡국가화하고 무역을 증대시킴으로써 이 위계를 활용할 수 있다. 이것은 인간 행위의 모든 영역들에 점점 침투해 들어가는 끝없는 경쟁 속에서 재생산 공동체들을 서로 대결시킨다.

교차하는 재생산 및 생산 순환고리들과 상이한 재생산 장들을 연결하는 수직선은 마누엘 카스텔의 "흐름의 공간"에 있는 것처럼 보일지도 모른다.[7] 그러나 우리는 생산 및 재생산 순환고리들 그리고 자본주의적 축적과 다른 가치를 위한 투쟁이라는 문제와 관련된 이 공간을, 이 "흐르는" 화폐와 사용가치뿐 아니라 신체의 운동과 역학이 구성

---

7. "우리 사회는 흐름으로 구축된다. 자본의 흐름, 정보의 흐름, 기술의 흐름, 조직적 상호작용의 흐름, 이미지·소리·상징의 흐름이 그러한 것들이다. 흐름이란 단순히 사회조직의 한 요소로 치부될 수 있는 것이 아니라, 우리의 경제적·정치적·상징적 삶을 지배하는 과정의 표현이다. … 그러므로 나는 네트워크 사회를 지배하고 조형하는 사회적 실천에 맞는 특유한 새로운 공간 형태가 존재한다는 사고를 제안한다. 흐름의 공간이 그 것이다. 흐름의 공간은 흐름을 통해 작동하는, 시간을 공유하는 사회적 실천의 물질적 조직이다. 나는 흐름을, 사회 행위자들의 물리적으로 분리된 지위들 사이에서 일어나는 목적의식적이고 반복적이며 프로그램 가능한 교환 및 상호작용의 연속으로 이해한다"(Castells 2000:412 [2003:536]).

하고 있다고 이해한다. 따라서 가치 투쟁 역시 "흐름의 공간"을 구성한다. 그러므로 예를 들면 무역 자유화 같은 전략은 자본 이동성과 경쟁 강도를 증대시켜 자본의 가치 실천을 돕는다. 이것은 화폐 비용을 줄이는 데 기여하며, 수직적으로 통합된 다른 상품 사슬들과 경쟁하는 상이한 지역들의 생산 순환고리들 간의 수직적 통합을 돕는다. 더군다나 재생산 순환고리들도 지구적 수준에서 절합된다. 첫째, 예를 들어 합법 또는 불법 이민 흐름을 통한 직접적인 것으로서, 이는 두 가지 의미에서 재생산 조건들의 횡국가화를 초래한다. 우선 〈그림 3〉에서 그려진 상이한 지역들의 재생산 순환고리들을 가로지르는 점선이 나타내듯이, 이민자들이 저축을 고향으로 송금하기 때문이다. 그뿐 아니라 알고 있다시피 여성들의 이민은 일반적으로 재생산 노동의 국제 분업을 확립한다. 여기서 여성 이민자들은 타인들(국내 노동자, 간호사, 청소부 등)을 재생산하여 임금을 받지만 그 이민자들의 가정 공동체의 재생산은 더 어린 자매들이나 거리에 맡겨진다. 그뿐만 아니라 상이한 재생산 조건으로 인해 보다 저렴하게 생산하는 다른 지역의 상품을 구매함으로써 [재생산이 이루어진다]. 이것들은 〈그림 3〉이 제공하는 틀에서 우리가 읽을 수 있는 현재 경향의 몇 가지 사례에 불과하다.

2부

전 지구적 순환고리들 :
현대 노동 기계에 대한 몇 가지 탐구

7장

종획과 훈육적 통합

세대와 항상성

가치 실천 M-C-M′, 즉 축적은 다양한 사회적 행위자들과 집단들의 필요를 해결해야 하며 그와 동시에 투쟁으로 자신을 드러내는 이 필요와 욕망과 가치 실천 들이 축적의 질서 원리를 깨뜨리는 것이 아니라 반대로 축적의 재생산 계기가 되도록 해야 한다. 이 파열과 회수 recuperation의 긴장이 자본의 기본적인 항상성 과정을 구성한다.

항상성은 동적 균형을 유지하는 생물체의 자동적인 자기 조절 과정을 기술하기 위해 1940년대 초 인공두뇌학cybernetics에 의해 도입된 용어다.[1] 항상성 과정의 본질적인 메커니즘은 순환적 인과성의 피드백 순환고리들이다. 자기 균형('음')과 자기 강화('양') 피드백의 연속을 통해,[2] 피드백 순환고리는 아메바에서 인간에 이르는 모든 생물체가 기

---

1. 항상성(homeostasis)이라는 용어는 "한 건강한 유기체에서 동적 균형의 상태를 만드는 모든 제어 기능들의 총체를 뜻한다. 그것은 신체가 환경의 변화에도 불구하고 엄밀한 내적 상태를 유지하는 능력이다"(Skyttner 1996:57). Capra 1997:58도 보라. 우리는 항동성(homeodynamics)이라는 용어가 더 적절할 수 있다는 것을 알아야 한다. 왜냐하면 "항동성은 하나의 고정된 균형 상태라기보다 적응을 추구하는 과정을 암시하기" 때문이다(Damasio 2003:302 [2007:360]). Rose 1998도 보라. 어쨌든 나는 표준적인 관례를 따라 항상성이라는 용어를 유지할 것이다.
2. 양과 음 피드백은 가치의 양적 변화가 아니라 연결된 요소들의 변화 방향을 가리킨다.

본적인 삶의 문제를 해결할 수 있게 해준다.

> [해결할 그 문제들이란] 에너지원을 찾고, 에너지를 흡수하고 변형하며,
> 생명 활동에 적합한 내부의 화학적 균형을 유지하고, 닳고 낡아 버린
> 부분을 보수함으로써 유기체의 구조를 유지하고, 질병과 물리적 상
> 해를 일으킬 외부 동인을 막는 것이다. 이와 같은 조절작용과 그에 따
> 라 조절된 생명 상태의 총체를 한마디로 표현하는 단어가 항상성이다
> (Damasio 2003 : 30 [2007 : 41~42]).

생물학적 체계에서 항상성 과정의 자동성automatism이 DNA로 코드화
된 명령 집합의 결과인 반면, 자본주의 같은 하나의 사회적 체계에서
이 자동성은 사회적 구축에서만 출현할 수 있다. 의심할 여지 없이 혼
란스럽고, 결코 말끔한 모델을 따르지 않는 이 사회적 구축은 그럼에
도 불구하고 두 가지 주요 계기로부터 기원하는 것으로 보인다. 하나
는 생성이며 다른 하나는 자기 조직화를 통한 보전이다. 우리가 자본
주의라고 부르는 체계의 생성적 계기와 자기 조직화 계기는 종획과 훈
육적 통합이다. 투쟁, 즉 사회적 갈등은 이 두 계기의 외부에 있는 것
이 아니라 어느 정도는 두 계기의 일부이다. 좀 더 정확하게 말하자면
자본 외부의 가치 실천들에서 태어난 투쟁이 자본의 순환고리로 다시
결합되는 한, 그 투쟁은 자본의 항상성 메커니즘의 역동성을 구성하
는 데 이바지하는 것인지도 모른다. 그뿐만 아니라 지구화라는 이름으
로 진행되는 과정들은 자본주의의 이 생성적 계기와 자기 조직화 계기

그러므로 예를 들면 플러스[+] 기호는 동일한 방향의 운동을, 마이너스[-] 기호는 반대
방향의 운동을 가리킨다. Capra 1997 : 60을 보라.

를 크게 확장하고 심화시키는 과정들이다.

생성적 계기는 시장을 창출하는 계기, 즉 '자발적으로' 상품을 사고 파는 사람과 공동체 들을 창출하는 계기다. 이 계기는 '프롤레타리아', 즉 시장에서 자신의 노동력을 판매함으로써 얻을 수 있는 것 외에는 다른 살림살이 수단이 없는 사람들, 또는 소규모 상품 거래에 참여하는 사람들을 만들어 낸다. 물론 이 자발성은 대부분 대안적인 살림살이 수단들을 감소시키는 사회 공학과 다양한 형태로 공통장을 수탈하는 국가 관행의 결과다.

우리가 시장의 생성 원리 ― 종획 ― 의 관점에서 시장 가치를 볼 때 그 가치의 본색은 하나의 특정한 사회적 세력, 계급, 엘리트의 사물의 질서로 나타난다. 이것은 권리의 사유화든 삭감이든, 토지 수용이든, 아니면 생명을 구하는 약에 대한 특허권이든 종획이 사회적 신체에 강제될 때면 언제든지 가치들의 충돌은 일반적으로 그에 상응하는 투쟁과 함께 출현하기 때문이다. 그들은 사유화를 가치 있게 여긴다. 우리는 그렇지 않다. 그들은 시장의 힘을 가치 있게 여긴다. 우리는 그렇지 않다. 그들은 강제된 재배치를 가치 있게 여긴다. 우리는 그렇지 않다.

이 생성적 계기와 더불어 일군의 규칙들이 만들어진다. 이 규칙들은 대개 강제로 도입되고 폭력의 사용(국가)을 통해 유지된다. 이 규칙들은 사회적으로 생산된 자원들에 접근하는 방법, 즉 일군의 소유권을, 특정한 방식으로 사회적 행동을 걸러 내고 흐르게 하는 법적 규제를 규정함으로써 사회적 상호작용을 위한 하나의 맥락을 구성한다. 나는 10장과 11장에서 이 생성적 계기를 종획의 측면에서 광범위하게 논의한다.

이 규칙들에 입각한 사회적 생산 활동뿐 아니라 경합하는 일상적 실천들로부터 사회적 신체를 구성하는, 생산하는 특이성들을 절합하는 자기 조직화 패턴들이 주어진다. 여기서 일반적으로 '경제'라고 부르는 것은 이 패턴들을 포착하기에는 불충분한 용어다. 우리가 앞 장들에서 본 것처럼 이 자기 조직화 패턴들은 임금 노동과 비임금 노동을, 생산과 재생산을 모두 절합한다. 그러므로 그 패턴들은 애덤 스미스의 보이지 않는 손에서부터 프리드리히 하이에크의 시장질서에 이르는, 시장의 자기 조직화 패턴들에 대한 경제학적 서사들에서처럼 화폐화된 생산에만 관련된 것일 수 없다. 더군다나 경제학자들과는 달리 우리는 과정들, 행위 양식들, 생산하는 양식들에 관심이 있으며 따라서 ─ 행위는 항상 사회적 행동이므로 ─ 생산하는 특이성들을 가로지르는 관계들의 양식에 관심이 있다. 생산은 언제나 공동 생산이다.

따라서 훈육적 통합은 상이한 가치 실천들이 자본의 자기 팽창 과정을 구성하는 '전체' 체계로 통합되는 것을 가리킨다. 이것은 상이한 가치 실천들의 공존이 아니라 **통합**이라는 것에 주의하라. 통합은 다양한 실천들이 사회에 만연한 하나의 모델로 환원되는 것을 뜻한다(Irigaray 1997:128 [2000:142]). 자본주의적 통합은 자본주의적 시장들의 공통의 가치 실천들과 그에 상응하는 측정 과정들을 통한 다양성의 절합을 뜻한다. 우리가 12장과 13장에서 보게 될 것처럼 이 통합은 훈육적이다. 왜냐하면 통합은 주체들에 대한 훈육적 명령 형태에, 즉 보상과 처벌의 부단한 다스림에 의존하기 때문이다. 이 다스림은 다른 가치 실천들과 끊임없이 투쟁하는 자본의 가치 실천들에서 출현하는 사회적 생산과 상호작용의 규범을 형성한다. 통합은 또한 종획으로 생성된 규칙들을 보전한다. 반복을 통해 주체들이 그 규칙들로 정상화되는 경향이 있기 때문이다. 그렇지만 이 정상화는 가치 실천들 간의 갈등을 폐지하는 것이 아니라 자본주의 조직 형태의 진화를 위한 원동력으로 전환한다. 그와 동시에 항상성의 기본 과정들은 상충하는 가치 실천들과 사회적 세력들을 계속 결합시킨다. 다시 말하면 우리 살림살이의 일상적인 재생산에서, 우리는 의식적으로나 무의식적으로, 자발적으로나 비자발적으로 사회적 신체를 가로지르는 내전의 한 형태에 참여한다.

이것은 자본주의에 적용한 항상성이라는 용어를 간략하게 살펴보면 더 잘 이해할 수 있다. 일반적으로 말해서 항상성은 생물체 같은 개방 체계의 속성이다. 그것의 목적은 대립하는 세력들의 작용으로 출현하는 복수의 동적 평형 조정에 의하여 안정적인 상태를 유지하기 위해 그 체계의 내적 환경을 조절하는 것이다.[3] 우리가 자본주의라고 명명하는 개방 체계에서 자신이 그 부분으로 있는 체계의 붕괴를 피하기 위해 동적 균형 상태로 있어야 하는 궁극적 세력들은 대립하는 가치들에 입각한 사회적 실천들이다. 고대 그리스에서 스타시스[정체, 균형 상태]라는 단어는 "내전"을 뜻한다.[4] 그리고 이것은 사회적 신체가 갈가리 찢기고 새로운 것이 시작될 때 그렇듯이 형제를 죽이는 형제의 전설과 신화로 끝없이 되풀이되는 것 같다. 아벨을 죽이는 카인, 레무스를 죽이는 로물루스처럼. 기원전 5세기 내내 "스타시스는 다수에 의한

---

3. 미국 생리학자 Cannon 1932 [2003]은 항상성 개념을 발전시켰다.

4. "스타시스(stasis)는 분명 내적으로 거의 모순된 복잡성을 가진 그리스 단어 중 하나다. 프로이트는 그러한 복잡성을 잠재의식의 산물과 연관 지어야 한다고 알려 준다. 스타시스는 어근 estēn('똑바로 서다, 서 있다')에 부합하는 행동을 뜻한다. 이것은 '서 있다는 사실', 그러므로 장소, 위치, 안정성, 견고함(비극에서 스타시몬(stasimon)이 합창단이 움직이지 않고 부르는 단편을 나타내듯이 스타시모스(stasimos)는 조용하고 잘 설치된 모든 것을 가리킨다)과 '일어난다는 사실', 그러므로 봉기, 반란(스타시오데스(stasiōdēs)는 '선동적인'이라는 뜻이다)을 동시에 의미한다. 정치적 용법에서 스타시스는 공적 수준에서 '국가'(Polybus, 16, 34, 11)를 의미하게 되었고 — 개인의 수준에서는 사회에서 한 개인의 '지위'(Polybus, 10, 33, 6)를 의미하게 되었다. 그러므로 스타시스는 국가, 신분, 정부, 기관, 지위를, 때로는 '당', '파벌'(Herodotus, 1, 59)을, 좀 더 일반적으로는 '내전' 자체(Thucydides, History, 3, 68~86)를 나타낸다. 마치 국가가 반란의 그림자나 가능성의 조건과 관련하여 반란과 자신이 필연적으로 연결되어 있음을 발견한 것처럼 말이다"(Cassin 2002 : 2~3 ; 강조는 인용자의 것).

통치(민주주의)를 옹호하는 이들과 소수에 의한 지배(과두제)를 욕망하는 이들 간의 갈등으로 정치화되었다"(Sidebottom 2004). 자본주의적 시장은 정확히 그 반대로 한다. 그것은 이 투쟁을 자기 동력의 기반으로 만들어 이 투쟁을 탈정치화한다. 시장은 매일 같이, (사회적 자원에 대한 접근의 확장에 의존하는) 노동의 사회적 협력의 민주화에 근거를 두고 그것을 요구하는 가치 실천들과 (사회적 자원들을 민주적 통제와는 동떨어진 방향으로 흐르게 하는 것에 의존하는) 사회적 생산 수단을 지배하는 과두 권력에 근거를 두고 그것을 낳는 가치 실천들을 절합할 수 있다. 그러므로 우리의 관점에서 자본주의적 항상성 homeostasis은 동일한(homeo) 내전(stasis), 즉 우리의 살림살이를 재생산하기 위해 점점 받아들일 것을 강요받는 전 지구적인 사회적 신체 내부의 "내전"이다. 신자유주의적 지구화란 이 전쟁이 격렬해지는 것이다. 그러나 이 내전은 맑스가 역사의 궁극적인 원동력으로 간주했던 계급투쟁, 즉 궁극적으로 가치 실천들 간의 투쟁인 계급투쟁의 살균되고 정상화된 형태다. 우리가 9장의 훈육적 무역과 "기러기[식 발전 패러다임]"에 대한 그림에서 보게 될 것처럼, 살림살이들을 서로 대결시킴으로써, 오늘날의 전 지구적 자본은 자신의 가치 실천들에 대항하고 넘어서는 계급투쟁(내전)에 좌우된다. 그리고 전 지구적 자본은 계급투쟁을 하나의 위협에서 일상적인 분주함의 조건과 결과로, 그 권력을 구성하는 세력으로 전환한다. 그러므로 자본주의적 시장의 항상성 과정을 거론하는 것은 사업 활동과 순환과 '경제'의 성쇠만이 아니라, 이 패턴을 뒷받침하는 삶 실천들과 그에 상응하는 사회적 관계들을 거론하는 것이다.

개념 지도

생성하는 실천과 보전하는 실천이 어떻게 자본주의적 하위체계들의 몇몇 일반적인 특징을 낳는다고 볼 수 있는지 명확하게 살펴보자. 〈그림 4〉는 앞 장들에서 논의한 생산 순환고리와 재생산 순환고리를 연결하는 개념 지도를 제공한다. 지도의 상단에서 우리는 생산 및 재생산 고리를 그것의 계보를 구성하는 역사적 실천(종획)과 그것의 보전을 구성하는 역사적 실천(훈육 과정)에 연결한다. 우리가 10장과 11장에서 보게 될 것처럼, 종획은 기존의 '공통장'을 상품화하는 (따라서 권리를 규제하는 새로운 법을 도입하는) 과정을 통해, 또는 공통장을 요구하는 투쟁에 맞서 기존의 종획된 공간을 방어하는 국가에 의해 일어난다. 어느 경우에도 국가는 제도적 폭력을 전개하여 상품 관계와 종획을 유지하거나 보호하거나 확장한다. 이 장들[10장과 11장]에서 나는 또한 이 종획 과정이 자본주의에서 끝없이 일어나며 일부 '시초' 단계에만 국한되지 않는다고 주장할 것이다. 이것은 두 가지 이유에서다. 첫째, 자본의 텔로스 혹은 충동은 더 많은 인간 생활과 자연 영역에 침투하고 팽창하는 것이기 때문이다. 다시 말해서 상품화는 자본 고유의 성격이다. 둘째, 역사적으로 과거 투쟁들이 축적한 결과는 새로운 형태의 공통장을 효과적으로 구성하며, 만일 자본이 축적에 적합한 새로운 형태의 통치성과 더불어 자신의 방식대로 그 공통장을 관리할 수 없다면 자본은 그것을 종획해야 하기 때문이다.

다른 한편 M-C-M′ 순환 내에서 공간적 통합뿐 아니라 시간적 통합은 사회적 협력의 존재를 필요로 한다. 협력은 본질적으로 두 가지 방식으로 일어난다. 사회의 생산적 '마디들' 내에서 ─ 즉 기업이나 가정, 학교 또는 비교적 자립적이고 분리된 모든 기관에서 ─ 또는 '마디들'을 가로지르며 일어난다.5 두 경우 모두 준비된 훈육 과정들이 사회적 신체의 활동을, 다른 가치들에 입각한 실천들에 맞서 자본을 재생산하는 가치

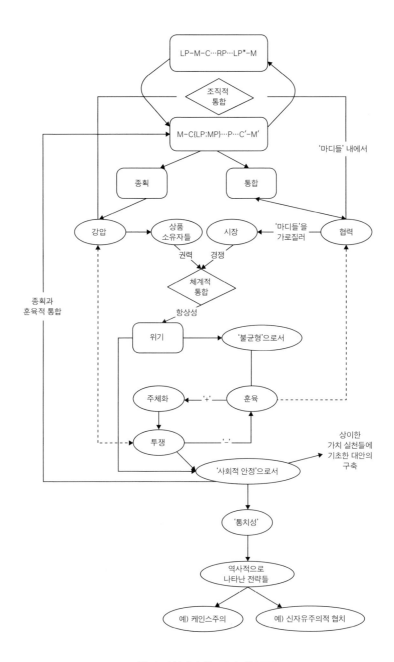

〈그림 4〉 자본의 순환고리와 계급투쟁

실천들로 조형하고 흘려보내며 짜 맞춘다. 그러므로 투쟁은 훈육 과정의 구성 요소다. 훈육 과정과 그에 상응하는 마디들 내에서의 협력 형태를 보여 주는 고전적인 사례로는 맑스(Marx 1976a [2008])가 연구한 공장을 들 수 있다. 또한 학교, 병원, 감옥도 그 사례다. 푸코는 후자 두 가지를 연구했다. 나는 마디들 내에서의 협력을 개괄적으로 요약하고, 마디들을 가로지르는 사회적 협력에 주로 초점을 맞출 것이다. 그러나 파놉티콘 감옥과 시장질서를 비교하는 14장과 15장에서 분명하게 드러나듯이 둘 사이에는 강한 조직적 유사성이 존재한다. 이것은 시장의 훈육 메커니즘과 그에 상응하는 측정 과정(12장과 13장)이, 4장에서 주장한 것처럼 타인들의 특이성을 물리적으로 제거하든 아니면 낯선 행위 및 사회적 협력 양식으로 통합하든, 그 특이성을 지워버리는 주체들 간 관계에 기초하기 때문이다. 그뿐 아니라 5장에서 본 것처럼 타인과의 관계 양식으로서, 하나의 라인 관리 체계로서의 가부장제는 자신을 서로 경쟁하는 자본주의적 조직들 속에 기입한다.

마디들 내에서 그리고 사이에서 사회적 협력을 구성하는 훈육 과정들 간의 주된 차이는 화폐와 그에 상응하는 비인격적 시장 메커니즘의 역할에 있다. 다시 말해서 (전통적인 푸코주의적 의미에서 공장이든, 감옥, 병원 또는 학교든) '감금 제도들'에서 우리를 감시하고 우리의 활동을 측정하는 '쥐'의 정체를 모두가 알고 있으며, 따라서 새롭게 출현하는 훈육 과정들은 주체들 간의 거의 직접적인 권력 관계들에 기초하지만, 훈육적 시장 체계의 일상적 경험에서 '쥐'의 정체를 알아보는 것은 불가능하다. 모든 특이성은 화폐를 중심에 둔 비인격적 메커니즘

---

5. 두 경우 모두 그와 관련된 맥락을 분석하기 위해 규모의 문제를 유념해야 한다는 것은 말할 나위도 없다(Harvey 2000 [2001]).

을 통해 타인들과 대결한다. 이 후자의 경우 보통 우리의 직접적 '지배자'인 관리자와 사장은 금융이라는 사제의 도움을 받으면서 — 특정한 자원 제약을 감안할 때 달성하고 능가해야 하는 — 반대편의 기준을 위한 대변인에 불과하게 된다. 다시 말해서 그들은 대체로 시장의 신과 그 교인들을 매개하는 성직자가 되며, 그러한 역할 속에서 그들은 노동을 추출하기 위한 최전선에 있는 도구들이다.

그러나 그러한 기준뿐 아니라 자원 제약 — 이것을 통해 생산과 재생산 지점에서 사람들로부터 노동이 추출된다 — 의 원천과 사회적 구성은 자신의 노동이 추출되는 이들 — 즉 수직적인 임금 위계 안에 있는 우리 대부분 — 의 관점에서는 즉각 보이지 않는다. 조직의 상황이 악화되고, 위기가 발생하고, 파산 위기에 처하면, 보통 비난의 화살은 '나쁜 관리'[부실 경영]로 향한다. 궁극적으로 다른 누군가의 살림살이가 위협이라는 유일한 목적을 위해 대개 도구적이고 기만적이며 기회주의적인 다양한 수단을 이용하여 사람들로부터 성공적으로 노동을 추출하는 일을 마치 윤리적 관점에서 '좋은' 일로 분류할 수 있다는 듯이 말이다.[6]

시장질서란 마디들을 가로지르는 사회적 협력이 시장 교환의 패턴들로부터 출현하는 것이다. 이것은 사회적 상호작용의 실재적이거나 상상된 혹은 위협받는 경쟁적 양상들에 근거한다. 그럼에도 이 모든 양상들은 소득과 부의 양극화를 확대하는 패턴들 같은 실체적인 효

---

6. 일상적인 활동에 대해 명령을 생산하고 재생산하는 기본적인 사회적 과정이 지닌 이러한 비가시성은, 다른 점에서 보면 생산적이고 영감을 주는 정치적·철학적 사상 전통이 지닌 가장 큰 오류의 이유일지도 모른다. 이 오류 위에서 그 전통은 현대의 조건에 관한 자신의 사고를 구축해 왔다. 그중에서도 질 들뢰즈부터 안또니오 네그리에 이르는 저자들은 우리가 탈훈육 사회에 살고 있다고 주장한다. 사실 우리는 이 지난 사반세기에 구조조정과 전쟁이라는 망치를 통해 하이에크가 시장질서라고 불렀던, 인류 역사상 가장 만연하는 훈육 메커니즘의 최대의 팽창을 목격하고 견뎠다. [이에 대한] 논의는 9장을 보라.

과를 미친다. 그러나 '대안의 문제'를 제기하려는 관점에서 문제의 뿌리는 이 사회적 상호작용 양식에서 출현하는 이 패턴들이 아니다. 이 패턴들은 문제의 증상이다.

우리는 역사적으로 이 증상이 아래로부터의 투쟁의 압력 아래에서 재분배 정책(신자유주의 세계에서는 드문 사건)으로 치료될 때, 그 기본 역학은 그대로 남아 소득과 부의 불균등한 분배가 새로운 패턴으로 출현하는 조건을 재창출한다는 사실에 주의해야 한다. 더군다나 재분배 합의는 보통 임금 위계 전반에 걸쳐 있는 분할선에 얽매여 있고, 공동 생산자들 중 가장 힘이 없는 집단은 그 거래에서 배제한다. 이민자, 여성, 보이지 않는 사람들이 그 집단이다. 마지막으로 이 합의는 그에 상응하는 생산성 증대 요구를 수반한다. 생산자들이 받는 소득과 노동 추출 사이의 균형은 수익성의 일반적 수준을 규정하는 핵심 관계이기 때문이다. 대안의 관점에서 보면 재분배가 중요한 이유는 그것이 자본의 행위 양식에 대해 어떤 해결책을 제시해서라기보다 자본주의적 시장 같은 추상 메커니즘의 요구에 맞서 활력화에 필요한 자원을 제공할 수 있기 때문이다. 그러나 이것은, 이렇게 공통인들의 수중으로 들어가는 사회적 자원의 증대가 다른 가치 실천들에 기초한 새로운 형태의 사회적 협력을 구성하는 물질적 기반이 되는 한에서만, 즉 이 자원들이 "외부"(16장)의 구성과 연결되는 한에서만 그러하다.

시장은 공동 생산하는 사회적 신체가 살림살이를 재생산하는 그 중심 질서이다. 시장이 가진 문제는, 그것이 사람들을 사회적으로 협력시키는 방식이 역설적이게도 사람들 각각의 살림살이들을 위협하고, 각각의 특이성을 점점 많은 것을 요구하는 시계clock의 인위적인 지배에 종속시키며, 따라서 어떤 혁신, 어떤 창조적 아이디어, 어떤 새로운 인간 소통과 독창성의 산물도 — 아무리 그것의 사용가치가 특정 문제를 해결하는 데 도움이 된다고 할지라도 – 다른 누군가의 살림살이를 위협하는 하나의 힘으로, 훈육하는 권력을 지닌 하나의 기준으로 바꾸어 버린다는 사실에 있다. 그러므로 자본주의적 생산에서 희소성은 경제학자들이 말하는 것처럼 인간 상호작용의 문제적인 조건이 아니다. 오히려 그것은 어떤 해결된 문제에서, – 아무리 좋은 의도를 가졌다고 하더라도 – 어떤 새로운 아이디어에서, 사회적 협력의 어떤 새로운 산물에서 계속 발생하는 결과다. 우리가 사회적 존재이기 때문에 피할 수 없는 사회적 협력은 자본주의적인 경쟁 형태를 취하면서 하나의 낯선 세력으로 바뀐다.[7]

어떤 주어진 시간과 장소에서 경쟁의 정도는 물론 제도적 맥락에 달려있다. 그러나 어떤 부문이 독점에 가까운 경우에도 사회적 상호작용의 경쟁 형태는 시장을 무역 자유화에 개방함으로써 – 이것은 실질적이진 않더라도 어쨌든 위험에 처한 경쟁에 활기를 불어넣는다 – 또는 국가가 시행하는 반독점법을 통해 또는 많은 국영 공공 서비스처럼 경쟁의 모의를 통해 제도적으로 유지된다. 다른 한편 그 경쟁 형태는 한 부문에서 다른 부문으로 자본의 이전을 통해서, 주식 가격에 대한 위협을 통해서 그리고 기대 수익성의 계산법에 수반된 이윤율의 비교를 통해서 체계적으로 재생산된다.

의심할 여지 없이 시장 상호작용 역시 역사적으로 계층화된 종획과 그에 상응하는 소유권으로 창출되고/거나 유지되는 권력 관계들의 짜임의 표현이다. 누가 어떤 자격을 갖고 있는가, 누가 어떤 상품을 얼마나 갖고 있는가와 같은 질문에 답변함으로써 구체적인 맥락에서 확인할 수 있는 이 권력 관계들은 체계적 통합의 특정한 짜임을 산출하

---

7. 『경제학 철학 수고』에서 소외에 대한 맑스(Marx 1975 [2006])의 분석을 보라.

는 시장의 전략적인 경쟁적 상호작용에서 발생한다.

이처럼 자본의 사회적 순환 내부의 체계적 통합은 세력들의 상호 작용으로 나타나는 최종 결과다. 이 세력들 각각은 나름의 계획에 의해 추동되고 나름의 힘에 의해 뒷받침된다. 그런 상호작용에서 도래하는 결과는 물론 예측할 수 없다. 사회적 자본의 재생산, M-C-M′을 위해 필요한 질적 변형들 각각의 조건은 맑스가 위기의 "가능성"이라고 부른 것으로 넘쳐나기 때문이다(Bell and Cleaver 2002). 맑스는 위기의 뿌리를 상품의 사용가치와 교환가치의 극단적 대립에서, 자본주의에서 사회적 노동의 소외된 성격에서 찾는다. 그 위기, 즉 가치 실천들 간의 투쟁은 실제로 상품 생산에 만연한 조건이다. 이는 위기가 극심하게 나타나는 시대뿐 아니라 비교적 평온한 사업의 시대에도 그러하다. 위기의 다양한 소인素因이 무엇이건 간에 이 분석의 목적에 있어 그 소인은 두 가지 주요 형태 중 하나를 취한다고 볼 수 있다. 하나는 시장 작동의 '불균형'이라는 형태를 취한다. 그 결과 사업 활동의 성쇠, 시장 가격의 변화, 부문 재구조화, 노동자들의 해고와 고용이 일어난다. 다른 하나는 사회적 안정의 위기라는 형태를 취한다.

첫 번째 경우 위기는 시장의 훈육 과정들 고유의 부분이다. 이 과정들은 사회의 생산 마디들 간의 경쟁적인 상호작용 양식에 기반을 둔다. 하이에크가 상기하듯이 행위자들은 이 과정에 적응해야 하며 그렇지 않으면 죽는다. 시장의 훈육 과정에 참여하는 사람들의 관점에서 보면 그런 과정들은 궁극적으로 주체화 과정과 일치한다. 그 주체화란 자신의 자기보전 코나투스를 위해 자본 순환의 규범을 다양한 정도로 받아들이는 주체를 창출하는 것이다. 맑스의 자본주의적 생산 분석과 푸코의 훈육 과정 분석을 결합하면 우리는 주체화를, 자본주의적 축적과 그 가치 실천들의 요건에 적합한 상호작용 및 행위 규범을 재생산하는 사회적 과정으로 이해할 수 있다.[8] 예를 들면 노동력 재생산 기능을 하는 재생산(예를 들어 당신의 자녀가 경쟁에서 앞서게 하는 것), 아무런 의심 없이 상품 형태를 받아들이는 것, 즉 특정한 삶의 영역에서 그것을 자연화하는 것(예를 들어 필요를 충족하는 수단을 획득하는 하나의 방법으로서 '일자리 구하기', 즉 돈을 지불하여 보건·교육 같은 사회 서비스나 물, 다시 말하면 슈퍼마켓에서 구입하는 식료품 같은 필수 자원을 얻는 것), 또는 주어진 임금 위계(예를 들어 사회를 파멸시키는 무기 거래와 증권 중개는 높은 보수를 받지만 사회적으로 유용한 가사노동은 무급인 것)를 정상[규범]으로 받아들이는 것, 주체의 목적과 우선 사항에 반대되는 목적과 우선 사항(예를 들어 글로벌 경쟁력을 위한 연금 및 노동 시장 개혁의 '필연성')을 불가피한 것으로 받아들이는 것, 옛 방식들이 완벽하게 잘 작동했거나 자본의 것과는 다른 가치 실천들에 기초한 새로운 방식들을 취할 수 있었음에도 불구하고 '경기에서 앞서가기'라는 유일한 목적을 위해 새로운 행위 방식을 준수하는 것.

이처럼 전체 자본 순환에 대한 통합은 다양한 주체화 과정을 거친다. 이러한 의미에서 우리는 모두 이 과정에, 그리고 우리의 살림살이를 재생산하는 나날의 일과 속에 다양한 정도로 얽혀 있다.

푸코를 따라 우리는 이 정상[규범]을 창출하는 주체화 전략을 훈육 전략으로 해석할 수 있다. 즉 저항을 흡수하거나 우회하여 그것을 "정상적인" 행위 패턴으로 돌리는 것을 목표로 삼는 보상과 처벌의 반복

---

8. 나에게 이것은 전선에서 충돌하는 가치 실천들이라는 문제계를 버리지 않고 "신체의 연구를…물질적 실천, 표현, 상상력, 제도, 사회적 관계 그리고 정치경제적 힘의 지배적 구조 사이에 존재하는 실제적 시공간 관계의 이해에" 기초 짓는 하나의 방식이다(Harvey 2000 : 130 [2001 : 185]).

적인 실천으로 말이다. 푸코의 해석은 감옥과 병원과 학교 같은 구체적인 훈육 제도에 국한되어 있지만, 하이에크가 "시장질서"라고 부르는 것에 대한 비판적 분석은 이 제도들의 훈육 과정과 근본적으로 유사한 몇 가지를 보여 준다(14장). 그중 가장 중요한 것은 시장 훈육 과정이 정상화된 주체를 만들어 내는 데 기여할 뿐 아니라, 새로운 생산 기준을 창출하는 데, 그리고 맑스가 가치의 실체의 양적인 측면으로 언급한 것, 즉 "사회적으로 필요한 노동시간"을 창출하는 데 기여한다는 점일 것이다(13장).

시장은 자신의 보상 및 처벌 체계를 통해 훈육하며, 정상[규범]과 정상화된 주체들의 생산을 촉진하지만 이것은 자본의 주체화에서 벗어나려는 주체성들, 즉 자신을 자본의 가치 실천에 대한 확고한 장벽으로 설정하는 가치 실천들과 언제나 충돌한다. 미시적이고 감춰진 형태든 아니면 거시적이고 공개된 갈등이든 투쟁은 자본주의에 편재한다. 시장의 훈육 메커니즘은 정상적인 환경에서 그것들을 부분적으로 흡수할 수 있을 뿐이다. 따라서 훈육 과정이 "정상적인 주체들"의 창출에 끼치는 ― 자본의 관점에서 ― "긍정적인" 효과는 투쟁이 훈육 메커니즘에 끼치는 부정적인 영향과 언제나 대치하고 있다. 훈육 과정과 투쟁 간의 최종 결과는 정해져 있지 않으며, 역사적 우발성과 세력들의 균형에 달려 있다. 그러나 궁극적으로 이 '양'과 '음'의 균형을 유지하는 것이 훈육 과정의 핵심 원리다. 우리가 13장에서 논의할 바와 같이, 맑스의 '가치법칙'은 우리가 투쟁을 그 중심으로 가져가면 쉽게 이해할 수 있다.

통치성

그러나 이 '균형'이 유지되지 못하고 갈등이 훈육 메커니즘의 특정 형태뿐 아니라 그 원리를 위협할 때가 있다. 주체를 훈육하고, 행위 규범을 전달하고, 주체가 경쟁적인 시장 상호작용의 정상성을 수용하고 내면화하도록 만들기 위해서 흐름의 '불균형', 순환, 사업 활동의 성쇠로는 더 이상 충분하지 않은 것이다. 이러한 일이 발생하면 위기는 사회적 안정의 위기로 나타난다. 즉 그것은 체계에 어떤 영향을 미치든, 축적(M-C-M′)에 필요한 질적 변형들 다수의 실행가능성 그리고/또는 정당성에 의문을 제기하는 위기로 나타난다.

축적의 관점에서 사회적 안정이란 축적 과정과 삶의 광범위한 상품화, 시장 상호작용 및 노동 추출이 지닌 특정한 형태의 훈육 과정에 적합한 형태를 띤 사회적 배열과 상호작용의 안정이다. 그것은 궁극적으로 재생산과 생산 간 결합의 안정, 넓은 의미에서 삶의 보전에 중점을 둔 가치 실천들과 자본의 보전에 중점을 둔 가치 실천들 간 결합의 안정이다. 이렇게 정의된 사회적 안정이 위기에 들어서는 많은 사례들이 잠재적으로 존재한다. 주어진 '계급 구성'에 부합하는 사회적 결속과 신체를 재생산하기 위해 필요한 재화와 서비스에 대한 접근을 자본이 점점 보장하지 못할 때, 또는 새로운 세대의 열망이 구세대가 합의한 '거래'와 상충하며 그들의 투쟁이 시대를 조형하기 시작할 때, 또는 모든 희망을 제거하고 많은 사람들이 분노하게 할 만큼 주체화가 진행되었을 때, 또는 이와 반대로 사회 운동이 자연·존엄·평화·정의·삶의 탐욕에의 종속이라고 믿는 것에 – 하지만 우리가 축적의 체계적 충동으로 읽을 수 있는 것에 – 도전하며 희망을 스스로 생성할 때, 또는 축적의 뿌리를 이루는 종획과 통합의 실천 및 과정들 다수의 정당성을 위협하기 위해 이러저러한 요인들이 특정한 역사적 환경에서 결합하며 출현할 때. 자본의 자기보전 코나투스의 관점에서 보면 이 모든 것들은 단순한 억압과 강제를 넘어 전략적 개입이 요구되는 사례들이다. 여기서 자본이 필요로 하는 것은 위기의 근간을 이루는 문제와 쟁점을 '사회적 안정'으로서 인정하되, 동시에 그것들을 축적 메커니즘과 그 가치 실천들로 흡수하는 접근법이다.

　이 이중 작동은 일반적으로 푸코의 용어인 "통치성"을 사용하여 기술할 수 있다. 이것은 '종획'과 달리 법령이 아니라 관리에 기초한 통치술이다. 하지만 우리가 보게 될 바와 같이 이것 역시 국가의 압제에 기반을 둔다. 통치성과 더불어 "인간에게 법을 부과하는 것이 아니라 사물을 배치하는 것"이 문제가 된다.[9] "법보다는 전술을 이용하는 것, 심지어는 법 자체를 전술로 사용하는 것 ― 일정 수의 수단을 사용해 어떤 목적을 달성할 수 있도록 사물을 배열하는 것이 관건이다"(Foucault 2002 : 211 [2014 : 144~145]). 우리가 여기서 이 범주를 자세히 논의할 수는 없다. 이 문제에 대한 푸코의 연구는 세부적인 역사적 사실과 통찰로 가득하기 때문이다.[10] 여기서 우리의 목적에 비추어 볼

9. 통치가 담당하는 이 "사물"은 사실 사람들, 즉 "부·자원·식량뿐만 아니라 특질·기후·가뭄·비옥함 등을 지닌 영토 같은 사물과" 관계 맺으며 "연결되고 연루되어 있는" 사람들이라는 것이 핵심이다. 그뿐만 아니라 [그 사람들은] "관습, 습관, 행동·사고방식 등과 같은 다른 사물과도" 관계 맺고 있으며 "기근·전염병·죽음 등 사고나 불행 같은 다른 사물과도 여전히 관계" 맺고 있다(Foucault 2002 : 208~9 [2014 : 142]).

10. 푸코가 16세기 라 페리에르 같은 반(反)마키아벨리 저자들과 케네 같은 정치경제학자들에서 그 기원을 추적하는 이 통치 경향의 한 가지 핵심적인 특징은 정치의 실천에 "경제"를 도입한 것이다. 즉 루소가 문제제기하듯이 "국가 전체의 수준에 경제를 설정한 것"이다. "이것은 가장이 자신의 가족과 재산에게 하듯이 세심하게 주민·부·만인의 품행을 일정한 형태로 감시하고 통제하는 것을 뜻한다"(같은 책 : 207 [같은 책 : 140]). 그러므로 통치의 문제는 마키아벨리에게서와 같이 주권과 군주의 문제와는 다르다. "군주에 대한 교의나 주권에 대한 법 이론이 군주의 권력과 다른 형태의 모든 권력이 불연속적임을 ― 자신의 과제가 그것들 사이의 이 본질적인 불연속성을 설명하고 정당화하는 것이기 때문에 ― 늘 밝히려 하는 것과 달리, 통치술의 과제는 연속성, 즉 상향적 연속성과 하향적 연속성을 파악하는 것이다." 상향적 연속성이란 "국가를 통치하고 싶은 자는 우선 자기 자신, 자신의 재산, 영지를 통치하는 법을 잘 알아야 하며, 그런 다음 국가를 성

때 통치성이란 가치 실천들이 상충하는 전선에서 사회적 관계들의 네트워크들을 관리하는 것이다.[11] 이 관리는 마키아벨리적 군주의 문제계에서와 같이 네트워크 자체의 외부에 있는 초월적 권위에서 비롯되지 않는다. 오히려 권위의 문제와 해결책은 모두 네트워크 내부에 있으며 이러한 이유로 그것은 법보다는 전술을 전개한다. 전술과 전략의 목표는 마디들이 자본의 가치 실천에서 벗어나지 않고 상호작용하는 맥락을 창출하는 것이다. 축적에 필요한 우선 사항과 흐름에 적합한 사회적 안정은 자본주의적 통치성의 원리 중 하나다.

이 실천들의 사례로 전후 케인스주의와 오늘날의 신자유주의적 협치 담론이 있다. 케인스주의 시대의 핵심이었던 생산성 거래는 이 '통치성'의 고전적 사례. 이 거래는 1930년대의 위기와 투쟁, 즉 러시아 혁명 이후 세계 전역의 혁명적 소요들에 의거한 오랜 제도적 과정의 결과로서, 케인스주의 정책의 핵심이 되었을 뿐 아니라 전후 케인스주의 모델의 감춰진 매개변수의 전제가 되었다. 여기서 국가는 가격과 임금을 확립하는 법을 시행한 것이 아니라(비상 상황에 국가가 이것을 시도했지만 대부분 실패했다) 노조와 자본이 전체 틀 내에서 협상하는 제도적 맥락과 지침을 조성했다. 다시 말해서 케인스주의의 경우 '사회적 안

공적으로 통치할 수 있다."는 뜻이다(같은 책 : 206 [같은 책 : 139]). 다른 한편 "국가가 잘 운영되면 가장이 가족·재산·영지를 돌보는 법을 알게 되고, 개인들도 결국 바른길로 간다는 의미에서 하향적 연속성도 있다. 국가의 올바른 통치와 동일한 원리가 개인의 품행이나 가정의 운영에까지 영향을 끼치는 이 하강의 선은 당대에 '내치'(police)라 불리기 시작한다. 군주의 교육학적 형성 과정은 여러 통치형태의 상향적 연속성을, 내치는 하향적 연속성을 지탱한다. 이러한 연속성의 핵심 요소는 "경제"라 불렸던 가족의 통치다"(같은 책 : 207 [같은 책 : 140]). 여기서 가족의 역할은 느슨하게 이해해야 한다. 중요한 것은 예증의 단위다. 신자유주의에서 이 단위는 기업이었다.

11. 오늘날 네트워크는 사람들 및 자원들이라는 상호 연결된 마디들의 집합들로, 뿐만 아니라 그것들의 연결, 관계로 이해된다. Castells 2000 [2003]을 보라.

정'은 '정부'가 '조력자'로 있고 계급투쟁이 전 지구적 무대의 집행자로 있는 생산과정의 산물로 여겨졌다. 케인스주의를 다루는 문헌[12]을 거론하고 있지만 이후 내가 다루고 싶은 것은 통치성의 현대적 형태, 즉 신자유주의적 협치다.

신자유주의적 협치

오늘날 '협치'는 통치성의 신자유주의적 전략에 붙여진 이름이다. 케인스주의적 형태의 경우와 마찬가지로 협치도 점점 '사회적 안정'의 문제로 나타나는 위기에서 출현한다. 이 위기는 축적의 파열을 향한 경향을 현실화하는 위기, 즉 M-C-M′ 순환 내에서 자본의 팽창에 필요한 흐름의 속도를 유지하고 증가시키는 것의 중단, 감속, 또는 거부를 향한 경향을 현실화하는 위기다. 신자유주의적 협치는 점점 통합되는 세계에서 자본주의적 우선순위의 요건을 따라, 충돌하는 가치 실천들을 관리하려는 시도로서 출현한다. 사회적 갈등과 재생산 위기가 증대하면서 신자유주의와 자본이 특히 긴박한 축적 문제에 전반적으로 직면할 때, 신자유주의적 협치는 신자유주의적 담론의 특정 단계에서 그 담론의 중심 요소다. 사회적 신체 전체에 진정한 공통 가치로 정상화된 시장 가치에 기반을 둔 '권력의 연속성'을 확립하여 시장의 훈육 역할을 전달하고자 함으로써 협치는 자본을 위해 이 축적 문제를 해결하는 과제를 떠맡는다. 이와 같이 협치는 수많은 사회·환경 문제를 다루는 많은 방식들에 이 [시장] 가치를 심으려고 한다. 따라서 협치는 이 시장 정상화에 기초하여 삶과 우리의 종의 재생산에 사회의

---

12. 광범위한 문헌 중에서 Cleaver 1979 [2018], De Angelis 2000a, Midnight Notes Collective 1992, Negri 1968 [2005]을 보라.

활발한 참여를 촉진한다. 그것은 시장의 가치와 담론의 공유를 기반으로 하는 참여에 달려 있다. 이 논리에 따르면 투쟁이 제기하는 모든 문제는 그 문제를 다루는 방식이 시장을 경유하는 조건 아래에서 다룰 수 있다. 예를 들어 환경 파괴는 오염권의 판매로 처리할 수 있고 빈곤이라는 인간의 재앙은 소액대출과 수출 진흥으로 처리할 수 있다.

지난 사반세기는 신자유주의적 정책이 출현하고 심화되며 그 위기가 시작된 시기다. 협치 담론은 대략 세 단계로 이루어진 이 역학에 자리한다. 1970년대 말과 1980년대 중반 사이 신자유주의적 전략의 출현에 해당하는 첫 번째 단계는 북뿐 아니라 남에서 강력한 '친시장' 정책이란 특징을 지녔다. 북에서 이 정책은 강력한 재구조화 과정을 의미했으며, 대개 반노조법, 반임금/인플레이션 정책, 사회적 지출의 삭감, 기업 지원의 확대를 수반했다. 다른 한편 남에서는 동일한 과정이 진행되었지만 이 시기에 시작하고 심화된 부채 위기를 관리하는 형태를 취했다. 그에 따라 우리는 구조조정 정책, 식품 보조금의 삭감 그리고 자본의 가치 실천의 관점에서 '불필요한' 다른 공공 예산 지출의 삭감을 경험한다. 이 시기에 우리는 남South에서 대규모 사회 운동의 시작도 목격한다. 이것은 두 번째 단계에서 많은 정부에게 심각한 문제가 되었다.

두 번째 단계, 대략 1980년대 중반과 1990년대 중반 사이 신자유주의 정책은 "워싱턴 컨센서스"(Williamson 1990 ; 2000)라고 불렸던 것으로 심화된다. 오늘날 친숙하게 된 그 요소들은 많은 국가 정책과 국제 합의를 구체화했다.[13] 워싱턴 컨센서스는 거칠고 대개는 조야한

---

13. 이것은 재정 규율(예산 제한을 위한 엄격한 기준), 공공 지출 우선순위(보조금을 줄이고 "높은 경제적 이익을 가진 방치된 분야"에 [우선] 집행), 조세 개혁(과세 표준 확대와 한계 세율 삭감), 금융 자유화(이자율은 이상적으로 시장에서 결정), 환율(종래와는 다른

이데올로기 전투에 의해 초기에 시행되었던 정책들에 더 많은 일관성을 제공한다(1단계는 결국 대처와 레이건의 시대였다). 그러나 그 시행은 커져 가는 문제와 저항에 부딪힌다.

이 심화의 맥락에서 IMF와 세계은행 그리고 정부 기관들의 요약 보고서는 "좋은 협치"를 언급하기 시작했고, 이것은 국가 정부의 특정 체계가 채택해야 하는 것으로 이해되었다. 궁극적으로 "좋은 협치"란 워싱턴 컨센서스의 조항들을 촉진하여 되돌릴 수 없게 만드는 방식으로 정부 기구들을 구성하는 것을 뜻했다. 그와 동시에 이 시기의 중대한 양상은 이른바 "시민사회 조직"이 공적 무대에 출현한 것이다. 이것은 이른바 "전환 경제"에서도 오늘날 확산되고 있는 제3세계 사회 불안의 가속화와 함께 일어났다. 이후 시애틀에서 뚜렷하게 드러난 것의 진정한 기원인 그 현상은 널리 퍼지게 되었다. 그에 따라 학자들은 투쟁에 주목하기 시작했고(Walton and Seddon 1994), 부채의 불합리함에 대해 북의 대중과 정부를 "설득하려고" 시도하는 일부 활동가들은 만일 부채 위기가 해결되지 않는다면 그 대가로서 더 많은 "IMF 봉기"나 "식량 봉기" 그리고 일반적으로는 사회적 불안의 망령을 퍼뜨릴 공산이 크다(George 1988).

이 두 번째 단계를 조금 자세히 서술할 필요가 있다. 현대의 협치 담론이 출현하는 맥락이 이 단계에서 발전하기 때문이다. 워싱턴 컨센서스의 정책을 세 가지 규범적 처방으로 독해하면서 살펴보는 것이 좋다(Chandhoke 2002:43). 첫째, 북뿐 아니라 전 지구적 남에서 국가는

수출의 급속한 성장을 유도하기 위해 환율 관리), 무역 자유화(쿼터 대신 관세를 사용하되, 관세를 [점진적으로] 삭감), 외국인 직접 투자(장벽 철폐, 국내 기업과 "평등"[한 지위]), 국영 기업의 사유화, 탈규제(시장 진입을 신규 기업으로 제한함으로써 경쟁을 제한하는 규제 폐지), 소유권(과도한 비용 없이 비공식 부문에 대한 권리 보장)을 포함한다(Williamson 1990).

사회적 영역에서 철수해야 한다. 둘째, 삶과 사회적 재생산의 모든 영역에 대한 접근이 시장에 개방되어야 하고 이에 따라 시장은 모든 제약으로부터 자유로워야 한다. 셋째, 사람들은 국가에 의존하지 않고 자신의 사회경제적 재생산을 조직해야 한다.

이 규범적 처방의 삼위일체는 북뿐 아니라 특히 남에서 종종 사회적 저항에 부딪혔다. 신자유주의 정책의 시행은 또한 새로운 사회적·정치적 행위자들을 위한 공간을 열었던 사회적 재생산에 진공 상태를 만들었다. 종획, 사회 복지의 삭감, 기업 지원의 증대로 이루어진 신자유주의 정책들은 국가 내에서뿐 아니라 국가들 사이에서 소득과 부의 양극화를 엄청나게 심화시켰다. 이것은 권리의 축소와 더불어 살림살이와 공동체의 재생산 가능성에 파괴적인 영향을 끼쳤다. 신자유주의적 해결책은 물론 사회적 재생산의 필요를 제공함에 있어 시장이 국가를 대신할 수 있다는 신념에 근거하고 있었다. 지구적인 보건 상태와 식량·물·공공 서비스 접근에 관한 참혹한 통계가 보여 주듯이 – 이 중 일부는 2장에서 논의했다 – 우리는 이것이 실제로는 그렇지 않았다는 것을 안다. 시장이 사람들의 재생산 필요를 제공할 수 없었던 탓에 소위 '제3섹터'가 엄청나게 커졌다. 그것은 지역적·국가적·횡국가적·국제적 관련성을 지닌, 다양하고 이질적인 '시민사회 조직들'CSOs 또는 비정부기구들NGOs의 성좌다. 예를 들어 후자는 지난 20년간 약 400% 증가했다(Anheier and Themudo 2002 : 195 [2004]).

언급한 것처럼 비정부기구들의 성좌는 물론 매우 이질적이다. 그 기구들은 지역적·국가적·횡국가적인 활동 범위뿐 아니라, 네트워크적 혹은 위계적인 조직 형태, 옹호advocacy와 캠페인, 교육, 동원, 기본적인 필요의 충족, 비상사태에 대한 개입 등의 목적 그리고 정치 과정에 대한 일반적인 태도도 서로 다르다. 이것이 뜻하는 바는 몇몇 사례에서 이 비정부기구들 중 다수가 상대편에 있는 국가 및 기업과 경제 담론의 전제를 위험하게도 공유하지만,[14] 어떤 기구들은 심지어 신자유주의적 국가와 기업의 가치와 의제를 의식적으로 그리고 적극적으로 촉진하지만,[15] 다른 많은 경우에 그 기구들은 자본에 맞서 자신을 재생산하기 위해 분투하는 사회적 신체의 조직적 표현이라는 것이다.[16]

이것의 주된 이유는 최근 그 기구들의 성장이 '지구화된' 시장을 심화시킨 바로 그 과정을 통해 일어났기 때문이다. 따라서 이 조직들 대다수의 [활동] 근거 ― 우리는 이것이 다양하고 이질적이라는 것을 기억해야 한다 ― 는 사회적 재생산의 필요에서의 진공 상태, 즉 신자유주의 정책에 따른 국가의 재구조화가 만들어 낸 진공 상태를 채우는 것이

14. 예를 들어 2002년 5월 영국의 비정부기구 옥스팜(Oxfam)은 제3세계 국가의 빈곤에 대처하기 위해 수출 촉진을 옹호하는 보고서를 발간했다(Oxfam 2002). 그 입장은 너무나 위험하게도 세계무역기구(WTO)의 수사에 근접한 것으로 여겨졌고 그에 따라 비정부기구와 시민사회 조직들 내부에서 격렬한 논쟁을 낳았다. 많은 이들 중에서도 콜린 하인즈, 반다나 시바, 월터 벨료가 그 논쟁에 참여했다. Oxfam 2002에 기록된 논쟁뿐 아니라 http://www.theecologist.org를 보라.

15. 예를 들어 미국기업연구소(American Enterprise Institute)를 보라. 이 연구소는 워싱턴에서 가장 영향력 있는 싱크탱크이며, 이사회를 통해 부시 행정부와 그리고 모토로라, 아메리칸 익스프레스, 엑손모빌 같은 대기업과 밀접한 관계를 유지하고 있다. 2003년 6월 11일, 그 자신이 하나의 비정부기구인 이 연구소는, 비정부기구들이 일반적으로 기업 활동을 감시하듯이 비정부기구들의 활동을 감시한다는 목적을 가지고 "비정부기구 감시"(NGO Watch)를 시작했다. "사실상 그것은 매카시즘적 블랙리스트다. 부시 행정부에 감히 반대 목소리를 내거나 백악관이 반대하는 국제 조약을 지지하는 모든 비정부기구에 대해 좋지 않은 소문을 퍼뜨린다"(Naomi Klein 2003a).

16. 그러나 이것은 제한적이다. 풀뿌리 공동체에서 출현하여 공동체의 지역 사업 참여에 촉매 작용을 하는 비정부기구와 자신의 행위 양식과 우선 사항을 지역에 이식하는 국제 비정부기구는 크게 다르다. 여러 비정부기구 노동자들이 나에게 알려준 것처럼 국제 비정부기구들은 대개 전 지구적 남의 빈곤 지역에 찾아간다. 그 기구들은 재원이 풍부하기 때문에 지역 비정부기구들보다 경쟁력을 갖추고 있다. 이로 인해 지역 공동체는 식량, 의료, 교육 그리고 엔지니어링 서비스의 공급과 전달이 가장 필요할 때 사라지는 위험에 노출된다. 즉 "안보 위기"가 지역에 영향을 미치자마자 국제 비정부기구들은 짐을 싸서 돌아가 버리는 것이다.

었다. 자선이든, 중대한 쟁점에 대한 의식을 고취시키는 캠페인이든, 아니면 교육·보건의 재생산에 직접 개입하거나 교회 혹은 모스크 네트워크를 통해 복지 국가를 대신하든 시민사회 조직은 인간의 필요를 충족시키기 위해 공적 영역으로 진출해 왔다. 신자유주의자들이 보기에, 시장 식민화에 맞서 사회가 스스로를 방어하는 그러한 활동의 출현은 '사회적 자본'을 구축할 수 있는 기회로, 즉 자본 축적에 적합한 사회 결속 형태를 조성할 수 있는 기회로 여겨진다. 그러나 수백만의 풀뿌리 조직가들이 보기에 실상은 그 반대다. 자신들의 활동은 — 그들의 활동과 담론에 있을 수 있는 모든 모순과 회의와 결함 가운데서도 — 사회적 자본이 아니라 '사회적 연대'로, 즉 자본주의적 시장에 의한 삶의 식민화와 자본 축적에 한계를 설정하는 사회 결속 형태로 여겨진다. '시민사회'라는 기표에 속한다고 간주되는 두 가지 의미 간의 이러한 대조가 '협치'를 또 다른 투쟁의 지형으로 정의한다.

우리의 시대 구분에서 세 번째 단계(1990년대 중반부터 현재까지)는 바로 이러한 점을 반영한다. 이 단계에서 우리는 세계의 주요 경제·비경제 기관들이 협치 문제를 다루고 있음을 목격한다. 포스트 워싱턴 컨센서스가 개발되어야 하는지,[17] 시민사회와 비즈니스를 어떻게 조합해야 하는지, 기업 협치는 어떻게 '시민사회'에 중요한 쟁점을 포함해야 하는지, 다른 한편으로 '시민사회'는 어떻게 비즈니스의 필요를 충족시켜야 하는지 다루는 것이다. 그와 동시에 전 지구적인 사회 운동은 자신의 세력을 세계의 현장과 거리에서 드러낼 뿐 아니라 재구성recomposition의 과정 속에 있다. 이 과정은 여전히 정해져 있지 않지만, 이라크 전쟁과 그에 따른 '시민 자유' 공격의 결과로 인한 좌절에도 불

---

17. 예를 들어 Martin 2000을 보라.

구하고 담론과 가치 실천들의 맞물림과 순환 속에서 여전히 진행 중이다. 이 시기의 운동은 더 이상 IMF나 세계은행 또는 신자유주의 경제 정책에 맞서는 별개의 고립된 일련의 저항들이 아니라, 서로 다른 운동들의 맞물림, 즉 정치적·사회적 주체성들이 뒤섞이면서 출현하는 새로운 복합적composite 정체성들의 창출이다. 1999년 시애틀에서 학생과 노동자, 환경운동가와 게이와 레즈비언, 제3세계 농부와 아나키스트, 코뮤니스트와 녹색당원들은 고도로 생산적이고 창조적인 무리swarm 속에서 가교를 놓았다. 전 지구적인 대중 매체가 여기서 보았던 것은 적어도 1990년대 중반부터 진행되어 왔던 과정의 빙산의 일각에 불과했다.[18]

협치와 '군주'

푸코의 용어로 풀이하면, 협치란 협치로 불리는 하나의 연속체에 '파트너'가 되도록 조장되는 상이한 행위자들(정부, 시민사회, 비즈니스 기관)로 이루어진 – "권력들 간 연속성" – 네트워크와 흐름 들의 관리 – "사물의 배치" – 로 정의할 수 있다.

문제는 푸코가 주권의 문제와 통치성의 문제가 서로 다른 시대에 속한다고 믿는 것처럼 보인다는 데 있다.[19] 즉 주권의 시대와 통치성의

---

18. 1990년대 초 나프타(NAFTA) 반대 캠페인을 언급할 가치가 있을 것 같다. 이것은 국경과 쟁점을 넘나드는 조직화와 정체성들의 맞물림이 근래 들어 처음으로 북에서 일어난 실험이다. 몇 년 뒤 1996년 사빠띠스따가 〈대륙 간 회의〉(Encuentro)를 진행하는 동안 다양한 참여자들은 처음으로 다른 유형의 정치를 언뜻 경험했다. 이 회의에서 다양한 언어와 정치적 배경을 지닌 아나키스트, 페미니스트, 코뮤니스트, 농부, 노동자, 원주민 그리고 학자들은 차이를 통한 게토화가 아니라 차이에 기반하는 법을 배우기 시작했다. 2000년 포르투알레그리에서 시작한 세계사회포럼이라는 좀 더 최근의 경험은 세계의 정치 순환을 통해 퍼져 간 그 경험의 직접적인 결과다.

19. 우리가 4장과 5장에서 본 것처럼, 실비아 페데리치(Federici 2004 [2011])는 자본주의로

시대 사이에 일종의 역사적 단절이 있다는 것이다. 나는 위기의 순간에 자본이 어떻게 이 두 형태를 절합하고자 하는지, 즉 억압하고 지배하고 통제하는 권력이, 합의를 도출하고 사회에서 권력들의 연속성을 확립하는 권력과 어떻게 절합되는지를 밝히는 것이 과제라고 생각한다.[20] 실제로 '군주의 지배', 즉 주권과 통치성으로서의 협치의 관계는 '군주'의 정책을 시행하기 위한 두 번째 시도를 표현하는 것이라고 해도 무방할 것이다.

"이행"하는 동안 "신체의 종획"이라는 잔혹한 전략이 유럽의 생명정치적 전략의 출현에서 얼마나 핵심적인 요소였는지 보여 준다.

20. 명확하게 말하면 협치의 의미를 이해하는 또 다른 유용한 방법은 다양한 기준을 이용하여 좀 더 직관적인 정책의 개념과 협치를 대조하는 것이다. 두 사례에는 모두 일종의 통치 행위가 있다. 이것은 이 장 끝에서 다루는 유엔글로벌콤팩트(United Nations 2000a ; United Nations 2000b)가 제안하는 "기업 협치"의 경우에도 사실이다. 여기서 통치는 인권, 노동·환경 관련 쟁점 등 같은 중요 분야의 규제를 중단함으로써 작동한다. 그러나 그 목적과 원리의 측면에서 보면 정책의 경우 명확하게 정의된 목표와 명확하게 정의된 수단을 갖는 통치 행위 유형이 존재한다. 예를 들어 재정 및 통화 정책의 경우 고용 성장이나 특정 수준의 인플레이션 목표 같은 특정 목표를 달성하기 위해 사용하는 정책 도구들(이자율, 세율, 정부 지출 또는 통화 유통량으로 이루어진 '수단들')이 있다. 다른 한편 협치의 목적과 원리는 그다지 명백하거나 '직선적'이지 않다. 협치의 주요 문제계는 상충하는 이해관계들의 조정과 절합이지, 그 과정 자체의 외부에 있는 목표의 성취가 아니다. 이처럼 정책에서 강조하는 것은 인과관계와 그에 상응하는 전달 메커니즘이다. "어떤 목적이 중요한가?", "우리는 어떻게 이 목표에 도달할 수 있는가?"와 같은 질문이 정책의 이면에 있다. 다른 이론적·정책적 접근과 패러다임은 다른 인과관계를 발견함으로써 이 다른 질문들을 밝히는 데 이바지한다. 반대로 협치의 경우 상충하는 이해관계들의 그 절합이 발생하는 조직 원리를 강조한다.

또 다른 중요한 차이는 정부 기관의 역할이다. 정책의 경우 정부 기관의 역할은 고안하고 시행하는 것이다. 반면 협치의 경우 그 역할은 조성하고 어느 정도는 준수를 강제하는 것이지만 일반적으로 틀을 정하고 협치 행위에 연루된 행위자들을 선별하는 과정을 정의하는 데 기여하는 것이다. 이 두 가지 통치 행위의 또 다른 중요한 차이는 비정부 행위자의 역할이다. 정책의 경우 비정부 행위자의 역할은 위에서부터 주어지는 규범을 따르는 것이다. 협치의 경우 그 역할은 규칙을 정의하는 일에 참여하는 것이다. 이것이 규칙에 관한 게임인지, 규칙 아래에 있는 게임인지에 따라 어느 정도 제한이 있다(Stoker 1998). 시간상의 발생은 또 다른 중요한 차이이다. 정책은 구체적인 사건인 반면 협치는 연속적인 과정이다.

지난 15년간 협치의 적용으로 간주되는 쟁점은 무수히 많다. 예를 들어 유전자 조작 식품의 경우 레비도(Levidow 2003)는 1990년대 중반 유럽연합은 미국과 유사하게 관대한 위험 평가 기준을 통해 안전 인정을 승인하고 있었지만 곧 대규모 저항이 그 틀을 허물어뜨렸음을 보여 주었다. 유럽연합과 국가 기관들은 이에 대응하여 시민사회와의 협치 과정에, 심지어는 대서양을 횡단하는 규모로 참여했다. 그 결과는 여전히 모호하고 명확하지 않지만 담론적 매개변수에는 좀 더 엄격한 기준이 공신력과 정당성의 문제를 해결하는 수단으로 등장한다.

유엔글로벌콤팩트UN global compact는 환경과 노동과 인권 문제에 대한 9가지 원칙을 나열한다. 이것은 광범위한 스펙트럼을 포괄하는데, 사회적·환경적·생물다양성 관리, (지역, 지방, 그리고 전 지구적인) 모든 집합 단계에서 출현하는 환경 문제의 관리, 인권 진흥, 노동권·아동 노동·강제 노동, 국제 금융 관리를 포함한다.

언급할 가치가 있는 또 다른 적용 영역은 전쟁의 생산과 신자유주의적 평화의 관리다(Duffield 2001). 여기서 전쟁은 전쟁 현장에 있는 군대의 산물일 뿐 아니라, 행위자들, 즉 군대, 언론, 비정부기구, 자선단체들로 이루어진 다양한 네트워크의 공동 조절이다. 이 행위자들은 보통 상이한 이해관계와 목적을 갖지만, 그들이 하나의 전체로 조직되는 방식이 그들의 선택을 제약한다. 이 행위자들이 절합되는 방식, 즉 협치는 그들이 모두 "자신의 임무를 수행한다."고 주장할 수 있도록 만든다. 그들을 더 광범한 메커니즘에 기능적으로 통합하는 규칙은 의심하지도 못한 채 말이다.

또 어떤 이들은 협치 네트워크의 사례로 한때는 국민 정부의 책임이었던 규제 기능을 지적한다. 예를 들어 "더러운 돈"에 대한 치안은 국가들을 가로지르며 진행된다. 여기서 은행원들의 국제 네트워크는 형사 처벌의 위협 아래에서 국경을 가로지르며 서로의 활동과 기준을 감독한다(Wiener 2001 : 456).

협치의 필요는 전 지구적 금융 체제의 사례에서도 제기된다. 책임과 '투명성'을 촉진하는 금융 거래의 감시자로서, 복잡한 금융 문제에 대한 공중의 교육자로서 자신의 역할을 수행하는 '긍정적인' 기능을 갖고 있다고 이야기되는 시민사회 조직과 더불어서 말이다. 결정적으로 금융 협치에서 '시민사회'의 역할은 신자유주의적인 국제경제기구의 정당성과 사회 결속[21]을 증진시키는 것이라고 이야기된다.[22]

마지막으로 1990년대의 대규모 시위들 이후 협치 논의는 논란이 많은 개발 프로젝트 – 대개 도로, 댐 같은 기반시설 – 의 설계와 시행에서 이제 필수 항목이다. 신자유주의 프로젝트는 대규모 기반시설 프로젝트에, 특히 상이한 지역들의 생산성과 경쟁력을 높이기 위해 정보나 상품의 유통 속도를 촉진하는 프로젝트(도로, 철도, 공항)에 집중된다. 그 프로젝트들은 환경 [문제]나 공동체 추방 등의 이유로 지역적·횡지

---

21. "시민사회는 자신의 다양한 긍정적인 영향력을 통해 사회 결속을 증진시킨다. 공공 교육, 이해관계자의 목소리, 정책 논쟁, 투명하고 책임을 지닌 협치 그리고 물질적 안녕에 대한 기여는 모두 독단적인 사회적 위계와 배제에 대항하는 데 이바지할 수 있다. 그렇지 않았다면 전 지구적 금융이 그러한 위계와 배제를 조장했을지도 모른다. 결과적으로 전 지구적 금융은 사회 갈등에는 덜 기여하고 사회 통합에는 더 기여하게 될 것이다"(Scholte and Schnabel 2002 : 25). [원 각주에는 "사회 통합" 뒤에 "경계와 감시"(vigilance and monitoring)라는 단어가 추가되어 있다. 그러나 Scholte와 Schnabel이 쓴 원문에는 해당 단어가 없으며 맥락과도 맞지 않으므로 원문에 준해 옮긴다. – 옮긴이]

22. "[IMF와 세계]은행은 '소유권' 정책 문제에 최근 주목함으로써 이 일반 원칙을 인정했다. 시민사회는 전 지구적 금융의 특정한 규칙과 제도가 그들의 행동을 지도한다는 – 필요하면 제한한다는 – 것을 시민들이 확인할 수 있는 수단을 제공할 수 있다. 마찬가지로 시민사회는 기존의 협치 방식이 부조리하다고 여겨질 때 불만을 표출하고 변화를 추구하기 위한 공간도 제공할 수 있다"(Scholte and Schnabel 2002 : 26). [원 각주에는 인용 쪽수가 25로 잘못 표기되어 있다. – 옮긴이]

역적 저항과 종종 마주친다. 협치 담론이 그 논란에 주는 답은 정책은 어쨌든 계속 진행된다는 것, 하지만 그 정책의 시행 방법을 협의하는 과정을 통해 서로 다른 견해들이 "회의 테이블 위에 오른다."는 것이다.

협치 담론과 권력들의 연속성 : 공통장으로서 훈육 시장

　푸코가 언급한 "권력들의 연속성"이 확립되고, 신자유주의적 협치의 측면에서 "파트너"가 될 것을 촉구받는 다양한 행위자들(정부, 시민사회, 비즈니스 기관)로 구성된 네트워크 및 흐름의 관리가 가능하게 되는 것은 공통 담론의 형성을 통해서다. 그 담론은 자본의 가치 실천들과 다른 가치 실천들의 결합(훈육 시장의 수용)에 기초한다.

　이 담론의 토대에는 아래와 같은 네 가지 기둥이 갖추어져 있는 것 같다.

　1. 자기규제와 공동규제
　2. 사회적 행위자들 간의 파트너십
　3. 선별의 원리
　4. 폴라니의 전도^{轉倒}

자기규제와 공동규제

　통치성처럼 협치도 자기규제적인 것으로 여겨진다. 예를 들어 유엔 글로벌콤팩트, 즉 기업과 NGO가 동의할 것을 촉구받는 환경과 인권과 노동 기준에 대한 원칙들의 목록은 [다음과 같이] 서술한다.

글로벌콤팩트는 규제 기구가 아니다 ― 기업의 행위나 행동을 '치안'하거나 강요하거나 평가하지 않는다. 오히려 글로벌콤팩트는 글로벌콤팩트의 기초를 이루는 원칙들을 추구하면서 실질적인 행동을 시작하고 공유하는 기업과 노동과 시민사회의 공적 책임과 투명성, 계몽된 자기 이익에 의지한다(United Nations 2000a).

협치의 자발적 기반은 환경, 빈곤, 노동 조건 등과 같은 세계의 문제들의 대처에 무력하다는 이유로 크게 비판받아왔다(Richter 2002). 석유 산업이 추가 탐사를 중단하고 대신 재생가능한 에너지원에 투자하도록 강제하는 것과 석유 산업이 '지속가능성'의 원리를 받아들이고 '시민사회'와 함께 행동하도록 요청하는 것은 전혀 다른 일이다. 그러나 협치 과정에의 자발적인 참여가 이러한 영역들에서 나타나는 무력함의 유일한 이유는 아니다. 만일 오염원을 배출하는 기업이 자발적으로 지속가능성 원칙에 동의한다면 그 기업은 자신의 활동을 시민사회 조직의 철저한 감시 아래 둠으로써 스스로를 구원하는 '올바른 방향'으로 움직이고 있음을 보여 주고 있는 것이다. 그 기업은 약속에 대해 책임을 져야 할 것이다. 그러나 이런 논리에서 책임을 지는 일은 특이하게도 언론 노출을 통해서만 이루어진다는 데 문제가 있다. 이것은 '전술'과 '전략'이 언론의 혹평을 상쇄하기 위해 언제나 활용될 수 있음을 뜻한다. 자발적 규제란 바로 상이한 목표들이 제기될 때 발생하는 모순을 해결할 여지를 제공하는 것, 좀 더 언론 친화적인 다양한 전술을 전개할 시간을 버는 것, 따라서 '권력들의 연속성'을 구성하는 데 이바지하는 것이다.

사회적 행위자들 간의 파트너십

협치라는 담론적 실천의 또 다른 중요한 기둥은 '파트너십'이라는 사고다. 유엔 기구들과 유엔글로벌콤팩트, 국가 정부, 전 지구적인 경제 기관들과 초국적 기업들TNCs이 다양한 방식으로 파트너십을 후원하고 촉진한다. 그것의 원리는 파트너십에 참여하는 상이한 이해관계 집단들(가령 기업과 시민사회 조직)이 상호이익을 이끌어 내며 각각의 목표를 효율적으로 추구할 수 있는 방식으로 '권력들의 연속성'을 확립하는 것이다. 행동 강령을 작성하는 것에서부터 사회 감사와 지역의 특정한 소규모 프로젝트까지 그 적용 영역은 다양하다.

그러한 파트너십의 옹호는 물론 기존의 시장 메커니즘과 소유권의 짜임을 주어진 것으로 여기는 이데올로기적인 관점에서 움직인다. 그리고 예를 들어 하이테크 산업의 경우처럼 "사적 부문 기업들만이 향후 10년의 과제인 전 지구적 보건과 환경과 정보 문제를 다룰 수 있는 연구, 기술, 개발 능력을 제공할 수 있다."(Richter 2002)는 사실이 그러한 파트너십의 옹호를 정당화한다. 납세자들이 사적 연구와 이윤에 보조금을 지급하고 있다는 사실을 제쳐두면 실제로 그럴 수 있다. 그러나 불행히도 사기업들은 대개 가장 필요한 성과를 제공하기보다는 좋은 금융 수익을 내는 연구에 참여한다.[23]

그러나 여기서 핵심적인 문제는 '파트너십'이라는 사고가 상충하는 행위자들을 공통의 담론적 지반으로 몰아넣는다는 점이다(Duffield 2001). 이러한 이유로 비평가들은 시민사회 조직들이 초국적 기업을

---

23. 예를 들어 매년 1천 1백만 명이 넘는 어린아이들이 죽는다. 발전도상국에서 분만 시 사망할 위험은 48명 중 1명이다. 인간면역결핍바이러스/에이즈, 말라리아 그리고 다른 질병이 만연해 있다. 그러나 "1975년부터 1996년 사이 1,223가지의 신약이 개발되었지만 주요 열대성 질환에 시달리는 빈곤한 사람들을 치료할 목적으로 개발된 약은 13가지에 불과했다. 1998년 거대 제약 회사의 연구에 할당된 미화 700억 달러의 총예산 중 에이즈 백신 연구에 할당된 액수는 3억 달러(0.43%), 말라리아 의약품 연구에 할당된 액수는 1억 달러(0.14%)에 불과했다." 대신 막대한 연구자금은 "화장품, 비만 그리고 다른 '무익한' 약품 연구에 할당되었다"(Nugroho 2002). 시장 가치와 이윤이라는 우선 사항에 기초한 '파트너십'은 분명히 이러한 경향을 바꾸려고 하지 않을 것이다.

상대해야 할 때 사용할 수 있는 대안적 어휘를 제안한다.[24] 그러므로 '파트너십'이라는 신자유주의적 사고는 상이한 행위자들의 목적이 서로 배타적이지 않다는 믿음을 함축하고 있다. 즉 그것은 우리가 이 책에서 전선이라고 부르는 것을 흐릿하게 만들어 버린다. 그 결과 파트너십이라는 사고는 가치들에 대한 논쟁을 종결시킨다. 가치들에 대한 논쟁을 종결함으로써 파트너십은 '역사의 종말'이라는 관점을 내면화해 왔다. 따라서 우리가 염려하는 주요 쟁점들(빈곤, 환경, 살림살이 등)을 다룰 수 있는 유일한 방안은 대기업과의 파트너십에, 즉 그 기업의 목적·열망·'타자'와 관계 맺고 행위 하는 방식에 자발적으로 참여하는 것뿐이라고 이야기된다. 그러나 그렇게 함으로써 우리는 이윤의 주도 아래에서 타자와 관계 맺는 방식이, 자본 외부에 있는 가치 실천들의 관점에서 보면 정말로 문제적이라는 사실은 무시한다. 자본은 사실상 '인간 타자'와 '자연 타자'를 '자원'이나 '경쟁자'로 구축한다. 그렇지 않은 경우 타자는 '비가시적'인 것에 지나지 않는다.

파트너십 과정이 일단 만들어지자, 그것은 파트너십이 확립되는 공

---

24. 예를 들어 Richter 2002는 다음과 같이 제안한다. " '대화'라는 단어 대신 회의, 회담, 토의, 논의, 협상 같은 단어가 좀 더 정확할 것이다. 다른 용어를 사용하는 것은 산업 관계자와 다른 관계자의 소통이 동등한 파트너들 사이에서 이루어지는 자유롭고 열린 의견 교환을 지향한다는 인상에 제한을 가할 것이다. 다음의 용어를 사용할 수 있다.
· 기업 후원 또는 기업 펀딩(현금과 현물 기부의 경우)
· 입찰(예를 들어 의약품처럼 산업적인 방식으로 제조된 생산품의 가격을 낮추기 위한 협상의 경우)
· 아웃소싱 또는 도급(상수도와 보건 같은 공공 서비스를 영리 기업에 맡기는 경우)
· 협력(보통 공공 보조금이 지급되는 신약 및 백신 연구와 같은 경우)
· 협의(예를 들어 산업 생산물이나 산업 활동에 영향을 미치는 과학적 표준[을 정하는 경우])
· 공동규제(기업 운영을 제어하는 상호 합의한 협정의 경우)
· 인사 파견(기업이 유엔이나 세계은행 같은 국제기구에 직원을 배치하고 보수를 지급하는 경우)."

통 지형을 재생산했다. 파트너십이 구축되는 '역사의 종말'이라는 관점의 고착화는 상이한 행위자들이 상호 간에 용인된 파트너십 방식 ─ 즉 시장 규범을 모든 문제의 해결책을 위한 지형으로 받아들이는 것 ─ 내부에 전략적으로 자리 잡는 과정을 통해 일어난다. 파트너십 메커니즘은 기본 전제를 공유하는 상이한 행위자들에 기초하기 때문에 ─ 파트너들은 모두 그들이 구축한 공통 담론의 '이해당사자들'인 한에서 파트너다 ─ 상호 견제의 과정에서 출현하는 모든 것은 결국 그 공통 전제로부터의 일탈이라는 측면에서 평가되며, 다시 그 공통 전제로 되돌려질 것이다. 기업 대표들은 그들의 핵심 ─ 이윤과 성장 ─ 에 초점을 맞출 것이며, 파트너십을 맺고 있는 '시민사회' 대표들과 관련된 (노동, 빈곤, 환경 등의) 쟁점은 그 핵심을 희생하지 않는 선에서 다루어야 한다고 주장할 것이다.

따라서 우리는 시장 규범/우선성의 확산과 교화敎化의 과정을 겪고 있다. 이 과정은 사회적 장을 통해서, 훈육 시장과 종획이 계속 재생산하는 '참혹한 통계'를 다루는 데 이 규범을 적용할 수 있다는 환상을 통해서, 이 규범의 자연화를 통해서, 자본의 코나투스라는 족쇄에 대한 비판의 억제를 통해서 일어난다. 이처럼 신자유주의적 협치는 그러한 규범의 사회적 생산과 가치에 문제제기하는 공간을 제한하려고 한다. 논쟁과 논란이 삶과 자연의 식민화로 향하는 자본주의적 시장의 더 큰 팽창을 위한 동력으로 바뀌는 것처럼, 신자유주의적 파트너십 담론 내부에서 기업이 비판의 가치를 수사적으로 받아들이는 일은 '사회적 책임을 지는' 이미지를 획득하여 기업이 홍보 점수를 딸 수 있는 기회로 바뀐다. 우리가 매 순간 듣는 것처럼, '사회적 책임'은 기업에 유익하다 ─ 하지만 아이들도 안다. 이윤을 위해 중요한 것은 기껏해야 기업이 '관심'을 가지고 있는 것처럼 보이는 것이라는 점을 말이다.

예를 들어 나이키의 웹사이트(www.nike.com, 2003년 6월 접속)는 나이키의 베트남 공장이 베트남의 최저 임금(월 34달러)보다 높은 액수를 지급하고 있다고 과시함으로써 비판자들을 울타리로 막는다. 완벽히 합법적이고 완벽히 도덕적이며 훌륭하기까지 하다. 나이키는 최저 임금보다 높은 [급여를] 지급함으로써 자신의 명성을 되찾을 수 있다. 정부가 최저 임금을 준-기아 수준으로 도입하는 국가에 투자하는 것은 기업에 득이 된다. 마찬가지로 쉘[25]은 남아프리카 공화국의 더반에서 환경 규제를 준수하고 있다고 주장할 수 있다. 그러나 사우스 더반의 학교에 다니는 아이들의 호흡기 발병[률]은 남아프리카 공화국의 다른 곳보다 네 배 높으며, 더반에 있는 쉘 정제 공장과 덴마크 프레데리카에 있는 공장의 대기 오염 수준과 오염사고는 큰 차이를 보인다(Friends of the Earth 2002). 파트너십이 인정하는 것은 인간 필요의 보편성이 아니라 시장 규범의 보편성이다. 그것은 공통장을 살림살이의 재생산을 위한 조건으로 인정하지 않으며, 훈육 시장을 살림살이들이 서로 대결하는 공통의 기반으로 상정한다. 훈육 시장은 그 규범으로부터의 일탈을 측정하고 감정하고 평가하며 다시 시장 기준으로 돌려보내는 척도가 된다. 그 과정에서 이 규범의 사회적 생산은 내면화되어 도전받지 않는 것으로 남는다.

이 자연의 담론적 공통 지반은 사회 정의, 사회 계약, 정당성, 권위 그리고 권력에 관한 정치 이론의 고전적인 질문을 지워버린다. 왜 우리는 이 논의를 중단했는가? 다른 가치들과 훈육 시장을 대결시키지 않는 것에는 어떤 의미가 있을까?

---

25. [옮긴이] Shell. 다국적 석유 및 가스 회사.

선별의 원리들

"파트너십과 참여가 공유된 규범적 기준 및 틀의 상호 인정을 뜻한다면" "합의 또는 외견상의 합의 수준은 그러한 규범적 틀 내부에 포함과 배제의 선을 확립한다"(Duffield 2001). 예를 들어 실제로 시민사회 조직이 파트너십 제안과 맞닥뜨릴 때 핵심적인 문제는 다음과 같다. 선별의 원리는 무엇인가? 파트너십 수립에 참여하는 행위자들/관계자들은 누구인가? 그들은 누구를 대변하는가? 그들은 "규칙이 있는 게임"을 하는 데 필요한 공통 지반을 수용할 것인가, 아니면 규칙에 관한 게임을 하려고 할 것인가(Stoker 1998)? 그리고 그들의 규칙이 만일 시장과 이윤의 규칙이 아니라면, 그들은 '극좌파', '일탈자', '테러리스트'라는 딱지를 받고 그에 따라 범죄자 취급을 받을 것인가? 규칙을 정하는 것이 게임의 일부라면, 참여자들은 그들의 — 시장을 넘어서 욕망하는 규칙을 정하기 위한 — 공간과 힘을 제한하는 (자원 접근에 대한 사회적 제약 같은) 외부 압력에 얼마나 노출되어 있는가?

'기업 협치'의 사례는 몇 가지 일반적인 선별 원리를 제공한다.

제1원리 : 재량. 당신이 비밀 유지 계약에 서명하면 '파트너'로 선택된다. 당신의 환경적 성과(또는 인권이나 노동권에 대한 기록)를 감독한 결과는 공개되지 않을 것이다.[26]

제2원리 : 기존 집단과 작업하는 대신 엄선한 집단을 수립.[27] 물론 기업이 적을 조직해서 '파트너'로 전환하는 오랜 기업적 전통이 있다. 예를 들면 새로운 노조를 만들어서 노동자들이 만든, 좀 더 관리하기 어려운 노조를 약화시키는 것이다.

---

26. 예를 들어 더반에 있는 쉘의 사례를 보라(Friends of the Earth 2002 : 7).
27. Friends of the Earth 2002 : 9를 보라.

제3원리 : 강제 선별. 전체주의 국가에서 지역의 공인 단체와 작업하는 것. 한 사례로 중국에서 쉘의 작업을 들 수 있다.[28] 유엔은 이 전술을 "유익하고 조용한 공모"로 정의한다(UN 2000a : 24).

제4원리 : 분할과 지배. 기존 집단을 비공개 규제 협의에 초대하여 공개 논쟁을 방해하는 것.[29]

폴라니의 전도

협치 담론의 또 다른 기둥은 '폴라니의 전도'라고 부를 수 있는 것이다. 칼 폴라니는 그의 영향력 있는 연구인 『거대한 전환』에서 사회로부터 분리되고 독립된 인간 행동 영역으로서의 '경제'라는 신보수주의적 개념과 자기규제적 시장이라는 신화에 중요한 비판을 제기한 제도경제학자였다(Polanyi 1944 [2009]). 그는 경제가 구별되는 영역으로 존재하기보다, 사회 속에 포함되어 있다고 주장했다. 협치 담론은 신보수주의 경제학에 대한 폴라니의 비판을 완전히 뒤집었다. 협치 담론의 기반은 사회와 환경을 경제에 포함시킬, 비즈니스 우선순위에 포함시킬 필요에 있기 때문이다. 예를 들어 사회와 환경을 경제와 비즈니스 우선순위에 포함시키는 것은 유엔이 지원하는 글로벌콤팩트 2000의 특징이다. "그 원리는, 기업 시민의식에 대한 약속은 전략적인 비즈니스 비전, 조직 문화 그리고 일상적 운영에 보편적인 원칙과 가치를 포함시킴으로써 조직 자체 내에서 시작되어야 한다는 것이다"(United Nations 2000b : 3, 강조는 인용자의 것).

왜 사회와 환경을 경제와 비즈니스 우선순위에 포함시켜야 할까?

---

28. 예를 들어 Friends of the Earth 2002 : 14를 보라.
29. 세계은행과의 단기 파트너십에 참여했던 한 비정부기구에서 일한 정보 제공자가 나에게 알려준 것처럼 말이다.

"책임감을 갖고 행동하라는 도덕적 명령의 증대는 훌륭한 인권 이력이 사업 실적 향상을 뒷받침할 수 있다는 인식과 관련이 있기"(United Nations 2000a : 18) 때문이다. 이처럼 인권, 환경 보호 그리고 '보편적 가치들'은 비즈니스에 좋은 것이다. 그러나 만약 그렇지 않다면? 그러면 우선 고려되는 가치 유형은 '보편적 가치'인가 주주 가치인가? 이것들은 자발적인 규약에 불과하므로 후자가 우선 고려된다면 우리는 어떻게 그 문제를 다루어야 하는가?

그러한 접근의 편파성은 글로벌콤팩트에 조인한 곳 중 하나인 셸의 웹사이트를 방문하면 알 수 있다. 오고니족을 탄압하고 1995년 인권 지도자 켄 사로-위와Ken Saro-Wiwa를 처형한 나이지리아 정권과 이 석유 회사와의 유착 의혹 관련 홍보가 실패를 거듭하자, 셸은 대규모 홍보 캠페인에 착수했고 지금은 시민사회와의 협력과 기업 협치라는 현안의 최전선에 있다. 1997년 셸은 "지속가능한 개발에 기여하기 위한 공개 약속"을 했다. 1998년 셸은 "미래를 위한 가치 창출과 책임에 응하기 위한 우리의 행동을 기록하는" 첫 번째 셸 보고서를 냈다. 자사 웹사이트에서(www.shell.com, 2003년 접속) 셸은 지속가능한 개발에 대한 [자사의] 약속을 떠벌린다. 그 개념은 "유엔의 원조를 받아 개발되었으며, 정부가 세계에서 가장 긴급한 문제 몇 가지를 해결하기 위한 하나의 방안이다." "기업이 홀로 지속가능한 미래를 만들 수는 없지"만, "중요한 역할을" 맡는다. 이처럼 그 약속이란 "사회의 일원인 우리[즉 셸]는 하나의 기업으로서뿐 아니라 에너지 공급자로서 우리의 역할을 하려고 한다."는 것이다. 2002년 그들은 또 다른 보고서를 냈다. 그 보고서에 따르면 "에너지 문제 해결"은 다른 시민사회 일원과의 협업 논의와 지속가능한 개발 프로젝트를 포함한다. 지속가능한 개발은 "우리 사업의 경제적·환경적·사회적 측면을 통합하여 금융 성과를 지속적으로 달성하고, 우리의 환경을 보호하며, 우리의 모든 주주에게 최고의 파트너이자 공급자라는 명성을 쌓아가는" 방법이 된다. 이런 의미에서 "지속가능한 개발은 환경적·사회적 관심만이 아니라 경제적 성과에 대한 것이다. 이러한 이유로 그것은 사업상 득이 된다." 여기서 포함과 권력들 간 연속성은 필수적이다. "현재 우리의 가장 큰 과제는 우리의 모든 사업 부문에서 일관성 있게 행동하고, 지속가능한 개발의 경제적·환경적·사회적 요소를 고립된 개별 요소로 다루기보다 서로 엮는 것이다."

그러나 쉘의 일곱 가지 지속가능한 개발 원칙을 열거하는 페이지가 [웹]브라우저에 뜨자마자, 제1원칙, 즉 "확고한 수익성 창출"을 주목하지 않을 수 없다. 모두 인용하면,

성공적인 금융 성과는 우리의 지속가능한 미래에 필수적이며 사회의 번영에 기여한다. 우리는 공인된 척도를 사용하여 수익성을 평가한다. 우리는 예를 들어 비용을 줄이고, 마진을 개선하며, 수입을 늘리고, 운전자본을 효율적으로 관리하여 확고한 수익성을 추구한다.

이어서 제2원칙, 즉 "고객에게 가치 제공"이 등장한다. 환경운동가에게 좀 더 친숙한 다른 모든 원칙들은 시장과 수익성의 지속가능성에 종속되어 있다.

따라서 한편으로는 ― '인권', '환경', '노동 기준' 같은 분야에서 ― 사회의 '가치들'을 인정하고 다른 한편으로는 그 가치들을 기업 자본의 경제적·사업적 우선순위에 종속시키는 이러한 폴라니의 전도가 하나의 홍보에 불과한 것은 아닌지 의심할 수 있다. 예를 들어 쉘은 재생가능에너지에 대한 연간 지출을 약 2억 달러로 예상한다. 이것은 그들

의 자본 지출의 1.7%에 해당한다. 그러나 그와 동시에 화석연료 탐사와 재생산에 대한 현재 연간 지출은 80억 달러다(Friends of the Earth 2002).

신자유주의적 협치와 역사의 시작

협치는 결코 신자유주의적 실천으로부터의 패러다임 변화를 재현하는 것이 아니며, 신자유주의와 자본이 매우 긴박한 축적 문제, 사회갈등의 증대 그리고 재생산 위기에 전반적으로 직면하는 특정 단계에서 출현한 신자유주의적 담론의 핵심 요소라는 것이 증명되었다. 협치는 진정한 보편적 가치로 정상화된 시장 가치를 기반으로 '권력들의 연속성'을 확립함으로써 시장의 훈육 역할을 매개하며, 이를 통해 자본이 겪는 이 문제들의 해결을 자신의 과제로 삼는다. 이처럼 협치는 사회·환경 문제들을 다루는 많은 방식 속에 이 [시장] 가치를 내포시키려고 한다. 따라서 그것은 이 시장 정상화를 토대로 이루어지는 우리의 종species과 삶의 재생산에 사회의 적극적인 참여를 촉진한다. 신자유주의 협치는 이렇게 재생산과 사회 정의를 위한 투쟁을 흡수하고자 하며, 궁극적으로는 사회적 안정이 위기를 맞이하는 순간에 '역사의 종말'이라는 관점을 조장한다.

신자유주의적 협치는 '사회적 흐름의 안정'이라는 문제를 다루는 하나의 방식이다. 본래의 신자유주의 기획에서 그랬듯이 이 사회적 흐름은 시장 메커니즘에 의해 체계적인 훈육 흐름으로 전환될 수 없다. 신자유주의 시기의 세 번째 단계에서 운동의 재구성recomposition 수준이 협치라는 과제를 매우 어렵게 만들었다고 믿을 만한 근거 또한 있다. 협치는 실행 초기부터 위기에 처해 있다. 기업 및 정부와 밀접한 물질적 또는 담론적 파트너십 관계를 유지하면서 동시에 사회 운동에 대한 지지를 소외시키지 않는, 따라서 자신의 정당성을 약화시키지 않을 수 있는 비정부기구는 거의 없다.

이 맥락에서 우리는 전쟁 – 그리고 특히 9·11 이후 출현하고 있는 영구 전쟁 패러다임 – 역시 신자유주의적 협치의 기획을 밀고 나갈 기회로 볼 수 있는지 물을 수 있다. 영구적인 '테러와의 전쟁'이 야기한 사회운동 범죄화와 만연하는 애국심의 고조를 동반한, 최근 미국 행정부의 비정부기구에 대한 공격[30]은 앞서 살펴본 것처럼 협치의 작동을 위해 필요한 담론적인 공통 지반과 선별 원리를 부과하려는 필사적인 시도의 표출인지도 모른다. 미국의 노조는 생산을 관리 감독할 수 있는 기업의 권리와 [단체] 교섭 규칙을 수용하고 '무파업 약속'을 한 대가로 국가의 후원을 받았다. 이러한 미국 노조의 제도화와 관료화를 통해, 노조와 국가와 기업 간의 공통 담론 형성을 가능하게 한 것은 결국 2차 세계대전이었다(De Angelis 2000a).

협치 담론은 차이를 통합하는 방식으로 차이를 구축하는 담론이다. 세계은행이나 IMF 관리자에게, 세계은행이나 IMF 혹은 G8에 저항하고 싸우며 문제화하고 캠페인을 벌이고 이의를 제기하는 '타자'는 내부화되어야 한다. 그래야 그들은 '시민사회와의 논쟁'에 합류할 수 있고, 아니면 드문 경우지만 협상 테이블에 앉을 수 있다. 그러나 이런 방식에서 타자는 인식 가능해야 하고 예측 가능해야 한다. 그들의 저항하는 '타자성'은 일련의 절차들로 형식화되어야만 하며, 이로 인해 그들은 그들이 저항하고 있는 그 기구들이 지닌 자본주의적 성장과 시장 촉진이라는 우선순위로 통합된다. 통합을 위해 '타자'는 시장 훈육의 선별 원리와 매개변수 내에서 판단되어야 한다. 이 시장 훈육은 분명

---

30. 위의 각주 18을 보라.

히 초기 신자유주의의 '과도함'에서 벗어나 반대 의견을 수용하는 것으로 (즉 제프리 삭스나 조지프 스티글리츠 같은 식의 부드러운 신자유주의적 접근을 채택하는 것으로) 개혁될 수는 있지만, 시장이 지구의 살림살이들을 절합하기 위해 선택하는 도구여야 한다는 원리를 문제 삼는 지점으로 가지는 않는다. 이러한 방식에서 투쟁하는 타자의 통합이란 그들이 다른 무언가로, 더 이상 자율적이지 않으며 자본의 가치 실천에 담론적으로 결합된 무언가로 변형된다는 것을 뜻한다. '저항하는 타자'가 자신의 자율성과 자본주의적 시장 및 그 가치 실천으로의 환원불가능성을 주장할 때라야 우리는 우리 삶의 제도적 환경을 바꾸는 일에 나설 수 있을 것이다.[31] 이것이 타협을 통해서만 일어날지라도 말이다.

그뿐만 아니라 이 분석의 최종적인 함의는 정치 이론의 전통적인 문제, 무엇이 사회 정의를 구성하는가의 문제와 다시 접속함으로써 신자유주의적 기획과 더불어 협치 담론을 문제화하고 반대할 수 있고 그래야 한다는 것이다. 협치가 축적에 맞춰진 '권력들의 연속성'을 확립하려고 시도하는 전략이라면, 이 사회적 권력들의 연속성이 모든 가치를 가치로서의 시장에 종속시킨다면, 협치와 신자유주의는 '가치'와 '권력'의 문제를 다시 열어젖힘으로써 문제화될 수 있고 되어야 한다. 이것은 '보편적 가치들'을 개괄하고, 사람들에게 그 가치들을 넘어서 재정비할 것을 요구하는 문제가 아니다. 오히려 그것은 우리의 지구적인 사회적 상호작용들을 통치하는 가치들에 관한 질문들이 지구적인 사

---

31. 전 지구적 시장의 통합된 요소로 '타자'의 환원을 강요하는 전 지구적 자본주의 제도들은 "'우리'로 환원될 수 없는 존재, 우리가 그 총체를 인식할 수도, 감지할 수도 없는 존재인 '너'를 인정하지" 못하는 서구의 습성을 반복하는 듯 보인다(Irigaray 1997 : 118 [2000 : 130], 인용자의 번역).

회적 신체의 곳곳에서, 사회적 실천의 모든 틈새에서 제기되는 조직 형태를 발견하는 문제이다. 우리가 우리의 종과 생태계를 생산하고 재생산하는 방식에 대한 논쟁을 열어젖혀야 한다. 이것은 결국 인간의 힘들을 행사하는 것에 대한, 즉 누가 어떤 의도로, 어떤 목적으로, 어떤 방식으로, 무엇을 통제하는가에 대한 문제를 제기한다. 궁극적으로 그것은, 근본적인 물음을 던지며 자본과는 다른 가치 실천들을 되찾는 활동에 근거한 정치적 과정을 통해 역사를 다시 여는 문제일 뿐이다.

8장

전 지구적 순환고리들

신자유주의적 지구화

1970년대 말과 1980년대 초 사이 어느 시기에 일종의 역사적 전환이 사회적 관계와 담론과 이미지의 측면에서 일어났다는 일반적인 합의가 있다. 이 전환은 해석자의 활동 분야에 따라, 혹은 해석자가 강조하고 싶은 특징에 따라 많은 이름을 부여받았다. 가령 그것은 포스트모더니티라고 불리는데, 이것은 '거대 서사'가 사라진 역사적·문화적 조건을, 이데올로기의 모든 확실성이 소멸한 것처럼 보이는 전환기를 강조하기 위함이다(Lyotard 1984 [1992]). 프레드릭 제임슨(Jameson 1991)이 썼듯이, 이것은 횡국가적인 소비자 경제라는 '후기 자본주의'에 상응하는 하나의 문화적 운동이다. 산업 생산이 대공장과 표준화된 과정에서 벗어나, 작고 유연하며 전문화된 생산 단위들과 정보 및 소통 기술을 통한 그 단위들의 상호연결로 이동했다는 생각을 전할 때는 포스트포드주의라고 부른다. 그것은 신자유주의라고도 불리는데, 이것은 완전고용과 공적 지출로 이루어진 케인시언 정책에서 친시장 및 친기업 정책의 강화와 사회적 권리 삭감으로의 변화를 강조하는 것이다. 이 모든 접근법들은 우리가 지난 사반세기에 겪었던 전환의 몇 가지 중요한 양상들을 포착한다. 그렇지만 그 접근법들은 모두 자신이 강조하고 있는 전환이 훨씬 더 광범위한 전환의 일면에 불과했다는 사실을 인식하지 못한다. 거대 서사의 붕괴는 자본주의적 시장의 거대 서사에 의한 가장 극심하고 가장 광범위한 우리 삶의 식민화를 동반했다. 포스트포드주의적 생산 유연화는 다수가 전형적인 포드주의의 특징을 유지하고 있는 전 세계의 공장과 착취 공장에서 극적인 생산 증가를 동반했다. 기업을 위한 전 지구적인 친시장 신자유주의 정책은 규제 기구와 국가 보조금을 통한 국가 개입의 증가를 동반했다. 신자유주의 구조조정 정책이 국가의 감시·억압·군사 기능 강화를 동반하는 것은 말할 것도 없다. 요컨대 관찰자들은 새로운 요소를, 마치 미래를 향하는 역사의 직선적 운동의 일환으로 보고 있었던 것 같다. 이러한 관측에서 (거대 서사 거부, 즉 '이데올로기의 종말', 유연적 생산, 신자유주의 정책 등) 전환들의 누적된 효과는 이 초기 경향들이 예시한 특징들을 갖는, 분명히 새로운 사회적 짜임으로 이어질 것이었다. [그러나] 이 전환들은 그러하다기보다 우리 삶의 훨씬 더 깊은 전환의 순간들이었으며, 낡은 요소뿐 아니라 새로운 요소를 결합한 것이었다. 이 전환은 자본주의적 생산 관계(임금 생산과 비임금 생산 모두)가 오늘날 유지되고 재생산되는 방식의 전환이다. 그것은 지구적인 사회적 신체 내부에서 일어나는 사회적 행동의 상이한 규모에서 생산 순환과 재생산 순환의 결합을 강화하고자 하는 전환이다. 이렇게 함으로써 그 전환은 투쟁과 갈등을 더욱 확산된 자본의 항상성 과정으로 절합하고 흘려보낸다. 이 장과 다음 장에서 나는 이러한 시장 훈육 메커니즘을 '심화'시키는 데 기여하는 특징 일부만 다룬다.

'경제' 동향의 이면

일반적으로 1970년대 말부터 오늘날까지 신자유주의 시대는 서로 연관된 세 가지 주요 '경제' 동향으로 구별된다고 말한다. 이 세 가지는 제3세계의 부채와 금융 자본의 이동성 증가, 생산의 횡국가화 증가, 세계 무역의 증대이다. 우리의 관점에서 이 동향들은 '경제' 동향이 아니라 앞 장에서 논의한 자본 시장의 계보학적·보전 메커니즘들이 지난 사반세기 동안 어떻게 작동했는지를 나타내는 것이다. 즉 자본주의적 생산 순환고리와 재생산 순환고리, 임금 노동과 비임금 노동이 어떻게 자본의 자기보전 코나투스를 돕는 새로운 패턴과 형태 들로 확장되고 뒤얽히고 결합되어 왔는지를 보여 주는 것이다.

1970년대 사회적 안정의 위기는 높은 실업과 인플레이션 압력으로 나타났다. 전 세계의 투쟁들이 요구한 더 높은 임금, 더 많은 사회적 권리, 더 낮은 노동 리듬 그리고 더 '친환경적인' 사회적 생산 과정에 자본이 저항하며 투자를 거부하고 가격을 인상했기 때문이다. 1970년대 중반 '사용자들'은 심각한 수익성 위기를 낳은 이 요구들의 의미를 해석하기 위해, 현명한 사람들로 구성된 위원회를 설립했다. 오랜 고심 끝에 "삼자 위원회" – 그 위원회는 이렇게 불렸다 – 는 결과를 보고했다. 문제는 과도한 민주주의였다!(Crozier, Huntington and Watanuki 1975).

이에 따라 세계 자본주의와 계급 관계에서 중요한 재조직화가 일어났다. '금융'과 '생산'과 '무역'의 재구조화는 세계의 민주주의를 거리와 대중 집회에서 빼앗아 희극적이고 교활한 선거 운동 영역으로 제한하는 기둥이 되었다. 정말로 중요한 일은 서구 민주주의의 선거 제도로 결정되지 않을 것이다. 사람들의 살림살이의 재생산에 중요한 것 대부분은 시장 '민주주의'로 결정될 것이기 때문이다. 정부는 〈주식회사 X국가〉의 경영 이사회가 되었고 정치인들은 '기술자'가 되었다. 그들의 임무는 경쟁의 조건을 만들고 '불가피한' 신자유주의적 지구화 과정에 올라타는 것이다.

시장이 사람들의 삶으로 팽창하기 위해 필요한 첫 번째 사항은 필요를 충족하기 위해 자원의 사회화를 요구하는 대중 운동에 정부가 부응할 수 있는 능력을 더 엄격하게 제한하는 메커니즘을 고안하는 것이었다. '과도한' 공공 지출은 '과도한' 임금 [인상] 요구와 더불어 인플레이션과 실업의 주요 원인으로 취급되었다. 1979년 영국에서 마거릿 대처가, 1981년 미국에서 로널드 레이건이 당선되면서 새로운 '컨센서스[합의]'가 공고해지기 시작했다. 이에 따라 국영 자산은 사유화되어야 했고 공공 지출은 억제되었으며 자본 시장은 자유화되어야 했다. 그때까지 전후의 정부들은 ─ 성공적이든 아니든 ─ 완전고용이라는 케인시언 정책을 시행할 수 있었다. 이것은 단순히 자본 통제에 근거하여 이자율과 환율 같은 도구를 조작함으로써 이루어졌다. [그러나] 자본 시장 개방과 더불어 정부는 완전고용과 복지 국가에 대한 약속을 폐기했다. 경제 및 사회 정책들은 무엇보다 금융 자본 시장을 만족시켜야 했다. 만일 정부가 자본에서 노동 계급으로 자원을 재분배하는 대중적인 양보를 한다면 금융 자본은 떠나갈 것이고, 이에 따라 환율 하락과 이자율 상승, 경기 침체와 실업 증가가 초래될 것이었다. 신자유주의자들의 관점에서 '안정적인 경제'란 국제 금융 자본의 욕망을 따르는 것을 의미했다. 따라서 훈육적인 금융 시장은 자본이 점차 이동하는 상이한 마디들을 가로지르며 생산 및 재생산 순환고리에 큰 압력을 가하기 시작했고, 이는 재생산 조건들을 서로 대결시켰다.

전 지구적 자본의 훈육을 부과할 '발전된' 자본 시장이 없는 전 지구적 남에서는 부채 위기로 알려진 것의 관리를 통해 동일한 효과가 발생했다. 이 부채 위기의 뿌리는 1970년대의 수익성 위기에 있다. 당시 서구 은행들은 남의 군사정권들에게 돈을 빌려줌으로써 그 정권의 군대와 억압 장치에 그리고 세계은행이 후원하는 개발 프로젝트에 자금을 지원했다. 그 당시 이 정권들은 사회적·정치적으로 매우 불안정한 상황에서 운영되는 서구 기업과 정부 투자자들보다 더 안전하고 더 높은 수익을 보장하는 것처럼 보였다. 민주당 대통령 지미 카터가 새로 임명한 폴 볼커가 의장을 맡은 미국 연방준비제도이사회가 '인플레이션 방지'를 위해 이자율을 크게 올린 이후, 따라서 대규모 지구적 불황을 유발한 이후 1979년 10월 위기가 폭발했다. 1982년 위기가 처음 습격한 국가는 멕시코였다. 멕시코는 채무불이행을 선언했다. 그때부터 부채 위기는 계속되었다. 자본 축적의 관점에서 이 위기는 금융 자본 자유화와 같은 목적에 기여했다. 유동성 위기를 다루기 위해 사용되는 메커니즘이 금융 시장의 작동과 원리상 같은 효과를 갖기 때문이다. 금융 시장을 '실망시키고' 싶어 하지 않고, 국제 투자자를 '기쁘게 하며' 자본을 유치하려고 노력하는 자기 훈육된 서구 정부들이 경험한 것처럼 말이다.

채무국에서 유동성 위기가 발생하면 처음 하는 일은 워싱턴의 국제통화기금(이하 IMF)에 전화를 거는 것이다. IMF는 1944년 브레튼 우즈에서 전 지구적 신자유주의가 아니라 전 지구적 케인스주의의 기둥으로 만들어졌다. 전후 시나리오에서 그 기관의 역할은 국제수지의 어려움을 겪는 서구 정부에게 단기 금융 원조를 제공하는 것이었다. 그 아이디어에 따르면 이 원조는 임금과 사회적 권리보다 생산성과 효율성을 더 높이기 위해, 따라서 무역 수지 균형을 다시 맞추기 위해 필요한 개혁을 ─ 기업 및 노조와 함께 ─ 추진할 수 있도록 숨 돌릴 틈을 서구 정부에게 제공할 것이었다. 이처럼 전 지구적 자본주의는, 적어도 그것의 서구적 차원에서는 무역 적자와 흑자를 반복하는 변동으로 여겨졌다. 이것은 궁극적으로 정부와 기업 그리고 관료화된 노조 사이에서 이루어지는 일련의 '사회적 합의'에 영향을 받아 생겨난 것이었다. 신자유주의 시기에 금융 자유화가 케인시언 합의의 규제 역할을 대체한 이후, IMF는 전 지구적 남의 민중들을 상대로 한 시장 훈육의 집행관이자 경찰이 되었다.

유동성 위기에 빠진 정부가 IMF에 건 전화의 결과는 잘 알려져 있다. IMF 관리는 원조를 제공하고 문제의 그 국가가 예정된 이자를 지불할 수 있도록 대출 연장을 검토할 것이다. 이로 인해 그 국가는 기존의 무역 협정과 원조 흐름 그리고 세계 '경제 공동체'의 일원으로 함께 하는 모든 특전으로부터 계속해서 '혜택'을 누릴 수 있을 것이다. 그러나 대출 조건은 구조조정정책SAP이라고도 알려진 일련의 조건들이 될 것이다. IMF는 위기에 빠진 모든 국가들이 거의 예외 없이 이 조건을 채택하도록 강제한다. 이 조건은 화폐 가치를 떨어뜨려 수입품의 가격을 올리고 실질 임금을 삭감한다. 그리고 물, 교육, 의료 서비스 그리고 다른 국가 자원을 사유화하여 재구조화에 개방하고 그에 따라 실업을 유발한다. 그뿐 아니라 사회적 지출을 삭감하고, 시장을 개방하며, 부채 상환에 도움이 될 경쟁적인 수출을 촉진한다. 물 같은 기본적인 자원의 경우 그것의 사유화는 가난한 사람들이 거의 감당할 수 없는 가격을 지불하도록 만든다.[1] 다시 말해서 전 지구적 북의 금융 자유화처럼 전 지구적 남에서도 부채 위기의 관리는 사회적 신체에 종획

---

1. 그러나 물 같은 기본적인 자원의 경우에는 청구 가격의 인상과 그에 따른 수도 회사의 이윤 증대보다 훨씬 더 많은 것이 이야기된다는 점을 지적해야 한다. 사람들에게 물은 기본적인 필요이기 때문에 그것의 사유화는 경제적 계산법과 '자원 관리' 양식을 습득하는, 개별화된 '합리적인' 소비자 창출을 목표로 하는 미시 전략을 위한 기회이기도 하다. 수도 회사가 전 세계의 슬럼과 흑인 거주 지역에 도입하고 있는 선불 수도 계량기는 이 미시 관리를 위한 도구다. 예를 들어 남아프리카 공화국 소웨토(Soweto)의 물 사유화와 그에 대한 투쟁을 다룬 Naidoo 2005를 보라.

과 훈육적 통합을 부과하는 기회가 된다.

생산과 재생산의 전 지구적 재구조화

금융 측면에서 이 동향과 실천들은 자본주의적 시장의 지배를 확장하고 사회적 권리를 위한 공간을 축소하는 데 기여하는 한편, 살림살이의 재생산에 있어 사람들의 시장 의존 또한 증가시킨다. 이런 맥락에서 전 지구적 운송에 드는 화폐 비용의 급격한 감소와 더불어 정보 및 소통 기술의 발달은 전 지구적 생산과 재생산을 재구조화하고 사회적 갈등이 고조된 지역에서 벗어날 수 있는 중요한 기회를 자본에 제공해 왔다. 1970년대 말과 1980년대를 거치면서 〈수출가공지구〉EPZs 가 전 세계에서 우후죽순으로 늘어나기 시작했다. 이곳은 전 지구적 남의 정부들이 설치한 구역이다. 빈곤의 확산과 시장 의존의 심화라는 맥락에서 이 구역의 기업에 매우 우호적인 조세 제도와 느슨한 환경 규제 그리고 반노조법, 이 모든 것들은 북North의 국가들과 해당 재생산 장들에서 나타나는 고임금과 더 엄격한 규제 체제에서 벗어나길 원하는 산업을 유치하는 데 기여했다. 수출가공지구가 국가 전역으로 일반화되면서 다국적 기업은 점차 초국적 기업으로 전환되었다. 1950년대와 1960년대에 성장한 전자가 국가 시장과 지역 시장에 접근하기 위해 여러 국가에서 생산 과정을 복제하고 있었다면, 후자는 예전에는 한 곳에서 이루어질 생산을 잘게 쪼개서 비용 및 효율성 기준에 따라 대규모 전 지구적 생산 네트워크들로 대체한다. 이 네트워크들 내의 생산 마디들은 초국적 대기업에 속할 수도 있고, 소규모 회사들에 하도급 될 수도 있다. 우리는 다음 장에서 이것의 함의를 논의할 것이다. 여기서 중요한 것은 1970년대 말부터 계속 자본은 대규모 재구조화를 겪었고, 이로 인해 마디 내 통합과 마디 간 통합은 점점 서로를 대체하게 되었으며, 그에 따라 기업은 임금, 환경, 권리 그리고 재생산 조건에 대한 최악의 투쟁에서 벗어나 유리한 재생산 장들로 이동할 수 있었다는 사실을 인정하는 것이다(6장을 보라).

전 지구적 생산 네트워크들을 가로지르는 이 생산과 재생산의 재구조화는 점점 유연하고 불안정하며 일시적인 노동력에 입각한다. '수요 주도'든 '공급 주도'든 아니면 '기술 주도'든 공급 사슬의 조정은 궁극적으로 노동 활동의 진동을 통해 가능하다. 고용주들(즉 비용을 최소화하는 단위)의 관점에서 시장의 변덕으로 인해 그들이 고용하는 노동의 유연성이 계약의 유연성(즉 점점 불안정하고 일시적인 노동)에 부합해야 한다는 것은 분명하다. 이 노동의 '유연성'이란 성격은 전 지구적인 상품 사슬을 통과하면서 변하며 완전히 이질적인 형태들을 포함한다. 이것은 (육체적으로 마음대로 쓸 수 있을 정도로 유연한) 새로운 형태의 노예 노동과 담보 노동에서부터 '소프트 머니'에 의해 고용된 숙련 전문직의 불안정 노동과 임시 노동에 이른다. 어떤 맥락에서 '유연성'은 비용 최소화라는 자본의 필요뿐 아니라 공장 훈육에 대한 거부와 자율을 위한 요구까지 수용할 수 있다. 따라서 외부화와 아웃소싱 패턴의 증가는 일군의 자영업자를 창출한다. 이들은 불과 이십 년 전만 해도 기업에서 풀타임 노동을 했고, 지금은 '기업가적 혁명'을 겪고 있는 주체로 묘사되는 자율적 노동자들이다. 사실 이것은 일반적으로 큰 빚을 진 노동자들의 증가를 뜻한다. 이들은 더 이상 스톱워치를 가진 감독관이 아니라 비인격적인 감독관과 대면한다. 이 감독관의 스톱워치는 가상적이지만 여전히 압박을 가하고 삶을 집어삼키며, 이제는 직접적인 행위자가 된 시장 훈육 메커니즘에서 출현한다.[2]

---

2. 유연한 노동시장에 대한 문헌뿐 아니라 '유연한 착취'(flexploitation)라는 측면에서 그

지구 전역에서 진행 중인 이 산업 생산 재구조화는 앞서 언급했듯이 분명히 세계 무역에서 더 큰 몫을 차지한다. 이것은 또한 1944년부터 현재까지 제조업 생산품에 대한 평균 관세가 약 44%에서 약 6%로 급감하면서 가능해졌다. 무역 자유화는 새로운 쟁점과 새로운 절차에 대한 논의를 통해 1990년대에 점차 논쟁적으로 되었다. 1990년대 중반에 끝난 우루과이 라운드 무역 협상안에, 그 이후 WTO가 감독하는 다자간 무역 협상 틀 안에, 또는 국가들 사이의 과다한 양자 무역 협상 속에 새로운 논쟁적인 쟁점이 도입되었다. 다른 많은 것들 중에서도 출판 서비스를 비롯한 서비스 자유화, 특허권과 미국식 지적재산권의 집행, 농업 관세와 덤핑, 생명공학을 [들 수 있다]. 지난 수년 동안 이 무역 자유화 조치들이 민주주의, 환경, 노동, 빈곤 등에 끼쳤거나 끼칠 수 있는 영향에 대한 비판이 늘어났다. 1999년 11월 시애틀의 비판적인 기운은 많은 사람들을 깜짝 놀라게 했다. 당시 수천 명의 시위대가 WTO 각료 회담을 포위했고 그것을 중단시켰다. 새로운 쟁점을 다루는 무역 자유화 의제는 특히 전 지구적 북에 의해 도하(2001년 11월), 칸쿤(2003년 9월) 그리고 홍콩(2005년 12월)에서 열린 차후의 WTO 각료 회담에서, 통상 대표들 간에 진행 중인 협상에서 끈질기게 계속 되었다.[3]

우리의 관점에서 서비스 [부문]의 무역 자유화와 투자 제도의 탈규

시장을 논의하는 Gray 2004를 보라. 유연한 착취는 실업자에게 저임금 일자리나 임시 직 또는 파트타임 일자리를 강요하는 복리후생 제도다. 미국에서는 '노동복지'로 알려져 있으며 점차 유럽에서도 채택되고 있다.

3. 현재의 협상 상황, 참여국들 사이의 분할선, 논란이 되는 쟁점, 사용된 강압적인 전술에 대한 최근의 비판적인 해석과 무역 전문 용어의 일반 용어로의 번역은 Focus on Global South(www.focusweb.org)나 Global Trade Watch at Public Citizen(www.citizen.org/trade/) 같은 웹사이트의 자료를 참고하라.

제에 대한 오늘날의 이 쟁점들은 자본주의적 시장이 사회적 신체를 가로지르며 더 심화되는 것과 관련이 있다. 그러나 많은 노조와 비정부기구들이 세계 전역에서 다양한 사회 운동들의 투쟁을 기반으로 하여 목소리를 높이고 있는, 무역 자유화에 대한 그 담론적 반대는 자본주의적 과정의 원리에 대한 종합적인 이해를 결여한 채 그릇된 이분법에 여전히 크게 뿌리 내리고 있다.

예를 들면 노조는 보통 어떤 특정한 무역 자유화 조치에 반대하면서도 그와 동시에 국가 경쟁력 원리를 받아들이는 수사법을 채택한다. 만일 어떤 산업 부문이 대외 경쟁에서 위기를 감지할 경우, 무역 자유화라는 자본주의적 과정들은 언제라도 노조뿐 아니라 해당 부문의 기업가에게서 일종의 저항을 불러일으킬 것이 분명하다. 그 반대의 경우도 사실이라는 것 또한 분명하다. 자유화 과정에서 경쟁 우위를 갖는 부문의 경우 노조와 기업은 모두 이를 일자리와 성장을 위한 새로운 기회로 이해할 것이다. 따라서 무역 자유화가 촉진될 때 당파적인 노선이 예측 가능한 동맹을 따라 언제나 재생산된다. 그 전체 과정이 지닌 의미는 일반적으로 이해되지 않고 논란이 되지 않으며 문제화되지 않는다.

마찬가지로 많은 비정부기구들은 지지자들의 기금에 의존하기 때문에 대개 자본주의적 시장 — 이 시장이 특정 맥락에서 무역 자유화에 의해 촉진되든 아니면 보호무역 정책에 의해 촉진되든 — 의 전체 역할에 문제 제기할 여력이 없다. 비정부기구는 대신 전 지구적 북이 촉진하는 특정한 무역 자유화 정책에 한해 반대하는 담론을 채택한다.

특정 산업에 대한 보호무역주의의 자본주의적 전략들과 마찬가지로 무역 자유화는 자신을 방어하기 위해 만들어진 무수한 경제 모델에도 불구하고 결코 명명백백하고 보편적인 이점을 제공하는 과정이 아니다. 무역 자유화의 전체 역할은 시장의 침투성 증가를 목표로 하는 전략이 가진 역할이다. 이것은 항상 누군가를 돕고 다른 누군가를 끝없는 경주에서 파멸시킨다. 이것은 보호무역주의 정책도 공유하는 특징이므로, 무역 자유화의 정당화를 위한 근거는 다른 곳에서 찾아야 한다. 무역 자유화를, 그러니까 사회적 신체 내부의 살림살이를 대결시키는 경쟁 과정을 새로운 영역으로 확장하고 심화하도록 고안된 정책 그 자체를 목적으로 여기는 이들에게 그것은 터무니없는 일로 보일 것이다. 자본의 가치 실천이라는 관점에서만 보면 이것은 타당하다. 합리적이고 사리에 맞는 정책으로 이해되려면, 특히 누군가는 그 정책 때문에 피해를 입는다는 걸 모든 사람이 알고 있다는 점을 감안할 때, 무역 자유화는 더 넓은 목적을 위한 수단으로 그려져야 한다.

그리고 약속된 목적은 실제로 놀랄 만하다. WTO 웹사이트를 예로 살펴보자. WTO 체계의 열 가지 이점을 열거하는 브로셔가 이 사이트에 게시되어 있다. "국제 평화 증진", "삶을 더 안락하게 만들기", "살림살이 비용 절감", "생산물과 질에 대한 더 넓은 선택권" 제공, "로비 활동으로부터 정부의 보호" 그리고 "좋은 정부"의 장려가 그 이점에 포함된다.[4] 이 편리하고 멋진, 디트리터스 없는 세계는 CNN 뉴스 프로그램이 거의 그렇듯이 전 세계 사회적 주체들의 경험과는 사실 들어맞지 않는 세계다. 그 사회적 주체들은 자유 무역의 이름 아래 (새로운 신자유주의적 헌법을 갖게 된 이라크에서처럼) 전쟁의 피해자가 되거나, 교육과 사회적 권리를 삭감당하거나, 또는 경쟁이라는 이름 아래 공통장이 사유화되어 사유화된 물을 얻기 위해 폭등하는 비용을 지불해야 한다. 그들은 수출 산업의 환경 및 노동 비용을 자신의 몸으로 감당하

---

4. World Trade Organisation 2003을 보라.

거나, 보건과 교육을 위해 돈을 내야 하며, 그들의 선택은 고향의 디트리터스나 불법 이민 순환의 디트리터스 사이에서의 선택으로 제한되어 있다. 부와 소득의 양극화가 지구적으로 증가할 때 패자에 비해 소수의 승자가 줄어든다는 것은 말할 필요도 없다.

마치 대규모 기업 로비 활동이 서구 민주주의 구성 요소가 아닌 것처럼 무역 자유화와 "로비 활동으로부터 정부의 보호"를 연결하는 노골적인 위선은 말할 것도 없다. 그러나 한 가지 점에서 우리는 동의한다. 자본의 가치 실천에서 '좋음'은 자본주의적 시장을 수용하고 촉진하고 보호하는 정부라는 동어반복적인 의미에서, 무역 자유화는 정말로 '좋은 정부'를 장려한다.

지구화

앞서의 논의를 바탕으로 우리는 '지구화'에 대한 상이한 정의들을 여기서 되돌아보아야 한다. 지구화에 대한 정의는 그와 관련된 설명과 합리화와 더불어 지난 수년간 우후죽순으로 늘어났다. 이 방대한 문헌은 학술적/지적 분야들에 따라 나뉘며, 각 분야의 틀에 내재한 편향성은 '지구화'에 대한 상이한 개념화로 이어졌다. 예를 들면 그 현상을 주로 경제적, 사회적, 정치적 또는 문화적 현상으로 간주하는 것이다. 헬드 외(Held et al. 1999 : 2~10)는 회의적 명제와 초지구적 명제 그리고 변형론적 명제를 구별하면서, 지구화 연구에 접근하는 데 유용한 유형을 제시한다. 이 분류를 따르는 후그벨트(Hoogvelt 2001 : 12)는 "이 접근법은 지구화를 주로 경제적 현상으로 보든, 사회적 현상으로 보든 또는 정치적 현상으로 보든 그것에 〔각각〕 부합한다."고 말한다.

회의론자

이 유형 내에서 지난 사반세기 무역과 외국인 직접투자[FDI]의 전 지구적 동향을 지구화 같은 개념으로 묘사하는 것이 타당한지 문제 삼는 '회의론자들'이 '경제적' 현상의 측면에서, 그러니까 일반적으로 가장 '지구화된' 것으로 인식되는 화폐 변수, 생산, 분배 그리고 시장 영역의 측면에서 '지구화'를 연구하는 사람들이라는 점은 흥미로운 사실이다. 그들의 회의론은 이 영역들을 '경제'로 보는 협소한 개념에 기대고 있다. 데이비드 고든(Gordon 1998), 허스트와 톰슨(Hirst and Thompson 1999) 그리고 린다 바이스(Weiss 1997 ; 1998 [2002])와 같은, 지구화 명제에 회의적인 이들에 따르면 지구화의 정도, 특히 그것의 새로움은 지나치게 과장되어 왔다. 허스트와 톰슨은 심지어 "좀 더 극단적인 지구화 추진론자들이 구상한 지구화는 대체로 신화에 불과하다고 확신한다."고 주장한다(Hirst and Thompson 1999 : 2). 회의론자들은 그들의 주장을 입증하기 위해 해외 무역과 자본 운동을 시대에 따라 양적으로 비교한 도표를 그렸고, 국민경제들의 세계적인 통합으로서 지구화란 새로운 게 없다고 결론 내렸다. 실제로 생산에서 외국인 직접투자 비율, 국민경제에서 무역의 빈도 등과 같은 통합의 대리 척도를 보면 세계는 지금보다 19세기 초에 더 통합되어 있었다. 이것은 당시의 많은 식민지들의 경우에도 마찬가지다. 이 척도로 보면 그 식민지들은 오늘날 남South의 국가들보다 더 세계 경제에 통합되어 있었다.

따라서 예를 들면 허스트와 톰슨은 전후 투자와 무역 흐름을 검토한 뒤에 다음과 같은 사실을 발견한다.

세계 인구의 54%에서 70%가 1990년대 전반기 동안 전 세계 외국인 직접투자 흐름의 16%만을 받았다. 다시 말하면 세계의 절반에서 2/3

는 이 투자 형태에서 얻는 어떤 혜택에 관한 한 사실상 여전히 지도 바깥에 있다(Hirst and Thompson 1999:74).

유럽연합에 초점을 맞추는 클라인크네흐트와 테르 벵겔은 다음과 같은 사실을 발견한다.

> 무역〔과 외국인 직접투자〕가 유럽연합의 경계를 넘는 경우, 거래의 가장 큰 부분은 여전히 부유한 OECD 국가들 사이에서, 특히 미국과의 거래에서 일어난다. 그뿐 아니라 장기간 무역액을 고려하면 현재 역사적으로 유일무이한 국제화 단계를 경험하고 있다는 주장에 대해 문제를 제기할 수 있다(Kleinknecht and ter Wengel 1998:638).[5]

그러므로 회의론자들의 접근법에서 지구적 통합으로서의 지구화는 의문에 부쳐지거나 심지어는 '신화'로 취급된다. 대부분의 외국인 직접투자와 무역이 북미·유럽·일본이라는 '세 기둥'에, 즉 지배적인 경제 블록에 집중되어 있기 때문이다. 그러나 지구화에 대한 이 경제적 접근법에는 세 가지 광범위한 문제가 있다. 우리는 이것들을 국민국가와 재생산 그리고 척도라고 부를 것이다.

국민국가 문제는 세계적 통합의 의의를 탐구하기 위해 사용되는 분석 단위 ─ 국민국가 ─ 자체가 변형을 겪어 왔다는 사실과 관련이 있다. 지구화는 국민국가들의 '경제들'이 더욱 통합되는 것만이 아니라 자본주의적 '경제' 단위가 국민국가의 국경을 떠나 재직조되는 것을 뜻한다. 이러한 시각에 따르면 국민국가(와 그것의 '경제')는 사회적 관계들

---

5. Glyn and Sutcliffe 1992:91도 보라.

의 전체 집합을 구성하는 한 요소이며, 그것의 형태는 발달하는 이 사회적 관계들의 본성에 따라 결정된다(Burnham 1996 [1999]; Holloway 1996 [1999]도 보라). 국가의 이 재직조는 ─ 부채와 구조조정 정책의 협치와 같은 체계적인 종획 정책들과 더불어 ─ 바로 무역·외국인 직접투자·금융과 같이, 식별된 '경제' 흐름들을 통해 일어난다. 그 흐름들이 중요한 것은 그것의 절대적인 양적 규모보다는, 끊임없이 퍼져 가는 전 지구적 자본 순환, 즉 M-C-M′의 계기로서 지구를 가로질러 사람들과 살림살이들을 통합하는 그 능력 때문이다. 6장의 〈그림 1〉에서 그려진 것처럼, 이것은 재생산 순환고리들의 통합이기도 하다.

재생산 문제는 두 가지 연결된 문제와 관련이 있다. 첫째는 통합의 문제, 둘째는 생산과 재생산의 관계라는 문제다. 이 문제들은 지구화를 상이한 '경제들'의 통합, 즉 상품을 생산하는 일군의 화폐화된 인간 활동들을 통합하는 문제로만 이해할 때 무시된다. 그러나 이것들은 결정적인 문제를 제기한다. 지구화는 어떻게 그리고 어떤 형태로 사람들이 살림살이를 재생산하기 위해 하는 활동들을 지구적으로 통합하는가? 재생산 노동은 상당한 양의 비임금 노동을 포함하기 때문에 우리는 더 이상 '경제'의 측면에서만 세계를 연구할 수 없다. 경제라는 범주는 시작부터 화폐화된 생산과 그 세계관에 편향되어 있고 제한되어 있다(예를 들어 Dalla Costa and Dalla Costa 1999를 보라). 일단 이 문제가 지구화에 대한 경제적 접근법이 지닌 세 번째 문제, 즉 척도의 문제를 연다는 것만 말해두자.

척도의 문제는 (정치)경제학자들이 관심을 갖는 거의 모든 쟁점에 퍼져 있다.6 지구화와 관련하여 이 현상을 지구 전역에서 사람들

─────────

6. 이어지는 부분은 나와 데이빗 하비가 쓴 글에서 이끌어낸 것이다. 그 글은 회의론자들

과 살림살이들을 통합하는 양상 중 하나로 이해한다면, 외국인 직접 투자(와 무역) 흐름의 패턴은 얼마만큼 그 척도가 되는가? 인도네시아와 미국과 인도 사이의 무역액과 투자액에 대한 지식은 정말로 중요한 것, 말하자면 인도네시아의 한 어머니의 재생산 노동과 미국 인디애나 철강 노동자의 생산 노동 또는 인도의 콜 센터 노동자의 서비스 노동 사이의 상호 관계들에 대해 얼마만큼의 통찰을 제공하는가?

자본 투자 패턴은 상이한 지역들에서 나타나는 노동력 재생산 ─ 이것의 대다수는 비임금이다 ─ 조건들의 격차의 문제화와 무관하게 이론화될 수 없다. 이것은 6장에서 논의한 것처럼 광범한 재생산 조건들의 격차가 자본, 즉 가치의 성장을 추구하는 화폐가치를 끌어들이거나 밀어내기 때문이다. 이 조건들은 결국 온갖 종류의 요인들을 배치함으로써 구성되는데, 여기에는 사회적 권리, 임금률 격차, 폭동과 불복종의 정도, 시장으로 정상화된 정도, 공공 지출의 상태, 사회적 지출과 그에 따른 조세제도 등이 포함된다.

지구화에 대한 경제적 시각을 비판하는 우리에게 이 모든 것이 지닌 함의는 무엇인가? 그 함의는 우리에게 화폐 척도는 '구조'라는 정적인 상보다는 과정(실제로 화폐화된 재생산과 비화폐화된 재생산의 절합과 갈등에 기초한 모순적 과정)의 계기로서 문제가 된다는 점이다. 이러한 이유 때문에, 회의론자들처럼 무역과 외국인 직접투자가 세 기둥에 집중되어 있다고 주장하는 것은 사실 지구화를 자본주의적 통합의 한 과정으로 문제 삼는 것이 아니다. 반대로 이 경험적 증거는 끊

<hr />

의 명제를 문제화하고, 권력 및 질적 변화의 문제가 뒤섞여 있는 것에 대한 '경제적' 관점을 열기 위해 쓴 것이다. 우리는 이를 위해 회의론자들이 제시한 외국인 직접투자의 양적 척도를 자본주의적 경제에서 권력관계를 더 잘 포착할 수 있는 척도 단위로 재구성했다. 이와 같이 고전적인 정치경제학을 좇아 우리가 채택한 척도 단위는 지배된 노동(labour commanded)이라는 단위였다. De Angelis and Harvie 2004를 보라.

임없이 재직조되는 국제 노동 분업을 따라 일어나는 노동에 대한 지배와 그것의 분화에 기초한, 이 통합 과정이 지닌 자본주의적 성격을 드러내는 것인지도 모른다. 북North의 선진국에 비해 비참한 [수준을 보이는] 전 지구적 남의 임금과 상대적으로 낮은 이 국가들의 전체 노동력 가치를 감안해 보면, 세계 외국인 직접투자의 15 내지 20%만이 남South에 이루어진다는 사실이 입증하는 것은 투자가 세계에 불공정하게 재분배된다는 점이 아니라 오히려 자본의 가치 실천에 따라, 즉 자본주의적 축적 과정 내에서 노동을 지배할 수 있는 능력에 따라 '공정하게' 재분배된다는 점인지도 모른다.

예를 들어 미국에서 20달러는 한 명의 노동자를 한 시간 동안 고용할 수 있는 돈이다. 즉 그것은 정확히 한 시간의 노동시간을 지배한다. 그러나 중국이나 태국에서 20달러는 네 명을 각각 10시간 동안 노동에 투입할 수 있는 돈이다. 반면 인도에서 20달러는 10명을 각각 10시간 동안 노동에 투입하기에 충분한 액수다. 20달러가 한 편에서는 한 시간의 노동시간을 지배하고, 다른 한편에서는 40시간 또는 100시간을 지배하는 차이를 만들어 낼 때, 남South에 이루어지는 외국인 직접투자가 매우 적다는 것은 그다지 중요한 문제가 아니다. 이것은 고전 정치경제학이 지배된 노동labour commanded이라고 부른 것에 의해, 그리고 맑스가 특히 자본으로서의 화폐량이 활성화시킬 수 있는 산 노동의 (아마도 잠재적인) 양의 척도라고 부른 것에 의해 도입된 문제계다. 요컨대 전 지구적 자본이 사람들의 삶 속으로 얼마나 침투해 들어가는 가의 문제는 화폐의 절대량을 고려하는 것만으로는 답할 수 없다.[7] 그뿐 아니라 우리가 앞 장들에서 논의했듯이 임금으로 지배되는

7. 맑스는 리카도처럼 스미스의 지배된 노동 이론을 가치 이론으로 거부했다고 알려져 있

노동은 임금을 받지 않는 사람들의 비가시적인 비임금 재생산 노동이
기도 하다. 그러므로 지배된 노동의 측면에서 외국인 직접투자를 측

다. 대신 그는 자신의 가치 이론을 그것을 생산하는 데 사회적으로 필요한 노동 위에 정
립한다. 그러나 지배된 노동이 맑스에게 가치의 내적 척도가 아니라고 해도 그것은 우
리에게 또 다른 중요한 함의를 제공한다. "부의 증가, 상품에 포함된 가치의 증가, 그리
고 이 증가의 정도는 물화된 노동이 활성화시키는 산 노동의 크고 작은 양에 달려 있
다." 그는 또한 "이런 식으로 말하면" 스미스의 견해"는 옳다."고 덧붙인다(Marx 1969:77
[1989:84]).
스미스의 주장에 포함된 "더 깊은 무언가"(같은 책:71)에 대한 이러한 인정은 맑스의 가
치 이론을 해석하는 광범위한 문헌에서 일반적으로 간과되어 왔다. 노동력의 가치가 상
품 가치의 지표가 아니라고 해도, 그것은 주어진 자본량이 일을 시킬 수 있는 산 노동의
양을 결정하는 중요한 요인이다. 그러므로 그것은 (가치 측면에서) 특정 자본량이 활성
화할 수 있는 (가치 측면에서) 부의 증가라는 사고를 우리에게 제공할 수 있다.
맑스가 지배된 노동을 주어진 자본량이 활성화하는 산 노동의 양으로 언급할 때 나타
나는 이러한 의미는 그의 글의 다른 맥락에서도 분명하게 나타난다(예를 들어 Marx
1981:323 [2010:290]을 보라). 그러나 지배된 노동이라는 용어로 통찰할 수 있는 또 다
른 의미가 있다. 이것은 자본의 특정한 화폐 가치가 촉발할 수 있는 잠재적인 산 노동이
다. 사실 이러한 이해는, 부는 권력이라는 홉스의 통찰과, 지배된 노동을 권력과도 연결
하는 스미스와 다시 관련을 맺는다. 이 권력은 다름 아닌 "모든 노동에 대한 지배"로 이
루어져 있다(Smith 1970:134 [2007]). 맑스는 결국 이렇게 주장한다. "각 개인이 타인의
활동이나 사회적 부에 대해서 행사하는 권력은 그가 교환가치의, 화폐의 보유자라는 점
에 있다. 그 개인은 … 사회적 권력을 보유하고 있다"(Marx 1974:177 [2007:137]).
이러한 지배된 노동 개념은 타인의 시간을 통제하고, 사람들을 노동하게 하며, 노동을
지배하는 화폐 권력을 강조한다. 이 권력이 실제로 행사되는지의 여부와는 무관하게 말
이다. 실제로 노동에 대한 지배와 이 지배의 행사는 맑스의 가치 및 잉여가치 이론 내의
두 가지 상이한 개념과 관련이 있는데, 이는 노동과 노동력의 구별에 근거한다. 전자는
상품이 아니라 가치를 창출하는 삶 활동이다. 후자는 시장에서 교환되며 여느 다른 상
품처럼 가격을 갖는 상품이다. 그러므로 지배된 노동은 지출된 노동의 척도가 아직 아
니다. 하지만 그것은 지출될 수 있는, 잠재적으로 활성화될 수 있는 노동량이라는 함의
를 제공한다.
그러므로 예를 들면 지배된 노동으로 해석된 외국인 직접투자의 화폐 패턴 변화에 반영
된 지배된 노동량의 변화는 우리에게 지출된 혹은 육화된 노동의 함의를 제공하지 않
는다. 오히려 그것은 축적 과정 내에서 활성화될 수 있는 임금 노동량의 변화를 가리킨
다. 그러나 이 양 또한 임금 수준에 달려 있으며, 임금 수준은 결국 노동력 재생산 혹은
비임금 노동의 일반적인 조건에 달려 있다. 따라서 이러한 맥락에서 지배된 노동 개념은
외국인 직접투자의 단순한 화폐 척도가 감추고 있는 계급들 간의 관계와 노동 계급의
임금 부문과 비임금 부문의 관계를 비롯한 다양한 요인들의 문제화를 연다.

정하는 것은 회의론자들이 주장하는 것의 정반대를 드러낸다. 외국인 직접투자가 지배하는 노동의 측면에서 보면 가장 큰 몫은 개발도상국에 '속한다.' 우리가 노동을 동원할 수 있는 잠재력의 측면에서, 즉 화폐가 지닌 사회적 권력의 측면에서 자본주의적 투자를 측정하면 의심의 여지는 없어 보인다. 만연하는 자본의 지구화는 양적으로도 명료해질 수 있다. 그러므로 자본에 관한 한 북에 비해 남에 더 많은 투자를 할 필요는 없다. 자본은 이미 그곳에서 많은 산 노동을 지배할 수 있으며, 더욱이 보잘것없는 임금을 지불하면서, 재생산 조건에 훨씬 적게 지출하면서 지배할 수 있다.

이것이 또한 뜻하는 바는 전통적인 경제학의 지혜가 소중하게 여기며 경제학 담론이 내포하고 있는 개념을 문제화해야 한다는 것이다. 그 개념에서 투자는 그것을 수용하는 지역 인구에 대한 '혜택'과 특별하게 결합되어 있다. 사실 지배된 노동의 측면에서 측정한 외국인 직접투자의 대다수는 높은 수준의 단위 금액당 지배된 노동으로 이어지는, 형편 없는 사회적·환경적 지표와 관련이 있을 수 있다. 투자의 양면적 본성의 한 사례로 인도 중앙부의 나르마다강과 그 지류를 따라 일련의 댐을 건설하는 투자 프로그램을 돌아볼 수 있다. 이 투자는 분명 지역의 실직한 노동자와 엔지니어들에게 '혜택'을 준다고 볼 수 있다. 그러나 그 개발 공간을 확보하기 위해 쫓겨나는 수천 가구에게는 거의 혜택이 없다. 높은 퇴거율과 지역 인구의 전반적으로 높은 취약성은 맑스의 노동 예비군 이론(Marx 1976a [2008])과 흡사한 것을 통해 일반적인 임금률에 반영될 것이다.[8] 외국인 직접투자의 화폐 형상[화폐

---

8. 나르마다 계곡 개발 프로젝트에서 가장 큰 댐을 건설하는 사르다르 사로바르 프로젝트는 세계은행에서 4억 5천만 달러를 대출받아 겨우 시작할 수 있었다. 그러나 국제적 압력과 독자적 검토 이후 세계은행은 프로젝트 지원을 중단해야 했다. Caufield 1998:1장

액]은 투자 프로그램과 결부된 사회적 비용을 포착하지 못한다. 반대로 외국인 직접투자의 지배된 노동 형상은 권력에 대한 강조와 일반적인 임금률로 포착되는 재생산 조건과의 연계를 통해 우리가 그런 쟁점을 더 잘 이해할 수 있게 해준다.

초지구화론자

회의론자와는 반대로 초지구화론자는 상향식이 아니라 하향식으로 정의된 권력과 정치를 강조하는 경향이 있다. 따라서 그들의 초점은 국민국가로 향한다. 이것의 적합성은 지구적 경향의 맥락에서 문제화된다. 여기서 제기되는 명제(예를 들어 Strange 1996을 보라)는 국가에 대한 쇠퇴론적 시각이다. 한 편에 있는 횡국가적 생산 네트워크 및 기업의 권력과 다른 한 편에 있는 국민국가의 권력을 비교하면서 이 저자들은 전자가 후자에 비해 성장하고 있다고 주장한다. 이 접근법의 고전적 사례는 순이익으로 측정된 초국적 기업들과 정부 권력들의 순위표다. 그 순위표는 포드, 텍사코, GM 같은 기업들을 브라질을 비롯한 기타 가난한 국가들보다 상위에 배치한다(Sklair 2002를 보라). 쇠퇴론적 명제란 국민국가가 "자신의 경제에 대한 권력을 상실해" 왔으며 대신 "전 지구적 시장 훈육을 국내 시장으로 나르는 전달자"에 불과하다는 것이다(Hoogvelt 2001 : 120).

이러한 접근법에는 몇 가지 문제가 있다. 첫째 그것은 '권력' 실천과 '경제적' 실천을 구별한다. 이 책에서 채택한 자본 분석 관점에서 이것은 정말 문제적이다. 우리가 2장에서 간략하게 논의했듯이 그리고 종획을 다루는 우리의 논의에서 좀 더 분명하게 살펴볼 바와 같이, 지난

을 보라.

약 20년간의 전환 과정에서 국가는 전 지구적 시장 훈육을 국가 시장 훈육으로 나르는 단순한 전달자보다 훨씬 더 큰 역할을 맡았다. 이라크 같은 사례에서 폭격과 침략을 동반한 구조조정 실행은 말할 것도 없고, 신자유주의가 촉진한 모든 종획 실행은 어떻게든 국가 정책이다. 더욱이 신자유주의 시기의 소위 '탈규제' 과정은 사실상 각 국가의 자본주의적 시장 과정과 기업을 위한 '재규제'나 마찬가지다.[9] 다시 말하면 국민국가는 전 지구적 시장 훈육을 창출하는 도구였으며 [지금도] 그렇다.

그 과정에서 국민국가의 권력은 쇠퇴하지 않았다. 오히려 국민국가들의 수많은 권력 행사는 이제 전 지구적 시장의 규칙을 정부 개입의 표준 기준으로 삼는 전 지구적 협치 과정과 전 지구적 주권의 구성으로 재절합되고 있다. 기정의 인구를 전 지구적 시장으로 절합하는 것은 종획이 강제되고, 시장이 창출되고 확장되며, 사람들의 재생산을 규제하고 감독하는 제도와 실천이 전 지구적 기계로 절합된다는 것을 뜻한다. 그러나 이것은 경합의 과정(신자유주의의 발생 이후 점점 그러하다)이기 때문에 국가는, 신자유주의와 자본주의적 가치 실천들에 맞서 점점 더 횡국가적인 운동들을 치안하고 통제하며 억압하는 자신의 권력을 재직조하고 개선한다. 예를 들어 이른바 "테러와의 전쟁"은 시민의 자유를 제한하고 저항을 범죄화하는 법을 도입하기 위한 완벽한 기회를 제공한다.

그러나 치안 활동은, 다양한 이유로 신자유주의의 완전한 시행과 시장 침투성에 저항하는 정부를 겨냥하기도 한다. 실제로 전 지구적 경찰국가, 미국의 우월한 군사력은 전 지구적 신자유주의를 가로막는

---

9. 예를 들어 Hildyar 1998를 보라.

것이 아니라, 그것의 내적 모순과 위기와 반란을 관리하는 핵심 도구가 되었다. 이것은 조지 카펜치스가 주장하듯이 신자유주의적 지구화가 [아래와 같이] '작동'하기 때문이다.

> 그 체계는 전 지구적이어야 하며, 참여하는 국가와 기업은 (서비스와 특허권과 저작권의 무역을 포함하는) '무역 규칙'을 따라야 한다. 그 참여가 자신의 이익에 반할 때조차 말이다. 그러나 위기가 닥치면 게임의 규칙에서 이탈하거나 그것을 바꾸고 싶은 엄청난 유혹이 많은 참여자들에게 다가온다. 특히 자신을 만성적인 패배자로 여길 때 그러하다. 어떤 힘이 저항의 … 확산을 막을 것인가? 1997년 '아시아 금융위기' 때까지는 IMF와 세계은행이 화폐 권력을 통해 막중한 통제 작업 대부분을 수행했다. 그 이후 구조조정정책들SAPs로 통제되지 않는 국가들이 있다는 사실과 IMF와 세계은행의 지시를 따르지 않을 경우 세계 신용 시장에서 추방된다는 두려움이 존재한다는 점은 분명해지고 있다(Caffentzis 2005 : 48).

이러한 국가들의 전형적인 사례는 물론 "부시가 명명한 '악의 축' 국가들", 즉 바티스트Baathist 이라크, 이슬람 근본주의 이란 그리고 공산주의 북한이다. 그러나,

> 다른 많은 이슬람·국가사회주의·공산주의 정부가 자신의 경제를 신자유주의적 형태로 바꾸지 않았다. 출구 비용을 증대시키는 세계 경찰관 형태로 저지되지 않는다면 이 목록은 의심할 여지 없이 늘어날 것이다(같은 곳).

다시 말해서 신자유주의적 질서는 구자유주의적 질서의 치안에서 19세기 영국이 수행한 것과 동등한 역할을 점점 필요로 한다.

빌 클린턴과 그의 동료들은 미국 정부가 유엔을 그런 힘으로 결국 이용할 수 있다고 믿었다. 부시 행정부는 [그것에] 동의하지 않으며, 미국은 국가 질서의 규칙을 집행하기 위해 자신의 이름으로 행동할 것이라고⋯ 그리고 그 행동은 때때로 군사적일 것이라고 주장한다. 결국 무시무시한 미국 리바이어던을 구축하고서야 신자유주의의 위기는 극복될 것이고, 자유무역 체제와 전면적인 상품화가 그것의 새천년을 위해 마침내 확립될 것이다(같은 곳).

쇠퇴하는 국가가 아니라 군사적 리바이어던이 신자유주의적 지구화의 전망인 것처럼 보인다.

변형론자

마지막으로 변형론자는 지구화 과정을 "주로 국경을 넘는 모든 거래에 질적 변화를 야기한 하나의 사회적 현상"(Hoogvelt 2001 : 120)으로 간주한다. 문제의 그 현상은 데이비드 하비(Harvey 1989 [2013])가 "시공간 압축"으로 불렀던 것이다. 이 현상의 출현은 운송비용 감소뿐 아니라 정보 기술과 통신 기술의 융합에서 확인된다(Dicken 2003 [2014]). 이 두 요인이 결합하여 "시간을 통한 공간의 절멸"을 가져왔다. 이처럼 그 요인들은 네트워크 기반의 "신경제"를 낳았고 그에 따라 국경을 넘는 활동을 변형시켰다. 그 후 이것은 지구화로 불리게 된다(Castells 2000 [2003]). 다음 장에서는 우리가 지구화라고 부르는 이 "사회적 현상"이 어떻게 가치 투쟁들에 뿌리를 두고 있는지 논의할 것이다.

9장

전 지구적 노동 기계

전 지구적 생산 네트워크와 초국적 기업들

개별 자본의 관점에서 생산의 지구화와 횡국가화는 우리가 〈공식 2〉에서 검토했던 자본의 화폐 순환으로 그릴 수 있다.

$$\langle \text{공식 5} \rangle \qquad M-C\{LP\,;MP\}\overset{p_1\ p_2}{\cdots|\cdots|}\overset{p_3}{\cdots}P\overset{p_4\ p_5}{\cdots|\cdots|}|C'-M'$$

여기서 $p_1, p_2, \cdots p_i$는 타인에게 외부화되어 시장 거래로 전환되는 생산 과정의 계기들이다.[1]

물질적 생산 단계 p_i 사이의 각 생산 '거래'는 하나의 상업 거래 M-C 또는 C'-M'로 나타난다. 이 외부화로 인해 생산 과정 p_i는 이제 시장의 힘이 지닌 비인격적인 훈육 권력을 최대한도로 겪게 될 것이다.

그러므로 M-C-M' 전체는 일군의 개별 자본들로 구성될 것이며, 이들은 결국 증가된 경쟁 압력 아래 놓이게 될 것이다. 이 분할과 외부

---

1. 자본의 화폐 순환을 이용하여 전 지구적인 자본주의적 생산을 다루는 대표적인 초창기 논의로는 Palloix 1975를 보라.

화의 행동은 보편적이기 때문이다. 그러므로 화폐화된 전 지구적 생산량의 성장을 뛰어넘는 지난 사반세기의 무역 성장은 전 지구적 생산의 재구조화를 보여 주는 징후다.

이 분할 과정의 중요한 원동력 하나는 물론 초국적 기업들에 의한 전 지구적 생산 네트워크의 설계다. 이것은 직접적으로는 한 초국적 기업 내의 통합된 생산 마디들일 뿐 아니라 간접적으로는 하청업체들의 망의 수립과 그에 따른 기업 내 무역intra-firm trade의 공간적 재직조와 더불어 이루어진다.

오늘날의 지구화 과정 특유의 본성을 이해하는 것은 자본주의적 사회관계들의 통합과는 대조적인 기능적 통합의 본성과 성격을 이해하는 것에 달려 있다. 두 가지 모두 전 지구적 통합을 파악하는 방법이지만 첫 번째는 사용가치의 지구적 통합을 가리키고, 두 번째는 자본의 가치화 과정 및 교환가치의 전 지구적 통합을 가리킨다. 이것을 간략하게 살펴보자.

많은 문헌이 전 지구적 생산 사슬의 연구에 전념해 왔다. 이것이 재화와 서비스의 전체 생산 과정 내에서 일련의 생산 기능들이 어떻게 서로 연결되어 있는지 보여 주는 유용한 지도를 제공하기 때문이다(Gereffi and Korzeniewicz 1994).[2] 기본적인 수준에서 생산(또는 상품) 사

---

2. 테렌스 홉킨스와 이매뉴얼 월러스틴(Wallerstein 1986 : 159)은 이것을 "완성된 상품을 최종 결과로 갖는, 노동과 생산 과정들의 네트워크〔들〕"로 처음 정의했다. 클랜시(Clancy 1998)는 전 지구적 상품 사슬을 다룬 문헌을 검토하고 서비스 산업에 대한 함의를 논의한다. 그의 정의에 따르면 "상품 사슬은 원자재 추출이라는 첫 단계에서부터 완성품의 소비에 이르는, 한 생산물의 전 지구적 '삶'을 에워싸고 있는 사회경제적 조직을 따라간다. 그 길에서 답변되어야 하는 핵심적인 질문은 특정한 생산 과정 혹은 단계가 왜 특정 장소에서 일어나는가, 문제의 그 산업은 어떻게 조직되고 운영되는가, 그리고 궁극적으로 경제적 잉여는 어디로 향하는가이다"(Clancy 1998:123). 그는 세 가지 "주요 차원"을 따라 상품 사슬이 지닌 설명적 측면을 확인한다. "첫째, 순차적이며 또한 시간적인 투입 산출 구조는 원자재에서 최종 조립, 마케팅, 심지어 때로는 소비에 이르는

슬은 다양한 형태의 기술 투입과 운송 그리고 소통 과정들에 의해 개별 요소들(예를 들어 원료, 조달, 변형, 마케팅과 판매, 유통, 서비스)이 서로 연결된 지리적 직조를 보여 준다. 각 생산 사슬은 또한 금융 체계 내에 내포되어 있으며, 초국적 기업들과 (여기서는 국민국가뿐 아니라 IMF, WTO 등과 같은 다양한 수준의 초국적 기관을 포함하는) 국가에 의해 규제되고 조정된다(Dicken 2003 : 6~7 [2014]). 궁극적으로 생산 사슬 분석은 초국적 기업들이 어떻게 지구적 수준에서 생산을 분할하는지를 그리는 데 이바지한다.

일반적으로 말해서 전 지구적 식량 공급 사슬을 감독하는 주요 소매기업이든, 컴퓨터 부품 사슬과 그에 상응하는 과정을 감독하는 컴퓨터 업체든, 한 초국적 기업의 관점에서 각각의 개별 기능은 두 가지 주요 방식으로 다른 기능들과 통합될 수 있다. 그 방식이란 외부 혹은 내부 거래들이다. 첫 번째 경우 시장을 통해 다른 기업들과 연결된 개별적이고 형식상 독립적인 기업들이 하나의 기능을 수행한다. 두 번째 경우한 생산 사슬 내부의 각 기능은 수직적으로 통합된 한 기업 내부에 자리할 수 있다. 이것들이 두 가지 극단적인 사례라는 것은 분명하며 현실은 외부 거래와 내부 거래의 혼합과 좀 더 비슷하다. 어느 경우에나 국경을 가로지르며 조직되는 외부 거래와 내부 거래는 모두 오늘날 자본주의적 생산 과정의 구성에서 무역의 핵심적인 중요성을 나타낸다.[3]

생산 과정의 다양한 단계를 확인한다. 둘째, 공간적 차원은 상이한 생산 단계들이 실제로 어디에서 일어나는지 검토한다. 국가나 지역이 노동 분업에서 왜 특정 역할을 하는지 (또는 그 역할을 하지 않는지)를 질문한다는 점에서 이것 또한 하나의 설명적 요소를 포함한다. 마지막으로 조직적 또는 운영적 차원은 상품 사슬을 따라 일어나는 행위자들 간 거래뿐 아니라 소유 패턴을 확인함으로써 산업 자체의 구조적 성격을 검토한다"(같은 책 : 124~5).

비용 외부화 = 다른 누군가의 비용 내부화

우리는 생산 사슬 분석의 첫 번째 중요한 결과를 얻었다. 초국적 기업들의 기획 부문과 시장 메커니즘은 동일한 것의, 즉 생산 사슬을 조정하고 규제하는 메커니즘의 두 가지 형태라는 것이다. 한 기업이 기업 내부 기능과 아웃소싱 기능의 혼합을 선택하는 이유는 다양한 상황에 달려 있으며, 이 상황이란 모두 위험과 비용의 사정査定 그리고 궁극적으로는 수익성 조건과 기회에 대한 그 기업의 전략적 평가와 관련이 있다. 또한 전 지구적 수준에서 시장의 유연성과 침투성이 확대될수록, 초국적 기업들이 비용을 줄이고 위험을 최소화·외부화할 수 있는 기회가 커진다는 것은 분명하다. 그러므로 무역 자유화를 향한 신자유주의적 충동과 초국적 기업들의 위치 그리고 전 세계적인 생산 과정의 구성 사이에 하나의 공생 관계가 존재한다. 이러한 의미에서 "초국적 기업은 회사 조직에서 하나의 느슨하게 연합된 네트워크 구조(전 지구적인 망)로 진화하고 있다"(Hoogvelt 1997 : 127). 따라서 내부화된 무역뿐 아니라 외부화된 무역은 지리적으로 전치된 생산 과정들을 지구적 수준에서 함께 유지한다.

그러나 우리가 보았듯이 한 생산 사슬 내부에서 기능하는 각 마디는 사용가치의 생산을 위한 기술적 직조만이 아니라, 화폐 가치 생산과 가치 투쟁들의 직조, 즉 힘 관계들의 직조를 동시에 재현한다. 우리가 13장에서 살펴볼 바와 같이 이러한 점에서 전 지구적 생산의 각 마

---

3. "내부화와 외부화의 경계는, 어떤 기능을 '내부에서' 수행하고 어떤 기능을 다른 기업에 '위탁'할지를 정하는 기업의 결정에 따라 계속해서 변하고 있다."는 것을 고려해야 한다. 따라서 현실은 "상이한 수준의 힘과 영향력으로 구조화된 기업들 내부의 또는 기업들 간의 상호관계 네트워크로 이루어진 상이한 형태의 조정 스펙트럼"이다. "그러한 네트워크는 점점 기업 내 구조와 기업 간 구조의 혼합으로 이루어진다. 이들 네트워크는 동태적이고 끊임없이 변화하는 상태에 있다"(Dicken 2003 : 8~9 [2014]).

디는 사회적으로 필요한 노동시간SNLT을 규정하는 순환고리들 내부의 한 계기이며, 따라서 그에 상응하는 훈육 과정들에 관여되어 있고 재생산 순환고리들에 절합되어 있다. 힘 관계들이란 이를테면 하청을 주는 업체와 받은 업체 사이의(이 경우 시장은 조정 역할을 맡는다) 또는 수직적으로 통합된 한 초국적 기업 내에 있는 다양한 부서 간의 힘 관계만을 말하는 것은 아니다. 좀 더 명시적으로 말하면 생산과 재생산 지점에서, 즉 노동 지출의 질과 양·임금·권리·주거·보건·교육·환경 조건 등을 둘러싸고, 초국적 기업들과 하청업체와 해당 지역 사이에서뿐 아니라 그것들 내부에서 일어나는 가치 투쟁들과 힘 관계들까지 포함한다.

실제로 분석틀이 '전체'를 아우른다면 모든 외부화는 다른 누군가에게 내부화다. 따라서 예를 들면 초국적 기업들에 의한 아웃소싱에 수반된 위험의 외부화는 당연히 하청업체들에 의한 위험의 내부화를 뜻한다. 이 위험을 내부화할 수 있는 하청업체들의 경우, 요구되는 생산의 변화를 흡수할 수 있을 만큼 유연하고 값싼 노동력에 의지할 수 있어야 한다. 즉 발생할 수 있는 적응 비용을 그들에게 외부화할 수 있어야 한다. 그와 동시에 그 업체들은 숲과 강과 대기에 적응 비용을 외부화하는 환경 관행에 의지할 수 있어야 한다.

두 경우 모두 실제 적응 비용은 그들 자신의 재생산을 담당하는 개인과 공동체로 흘러내려 간다. 우리의 살림살이를 재생산하는 비가시적이고 설명되지 않은 영역은 자본의 비용 외부화를 위한 쓰레기 처리장이 된다. 그러므로 외부화는 디트리터스의 창출과 동시에 일어난다. 유연한 노동 시장의 추구, 자본 이동, 공공지출관리[4]는 사회적 부

---

4. [옮긴이] 아시아개발은행은 공공지출관리(Public expenditure management)를 이렇

에 대한 접근권을 획득하는 비시장 방식을 가로막는다. 이것은 초국적 기업들이 수익을 낼 수 있는 아웃소싱 전략의 초석이며, 그와 동시에 초국적 기업들이 비용 장부에서 누락하는 것을 자신의 살림살이 비용으로 내부화하는 사회적 노동, 즉 행위 과정에 기초한다. 아웃소싱의 비밀은 기업 자본의 뱃속에서 노동을 끄집어내 서로 경쟁하는 생산 단위들의 군도 속에 옮겨 놓음으로써 노동에 대한 자본의 지배를 좀 더 비가시적으로 만든다는 점이다. 이처럼 노동에 대한 지배는 노동에 대한 통제를 외부화한 이 대규모 초국적 기업들과 아웃소싱 받은 단위들 간의 무역 흐름처럼 좀 더 흩어져 있고 살균 처리된 형태로 나타난다. 우리가 살펴볼 바와 같이 이것은 훈육 사회의 종말이 아니라 대승리를 뜻한다. 지구적인 사회적 신체 자체가 하나의 파놉티콘 감옥의 원리를 따라 조직되는 것이다(15장을 보라).

따라서 자본의 통합이 지닌 이중적 성격을 따라 생산 사슬 분석에서 도출할 수 있는 두 번째 암묵적인 결과가 있다. 각각의 기능적 마디는 노동 지출의 질과 양, 임금, 가치와 의미, 환경에 대한 규제 실행, 사회복지와 기업지원 중 우선시할 사항, 국가 재정의 배분, 재생산 조건을 둘러싸고 벌어지는 암묵적이거나 뚜렷한 갈등의 현장이라는 것이다. 우리가 전 지구적인 상품 사슬에 대한 우리의 시선을 확장하여 각 마디를 둘러싼 영토와 사회적·정치적 공간을 아우른다면, 즉 전 지구적인 상품 사슬을 단순히 화폐화된 생산에 국한되지 않는 전 지구적 생산 네트워크의 측면에서 좀 더 고려한다면(Henderson et al. 2002),

---

게 설명한다. "공공지출관리는 경제개발 정책의 핵심 도구다. 공공지출관리의 일반적인 세 가지 목표는 재정규율[훈육], 전략적 자원 배분, 올바른 운영 관리다"(Asian Development Bank Institute, 'Public Expenditure Management', Executive Summary Series, No. S17/00, October 2001, 1 https://www.adb.org/publications/what-public-expenditure-management-pem).

전 지구적 생산의 각 마디 또는 '장소'가 경합의 현장이며 각 마디 또는 장소가 생산과 재생산을, 임금 노동과 비임금 노동을 모두 포함하고 있다는 것은 분명하다. 그러면 우리는 마디들 혹은 장소들 간의 경쟁적 절합 전체가 어떻게 **생명정치적 경쟁**의 형태를 띠는지 알 수 있을 것이다. 생산 사슬의 전체 연쇄 — 그리고 그것은 많은 가지를 가진 긴 연쇄일 수 있다 — 안에 있는 한 특정 마디 내부 갈등의 파괴적 효력과 영향의 정도는, 다른 사정이 같다면 그 마디의 공간적 대체가능성 정도에 반비례한다. 한 마디에서 다른 마디로 자본의 공간적 대체가능성의 정도는 "시공간 압축"(Harvey 1989 [2013])에 의해 용이해지고 가능하게 되며, 자유화와 사유화로 이루어진 신자유주의적 전략에 의해 촉진된다. 그리고 그 대체가능성은 각 마디를 좀 더 취약하게 만든다. 신자유주의를 인류에 대한 전쟁으로 파악하는 사빠띠스따의 통찰은 바로 이것, 즉 전 지구적인 사회적 신체에 대한 무한경쟁의 심화를 뜻한다.[5]

훈육 무역

경향

(장벽을 낮추는 무역 자유화 정책이 지원하고, 자본을 유치하기 위해 '경쟁'하는 국가의 경우 정부 세금 인센티브와 다른 기업지원 조치들이 촉진하는) 이러한 생산의 분할 및 공간적 전치에서 나타나는 부대 효과 중 일부가, 21세기 초 경제 둔화 때까지 사반세기 동안 발전해

---

5. 부사령관 마르꼬스(Marcos, 사빠띠스따의 주 대변인)에 따르면 지구화는 하나의 세계 대전이며, 인류를 대상으로 벌어지는 전쟁이다. 그것의 목적은 세계의 분할이다. "새로운 세계대전이 벌어지고 있다. 하지만 이제는 전체 인류를 대상으로 삼고 있다. 모든 세계대전이 그렇듯이, 세계의 새로운 분할이 시도되고 있다"(DOR 1996).

온 일련의 경험적 경향을 형성한다. 이 경향은 다음을 포함한다.

· 전 지구적인 화폐화된 생산과 국제 무역의 관련성 증가
· 전체 무역 비율에서 제조업 무역의 증가
· 전 지구적 생산 네트워크에 공급하는 완성품 및 반가공 제조업에
전문화된 저임금 '개발도상'국을 통한, 전 지구적 거래의 전문화 패턴
변화
· 제조업 교역조건[6] 하락
· 기업 내intra-firm 무역과 제품 간inter-product 무역의 관련성 증가
· 무역과 외국인 직접투자의 상승효과synergies [7]

이 목록이 완전하지 않다는 것은 말할 필요도 없다. 농업 및 1차
생산자뿐 아니라 서비스 생산자의 무역 패턴 같은 중요한 쟁점을 누락
하고 있기 때문이다. 그러나 이러한 선별은 무역이 맡은 역할의 역사적
새로움을 보여 주고 그것에 집중하기 위한 것이다. 이러한 설명을 위해
나는 여기서 제조업 무역에 초점을 맞춘다. 이것은 지난 사반세기 동안
강력한 재구조화를 겪은 전 지구적인 화폐화된 생산 영역이다.

가치 실천들 사이의 투쟁과 자본의 자기보전 코나투스를 중심으
로 여기서 제안한 틀 안에서 독해하면, 이 경험적 경향은 오늘날 무역
이 몇 가지 새로운 성격을 점차 획득해 왔다는 것을 보여 준다. 무역을
생각하는 우리의 집합적 상상 속에서 우리는 서로 다른 지역의 사람
들이 다른 곳에서 생산된 재화에 접근할 수 있게 해주는 것을 주요 목

---

6. [옮긴이] 교역조건이란 수출상품과 수입상품의 교환비율을 뜻한다.
7. 유엔무역개발협의회(UNCTAD)가 발간한 다양한 연도의 연례 무역개발 보고서를 보라.

적으로 삼는 인간 활동을 생각한다. 일반적으로 우리는 이 재화들이 거래되는 이유가 '과잉'[잉여] 생산되었기 때문이라고, 즉 생산 지역에서 소비되는 양을 초과하여 생산되었기 때문이라고 생각한다. 이 '잉여 분출' 무역은 전前자본주의적 형태뿐 아니라 자본주의적 형태의 무역이 지닌 핵심 특징이었다. 후자의 경우 우리가 노예무역의 사례에서 본 것처럼 잉여 자체가 자본의 투입 요구를 충족시키기 위해 체계적·군사적·정치적으로 조작되었으며, 따라서 무한 축적에 봉사하는 연속적이고 체계적인 흐름 내부에 포섭되었다는 중요한 차이가 있지만 말이다.[8]

현대 무역의 크고 증대하는 부분은 이 "잉여 분출" 무역과 아무런 관련이 없다. 남South은 환금 작물과 원자재에 전문화하고 북North은 제조 산업에 전문화한다고 보았던 북-남 전문화에, 그리고 (특정 생산물에 전문화하는 경향이 있는 개별) 선진국들 사이의 잉여 분출 무역에, 점점 중요성을 획득하고 있는 자본주의 무역의 또 다른 측면이 더해져야 한다. 훈육 무역이 그것이다. 훈육 무역은 "먼 곳에 있는 재화를 획득"(무역에 대한 폴라니의 일반적인 "초역사적" 정의[9])하는 자본주의

---

8. 또한 — 특히 가부장적 사회관계에 입각한 — 많은 전자본주의적 무역은 약탈에서 기원한다. "식민지 시대 이전의 아프리카 사례들을 통해 보면 무기 독점에 기초한 남성의 약탈적인 생산양식은 주로 여성으로 이루어진 다른 생산 경제들이 존재하고, 이들을 공격할 수 있을 때에만 '생산적'일 수 있었다는 점이 분명해진다. 이는 비생산적 생산이라고 규정할 수 있다. 이는 또한 약탈, 노획, 강도질 등과 무역 사이에 밀접한 관계가 있음을 보여 주기도 한다. 돈(카우리 조개껍질)과 교환 혹은 거래되었던 것은 공동체의 필요품 이상으로 생산된 여분의 잉여가 아니었다. 실제로는 무기를 이용해 훔치고 전유한 것이 '잉여'로 정의되었다"(Mies 1998 : 65 [2014 : 160]).

9. 폴라니(Polanyi 1977 : 81 [2017 : 217])는 이렇게 주장한다. "조작적으로 정의하면", "무역은 현지에서는 입수할 수 없는 재화를 획득하는 방법이다." 이렇게 극단적으로 높은 수준의 일반화에서 무역은 인간의 사회적 신진대사의 자연적인 산물처럼 보인다. 인간 공동체가 다른 방법으로는 충족하지 못했을 필요를 무역을 통해 충족할 수 있기 때문이다. 그러나 무역으로 인해 인간 공동체는 '타자', 외국인, 인근 공동체 외부와의 사회적 관계에 참여하게 된다. 무역은 "그 집단에게 외부적인 어떤 것이며, 우리가 일상생활과

적 형태다.[10] 소통과 교통의 생산성이 엄청나게 증가하면서 거리를 극복하는 ('비가시적인' 생태와 인간이 아니라) 화폐 비용이 크게 줄어든 것이 그 맥락에 있다. 이러한 맥락에서 끊임없는 거래 과정은 자본의 축적 필요에 단순히 부수적인 것이 아니라 자본주의적 생산 관계의 구성 요소 중 하나다. 이것은 국제 무역이 전 지구적 생산 네트워크를 통해 분산된 생산 과정들의 투입 필요를 돕는 것만이 아니라, 전치와 연속적인 재구조화를 통해 자본주의적인 사회적 생산 관계에 내재한 갈등의 관리라는 목표에서 중심적인 역할을 수행한다는 것을 뜻한다. 그렇게 함으로써 무역 흐름의 '기술' 사양은 점점 전 지구적 수준에서 사회적 적대를 규제하는 기능에 종속되고 있다. 국제 무역은 점점 생산 뿐 아니라 재생산에 대한 훈육 역할을 맡는다.

자본주의적 무역의 모델

무역의 이러한 훈육 기능은 비교적 새로운 것이다. 자본주의적 무역에는 세 가지 주요 모델이 있는 것 같다. 옛 식민주의 시기에 스페인과 포르투갈 같은 준봉건적 식민 권력들은 귀금속과 금을 찾아 '신세계'를 약탈했다. 이것은 공물을 징수하고 원주민 인구에게 광산 노동

는 전혀 별개 영역이라고 생각하는 활동, 말하자면 수렵, 원정, 해적 행위와 유사하다. 이들 활동에서는 모두 원격지로부터 재화를 획득하고 운반하는 것이 중요하다. 무역을 이와 같은 여타 활동과 구별하는 것은 그 쌍무성(two-sidedness)이다. 이 쌍무성으로 인해 무역은 전리품과 약탈의 추구에는 없는 평화적 성격을 확보한다'(같은 곳 [같은 책 : 217~8]).

10. 이것은 시공간 압축이라는 용어로 이론화되어 왔다. 이 용어는 "공간과 시간의 객관적 성질들이 아주 급격하게 변화하여 우리가 세계를 표현하는 방법을, 때로는 완전히 근본적으로 바꾸어야 하는 과정"을 가리킨다(Harvey 1989 : 240 [2009 : 282]). 그러므로 예를 들어 기업이 도입하는 교통 및 소통 기술은 물질 재화와 정보와 사람들을 보내는 속도를 증가시켜 공간을 수축시킨다.

을 강요함으로써 획득되었다. 이러한 형태의 "먼 곳에 있는 재화의 획득"은 직접적인 절도가 주요 목적이었으며 사실 그것을 엄밀하게 무역이라고 부르기는 어렵다. 그 후 산업혁명의 뒤를 이어 [새로운] 식민주의가 출현했다. 이것은 무역로 — 최초의 무역로는 악명 높은 노예 삼각 무역이었다 — 와 국제 노동 분업을 확립했으며, 식민지는 원자재와 식량을 생산하고 영국과 다른 신흥 산업세력들은 제조업 상품을 생산했다. 1870년까지 영국의 거의 모든 식량은 미국과 자치령에서 온 것이었다(Barratt Brown 1974). 국제 노동 분업을 형성하고 무역을 자본주의적 축적의 필수 요소로 만든 이 후자 형태의 식민주의는 세계에서 가장 가난한 지역들에 부채 위기의 관리와 환금 작물을 촉진하는 다양한 형태의 신식민주의를 통해 오늘날까지 살아남았다.

이 무역 모델 내에서 상이한 생산에 전문화되는 상이한 지역들 간의 통합은 "얕은" 통합으로 부를 수 있다. 유엔무역개발협의회의 연구가 지적하듯이 얕은 통합은 1913년 이전 국제 경제 통합의 특징이었고, "독자적인 기업들 간 재화와 서비스의 팔길이 무역11과 포트폴리오 자본의 국제 이동12"이 주를 이루었다(UNCTAD 1993 : 113). 이것은 일련의 세계 제국들 및 영향권들의 구성에 부합했으며, 각각의 영향권은 '북'과 '남'을, 즉 정치적·군사적·경제적 권력을 발산하는 '중심'과 종속적인 위치에 있는 '주변부'를 갖는다. 이 각각의 구성체들은 브로델의 안경으로 보면, 제조품을 생산하는 중심과 원자재 및 열대 지방 상품을 생산하는 주변부가 있는 "경제계들"(Braudel 1984 [1997])13, 즉 사용

---

11. [옮긴이] 팔길이(arms' length) 무역은 독립적이고 대등한 지위에 있는 거래 당사자들 사이에서 이루어지는 교역을 뜻한다.
12. [옮긴이] 재화와 서비스가 오가는 경상거래가 아닌 자본거래 중에서도 주식이나 채권 등 증권 투자를 통한 자본 이동을 가리킨다.
13. [옮긴이] "경제계들"은 "world economies"를 옮긴 말이다. 브로델의 용법에서 이것은 세

가치의 관점에서 비교적 자족적인 지역들로 이해할 수 있다. 그렇다면 "경제계들" 또는 제국들 간의 갈등은 상응하는 자원을 가진 새로운 영토를 획득하여 경쟁하는 제국 권력들에서 수입하는 물자를 대체하기 위해 일어날 것이다(Hudson 1992 : 32~6).

오늘날 점차 지배적으로 되어가는 세 번째 무역 모델, 즉 훈육 무역은 전 지구적 통합의 심화 과정이라 불렸던 것에 상응한다. 이것은 얕은 통합의 특징인 북-남의 상호보완과 전문화에서 벗어나는 운동이며 제품 간 무역에서 제품 내 무역으로 무역 패턴이 변하는 과정이다.[14] 깊은 통합은 초국적 기업들이 전 지구적인 생산 네트워크를 형성함으로써 조직되고 촉진된다.[15] 그리고

[깊은 통합은] 재화와 서비스의 생산 수준까지 확장되며 뿐만 아니라 가시적인 무역과 비가시적인 무역을 증가시킨다. 그러므로 초국적 기업들이 확립하는 네트워크 내부와 초국적 기업들… 내부의 국경을 넘는 부가가치 활동이 국민경제들 간의 연계에 점점 영향력을 행사한다 (UNCTAD 1993 : 119).[16]

계 경제, 그러니까 전체 세계 경제와는 구분되는 말로서 "지구의 어느 한 부분에 국한된 경제", "그 자체로 하나의 완전한 경제 단위를 이루는 경제권"을 가리킨다(페르낭 브로델, 『물질문명과 자본주의 읽기』, 김홍식 옮김, 갈라파고스, 2012, 95쪽).

14. 이에 대한 개관은 Hoogvelt 1997를 보라.

15. 우리가 여기서 다룰 수 없는 한 가지 중요한 함의는 기업 내 무역의 관련성이 커질수록 그 사슬을 따라 가치를 이전하는 기업 권력은 커진다는 사실이다. 전 지구적인 자본주의적 생산에 대한 Palloix 1975의 대표적인 연구가 주목한 이 경영상의 가치 이전은 노동과 가치의 단절된 연결이 출현하는 데 기여하는 것과 다름없다. 우리가 12장에서 다룰 것처럼 몇몇 비판적인 관찰자들은 이 출현을 현실로 받아들였다.

16. 깊은 통합의 이 두 가지 광범위한 특징으로 인해 일부 저자들은 국제화와 지구화 과정을 구별하게 되었다. 전자는 "국경을 가로지르는 경제 활동의 단순한 확장을 뜻한다." 그러므로 이 과정은 경제 활동 패턴의 단순한 공간적 확장을 뜻하며 양적인 측면에서 측정될 수 있다. 지구화 과정은 이와 달리 "질적인 과정이다. 이 과정은 국경을 가로

이것은 "국가들 간의 순수한 노동 분업은 더 이상 없다."(Hoogvelt 1997:22)는 뜻이기 때문에 무역의 주요 기능은 더 이상 현지에서 이용할 수 없는 자원에 접근하는 것만이 아니라 생산 규범을, 따라서 사회적 관계의 규범을 형성하는 것이다. 이 새로운 자본주의적 무역 모델과 더불어 거래 지역들 간의 상품 흐름은 훈육 기구의 목적에 점점 일조한다. 이것은 자본주의적 생산의 다른 시기에서도 제공되었던 기능이지만 오늘날처럼 만연하고 구조적인 방식은 아니었다.

전 지구적 시장 : 유사 감독관과 통제 사회

물론 무역은 자본주의적 생산 양식의 역사에서 계급 관계를 형성하고 규제하는 데 늘 기여했다. 값싼 수입품은 늘 기업을 파산시켰고 공동체의 살림살이를 위협했으며, 동시에 다른 기업과 다른 공동체에는 희망을 제공했다. 그러나 오늘날의 전 지구적 경제라는 맥락에서 이 위협은 상존하는 협박이 되었고 실재적인 것이든 인식된 것이든 간에 그것은 이제 전 지구적 생산을 규정하는 상호관계와 흐름의 망을 구성하는 요소다. 오늘날 무역의 깊은 통합과 얕은 통합이 분명히 공존하지만, 무역에서의 경쟁우위가 지구 전역의 노동자와 공동체 들의 (그들이 활성화시키는 각각의 생산력들에 따라 가중된) 상대적인 묵종 정도를 6장의 〈그림 3〉에 그려진 재생산 장들의 지구적 위계 내에서 반영하는 한, 만연한 무역 패턴은 시장의 역할을 사회적 갈등의 전 지구적 패턴들을 규제하고 관리하고 정상화하고 궁극적으로는 훈육하는 것으로 확장한다. 전 지구적 시장은 점점 유사 감독관이 되며, 이

지르는 경제 활동의 지리적 확장만이 아니라 (좀 더 중요한 것으로서) 그렇게 국제적으로 분산된 활동들의 기능적 통합을 뜻한다"(Dicken 2003:5 [2014]). 다음의 글도 보라. Hoogvelt 1997:116.

것의 존재 이유는 [아직] 포획되지 않은 노동자와 공동체 들이 통제 메커니즘을 내면화하도록 하는 것이다. 따라서 그것의 전략적인 그리고 운영상의 발전으로 측정되는 신자유주의는, 기업 자본이 시장과 자원에 접근하기 위해서 뿐 아니라 인간 생산자들의 행동을 조형하고, 노동 및 삶의 리듬을 평가하는 언제나 새로운 기준에 맞춰 그들을 교육하고 정상화하기 위해 자유화를 추구한다는 점에서 고전 자유주의와 다르다. 국제 무역은 비인격적 감독관이 되고 있다. 그것이 노동에 대한 자본 지배의 중요한 요소를 구성하기 때문이다. 기븐 웨이크필드와 그의 추종자들이 촉진한 체계적 식민화와 그에 상응하는 국제 노동 분업의 핵심에는 자본주의 위기와 장기 침체 시기(예를 들어 19세기의 첫 20년과 마지막 30년) 영국에서의 사회 혁명에 대한 두려움이 있었던 것처럼(Barratt Brown 1974 : 131), 지난 20년 동안 분출한 새로운 무역 모델은 1960년대와 70년대의 국제 사회운동에 따른 케인스주의 위기 시기 이후 출현했다(De Angelis 2000a). 식민주의와 신식민주의가 노동력의 재생산에 들어가는 재화를 저렴하게 한다는 — 따라서 노동계급이 투쟁을 통해 노동력의 가치를 높이려고 압박할 때 노동력의 가치를 감소시킨다는 — 이중 목표를 겨냥했던 반면, 새로운 모델에서는 임금 노동과 비임금 노동 모두를 훈육하기 위해 작동하는 메커니즘의 역할을 점점 획득하는 무역이, 제품을 수입하여 얻게 되는 그 저렴화를 보완한다.[17]

신자유주의적 전략들이 이 시장의 훈육 메커니즘을 확장하여 세

---

17. 경제적 지구화 과정과 재생산 노동 그리고 전쟁의 연계에 대한 사례로 Federici 2002 [2013]을 보라. 우리가 살펴본 바와 같이 경쟁은 상대적으로 임금이 높은 국가에서 재생산 비용과 노동력 가치를 떨어뜨릴 뿐 아니라 노동자들이 더 효율적으로 더 높은 강도로 일하도록 압박하며, 실직자들이 더 강도 높게 일자리를 찾도록 압박한다. 이것은 임금 하락을 부채질하는 등의 효과를 갖는다.

계를 포괄하고 언제나 새로운 삶의 영역에 침투하려고 하는 시기에, 사회 비판가들이 훈육 사회의 극복과 통제 사회로의 이동을 이야기한 것은 불행한 역설이다.

최근 들뢰즈의 푸코 연구를 기점으로 중요한 문헌들이 1970년대 말부터의 시대적인 사회경제적 전환을 훈육 사회에서 통제 사회로의 이행으로, 또는 좀 더 포괄적으로 말하자면 탈훈육 사회로 묘사하기 시작했다. 이 이행은 같은 시기 푸코의 생명권력 분석에 대한 특정한 독해와도 관련이 있다. 이 독해는 하트와 네그리가 쓴 『제국』을 통해 잘 알려진 자율주의적 맑스주의 버전으로 더욱 최근에 부활했다.

하트와 네그리는 들뢰즈(Deleuze 1990 [1993]; 1998 [2003])를 따라, 푸코가 결코 명시적으로 이야기하지는 않지만 "푸코의 작업은 훈육 사회에서 **통제 사회**로의 사회적 형태의 역사적, 시대적 이행을 인식하게 한다."(Hardt and Negri 2000 : 22~3 [2001 : 52])고 말한다. ("관습, 습관, 생산 실행을 생산하고 규제하는 장치들의 분산된 네트워크를 통해 사회적 명령이 구축되는") 훈육 사회와 달리 통제 사회는

명령 메커니즘이 더욱더 '민주적'이고, 더욱더 사회적 장에 내재적이며, 시민들의 두뇌와 신체 전체에 퍼져 있다. 따라서 지배에 적합한 사회적 통합과 배제의 행위들이 점점 더 주체들 자체 내부에 내면화된다(같은 책 : 23 [같은 곳]).

"따라서 통제 사회는 정상화하는 훈육 장치들의 강화와 일반화라는 특징을 띨 수 있으며, 그 장치는 우리의 공통적이고 일상적인 실천들을 내적으로 활성화한다."고 인식된다. 그러나 "훈육과는 반대로 이러한 통제는 유연하고 수시로 변하는 네트워크들을 통해 사회 제도의

구조화된 장소들 외부로 훨씬 확장된다"(같은 곳 [같은 책 : 52~53]).

그러므로 이러한 의미에서 훈육 메커니즘의 침투성, 즉 단일 제도 외부로 확장되고 사회적 장에 침투하는 훈육 메커니즘이 통제 사회를 정의한다고 주장할 수 있을 것이다. 마누엘 카스텔(Castell 2000 [카스텔 2003])이 그것을 (화폐, 사람, 기호, 문화의) 탈코드화된 흐름들의 순환이라는 용어로 말한다면 들뢰즈는 (공장, 학교 등) 감금 공간들의 장벽의 다공성이 유동성 증대와 결합되어 증가하면서 훈육 사회가 어떻게 해체되었는지가 아니라 "사회적 장을 통해 방출되었는지" 강조한다. 그에 따라 탈훈육 권력이 카스텔이 "흐름의 공간"이라고 부르는 곳에서, 즉 조율, 최적화, 요컨대 통제 기능을 통해 혼란이 규제되는 곳에서 작동한다고 강조할 것이다.

이러한 접근법에는 훌륭한 은유적·묘사적 의미가 많지만, 중요한 문제를 빠뜨리고 있다. 그 접근법은 훈육 방법의 확장과 지속을 사회 안에서 가능하게 하는, 그리고 사회적 실천을 특정 유형의 '흐름들'로 구성하는 과정들을 설명하지 않고 대면하지 않으며 문제화하지 않는다. 우리가 이 점을 고려하게 되면 이 과정들이 '매개변수들', 즉 '통제 사회'가 ─ 여느 통제 체계처럼 ─ 근거를 두는 규범[정상]을 만들어낸다는 것을 알게 된다. 그러므로 우리가 그것을 폭로하는 것이 중요하다. 역사의 시작의 전선은 '흐름'이 아니라 그런 흐름들을 낳는 '분자 구조' 유형에 있기 때문이다. 예를 들어 교통 흐름을 통제하는 체계는 빨간 신호가 들어오면 [정지]선에서 멈춰서야 한다는 규범을 내면화하는 운전자들에게 달려 있다. 통제 체계는 매개변수가 주어지지 않으면 기능할 수 없다. 따라서 통제와 훈육의 관계는 훈육이냐 통제냐 같은 양자택일의 관계가, 혹은 '시대적 이행'의 관계가 결코 아니다. 나는 상황이 좀 더 미묘하다고 생각한다. 만일 우리가 푸코가 말하는 것처럼 '훈육'을 윤리의 공장으로 여긴다면, 즉 규범을 만들어 내는 보상과 처벌의 메커니즘으로 여긴다면, 통제 메커니즘은 이 규범을 사용하여 흐름을 규제하는 것이다. 이것의 한 사례는 이민 흐름을 '조율'하고 '최적화'하려고, 즉 특유하게 주어지는 자본 가치화의 '국가적' 혹은 '지역적' 조건의 관점에서 이 '흐름'을 통제하려고 시도하는 국가일 것이다. 이 통제는 최적화와 조율의 근거가 되는 매개변수들을 형성하는 경제적 규범(공공지출의 목표, 경쟁의 '정도', 상이한 부문에서 노동 수요의 상태, 무역수지와 인플레이션 등)에 기초하여 특유하게 된다. 지구적인 경쟁 환경에서 이 규범은 결국 무수한 자본들과 자본을 위해 일하는 무수한 주체성들의 복잡한 상호작용에서 출현한다.

그러나 원론적으로 규범을 만드는 두 가지 일반적인 방법이 있다. 통제 체계의 설계자(계획가)가 통제 체계 외부에서 이 매개변수를, 이 규범을 설정한다. 그렇지 않은 경우 이 규범은 통제 체계 내부에서 피드백 체계의 계기로 출현한다. 이 두 번째 경우 우리는 "학습 체계"를 갖는다.[18] 물론 많은 유형의 학습 체계가 있다. 자본주의적 시장은 이 중 하나며, 이 책의 많은 부분은 자본주의적 윤리의 일상적 공장에서 계속되는 훈육 과정을 분석하는 데 쓰였다.

따라서 훈육 사회에서 통제 사회로의 시대적 이행이 마치 더 말할 것도 없이 어떤 해방 운동인 것처럼 기리는 대신, 좀 더 현실에 기반을 두고 그 '시대적' 전환을 이해하려면 훈육 메커니즘과 그에 상응하는 통제 체계, 즉 훈육과 통치성 양자의 상이한 사회적 영역을 통한 상호보완적 확장에 초점을 두어야 한다. 사실 자본주의는 언제나 통제 사회였고 그러므로 언제나 훈육 사회였다. 중요한 점은 상이한 시기에 훈

---

18. 예를 들어 Skyttner 1996를 보라.

육 기능과 통제 기능이 어떻게 서로 관련을 맺는지, 그 기능들의 범위, 균열선, 모순은 무엇인지이다. 오늘날 자본의 항상성이 지닌 특유한 양상은 사회적 장 전체에 그것이 확산된다는 점이다.

따라서 '통제 사회'는 착시 현상이다. 훈육 메커니즘이 삶의 모든 양상으로 확장될 때, 훈육이 개별 시설에 국한되는 것을 벗어나 사회적 행동의 모든 영역을 포함하기 때문에 자본의 훈육 과정의 외부는 존재하지 않는 것처럼 보일 때(Hardt and Negri 2000 [2001]) 그때 그 훈육 메커니즘을 식별하려면 외부를 창출하는 관점이 필요하다. 이것은 인간의 공동 생산을 급진적으로 새롭게 조직하는 방식의 관점, 사회적 부에 대한 공통적인 접근에 입각한 다른 가치 실천들의 관점, 역사의 시작이라는 관점이다.

공간적 대체가능성과 '계급 구성'

앞 절에서 제시한 기본 명제는 지구화 시대에 무역은 훈육적 성격을 획득한다는 것이다. 이것은 무역이 자본주의적인 사회적 생산 관계를 구성하는 요소이며 임금 노동과 비임금 노동, 즉 생산 노동과 재생산 노동 모두를 절합한다는 의미에서 그러하다. 현대 무역은 어떻게 훈육할 수 있는가?

나는 무역이 훈육을 하는 세 가지 상호 연관된 방식이 있다고 생각한다. 그것의 사후 영향을 통해서, 사전 위협을 통해서 그리고 이 두 가지의 상호작용에서 생겨나는, 주체성의 물질적 기반의 연속적인 재구성recomposition 과정으로부터.

무역의 사후 영향은 명백하다. 국제 경쟁은 기존의 기업을 파괴하고, 살림살이를 유지하는 기존 방식들의 경제적 생존 능력을 감소시키며, 사람들이 새로운 방식에 적응하고 그것을 배우도록 밀어붙인다. 그들이 결국 멀리 떨어진 곳의 다른 사람들이 살림살이를 유지하는 방식을 위협함으로써 살아남을 수 있고 번영을 누릴 수 있도록 말이다. 사후 영향은 하이에크가 경쟁 과정에서 발견한 끝없는 강박의 냉혹한 현실이다(14장). 무역의 사후 영향은 새로운 것이 아니며 자본주의적 무역의 기원까지 거슬러 올라간다. 이 점에 있어서 자유 무역의 혜택을 말하는 것은 터무니없는 일이다 — 그렇지만 이것이 바로 자유 무역에 대한 논쟁이 조직되는 방식이다. 그것이 터무니없는 이유는 새로운 방식을 배우는 일이 인간 발전 과정의 일부라고 해도 그 방식이 인간들의 경쟁 수단으로 바뀌면 모든 무역 참가자들에게, 즉 승자와 패자 모두에게 적용될 수 있는 무역의 변함없는 '혜택'이란 경쟁 전쟁의 강화뿐이기 때문이다.

무역의 사전 영향, 즉 기존 살림살이에 예견되는 위협 역시 새로운 것이 아니다. 여기서 새로운 것은 그러한 위협이 정상적인 삶의 일부로 내면화되는 것이다. 지구화 실천과 담론은 이러한 사전 위협의 정상화에, 즉 우리를 끌고 나갈 누군가가 있다는 것을 정상적인 삶의 조건으로 수용하는 데 크게 기여했다. 사전 위협은 실제 존재하는 위협과 일치할 필요가 없다. 그렇지만 그것 역시 실재한다. 사전 위협은 탈규제와 무역 자유화 정책이 부채질하는 신자유주의적 지구화의 담론이다.[19]

대체로 생산 및 상업 자본의 이동성이 클수록, 이 두 유형의 위협은 더 크게 느껴질 것이다. 그 위협들이 노동 및 삶의 조건을 형성하고, 우리의 살림살이가 끊임없는 위협 아래에 있다는 두려움을 불러일

---

19. Hoogvelt 2001도 보라.

으킨다는 점에서 말이다. 두려움과 불안은 일상의 노동과 구직 활동을 구성하는 요소가 된다. 훈육 무역과 그에 따른 모토, "변화를 위한 변화"는 필수적이라는 모토가 두려움과 불안을 부채질한다. 미래는 분명해 보인다. 안정된 가족도 공명하는 공동체도 국가 안전망도 분명 존재하지 않을 것이다. 자신의 늘 변화하는 기술을 경쟁 시장의 추상 메커니즘에 연결하는 개인들과 빚이 강제한 강박행동만 있을 것이다. 여기서 두려움과 불안은 '시장 기회'에 기민하게 대응하는 '유연한' 주체를 생산하는 구성적 계기가 된다.[20]

마지막으로 무역의 사전 영향과 사후 영향의 작동은 끊임없이 새로운 사회경제적 조건을 창출하며, 따라서 자본주의적 생산과 재생산에 고유한 사회적 갈등을 전치시키거나, 적어도 그것을 목표로 삼는다.

'기러기'

오늘날 전 지구적 공장에서 사회적 갈등이 훈육 무역을 통해 전치되는 방식을 포착하는 하나의 방법은 상품 사슬을 횡국가적으로 재규정하는 이 연속적인 과정을 기술하기 위해 최근 사용되는 모델을 정치적으로 독해하는 것이다. [그 모델은] "기러기식 발전 패러다임"이다. 본래 1930년대 일본의 경제학자 아카마쓰가 시간이 흐르면서

---

20. "기회주의자가 행동하는 추상적인 가능성들의 판타스마고리아는 두려움에 물들고 냉소를 분비한다. 그것은 부정적이고 사적인 기회를, 위협적인 '기회'를 무한하게 담고 있다. 특정한 위험에 대한 두려움은 그 위험이 가상의 것이라 해도, 벗어날 수 없는 분위기처럼 노동일에 출몰한다. 그러나 이 두려움은 경영의 요건으로, 특별한 직업 도구로 변형된다. 주기적인 쇄신 과정 동안 자신의 자리에 대한 불안, 최근 얻은 특권의 상실에 대한 두려움, '뒤처지는' 것에 대한 초조함은 유연성, 적응성, 준비성으로 바뀌어 스스로를 재직조한다. 위험은 완전히 잘 알려진 환경 내에서 발생한다. 그것은 우리를 돌보고 우리를 살리며, 다른 누군가를 공격한다 … 주인과 노예의 헤겔적 관계와는 반대로 두려움은 더 이상 우리를 노동 앞에 굴복시키는 것이 아니라 생산 과정 자체의 내부 절합을 특징짓는 안정적인 불안정의 능동적인 요소다"(Virno 1996a : 16).

일어나는 산업 구조 변화를 기술하기 위해 만든 이 패러다임은 최근 남아시아의 지역 통합 패턴을 기술하기 위해 사용되었다(UNCTAD 1996 : 75~105). 그것은 무역을, "변화하는 비교우위"의 역동적 과정을 좇아 국가들/장소들을 가로질러 재화와 기술을 이전시키는 데 있어 가장 중요한 수단으로 정의하며, 그에 따라 국가들/장소들 내에서 그리고 국가들/장소들을 가로질러 노동 분업과 생산의 끊임없는 사회적·지리적 재조직화를 촉진하는 도구로 정의한다. 이 모델이 중국 같은 특정한 후발 국가의 급속한 따라잡기를 반영하지 않음에도(Peng 2000), 그것이 지닌 설명상의 강점은 사회적 갈등이라는 다른 숨겨진 서사를 내포하고 있는 서사의 한 예로서 여전히 큰 관심을 끌고 있다.

그 모델은 한 지역 내의 국가들을 선두와 후발자라는 두 그룹으로 나눈다(〈그림 5〉를 보라). 선두 국가(각각 A, B, C 등)에서 후발 국가로의 수입은 후자에게 새로운 재화와 기술을 준다. 이로 인해 후발 국가는 수입한 재화를 생산할 수 있고 결국 그 재화를 다른 국가로 수출할 수 있을 것이다. 결국 한 국가가 특정 생산물에서 경쟁력을 상실하면 국내 생산은 점차 중단되고 노동자는 해고되며 생산은 그 분야에서 경쟁 산업을 조성하는 데 성공한 국가에서 수입하는 것으로 대체된다. 이 모델의 흥미로운 시각 중 하나는 외국인 직접투자의 기러기식 패턴은 "경쟁력의 변화에 좌우되"고, 이것은 초국적 기업들 자신에 의해 생겨난다는 것이다. 실제로 (무역뿐 아니라) 외국인 직접투자는 선두 국가와 후발 국가 간 비교우위의 진화를 형성할 뿐 아니라 그 진화에 의해 형성된다. 국내 투자는 경쟁력이 상실된 분야(예를 들어 섬유와 신발 같은 노동집약적 분야)에서 철수하고, 생산은 해외 시장뿐 아니라 국내 시장에 공급하기 위해 노동이 더 저렴한 곳에 재배치된다. 그러나 총 투자는 선진 경제에서 줄어들지 않는다. 왜냐하면 선진 경제의 산업은 계속해서 재구조화되고 개선되며, 자원은 선진 경제가 이제 비교우위를 누리는 고숙련, 고기술 생산물로 재할당되기 때문이다. 그러므로 이 모델에서 총 국내 투자와 외국인 직접투자는 상충하는 trade-off 관계가 아니다. 전 지구적인 투자는 계속해서 증가하고, 이는 무역 흐름을 촉진한다(UNCTAD 1996 : 76~7).

우리는 실제 사람들과 그들이 일하고 투쟁하는 일반적인 조건을 고려하여 기러기식 모델의 서사를 재독해함으로써, 자본주의적인 사회적 생산 관계에 내포된 갈등과 가치 투쟁들의 숨겨진 피와 살의 서사를 전면에 내세우는 방식으로 무역과 외국인 직접투자의 이 기러기식 패턴을 재정식화할 수 있다. 그러나 이에 앞서 사회적 갈등에 역사적·사회학적 결을 부여하는 핵심적인 분석적 개념, 즉 "계급 구성"class composition(Bologna 1991 [1997])을 간략하게 상술해야 한다. 나는 생산 노동과 재생산 노동을 연결하기 위해 이것을 "공동체 구성"이라 부를 것이다.

이 개념의 이면에 있는 기본 교의는 사회적 갈등의 형태, 목적, 역학은 특정한 역사적 맥락 안에 있는 생산 및 삶의 장소에서 사람들이 서로 관계 맺는 방식과 연결되어 있다는 것이다. 예를 들어 단일 대공장의 벽 안에 감금되어 조립 라인을 따라 배치된 1,000명의 노동자들은 이를테면 광범위한 지리적 영역에 퍼져 있는 100개 공장의 컴퓨터 화면 뒤에 있는 10명의 노동자들과는 다른 방식으로 서로 관계 맺고, 다른 구체적 열망을 가지며, 다른 조직 형태를 개발한다. 그것 못지않게 중요한 것으로서 이 노동자들이 공동체의 일원이 되는 방식, 재생산 노동의 리듬과 양상과 갈등, 공동체 내부의 권력 관계 등은 우리가 말하고 있는 곳이 자급자족하는 마을인지, 착취공장 인근의 판자촌인지 아니면 서비스 산업이 있는 도시 지역인지에 따라 상이한 형태

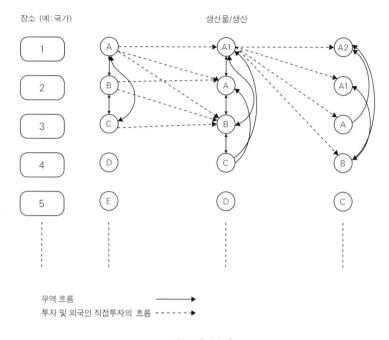

무역 흐름　　　　　　⟶

투자 및 외국인 직접투자의 흐름　- - - - ⟶

〈그림 5〉'기러기'

를 가질 것이다. 그러므로 (공장, 사무실 등에서의) 생산 노동을 둘러
싼 투쟁이든 (영토에 관한, 권리를 위한 등등의) 재생산 노동을 둘러
싼 투쟁이든 공동체의 투쟁에 대처하기 위한 자본의 전략이 지닌 주
요 목표 중 하나는 공동체의 투쟁과 그 조직의 물질적 기반을 이루는
구성composition을 붕괴시키는 것이다. 흔히 "재구조화"라고도 알려진
이 전략은 공동체 구성의 역사적 변형으로 이어진다. 즉 이탈리아 역사
가 쎄르지오 볼로냐가 "사회-직업적 내용물의 총체 및 관련 노동 문화
(Bologna 1991 : 22 [1997])라고 불렀던 것의 재구조화로 이어진다.

　이 재구조화는 갈등을 제거하지 않는다. 그것은 갈등이 새로운 형태
로 재출현하기 위한 조건을 창출할 뿐이다. 각각의 공동체에게 구성은
정치적 구성과, 즉 "자율적이고 계급의식적인 행동 방식들 및 관련 노

동계급 불복종 문화의 총체"(같은 곳)와 일치한다. 공동체들이 표현하는 조직 형태와 물질적 힘은 특정한 물질적·정치적 구성에 따라 역사적으로 다르다.

따라서 기러기식 [발전]으로 돌아가면 선두 국가/장소의 노동자와 공동체들이 (보통 오랜 노조 조직화 과정을 통해) 낮은 임금과 끔찍한 노동 조건을 제시하는 고용주의 능력을 제한하는 데 성공하거나 전반적으로 낮은 노동 재생산 비용에서 파생될 수 있는 수익성을 위협하면 외국인 직접투자는 생산[시설] 혹은 그 일부를 후발 국가로 옮긴다. 여기에는 두 가지 이유가 있다. 선두 국가에서 공동체 구성이 변하고 따라서 임금 및 비임금 생산자가 그 구성에 기반하여 건설할 수 있었던 조직 및 권리 형태가 위협받는다. 계급 구성의 재구조화와 더불어 후발 국가/장소에서 온 값싼 수입품으로 인해 선두 국가/장소의 노동력 가치가 억제되는 동안, 노동 과정의 새로운 직조가 가능하게 만든 새로운 생산 부문의 발전은 상대적으로 더 낮은 사회적 불안과 함께 축적 과정을 다시 시작한다.

수입된 구성이 지역의 문화적·사회경제적 내용물과 뒤섞인 후발 국가/장소에서 공동체 구성은 상대적으로 새로운 것이다. 생산 노동 및 재생산 노동의 결합과 그에 상응하는 투쟁은 계속해서 긴 조직화 작업을 겪어야 한다. 후발 국가/장소에서 이러한 생산 형성의 전제조건은 물론 종획을 예비하는 물결이다. 이것이 시골에 강제된 빈곤이든, 식품 보조금 같은 다양한 권리 형태의 축소든, 아니면 특히 확산된 노동 예비군의 맥락에서 형편없는 보수를 받는 임금 노동을 바람직한 대안으로 만드는 어떤 정책이든 말이다.

이 과정은 물론 본질적으로 끝나지 않는다. 선두 국가/장소와 후발 국가/장소에 곧 사회적 불안과 투쟁의 새로운 물결이 들이닥칠 것이다. 그것은 시간적으로 재발생했다는 측면에서뿐 아니라 공동체 구성의 새로운 직조가 지닌 열망의 본성과 조직 형태라는 측면에서도 새로운 것이다. 게다가 이 모델은 국제 노동 분업 내에서 지역들 간의 수직적 위계를 암묵적으로 인정할 뿐 아니라 이 위계를 자본주의적 축적을 위한 동력으로 전환한다. 결국 이 모델 내에서 이 구조적 위계의 종말을 상상할 수는 없으며, 그것의 끊임없는 구조적 전치만이 있을 뿐이다. 자본주의적 세계의 사회경제적 지리는 "발전된" 것과 "저발전된"[21] 것으로 구성되어 있고 늘 그럴 것이다. 이 발전과 저발전의 역동적 원리는 계급투쟁에서 벗어나려는 자본의 시도다.

각 국가 그룹에서 이전에 파편화된 노동력을 조직하는 느린 작업 그리고 사회 내 공동체들을 가로지르는 투쟁 순환의 느린 작업은 자본의 축적 능력을 위협하는 지점에 도달할 것이다. 그러면 수많은 노동력을 제공하고 빈곤이 널리 퍼진 새로운 층의 후발 국가/장소로의 생산 이전이 그 후발 국가/장소에서 투쟁을 몰아낼 것이다. 생산을 새로운 라인과 과정으로 개선할 뿐만 아니라 상대적으로 숙련된 노동 생산을 더 낮은 위계의 층으로 이전하는 것 그리고/또는 더 낮은 비시민 권리를 갖는 이민자의 유입을 규제/촉진하는 것은 선두 국가/장소에서 공동체 구성을 변화시킴으로써 투쟁을 몰아낼 것이다.

이 모델은 경제 주기가 늘 국가적 수준에서 지녔던 계급 갈등의 조절 속성을 국제적 수준에서 재정식화한다(Bell and Cleaver 2002). 자

---

21. 이것은 결국 자본주의적 생산양식 내에서 인간의 조건을 떠받치는 끝없는 무한경쟁을 정당화하는 근원이다. "누군가가 특정한 조건에서 벗어날 수 있는 가능성을 생각하기 위해 우선 필요한 것은 우리가 그 조건에 사로잡혀 있다고 느끼는 것이다. 오늘날 세계 인구의 3분의 2를 차지하는 이들의 경우 어떤 종류의 발전이든 발전을 생각하기 위해서는 우선 자신을 저발전된 상태로, 저발전이 함축하는 모든 짐을 짊어진 상태로 지각해야 한다"(Esteva 1992:7).

본의 관점에서 최적의 관리는 위계적으로 조직된 무역 지역의 관리일 것이다. 여기서 호황과 불황, 구성과 탈구성은 끊임없는 총 투자 흐름을 가능하게 하는 방식으로, 따라서 축적을 가능하게 하는 방식으로, 따라서 지역 경제의 침체를 일관된 전체 성장과 축적의 도구로 만드는 방식으로 동기화된다.

남아시아의 경험은 이 패턴을 지역적 수준에서 입증하는 것처럼 보인다. 첫 번째 층의 신흥공업국(홍콩, 한국, 싱가포르, 타이완)이 출현한 이후 첫 번째 층(특히 한국)에서 노조가 권리를 획득하고 임금이 크게 인상되자 곧 두 번째 층(인도네시아, 말레이시아, 태국)이 출현했다. 그런 다음 외국인 직접투자는 노동집약적 생산을 촉진하기 위해 첫 번째 층에서 임금이 더 낮은 두 번째 층의 국가/장소 – 특히 인도네시아 – 로 이동했다. 마지막으로 노동집약적인 기본 재화를 생산하는 값싼 노동력을 엄청나게 비축하고 있을 뿐 아니라, 국제 기준에 따르면 상대적으로 낮은 임금을 받지만 여전히 비교적 높은 생활수준을 누릴 수 있는 숙련 노동자까지 갖춘 중국이 지난 10년간 지역의 주요 행위자로 부상했다. 기반시설 개발을 촉진하는 국가 계획과 그에 상응하는 시골 지역의 종획 그리고 사회적 갈등의 관리에 대한 강력한 경찰/군대의 개입과 함께한 이것[중국의 부상]은 다시 '비교 우위'를 변화시켰고 그 지역과 그 밖의 지역을 위한 새로운 경쟁 '기준'을 – 물론 늘 그렇듯이 위기가 중국에도 닥칠 때까지 – 부과했다. 뉴스 보도는 이제 여러 부문에서 인도가 새로운 시험대가 되는 것이 당연하다고 말하고 있다.[22]

---

22. 비버리 실버(Silver 2003 [2005])는 최근 투쟁과 자본 재배치를 연결하는 전 지구적인 주기적 패턴을 기록하고 광범위한 경험 연구를 진행했다. 그녀는 1870년부터 1996년 사이 노동 소요에 대한 세계노동연구집단(World Labour Group)의 광범위한 데이터베이스를 이용하여 자동차 산업과 섬유 산업에서 노동계급 투쟁에 대한 세 가지 "재정립"(fixes)을 발견했다. "자본가들은 특정 산업의 이윤 압박에 대응해 지리적 재배치(공

끝으로 '비교우위 변화'는 맑스가 계급투쟁으로 불렀던 것의 중심성, 즉 그것의 역동적 본성을 인식하기 위한 경제학자들의 용어다. 그 전략은 언제나 변화하는 국제 노동 분업 내에서 끊임없는 전치를 목표로 삼았다. 사회적 갈등을 규제하려는 시도에서 국민경제의 경제 주기가 수행한 역할처럼 기러기식 모델은 경제 개발 과정을 통해, 노동자와 공동체의 조직적 영향력을 최소화하는 방식으로 선두에서 후발주자로 기술적·사회적 구성의 끊임없는 이전을 통해 사회적 갈등의 관리를 성취한다. 변화하는 비교우위라는 서사로 만들어진 훈육 논리는 선두 및 후발 국가/장소의 상이한 갈등 지점들이 일시적으로 추방되는 한에서만 작동할 수 있다는 것을 알아야 한다. 만일 데이비드 하비(Harvey 1989 : 284~5 [2013])의 "시공간 압축"이 사회 내의 조직된 노동과 다른 운동들을 위한 것이라면 이러한 자본의 전략의 아킬레스건을 실제로 보여 주기란 어렵지 않을 것이다.

지구화를 자본주의적인 사회적 생산 관계의 지구화로 인식하는 것 그리고 무역을 사회적 생산 관계를 위한 훈육 장치로 인식하는 것은 두 가지 중요한 함의를 갖는다. 첫째, 우리는 무역 자유화 전략을, 갈등을 추방함으로써 자본주의적 노동을 부과하려고 하는 전략으로 독해할 수 있다. 실제로 전 지구적 무역 패턴의 함의를 관찰함으로써, 몇몇 사람들이 제안하는 것처럼(Rifkin 1995 [2005]) "노동의 종말"의 시

간 재정립)나 공정혁신(기술/조직 재정립)을 수행하지만, 또한 혁신적이고 더욱 이윤이 높은 새로운 생산라인과 산업으로 자본을 이동하려 시도한다." 즉 "제품 재정립"[을 시도한다]. "이런 이동에 따라 곧이어 새로운 노동운동이 출현한다(그리고 기존의 노동운동은 쇠퇴한다)"(Silver 2003 : 76 [2005 : 122]). 노동력을 재생산하는 비임금 노동자들의 투쟁을 설명하기 위해 우리의 틀에서 "재생산 재정립"이라 부를 수 있는 것을 그 데이터베이스로 추적하는 것은 불행히도 가능하지 않다. [저자는 이 각주에서 "제품 재정립"(product fix) 대신 "제품 이동"(product shift)이라는 표현을 사용하고 있으나, 실버의 원문을 볼 때 이것은 전자의 오기로 보인다. ─ 옮긴이]

대를 예견하기란 매우 어렵다. 반대로 자본주의적 노동 — 자본의 가치화 과정과 척도에 매여 있는 행위 — 은 사회적 통제의 한 형태이며 사회적 장을 점점 더 포괄한다. 따라서 둘째, 대안을 찾을 때 우리는 특정 부문과 지역에서 시장 자유가 가져온 사회 부정의와 부의 분배의 측면에서 무역 자유화의 파괴적인 효과만을 그저 지적할 수는 없다. 자본주의적 관계의 '양'와 '음'은 본래 서로 맞물려 있고 둘 다 훈육 메커니즘의 계기들이다. 그러므로 대안의 정의에서 핵심 교훈은 살림살이를 공동 생산하는 규범을 재정의하는 것이어야 한다. 그것은 지구를 가로지르는 사람들과 공동체들 사이의 경쟁 관계를 넘어 재정의해야 하는 규범이다.

3부

맥락, 경합, 텍스트 :
담론과 그것의 충돌하는 실천들

10장

맑스, 그리고 우리가 직면한 종획

자본은 종획한다

자본주의적 훈육 과정은 자생적으로 출현하지 않는다. 공통장의 종획이라는 적극적인 전략이 그 과정을 가능하게 만들며, 그 전략은 사람들이 살림살이를 재생산하기 위해 자본주의적 시장에 더 의존하게 만든다. 정말로 자본은 종획한다. 오늘날 전 지구적인 정의와 연대 운동을 구성하는 다양한 운동들은 점점 이 자명한 사실을 인정하고 그에 맞서 싸우고 있다. 댐 부지 조성을 위해 공동체를 이전시키려는 시도에 반대함으로써, 물과 같은 기본 자원과 공공 서비스의 사유화에 저항함으로써, 공동체 건설과 토지 점거를 통해 새로운 공통장을 창출함으로써, 수백만 에이즈 환자의 생명을 위협하는 지적재산권의 지대 부과에 맞서 투쟁함으로써, 시장이 부과하는 화폐 장벽을 넘어서 단순히 음악과 소프트웨어를 다운로드하고 공유함으로써, 이전 세대의 투쟁 주체가 쟁취한 권리와 자격의 축소에 저항함으로써 말이다.

실제 사회적 투쟁이 많은 형태의 자본 종획에 맞서고 있다는 증거가 늘어나고 있음에도, 자본이 종획한다는 점은 비판적인 사회·경제 이론에 의해 충분히 이론화되지 않았다.

이른바 "공유지의 비극"

주류 연구 쪽에서 종획이라는 광범위한 문제는 정당화와 실행 방식의 문제로 나타난다. 첫 번째 경우 "공유지[공통장]의 비극"이라 불리는 것이 있다. 개럿 하딘(Hardin 1958)이 처음 제기한 이 주장의 핵심에 따르면 공통장은 환경 파괴와 전반적인 자원 고갈에 대한 유인을 제공하며, 불가피하게 그러한 결과를 낳는 자산 제도arrangements다. 이것은 공통장을 "자유롭게"[무상으로] "관리받지 않고" 접근할 수 있는 자원으로 이해하기 때문이다. 이러한 틀에서는 아무도 공통장을 돌볼 의무가 없다. 공통장이 널리 퍼져 있는 사회의 사람들은, 맑스가 「고타 강령 비판」에서 말한 "각자에게는 필요에 따라"의 원리를 따라 살아간다고 하딘은 주장한다. 하딘은 공통장을 원자화되고 경쟁하는 "경제 인간들"이 가능한 한 많이 [자원을] 취하는 자유 경쟁free-for-all 공간으로 가정함으로써, 자연적 필연으로 추정되는 것에 뿌리를 두고 공통장 공간의 사유화를 정당화하려 했다.[1] 하딘은 공통 자원에 대한 접근 방식을 협상하는 공동체가 없는 공통장은 없다는 점을 간과하고 있다. 덧붙여 말하자면 이것은 공동체를 파괴하고 분열시키지 않으면 그와 동시에 공통장을 종획할 수 없다는 것을 뜻한다.[2]

---

1. 하딘의 접근법을 비판하는 예로 Anderson and Simmons 1993을 보라. 로널드 코스는 하딘과 유사한 주장을 한다. 그의 이름으로 통하는 정리, 즉 코스의 정리는 오염이나 다른 '외부성'이 (오염 유발자뿐 아니라 오염 피해자로 이루어진) 이해 당사자들의 자발적인 협의를 통해 효율적으로 통제될 수 있다고 말한다. 코스의 정리의 핵심은 많은 오염 문제가 소유권이나 재산권이 명확하지 않은 공통 재화와 함께 발생한다는 점이다. 명확한 소유권이 있다면 '소유주'는 효율적인 오염 수준을 달성할 동기를 갖게 될 것이다. 따라서 공통 자원에 사적소유권을 부여하고 그에 따라 소유권 시장이 발달하면 자발적인 협의를 통해 오염을 줄일 수 있다. 이제 이것의 문제는 모든 인간 행동은 사회적 행동이고 따라서 반드시 외부성을 생산한다는 사실이다. 그러므로 코스의 틀에서는 모든 것이 종획될 수 있다. Coase 1988을 보라.
2. 공통장과 공동체의 관계에 대한 논의는 De Angelis 2003와 De Marcellus 2003을 보라.

두 번째 경우는 사유화의 양식 및 실행 방식과 그것이 가져온다고 하는 혜택을 다루는 광범위한 문헌을 언급하는 것으로 충분하다. 공공 서비스 같은 새로운 부문들에서의 무역 자유화 정책 이후 공통장의 종획이 출현하고 강화된 다른 분야들은 말할 것도 없다. 이 어마어마한 문헌에서 종획은, 우리가 완전히 빠져 있는 신자유주의 담론의 통주저음이다.

종획과 맑스주의의 무기력

비판적인 쪽에서 보면, WTO가 지원하는 무역 자유화 정책의 효과나 새로운 댐을 건설하고 수백만을 이주시키는 일의 막대한 사회적 비용 또는 물 사유화에 수반된 부정의를 증명하면서 이러저러한 사유화, 이러저러한 무역 자유화 전략을 반대하는 문헌은 물론 많다.[3] 그렇지만 우리가 직면하고 있는 종획의 힘의 본성을 뚜렷하게 밝히기 위해, 이론적 구상의 방식으로 그것을 종합하려고 시도하는 체계적인 연구는 거의 없다.[4]

고등교육 분야에서 이러한 분석을 적용한 것으로는 Harvie 2004를 보라.

3. 이쪽의 문헌은 정말로, 다행스럽게도 매우 광범위하다. 몇 가지 예로 지적재산권과 지식 종획(Shiva 2002b) 그리고 수자원(Shiva 2002a [2003])을 다룬 시바의 글을 보라. 볼리비아 코차밤바에서 물 사유화를 반대한 중요한 투쟁 흐름에 대해서는 〈웹 5〉를 보라. 지역 주민에게 댐이 끼치는 영향과 그들의 투쟁을 다룬 예로는 〈웹 1〉과 〈웹 2〉에 있는 나르마다 계곡의 사례를 보라. 푸에블라-파나마 계획하에서 중앙아메리카를 가로지르는 거대한 통합 종획 체계에 대해서는 Hansen and Wallach 2002를 보라. 서비스무역에 관한 일반협정(GATS)에 반대하는 캠페인은 기업의 의제가 사유화와 "종획"의 과거 형태에 "갇혀" 있을 뿐 아니라 새로운 형태를 촉진한다고 강조해 왔다. 〈웹 3〉과 〈웹 4〉뿐 아니라 Wasselius 2002를 보라. 부채의 효과에 대한 맹렬한 비난과 부채에 반대하는 투쟁에 대해서는 〈웹 6〉을 보라. 구조조정정책을 통해 부과된 종획을 반대하는 투쟁에 대한 폭넓은 연구는 Walton and Seddon 1994을 보라.

4. 세 가지 상이한 관점에서 비롯된 예외가 있다. 예를 들어 존 맥머트리의 연구는 시장을 하나의 윤리적 체계로 간주하고 공통장을 시장화에 대항시킴으로써 종합을 시도

몇몇 예외[5]를 제외하면, 종획을 자본주의적 체제의 발전하는 기둥으로 이론화하려는 시도에서 우리가 가장 역설적인 결함을 발견하는 곳은 맑스주의 문헌 내에서다. 이 문헌은 원리상 투쟁과 자본주의적 권력의 문제뿐 아니라 자본에 대한 대안에 매우 민감하다. 전통적인 맑스주의 문헌이 종획 문제를 다루어 온 방식에는 한 가지 주요 오류가 있다.[6] 그 문헌은 종획을 계보의 문제로 만들어 버릴 뿐 아니라, 선

한다. McMurtry 1988 ; 1999 ; 2002를 보라. 또 다른 예외는 존 홀러웨이의 연구(Holloway 2002 [2002])와 그가 오늘날의 혁명이라는 문제계에 대해 쓴 중요하고 참신한 분석이다. 마지막으로 하트와 네그리(Hardt and Negri 2000 [2001])는 그들이 "공통체"(commonwealth)라고 부르는 것에 이르는 길을 연다. 그들의 강점과 약점이 무엇이든 간에 이 저작들은 사회적 세력을 종획하는 자본의 문제계가 제기하는 전략적 문제를 배경으로 두고 있으며, 그것을 직접적으로 다루는 데는 실패한다. 이런 의미에서 이 장은 이 연구들을 보완하는 성격을 갖는다.

5. 그중에서도 Bonefeld 2001, De Angelis 2001a ; 2004a, Federici 1992, Midnight Notes Collective 1992, Perelman 2000를 보라. 웹 저널 *The Commoner* (www.thecommoner.org)는 대체로 이러한 연구 궤적을 추구하는 데 몰두한다. 이러한 접근법에 대한 비판으로는 Zarembka 2002를, 반비판으로는 Bonefeld 2002a를 보라.

6. De Angelis 2001a에서 나는 맑스주의 전통 내에서 시초 축적을 해석하는 주요 지평을 논의한다. 나는 레닌에게서 유래하는 "역사적인 시초 축적"과 룩셈부르크에게서 유래하는 "선천적이며 지속적인 시초 축적"을 확인한다. 좀 더 최근의 해석은 이 두 접근법의 기본적인 특징을 공유하는 것처럼 보인다. 예를 들어 모리스 돕(Dobb 1963 : 178)은 자본주의 발전을 다룬 자신의 대표적인 연구에서 시초 축적이라는 범주를 사용하여 중상주의 시대로 더 잘 알려진, 소유권이 축적된 명확한 시대를 가리킨다. 그러므로 돕에 따르면 시초 축적은 "역사적 의미에서의" 축적이다. 1950년부터 1953년까지 *Science and Society* 지에 게재된, 봉건제에서 자본주의로의 이행에 대한 유명한 논쟁에서 돕의 주요 상대였던 폴 스위지가 "본원적 축적의 시기가 지닌 본질적인 문제에 대한" 돕의 "탁월한 논의"를 인정한 것은 주목할 만하다(Sweezy 1950 : 157). (Hilton 1978에 수록된) "이행"에 대한 현재의 역사적 논쟁과 이후 그 논쟁의 전개와 변형, 가령 (Astor and Philperin 1985에 수록된) 1970년대 저널 『과거와 현재』의 브레너 논쟁과 『과학과 사회』지에서의 이후 언쟁(Gottlieb 1984 ; Leibman 1984 ; McLennon 1986 ; Sweezy 1986)은 시초 축적에 대한 이러한 역사적 정의를 공통적으로 승인하는 특징을 갖는다. 사미르 아민(Amin 1974 : 3 [1986])이 취한 접근법은 시초 축적을 역시적으로 앞선 한 시기에 설정하는 돕의 접근법과는 다르며, 아민이 세계 경제 내에서의 가치 이전으로 정의하는 것을 통해 일어나는 선천적이며 지속적인 시초 축적의 개념에 더 가깝다고 말하는 것이 타당하다. 이러한 일반적 틀 내에서 또 다른 해석은 월러스틴의 세계체제 개념이다(Wallerstein 1979

형적인 발전 모델 내의 계보로 만들어 버림으로써 종획을 이론에서 주변화한다. 단순하게 말하면 그 서사는 다음과 비슷하다. 자본주의 이전에 종획 혹은 '시초 축적'이 존재한다는 것이다. 이 수탈 과정은 자본주의의 전제조건이다. 왜냐하면 그 과정이 노동력과 토지 같은 상품을 위한 시장을 창출하고 발달시키기 때문이다. 그 일이 마무리되면 우리는 종획(혹은 시초 축적)에 대해 말하기를 중단하고 대신 '자본 논리'에 대해 말해야 한다. 이와 같이 '시초 축적'과 '자본 논리'는 뚜렷하게 분리되며, 그러므로 두 개의 구별된 맑스주의적 훈육들의 주제가 된다. 맑스주의 역사가들은 계보와 자본주의로의 '이행' 문제를 시초 축적 혹은 종획 문제와 매우 긴밀하게 연결된 것으로 논의한다. 그와 동시에 다른 한편에서는 맑스주의 경제학자들이 가치와 축적과 위기 문제 같은 '자본의 논리'라는 복잡한 문제를 논의한다. 마치 자신들의 코앞에 있는 사회적 실천들이 실제 진행 중인 종획과 아무런 관계가 없는 것처럼 말이다(그들의 틀에서는 이 종획이 과거 어느 시기에 이미 일어났기 때문이다).

이 틀은 이론적으로나 정치적으로나 매우 문제적이다. 이론적으로 보면 내가 이 장에서 주장할 바와 같이 종획은 '자본 논리'의 지속적인 특징이기 때문이다. 우리가 자본을 하나의 전체화된 체계[7]가 아니라, 2장에서 논의한 것처럼 자본에 대한 하나의 한계로 행동하는 다른 세력들과 공존하며 전체화의 충동을 가진 하나의 사회적 세력으

를 보라). 여기서 다룬 접근법과는 반대로 이러한 설명에서 나타나는 시초 축적의 지속적인 성격은 자본의 축적 및 유통의 "객관적인" 메커니즘만 강조하는 것처럼 보인다.

7. 맑스가 결코 언급하지 않는 자본주의 대신, 자본주의적 생산양식을 말하는 Smith 1996을 보라. 이것은 다른 생산양식, 다른 행위 양식, 서로 관계 맺는 다른 양식과 자본주의적 생산양식의 공존을 개념화하는 길을 연다. 그러므로 사회적 장을 세력들 간 관계의 전략적 장으로 고찰하는 길을 연다.

로 이해한다면 말이다. 새로운 시장 창출을 추구하는 제국주의의 전략에서만, 자본의 영향권의 변두리에서만 그런 것이 아니다. 우리가 자본의 영역을 『제국』처럼 영토적 외부를 갖지 않는 것으로 개념화할지라도[8] 종획의 중심적 역할을 우리가 살고 있는 세계의 일부로 인식할 이론적·정치적 필요는 존재한다. 이 세계에서 종획은 다른 가치 실천들과 충돌하는 하나의 가치 실천이다. 그것은 상품화와 종획을 통해 세계를 만드는 자본이거나 아니면 대항 종획과 공통장을 통해 세계를 만드는 나머지 우리the rest of us — 그 '우리'가 누구든지 간에 — 다. 이 사회적 세력들과 그에 상응하는 가치 실천들 간 충돌의 최종 결과를 맑스가 "계급투쟁"이라고 부른다면, 폴라니는 "사회의 이중 운동"이라는 관점에서 이론화한다.

[종획을 자본 논리와 구분되는 역사적 사건으로 인식하는] 틀이 정치적으로 문제적인 이유는, 종획을 선형적인 자본주의적 발전 모델 내의 계보의 문제로 가두는 것이 '대안'의 문제에 대해 맑스주의가 영감을 준 기여들을 무기력하게 만들기 때문이다. 여기서 무기력은 무력함, 즉 행동할 능력이 없는 상태로 이해할 수 있다. 실제로 고전 맑스주의가 물려받고 실천한 선형적인 역사 발전 모델에서 자본주의의 대안은 또 다른 '주의'일 수밖에 없다. 따라서 오늘날 전 지구적 정의 및 연대 운동 내에서 진행 중인 공통장을 위한 투쟁들은 그대로 평가받지 못한다. 자본의 대안을 발아시키는 것으로 평가받지 못하는 것이다. 맑스주의가 영감을 준 사고는 지금 여기서 대안을 형성하는 지적·정치적 노력에 가담할 수 없다. 그 사고의 틀은 완전무결한 미래로 투사되는 또 다른 '주의'를 위한 것이고, 일반적으로 그 사고를 정의하는 힘 모델은

---

8. Hardt and Negri 2000 [2001]을 보라.

왜 힘이 지금부터, 근본적으로 다시 행사될 수 없는지를 나머지 우리 the rest of us에게 설명하는 정치 엘리트를 필요로 하기 때문이다.9 따라서 현재 전 세계의 운동들이 다양하고 상이한 공통장을 실천하고 생산하며 그것을 위해 싸우고 있지만 — 따라서 자신들의 정치적 절합이라는 전략적 문제를 제기하고 있지만 — 전통적인 맑스주의 이론가들은 자신에게 친숙한 범주의 용어로 이 운동들을 개념화할 수 없다. 따라서 그들은 이 운동들을 그 친숙한 범주로 축소하려고 노력한다. 그렇게 할 때 대안을 다루는 풍부한 논쟁에 대한 그들의 기여는 정말 보잘것없다. "해답은 하나, 혁명"이라는 식이다.

종획은 비전통적인 비판적(맑스주의적·탈근대적) 담론에서도 무시된다. 실제로 우리가 9장에서 언급했듯이 현대의 지배 형태를 탈훈육으로 여기는 들뢰즈-네그리의 명제는 전쟁과 구조조정이라는 수단으로 신자유주의 정책들이 종획을 오히려 강화하고 있는 시대에 전 지구적인 사회적 신체에 대한 종획의 전략을 망각한다.

이 장에서 나는 맑스의 '시초 축적' 분석에 대해 대안적 독해를 제안한다. 이는 자본주의적 관계와 축적의 구성 요소로서 '종획'의 지속적인 관련성을 보여 주는 것이다. 이러한 관점에서 종획은 자본주의적 발전의 어떤 수준에서든 자본의 전략이 지닌 특징이다. 다음 장에서 나는 오늘날의 다양한 새로운 종획을 보여 주는 방법으로서 하나의 분석 틀을 간략하게 제안하고, 가치 실천들 간 투쟁의 최전선으로서 종획의 의미를 논의한다.

---

9. 다른 해방적 힘 모델, '지향력'(power-to) 또는 역능(potentia)과 비교하여 '지배력'(power-over) 또는 권력(potestas)으로 이해되는 이러한 힘 모델에 대한 논의는 Holloway 2002 [2002]를 보라. De Angelis 2005b에서 나는 지배력이 지향력과 대립된다는 사고를 논박한다. 오히려 지배력은 지향력의 한 양상이다. 그것은 상이한 지향력들이 행사되고 상응하는 조직 영역이 반대 방향으로 움직이면서 생겨난 창발적 결과다.

맑스와 종획의 지속적인 성격

이른바 시초 축적

맑스주의의 전통적인 해석에 따르면 이른바 시초 축적[10]이라는 맑스의 개념은 자본주의적 생산양식의 전제조건을 낳은 역사적 과정을 가리킨다. 이 전제조건이란 주로 신생 노동 시장에서 판매되는 자신의 노동 지향력 외에는 다른 살림살이 수단을 갖지 못한 인구 부문의 창출과 신생 산업을 위해 사용될 수 있는 자본의 축적을 말한다. 이 개념에서 '시초'라는 형용사는 봉건주의로 이해되는 과거와 자본주의로 이해되는 미래를 가르는 명확한 시간적 차원에 해당한다. 그러나 스미스처럼 재고보다는 사회적 관계로서 자본을 정의하는 것에 초점을 맞춤으로써[11] 맑스의 시초 축적 정의는 다른 해석의 가능성을 연다. 시초 축적이 축적의 전제조건이려면 그것은 자본의 권력 행사의 전제조건이어야 한다. 후자는 자본의 생산을 특징짓는 분리 관계를 통해 계속되는 인간 생산에 다름 아니다. 따라서 맑스는 자신의 '시초 축적' 담론으로 이 자본관계의 전제조건을 알려줄 수 있다. "자본관계는 노동의 실현 조건의 소유와 노동자 사이의 완벽한 분리를 전제로 한다."[12]

이로부터 다음의 결론이 나온다.

자본관계를 창출하는…과정은 노동자를 자기 노동조건의 소유에서 분리시키는 과정 바로 그것이다. 그것은 두 가지 변형을 작동시키는 과정이다. 그것은 사회적 살림살이 수단과 생산수단을 자본으로 전환

---

10. 이 책에서 나는 "시초 축적"과 "종획"을 교환 가능한 이론적 용어로 사용한다.
11. Perelman 2000을 보라.
12. Marx 1976a : 874 [2008 : 963].

시키고 직접 생산자를 임금 노동자로 전환시킨다.[13]

따라서 "이른바 시초 축적은… 생산자를 생산수단에서 분리시키는 역사적 과정에 다름 아니다."[14]

맑스의 시초 축적 정의를 주의 깊게 검토함으로써 우리는 종획 또는 시초 축적이 계보의 문제를 규정하지만, 자본에게 그 계보의 문제는 지속적으로 나타난다고 주장할 수 있다.

분리

이러한 시초 축적 이해의 핵심인 동시에, 자본주의적 축적에 대한 맑스의 이론 및 정치적 이해와 일치하는 세 가지 주요 지점이 있다고 생각한다. 먼저 처음 두 가지를 살펴보자.

1. 맑스가 말하는 생산자와 생산수단의 분리는 시초 축적뿐 아니라 축적의 공통적인 특징이다. 그러나 ─ 그럼에도 불구하고 중요한 ─ 둘 사이의 차이는 정도의 문제다.[15]

---

13. Marx 1976a : 874 [2008 : 963].
14. Marx 1976a : 874~5 [2008 : 963]. 우리는 『자본』 [1권]의 이 편(篇)의 구조에서 계급 관계를 강조하는 맑스의 암시를 찾을 수도 있다. 맑스는 이 편의 두 장(27장과 28장)을 노동계급의 형성에 할당하고 세 장(29, 30, 31장)을 부르주아지의 형성에 할당한다[저자가 참고하는 『자본』 펭귄판은 한국어판(길, 2008)과 목차 구조가 다르다. 27~31장은 각각 한국어판 24장의 2~6절에 해당한다 ─ 옮긴이].
15. 맑스는 『자본』 3권에서 진정한 축적이란 "더 많은 힘으로 발생하는" ─ 맑스가 1권에서 분리의 관점에서 정의한 ─ 시초 축적에 다름 아니라고 강조한다(Marx 1981 : 354 [2010 : 326]). 『잉여가치학설사』에서는 훨씬 더 명확하다. 맑스는 이렇게 쓴다. 축적은 "분리를 재생산하며, 계속 증가하는 규모로 노동과 대립하는 물질적 부의 독립적 실존을 재생산한다"(Marx 1971 : 315, 강조는 인용자의 것)[강조 표시가 되어 있지 않다]. 그러므로 "시초 축적에서 별개의 다른 역사적 과정으로 나타나는 것이 지속적인 과정으로 단순하게 나타난다"(Marx 1971 : 271, 311~12). 그는 『정치경제학 비판 요강』에서 다시 말

2. 이 분리는 맑스의 정치경제학 비판에서 (유일한 중심 범주는 아니지만) 하나의 중심 범주다.

"분리"는 무엇을 의미하는가? 축적의 맥락에서 생산자와 생산수단의 분리는 본질적으로 "산 노동의 객체적 조건들이 주체적 존재로서의 산 노동 능력에 대하여 분리된, 독립적인 가치들로 나타나며, 따라서 이 노동 능력은 그 조건들에 대하여 단지 다른 종류의 가치로서 현상할 뿐"[16]이라는 것을 의미한다. 다시 말하면 종획을 통해 객체가 주체를 지배하며 행동deeds이 행위를 명령한다.[17] 인간 활동이라는 행위는 자본 축적의 우선순위에 적합한 형태로 바뀐다. 이 분리는 주류 경제학의 물신화된 범주에서 분명하다. "노동"을 생산의 한 요소로 부르는 것은 인간 활동, 삶 과정, 수단 그리고 생산된 객체를 목적으로 부르는 것이다. 우리는 우리가 "가치 투쟁들"이라고 불렀던 것이 완전히 보이는 곳에 있다.

사회적 수준에서 이 분리는 산 노동과 생산 조건을 서로 대립하는 독립적인 가치들로 상정한다는 것을 뜻한다.[18] 그러므로 이 분리는 맑스

한다. "이 분리가 일단 전제되면, 생산 과정은 그것[객체적 조건들]을 새롭게 생산하고 재생산하며, 더욱 큰 규모로 재생산할 수 있을 뿐이다"(Marx 1974 : 462 [2007 : 85]).

16. Marx 1974 : 461 [2007 : 85].

17. Holloway 2002 [2002 : 43~44]를 보라 [홀러웨이는 "태초에 행동(deed)이 있었다."고 말한 괴테의 말을 인용하면서, 행동 이전에 행위(doing)가, 행위 이전에 절규가 온다고 말한다. ─옮긴이]

18. "산 노동 능력의 객체적 조건들은 산 노동 능력에 대하여 독립적인 실존으로 전제되었고, 산 노동 능력과는 구별되고 이에 대하여 독립적으로 마주 서는 주체의 객체성으로 전제되었다. 따라서 이 객체적 조건들의 재생산과 실현, 즉 확대는 동시에 그 조건들을 노동 능력에게 무차별적이고 독립적으로 마주 서는 낯선 주체의 부로서 재생산하고 신생산하는 것이다. 재생산되고 신생산되는 것은 산 노동의 이 객체적 조건들의 현존일 뿐만 아니라 이 산 노동 능력에 대하여 독립적인 가치, 즉 낯선 주체에게 속하는 가치들로서의 그것들의 현존이다."(Marx 1974 : 462 [2007 : 85]).

의 물화 이론, 즉 주체의 객체로의 변형을 위한 근본적인 조건이다. 이 분리를 통해 "노동의 객체적 조건들이 살아 있는 노동 능력에 대하여 주체적 실존을 획득하고"[19] 산 노동, 즉 탁월한 "주체적 존재"는 사물들 사이에 있는 하나의 사물로 전환되며, "그것은 다른 사용가치를 가지는 가치들인 자기 자신의 가치화 조건들 곁에 있는 특수한 사용가치를 가지는 가치일 뿐이다."[20]

그러므로 분리라는 사고는 생산 대상, 생산수단, 생산물 그리고 다른 생산자들로부터 소외된 노동이라는 맑스의 소외된 노동에 대한 분석을 정확히 반복한다.[21] 이 정의에 함축된 대립은 물론 "특유한 생산 관계, 즉 생산 조건의 소유주들이 산 노동력을 하나의 사물로 취급하는 특유한 사회적 관계"[22]를 표현하면서 충돌하는 대립이다. 이 동일한 소유주들은 "인격화된 자본"에 불과한 것으로 간주된다. 여기서 자본은 "단 하나의 생명력, 즉 자신을 가치화하고 잉여가치를 창조하며, 자신의 불변 부분인 생산수단을 통해 가능한 한 최대한의 잉여노동을 흡수하려는 충동"[23]을 갖는 것으로 이해된다.

분리라는 개념을 통해 자본은 (애덤 스미스의 말처럼) 사물이 아니라 사회적 관계라는 맑스의 언급을, 결과적으로 사회적 관계의 축적으로서 자본 축적을 명확하게 알 수 있다.

자본주의적 생산 과정을 … 전체적인 연결된 과정으로, 즉 재생산 과

---

19. Marx 1974:462 [2007:85].

20. Marx 1974:462 [2007:85].

21. Marx 1975 [2006]를 보라.

22. Marx 1976b:989. 맑스의 분석에서 물화와 상품 물신주의의 연관성에 대한 좀 더 자세한 분석은 De Angelis 1996를 보라.

23. Marx 1976a:342 [2008:332].

정으로 고찰하면 그것은 단지 상품이나 잉여가치만을 생산하는 것이 아니라 한편에는 자본가, 다른 한편에는 임금 노동자가 있는 자본관계 그 자체를 생산하고 재생산한다.[24]

3. 축적과 시초 축적의 차이는 본질적인 차이가 아니라 이 분리가 시행되는 조건과 형태의 차이다. 맑스는 이것을 경제 외적 세력의 실행을 요구하는, 생산자와 생산수단의 '첫' 분리로 언급한다.

축적과 시초 축적 양자의 공통적인 특징을 정의했으므로 둘의 변별성을 구성하는 것으로 돌아가야 한다. 이 변별성은 '시초' 축적이라는 계보학적 성격에 있다. 엄밀한 의미의 축적과는 반대로, "시초 축적이라고 할 수 있는" 그것은 "… 특수한 자본주의적 생산의 역사적 결과가 아니라 그 역사적 기초다."[25] 두 개념은 동일한 원리 ─ 분리 ─ 를 공유하지만 두 가지 상이한 존재 조건을 가리킨다. 후자[시초 축적]가 분리를 처음으로 생산하는 것을 뜻한다면 전자[26][축적]은 동일한 분리를 더 큰 규모로 재생산하는 것을 뜻한다.[27]

따라서 맑스에게 핵심적인 차이는 이 분리의 발생 시기에 있다기보다 ─ 순차적인 요소는 자연히 늘 존재하지만 ─ 이 분리가 시행되는 조건과 환경과 맥락에 있다. 예를 들어 맑스는 『정치경제학 비판 요강』에서 자

---

24. Marx 1976a : 724 [2008 : 793].
25. Marx 1976a : 775 [2008 : 851].
26. [옮긴이] 원문에는 "후자"(the latter)라고 되어 있으나 "전자"의 오기로 보인다.
27. "한편의 노동조건과 다른 한편의 생산자 간의 이런 분리가 바로 자본의 개념을 사실상 이루는 것이다. 즉 이것은 시초 축적으로 시작하여 … 그 후 끊임없는 자본의 축적과 집적 과정으로 나타나고 결국 여기에서 이야기하는 바와 같이 기존 자본의 소수 수중으로의 집중과 다수 자본의 탈락으로 나타난다"(Marx 1981 : 354~5 [2010 : 326]).

본의 등장(생성) 조건과 자본의 실존(존재) 조건의 구별을 강조한다. 전자는 "실재적 자본이 등장하면서 사라지"지만 후자는 "자본의 등장 조건들"이 아니라, "자본의 현존의 결과로서" 나타난다.[28] 맑스는 여기서 단순하지만 결정적인 지점을 강조하고 있다. "일단 역사적으로 발달하면, 자본은 자신의 (등장을 위한 조건이 아니라 존재의 결과로서의) 실존 조건들을 스스로 창출한다."[29] 그러므로 자본은 생산수단과 생산자의 분리를 (점점 큰 규모에서) 재생산하기 위해 질주한다. 그러나 첫 번째 분리의 생산은 비인격적인 "순수한" 경제 법칙 영역 외부에 상정되는 사회적 세력을 암시한다. 생산수단과 생산자의 첫 번째 분리는 둘 사이 대립이 낳은 첫 번째 산물에, 자본주의에서 사회적 노동이 획득하는 특유의 소외 성격의 첫 번째 확립에 상응한다.

이것은 새로움의 요소다. 즉 축적은 주로 "노동자에 대한 자본가의 지배를 확실하게 만들어주는 경제적 관계의 조용한 강제"에 의존하지만, 시초 축적의 경우 분리는 주로 국가[30]나 사회 계급의 특정 부문[31]과 같은 "직접적인 경제 외적 세력"[32]을 통해 부과된다고 맑스가 강조할 때 가리키는 것처럼 보이는 "독창성"의 요소다. 다시 말하면 맑스에게 시초 축적은 분리가 명백한 수탈 관계로 나타나는 사회적 과정이다. 이 관계는 아직 자본의 정상화, 즉 "평상적인 사태의 진행"이 취하는 물신적 성격을 지니고 있지 않다. 혹은 푸코의 말을 빌리자면 그것은 정상화되지 않은 분리다 … 아직은. 또는 도전받지 않은 분리의 정

---

28. Marx 1974 : 460~1 [2007 : 82~83].
29. Marx 1974 : 459 [2007].
30. Marx 1976a : 900 [2008 : 991].
31. Marx 1976a : 879 [2008 : 967].
32. Marx 1976a : 899~900 [2008 : 990~991].

상화다…아직은.

첫 분리는 언제 일어나는가? 만일 당신이 자본주의를 우리 실존의 완전한 포괄적 조건으로 여긴다면 대답은 매우 간단하다. 그것은 자본주의 이전에 일어난다. 그러나 우리가 2장에서 논의했듯이 사실 사람들은 자본주의 안에 살고 있지 않다. 사람들은 보통 중첩되는 생활세계들 안에 산다. 예를 들어 공장, 학교, 마을, 가족, 사이버공간 — 즉 객체 및 타인과의 중대한 관계 영역 [안에 산다]. (자본주의가 아니라) 자본이 하는 일은 자신의 이미지로 (공장 같은) 생활세계를 창조하거나 기존의 생활세계를 식민화하려고 시도하는 것이다. 즉 생활세계가 자본의 우선순위와 충동을 위해 작동하도록 만드는 것이다. 그리고 자본은 처음부터 상이한 정도로 이 일을 해 왔으며, 어떤 주어진 역사적 시기에 상이한 생활세계들은 상이한 정도로 식민화되었다. 자본은 어떤 다른 사회적 세력이 — 예를 들어 사회화된 인류 — 그것을 멈춰 세우거나, 아니면 자본이 모든 삶을 식민화할 때까지 식민화 시도를 멈추지 않을 것이다. 그래서 역설적으로 자본주의의 진정한 실현은 삶의 종말(그러므로 자본주의에 대한 모든 대안의 종말!)과 일치한다.

종획을 특징짓는 분리의 첫 번째 성격은 종획이 새로운 삶의 영역으로 들어가는 입구라는 점이다. 첫 번째 분리는 두 경우에 일어난다. 첫 번째는 자본이 자신의 우선순위를 통해 잠재적으로 식민화할 새로운 삶의 영역을 발견할 때이다. 이 목록은 토지 종획부터 사유화를 통한 수자원 종획, 지적재산권의 집행을 통한 지식 종획까지 무한하다. 두 번째 경우는 자본과 대립하여 행동하는 다른 사회적 세력들이 자본의 상품 생산으로 이미 정상화된 사회적 공간을 발견하고, 그것을 되찾기 위해 투쟁하여 공통상의 공간으로 바꿀 수 있을 때이다.

두 경우 모두 자본은 저항에 대하여 새로운 상품화 영역을 촉진하거나, '공통인들'에 의해 자신이 직면한 첫 공격에 대하여 낡은 상품화 영역을 보전하는 종획의 전략들을 고안해야 한다. 두 경우 모두 자본은 종획의 담론이 필요하고 그에 따라 상품 생산을 확장하고/거나 보전하는 담론적 실천이 필요하다.[33] 그러므로 종획과 그것의 대립물 ─ 공통장 ─ 이라는 문제를 둘러싸고 우리는 급진적인 대안 담론으로 들어가는 근본적인 입구에 서 있다.

지속성, 사회적 갈등 그리고 대안들

위의 세 지점은 시초 축적의 시기에 대한 새로운 이해로 이어지며 이를 통해 우리는 그 시기의 지속적인 성격을 인식할 수 있다. 맑스의 시초 축적 분석에 대해 지금까지 제시한 해석은 두 가지 서로 연결된 기본적인 지점을 드러냈다. 첫째 시초 축적은 생산자와 생산수단의 분리를 처음으로 생산한 것이다. 둘째 이것은 종획이, 상충하는 가치 실천들을 지닌 사회적 세력들 사이의 전략적 지형을 규정한다는 것을 뜻한다. 이 주어진 형태의 전략들을 실제로 실행하는 것은 물론 역사적·지리적·문화적·사회적 맥락에 의존한다.

시초 축적의 범주를 (정치-이론적이라기보다) 역사적인 범주로 축소하는 것은 분명 자본주의적 생산양식이 사회적 재생산을 조직하는 지배적인 양식으로 확립되기 이전에 시초 축적이 일어난다는 사실로 인한 혼동이다. 그러나 그 개념에 대한 정치-이론적 해석은 만일 시간적 차원이 존재한다면, 그 의미는 종획이, 자본 축적이 발생하려면 필

---

33. 예를 들어 환경 공통장의 경우 탄소배출권 담론과 그에 따른 '오염권' 시장의 창출과 발달은 전 지구적 공통장으로서의 환경이라는 담론과 대립하여 서 있다.

요한 기반, 가정, 기본적인 전제조건이라는 뜻임을 강조한다. 이 마지막 정의는 맑스 자신의 것이며 고전적인 '역사적 해석'이 채택한 정의보다 더 일반적이고, 그에 따라 후자[역사적 해석]를 포괄한다는 점에 주목해야 한다. 이것은 만일 시초 축적을 그것이 자본 축적을 위해 충족시키는 전제조건의 관점에서 정의한다면 그것의 시간적 차원은 원리상 자본주의적 생산양식의 확립 시기와 자본주의적 생산양식의 보전 및 팽창 시기를 모두 포괄하기 때문이다. 공동 생산자들이 생산수단으로부터 그들의 분리, 앞서 기술된 관점으로 이해되는 분리의 재생산에 대한 장애물로 작용할 때라면 언제라도 말이다.

다시 말해서 자본의 장벽 극복은 자본의 역학에 따른, 예의 필연적인 결과가 아니라 조건부 결과로 또한 필연적 열망으로 이해해야 한다. 이 열망은 자본의 충동 및 동기뿐 아니라 새롭게 생겨나는 자본의 대안에 대한 자본의 생존 본능에 내포되어 있다. 역사는 열려 있다. 자본에도, 지구에서의 다른 삶을 위해 투쟁하는 나머지 우리에게도.[34]

그러므로 맑스의 이론적·비판적 틀 내에서 시초 축적의 정의에 내재된 분리는 전前자본주의적 사회관계와 비교되는 자본의 기원뿐 아니라 이 분리와 충돌하는 사회적 세력들에 대한 자본의 우선순위의 재주장으로 이해할 수 있다. 따라서 전前자본주의적인 자율의 공간(영

---

34. 이것을 기술하는 또 다른 방법은 칼 폴라니의 "이중 운동" 개념을 이용하는 것이다 (Polanyi 1944 [2009]). 한편에는 시장의 역사적 운동이 있다. 이 운동은 내적 한계가 없으며 그러므로 사회의 존재 자체를 위협한다. 다른 한편에는 자신을 지키려는, 따라서 자신을 보호하는 제도를 만들고자 하는 사회의 성향이 있다. 폴라니의 관점에서 맑스의 시초 축적의 지속적인 요소는 시장으로부터 사회를 보호하는 제도를 해체하고자 하는 사회 과정들 혹은 일군의 전략들에서 찾을 수 있다. 그러므로 우리가 사회의 다른 운동을 인정할 때, 맑스의 시초 축적 이론의 재정식화에서 지속성이라는 결정적인 요소가 발생한다. 물론 폴라니와는 달리 우리는 이 '이중 운동'의 행위자가 단순히 '국가'가 아니라 풀뿌리라고 믿는다.

국 자작농의 공유지, 노예 상인의 표적이 된 아프리카 인구의 경제)이 시초 축적 전략의 유일한 대상은 아니다. 자본주의적 축적 과정의 촉진을 향한 '경직성'을 구성하는 계급이나 그와는 반대로 움직이는 계급 간의 어떤 주어진 힘의 균형도 종획 전략의 대상이 된다. 우리가 사회적 경합을 자본주의적 생산관계의 지속적인 요소로 여긴다면, 자본은 축적의 '기반' 자체를 재창조하는 시초 축적의 전략을 지속적으로 활용해야 한다.

이러한 시초 축적의 연속성이라는 요소는 시초 축적 과정을 기술하는 맑스의 경험적 분석과 일치할 뿐 아니라 그의 이론적 틀에 포함된 것처럼 보인다. 이것은 축적이 "더 높은 단계의" 시초 축적과 동일하며, "일단 자본이 존재하면, 자본주의적 생산양식 자체는 끊임없이 증가하는 규모로 역사적 역전이 일어날 때까지 이 분리를 유지하고 재생산하는 방식으로 진화"[35]하기 때문이다. 이처럼 '역사적 역전'이 축적의 한계로 설정되듯이, 종획의 전략도 – 자본의 관점에서 – 그 '역사적 역전'에 대한 도전으로 설정된다. 사회적 갈등이 생산자와 생산수단의 거리를 줄인다는 의미에서 축적 과정에 장애물을 만드는 한, 이 연합의 운동을 뒤집기 위해 사용되는 어떤 전략도 – 맑스의 이론 및 정의와 일관되게 – '시초 축적'으로 범주화되어야 한다.

맑스의 글은 이 점을 명백하게 일깨우고 있다. 그가 "평상적인 사태의 진행"[36]이라고 부르는 것 – 즉 경제적 관계의 조용하고 정상화된 강

---

35. Marx 1971 : 271. 강조는 인용자의 것.
36. 축적은 "노동자에 대한 자본가의 지배를 확실하게 만들어 주는 경제적 관계의 조용한 강제"에 의존한다. 이 경우 "물론 직접적인 경제 외적 세력도 여전히 사용되긴 하지만 예외적인 경우에만 사용된다. 사태가 평상적으로 진행될 때, 노동자는 '생산의 자연법칙'에 맡겨놓기만 하면 된다. 즉 생산조건 그 자체에서 발생하고 또 그것에 의해 영구히 보장되는 자본에 대한 노동자의 의존에 그대로 맡겨두면 된다"(Marx 1976a : 899~900

제 — 과 "시초 축적"의 핵심적인 차이는 "교육이나 전통, 관습에 의해서 그 생산양식의 요구를 자명한 자연법칙으로 인정하는 노동계급"[37]의 존재로 보인다. 그러므로 노동계급이 자본의 요구를 자연법칙으로 수용하는 한 축적은 시초 축적을 필요로 하지 않는다. 그러나 노동계급 투쟁은 그러한 수용의 파열을, 즉 수요 공급 법칙에 대한 불복종, "평상적인 사태의 진행"으로의 종속에 대한 거부, 자본의 규범에 대한 '외부'의 상정, 이미 코드화된 것에 대한 '타자성'을 정확히 재현한다. 이것은 자본주의적 경제 활동을 구축하고 "평상적인 사태의 진행", 즉 "자본주의적 생산의 자연법칙"[38]에 내포된 정상화된 합리성의 (재)확립과 유지를 위한 요인으로 작동하는 담론적 실천으로 이해되는 경제적 담론의 파열 또한 의미한다. 자본의 정상성에 대한 이 실제적·담론적 도전에 맞서 '경제 외적 수단'이 전개된다.

취업자와 실업자 사이의 모든 단결은 이 법칙의 '순수한' 작용을 교

[2008:991].

반대로 "자본주의적 생산의 역사적 맹아기에는 [그렇지 않았다]. 이제 막 성장하고 있던 부르주아지는 임금을 "규제"하고, 즉 이윤을 보장하는 범위 내에 임금을 묶어두고, 노동일을 연장하며, 또 노동자의 의존 상태를 정상적인 수준으로 유지하기 위하여 국가권력을 필요로 했고 또 이를 사용하기도 했다. 이것이야말로 이른바 시초 축적의 본질적인 측면이다'(같은 곳). [원문의 각주에서는 "정상적인"(normal)이 "역사적인"(historical)으로 되어 있으나 오기로 보인다. 저자가 인용한 펭귄판에도 "정상적인"으로 쓰여 있다. — 옮긴이]

37. Marx 1976a : 899~900 [2008 : 990].

38. "노동자들이, 자신들이 더 많이 노동할수록 타인의[낯선] 부를 더 많이 생산하는 이유가 무엇인지에 대한 비밀을 알게 되는 순간, … 그들이 노동조합과 같은 조직을 통해 취업자와 실업자 간의 계획적인 협력을 조직하여 자본주의적 생산의 자연법칙이 그들 계급에게 주는 파멸적인 결과를 분쇄하거나 약화시키려고 시도하는 순간, 자본과 그 추종자인 정치경제학자들은 이것을 '영원한' 그리고 이른바 '신성한' 수요·공급법칙에 대한 침해라고 규탄하게 된다'(Marx 1976a : 793 [2008 : 870]).

란한다. 그러나 다른 한편 … 불리한 여건으로 말미암아 산업예비군의 창출과 자본가계급에 대한 노동자계급의 절대적 예속이 방해받게 되자 자본은 그의 고루한 산초 판사와 함께 '신성한' 수요·공급 법칙에 반기를 들고 강제 수단을 통해 그 법칙의 부족함을 채우려 하기도 한다.[39]

그러므로 "시초 축적은 … 특수한 자본주의적 생산의 역사적 결과가 아니라 그 역사적 기반"[40]이며, 또한 자본주의적 생산 내에서 사회적 갈등 고유의 지속성에 의존하는 지속적인 성격을 획득한다.

---

39. Marx 1976a : 794 [2008 : 870].
40. Marx 1976a : 775 [2008 : 851].

11장

한계 없는 종획

전선으로서의 종획

우리가 보았듯이 생산수단으로부터 사람들의 '분리'를 강조하는 것은 '시초 축적'을 과거 어느 시점에 일어났던 일이라기보다 자본주의적 축적의 지속적인 과정의 일부로 이해하는 길을 연다. 그것은 M-C-M´ 가치 실천으로 실행되는 지속적인 팽창 — 엄밀한 의미의 축적 — 에 대한 자본의 충동의 뿌리에 있는 지속적인 과정이다. 축적과 '시초' 축적은 모두 자본을 하나의 사회적 세력으로 상정하며 이 세력은 한계를 극복해야 한다. 그러나 축적에서의 한계가 단순한 양적 한계인 반면, 시초 축적 혹은 넓은 의미에서 종획의 경우 자본이 극복해야 하는 한계는 질적 한계다. 종획과 더불어 축적을 위한 새로운 사회적 공간이 창조되며, 이 창조는 구체적인 한계를 식별하고 그것의 극복을 위한 전략을 전개함으로써 시작된다. 이 한계를 식별하는 세력은 — 새로운 삶의 영역을 식민화하려고 하는 — 자본일 수도 있고 자본과 대립하는 다른 사회적 세력일 수도 있다. 어느 경우든 종획은 자본이 한계의 극복에 착수할 때면 언제라도 자본에게 하나의 전략적 문제로 출현한다. 이 한계를 식별하는 것이 자본 자신이든 아니면 삶의 영역을 탈상품화하여 공통장을 창출하려고 시도하는 삶-회복 세력이든 말이다. 만일 자본이 한계를 극복하기 위해 그것을 식별해야 한다면 우리의 비판은 자본의 식별 과정을 드러내고 자본의 한계 극복을 제한하는 전략을 고안하기 위해서 그 과정을 식별해야 하고, 그에 따라 개방된 그 공간에서 정치적 실천과 대안적 기획을 수립해야 한다.

자본이 한계를 극복하려는 자신의 충동에서 식별하는 두 가지 주요 한계 유형이 있다. 하나는 변경frontier으로서의 한계로, 다른 하나는 정치적 재구성recomposition으로서의 한계로 부를 수 있다.

1. 변경으로서의 한계. 변경은 식민화된 것과 식민화할 수 있는 것을 나누는 경계로 나타난다. 자본의 변경 식별이란 자본주의적 생산관계와 행위 양식에 의해 아직 상대적으로 식민화되지 않은 사회적 삶 공간의 식별을 뜻한다. 이러한 관점에서 이 공간이 명확하게 ─ 제국주의라는 담론적 실천에서의 잠재적 식민지 정의처럼 혹은 자본의 틈새 내에서 ─ 기존의 자본 영역 '외부에' 있는지, 하트와 네그리가 쓴 것처럼 "제국" 내부에 있는지는 중요하지 않다.[1] 어느 경우든 변경을 식별하는 것은 자본이며 이 변경의 식별은 종획 공간, 즉 정책과 실행이 새로운 삶의 영역에서 사람들과 생산수단의 분리를 더욱 촉진하는 지평의 창출을 뜻한다. 이 경우 한계를 식별하고 구체적인 종획 전략에 착수하는 주도권은 자본에서 나온다. 이 식별의 전략적 성격은 명백히 종획 공간의 식별이 자본이 '종획할 수 있는' 주체로 간주하는 것의 필연적인 저항을 극복하려는 시도를 함축한다는 사실에서 기인한다. 토지 종획 같은 모든 고전적인 종획 사례뿐 아니라 투쟁을 통해 과거에 쟁취된 권리를 종획하는 사례는 이 범주에 속한다. 좀 더 은밀한 다른 실행들도 이

---

1. Hardt and Negri 2000 [2007]을 보라.

범주에 속한다. 문화 공통장의 종획이나 담론의 헤게모니적 재정의가 그 예다. 여기서 종획 전략의 성공적인 전개는 사회적 신체를 가로지르며 자본의 생산관계가 심화되는 과정을 낳는다.

2. 정치적 재구성으로서의 한계. 여기서 한계는 자신의 활동과 가치 실천을 자본에 대립하여 제기하는 사회적 세력에 의해 자본에게 식별된다. 운동이 상품화와 축적에 대한 끝없는 충동에 사회적 장벽을 세움으로써, 시장 논리와 단절된 공통장 및 권리 공간을 열어젖힘으로써 자본주의적 생산과정에 제약을 가할 때마다 자본은 이 장벽의 철거(또는 흡수)라는 전략적 문제와 필요에 직면한다. 이 경우 한계는 자본에게 하나의 정치적 문제로 출현한다. 폴라니는 이것을 근대 자유주의 사회의 "이중 운동"이라고 부르지만, 이 운동을 주로 그것의 제도화를 통해 이해한다.

그러므로 첫 번째 경우 자본이 극복해야 하는 한계는 자본 자신에 의해 정의된다. 두 번째 경우 한계는 자본에 대립하는 사회적 세력에 의해 자본에게 정의된다. 오늘날의 역학의 맥락에서 이 두 가지 식별 과정 모두 "새로운 종획"[2]의 많은 유형을 정의한다. 어느 경우든 대항 종획, 즉 공통장의 공간이라는 문제를 제기하지 않고 자본에 대한 대안을 사고할 수 없다. 자본에 대한 대안들은 고정성을 수립하고 공간을 해방시켜 축적에 한계를 부과한다. 요컨대 어떤 대안이든 '대항 종획' 세력으로 작용한다. 이것은 물론 7장에서 '통치성' 문제로 다룬 자본의 대안 흡수라는 문제를 발생시킨다.

---

2. 예를 들어 새로운 종획을 다룬 『미드나잇 노츠』(*Midnight Notes*)의 1992년 호에 실린 Federici 1992와 다른 글을 보라. Caffentzis 1995도 보라.

종획의 유형

종획은 상품화 과정에서 출현하지만, 공통장 회복과 상품화 반대 투쟁에 대한 대응으로 출현하기도 한다. 가령 '사유화'라는 이름으로 진행되는 전략으로, 혹은 공통장과 공동체를 생산하는 실천 전체에 종획을 다시 씌우는 계급 전략으로 말이다. 첫 번째 경우 그 전략은 세계은행이 지원하고 수십만 농업 공동체를 위협하는 인도의 댐이 삶의 조건을 공격하는 것부터, 수십만 메트로폴리탄 가족을 위협하는 영국의 사회적 지출 삭감이나 남[South] 국가의 국제 채무 상환을 위한 사회적 지출 삭감까지 다양하다. 두 번째 경우 영국 내전 시기의 세인트조지힐[3]이나 오늘날 브라질의 토지 점거 물결[4]에서처럼 또는 음악 및 소프트웨어 생산의 지적재산권에 대한 사실상의 대규모 불법 우회와 '크

---

3. 1649년 4월 1일 일요일, 작은 빈민 집단이 런던 근교의 왕과 왕족의 사냥터인 윈저그레이트포레스트 가장자리에 있는 세인트조지힐에 모였다. 그들은 "공유지 소유권의 상징적 장악"(Hill 1972:110)으로서 땅을 파기(digging) 시작했다. 열흘 안에 그들의 숫자는 4, 5천 명으로 불어났다. 1년 뒤 "그 거주지는 강제로 해산되었고 오두막과 가구는 불에 태워졌으며 디거스파(the Diggers)는 그곳에서 쫓겨났다"(같은 책:113). 영국 역사의 이 에피소드는 "피수탈자에 대한 피의 입법"이라는 제목을 단 맑스의 『자본』 1권 28장[마르크스 2008:24장 3절]에 일관성 있게 포함될 수 있다. 그러나 그 장의 대부분이 토지 수탈이 유발한 대중 행동(부랑, 구걸, 절도)을 범죄화하고 탄압하고자 하는 튜더 입법을 다루는 반면, 이 에피소드는 시초 축적이 저항과 투쟁의 패턴에 대하여 의미를 획득한다는 점을 명확하게 함으로써 한 단계 더 나아간다. 이 에피소드는 토지의 공유지로의 전환을 위해 토지를 직접적으로 재전유하고자 한 도시 빈민과 땅 없는 빈민 대중의 능동적이고 조직적인 활동을 함의한다. 맑스의 말을 바꾸어서 표현하면 그것은 "생산자와 생산수단을 결합"시키고자한 활동이었다. 그러므로 디거스파를 해산하기 위해 당국이 사용한 폭력을 맑스의 이론과 일관성 있게 '시초 축적' 조치로 이해할 수 있는 것은 분명하다. 그 조치가 생산자와 생산수단의 분리를 재도입하기 때문이다. 맑스가 시초 축적을 논의하는 28장에 이 에피소드는 포함되어 있지 않지만, 그는 투쟁이 국가의 입법과 [힘의] 균형을 이루는 몇 가지 사례를 언급한다. 이 균형은 이 투쟁에 직면한 자본의 '후퇴' 또는 투쟁을 억누르기 위한 시도를 나타낸다.

4. Branford and Rocha 2002를 보라.

리에이티브 커먼즈'[창조적 공통장]의 수립에서처럼, 종획을 자본이 공통장의 생산에 부과하는 하나의 외적 한계로 식별할 수 있다. 정치적·사회적 운동이 공통장의 생산으로 극복해야 하는 것은 이 장벽이며, 보통 공통장의 생산은 전통적인 정당 정치보다는 직접 행동과 시민 불복종 실천의 결과다. 자본이 모든 사회적 장에 침투하고자 하는 맥락에서 이 공통장의 생산이 종획에 맞선 투쟁이기도 하다는 것 또한 분명하다. 이렇게 종획에 대한 자각과 실질적인 식별이 발생하는 것은 공통장의 생산이 기존에 (예를 들어 과거 계층화된 종획을 통해) 확립된 재산권을 문제화하거나, 과거에 확립된 공통장을 지키는 투쟁이 국가가 시도하는 새로운 종획의 위협을 문제화하기 때문이다. 다시 말해서 우리가 종획을 아는 정도는 종획이 우리와 직면하는 정도다. 상이한 유형의 공통장에, 다시 말해 종획에 의해 즉각적으로 위협받지 않는 공통장에 여전히 뿌리내리고 있는 다른 모든 사회적 상호작용에서 (언어를 예로 들어보자), 우리는 우리의 삶을 방해받지 않고 살아간다. 여기서 우리는 우리가 이 공통장 내에서 관계 맺는 방법(말하자면 우리가 서로에게 이야기하는 방법)의 문제에만 몰두한다. 이 '방법'의 물질적 기반을 구성하는 '것'이 공통적인지 아닌지의 문제가 아니라 말이다. 우리는 그것을 당연하게 여긴다.

우리가 보았듯이 사유화, 시장화, 북뿐 아니라 남에서 권리의 삭감, 구조조정정책의 효과, 생물자원 수탈, 지적재산권, 자원 사유화 등의 과정을 다룬 비판적 문헌은 방대하다. 그러나 이러저러한 종획 유형들을 자본 비판에 뿌리를 둔 일관성 있는 전체로 끌어모으는 일에는 그다지 많은 노력이 이루어지지 않았다. 이 광대한 그림은 자본주의적 체계의 관점에서 종획의 역할을 이해하는 것으로부터 생겨난다. 즉 M-C-M'의 발생지로서 그리고 그것의 연속적인 재생산에서 종획이 수행하는 역할에서 생겨난다. 이 관점에서 이 모든 상이한 종획 유형들과 그에 따른 종획 전략들은 공통의 특징을 공유한다. 경쟁 시장과 자본으로서의 화폐가 매개하지 않는 사회적 부에 대한 모든 접근에서 사람들을 강제로 분리시키는 것이다. 그러한 접근이 사람들에게 세계 경제의 기업 사기꾼과 경쟁 시장 관계로부터 어느 정도의 자율성과 독립성을 제공할수록 그것은 사람들을 활력화한다. 따라서 새로운 종획은 '공통장', 즉 다양한 정도로 시장으로부터의 보호를 제공하는 것이 주요 특징인 사회적 삶 영역의 파편화와 파괴를 겨냥한다.

다른 한편 새로운 공통장의 유형학이 논쟁 되기 시작한다. 다양한 옹호자들이 세계 경제에서 발생하는 다양한 문제와 쟁점에 대한 해결책으로 서로 다른 공통장을 제시하고 있다. 예를 들면 시민 공통장5, 환경 공통장, (물과 같은) 자연자원 공통장, 공통 유산 자원 등이 있다.6 많은 경우, 종획에 맞선 투쟁을 인정함으로써 이러한 유형의 공통장을 식별할 수 있게 되었고, 그래서 이 투쟁들은 새로운 공통장을 위한 투쟁처럼 긍정적이고 제안적인 내용으로 이해되기 시작했다.7 예를 들면 자연 공통장은 물 사유화에 반대하며 설정된다. 생활 및 지식 공통장은 식물 다양성에 대한 토착 지식을 수탈하는 유전자 구조의 특허와 생물자원탐사에 반대하며 설정된다. 마지막으로 공통장으로서의 공공 서비스는 사유화와 서비스 무역에 관한 일반협정GATS에 반대하며 설정된다.

종획과 공통장의 대립이 오늘날 문헌에서 나타나고 있지만 나는 그것의 함의가 지닌 급진성이 충분히 이론화되어 있다고 생각하지 않

---

5. McMurtry 2002를 보라.

6. IFG 2002를 보라.

7. Klein 2001 [2012]; 2003b를 보라.

는다. 이것은 두 가지 이유 때문이다. 첫째, 종획하는 세력을 일반적으로 정책(예를 들어 신자유주의적 정책)의 측면에서만 담론적으로 식별하기 때문이다. 이 정책들을 자본 고유의 충동이 지닌 특별한 역사적 형태로 이해하기보다 말이다. 이런 말이 신자유주의 특유의 양상을 인식하는 것의 중요성을 무시하는 것은 아니다. [오히려] 그 반대다. (세계사회포럼이나 유럽사회포럼 같은) 시민사회와 사회 운동의 많은 공공 포럼에서, 문제는 신자유주의가 아니라 '자본주의'라는 것을 우리에게 상기시키는 맑스주의자들은 대개 정치전략적 연결이 아니라 교조적인 연결을 만든다. '신자유주의'라는 용어가 특별한 역사적 시기에 나타나는 자본가의 전략을 식별하기 때문에, 자본의 대안을 다루는 효과적이고 지적인 담론은 다양한 역사적 시기에 공통적인 자본의 내재적인 충동과 역사적 우발성을 절합할 수 있어야 한다. '교조적' 맑스주의자가 전략의 역사적 형태보다 '내용'을 우선함으로써 이 절합에 실패한다면, 운동 내부의 다른 많은 접근들은 '내용', 즉 자본의 충동과 절합하지 않고 역사적 형태만을 강조한다. 따라서 둘째, 이 후자의 접근법에서 공통장은 (무엇보다 자본에 한계를 설정함으로써, 그와 동시에 대안과 그것의 문제화를 위한 공간을 여는) 자본에 대한 대안으로 존재하는 사회적 실천이 아니라 보통 대안적인 '정책'으로 이해된다. 여기가 자본이 공통장을 흡수할 위험이 있는 곳이다. 예를 들어 창조성과 혁신을 촉진하지만 그런 다음 시장을 통해 다른 공통장에 맞서고 대립하는 형태로 절합되는 사회적 관계들의 공간처럼 말이다.

셋째, 시장이 매개하지 않는 사회적 자원에 접근하는 양식으로서 현재 떠오르는 공통장 담론은 사회적 재생산의 우선순위를 재정의하는 데 도움을 주는 더 넓은 담론으로 가는 입구가 될 수 있다. 그러나 그렇게 하기 위해서는 이 정치적 담론이 모든 유형의 종획을 반대할 가

유형	양식
토지와 자원	토지 정책 : 직접적인 수탈(예. 멕시코의 에히도)이나 간접적인 수단(예. 현금세의 사용)을 통해 외부성 : 토지 오염(예. 나이지리아의 오고니 지역, 인도의 집약적 새우 생산) 재전유에 대한 대응(예. 브라질의 〈토지 없는 농민 운동〉(MST)에 대한 대응) 물 사유화(예. 볼리비아) 신자유주의적 전쟁
도시 공간	도시 설계 도로 건설
사회적 공통장	사회적 지출의 삭감 권리 삭감
지식과 생활	지적재산권 교육의 시장화

〈표 1〉 새로운 종획의 유형과 양식의 분류

능성에 열려 있어야 한다. 그 종획이 낡은 유형이든 새로운 유형이든, 경제 담론에 의해 상이한 정도로 계층화되고 정상화된 유형이든 새롭게 떠오르는 유형이든 말이다. 이것은 위에서 논의한 것처럼 정치적 재구성을 통해 자본의 종획을 식별하는 과정을 필요로 한다.

어쨌든 실제 사례를 살펴보면서 새로운 유형의 종획에만 집중하자. 〈표 1〉의 첫째 열은 종획 유형에 대한 완전하지 않은 목록을 제공한다. 나는 다음 절에서 이것을 논의할 것이다.

종획 양식

이 첫 분리는 어떻게 일어나는가? 나는 종획이 시행되는 두 가지 일반적인 양식이 있다고 생각한다. '지배력'의 의도적인 산출물로서의 종획과 축적 과정의 부산물로서의 종획이 그것이다. 첫 번째 경우는 (사유화, 수출 진흥, 예산 긴축 등) 수많은 이름으로 진행되는 의도적인 전략을 가리킨다. 법령에 의해 18세기에 흔하게 일어난 영국의 종획은 이러한 종획 유형의 원형이 되는 양식이다. 두 번째 경우의 종획은 축적의 방치된 부산물이다. 주류 경제학자의 언어에서 이러한 종획은 '부정적 외부성'이란 이름으로 일어날 수 있다. 그 비용은 생산 기업 외부에 있는 사회적 행위자들이 부담하기 때문에 재화의 시장 가격에 포함되지 않는다. 오염은 오염 피해로 고통받는 이들이 생산자가 아닌 한 외부성 비용의 사례다. 어떤 이들은 이것을, 아래와 같은 사실 때문에 축적 과정에 동반하는 '분할하는 힘'이라고 불렀다.

> 산업화는 독립적인 힘이 아니라 … 자본을 위해 자연을 때려 부수는 망치다. 산업적 벌목은 숲을 파괴한다. 산업적 어업은 어장을 파괴한다. 산업적 화학은 유전자조작식품Frankenfood을 만든다. 화석 연료의 산업적 이용은 온실 효과를 만든다 등등 ─ 모든 것이 가치 팽창을 위한 것이다.[8]

이러한 분석에서 그것은 자원 고갈과 오염의 문제일 뿐 아니라 자원 고갈과 오염 그리고 다른 이른바 '외부성들'이 원주민에서 농부에 이르는 독립 생산자들의 파탄을 촉진하는 일에서 맡은 역할의 문제다. 여기서 자원 고갈은 종획 수단으로 이해된다. 또 다른 사례는 아시아의 쓰나미나 카트리나의 허리케인 같은 자연재해(이것은 자연의 항상성 과정의 산물인 한에서 자연적이지만 지구 온난화가 이 과정을 촉발했

---

8. Kovel 2002를 보라.

다는 점에서 인간이 만든 것이다)의 효과다. 이러한 자연재해는 어업 공동체를 내쫓고 남아시아 해변가를 따라 호텔 부지를 조성하거나 뉴 올리언스의 가난한 가구를 내쫓고 사유화된 개발 부지를 조성하기 위해 활용되어왔다. '부정적 외부성'의 원형 모델도 17세기와 18세기 영국의 토지 종획에 있다. 당시 토지 귀족은 여우를 사냥하면서 들판 전역에 말과 개를 풀어 놓았고, 소농의 작물을 망쳐버렸다.[9] 이 '부정적 외부성'의 행위자들과 소농 살림살이의 파괴자들은 오늘날 영국에서 사냥을 금지하는 의회 법안에도 불구하고 시골에서 '전통적인 삶의 방식'을 지켜야 한다고 주장하는 이들의 선조였다.

물론 이 두 가지 양식들이 시행되는 많은 구체적인 사례와 방식들이 있다. 〈표 1〉의 두 번째 열은 그것들 중 일부의 개요 목록을 보여준다.

토지는 영국과 식민지 종획의 고전적 사례처럼 직접적인 수단이나 간접적인 수단에 의해 다양한 방식으로 수탈될 수 있(으며 또한 그래왔)다. 예를 들어 후자의 경우 대부분의 인구가 농업에 의존하는 많은 남South 국가에서 현금세 강화는 주로 자급자족하는 농부들이 자신의 토지 일부에서 소위 '환금 작물'을 생산하도록, 즉 사람들의 자급에 도움이 되는 생산물 대신 현금 획득이 유일한 목적인 재화를 생산하도록 강제함으로써 수탈의 도구가 될 수 있다. (말레이시아, 인도, 중국에서처럼) 댐 건설 같은 수많은 대규모 개발 프로젝트나 환금 작물을 촉진하는 다른 수단들이 동일한 결과를 낳는다. 또 다른 형태의 새로운 토지 종획은 다국적 기업이 야기하는 환경 피해에서 비롯된다.[10] 새우

---

9. Perelman 2000을 보라.
10. 예를 들어 나이지리아에서 쉘의 석유 추출은 토지를 오염시키고 그 결과 마을 주민과 농부들의 살림살이를 위태롭게 만들었다고 비난받았다. [석유] 유출이 작물과 식수원

는 집약 산업의 방식, 즉 수산양식으로 세계 시장을 위해 생산된다. 이 것은 해안 지역 인근에 커다란 소금물 웅덩이를 수반한다. 시간이 흐르면 소금물은 토양에 침투하고 그에 따라 급수 시설을 오염시키며 지역 농부들의 땅을 자급 작물을 키울 수 없는 곳으로 만들어 버린다. 이러한 현대의 종획에서도 그 결과는 토지를 버리고 떠나도록 하는 것이다.

예전 종획이 투쟁을 수반했던 것처럼 새로운 종획에 대해서도 사람들은 스스로를 조직하고 저항 형태를 구축한다. 원주민이 전통적으로 보유한 공유지(에히도^{ejido})를 매각하려는 정부의 시도에 의해 촉발된 멕시코의 사빠띠스따 투쟁[11]과 브라질에서 '셍 테라' 운동^{MST} [12]이 벌인 토지 재전유 운동이 중요한 두 가지 사례. 전쟁, 특히 최근의 '신자유주의적' 전쟁 형태도 토지나 다른 유형의 종획으로서 그것이 지닌 효과의 관점에서 논의되어 왔다.[13]

새로운 종획의 침투를 보여 주기 위해 나는 여기서 도시 종획의 몇 가지 사례를 언급한다. 실제로 도시 설계는 축적 과정과 이윤 동기에 적합한 형태와 패턴으로 인간과 사회적 행동을 종획하려는 중요한 시

을 오염시켰고, 토양 비옥도를 해쳤으며, 연못을 오염시켜 동물의 살림살이 수단과 생물 다양성을 위협하는 등의 결과를 낳았기 때문이다. 이 사례의 일반적인 배경에 대한 논의는 〈웹 7〉을 보라. 석유 생산과 환경 피해의 관계(와 그 결과 황폐화된 자원에 의존하는 이들에 대한 종획의 위협과 그에 따른 그들의 투쟁)에 대한 일반적인 논의는 〈웹 8〉을 보라.

11. 예를 들어 Holloway 1998를 보라. 사빠띠스따의 투쟁 방법론이 치아빠스 외부에 끼친 영향에 대한 분석은 De Angelis 2000b와 Midnight Notes Collective 2001을 보라.

12. Branford and Rocha 2002를 보라 [셍 테라(Sem Terra)는 포르투갈어로 땅(Terra)이 없다(Sem)는 뜻으로 셍 테라 운동은 땅 없는 노동자들의 운동(*Movimento dos Trabalhadores Sem Terra*, MST)을 말한다. 브라질에서 약 150만 명이 참여한 것으로 추산되며, 라틴 아메리카에서 가장 큰 사회운동 중 하나다. ─옮긴이].

13. Federici 2002 [2013]과 Caffentzis 1983/2004.

도의 현장이다. 예를 들어 런던 워털루역의 커다란 중앙 홀 같은 공공 장소에 공공 벤치가 없는 것은 이해하기 어려운 일이다. 우리가 그것을 부랑 행동을 최소화하기 위한(이것은 초기 종획을 잇는 튜더 왕조의 '피의 입법'의 근거로 우리를 다시 데려간다), 즉 부랑 행동을 '보이지 않는 장소'로 주변화하기 위한 시도로, 또는 단지 피곤한 여행객을 근처 카페로 밀어 넣어 소비자로 전환하기 위한 시도로 이해하지 않는다면 말이다. 인간의 기본적인 생물학적 기능의 충족마저 서구의 기차역과 다른 공공공간에서 종획의 대상이 되었다. 볼일을 보는 영광을 누리려면 돈을 내야 한다. 한 번에 20펜스가 런던의 현재 요금이다 — 뭄바이 남부에서 광섬유 관로를 파는 인부의 일당이 거의 이 정도라고 들었다 (물론 대안은 맥도날드와 다른 패스트푸드 판매점을 공중화장실로 되찾는 것이다). 그뿐 아니라 런던처럼 팔걸이가, 혹은 로스앤젤레스처럼 돌출된 표면이 '종획한' 공공 벤치는 마이크 데이비스가 지적했듯이[14] 우리 현대의 '부랑자들'(특히 노숙자들)이 다리를 뻗지 못하도록 방해하고, 앉아서 쉴 때조차 '올바르고' '용인되는' 사회적 행동을 강화하는 사회공학의 도구로 존재한다. 벤치 공간의 종획은 도시를 이동 상태로 유지한다.

'사회적 공통장'으로 내가 의미하는 것은 지난 사회 운동의 결과로 만들어졌고 이후에는 제도적 관행으로 공식화된 공통장이다. 대표적인 사례는 보건, 실업 급여, 교육, 연금 같은 영역에서 복지 국가가 보편적으로 보장하는 일단의 권리·공급·자격이다. 이 사회적 공통장들은 그와 동시에 사회적 행동의 행정적 규제를 위한 장소로 기능했지만,[15]

---

14. Davis 1990 : 235를 보라.
15. Piven and Cloward 1972을 보라.

어느 정도는 상응하는 노동의 지출 없이 공공의 부에 대한 접근(즉, 직접적인 접근)을 가능하게 만들기도 했다. 지난 사반세기의 신자유주의적 정책은 이러한 특징을 점차 공격했다. 북North에서 이 사회적 공통장의 종획은 다른 여러 사례 중에서도 사회적 지출을 제한하는 유럽연합의 엄격한 '수렴 조건'[16] 부과를 통해, 대규모 사유화 및 구조조정 정책을 통해 (미국과 영국에서처럼) 복지를 노동복지로 변형시켰다. 그 대규모 프로그램은 워싱턴 컨센서스를 따르는 북뿐 아니라 남의 신자유주의적 정책, 제3세계의 부채 관리, 재화와 특히 서비스의 무역 자유화와 연결되어 있다. 이 모든 문제를 다루는 문헌은 물론 광범하다.[17]

지식 공통장의 종획은 접근과 내용 그리고 전달 양식의 측면에서 지식의 창출을 지휘하고 조형하려는 시도를 포함한다. 물론 여기에는 교육 민영화, 공공 도서관과 학교의 매각, 남South에서 교육에 할당되는 공공 재원의 결핍과 부채 상환의 관계, 좀 더 일반적으로는 교육과 지식을 경쟁 시장의 범행에 종속시키기 위한 전략을 규정하는 무수한 정책 더미가 있다.[18]

---

16. [옮긴이] 마스트리히트 기준으로도 알려진 수렴 조건(convergence criteria)은 유럽연합 회원국들이 경제통화동맹(EMU)의 3단계에 진입하고 유로화를 자국 통화로 도입하기 위해 충족해야 하는 기준이다. ("재정 기준"을 포함하면 사실상 다섯 가지인) 네 가지 주요 기준은 "부채 기준"과 "적자 기준"으로 구성되어 있다. "유로[화]를 채택한 나라의 경제 규모가 아주 다르기 때문에 단일화폐에 가입하기 위해서는 수렴 조건을 충족해야 한다. 즉 이자율과 인플레이션율, 공공부채와 재정적자가 일정 범위 내에서 상위 회원국의 패턴을 유지해야 한다. … 이 수렴조건은 경제권에서 패권을 유지하던 독일이 독일 마르크화를 포기하는 대신 자신의 모델을 EU에 심기 위해 내걸었으며 거의 그대로 채택되었다"("영국 4, 5년 안에 유로화 도입하지 않을 듯", 『오마이뉴스』, 2003.5.27.).

17. 비정규화(casualisation) 전략에 대해서는 Costello and Levidow 2001와 Gray 2004도 보라. 유럽통화동맹(EMU)에 대한 계급 분석은 Bonefeld 2002b를 보라. 에이브람스키가 편집한 선집(Abramsky 2001)은 유럽의 투쟁을 다룬다. 이 투쟁의 다수가 반종획 투쟁이라는 건 쉽게 알 수 있다.

18. 예를 들어 Levidow 2002, Rikowski 2002 그리고 Tabb 2001을 보라.

인류 역사의 대부분의 문화에서 지식은 인간의 사회적 상호작용의 문제로 축적되고 다음 세대에 전수된다. 언어, 농업 및 영농 방법 그리고 모든 기술이 그것 없이는 살아남을 수 없는 어떤 사회의 문화적 기반인 것처럼 유전자 역시 생명 자체를 구성하는 요소다. 그러나 생명 속에 있는 '지식', 즉 유전자를 '종획하는' 법안을 도입하라는 거대 다국적 기업의 압력이 커져 가고 있다. 생명 자체에 대한 지적재산권은 지식과 생명 전반의 종획 문제에 대한 논쟁을 촉발하는 데 기여했다. 이것은 투자와 연구의 의미에 대한 논쟁으로도 이어졌다. 예를 들면 제약 회사들은 그 분야의 투자가 유지되고 따라서 후속 연구가 이루어지기 위해서 특허가 필수적이라고 주장하지만, 많은 연구자들은 특허가 비밀 유지를 촉진하고 기금을 공익보다는 상업적으로 이윤을 낼 수 있는 것에 돌림으로써 후속 연구를 위협할 것이라고 주장한다. 생명에 대한 특허는 생물자원 수탈을, 그리고 여러 세대에 걸친 이름 없는 실험자들이 집합적으로 쌓아 올린 지식의 전유와 그 후의 사유화를 합법화한다. 특히 남South의 사람들을 희생양으로 삼으면서 말이다. 그것은 남의 공동체들이 예전에 공통으로 보유하던 자연 영역을 통제할 수 있는 새로운 수단을 산업에 제공할 것이다. 이 생명의 종획은 본질적으로 사회적이고 역사적인 지식 창출 과정에 대한 사적 소유 주장이 완전히 자의적인 성격을 갖고 있음을 보여 준다. 이 논의들은 맑스주의적 사고가 시급히 종획을 재개념화하고 생명과 지식을 공통장으로 다루는 근래의 정치적 담론에 기여해야 한다는 것을 드러낸다.

12장

'가치법칙', 비물질 노동, 그리고 힘의 '중심'

전 지구적 시장과 가치 실천들

앞의 두 장에서 우리는 '종획'의 측면에서 자본주의적 시장의 창출 과정을 이해했다. 이 종획은 사람들과 생산수단을 분리하는 전략이며 자연의 파편들뿐 아니라 사람들과 그들의 힘을 상품으로 전환한다.

종획은 오로지 시장의 사회적 상호작용이 일어나는 맥락을 만들 뿐이다. 종획이 사람들로 하여금 살림살이의 재생산을 위해 시장에 더욱 의존하도록 압박하면 시장은 그들의 활동을 만인이 만인과 대결하는 체계로 통합한다. 이 장과 다음 장에서 나는 사회적 신체(지금은 지구적 신체)를 만인의 만인에 대한 전쟁으로 구성하는 이 '통합'의 일반적인 특징, 자본의 착취·소외·가치화 과정과 투쟁하는 공동체의 자기가치화 과정의 맞물림, 마지막으로 가치 실천들의 충돌에 뿌리를 둔 주체화를 다룬다. 이 일반적인 특징은 '가치법칙'이라는 이름으로 불린다. 이 용어는 온갖 신조를 지닌 급진파뿐 아니라 고전 정치경제학 학자들 사이에서 한 세기 동안 이어진 논쟁을 불러일으켰다.

이 논쟁의 항목을, 그 저점과 고점, 그러니까 (그중에서 내가 수용하는) 사회적 신체에 자본주의적 노동을 부과하는 법칙에 대한 비판에서부터 (그중에서 내가 강하게 반대하는) 국가 자본주의적(즉 '현실 사회주의적') 노동의 부과를 이론화하는 틀까지, 종종 대조적이며 비극적으로 대립하는 방식으로 '가치법칙'에 부여된 의미를 틀지었던 패러다임적으로 상이한 담론들을 광범위하게 다룰 수는 없다. 대신 이 장과 다음 장에서 나는 이 '가치법칙'의 유사 과정적 특징을 논의하고, 반자본주의적 운동의 관점에서 그것을 이해하는 것은 결정적으로 그것이 직면한 것을 이해하는 것이라는 사실을 강조하고 싶다. 요컨대 자본주의의 극복, 즉 '역사의 시작'이라는 문제계는 결국, 모든 것을 자본의 척도로 환원하길 원하는 '가치법칙'을 극복하는 동시에 모든 것을 절합하는 다른 가치, 다른 척도, 다른 방식을 상정하는 문제계다.

자본주의적 지구화 : 집어삼키는 상호의존 형태

상세한 분석으로 들어가기 전에 우리 생활의 지구적 차원을 다루는 담론의 현상적 수준에서, 이 '가치법칙'이 이 '지구화된' 세계에서 우리에게 나타나는 방식은 언급할 가치가 있다. 전 지구적인 자본주의적 시장이 야기한 지구적 상호의존이 점점 강화된다는 것은 ─ 노동시장의 개인이든, 특정 산업의 기업이든, 자본과 투자를 유치하기 위해 다른 도시 및 국가와 경쟁하는 도시나 국가든 ─ 모든 규모의, 사회적 생산의 모든 '마디'가 특정한 행위 기준에 적응하도록, 특정한 사회적 협력 형태를 받아들이도록 압박하는 외적 세력과 대면한다는 것을 뜻한다. 그 목적은 경쟁자를 이기는 것이며 그렇지 않으면 살림살이 수단이 위협을 받는다. 그러나 '경쟁자를 이기는 것'은 그와 동시에 우리가 경쟁하고 있는 다른 공동체의 살림살이를 위협한다. 그들 역시 살림살이를 재생산하기 위해 시장에 의존하는 한 말이다. 우리가 우리의 필요를 충족하고 욕망을 따르기 위해 화폐와 시장에 의존할수록, 우리는 살림살이들을 서로 대결시키는 의존의 악순환에 더욱 노출된다. 우리 중 누군가는 승리하고 누군가는 패배한다. 어느 경우든 우리는 우리가 풍요로움을 찬양할 때 사실 결핍을 계속 재생산하게 되는 체계를 구축하는 일에 연루되어 있다.

'가치법칙'을 살피면서 우리가 이 오늘날의 자본주의적 시장을 염두에 두는 이유는 그 시장이 생산하는 결과의 유형에만 초점을 맞추기 위해서가 아니라 그 시장이 수반하는 사회적 관계 유형을 문제화하기 위해서다. 이 작업을 할 때 현대의 신자유주의적인 전 지구적 통합과정이 생산하고 있는, 그리고 대안지구화 운동의 많은 비평가들과 참여자들이 논의하는 수많은 '참혹함'을 분명히 경시해서는 안 된다. 사회적 과정과 사회적 관계를 분석하는 관점에서 내가 제안하는 것은, 자본주의적 시장의 핵심 문제는 '패자'의 창조라기보다 '승자'와 '패자'를 계속해서 창조하는, 사회적 신체를 가로지르는 생산적 '마디들'의 절합 양식이라는 것이다. 실제로 자본주의적 시장의 사회적 구성은 '보상'과 '처벌'이 계속되는 섭리들dispensations 중 하나, 즉 '훈육적 통합' 양식이다. 가치 실천들의 본질적 갈등과 유사 과정적 역동성으로 이해되는 이 '절합 양식'이 내가 보통 '가치법칙'이라고 부르는 것이다.

중요한 것은 주류 담론에 대한 비판의 근거를 이 '가치법칙'의 문제화에 두지 않는다면 자본의 이해관계와 가치 실천으로부터 담론적·실천적·정치적 자율성을 획득할 수 없을 것이라는 점이다. 더욱 걱정스러운 것은 이 자율성을 상실한 반대 운동은 그들이 반대하는 것과 함께 특정 담론에 갇혀 상이하지만 상호 관련된 부분을 담당하게 될 거라는 점이다. 그러므로 예를 들어 자본주의적 시장을 이데올로기적으로 찬성하든 반대하든 우리는 우리의 주장을 뒷받침하는 서사를 짜는 결과를 이 양식에서 선택하는 데 어려움을 겪지 않는다. 자본주의적 시장을 비판하는 이들은 재구조화, 저임금, 빈곤, 환경 파괴, 쫓겨남, 실업을 이야기한다. 이 모든 것들은 시장 과정과 쉽게 연결될 수 있다. 반대로 신자유주의의 다양한 가닥에 이데올로기적으로 헌신하는 이들은 대신 승자, 고임금, 지역의 환경·사회 지표 개선 등에 대한 이야기를 고를 것이다. 둘 다 사실이다. 왜냐하면 우리가 자본주의적 시장을 결과보다는 과정으로 바라볼 때, 그것들은 벗어날 수 없는 동전의 양면이기 때문이다. '호황'과 '불황'의 시기는 어떤 계급을 다른 계급보다 '현상학적으로 더 옳은' 것으로 만들며 이것은 끝없이 진동하는 상대주의를 낳는다. 물론 우리가 7장에서 본 것처럼 '사회적 안정'이 위기를 맞는 시기가 등장하여 핵심적인 체계적 메커니즘과 그에 상응하는 사회적 관계를 의문에 부칠 때까지는 말이다.

맑스가 "상품 물신주의"라고 불렀던 일상적 실천에 부합하는 경제 담론이 보통 모호하게 만드는(De Angelis 1996 ; Holloway 2002 [2002]; Marx 1976a [2008]) 자본주의적 시장의 관계적 의미는 또한 예를 들어 우리가 지구화에 대한 전통적인 이해를 세계 속의 사람들, 지역들 또는 국가들 간 상호의존의 증가로 읽을 때 이해할 수 있다. 상호의존은 우리가 서로에게 의존함을 뜻하지만 또한 그것은 우리가 하는 일이 세계의 다른 어딘가에 있는 타인에게 영향을 끼친다는 것을 뜻한다.

실제로 '서로에 대한 의존'과 '서로 영향을 주기'라는 상호의존의 이중적 의미는 오늘날 삶의 많은 영역에서 점점 분명해 지고 있으며 그것은 하나의 사태를 보여 준다. 상호의존은 떨어진 생활세계에 살고 있을 당신과 내가 동일한 순환고리에 붙잡혀 있다는 것을, 그리고 그 순환고리의 형태, 즉 우리의 의존을 절합하는 그 규칙과 방법 – 우리가 하는 것과 그것이 서로 영향을 주는 방식 – 은 우리의 삶을 지배하는 비가시적인 줄기라는 것을 의미한다. 이것은 우리의 위치성과 관점, 우리의 충동과 열정, 우리의 계산법과 이성, 우리의 정동과 느낌과 감정과 무관한 지배 형태다. 그러나 그것은 이 모든 위치성과 정동과 욕망을 절합하는 것이며, 우리 없이도 그 절합 형태에 대해 말할 수 있다. 이 형태는 우리가 우리의 일상 행동으로 헤엄치는 바다다. 그래서 우리는 그것을 보지 못하고 문제화할 수 없다.

따라서 예를 들면 남South의 한 국가에서의 댐 건설은 유럽의 미래 연금 수급자들이 자금을 댈 수도 있다. 연금 펀드 관리자는 그들의 돈을 시장에서 높은 수익을 내는 댐 기업에 투자한다. 그러나 이것은 댐 부지를 조성하기 위해 공동체를 몰아내는 것을 뜻한다. 기든스가 쓴 것처럼(Giddens 1990 : 64 [1991]), "수 마일 떨어져 일어나는 사건이 지역의 일을 형성하고 그 역도 마찬가지"인 것만은 아니다. 사실은 나의 연금의 가치가 세계의 일부 지역의 공동체를 성공적으로 몰아내는 것에 달려 있을 때(Schmid, Harris and Sexton 2003) 우리는 집어삼키는 상호의존 형태를 갖고 있다는 것이다! 이것은 자본주의적 시장이 상이한 공동체들(사적연금기금을 강요받는 노동자들의 공동체와 자신의 땅에서 쫓겨난 마을 주민들의 공동체)의 살림살이를 위한 필요를 서로 대립하는 방식으로 절합하는 분명한 사례다.

자본주의적 시장에 입각한 전 지구적 상호의존 형태는 모두 이런 식이다. 인간을 서로 대립시키는 전 지구적 메커니즘이 인간의 삶 보전 전략들을 절합하는 '상호의존'이다. 자본의 전 지구적 상호의존 형태가 의미하는 것은 오늘 내가 일터에 가서 경쟁 사회와 경제의 모든 요구 사항을 열심히 따르는 일이 세계 다른 어딘가의 누군가에게 영향을 끼친다는 뜻이다. 직설적으로 말해서 경쟁 시장 논리는 다음 세 가지 중 하나를 뜻한다. [1] '우리'는 '그들'보다 좀 더 효율적이며 따라서 우리는 그들의 파멸에 기여한다. [2] '그들'은 우리보다 더 효율적이며 따라서 '그들'은 '우리의' 파멸에 기여하고 있다. [3] 두 가지 반대되는 것들은 교대로 진실이 되고, 결과적으로 '그들의' 삶뿐 아니라 '우리의' 삶을 파멸하는 무한 경쟁을 초래한다.

'가치법칙', 그리고 자본이 민주주의와 자유에 부과하는 한계

전 지구적인 사회적 신체 속에 번지는 경쟁은 우리가 친구들과 하는 경쟁 경기와는 비슷하지 않다는 것에 주의해야 한다. 친구들과 테이블 축구게임을 할 때 나는 승리를 노린다. 그러나 이기든 지든 나는 결국 친구들과 먹을 것과 웃음을 나눈다. 이 유형의 경쟁은 악의가 없다. 그것은 공동체의 즐거움을 파괴하는 것이 아니라 강화할 수 있는 실천이다. 물론 내가 나쁜 패배자가 아니라면 말이다. 그러나 '경제' 경쟁은 궁극적으로 살림살이에 대한 위협 속에서 자신의 진짜 에너지를 발견하는 유형의 경쟁이다. 이것은 이 경쟁이 경제학자들이 말하는 '불완전한' '기능'인지와 무관하게, 실재인지 단지 모의模擬된 것인지와 무관하게 사실이다. 시장은 없지만 정부 기관이 새로운 기준을 정하여 시장의 역학을 모의하는 공공 서비스에서 점점 사실인 것처럼 말이다. 그것은 살림살이들을 서로 대결시키는 것에 기초한 사회적 관계 양식이다. 그렇게 함으로써 그것은 결핍과 공동체 파괴를 계속 재생산한다.

이 상호의존 형태는 오늘날 크게 논란이 되는 지구화의 위험하고 침투하는 성격의 근본적인 기초를 나타낸다. 문제는 상호의존성 자체가 아니다. 전 지구적 상호의존조차도 말이다. 사람들이 서로 가까워질수록 자원, 지식, 행위 방식, 문화적 형태, 경험, 음악 전통 등을 더 쉽게 공유할 수 있다. 이것은 많은 경우 사람들과 공동체의 삶이 풍성해지고 창조성의 새로운 지평이 열리며 교류가 심화됨을 뜻한다. 게다가 인간 사회, 좀 더 정확하게 말하면 협력하고 그에 따라 삶을 재생산하기 위해 상호작용하는 개인들의 네트워크는 상호의존의 정도 및 형태의 측면에서만 이해될 수 있다. 자본주의적 시장의 문제는 이 상호의 존의 형태, 즉 지구화 과정의 유형이다. 그러므로 문제는 이 통합이 일어나는 방식 – 즉 시장이 창출되는 방식 – 과 일단 수립되었을 때 이 통합이 작동하는 방식이다.

'가치법칙'이 뜻하는 바는 어떤 '마디'의 관점에서도 사회적 신체를 가로지르는 이 절합 양식이 훈육적이라는 점이다. 왜냐하면 시장은 보상과 처벌을 분배하는 사회적 과정을 통해 규범이 창출되는 메커니즘이기 때문이다.[1] 내가 여기서 생산 규범들로 언급하는 것은 우리가 다음 장에서 보게 될 것처럼 자본주의적 시장에서 가격으로 종합되는 행위 방식, 리듬, 협력 형태뿐 아니라 사회적 생산과 관련된 분배와 자원 할당에 대한 다양한 원리들이다. 생산 규범(즉 서로 관계 맺는 방식)은 다음과 같은 근본적인 질문에 대한 대답이다. 무엇을 생산할 것인가? 어떻게 생산할 것인가? 얼마나 생산할 것인가? 생산을 위해 얼마나 일해야 하는가? 누가 생산할 것인가? – 이것은 모두 우리의 사회적 신체의 재생산에 관한, 우리가 서로와 그리고 자연과 관계 맺는 방식에 관한 관계적 문제와 과정을 정의하는 매우 구체적인 질문들이다.

'가치법칙'이 궁극적으로 암시하는 바는 서로의 관계와 자신의 삶을 돌보는 사람들이 이 질문들에 직접 대답하지 않는다는 점이다. 따라서 그와 동시에 사회적 공동 생산의 규범과 사람들 간의 관계 규범은 시장을 통해서 집합적으로 정의된다. 그러나 이것은 개인과 공동체를 기만하는 방식이다. 왜냐하면 우리가 만들었고 우리가 일상적인 삶의 실천 속에서 '자연적'인 것으로 간주하는 추상적 메커니즘이 그 규범

---

1. 14장을 보라. 나는 그 장에서 벤담의 감옥 모델인 파놉티콘에 대한 푸코의 분석(Foucault 1977 [2003])을 기반으로 이 문제를 발전시킨다.

을 정의하기 때문이다. 따라서 '가치법칙'은 자본이 민주주의와 자유에 부과하는 한계다. 그것은 사회적 생산 규범을 구성하는 방식으로 사회적 신체를 절합하는 훈육 시장의 추상적 과정이다. 개별 사회적 행위자들이 자유로운 협력의 규범을 그들끼리 협상하기보다는 말이다. 이 시장 메커니즘에서 개별 행위자들은, 결국 시장 규범 자체에 영향을 미치는 활동인 시장 기준(또는 신자유주의적 국가 기구가 부과하는 모의 시장 기준)을 충족하거나 능가함으로써 맹목적인 메커니즘이 부과하는 기존의 타율적인 규범에 응답해야 한다. 이 끝없는 피드백 메커니즘에서 살림살이들은 서로 대결한다. 보상과 처벌이 체계에서 반복되면 규범이 만들어진다. 이것은 우리가 14장에서 보게 될 바와 같이 시장 자유를 옹호하는 프리드리히 하이에크가 잘 이해했던 과정이다. 자본주의적 시장의 출현을 설명하면서 힘과 종획 과정의 문제를 무시하지만 말이다. 그에게 시장이라는 추상적 메커니즘은 자생적으로 출현하는 자유의 체계다.

따라서 만일 또 다른 세계가 가능하다면 그 최소 조건은 우리가 사회적 행동을 다른 방식으로 조정하는 것이다. 이것은 사회적 생산에서 우리의 상호작용과 협력의 규범을, 살림살이들을 서로 대결시키는 맹목적이고 추상적인 메커니즘이 아니라 우리 자신(상호작용하는 사람들)이 직접 정의하는 방식이다. 자본의 '가치법칙'은 우리가 이 다른 세계를 구성하기 위해 넘어야 하는 근본적인 제약으로 서 있다.

'가치법칙'이란 무엇인가?

지금까지 나는 우리가 '가치법칙'이라는 용어에 접근할 때, 정반대로 대립되는 정치적 기획들과 연관된 다양한 의미와 복잡한 역사를 고려하여 주의를 기울여야 한다는 것을 표현하기 위해 이 용어에 따옴표를 써서 사용했다. 우리 논의의 틀을 잡기 위해 사용하는 이 의미의 대부분은 물론 맑스의 모든 작업, 특히 『자본』에서 가져온 것이다. 그러나 맑스는 우리가 이후에 자세하게 설명할 가치 담론을 사용했지만 '가치법칙'이라는 용어는 거의 사용하지 않았다.[2] 맑스주의 전통에서 그 용어는 때로는 좁은 의미에서, 상품의 가치는 그것을 생산하기 위해 사회적으로 필요한 노동시간이라는 주장에만 부합한다. 다른 한편 그 용어는 때로는 수많은 상호 연관된 의미들을 포함한다. 이 최대한의 정의는 [다음을] 포함한다.

1. 레온티예프의 정의와 유사한 그 법칙의 '가격 이론' 버전. 이것은 재화의 교환가치와 생산가격이 "그것의 재생산을 위해 사회적으로 필요한 노동에 따라 확립된다."고 주장한다.
2. 양적 측면에서 시장가격 메커니즘을 설명하는 버전
3. 자본주의의 계급 관계, 소외, 빈곤을 설명하는 버전
4. "역사상 자본주의 발전 법칙(집적, 위기 이론 등)도 통합될 수 있다. 그러므로 가치법칙은 자본주의적 사회의 경제적 운동 법칙을 포용한다"(Haffner 1973 : 268~9, Caffentzis 2005 : 90에서 인용).

---

2. 조지 카펜치스는 맑스의 『자본』에서 "맑스의 글에는 명시적으로 진술된 많은 법칙들(예를 들어 이윤율의 경향적 저하 법칙, 자본주의적 축적의 일반 법칙)과 명시적으로 식별된 많은 가치들(예를 들어 사용가치, 교환가치, 잉여가치)이 있지만 '가치법칙'에 대한 증거는 거의 없다."고 지적한다. "엥겔스는 가치법칙이라는 문구를 종종 사용한 것처럼 보이지만, 맑스는 『자본』 1, 2, 3권이나 편지 혹은 미출간된 수고에서 그 문구를 거의 사용하지 않는다. 그 문구를 사용할 때 맑스는 느슨하게 지나가는 말로 사용한다. 예를 들어 맑스의 저작으로 여겨지는 『자본』 3권의 860쪽에서, 색인에 따르면 그 문구(가치법칙)는 일곱 번 등장할 뿐이나. 맑스의 글에 등장하는 이 모든 상이한 용법들을 나란히 두고 거기서 가치법칙이라는 유사 법칙과도 같은 주장을 "추출하기"란 어려운 일이다"(Caffentzis 2005 : 88~9).

내가 이 장과 다음 장에서 주장하듯이 '가치법칙'이 우리에게 흥미로운 이유는 (많은 맑스주의 경제학자들이 주장한 것처럼) '부르주아' 경제학이 틀렸다는 것을 입증하기 위해 혹은 사회의 계획화('가치법칙'에 대한 이해를 갖춘 '명령 경제')에 기여하기 위해 특정한 시간으로 상품의 가치를 설명하는 방법이어서가 아니라, 이 가치들의 구성 과정을 비판적으로 이해할 수 있게 해주기 때문이다. 즉 자본과 관련하여 살림살이의 재생산을 구성하는 정상적인 상태 외부의 관점을 얻을 수 있기 때문이다. 이 상품 가치의 형성 과정은 사회적으로 필요한 노동시간 SNLT을 정의하는 과정이며 우리가 다음 장에서 자세히 검토할 과정이다. '가격 이론'(1), 가치의 양적 측면 및 질적 측면(2와 3) 그리고 계속되는 상품 가치의 재생산 과정과 더불어 출현하는 거시적 패턴(4)의 상호관계는 모두 이 과정의 역학에서 출현하는 '가치법칙'으로 포착된다. 그리고 이것은 결국 자본주의적 '척도'의 문제계와 하나이다. 실제로 자본의 척도를 정의하고 구성하며 가격을 형성하는 실천 및 사회적 과정은 그와 동시에 계급투쟁(가치 실천들의 충돌)에 의해 구성되며 '자본주의적 발전 법칙'을 낳는다. 이 법칙은 맑스가 자본의 집적/집중, '[산업] 예비군[3]의 창출, 이윤율 저하 경향, 그리고 일반적으로는 생활수단

---

3. 맑스를 넘어서려는 노력의 일환으로 하트와 네그리(Hardt and Negri 2004 : 130 [2008 : 187])는 "산업정규군"이 존재하지 않고 비생산적 "예비"란 존재하지 않기 때문에 예비군은 더 이상 존재하지 않는다고 주장했다. 첫째, "산업노동자들이 더 이상 밀집되고 정합적인 통일체를 형성하지 않고 오히려 비물질적 패러다임에 의해 규정되는 네트워크들 안의 여러 노동형태들 중의 하나로 기능한다." 이 주장은 대안적인 살림살이 수단을 결여한 상태에 있는 실업자들이 '물질' 생산이든 '비물질' 생산이든 그 임금 수준을 떨어뜨리는 데 기여한다는 낡은 논리를 물론 거부한다. 예를 들어 '직접적으로 사회적인' 생산 과정들을 수행하기 위해 '시원한' 카페와 식당에서 만나는 방갈로르의 비물질 노동자들이 마찬가지로 '시원한' 카페와 식당에서 만나는 실리콘밸리의 비물질 노동자들이 버는 것의 극히 일부를 번다는 사실을 달리 어떻게 설명할 수 있을까? 이것은 더 저렴한 음식과 서비스를 통해 그들의 살림살이 재생산에 기여하는, 극빈 상태에 있는 비임

및 자원에 대한 명령과 힘의 위계 속으로 사회적 신체의 지속적인 구조화라는 측면에서 언급하는 것이다.

그러나 우리가 여기서 관심을 갖는 문제계의 관점에서, 즉 '역사의 시작'과 자본주의의 극복이라는 관점에서 '가치법칙'은 투쟁의 흡수 — 완벽하게 정상화되어 평상적인 사태의 진행으로 나타나며 그에 따라 흡수가 아니라 정상으로 보이는 흡수의 특정한 유형, 혹은 더 적절한 규모와 강도 — 라는 문제계의 핵심에 있는 과정으로 이해해야 한다. 그것은 소비주의나 공교육 또는 일반적인 담론 전략 수준에서의 케인스주의 같은 다른 흡수 사례와는 정말로 다르게 나타난다. 이 세 가지는 직선시간에서 투쟁을 흡수하는 사례. 다시 말해서 그 세 가지 사례는 임금 및 비임금 노동계급 투쟁에 맞서 자신을 보전하기 위해 자본이 개발한 전략적 대응들이다. 따라서 역사적으로 말하자면

소비주의는 더 많은 소득과 더 적은 노동을 위해 싸우는 성공적인 노동계급 투쟁에 대한 자본주의적 대응이다. 그것은 자신의 사회적 통제를 확장하는 또 하나의 기만적인 자본주의적 계략에 그치지 않는다. 소비주의는 1930년대의 노동계급 투쟁에서 출현했다. 이 투쟁은 자본이 임금을 규제하기 위해 경기 순환에 전통적으로 의존하는 것에서 벗어나 케인시언 및 복지 국가의 계획으로 이동하도록 강제했다. 따라서 소비주의는 공교육과 유사한, 독립적인 노동계급 영역에 대한

금 노동자들과 담보 노동자들과 소농들로 이루어진 대규모 예비 때문에 인도의 노동력 재생산 조건이 실리콘밸리보다 훨씬 저렴하다는 사실과 관련이 없는 것일까? 이것은 또한 만일 "사회적 생산과정 외부에 존재하는 노동력은 없다"(Hardt and Negri 2004 : 131 [2008 : 187])는 것이 사실이라면 임금을 받는 사회적 생산 외부에 있지만 살림살이를 유지해야 한다는 강박을 통해 그것과 결합되어 있는 노동력이 무수히 많다는 것 또한 사실이므로 '예비'는 존재한다는 것을 뜻하는 게 아니란 말인가?

자본주의적 식민화의 또 다른 메커니즘이다. 학교가 자유시간을 노동력으로서의 삶을 생산하고 재생산하는 시간으로 만들어 그것을 전복하려 하듯이, 소비주의도 노동자의 임금의 자율적 힘을 자본주의적 팽창의 수단과 자본주의적 지배의 도구로 전환하여 그것을 전복하려 한다. … 노동이 깨어있는 모든 시간을 장악하자 이것은 아주 명백해졌다. 다른 것을 위한 시간은 존재하지 않았다. '노동'계급이 노동일·주·년과 생활 주기를 줄이는 데 성공했을 때, 그리고 적어도 잠재적으로는 다른 활동을 위해 시간을 더 사용할 수 있게 되었을 때 이것은 좀 더 불명확해졌다. 그러나 우리가 생활시간의 모든 평균적인 조각(일, 주 등)을 검토해 보면 그 시간의 대부분은 여전히 노동에 의해 노동을 중심으로 형성된다는 것이 명백해진다(Cleaver 2005 : 120).

소비주의나 공교육 또는 케인스주의 같은 거시 전략과 자본의 척도의 관계는 역사적으로 특정한 계급구성과 정치적 주체성이 주어지면, 자본의 자기보전 코나투스는 노동계급 주체성을 축적 과정에 결합하는 새로운 제도적 환경을 개발하는 것이다. 우리는 이 환경의 개발을 흡수의 사례로 인식할 수 있다. 직선시간에 뿌리를 둔 그것의 역사적 관계(투쟁 → 자본의 대응)를 이해한다면 말이다. 다른 한편 '가치법칙'은 순환시간에 뿌리를 둔 충돌하는 가치 실천들 사이에서 계속되는 이 결합의 과정(그러므로 투쟁 → 자본의 대응 → 투쟁 …)이다. 자본주의의 역사 내에서 그것이 취하는 역사적 형태가 무엇이든 말이다. 여기서 (주체성, 가치 실천, 인간 에너지, 정동, 자연자원의) 흡수는 새로운 '제도적 환경', 즉 새로운 '게임 규칙'의 결과가 아니다. 대신 그것은 우리가 자본이라고 부르는 사회적 세력의 보전, 재생산, 팽창이 평상적인 사태의 진행에서 의존하는 그 생명줄이다. 극복해야 하는 것은 자본의 척도에 뿌리를 두고 있으며, 침투하는 낡고 새로운 종획에 의해 가능해진, 삶과 살림살이를 절합하는 이 일상적인 흡수 과정이다.

'가치법칙'에 대한 비판적 접근

맑스는 '가치법칙'이라는 용어를 자주 사용하지 않았지만 그의 작업은 의심할 여지 없이 가치 담론에 근거를 두고 있었다. 여러 사람 중에서도 카펜치스(Caffentzis 2005:94)는 맑스에게 이 담론은 세 가지 기능, 즉 분석적, 비판적, 혁명적 기능을 한다고 주장했다. 특히 분석적인 "노동가치 담론을 통해 자본주의 사회의 착취를 정확하고 측정 가능한 [형태로] 분명하게 정의할 수 있다. 이 명료함은 특히 자본주의에서 결정적이다. 임금 형태가 형식적으로 그리고 법적으로 착취를 감추기 때문이다." 둘째, 비판적 노동가치 담론은,

노동자들이 적대적인 방식으로 사용할 수 있는 하나의 서사(즉 계급투쟁)[를 제공한다]. 적대적인 방식이란 자신들을 역사의 드라마에서 근본적인 행위자로 기술하고 자본가와 지주 들을 노동자들의 노동과 근심과 고통에 기생하는 것으로 기술하는 것이다. 이를 통해 노동자는 자본가의 관점이 아니라 그/그녀의 시선에서 자본주의적 관계 전체를 파악할 수 있다.

클리버(Cleaver 1992 [1998])는 이 서사를 "계급 관점의 역전"이라고 부르기도 한다.[4] 우리가 5장에서 본 것처럼 자본의 가치 실천의 관점에서

---

4. Cleaver 1979 [2018]도 보라.

노동자의 노동과 근심과 고통은 보이지 않는다. 맑스가 "삼위일체 공식의 환상"이라고 불렀던 것은 이 비가시성을 잘 포착한다. 임금, 자본, 지대로 이루어진 이 삼위일체 공식은 가치의 창출이 인간 행위가 아니라 "사물"(자본, 토지, 노동)에서 기인한다고 여긴다. 또는 이와 유사하게, 생산 및 재생산 순환고리에 대한 과학적 지식의 적용이 생산성을 향상시킨다는 사실 때문에, [이 공식은] 생산성의 증가는 사회적 노동이 아니라 자본에 의한 것이라는 물신화된 느낌을 낳고, 이에 따라 자본을 인류의 미래를 결정하는 세력으로 정당화한다.

마침내 그리고 결정적으로

(가치법칙이 주장하고 척도를 제공하듯이) 노동이 가치를 창출하는 궁극적인 세력이라면 노동자는 그 자체로 가치 있고 창조적이다. [이로써] 혁명적인 결론이 도출된다. 노동자는 실제로 비자본주의적인 '가치표'와 자본주의를 넘어선 자율적인 세계를 창조할 수 있다는 것이다. 이 확신은 자본주의에 대한 혁명적 대안의 발달에 결정적이다. 그것이 없다면 계급투쟁은 '악무한'bad infinity의 형태가 된다. 항상 그곳에서, 항상 다음 단계를 생산하지만 결코 마지막 단계에 이르지 못한다 (Caffentzis 2005:94).

그러므로 이러한 관점에서 자본주의의 극복이란 '가치법칙'과 그것의 기반인 인간 행동의 측정 양식의 극복을 뜻한다.

그러나 가치와 노동의 특별한 절합인 '가치법칙'은 광범위한 '진보적' 관점으로부터 널리 비판받았고 이 각각의 비판들은 반자본주의적 관점에 영향을 끼친다. 여기서 세 가지 다른 유형의 비판을 검토할 가치가 있다. [이 세 가지 비판 유형은] 노동은 중요하지만 가치의 결정 요인은 아니라고 주장하는 급진적인 경제학자들의 관점, 오늘날 노동의 특성으로 인해 노동은 더 이상 해방적 실천을 이해하고 기초할 수 있는 중심 범주가 아니라고 보는 사회과학자들의 관점, 그리고 이 변화들이 '가치법칙'을 쓸모없게 만들지만, 최근 변화에서 출현하는 노동 형태는 새로운 정치적 기획을 기초하는 데 중심적이라고 보는 정치철학자들의 관점[으로 이루어져 있다].

'균형' 맑스주의 정치경제학

첫째, 우리가 '균형' 경제학자들의 비판으로 부를 수 있는 것이 있다. 이것은 보통 정치경제학자들의 기술적이고 추상적인 비판이다. 이들은 맑스의 체계에 대한 오스트리아 경제학자 오이겐 폰 뵘바베르크의 백 년이 넘은 독창적 비판과 러시아 수리경제학자 라디슬라우스 보르트키에비치가 제공한 "해답"에 기초하여 맑스의 노동가치론을 개념적으로 일관성이 없고(예를 들어 소위 "전형 문제") 경험적으로 근거가 없다고 판단하며 1970년대에 긴 비판의 길을 열었다. 이안 스티드만(Steedman 1977) 같은 스라피언 경제학자들은 반자본주의 운동의 핵심 문제를 생산양식과 그에 상응하는 관계가 아니라 생산물의 "분배"로 정의하는 코헨(Cohen 1988)과 욘 엘스터(Elster 1985 [2015]) 같은 '분석적 맑스주의자'와 결합되었다. '전형 문제'에 대한 해답뿐 아니라 이 비판들 대부분은 삶시간은 노동시간의 역할을 하지 않는다는 분석적 틀에 기초하고 있었고, 주체의 삶 에너지와 활동이 어떻게 추출되는가를 설명하는 사회적 과정의 문제화는 특정 상품 생산에 필요한 다른 투입물들 중에서 산 노동의 비중을 명시하는 기술 계수를 상정하는 것으로 대체되었다.

맑스의 가치 담론을 소거함으로써 균형 해석과 그에 상응하는 '잉여' 접근은 중요한 함의를 갖는다. 그것은 착취를 분배 문제로 축소하는 데 그치지 않는다. 그것은 기술의 발달을 자연화함으로써 그리고 끊임없는 기술 변화에 따른 생산성 증가는 — 전체 체계에게 — 이윤 증가를 뜻한다는 신화를 재생산함으로써 기술을 물신화한다. 그 틀은 사회적으로 필요한 노동시간의 형성을 낳는 훈육적 노동 메커니즘으로서의 경쟁에 대해 어떠한 통찰도 제공할 수 없다. 그것은 가치의 기초 요소로서 소외가 갖는 의미에 침묵하고 그 의미를 기껏해야 비경제적인 분석으로 격하시킨다. 그것의 형식주의는 적대적인 가치 실천들에 뿌리를 둔 위기를 이해하는 데 도움을 줄 수 없다. 가치가 오로지 화폐의 양 — 즉 (시장 가격이든 생산 가격이든) 모든 종류의 가격 — 으로만 나타날 수 있는 맑스와 달리, [이 균형 해석에서] 가격과 가치는 두 가지 다른 체계에 속하며 따라서 다시 실재를 물신화한다.

최근 들어 '전형 문제'는 '시점 간 단일 체계 해석', 즉 TSSI[5]로 불리는 분석틀 덕분에 문제가 아닌 것non-problem으로 간주되었다. 이 틀은 시간을 도입하여, 투입 가격과 산출 가격이 균형을 이루어야 한다는 균형 경제학에 함축된 교의를 거부한다. 이 접근법의 또 다른 주장은 소모된 생산수단에서 이전된 가치의 합계는 그 생산수단의 가치가 아니라 가격에 달려 있다는 것이다. 일단 이 두 가지 주장을 사실로 가정하면, 맑스의 이론에서 내적으로 비일관적이라고 주장되는 모든 결과를 반복할 수 있을 뿐 아니라 '전형 문제'에서 파생된 내적 비일관성에 대한 비판으로부터 맑스를 해방시켜 줄 수 있다. 이 두 주장은 사회적 이윤과 사회적 잉여가치의 균등을 통해 그의 착취 이론을 포함한다.

---

5. 그 논의에 대한 개관은 Freeman and Carchedi 1996에 수록된 글과 Freeman, Kliman and Wells 2004를 보라.

[그리고] 맑스의 이론에 따른 함의, 그중에서도 이윤의 원천은 잉여 노동이며 노동시간이 가치와 이윤을 결정한다는 것, 투입과 비교하여 산출 가격을 줄이는 기술 변화가 지속될 때 이윤율 저하 경향이 확증된다는 것[6]등을 포함한다].

맑스의 내적 일관성에 대한 이 '변호'가 맑시언 경제학의 전문 용어를 훈련받은 사람들에게는 가치 있을지라도, 이 틀 내에서 위기를 자본주의적 생산양식의 불가피한 요소로 이해하는 것의 토대를 이룰지라도, 이 접근법의 수학적 논의 내에서는 가치 실천들 사이에서 진행 중인 투쟁뿐 아니라 생산 순환과 재생산 순환의 결합이 거의 문제화되지 않는다. 결국 가치에 대한 시간적 접근과 균형 접근 사이에서 진행 중인 논쟁은 수리경제학의 전문용어로 제시되고 자기준거적일 위험이 있으며 반자본주의 운동에는 별 쓸모가 없다. 이러한 방식으로 진행 중인 논쟁은, 이 '전형 문제'나 '비문제'non-problem가 반자본주의 운동에게 자본주의의 과정과 구조와 취약함에 대해 무언가 유용한 것을 말해주는가라는 질문을 제기하기보다는 맑스의 글에 대한 공개적인 변호나 비하에 기반을 두고 있다.[7]

---

6. Kliman 2004에 따르면 이 함의들은 TSSI가 반복하는 것들이다. 균형주의/동시주의적 해석의 경우는 그렇지 않다. 다음과 같은 좀 더 기술적인 쟁점이 몇 가지 있다. 일반 이윤율의 결정은 사치 부문의 생산 조건도 포함한다(이것은 리카도와 리카도식 맑스 해석에서 부정되는 것이다). 총잉여가치가 양이면 총이윤은 음일 수 없으며 역 또한 그렇다(이것은 맑스에 대한 균형주의 해석에서 가능하다). 양의 가치를 가진 상품은 음의 가격을 가질 수 없으며 역 또한 그렇다(반대로 맑스에 대한 균형주의 해석에서는 가능하다). 잉여노동이 이윤의 유일한 원천이라는 점에 대해서는 Kliman 2001을 보라.

7. 따라서 카펜치스는 이렇게 주장한다. "전형 문제를 둘러싼 다툼은 대체로 (정치적으로 위협받을 때마다) 『자본』 3권의 논리적·수학적 부적절함을 지적하는 부르주아 학자들과 한층 더 수학적으로 부랴부랴 반격하는 맑스주의자들의 '이전투구'(gotcha) 게임이었다. 모든 논쟁 진영에서 나타나는 적대감은 [실제] 쓰임새를 위한 것이 아니라 (전통과 명예를 보선하기 위한) 가치(worth) 투쟁이다"(Caffentzis 2005 : 109). 실제로 이것은 '역사의 시작'과 왜 '가치법칙'이 반자본주의 운동에 중요한가라는 현재의 문제계와 절합되

'노동의 종말'과 그와 비슷한 것들

맑스의 노동가치론에 대한 두 번째 유형의 비판, 20세기 마지막 20년 동안 사회비평가들 사이에서 가장 신임을 얻은 비판은 간접적이다. 그것이 현대 자본주의 사회 조직의 가장 근본적인 형태는 더 이상 노동이 아니라는 주장에 기초한다는 점에서 그렇다. 그 주장은 '객관적인' 힘(기술, 제조업에서 서비스업으로의 변화와 같은 경제 부문의 중요성과 상대적 성장의 변화 등)뿐 아니라 '주체적' 요인(노동에서 파생되는 주체의 정체성)의 측면에서 다양한 방식으로 제기되어 왔다.

그래서 예를 들어 제레미 리프킨은 자신의 베스트셀러인 『노동의 종말』에서 숙련되어 있고 유연한 노동력이 '정보 시대'의 도전에 대응할 수 있다면 정보 및 소통 시대의 새로운 기술 혁명이 유전공학 및 로봇화와 더불어 새로운 고용 기회를 창출할 것이라고 주장하는 이들을 비판했다. 그의 논박은 급성장하는 서비스 부문이 자동화로 쫓겨난 많은 블루칼라 노동자들을 재고용할 수 있었던 1950년대 중반과 1980년대 초 같은 초기 재구조화 시기와는 달리 오늘날에는 서비스 부문도 재구조화 및 자동화라는 무거운 망치의 영향을 받기 때문에 이것이 불가능하다는 생각에 근거를 두고 있다(Rifkin 1995 : 35 [2005]). 우리가 이 시나리오를 지구적 수준으로 확대하면 그 결과는 수십억을 포함하는 엄청난 비율의 실업 문제일 것이다. 리프킨의 분석은 문제적이다. 기술에 대한 그의 객관주의적 이해(이것은 계급투쟁 관계로서 기술의 사회적 구성을 무시한다)와 경제 부문의 미래 경향을 그리는 데 있어 그의 문제시되지 않은 결정론(이것은 수요가, '자동

지 않는다면 학술적 차원에서 완전히 자기준거적인 '가치 투쟁'(value struggle)의 한 유형이다.

화되지' 않은 '서비스' 재화를 증가시킬지도 모른다는 사실을 무시한다. 특히 노동력의 과잉 공급과 재생산 조건이 그들의 노동을 저렴하게 만든다면 말이다!)이 불가능한 해결책으로 이어진다는 점에서 그러하다. 카펜치스(Caffentzis 1999 : 27 [2014 : 193~194])가 주장하듯이 "노동자의 투쟁을 극복하려는 충동에 필연적인 자본주의적 전략이란 있을 수 없고" "이 투쟁은 현장의 계급 세력들에 따라 — 노예제의 재도입부터 노동일의 극적인 증가, 협의에 의한 유급 노동일의 축소, 자본주의의 종말까지 — 여러 가지 미래들로 이어질 수 있다."는 것이 사실이라면, "자본주의가 존속하는 한 가능한 미래들의 일람표에 결코 오를 수 없는 한 가지 결말이 있다."는 것 또한 사실이기 때문이다. 그 결말이란 "하이테크 혁명은 기계에 의한 인간 노동의 대체라는 오랜 유토피아적 꿈을 실현시켜, 마침내 인간이 자유롭게 탈-시장 시대로 나아가도록 만들 것"(Rifkin 1995 : 56 [2005])이라는 리프킨의 미래상이다. 그러므로 리프킨은 유토피아 자본주의를 구상한다. 여기서는 (21세기 "서비스 산업"의 독립, "비영리" 또는 자원 노동으로 구성된) "제3섹터" 활동에 금융 인센티브를 제공할 "신사회계약"과 대폭적인 노동시간 단축의 조합이 "전 지구적 시장에 의해 폐기된 잉여 노동을 건설적으로 전용할 수 있는 유일한 실행수단"을 제공할 수 있다(같은 책 : 292). 그것은, 카펜치스가 적고 있듯이,

인류의 '안식처'라는 리프킨의 미래상은 대다수 노동자들이 이윤이나 이자 혹은 지대를 생산하지 않는 자본주의 형태다…〔그러나〕리프킨의 '신사회계약'에 근거한 자본주의는 불가능하다. 그것은 정의상 이윤과 이자와 지대가 없는 자본주의이기 때문이다. 냉전기 내내 수입의 10분의 1이라도 포기할 바엔 차라리 지구 절반을 날려버리겠노라고

떠벌리던 자본가들이 이제 와서 무엇 때문에 그러한 거래에 응한단 말인가?(Caffentzis 1999 : 28 [2014 : 194~195])

클라우스 오페(Offe 1985)는 이와 유사하게 현대 사회의 삶의 구조화에서 노동의 객관적 중심성의 변화라는 측면에서건 개인 생활의 형성과 구조화에서 노동의 주체적 역할의 측면에서건 노동은 더 이상 중심적인 범주가 아니라는 좀 더 이론적인 지적을 한다. 그러므로 '객관적' 이유에서뿐 아니라 '주체적' 이유에서 노동이 사회적 삶의 조직화에서 맡은 중심적인 역할은 극적으로 축소된다. 그에 따라 '노동 사회의 위기'가 발생하고 노동에 중심을 둔 사회 이론을 대체할 필요가 제기된다. 맑스의 이론과 '가치법칙'이 여기에 포함된다는 것은 말할 필요도 없다.

첫째, 이후에 비물질 노동의 출현에 대한 주장들을 예견하는 방식으로 오페는 무엇보다 서비스 노동이 성장하면서 제조업 노동을 대체함에 따라 일반적인 노동에 대해 말하는 것이 불가능하다고 주장한다. "우리는 기본적으로 통일된 합리성 유형에 대해 더 이상 말할 수 없다"(Offe 1985 : 139). 서비스 노동은 "노동 그 자체를 생산하고 유지하기" 때문에 "성찰적"reflexive이라는 점에서 다른 유형의 노동과 근본적으로 다르기 때문이다(같은 책 : 138). 우리가 살펴볼 바와 같이 이것은 자본이 그러한 노동을 자신의 척도에 종속시킬 수 없다는 것을 뜻한다. 둘째, 이와 관련된 주장은 생활시간의 한 부분으로서 노동시간이 줄어들었고, 비노동 시간(교육, 가족생활, 여가, 소비)이 노동에 의해 덜 구조화되었으며 실업은 복지 국가의 존재 때문에 사람들을 노동하게끔 하는 데 점점 실패하고 있다는 것이다.

이 두 가지 주장의 근거를 좀 더 자세하게 검토하는 것은 흥미로운 일이다. 특히 무엇보다 오페가 자신의 주장을 펼친 이래, 20년에 걸친 신자유주의적 정책들이 복지권을 삭감할 뿐 아니라 서비스를 사유화하고 경쟁을 심화시키면서 이 서비스 노동이 작동하는 맥락을 재설계했다는 점을 유념하면서 말이다.

첫 번째 주장의 경우 "정상성에서의 이탈과 위험을 예방하고 흡수하고 처리하는 강의, 치료, 계획, 조직화, 협상, 통제, 관리, 상담"(같은 책: 138) 같은 활동들은 "산업적인 상품 생산"과 두 가지 이유에서 다르다. 첫째 "서비스 노동에서 처리하는 '사례들'의 이질성과 그 사례들이 일어나는 장소 및 시간과 관련한 높은 불확실성으로 인해" "적절한 노동 실적에 대한 통제 기준"을 확립하기 어렵기 때문이다(같은 책: 138). 둘째 서비스 노동은 "'가치 있는' 노동의 장소와 시간, 유형과 양을 전략적으로 도출할 수 있는, 명확하고 논란의 여지가 없는 '경제적 효율성에 대한 기준'"을 만들기 어렵다. 이러한 기준은 없다. 사적 영역이건 공적 영역이건 서비스 노동의 결과는 "금전적인 '이윤'이 아니라 구체적인 '사용'이기 때문이다. 그것은 보통 손실을 방지하는 데 도움이 된다. 이 손실은 방지되기 때문에 그 양적 크기가 정확하게 결정될 수 없다"(같은 곳). 따라서 비표준화가 크게 용인되어야 하고 "상호 작용 능력, 책임의식, 공감, 획득한 실천적 경험 같은 질로 대체되어야" 하지만, 경제적 합리성 대신 우리가 발견하는 것은 "관습이나 정치적 재량 혹은 전문적 합의에 기초한 계산"이다(같은 곳).

서비스 노동을 이렇게 서술함으로써 오페는 서비스 노동이 "형식적이고 경제적인 임금 기반 합리성 체제에서 '해방되지'" 않았음에도 불구하고 "… 그 경제적 합리성에 의해 (내적으로 구조화되는 것이 아니라) 외적으로 제한된, 분리되어 있지만 기능적으로 필수적인 '이물' 異物, foreign body이 된다."고 주장했다. 이것은 "이러한 노동 개념 내에서의 분화는… 우리가 노동 영역 전체를 조직하고 지배하는, 기본적으로 통일된 합리성 유형을 더 이상 이야기할 수 없다는 주장을 뒷받침하는 가장 결정적인 지점을 구성한다."는 결론으로 이어진다(같은 책 : 138~9). 다시 말해서 오페의 주장의 핵심은 서비스 노동이 자본의 척도에 종속될 수 없다는 사실에 있는 것으로 보인다. 그러한 노동은 이질적이고(즉 우리가 오늘날 말하듯이 다수의 주체들이 수행하고) 그러므로 그것은 생산성과 효율성에 대한 공통의 척도를 갖고 있지 않다. 이 때문에 '노동'을 일반적으로 말하는 것은 오해의 소지가 있다.

오페의 객관적 주장은 자본주의적 생산양식과 — 가치 실천들 간의 충돌이 취하는 — 그에 상응하는 역학의 역사에 대한 근시안적인 생각에 기반을 두고 있다. 오페가 강조하고 싶어 하는 포스트포드주의 시기의 '새로움'에는 세 가지 양상이 있다. 노동 이질성의 문제, 시장에서 제공되는 '새로운' 서비스 유형, 서비스 노동의 측정불가능성의 문제[가 그것이다]. 이 활동들을 구성하는 가치 실천들 간의 충돌의 관점에서, 즉 계급 관계의 관점에서 볼 때 노동의 이 '새로운' 성격들 중 새로운 것은 없다. 새로운 것은 물론 이 충돌이 나타나는 사회적 조직 형태다. 이처럼 무엇보다 유용 노동은 탈숙련화 및 균질화 경향이 어떤 식으로 있든, 자본주의 아래에서 언제나 이질적이었다. 클리버(Cleaver 2005 : 115)가 주장하듯이 매뉴팩처에서 기계제 생산 및 테일러주의로의 변화와 같은 균질함과 탈숙련을 향한 움직임은 "기술과 생산물의 다양성 증가로 보완되었고 이는 새로운 노동 분업을 통해 노동계급의 힘을 거듭 탈구성하기 위한 기술적 토대를 제공했다." "분절된 노동" 또는 국제 노동 분업의 특정한 형태, 또는 특정 조직 내부의 관리 권한 유형은 "새로운 '균열'보다 그러한 이질성의 역사적으로 특유한 양상을 구성하며, 이는 가치화를 둘러싼 계급투쟁의 관점에서 노동의 조직화를 이해하지 못하게 만든다"(같은 책 : 118). 둘째, 우리가 오늘날 시장에서 발견하는 여러 새로운 서비스는 자본주의적 생산양식의 지배가 시작된 이래 인식가능하게 된 기능, 즉 삶을 노동력으로 재생산하는 기능을 한다. 신자유주의 정부가 점점 경쟁이 심화되는 노동 시장에서 실현될 수 없는 보상을 약속하며 가난한 학생들이 학위를 위해 빚을 지도록 유혹한 이후 그들의 '열망을 관리'해야 하는 21세기 교수에서부터, 무단결석한 아이 때문에 엄마를 고소하는 사회 복지 서비스 직원, 엄마에게 벌금을 부과하거나 수감하는 법원과 경찰, 아이들을 (법이 어떻든지 간에) 법을 준수하는 시민이자 (사회적 생산관계가 어떻든지 간에) 순종적인 노동자로 키우고 사회적 기대를 충족시켜야 하는 비임금 [노동자인] 엄마에 이르기까지 우리는 현대의 분화된 직무를 갖고 있으며 이는 그 기본적인 원리에서 볼 때 전前자본주의 시기에 삶을 노동력으로 재생산하는 방식과 구별되지 않는다.

마지막으로 척도. 이 '서비스' 노동의 생산성이 측정하기 어렵다는 사실 − '생산성'과 복지 국가의 위기를 겪은 1960년대 말부터 널리 논의되어 온 것 − 은 이 활동을 수행하는 주체가 자본의 합리성에 기초한 지속적인 척도 및 측정 전략의 대상이 아니라는 걸 의미하지 않는다. 이것은 결국 조직 원리와 이 서비스 자체의 '질'에 영향을 미친다. 교육 서비스를 예로 들어보자. 여기서 "교사와 관리자의 노동은 무엇보다 일반적인 노동력을, 즉 노동할 수 있는 능력과 의지를 생산하는 것이고 그다음은 특별한 기술과 능력을 생산하는 것이다"(Cleaver 2005 : 119). 여기서 노동의 생산성은

공부할 수 있는, 따라서 노동할 수 있는 능력과 의시를 주로 측정하는 세밀하며 표준화된 시험 성적에 따라 개인적 수준에서 [측정된다]. 그

러한 노동의 생산성은 특별한 기술이 필요 없는 비임금 또는 저임금 노동을 할 낙오자부터 고도로 숙련된 전문 노동에 이르기까지, 자본이 요구하는 이질적인 노동 범주들로 학생들을 잘 배치하는가에 따라 사회적 수준에서 측정되기도 한다(같은 곳).

또한 오페가 논의하는 서비스 활동의 경우 "적절한 노동 실적에 대한 통제 기준"뿐 아니라 "명확하고 논란의 여지가 없는 '경제적 효율성에 대한 기준' "(Offe 1985 : 138)을 수립하기 어려울 수 있다는 그의 주장을 인정하더라도, 서비스 부문에 신자유주의적인 시장을 도입하거나 국가 부문에서 그것을 모의하거나 혹은 일반적으로 서비스를 '지구화'하는 압력에 의해 전반적인 경쟁 범위가 증가함으로써 이 '어려움'이 자본이 극복해야만 하는 하나의 장벽으로 전환된다는 것은 사실이다. 다시 말해서 우리는 여기서 가치 실천들 간의 충돌에 직면한다. 따라서 영국에서 지난 수십 년 동안 그랬던 것처럼 다양한 방식으로 재정 지원을 위한 경쟁을 학교들 간에 도입하는 최근 정부 정책을 통해, (학생과 교사 양자에 대한) 교육 노동 '척도'는 점점 더 교활해지고 [그들을] 소외시킨다. 시장은 측정 과정을 재생산하도록 모의되고, 기준benchmarks은 모두가 채택하는 중심으로 정의된다. 교육이나 연구의 관계적이고 정동적인 노동의 복합성에 대한 경험이 없는, 직업적 마인드를 가지고 '비용을 최소화하는' 교육 관리자가 비용 효율이 낮은 강좌를 추려내며 교육과정을 정하고, '모범 사례'의 관점에서 비교육적인 실천을 포장하며 절차를 지시한다. 개별 직원이 표준 업무 척도를 따르고 지나치게 혁신적이지 않도록 '품질 책임자'가 지명된다. 부총장은 '긴급 동원 명령'을 내린 직원회의에 들러 학생 '보유' 통계를 개선하도록 ― 그렇지 않으면 기금과 일자리가 위협받을 수 있다 ― 촉구한 뒤에 자신이 대표하는 교육 쇼핑몰에 전 지구적 남South의 학생들이 더 많이 등록하도록 꼬드기기 위해 지구를 종횡무진한다. 마찬가지로 열심인 다른 비즈니스 교육 주식회사들과 경쟁하면서 말이다. 그러나 이를 통해 참가하는 학생이 늘어나더라도 이 모든 것은 결핍에 사로잡히지 않은 삶과 더불어 생각하고 성찰하고 행위하고 놀 수 있는 기회를 곤경에 빠진 사회 부문에 제공하는 대규모 사회 투자를 물론 수반하지는 않는다. 반대로 결핍은 교육의 조건이 된다. 한때 부자들의 '특권'이었던 교육은 이제 모두가 이용할 수 있는 '노동'이다. 교육을 받기 위해서 당신은 수천 파운드의 빚을 져야 하고, 청구서를 지불하기 위해 파트타임 노동을 계속해야 하며, 만일 아이가 있고 터무니없이 비싼 보육비용을 감당할 수 없다면 학습 시간을 줄이고 아이들이 낮잠을 자는 동안 반복해서 시험에 나오는 개념을 집어삼켜야 하기 때문이다.[8]

노동의 주체적 의미의 관점에서 오페는 노동 윤리는 덜 중요하며, 자기규정과 가치와 목적에 대한 사람들의 감각이 노동에 덜 매여 있다고 주장한다. 이것은 노동의 이질성 증가로 인해 노동이 "노동 인구에게 명확하고 공유된 중요성"(Offes 1985 : 136)을 제공하는 것이 어렵게 되었고, 그에 따라 노동계급의 일원이 되는 것에 대한 공통 감정 common feeling을 갖는 것이 어렵게 되었기 때문은 아니다. 자본의 척도에 대한 투쟁도 그 이유다. 혹은 그의 표현대로 말하자면 사람들이 노동의 '비효용'을 점점 자각하기 때문이다.

노동 윤리 문제의 경우 오페는 자본주의의 시작부터 자본주의 역사에 침투한 노동 훈육에 맞선 투쟁을 경시한다. 오페에게 참신한 인

---

8. 어떻게 자본의 척도가 영국 고등교육에서 투쟁의 지형인지에 대한 좀 더 자세하고 사실에 입각한 분석은 De Angelis and Harvie 2006을 보라.

상을 주는 데 기여한 것은, 그 훈육을 거부한 노동자들의 풀뿌리 힘이 엄청나게 성장했고, 그에 따라 모두가 그 힘을 알게 된 십 년, 그러니까 1970년대 이후에 그가 [그러한 글을] 썼다는 사실일지도 모른다. 또한 노동자들 사이에서 '공통 감정'의 출현이라는 문제와 노동의 이질성으로 인한 그것의 '어려움'은 자본의 '척도'를 극복하는 법이라는 문제의 관점에서 이해해야 한다. 이것이 기대고 있는 것, 즉 노동의 중요성 쇠퇴라는 관점에서가 아니라 말이다. 반자본주의의 토대인 공통 감정을 위한 지반을 제공하는 것은 특정한 노동 활동의 유용적 측면이 아니다. 이것은 특정한 생산 분야에서는, 즉 '교육자들'이나 '간호사들' 혹은 '광부들' 사이에서는 사실일 수 있다. 그러나 자본주의적 생산양식의 지배는 이 모든 노동자들을 절합한다. '교육자들'과 '간호사들'과 '농부들'과 '광부들'과 '원주민들'과 '학생들'과 '주부들'과 '미혼모들' 등이 모두 자신에게 낯설고 외부에서 상정되는 합리성과 척도에 (자본주의적 시장 과정, 구직자의 '증거를 갖춘 올바른 행동'을 조건으로 한 국가 사회 보장제도의 시행, 그리고 사회적 권리 및 공통장의 약탈을 통해 자본의 척도에) 종속되는 만큼, — 그러나 이 척도가 그들의 삶에 부과되는 형태와 담론은 매우 상이하다 — 그만큼, 자본의 척도에 마주하는 계급에 소속된다는 '공통 감정'은 선험적인 것이 아니라 다양한 투쟁에 참가하는 이들의 소통을 통해 사회적으로 구축된 결과다. 따라서 비판 사회 이론을 위한 오페의 대안은 다른 많은 이들처럼, '신사회운동들'과 공시적으로 그리고 라클라우와 무페가 "경합적 민주주의"라고 부른 것과 유사하게, 단일 쟁점들(젠더, 인종, 민족성, 인권, 평화와 군축, 환경)로 알려진 것으로 계급 개념을 대체하는 경향을 따르지만, 20세기 후반 바로 그 '단일 쟁점' 사회운동들은 정치적 계급 재구성이라는 힘든 과정을 시작했다.9

비물질 노동:'가치법칙'의 종말?

'가치법칙'을 문제화하고 기각해 온 저자들, 그중에서도 포스트노동자주의 전통에 있는 하트와 네그리(Hardt and Negri 2000 [2001])는 이 기각을 위한 논거의 원천이 맑스 자신의 저작 안에 있다고, 특히 자주 인용되는 『정치경제학비판 요강』의 "기계에 관한 단상"[이하 단상]과 『자본』1권 7편에 수록되지 않은 "직접적 생산과정의 제 결과"에 있다고 주장한다. 그들은 여기서 맑스가 자본주의의 발전을, 기계화와 과학의 응용으로 인해 생산에서 노동을 계속해서 축출하는 과정으로 예견했다고 주장한다. 이 과정은 결국 노동이 부의 창출의 기반이기를 중지하고, 그에 따라 노동 가치는 적절한 범주이기를 중지하게 된다는 것을 뜻한다. 맑스가 썼듯이 "직접적인 형태의 노동이 부의 위대한 원천이기를 중지하자마자, 노동시간은 부의 척도이기를 중지하고 중지해야 하며 그에 따라 교환가치는 사용가치의〔척도이기를 중지해야 한다)"(Marx 1974:705 [2007:381]). 하트와 네그리에 따르면 지금이 이 미래다. 사실 자본이 이 단계[10]에 이제 도달했다고 네그리가 주장한 지

---

9. 예를 들어 반지구화 투쟁의 최근 주기에서 관측되듯이, "'정체성 정치'와 '신사회운동' 이론가들은 환경운동가, 페미니스트, 반인종주의자 [같은] 익숙한 주체들을 군중 속에서 찾는 데 어려움을 겪을 것이다. 그러나 '낡은' 계급투쟁의 중요성을 거부하는 데 대개 정력적이었던 그 분석가들은 이 행위자들이 이제 연합체로 나타난다는 사실 때문에 주저하게 될지도 모른다. 이 연합체는 단일 쟁점과 특정한 정체성을 종종 초과하는데, 이것은 바로 '반기업적'이고 때로는 공공연하게 '반자본주의적인' 공통의 관점에 의거한 것이다. 마찬가지로 라클라우와 무페〔1985〕같은 '포스트맑스주의자들'은 그러한 연합체들의 '담론적 절합'을 논의하고 싶어 할지도 모르지만, 그들은 이 연결 과정들이, 그들이 그토록 거리를 두었던 바로 그 쟁점들, 즉 지구화된 상품화, 국제화된 생산, 금융자본을 중심으로 일어난다는 점을 부끄러워해야 한다"(Dyer-Witheford 2002:3).
10. 하트와 네그리는 전통적인 정통 맑스주의와 뚜렷한 차이를 지니고 있음에도 불구하고, 정통 맑스주의와 '단계'별 역사 개념을 공유한다는 점을 여기서 지적할 필요가 있다. 중요한 차이는 자본주의의 현 '단계'에 주어진 의미에 있다. 1장(30쪽과 각주 8)을 보라.〔원문은 XX쪽을 지시하는데 이 책 1장에는 XX쪽이 없다. 원문의 오기로 보여 관련 서

몇 년이 흘렀다. 그리고 "자본의 논리는 더 이상 발전을 위한 기능이 아니며 자신의 재생산을 위한 명령에 불과하기"(Negri 1994 : 28) 때문에, 순수한 지배만이 자본의 통치를 유지할 수 있다.

이러한 발전은 맑스가 자본의 아래로 노동의 형식적 포섭에서 실질적 포섭으로의 이행이라고 부른 것을 나타낸다. 이에 대한 하트와 네그리의 표현에서 이 전환은 가치의 측정 불가능한 성격을 상정함으로써 (『요강』의 "단상"에 있는 맑스의 용어를 사용하면) '가치법칙'을 문자 그대로 '폭파시키는' 원인이다. 따라서 현대 자본주의는 두 가지 '새로운' 특징으로 구성된다고 주장된다. 첫째, 자연과의 생산적 신진대사는 과학과 기술이, 노하우와 전문 지식savoir faire이 지배한다. 이것은 물질 노동이 아니라 '비물질 노동'과 '일반 지성'의 산물이다. 둘째, 아마도 비물질 노동은 신체를 투입하는 '관계적'·'정동적' 노동이라는 사실에 의해, 자본주의적 통제는 직접적인 생산 영역만이 아니라 사회적 재생산 과정까지 포섭한다. 다시 말해서 사회적 재생산의 다양한 양상들(교육, 성, 소통, 인구 변동 등)이 자본에 마주하는 다중의 투쟁 지형이 된다는 점에서 생산은 생명정치적(푸코에게서 빌려온 용어)으로 된다.

그러나 다른 한편 생산이 생명정치적으로 된다는 것은 또한 비물질 노동과 그것이 생산하는 가치가 척도를 넘어서기 때문에 노동에 대한 자본의 통제가 척도를 거치지 않는다는 것을 뜻한다(Hardt and Negri 2000 : 354~61 [2001 : 452~462]).

하트와 네그리에게 현대의 노동을 구성하는 것이 지닌 이 두 가지 특징은 "실제로 가치 척도 이론"(같은 책 : 355 [같은 책 : 454])인 맑스의

술이 나온 곳의 쪽수로 대체하였다. ─ 옮긴이]

노동가치론의 기각을 뜻한다. 그들에 따르면 - 맑스가 자본 아래로 노동의 실질적 포섭 단계라고 불렀던 것에 부합하는 - 현대 자본주의에서 상품 가치가 그것의 생산에 사회적으로 필요한 노동에 의해 측정될 수 있다는 생각[11]은 성립할 수 없다. 그러므로 '가치법칙'은 폐기된다. 즉 그것은 현대의 탈근대 자본주의라는 현실에서 설명력과 정치적 의미를 상실했다(Hardt and Negri 1994:9, 175 [1996/7]; 2000:209, 355~9 [2001]; 2004:140~53 [2008]을 보라). 이 시대에 가치의 생산은 척도를 넘어선다. 가치는 이제 살아 있는 비물질 노동에 의해 창조되며, 이것의 "협력적 측면"은 측정하는 낯선 세력에 의해 "외부로부터 부과되거나 조직되지 않는다"(Hardt and Negri 2000:294 [2001:386]). 현대 제국에서 생산되는 가치는 척도를 넘어선다. 가치를 생산하는 비물질적 산 노동이 "일반적인 사회 활동", 즉 시계 같은 측정 도구로 훈육되고 편성되고 구조화될 수 없는 "공통적인 행동력"과 동일시되기 때문이다. 그러한 환경에서 착취는 여전히 계속되지만 노동을 자본의 척도에 종속시켜 이루어지는 것이 아니다. 즉 그것은 "모든 경제적 척도 외부에서" 계속된다. "그것의 경제적 실재는 정치적 측면에서만 고정된다"(Negri 1994:28). 하트와 네그리가 "제국"이라고 부르는 것의 맥락에서, 가치는 기껏해야 "핵무기의 독점, 화폐의 통제, 에테르의 식민화"가 부과하는 "늘 우발적이고 전적으로 관습적인 요소들에 기반을 두고" 지표화될 수 있다(Hardt and Negri 2000:355 [2001:454~455]).

정치적으로 말하면 여기서 제시되는 주장은 매우 매력적이면서 또

---

11. 『자본』 1권 1장에서 나오는 맑스의 용어를 사용하면, 사회적으로 필요한 노동시간은 '정상적인' 생산 조건 아래에서, 주어진 시공간에서 일반적인 노동 강도와 평균적인 숙련도를 통해 상품을 생산하는 데 요구되는 평균 노동시간이다(Marx 1976a:129 [2008]를 보라). 나는 13장에서 이 사회적으로 필요한 노동시간을 하나의 진행 중인 과정 내에서 해석한다. 349쪽 각주 7도 보라.

한 염려스럽다. 첫째, 기술과 자본을 사물로 물신화하는 전통적인 맑스주의적 접근법과 달리 [하트와 네그리는] ─ 자율주의적 맑스주의가 늘 그렇듯 ─ 투쟁이 이끄는 자본주의 발전을 인식한다. 특히 하트와 네그리는 현대 자본주의의 출현을 결정론적인 역사적 필연성에서 찾지 않으며, 1970년대부터 자본을 위기로 이끌고 케인시안 전략을 붕괴시켰던 투쟁의 결과로 이해한다. 유럽과 미국에서 ─ 특히 포드주의 공장 노동자들의 측정되는 공장 중노동에 대해 ─ '노동 거부'의 형태를 취했던 투쟁은 자본이 자신을 재조직하도록 압박했고 푸코가 "훈육 사회"라고 불렀던 것의 쇠퇴와 "통제 사회"를 향한 경향을 출현시켰다(최근 양상에 대한 비판은 9장을 보라). 또한 '부정'과 확고한 교리에 남달리 집착하는 전통적인 맑스주의자들과 달리 그들은 투쟁 내에서의 욕망과 정동과 소통에서 파생될 수 있는 긍정적이고 창조적인 성격을 강조하면서 변형의 차원은 내재적이며 새로운 세계는 당의 중앙위원회가 아니라 구성적 주체들에 의해, 혁명 '이후'가 아니라 지금 여기에서 구성된다는 것을 우리에게 상기시키고 있다. 그러나 그들은 자본 고유의 발전이 투쟁에 달려 있다는 것과 투쟁하는 주체들의 구성력을 인식하긴 하지만 ─ 따라서 실재에 대한 전략적이고 정치적인 독해를 열지만 ─ 그와 동시에 희망을 꺾는 이론적 틀을 제시한다. 이것은 많은 운동들이 직면하고 있는 사회적 세력들을 인식하는 데도, 그 운동들이 위치한 전략적 장을 인식하는 데도 도움이 되지 않는다. 자본은 척도를 넘어섰다고 주장하고, 대신 그들이 '척도를 넘어선' 사회적 협력 형태로 상정하는 비물질 노동이라 부르는 것을 찬양함으로써, 그들은 살림살이와 사회적 행위를 절합하는 방식으로서의 자본에 대항하며 넘어서는 투쟁에서 우리가 직면해야 하는 가장 중심적이고 근본적인 측면에서 우리의 시선을 몰아낸다. 자본, 심지어는 '실질적 포섭' ─ 덧붙이자면 맑스에게 실질적 포섭은 "'미래'의 것이 아니며 자신의 시대에 완전하게 출현했다."(Caffentzis 2005 : 104) ─ 의 국면에 있는 현대의 전 지구적 자본주의도 삶 활동을 측정하는, 그러므로 사회적 힘들을 절합하는 특정한 양식을 통해 구성된다는 것 [말이다]. 따라서 구성적 계기는 다른 척도들의 상정일 수밖에 없으며 이것의 공동체적communal 문제화가 자본을 넘어선 정치적 구성 과정들의 핵심이다.

실제로 비물질 노동을 하나의 주어진 헤게모니적 경향으로 상정하는 것은 이러한 코뮌적·구성적 문제화의 필요를 소거한다. 하트와 네그리에게 '공통적인' 것은 그들이 비물질 노동의 중심적 특질로 이해하는 것에 의해 직접적으로 상정된다. 비물질 노동이 헤게모니적 형상, 즉 하나의 경향이자, "다른 형상들이 그것의 핵심적 특질들을 받아들여 점점 변형되도록 하는 소용돌이"(Hardt and Negri 2004 : 107 [2008 : 157])라는 그들의 주장이 암시하는 바는 공통으로 생산된 삶에 초점을 맞춘 이 비물질 노동의 중심적 특질이 제국을 뚫고 나아감으로써 일반화되고 세계를 변형시킨다는 것이다. "다중은 자신의 대항 의지와 해방을 향한 욕망으로 제국을 뚫고 반대편으로 나가야 한다"(Hardt and Negri 2000 : 218 [2001 : 293]). 터널의 끝에는 빛이 있다. 비물질 노동은 직접적으로 사회적인 생산이기 때문에 그것의 일반화는 '코뮤니즘'의 일반화와 다름없는 것으로 해석된다.

우리는 자신의 관계적·소통적·정동적 성격 때문에 공통의 관계와 사회적 형태를 창출한다는 이 비물질 노동의 문제를 잠시 내려놓아야 한다. 나는 여기서 비물질 노동이 '물질' 노동에 대해 헤게모니적으로 된다고 이야기되는 경험적 기반에 도전하고 싶지 않으며(다른 이들은 이 도전을 했다)[12], 하나의 활동이 '비물질적'(즉 지적/언어적 또는 정동적)[13]인 한 그 활동은 직접적으로 사회적이라는, 즉 직접적인 사회적 관계와 소통과 정동을 수반하고 있다는 뻔한 주장을 반박하고 싶지도 않다(덧붙여 말하자면 조립라인의 자동차 생산도 사회적 관계와 소통과 정동을 수반한다. 이러한 것들이 비물질적 생산의 몇몇 형태들에서와는 달리 물질적 생산의 목적이 아닐지라도 말이다). 그러나 내가 여기서 반박하고 싶은 두 가지 근본적인 사항이 있다.

첫째, 비물질 노동의 특질인 '공통되기'가 자본의 척도와 그리고 가치 실천들 간의 투쟁과 아무런 관련이 없다는 주장이다. 하트와 네그리에게 이 생산의 공통되기는 주어진다. 즉 비물질 노동과 그 중심적 특질의 헤게모니적 역할과 경향에 의해 생성된다. 대신 우리가 현대 자본주의의 지형 내에서 비물질 노동의 '공통 생산'을 문제화하자마자 우리는 비물질적 생산(즉 소통, 관계적 마디, 정동이 생산의 산물로 변형되는 것)이 '헤게모니적'으로 되는 정도는, 진행 중인 자본주의적 척도과정과 그에 상응하는 ─ 자본주의 아래에 있는 다른 모든 것들처럼 이 노동형태를 구성하는 ─ 가치 실천들 간의 투쟁과 깊은 관련이 있다는 것을

---

12. 간략한 검토는 Wright 2005를 보라. 하트와 네그리의 『제국』에 대한 일련의 비판은 Balakrishnan 2003에 수록된 글을 보라.

13. 『다중』(2004)에서 하트와 네그리는 비물질 노동의 두 형태, 지적이거나 언어적인 노동과 정동 노동을 구별한다. 첫 번째 형태는 "문제 해결, 상징적·분석적 과제들, 언어적 표현"을 포함한다. "이러한 비물질 노동은 아이디어, 상징, 코드, 텍스트, 언어적 형상, 이미지 그리고 이러저러한 여타의 생산물들을 생산한다." 다른 한편 "정신적 현상인 정서(emotions)와 달리, 정동은 신체와 정신에 똑같이 관계한다. 사실상, 기쁨이나 슬픔과 같은 정동은 유기체 전체의 삶의 현재 상태를 보여 주며, 신체의 일정한 상태를 사유의 일정한 양태와 함께 표현한다. 그래서 정동 노동은 편안한 느낌, 안녕, 만족, 흥분 또는 열정과 같은 정동을 생산하거나 조작하는 노동이다. 예를 들어 (미소를 지으며 서비스하는) 법률사무 보조원, 항공 승무원, 패스트푸드 노동자의 업무에서 정동 노동을 인식할 수 있다. 적어도 선진국들에서 정동 노동의 중요성이 증대됨을 보여 주는 한 가지 지표는, 고용주들이 교육, 태도, 인격 그리고 '친사회적' 행동을 피고용자들이 갖추어야 할 주요 숙련기술로 강조하는 경향이 있다는 것이다. 훌륭한 태도와 사회적 숙련기술을 갖춘 노동자는 정동 노동에 능숙한 노동자를 표현하는 또 다른 방식이다"(Hardt and Negri 2004:108 [2008:158]).

발견한다.

실제로 경향의 개념과 척도의 문제는 관련이 있다. 경향의 개념이 양보다 "방향"에 강조를 둔다면(Hardt and Negri 2004:141 [2008]), 이 방향은 어떻게 구성되는가? 맑스에게 경향은 언제나 세력들의 충돌이 지닌 창발적 속성이다. 그에게 경향의 원동력은 투쟁이다. 예를 들어 이윤율 저하 경향에서 맑스는 자본가의 시도를 본다. 자본가는 기계와 자동화를 도입하여 자본의 유기적 구성을 고도화함으로써 산 노동과 그 투쟁에서 벗어나려고 하며, 이 시도가 노동 착취에 기반을 둔 자신의 가치화 능력을 약화시킨다. 그뿐만 아니라 경향이 그러한 까닭은 바로 자본이 종획, 새로운 시장, 임금 감소, 노동시간 연장, 신자유주의적 지구화 등과 같은 역경향을 시도할 수 있기 때문이다. 하트와 네그리에게서 척도, 또는 척도에 대한 투쟁은 묘사에서 누락되어 있다. 실제로 경향을 일으키는 것은 바로 이 투쟁인데도 말이다. 그들이 이야기하는, 예를 들어 (비물질이든 물질이든) 특정 노동 유형의 헤게모니 역할이 형성되는 경향은 척도에 대한 전투가 벌어지는 변경으로 이해해야 한다. 맑스가 강조했고, 하트와 네그리가 자신들이 맑스의 방법을 따르고 있다고 주장하면서 언급하는(Hardt and Negri 2004:141 [2008:199~200]) 산업 노동의 '헤게모니화' 경향이라는 오래된 사례를 보자. 산업노동의 생산성이 초기 매뉴팩처 생산과 수공예 기반 생산의 외부 척도로 부과되지 않았다면 산업노동이 어떻게 그 생산들의 몰락을 결정지을 수 있었을까? 비물질 노동의 경우도 마찬가지다. ('좋은 서비스', 소비자 '만족', 타인과의 소통·관계·정동의 생산과 같은) 점점 더 많은 비물질적 생산 요소들은 '유효경쟁'의 조건이고, 따라서 척도를 둘러싸고 진행 중인 전투에서 전개되는 무기이며, 이 '비물질적' 요인들에 그다지 역점을 두지 않은 채 경쟁하는 그러한 사회적 생산 마디들의 몰락을 야기하는 것이 아니라면 무엇이겠는가?

둘째, 경향의 문제는 또한 전 지구적 다중 내에서 위계의 역할을 경시한다. 하트와 네그리가 사회적 자원에 대한 접근과 부에서 엄청난 불균형이 있다는 사실을 모르는 것은 아니다. 그러나 척도의 문제와 아무런 관련이 없는 것처럼 '경향'을 상정하면서 그들은 전 지구적 '다중' 내의 물질적 분할을 문제화하는 틀을 제공하지 않는 것처럼 보인다. 그리고 이 물질적 분할, 이 위계, ─ 극심하고 만연한 경쟁의 항상성 과정이 계속되면서 ─ 지속되는 위계의 재생산은 우리가 새로운 사회적 관계와 새로운 생산양식 들을 산출하기 위해 직면해야 하는 가장 도전적이며 유일한 조건인지도 모른다. 전 지구적 '다중' 내의 이 위계를 문제화하지 않으면, 현 체제의 재생산과 관련하여 그 위계가 이용되고 기능하는 것을 문제화하지 않으면 새로운 정치는 없다. 우리가 오페를 다룬 앞 절과 여러 앞 장에서 논의한 것처럼 모든 '헤게모니적 경향'이나 자본주의적 생산양식의 역사 속 모든 역사적 생산 양상은 크게 분화된 위계에 상응하며 이것은 우선 임금 [노동자]와 비임금 [노동자]의 분할에서 찾을 수 있다. 그리고 이것이 바로 노동의 '공통되기'를 문제로 만든다. 이 노동이 여전히 자본의 척도에 종속되어 있는 한 그 노동의 공통되기는 위계를 다시 만들어 내는 방식과 형태로 일어난다는 점에서 그러하다.

전 지구적 자본 순환이 사회적 관계와 소통과 정동에 대한 강조와 자기 성찰을 점점 더 요구하는 것이 사실이라면, 이 과정의 전개가 위계에 입각해 있고 위계를 재생산한다는 것 또한 사실이기 때문이다. 이것은 세 가지 이유 때문인데 모두 자본의 척도와 연관되어 있다. 첫째, 위에서 주장했듯이 비물질 노동 형태는 세력 장ª field of forces 내에서 구성되고 다른 누군가에 대한 경쟁 우위를 확보하는 도구로 된다. 둘째, 자본의 항상성에 의해 구성되어 진행 중인 자본주의적 측정 과정이 과잉 축적의 위기와 그에 따른 새로운 종획의 압력을 낳고, 그에 따라 생활수단에 대한 접근의 양극화를 초래하기 때문이다. 셋째, 전 지구적 시장에서 계속되는 비물질 노동자들의 경쟁은 진공 상태에서 일어나지 않는다. 생명정치적 생산은 생명정치적 재생산이기도 하다. 비물질 노동자들은 여느 사람과 마찬가지로 보살펴야 하는 신체가 있으며 노동력을 재생산해야 한다. 부분적으로 그들의 경쟁 유효성은 자신의 노동력이 경쟁 관계에 있는 타인과 비교해서 얼마나 저렴하게 재생산되느냐에 달려 있다. 그러므로 시장에서 그들의 '유효 경쟁력'은 저렴한 혹은 비임금 재생산 노동이 신체를 보살피거나 보살피는 수단을 제공할 수 있는 정도에 크게 좌우된다. 생산뿐 아니라 재생산의 결합된 순환이 세계 다른 어딘가의 상응하는 다른 결합된 순환과 적대적인 한, 우리는 '생명정치적 경쟁'에 대해 말할 수 있다. 그러나 우리가 이 책의 1부에서 본 것처럼 이것은 대체로 자본주의에 새로운 것은 아니다.

이와 같이 '제국을 뚫고 나아가기'는 분명 비물질 노동의 '공통 생산'을 확대하는 것을 뜻할 것이다. 그러나 이것은 자본주의적인 사회적 생산 관계에 의해 구성되는 공통장이다. 척도를 둘러싼 투쟁과 가치 실천들의 지형이다. 궁극적으로 척도와 위계에 대한 문제화가 없다면 자본주의적 생산양식의 극복에 대한 문제화도 없다. 그러나 우리는 이러한 유형의 정치적 과정에 참여하기 위해서 제국을 뚫고 나아가거나 신자유주의적 헌법에 찬성 투표[14]를 던질 필요가 없다. 나는 사빠

---

14. 유럽 헌법에 대한 프랑스 국민투표가 벌어진 2005년 당시 많은 비평가들은 그것이 신자유주의적 원리를 헌법에 새겨 넣으려고 한다는 이유로 비난했다. [그러나] 네그리는 "헌법은 제국, 즉 새로운 지구화된 자본주의적 사회와 싸우는 수단"이라는 기조에서 "찬성" 투표를 주장했다. 76쪽 각주 15를 보라.

띠스따에게서 배우기를 좋아한다. 그들에게 종획과 신자유주의에 대한 "아니요"는 그와 동시에 수많은 네yeses의 형태로 대안들을 상정하는 것이며, 그것들의 절합을 문제화하는 것이다.

하트와 네그리의 위계에 대한 무비판적 사용은 계급 구성이라는 분석 도구를 '경향'의 개념으로 대체하면서 일어난다는 점을 주목해야 한다. 우리가 7장에서 본 것처럼 계급 구성을 통해 자본과 관련한 이질적인 노동 신체의 공시적 직조와 통시적 역학을 모두 포착할 수 있다. 우리는 계급투쟁의 모든 사회적 과정이 특정한 계급 구성에, 즉 기술과 욕망과 필요의 특정한 직조에, 매우 이질적인 행위자들의 사회적 신체를 구성하는 관계망에 기반을 두고 있다는 것을 보았다. 결국 정치적 재구성이란 **공통적인** 절합, 정동, 욕망, 필요, 소통 형태 등의 출현이다. 이를 통해 이질적인 행위자들의 사회적 신체는 그들의 '공통 생산'이 자본의 가치 실천에 의해 조형되는 한, 그것은 그들이 욕망한 것이 아니라는 것을 인식할 수 있다. 그러므로 정치적 재구성recomposition은 자본의 것과는 다른 가치 실천들의 상정이고 다른 공통장의 구성constitution이며, 자본의 것과는 다른 텔로스를 가진 사회적 세력의 구성이다. 그러나 이런 방식으로 말할 때 경향은 존재하지 않는다. 자본의 재구조화와 국가의 억압은 정동을 파괴하거나 신체를 살해하거나 살림살이 수단을 회수하고 장악함으로써 이 정치적 구성compositions을 반복해서 탈구성해 왔다. 그러나 문제는 아직 남아 있다. 우리는 여전히 우리 시대의 조건에서 정치적 재구성의 문제와 마주한다. 우리는 어떻게 자본의 척도를 넘어 공통장을 생산할 것인가? 사실 하트와 네그리에게 그 대답은 비물질 노동의 경향에 의해 주어지지만, 사빠띠스따에게서 배우는 우리는 그 문제를 유념하면서 투쟁과 네트워킹과 정치적 과정의 모든 순간 속에 그것을 거듭 상정해야 한다. 해답은 오로지 아래로부터만 출현할 수 있고 투쟁하는 신체의 욕망에 달려 있을 수밖에 없다.

우리가 가치 실천들 사이에서 진행 중인 투쟁들과 척도의 문제라는 렌즈를 통해 하트와 네그리를 재독해하면 비물질 노동에 대한 그들의 강조가 그들의 오류에도 불구하고 우리에게 커다란 통찰을 준다는 것을 깨닫게 된다. 우리는 결국 좋든 나쁘든 관계에 대한 자기반영이 모든 곳에 있는 시대에 살고 있다. 사회과학과 정치 행동주의의 네트워크에 대한 최근의 '집착'에서부터, 반인종주의와 페미니즘 그리고 일반적으로는 '정체성' 정치를 지나, 임금이 얼마나 되든 맥잡[15]과 다른 '비물질' 생산에서 수행되는 작업에 이르기까지, 이 모든 것들은 타자와의 관계 양식에 대한 자기반영의 사례들이다. 어떤 경우 그에 따른 이 관계 양식들의 문제화는 해방 운동으로 이어진다(페미니즘, 반인종주의 등). 다른 경우에 문제화는 그것의 설계에 내포된 의도에 봉사하는 데 그친다. '소비자 만족도'를 높이기, 또는 '회전 시간을 줄이기', 궁극적으로 기업의 목표를 충족시키기. 그러나 이 모든 경우에 타인과의 관계 양식을 문제화하는 활동이 수반된다. 우리가 우리 시대의 지혜에서 배울 용기가 있다면, 그 지혜를 우리가 공통으로 살림살이를 재생산하기 위해 이용하는 관계 양식의 적극적이고 구성적인 문제화로 전용한다면 얼마나 좋을까! 우리는 무엇을 발견하게 될까? 이 발견의 과정은 새로운 세계를 만드는 과정이 아닐까? 이 과정의 모든 순간은 역사의 시작이 아닐까? 이것이 지난 20년 동안 네그리의 작업에서 우리가 얻은 통찰이다. 문제화와 재구축이라는 공통의 과정을 시작하고 유지하는 힘들은 모두

---

15. [옮긴이] McJobs. 숙련기술이 거의 필요 없고 내부적으로 발전 가능성이 거의 없는, 임금과 전망이 낮은 일자리를 가리키는 용어. 패스트푸드 업체인 맥도날드에서 유래했다.

우리의 권한 안에 있기 때문에, 우리의 재생산의 관계적·소통적·정동적 양식에 문제를 제기하는 장점이 있다.

그러나 이 힘들은 우리의 권한 안에 있지만 주어지는 것이 아니다. 하트와 네그리가 말하는 "공통 생산"은 비물질 노동의 특질이다. 그것을 척도에 대한 투쟁에 절합하여 현실로 돌아가면 그것은 전 지구적 공장의 모든 물결, '프랙털 파놉티콘'의 모든 규모를 횡단하는 새로운 정치적 재구성의 문제다. 그것은 역사적인 해방 경향이 아니라 삶 과정과 살림살이 들을 절합하는 양식을 비판적으로 문제 삼기 위해 우리가 수용해야 하는 힘 조건 ― 우리가 우리의 과정 조건들, 즉 자기반영성, 극복을 질문하게 하는 힘 조건 ― 이다.

살림살이가 재생산되는 관계 양식으로서의 경쟁에 집중하는 헤게모니 담론에 대해 우리는 이 관계 양식을 문제화하는 담론으로 대항해야 한다. 이제는 '가치' 생산을 장악하여 회복하고, 투쟁에서 비롯된 다른 관계 양식들로 자본의 담론에 입각한 관계 양식들을 측정할 시간이다.

힘의 '중심'

'가치법칙'을 다루는 현대의 비평가들, 특히 최근 노동의 변형을 다양한 방식으로 강조하는 이들에 대한 우리의 논의에서 나타나는 한 가지는 현대의 생산은 '네트워크'에서 일어나며 네트워크는 중심이 없다는 것이다. 우리는 이것이 오페가 노동의 이질성을 강조할 때 그 근원에 있는 것이라고 인식할 수 있다. 그것은 비물질 노동에 공통적인 관계적·정동적 특징을 강조하고 제국을 네트워크 지배 형태로 정의하는 하트와 네그리에게 더욱 분명하게 나타난다(Hardt and Negri

2000 [2001]). 실제로 지난 사반세기에는 네트워크가 자본주의적 생산양식 내부에서 출현하기 때문에 힘의 '중심'에 대한 문제화를 중단하는 일반적인 흐름이 있는 것처럼 보인다. 예를 들어 힘의 '중심'이라는 문제에서 벗어나는 이 움직임을 다른 영향력 있는 저자들에게서 다양한 방식으로 포착할 수 있다. 카스텔(Castells 2000 [2003])의 "흐름의 공간"으로서의 "네트워크 사회"나 맑스주의에 대한 라클라우와 무페(Laclau and Mouffe 1985 [2012])의 탈근대적 비판이 그러하다. 카스텔은 힘을 하나의 흐름으로 사고한다. 네트워크를 전류(힘)가 이동하는 전기 회로와 유사한 것으로 만들어 발진기를 거치는, 네트워크들을 가로지르며 움직이는 어떤 것으로 사고한다. 우리가 힘을 하나의 흐름으로 이해할 때 그 은유는 통찰을 줄 수도 있지만 힘의 관계로서의 행사가 어떻게 그것을 움직이는지 설명되지 않기 때문에 우리가 사회적 관계들의 흐름과 그 관계들의 행사 양식의 관점에서 이 '흐름'을 제기할 때까지 힘은 하나의 사물로 (유동적인 사물이지만 그럼에도 하나의 사물로) 남는다. 따라서 나는 자본 흐름을 국가마다 다른 이자율의 관점에서 하나의 사물로 이해할 수 있다. 그러나 내가 이 운동을, 두 국가의 살림살이가 어떻게 이 자본 운동 혹은 이 운동의 위협 때문에 서로 체계적으로 대결하게 되는가라는 광범위한 문제에 결부시킬 때까지, 내가 이 운동의 원리를 이해하고 문제화할 때까지, 나의 힘 개념은 급진적 대안의 관점에서 보면 완전히 무용하다. 이 원리는 힘의 '중심'이라는 문제계를 갖는다.

라클라우와 무페(Laclau and Mouffe 1985 [2012])가 옹호하는 포스트맑스주의는 자본에 맞선 투쟁을 강조하는 전통적인 맑스주의를 "경제주의적"이라고 비판하면서 중심의 문제계를 소거한다. 대신 그들은 사회적 장을 열고 그것을 (계급, 젠더, 환경, 호모포비아, 인종 등을 둘러싼) 복수의 투쟁들이 구성하는 것으로 이해한다. 이 투쟁들 간의 접속은 우발적으로 발달할 수 있는 경우를 제외하면 거의 없거나 없다. 따라서 그에 상응하는 '급진 민주주의'라는 기획은 사회적 신체를 가로지르는 평등주의적 관계를 촉진하려고 한다. 그리고 계급은 많은 투쟁 영역들 중 하나에 불과한 것으로 이해되기 때문에 그 기획은 자본으로부터의 해방이라는 문제를 어떤 해방 정치의 중심 문제로 제기하는 것을 피할 수 있다.

경제주의적 맑스주의에 대한 이 탈근대적 비판은 물론 근거가 충분하다. 정통 맑스주의가 환원주의적이고 경제주의적인 이론화의 오랜 전통을 지니고 있기 때문이다. 그러나 다양성에 대한 요구와 상이한 투쟁들의 자율성은 비정통 맑스주의 전통 내부에서도 출현해 왔다. 계급에 대한 탈근대적 접근은 지난 수십 년 동안 무수한 쟁점을 중심으로 현장에서 발달해 온 많은 투쟁들을 학계에서 표현하는 데 이바지했지만, 이러한 식으로 차이를 찬양하기 위해서는 큰 정치적 대가를 치러야 한다. 탈근대적 맑스주의는 정통 맑스주의의 정형定型, 즉 바로 그 경제주의를 재생산한다. 탈근대적 맑스주의는 사회적 신체의 힘과 욕망 들의 복수성plurality뿐만 아니라 그것들의 시공간적 구조화를 완전하게 인식함으로써 계급에 대한 (즉 자본의 한계에 대한, 새로운 사회적 관계들의 구성에 대한, 살림살이를 절합하는 새로운 방식에 대한) 문제를 풍요롭게 하는 담론적 틀을 만드는 대신, 정통 맑스주의에서 물려받은 임금 노동으로서의 계급이라는 환원주의적 개념을 기꺼이 수용한다. 그런 다음 계급을 많은 것들 중 하나의 쟁점으로 간주함으로써 계급을 '탈중심화한다.' 따라서 그것은 1980년대부터 신자유주의라는 이름으로 계속 진행 중인 자본의 정치적 기획에 이 차이의 절합이라는 이론적·정치적 과제를 남긴다. 자본은 차이와 다양성을 인정하는 데 아무런 문제를 겪지 않는다. 그것이 절합의 **공통 중심**을 자본주의적 시장 내에서 발견하는 다양성인 한 말이다. 그러므로 계급에 대한 탈근대 담론에서 우리는 자본의 대안을 구성constitution하기 위해 정치적 재구성recomposition 과정에 참여해야 할 정치적 필요를 보지 못하게 된다. 우리가 다양성을 함께 모으고 '많은 네yeses'의 절합이 어떻게 또 다른 세계를 구성하는지를 배우는 것은 이 정치적 재구성에 서다. 만일 우리가 정치적·이론적 사고에서 이 선취를 박탈한다면, 모든 유형의 투쟁이 새로운 축적으로의 흡수에 매우 취약해지게 만드는 데 기여하는 것이다. 이 모든 투쟁들이 직면하고 있는 공통의 세력을 우리가 인식하지 못하기 때문이다. 자본주의적 분할과 지배는 단순한 다양성이 아니라 각자가 타인과 대결하는 다양성에 기초하며, 이를 통해 힘들의 위계와 자원 접근의 위계가 초래된다. 이 실재에 대면하기를 회피하는 것은 "'실질적 포섭' – 자본이 자신의 논리를 작업장뿐만 아니라 삶의 모든 영역에 부과하려는 경향 – 이라는 맑스의 결정적인 논점을 뛰어넘는 것이 아니라 회피하는 것"이다(Dyer-Witheford 1999 : 188 [2003 : 393]).

실제로는 사회적 생산 네트워크들과 '중심들'의 출현은 언제나 서로 연관되어 있다. 모든 사회적 협력 양식에서 신체 주체와 특이성 들은 일반적으로 척도를 통해 행동하며 그들의 활동은 피드백 순환고리의 계기들이다. 피드백은 관계적이다. 즉 그것은 특이한 신체 주체들을 특정한 패턴을 따라 서로와의 주어진 관계 속에 밀어 넣는다. 이 순환고리가 특정한 방식으로 되풀이되는 반복일 경우 사회적 신체를 구성하는 특정한 네트워크 패턴을 낳는다. 전 지구적 상품 사슬(9장을 보라)은 특정 유형의 측정 활동에서 출현하는 네트워크, 즉 자본주의적 가치를 재생산하는 네트워크다. 일반적으로 사회적 네트워크는 특이성들의 활동에서 출현하는 결과이며 결국 그것은 전 세계에 존재하는 개별 신체 주체들을 위한 전제 조건이다. 그러므로 항상성 과정은 네트워크를 통해서만 일어날 수 있으며 그 역도 마찬가지다. 네트워크는 항상성 과정을 거치는 사회적 신체의 조직화다(Capra 1997:82~3). 따라서 사회적 네트워크에 대한 우리의 연구는 사회적 네트워크와 어떤 항상성 과정의 연결에 대한 인식을 늘 성찰해야 한다. 그러므로 현대 자본주의적 생산을 구성하는 임금 및 비임금 노동의 전 지구적 네트워크와 자본주의적 생산 내부의 투쟁은 그들의 관계적 연결의 관점에서, 즉 그들의 행동은 피드백 순환고리의 구성 요소라는 사실에서 이해되어야 한다.

네트워크가 항상성 과정의 반복에서 출현한다고 이해하는 것은 힘의 '중심'이라는 문제의 제거가 아니라 재개념화를 뜻한다. 전통적으로 정통 맑스주의의 헤게모니 아래에 있는 급진 담론은 이 중심을 다양한 모습으로 이해한다. 국가, '군산' 복합체, '부르주아지', 지역 세력권에 관련된 혹은 제국 내부에서 국가의 특별한 헤게모니 역할 등[이 그것이다]. 지배적인 맑스주의 정치 문화가 수용하는 이 전통적 개념, 즉 힘이 분출하는 '장소'(중심, 즉 다양한 규모의 국가, 지역 등)가 존재한다는 개념, 그리고 그에 상응하여 힘은 하나의 과정처럼 행사되기보다 누군가 소유한 것이라는 개념은 지난 수십 년간 다양한 배경과 접근법에서 크게 비판받았다. 힘[권력]을 세력들 사이에 편재하는 관계로 사고하는 푸코부터, 최근 '지배력'을 비판하고 '지향력'과 행위를 강조하는 홀러웨이까지[16], 남성성과 여성성의 구성 과정과 관계를 강조하는 페미니스트 저자들부

16. 홀러웨이의 책(Holloway 2002 [2002])에 공감하며 비판하는 글로 De Angelis 2005b 를 보라.

터 '네트워크' 사회를 연구하는 현대 사회과학자들까지 [힘에 대한 전통적 개념을 비판해 왔다]. 힘이 행사될 수 있을 뿐이라면, 예의 근본적인 정치적 문제는 우리가 어떻게 힘을 행사하는가? 가 된다. 인간 힘의 행사 양식의 문제화는 대안 정치의 핵심이다.

사회적 상호작용들로 이루어진 현대의 전 지구적 장에서 사회적 관계들이 절합되고 살아가는 방식에 대해 책임을 물을 수 있는 가시적인 힘의 단일 중심은 사실 존재하지 않는다. 그러나 '중심들'의 다자주의, 즉 IMF, 세계은행, 정부 등과 같은 복수의 제도들이 존재한다. 이 제도들은 지구에서 우리의 상호작용, 즉 그들이 '경제'라고 부르는 것이 특정한 보편적 양상을 따르도록 보장하는 책임을 – 다양한 방식으로 – 지고 있으며, 특정한 매개변수 중심, 즉 시장 관계의 작용에서 출현하는 가치 규범을 중심으로 조직된다. 우리의 상호작용이 점점 시장 관계 형태를 취하도록 보장하는 것이 우리가 종획이라고 부르는 영역이라면, 이 매개변수 중심의 지속과 재생산은 사회적 신체를 가로지르는 특이성들에 대한 훈육적 통합의 문제다. 따라서 우리는 중심의 문제를 재구성해야 하며, 이를 두 가지 방식으로 극복해야 한다. 사회적 신체에 대해 종획과 삶의 상품화를 촉진하는 전략적 중심의 측면에서 – 즉 사회적 생산의 맥락에서. 또한 그에 따른 창발적 매개변수 중심, 즉 오늘날 사회적 신체의 모든 네트워크에, 삶의 모든 영역에 침투한 것으로 보이는 자본의 항상적 재생산의 무게 중심의 측면에서. 이 창발적 매개변수 중심에 대한 연구는 자본주의적 상품 생산에 대한 연구, 자본의 가치화와 측정에 대한 연구다.

13장

자본의 가치화와 측정

측정과 피드백

개별 행위자actor나 사회적 '행위자'agent의 관점에서 가치란 선별, 참조 체계 내에서의 비교, 이 비교에 기초한 행동에 관한 것이다. 그러므로 '척도'의 문제는 사람들의 행동을 지도하는 어떤 평가 과정에서도 근본적이다. 상이한 가치 생산 과정들을 구별 짓는 것은 우리가 측정하는 것을 우리가 측정하는 방식이다. 이 절에서 자본주의적 가치 척도의 특유한 형태를 따져 보기 전에 나는 부분과 전체, 개인과 사회, 신체 주체와 사회적 신체를 통합하는 활동으로서의 측정 활동에 대해 몇 가지 일반적인 ─ 자본주의에 특유한 것이 아닌 ─ 성찰을 제공하고 싶다.

어떤 생산양식과 사회적 관계 형태에서도 살림살이를 재생산하는 행동을 비롯한 사람들의 행동을 궁극적으로 지도하는 것은 사람들이 그것에 부여하는 의미다. 일반적으로 우리는 이 의미의 관점에서 '가치'를 이해한다. 인류학자들은 가치란 사람들이 자신의 행동의 중요성을 자신에게 표현하는 방식이라고 말한다. 이 중요성을 표현함으로써 사람들은 행동에 대한 지침을 갖는다. 이 첫 번째 뜻에서 가치는 특이성들의 관점에서 본 행위의 척도다. 그러나 가치는 나머지 사회에서 고립된 개인들에게서 기인하지 않는다는 것을 우리는 2장에서 살펴본 바 있다. 어떤 행동이나 과정도 "오직 더 큰 행동 체계 속에 통합될 때에만 의미를 획득한다(헤겔식 용어로 말하자면 '구체적이고 특유한 형태'를 띠게 된다)"(Graeber 2001:68 [2009:164]). 인간의 어떤 가치든 어떤 총체성의 개념, 즉 참조 및 비교 체계와의 관계 속에서 이해할 수 있게 된다. 인간에게 의미가 비교의 문제라는 것은,

> 의미에 대한 거의 모든 기존 연구들이 – 변증법, 해석학 그리고 구조주의 모두 – 동의하는 것이다 … 그것이 한 언어 내의 단어든 이야기 속의 일화든 또는 시장의 '재화와 서비스'든 간에, 부분들은 서로에 대한 관계 속에서 의미를 획득하며 그 과정은 언제나 모종의 전체에 대한 참조를 수반한다. 가치 역시 마찬가지다. 가치의 실현은 언제나 필연적으로 비교의 과정이다. 이러한 이유로 그것은 적어도 상상된 관객을 언제나 필연적으로 함축한다(같은 책:86~7 [같은 책:199]).[1]

이 두 번째 뜻에서 가치는 계속되는 참조와 비교의 과정 속에서 개인과 전체, 특이성과 다중의 유사 절합 과정의 관점에서 출현하기 때문에 행위의 척도다.

셋째, 그러므로 결국 피드백은 가치 생산의 중심이다. 우리가 '중심'의 문제를 다룬 앞 장에서 본 것처럼 개인과 전체의 모든 유사 절합 과정은 사회적 힘들의 절합 양식이며, 특정한 방식으로 협력하는 특이성들의 네트워크를 구성한다. 가치화하는 특이성들의 활동은 피드백 순환고리의 계기들이다. 피드백은 관계적이다. 즉 그것은 특이한 신체 주

---

1. [옮긴이] 인용문의 쪽수가 원문에는 23쪽으로 되어 있는데 오기로 보여 수정하였다.

체들을 서로와의 특정한 관계 속으로 밀어 넣는다. 이 순환고리들이 특정한 방식으로 되풀이되는 반복일 경우 사회적 신체를 구성하는 특정한 네트워크 패턴을 낳는다. 이 세 번째 뜻에서, 가치를 추구함으로써 우리는 사회들을 재생산한다. 그러므로 상이한 유형의 가치 추구, 따라서 상이한 유형의 가치 실천들은 상이한 유형의 사회들, 전체들, 자기조직화 체계들, 사회적 협력 형태들을 재생산한다. 이런 이유로 우리가 자본주의적 사회관계를 재생산하는 방식에 대한 연구는 우리가 그것을 특징짓는 가치들을 추구하는 방식에 대한 연구다. 대안의 정치는 궁극적으로 가치의 정치다. 그것은 어떤 가치가 개인과 전체를 연결할지를 확립하는 정치다.[2]

이 삼중의 방식으로 가치 혹은 가치 실천들에 대해 문제제기하는 것은 척도들의 문제를 직시하는 것이다. 척도는 언제나 참조점, 기준, 전형적인 규범, 표준으로 작용하는 담론적 도구다. 따라서 그것은 특이한 신체 주체의 행동을 지도하는 하나의 관계적 참조점이지만 사회적 신체의 습관, 전통, 문화의 무게를 지탱한다. 그러므로 우리의 담론에서 척도의 문제는 신체 주체들과 사회적 신체의 상호관계를 연구하는 출발점이다.

우리는 사회적으로 규정된 길이 표준, 야드자yardstick를 이용하여

---

2. "우리는 다시 '가치의 정치학'으로 돌아왔지만, 이는 아파두라이의 신자유주의적 입장과는 사뭇 다른 것이다. 터너에 따르면 정치의 궁극적인 목표는 가치를 전유하는 것이 아니라 가치가 무엇인지를 정의하는 투쟁이다. … 비슷한 방식으로 궁극적인 자유는 가치를 창조하거나 축적할 자유가 아니라 (집단적으로든 개인적으로든) 삶을 살 만한 가치가 있게 만드는 것이 무엇인지를 결정할 수 있는 자유이다. 그러므로 정치는 결국 삶의 의미에 관한 것이다. 의미를 구축하기 위한 이 모든 기획들은 필연적으로 총체성에 대한 상상을 포함하기 마련이다(총체성을 전제할 때에만 그 어떤 의미도 가능하기 때문이다). 비록 실재는 그 정의상 언제나 우리가 설명할 수 있는 것보다 더 복잡하다는 사실 때문에 그 어떤 기획도 그대로 현실로 실현될 수는 없다고 하더라도 말이다"(Graeber 2001 : 88 [2009 : 202]).

A와 B 사이의 거리를 측정한다. 불장난을 하는 아이는 사회적이라기보다 물리적인 규범(불에 다칠 수 있다)을 배웠고 그에 맞춰 행동한다. 불에 다가갈 때 그 아이는 자신이 배운 그 표준과 비교하며 현재의 행동을 판단[측정]한다. 불에 델 수 있으니 안전한 거리를 유지하자. 분명히 그 아이는 그 규범을 가지고 놀기로, 그것에 도전하기로 결정할 수도 있고 그 척도의 정밀함을 미세하게 조정하는 것을 배울 수도 있다. 불에 델 수 있지만 손가락을 재빠르게 움직여서 촛불을 통과한다면 나는 가벼운 온기만 느낄 것이고 나보다 어린 친구들은 감탄할 것이다. 이 경우 측정의 실천은 예를 들어 기업 매니저나 경제학자 또는 '이윤을 극대화하는' 행위자가 이해하는 측정의 실천과는 완전히 다른 것이다.

우리가 하는 어떤 행동도 주어진 규범과 관련하여 지도화될 수 있다. 이러한 의미에서 그것은 다양한 정도로 대안 규범이다. 이 규범은 외부로부터 설정되어 내면화되거나 경합할 수 있고, 환영받거나 멸시받을 수 있고, 신체 주체에 강제되거나 신체 주체들이 스스로 선택할 수도 있다. 다시 말해서 우리가 여기서 척도의 문제를 제기할 때, 신체 주체들의 일상적인 교류에서 우리는 언제나 측정한다는 사실과 복수의 측정 과정이 가능하다는 사실에만 주의를 기울일 뿐이다. 실제로 사회적 신체나 그것의 어떤 부문 사이에서 어느 정도의 조정과 협력은 모종의 측정 과정을 통해서만 가능하다. 이 과정을 통해 개인들의 실천은 주어진 규범 주변으로 끌려가고/거나 그 규범과 경합하고/거나 새로운 규범을 구성할 수 있고 어떤 경우에는 **공통** 행동을 낳을 수도 있다.

그뿐만 아니라 측정이 반드시 주어진 규범과 대상 사이의 경직되고 기계적인 비교만을 뜻하는 것은 아니다. 물론 그럴 수도 있다. 우리가 새 옷장이 실제로 침실에 맞는지 보기 위해 줄자를 들고 그 길이를 측정할 때 말이다. 그러나 특정한 척도는 사회적 실천의 조건이라기보다 그것의 결과일 수 있다는 점 또한 경험으로 알 수 있다. 집안 풍경이 하나의 사례일 것이다. 얼마 전 아내와 나는 우리 중 누군가가 음식을 준비할 때 좀 더 편하게 할 수 있도록 작은 주방의 일부를 늘 비워두기로 합의했다. 주방의 나머지 상태가 어떻게 되든 말이다! 이제 그 공간은 개별 신체 주체가 자신의 활동을 측정할 때 사용하는, 사회적으로 정의된 규범이 되었다. (새로운 것을 형성하는) 의사결정 과정의 결과였던 것이 이제 미래 생산의 표준 조건이 되었다. 그뿐만 아니라 개별 신체 주체가 그 규범을 지키는 정도와 형태는 관계적 춤의 무게중심이 되었다. 여기에서 놀이와 갈등이, 기쁨과 불만이 그 규범을 둘러싼 사회적 상호작용으로부터 생겨날 수 있다. 규범과 측정 활동은 공동체가 조직되는 매개변수 중심을 구성한다. 이 중심은 특정 신체 주체들이 태도와 필요와 욕망에서 보이는 차이에도 불구하고 그들이 공유하는 하나의 공통장이다. 사람들 사이의 사회적 관계는 상호작용의 중심으로 작용하는 어떤 공통장 없이는 이루어질 수 없다.

규범이 결정될 필요가 없다는 것은 말할 필요도 없다. 그것은 사회적 상호작용으로부터 출현할 수도 있고, 신체 주체들이 이 규범을 깨닫지 못해도 정상화될 수 있다. 그럼에도 사회적 행위자들은 그들이 행사할 수 있는 힘과 열망에 따라 규범과 그에 상응하는 측정 활동을 조정하거나 폐지하기 위해서, 혹은 그대로 유지하기 위해서, 혹은 변화된 환경에서 수정하기 위해서 분투할 수 있다. 그리고 환경은 결국 새로운 규범과 측정 활동의 확립에서 힘이 행사되는 양상뿐 아니라 자신의 필요와 욕망을 재정의하는 신체 주체들의 상호작용에 의해 좌우될 것이다.

따라서 척도의 문제를 도입하는 것은 사회적 신체와 신체 주체들의 절합에 과정과 피드백의 문제를 도입하는 것이다. 이 절합은 하나의 피드백 관계에서처럼 개념화될 수 있다. 이것은 오래된 통찰, 즉 우리는 사회적 개인들(또는 주체들)이라는 것과 우리는 세상을 바꾸지만 우리가 선택하지 않은 조건으로 바꾼다는 것(그러나 세상을 바꾸는 것은 우리다!)을 생각하는 현대적 방식이다. 척도의 문제를 도입하는 것은 다음과 같은 질문을 던지는 것이다. 우리는 어떻게 우리가 측정하는 것을 측정하는가? 누가 혹은 무엇이 척도 표준을 정하는가? 어떤 척도 형태가 상이한 담론들에서 사용되는가? 어떤 힘들이 이러저러한 측정 과정을 통해 전개되고/거나 억압되어 왔는가? 어떤 순환고리가 인간 실천을 측정 실천에 절합하는가?

상품 가치

이제 자본의 가치 실천과 그에 상응하는 측정 과정이 신체 주체들을 절합하고 사회적 협력 네트워크의 형태를 만드는 기본 과정을 좀 더 자세하게 살피는 것으로 넘어가자. 이를 위해 우리는 맑스를 좇아 '부르주아적 부의 기초 형태'인 상품에서 시작해서 그것의 교환가치가 어떻게 생산되는지 알아볼 필요가 있다. 우리가 자본이라고 부르는 사회적 세력이 끝없이 촉진하는 상품의 화폐 가치의 생산, 가치 형태 그리고 가치 실천들의 문제에 접근할 때, 우리는 사람들이 화폐 가치의 형태로 자신에게 자신의 행동의 중요성을 표현하는 방식과 그들의 참조 체계를 구성하는 전체의 이 절합을 조사해야 한다. 실제로 문제가 되는 것은 전자[표현 방식]가 후자[전체]를 구성하고 후자가 전자의 조건이 되는 방식이다.

상품 가치, 과정 그리고 투쟁

따라서 이 절과 다음 절에서 우리는 특이성들과 사회적 신체의 절합을 강조하고 이 절합을 하나의 사회적 측정 과정으로 이해하는 이전 논의에 비추어 정치경제학의 고전적인 선취, 즉 자본주의적 가치 생산을 다시 검토한다. 여기서 살필 수는 없지만 바로 앞 장에서 간략하게 논의한 노동가치론에 대한 논쟁에 익숙한 독자들에게 이러한 접근법은 맑스주의 경제학자들이 취하는 전통적인 접근법과 다르게 보일지도 모른다. 전통적인 접근법에서 (맑스에게 있어 상품 가치의 양적 척도를 구성하는) 사회적으로 필요한 노동시간이라는 개념은 과거 과정들의 결과라는 점에서 상품 가치의 구성 과정과는 별개의 분리된 것으로 간주된다. 내가 취하는 접근법에서는 그렇지 않다. 나의 접근법에서 사회적으로 필요한 노동시간은 순차적인 순환고리이며 이것은 현재의 행동을 지도하는 미래에 대한 지각과 과거를 절합한다. 그것은 사회적 표준일 뿐 아니라 그것과 관련된 개별 특이성들의 위치 짓기positioning 다. 그것은 첨예한 거시적 갈등뿐 아니라 '생산 지점'에 만연한 미시적 갈등가능성으로 구성된다. 그리고 그것은 이 투쟁의 지형으로서 생산과 재생산의 연결을 가리킨다. 더욱이 클리버(Cleaver 1979 [2018])가 예측했듯이 전통적인 맑스주의 경제학자들이 취하는 접근법에서와는 달리 자본 간의 경쟁은 계급투쟁 과정과 별개의 것이 아니라 그것이 현현하는 형태다. 그 현상이 경쟁으로 나타날지 아니면 사회적 갈등으로 나타날지는 우리의 독해가 가진 담론적인 정치적 위치성에 달려 있다.

사실 자본주의적 가치 형성을 파악하는 이 '순차적' 방식 — 이것은 나에게 노동(그것의 정도, 본성, 강도, 연장, 근거, 보상)을 둘러싼 연속적인 사회적 투쟁 과정이 상품 가치를 구성한다는 것을 파악하는 명확한 방식일 뿐이다 ― 은 정치경제학에 대한 전통적인 맑스주의 접근법에는 이상한 것으로 받아들여질 것이다. 전통적인 접근법은 오히려 투입-산출표와 연립방정식을 통해 사회 전반의 노동 가치의 양적 '구조'를 강조한다. 어쩌면 역설적이게도 이 구조적인 접근법은 우리가 바로 앞 장에서 비판적으로 살펴보았던, 가치법칙에 대한 네그리의 비판의 출발점이기도 하다. 네그리와 하트가 『제국』에서 비물질 노동의 헤게모니를 통해 가치 생산이 척도를 넘어선다고 주장할 때 그 의미는 가치 생산이 "상응하는 양의 측면에서 본 노동과 가치의 관계 ― 추상적 노동시간[3]의 일정한 양은 가치의 양과 같다는 것 ― "를 넘어선다는 것이다(Hardt and Negri 2004 : 145 [2008 : 204]). 물론 맑스는 그의 노동 시장 가치와 생산 가격 양자가 보여 주듯이 이러한 상응이 자신이 살던 시대의 생산 조건에도 적용되지 않는다는 것을 잘 알고 있었다.[4] 과정과 계급 갈등의 관점에서 가치 측정 문제를 재구성함으로써 나는 우리가 네그리의 접근법에서 중요한 지점을 버리지 않기를, 그러니까 자본을 넘어선 사회 구성의 주요 좌표로서 투쟁과 욕망과 내재성에 대한 강조를 기각하지 않

---

3. [옮긴이] 저자는 "절대적(absolute) 노동시간"으로 쓰고 있으나, 네그리와 하트의 원문에 따라 "추상적(abstract) 노동시간"으로 옮긴다.

4. "상품의 가치크기는 사회적 노동시간에 대한 어떤 필연적인 관계, 즉 그 상품의 형성과정에 내재해 있는 어떤 관계를 표현하는 것이다. 가치크기가 가격으로 전화함에 따라 이 필연적인 관계는 어떤 한 상품과 그 외부에 존재하는 화폐상품 간의 교환비율로 나타난다. 그러나 이 비율은 단지 상품의 가치크기를 표현하는 것 외에 또한 그 상품이 어떤 상황에서 판매될 때의 화폐량의 변동도 표현할 수 있다. 그러므로 가격형태 그 자체 속에는 가격과 가치크기가 양적으로 불일치할 가능성이, 즉 가치크기로부터 가격이 괴리될 가능성이 존재한다. 이것은 가격형태의 결함이 아니며, 오히려 가격형태를 어느 특정한 생산양식, 즉 불규칙이 맹목적으로 작용하여 평균을 만들어내는 그런 형태로만 규칙이 관철되는 생산양식에 적합한 형태로 만들어준다"(Marx 1987a : 196 [2008 : 169~170], 강조는 인용자의 것). 내가 이 장에서 발전시킬 주장에 따르면 '가치크기', 그러니까 이 크기를 구성하는 사회적으로 필요한 노동시간과 그것의 화폐 표현 사이의 이 불일치는, 관련된 사회적 피드백 메커니즘 (과정)의 본성 때문에 가격 형태에 '적합하다.' 생산가격 형성 과정에 대한 맑스의 논의는 『자본』 3권 2편을 보라(Marx 1981 [2010]).

고 불필요한 부분만 비울 수 있기를 바란다.

여기서 나의 과제는 가치를 과정과 계급투쟁으로서 매우 중대하게 연구하는 접근법을 취할 뿐 아니라 상품 가치가 어떻게 계급투쟁 과정과 관련되어 있는지 알아보고 싶다. 그 어떻게의 문제를 제기하는 것은 개인과 사회, 특이성들과 사회적 신체를 연결하는 관계/생산/절합 양식의 문제를 강조하는 것이다. 그것은 자신의 살림살이를 재생산하는 과정에서 행동하는 개별 특이성들을 절합하는 순환고리 또는 피드백 메커니즘을 이해하는 것이다. 가치 있는 것, 즉 '부'가 상품 형태를 취하는 자본주의 체계에서 사람들의 살림살이의 재생산과 그에 상응하는 가치 실천들은 대부분 상품 생산에 종속된다.

가치의 외적 척도와 내적 척도

우리가 살펴본 바와 같이 가치는 사람들이 행동에 부여하는 중요성이며 담론적으로 그리고 문화적으로 주어진 척도 단위를 사용하여 측정된다. 상품 가치는 이 중요성이 뒤집어진 것이다. 그것은 사람들이 자기 행동의 생산물에 부여하는 중요성이다. 이 생산물이 시장 교환의 대상이고 그 생산이 이윤을 위한 생산인 한에서 말이다. 사물에 가격표가 달리면 가치를 갖는 것은 그것을 생산한 인간 노동이 아니라 그 사물이다. 여기서 모든 상품의 중요성은 화폐, 즉 특별한 상품 단위(금, 은 등)나 현대에서는 가치 기호(달러, 유로 등)를 통해 측정된다. 우리는 이것을 가치의 외적 척도라고 부른다. 이것은 우리에게 너무나 친숙한, 가장 명확한 가치 척도다. 인간 행동의 모든 생산물이 행동을 전제로 한다는 것은 명백하지만 화폐를 사용하여 사물을 측정할 때 우리는 이 행동에 대해, 그것의 가치에 대해 근시안적인 사람이 된다. 이 근시안은 우리에게 문제적인 효과를 남긴다. 우리가 간호사의 행동보다 무기 거래상의 행동을 수백 배는 더 사회적으로 가치화한다는 것을, 소방관의 행동보다 증권 중개인의 행동을 수백 배는 더 가치화한다 ─ 그들 각각의 급여가 이를 입증한다 ─ 는 것을 안경을 쓰고 깨달을 때까지. 우리는 물론 이 근시안에 맞선 투쟁, 비상품 가치와 상품 가치의 연결과 절합의 가시성을 둘러싼 투쟁이 계속되고 있다는 것을 알고 있다. 이 투쟁들은 실제로 상이한 가치 실천들 간의 투쟁이며 상품의 사회적 생산을 구성한다.

여기서 우리의 흥미를 끄는 것은 이 중요성이 효과적으로 부여되는 방식, 즉 이것이 이루어지는 양식이다. 우리가 자본주의적 사회의 재생산의 비밀과 그것에 특유한 개인들과 사회적 신체의 연결을 발견하는 것은 이 양식에서다. 이 연결을 성찰할 때 우리는 상품 가치의 다른 척도, 외적 척도의 번역물, 우리의 관심을 행해진 것에서 행위로, 상품에서 노동으로, 사물에서 삶 과정과 그에 상응하는 사회적 관계로 돌리는 척도와 마주치게 된다. 맑스를 따라 우리는 이것을 상품 생산에 사회적으로 필요한 노동에 상응하는 가치의 내적 척도라고 부를 수 있다. 그것에 상응하는 외적 척도처럼 이 가치의 내적 척도 역시 국가가 이식하는 시장 모의실험뿐 아니라 시장을 관통하여 진행 중인 자본주의적 훈육 과정의 작동(과 그러므로 가치 투쟁들)에 의해 구성된다. 이 내적 척도를 인식하기 위해서는 시장을, 주류 경제학과 급진 정치경제학의 다양한 조류에서 파악하듯이 정적인 구조가 아니라 보상과 처벌의 분배를 통한 가치(가격) 형성의 연속적인 과정으로 파악해야 한다.

이 가치의 내적 척도는 시장의 일상적인 작동의 관점에서는, 즉 상품 판매자와 소비자로서 개인들의 경험에서는 보이지 않는다. 그것은 그들의 연속적인 상호작용 과정에서 출현하는 속성이기 때문이다. 그러나 어쨌든 그것은 살림살이를 재생산하는 무한 경쟁에서 포착되는 경험과 잘 들어맞는다. 그리고 이 성찰을 표면화하면 우리는 상품 가치를 창출하는 훈육 메커니즘이 그 상품을 생산하는 사회적 행동에 가치를 부여하는 훈육 메커니즘이기도 하다는 것을 깨닫게 된다. 즉 우리가 상품을 어떻게 생산하는지, 무엇을 생산하는지, 얼마나 생산하는지, 상품을 생산하면서 서로 어떻게 관계 맺는지, 우리가 어떤 필요의 체계를 만드는지, 그리고 우리가 우리의 사회적 행위를, 우리의 사회적 노동을 사회적 신체를 가로지르며 어떻게 분배하는지에 대한 패턴을 만드는 훈육 메커니즘이기도 하다는 것을 깨닫는다. 다시 말해서 사회적 협력 패턴은 주로 우리가 자신을 종속시켜온 훈육 과정에서 출현하며, 이 과정은 그것에 맞선 투쟁을 포함한다.

그러나 우리가 주장했듯이 가치는 사람들이 행동에 부여하는 의미다. 개인들은 전체와 비교하고 그것을 참조하면서 가치를 추구한다. 시장 관계에 국한하여 가치를 추구함으로써 개별 '행위자들'은 상이한 생산물들의 화폐 가치를 비교하거나 상이한 방식과 생산 조건으로 생산된 동일한 생산물들의 가치를 비교하고, 이 비교에 따라 행동한다. 이 행동의 효과는 다른 수백만 명의 타인들과 더불어 피드백 관계로 진입하고, 새로운 평균 가격과 이윤을 생산하는 데 기여하며, 유사하게 비교하고 그에 따라 행동하는 다른 행위자들에게 물질적 힘으로 작동하는 효과를 생산한다. 계속 진행 중인 이 가치 측정과 그에 기반을 둔 행동이 우리가 사회적으로 가치화하는 것을 낳는 것이다. 그것은 우리의 개별적인 또는 집합적인 '총체적' 윤리 관점이 무엇이든 그렇게 한다. 다시 말해서 전형적인 1960년대 히피의 말을 인용하면 "이봐, 그건 체계야!"

자본의 '신경계'

이것을 좀 더 자세하게 살펴보기 위해 수백만 개의 이 순환고리들 중 하나에 들어가서 그것이 개인과 총체, 부분과 전체를 어떻게 절합하는지 그에 따라 어떻게 가치를 창출하고 그에 상응하는 가치 체계를 어떻게 재생산하는지 살펴보자. 우리가 1부에서 본 것처럼 우리가 자본이라고 부르는, 자기 팽창을 추구하는 사회적 세력의 운동은 M-C-M′라는 화폐 순환으로 나타낼 수 있다. 이것은 '구매' 행위 M-C와 판매 행위 C-M′으로 이루어져 있다. 만일 구매자가 있고 판매가 충분한 단가에서 이루어지면 투자자는 두 화폐액의 차이를 이윤으로 챙길 수 있을 것이다. 즉 M′=M+ΔM이며 여기서 ΔM은 얻게 되는 여분의 화폐액(이윤)이다. M-C-M′ 순환은 생산 과정에 내포되어 있으며 맑스에 따르면 여기서 가치는 행위 활동, 즉 노동에 의해 창출된다. 수백만 개의 유사한 M-C-M′ 순환고리에 연결된 자본의 화폐 순환은 넓은 의미에서 사회적 노동 협력의 상이한 지류들을 통합한다. 우리가 5장과 6장에서 본 것처럼 이 모든 순환고리들은 비임금 재생산 순환고리와 유기적으로 연결되어 있다.

그 통합은 가격 체계로 불리는, 사회적 신체를 가로지르는 '신경계'의 구축을 통해 일어난다. 이 신경계는 특정 유형의 정보를 전달하고 화폐 가치의 형태를 취한다. 가격은 화폐와 상품 흐름의 변환율을 재현함으로써 의사결정에 관련된 이들에게 신호로 작동한다. 일군의 가격과 그것이 전 지구적 경제의 상이한 행위자들에게 전송하는 일군의 신호는 우리가 전 지구적 공장이라고 부를 수 있는 것의 신경계에 대한 일종의 지도를 구성한다. 신자유주의적 지구화의 과정은 지구 전역에서 시장 상호작용을 강화해 왔다. 그것은 살아있는 생산 세포들(개인들)이나 (담론적 집합의 수준에 따라 가족 및 공동체부터 기업 및 국가에 이르는) 세포 덩어리들의 생산 상태에 관해 전 지구적 시장의

'매트릭스'에 다시 신호를 보낼 수 있는 (가격 형태를 띤) 화폐적 '신경 말단'을 통해 사회적 실천들과 세계 지역들의 절합을 심화시켜왔다. 따라서 전 지구적 시장은 그 자체가 장소들의 네트워크임에도 불구하고, 이러한 방식으로 중앙 신경계처럼 작동한다고 여겨진다.

신호법은 매우 복잡하다. 그것은 자본의 자기보전이 지닌 항상성 메커니즘의 일부로서, 살림살이들을 서로 대결시키고 사회적 신체에 대해 노동 훈육과 무한 경쟁을 강제한다. 여느 신경계처럼 가격 신호는 '0'과 '1'의 문제만은 아니다. 그것은 주어진 생산 세포가 작동 중인지 아닌지, 상품 생산자가 문을 닫았는지 번창하고 있는지, 어떤 지역의 사람들은 굶주리며 필요를 충족시키지 못하지만 다른 지역의 사람들은 번영을 누리는지를 알려주는 것만은 아니다. 대신 가격 신호는 단순한 양적인 화폐 표현으로 매우 다채로운 범위의 상태들과 그 차이들을 포착한다. 예를 들어 가격 신호는 다른 곳에서 생산된 동일한 상품과 비교하여 한 상품을 생산할 때 비용효율성을 나타낼 수 있다. 가격 신호는 주어진 상품을 생산하는 미래 예상 비용을 알려줄 수 있다. 그것은 홍수, 파업, 사회적 불안과 정치적 불안정, 조세 정책, 광고 및 그와 유사한 세뇌 전략, '브랜드 충성도' 등의 효과를 나타낼 수 있다. 다시 말하면 그것은 혼돈 속에 질서를 부여할 수 있지만 그것은 물론 특정 유형의 질서, 즉 자본의 자기보전과 그에 따른 자기 팽창에 입각한 질서다.

비싸든 싸든 상품은 행위자들이 특정 욕망을, 또는 하이에크가 말했듯이 특정 '계획'을 충족시키는 수단으로 시장에서 판매되거나 구매된다. 이 욕망이나 계획의 목적이 신체나 영혼의 즉각적인 필요를 충족시키는 것이든, 아니면 이 상품이 다른 상품의 생산 수단으로 기능하든 시장의 관점에서는 상관없는 일이다. 두 경우 모두 가격이 전달하는 정보는 시장의 개별 행위자들에게 행동의 조건이다. '시장 조사'는 빠듯한 예산으로 수지를 맞추려는 '소비자들'과 이윤 극대화를 바라면서 기계를 사고 노동자를 고용해야 하는 자본주의적 투자자들 모두의 공통점이다. 그러나 차이가 있다. 전자의 경우 상품을 구매한 이들이 재현하는 화폐 가치의 흐름은 소비와 그에 상응하는 욕망의 충족을 위해 소비자의 주머니에서 사라지지만, 후자의 경우 상품을 구매하는 행위자의 욕망 혹은 계획은 더 큰 화폐 가치 흐름, 즉 이윤을 얻는 것이다. 그러므로 화폐 가치는 유지될 뿐 아니라 그것에 더해지는 초과 가치에 대한 기대 또한 존재한다.

그러므로 투자자의 관점에서 보면 물질적 생산 요소의 구매 가격에서 얻는 정보는 대체 가능한 구매 가격의 관점에서 측정되는 것만은 아니다. 그것은 고용하거나 하도급 계약을 한 노동자들뿐 아니라 구매한 기계와 원자재로 생산한 상품이 팔릴 수 있는 예상 가격의 관점에서도 측정된다. 예상 이윤(투자자의 욕망 혹은 계획)은 명백히 이 예상 판매 가격에 상응한다. 이윤은 예상 판매 가격과 생산 투입 요소의 구매 가격의 차이로 계산된다. 결국 예상 판매 가격과 그에 상응하는 이윤은 시장에서 널리 퍼진 주어진 평균 가격에 의해 측정된다. 즉 그것과 비교된다. 기준이 되는 해당 시장 가격이 없는 새로운 상품이나, 생산하는 데 오래 걸리는 상품은 더 큰 위험을 수반한다. 투자자들은 한편으로는 사람들의 욕망에 대한 시장 조사를 통해 다른 한편으로는 필요와 욕망을 구축하려고 '설득하고' 시도하는 광고를 통해 이 위험을 최소화하려 한다.

그러나 구매 및 판매 가격의 형태로 화폐 가치의 흐름이 전달하는 정보는 기계와 원자재 같은 물질적 생산 조건과 노동력의 구매, 즉 자본의 화폐 순환의 M-C 국면과 더불어 생산의 입구에서 멈춰 설 뿐이다. 완성된 생산물이나 서비스의 판매, 즉 C-M′[국면]에서 다시 나타나는 것도 화폐 가치의 흐름이다. 맑스가 주장하듯이 이 두 국면 사이에는 생산 과정이 있다. 여기서 가치 흐름은 다른 형태의 흐름으로 바뀐다. 그것은 화폐 가치의 흐름에서 인간 활동, 행위, 노동의 흐름으로 전환된다. 그러므로 이 흐름을 들여다볼 때 우리는 행위 주체들과 그들의 관계 체계를 살펴보지 않을 수 없고 이 노동의 흐름을 감정, 에너지, 정동의 흐름으로 이해하지 않을 수 없다. 이것의 난류는 상충하는 가치 실천들의 투쟁을 반영한다. 한편에는 시장 무한 경쟁에서의 생존이 달려 있는 화폐 가치의 흐름을 극대화하려고 하는 가치 실천이 있다. 이 관점에서 인간의 다른 모든 가치 실천들은 화폐 척도와 이윤에 종속된다. 다른 한편에는 재생산과 정동의 네트워크로 이해되는, 그러므로 단순히 목적을 위한 수단이 아니라 삶 과정들로 이해되는 사회적 행위 흐름을 구성하는 가치 실천들이 있다. 다르게 말하면 노동은 시련의 조건이며 그러므로 투쟁의 장소다. 그리고 이것이 그러할수록 노동의 목적, 노동의 수단, 노동의 리듬은 점점 더 낯선 자기보전 코나투스의 것이 된다. 사회 안정의 위기 같은 정치적 재구성 국면에서 이 만연하는 투쟁은 투쟁이 다른 가치들을 상정하기 때문에 자본의 핵심적인 훈육 문제로 된다. 그러나 체계의 관점에서 그리고 일상 노동의 관점에서 보면 이 투쟁은 우리가 살펴볼 바와 같이 자본의 가장 큰 원동력이다. 즉 다른 가치 실천들이 부과하는 위험에 맞서면서 자신을 보전하려고 하는 자본 특유의 자기 조직화 패턴을 낳는 삶 에너지다.

우리가 본 것처럼 행위자들, 주체들의 삶은 대개 서로 상충하는 상이한 가치 실천들에 의해 '횡단된다.' 자신의 경험과 이미지, 자신의 신체적 필요, 욕망, 계획 그리고 그에 상응하는 측정 양식에서 생겨나는 가치 실천들, 요컨대 그들 자신의 자기보전 코나투스들과 안녕을 구성하고 자신의 공동체와 관계적으로 연결된 가치 실천들, 그리고 대신 자본을 재생산하는 가치 실천들에 의해 횡단된다. M-C-M′ 과정의 반대편 끝에서 나와 투자자의 계획을 충족시키기 위해 화폐 가치 흐름은 이 변이 과정을 통과해야 한다. 행위자들의 가치와 가치 실천을 길들이고 종속시키며 그것들을 목적 의식적인 행동으로 돌리면서 말이다. 이 행동의 목적은 행위자들의 것이 아니라 그들에게 화폐를 '투자한' 이들의 기대를 가능한 한 충족시키는 것이다.

실례

자, 이제 하나의 연속적 과정인 M-C … P … C′-M′ 경로를 따라가면서 화폐 가치 흐름이 행위의 흐름으로 그리고 다시 화폐 가치 흐름으로 변환되는 이 과정을 살펴보자. 여기서 맑스를 좇아 … P … 는 생산 과정을 나타낸다. 그리고 이 순환고리, 이 특정한 경로 M-C-M′는 다른 유사한 순환고리(M-C-M′)나 유사하지 않은 순환고리(C-M-C)와 연결되어 있다는 사실을 고려하자. [즉] 자신의 생산요소(MP와 LP)를 파는 혹은 팔려고 하는 이들, 상품을 구매하거나 구매할 수 있는 이들, 그리고 직접적인 또는 간접적인 경쟁자들[과 연결되어 있다]. 여기서 우리의 흥미를 끄는 의미에서 순환고리들 간의 이 모든 연결은 앞서 가격에 대해 말할 때 기술한 유형의 정보 흐름들이다. 그러나 다른 자본주의적 생산자들(M-C-M′)이든 자급 생산자들(C-M-C)이든 이 순환고리들 각각에는 행위의 삶 과정이 있다는 점 또한 명심하자. 이들의 조직 형태와 동기 부여 형태는 완전히 다르긴 하지만 말이다.

예를 들어 우리가 장난감을 생산하는 한 기업, 그러니까 〈그림 6〉에 있는 A′의 간부라고 가정해 보자. 이 기업은 다른 장난감 회사 A″와 A‴와 경쟁한다. 내가 최종 단계인 C-M′만 적어놓긴 했지만 〈그림 6〉

에 그려진 순환고리들 각각은 하나의 특정한 M-C-M′ 순환을 나타낸다. 우리가 시장 b에서 받는 가격 신호는 그곳에 있는 누군가가, 그러니까 A″가 비슷한 장난감을 생산해서 더 낮은 가격에 팔고 있다고, 따라서 우리의 시장 점유율과 이윤을 위협하고 있다고 말해 준다. 〈그림 6〉에서 장난감 생산업체들, A′와 A″와 A‴가 모두 시장 b에서 주어진 가격에 자신의 상품을 팔려고 한다는 사실이 이를 상징한다. 전무이사로서 나는 [이 일에] 개입해야 하고 우리가 이윤을 내는 기업으로 살아남기 위해 필요한 조치를 취하도록 해야 한다(사실 현재의 게임 규칙 안에서 이것은 우리가 살아남을 수 있는 유일한 방법이다). 그래서 우리는 행동한다. 우리는 우리의 [시장] 점유율의 굳건함(과 따라서 그 시장가치)을 파악하여 우리의 생존이 달린 이윤 폭에 영향을 주지 않고 단가를 줄일 수 있는 방법을 검토한다(우리는 여기서 단기[이윤 예측]와 예상 장기[이윤 예측] 사이에서 전략적 균형을 유지해야 할 것이다). 어쨌든 우리가 효율적으로 절감할 수 있는 것들은 언제나 많다. 잘라내버릴 것들, 우리가 불필요하다고 여기는 것들, 우리가 **추구하고 우리의 행동을 지도하는 화폐 가치의 관점에서 볼 때** 생산 과정에서 꼭 필요하지 않은 것들은 많다. 어쨌든 공장과 사무실을 재배치할 수 있는 더 저렴한 장소는 늘 있고, 좀 더 비용 효율적인 '재생산 장들'[5]은 늘 있다. 물론 우리가 [비용을] 삭감하려고 할 때마다 항의하는 이들이, 반대할 이유가 있는 이들이, 경쟁하고 이윤을 내는 기업으로서 우리가 추구하는 가치에 대해 다른 가치들로 대항하는 이들이 어떻게든 늘 있다. 물론 우리는 고립된 저항 세력을, '분에 넘치는' 생활을 누리고 싶어 하는 사람들, 즉 모든 경쟁력을 갉아먹는 '게으름뱅이'를 언제나 식별할 수 있다.

---

5. [옮긴이] 〈그림 3〉 참고.

물론 저항의 정도는 여기서 우리가 관심을 두지 않는 다양한 요인들에 달려 있을 것이다. 이 요인들은 물론 전략과 결과의 실제 형태를 정의하는 데 근본적이다. 그러나 여기서 요점은 이러한 종류의 시장 신호에 대한 대응이 어떤 내부의 저항을 극복하기 위한 전략의 전개에 부합한다는 점이다. 전무이사로서 우리가 받은 정보 신호에 따라 행동하는 그 역할 수행의 첫 번째 체계적 효과는 저항을 극복하려는 시도다.

이제 반대 방향으로 움직이는 사회적 세력들과 그에 상응하는 가치 실천들의 최종 결과에 따라 다양한 정도로 통상적인 선택 메뉴가 전개된다고 가정해 보자. [비용] 삭감이 시행되고, 생산을 조직하는 새로운 방식들이 도입되며, 신체와 정신을 가속화하라는 새로운 요구들이, 새로운 정서적 압박이, 새로운 형태의 노동 조직화, 재배치, 아웃소싱이 도입된다. 그리고 만일 이것이 충분하지 않다면 생산성을 높여 단가를 낮추기 위해 자동화가 도입된다. 그뿐만 아니라 브랜드 디자인을 비롯하여 새로운 제품 디자인 아이디어가 촉진된다. 결국 임금은 삭감될 수 있고, 노동자들은 영구 계약에서 임시 계약으로 전환될 수 있으며, 혹은 기업이 추구하는 화폐 가치에 이례적인 헌신을 보여 주는 이들은 반대로 영구 계약이란 보상을 받을 수도 있다. 어떤 경우든 노동자들이 자신의 노동력을 재생산하는 공동체가 영향을 받게 된다. 예를 들면 상이한 재생산 노동으로 상이한 리듬과 형태의 노동을 상쇄해야 할 것이다. 예를 들어 가정에서 과거에 하나의 임금으로 획득했던 생활수준을 얻으려면 오늘날에는 두 개의 급료가 필요하다. 여기에 부응하는 것은 가정에서 상이한 유형의 재생산 조직화, 상이한 유형의 재생산 투입이다. 가령 조리된 음식을 더 구입하고 가정에서 음식을 만드는 일은 줄이는 식으로 말이다. 관계적 피드백의 다양한 과정들이 여기서 일어나는 변화에 영향을 미칠 것이다. 이 아주 명백한 이야기의

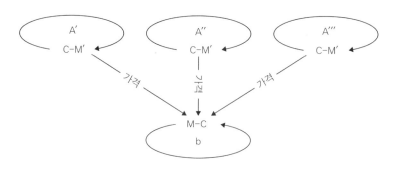

〈그림 6〉 사회적으로 필요한 노동시간(SNLT)의 형성

요점은 간단히 말해서 내가 무엇을 하든, 내가 시장에서 기준으로 받아들인 가격 신호의 효과는 생산 및 재생산 사슬에 반향을 불러일으켰다는 것이다. 이 두 사슬은 오늘날 점점 전 지구적 차원으로 일어나며, 생산 및 재생산 네트워크의 규모에 따라 몇몇 사람들의 혹은 수백만 사람들의 삶과 살림살이에 영향을 미친다.

　드디어 나는 신상품을 시장에 다시 내보낼 준비가 되었다. 그러나 이번에는 나의 가격이 세계에 신호를 보낼 수 있을 것이다. 왜냐하면 이 가격이 다른 자본주의적 순환고리들의 관찰자와 의사결정자들에게 비교와 평가와 측정의 대상이 될 것이기 때문이다. [예전] 가격이 우리 기업에게 그랬던 것처럼 말이다. 만일 새롭게 형성된 평균 시장 가격이 그들을 시장에서 몰아낸다면 결국 그들의 이윤율과 (이윤의 양에 영향을 주는) 시장 점유율은 위협받을 것이다. 실제로 우리의 장난감 기업의 재구조화 과정, 시장에서 받은 정보를 쫓아간 과정이 이제 시장 평균 가격에 영향을 주는 정보 흐름을 생산했다. 그러나 경쟁자들의 관점에서 이것이 자신의 행동에 영향을 주는 정보 흐름에 불과하다면, 새로운 가격의 상품 생산을 가능하게 한 행위자들의 관점에서 그것은 특정한 형태의 삶 흐름과 과정, 즉 노동을 의미했고 여전히 그렇다.

이 과정을 개념화하고 전체적으로 그것을 관찰하고 있는 우리에게 화폐 가치와 노동이라는 두 가지 흐름은 상관적이지 않을 수 없으며 실제로 우리가 가치의 외적 척도와 내적 척도라고 불렀던 것은, 우리가 다른 관점에서 사물을 바라볼 때 구분할 수 있는 동전의 양면일 수밖에, 진행 중인 피드백 순환고리의 두 가지 다른 계기와 위치성일 수밖에 없다. 새로운 가격은 우리에게 신호를 보낼 것이다. 예를 들어 저항이 그 기업에서 극복되었는지 그리고 어느 정도 극복되었는지, 그 기업의 감금 내에서 일어나는 사회적 행위의 조각이 사회적 생산 규범을 따르는지 그리고 어느 정도 그러한지, 그것이 규범에서 어느 정도 벗어나는지 그리고 어떤 쪽으로 그러한지를 말이다. 그 결과가 무엇이든 하나의 기업이 이제 평균 가격을 바꾸는 데, 따라서 우리의 행동뿐 아니라 우리의 경쟁자들의 행동이 측정되는 기준을 바꾸는 데 기여했다. 경쟁업체의 관점에서 보면 가격 기준에서의 일탈을 측정하고 그 기준의 형성에 기여하면서 계속되는 과정을 통해 체계는 신호망을 만들고, 이것은 이윤과 손실의 형태로 보상과 처벌을 재분배하는 시장 체계를 구성한다.

모든 경쟁업체의 행위자들뿐 아니라 그들의 공동체의 관점에서 보면 임금 형태, 일자리 안정, 권리, 노동 계약 형태, 노동 조직화의 리듬과 형태뿐 아니라 재생산 조건에서의 보상과 처벌이 그들의 삶을 그들 외부에서 부과되는 가치가 지배하는 무한경쟁에 절합되도록 만든다. 그들의 관점에서 본 그 결과는 그들이 일하는 기업의 관점에서 본 결과와 유사하다. 행위의 관점에서도 새로운 기준은 타인이 측정하기 위해 만들어지기 때문이다. 그러나 여기서 기준은 정보 흐름에 불과한 것이 아니다. 오히려 그것은 사회적으로 정의된 구체적인 생산 규범이며, 우리가 어떻게 생산할지, 무엇을 생산할지, 그리고 얼마나 생산할지를 기술한다.[6] 사회적 신체의 개별 부분들이 이러한 규범의 사회적 정의에서 일탈할 수 있다는 것 또한 분명하다. 사실 훈육 시장에서 이 일탈들 간에 진행 중인 대립은 맑스가 사회적으로 필요한 노동시간SNLT이라고 부르는 것을 구성한다. 그 규범은 상품 생산에서 사회적 신체를 가로지르며 진행 중인 이 대립에서 출현한다. 사회적으로 필요한 노동시간은 이중의 의미를 갖는다. 이것은 우리가 그것을 공동 생산하는 사회적 신체 전체의 관점에서 보느냐 아니면 그 부분에서 보느냐에 달려 있다. 전체의 관점에서 이것은 하나의 평균, 즉 특정 상품을 생산하는 데 필요한 평균 노동시간이다. 그러나 개별 생산 마디들의 관점에서 보면 동일한 그 평균이 하나의 기준이 된다. 이것은 특정 유형의 정보를 보내는 담론적 기구, 즉 생산 조건과 노동 리듬에 관한 의사 결정과 조치를 돕는 보조기구다. 그러나 우리가 보았듯이 이 두 관점, 즉 전체와 부분의 관점은 한 과정에 의해 절합된다. 즉 가치 규범을 구성하

---

6. 원리적으로 전체 사회를 위한 생산의 가치 규범을 정의하는 세 가지 방식이 있다. 첫째, 표준을 정하는 행정 법령, '국가 기구' 또는 관리 기구를 통해. 둘째, 공동체의 합의, 즉 표준을 정하는 방식을 정의하는 공동생산자들의 공동체를 통해. 셋째, 시장의 힘처럼, 개별 생산자들이 정상[규범]을 따라잡거나 능가하도록 강제하며 진행되는 항상성 메커니즘을 통해. 실제로 이 세 가지 모두가 자본가가 지배하는 사회에서 존재한다. 문제는 그것들이 절합되는 방식이다. 그러나 두 번째 유형이 자신의 표준을 정의하는 개별 생산자들을 전제한다면, 첫 번째와 세 번째 유형에서 훈육은 개별 생산자들 외부에서 생겨난다. 첫 번째 경우 외부는 '감독관', '라인 관리자', 채찍을 든 인물로 재현된다. 두 번째 경우 규범 창출의 훈육력은 메커니즘, 장치에서 생겨나며, 이것은 사람들 사이의 특정한 관계를 드러내기보다 감춘다. 특히 누구도 채찍을 들고 있지 않지만 — 아니면 적어도 우리 대부분에게는 그런 것처럼 보이지만 — 채찍은 여전히 휘둘러진다. 재구조화, 유연성, 사회적 지출의 삭감, 채무 상환, 구조조정, 계속되는 결핍, 경쟁, 무한경쟁이 그것이다. 그리고 당근이 분배된다. 승진, 새로운 차, 신용한도, 채무 면제가 그것이다.
대결해야 하는 것은 우리의 사회적 협력의 규범을 (재)생산하는 이 비인격적 훈육 메커니즘이다. 그러나 종획을 다룬 10장과 11장에서 본 것처럼, 하이에크를 다루는 14장에서 볼 것처럼 그 메커니즘의 설계자는 실제로 존재한다.

고 그 안에서 우리의 삶 활동을 포획하는 피드백 순환고리에 의해 절합된다.7

동일한 메커니즘이 반대로 일어날 수 있다는 것을 지적해야 한다. 기업은 시장에서 기준을 받기보다는 공동체에서 상이한 종류의 '신호'를, '환경과 노동 기준', 오염 수준 또는 임금 수준과 노동조합의 권리에 대한 기준을 받을 수 있다. 공동체가 자신의 '신호'를 보내는 데 성공하는 경우 기업을 상이한 규범으로, 무엇이 사회적으로 필요한가에 대한 상이한 개념으로 훈육한다. 이것은 물론 그들이 전개할 수 있는, 동원할 수 있는 사회적 세력과 그들의 조정 및 연대 수준에 달려 있다. 이것은 그들이 서로 대결하게 되는 효과를 최소화한다. 따라서 결국 어떤 상품의 사회적으로 필요한 노동시간은 시장을 통과하며 진행 중인 상호작용의 결과다. 그러나 그 핵심에서 우리는 사회적 삶 과정들의 행위와 살림살이의 재생산을 위한 조건을 둘러싼 공동체들의 투쟁을 발견한다. 자본주의적 가치는 투쟁과 관련되어 있다(Cleaver 1979 [2018]).

---

7. 맑스는 사회적으로 필요한 노동시간을 "주어진 사회의 정상적인 생산조건 아래에서 그 사회에서의 평균적인 숙련과 일반적인 노동 강도로써 어떤 사용가치를 생산하는 데 요구되는 노동시간"으로 정의한다(Marx 1976a : 129 [2008 : 92]). 우리는 이것을 하나의 주어진 평균으로 해석하고 그것을 투입 가격과 산출 가격이 같은 투입산출표의 계수로 전환할 수 있다. 그렇게 하지 않으면 우리는 이 평균이 어떻게 과거 노동의 결과이자 동시에 새로운 노동이 측정되는 전제일 수 있는지 쉽게 알 수 없다. 따라서 맑스는 [다음과 같이] 계속해서 이야기한다. "영국에서 증기 직기가 도입됨으로써 일정한 양의 실로 베를 짜는 데 소요되는 노동이 … 대략 절반으로 줄어들었다. 그리하여 영국의 수직공들[증기 직기를 사용하지 않는 노동자]은 베를 짜는 데 소요되는 시간이 이전에 비해 사실상 아무런 변화가 없음에도 이제 그들의 개별 노동시간의 생산물은 사회적 노동시간의 절반만을 나타내는 데 불과하게 되었으며, 따라서 그 가치도 이전 가치의 절반으로 떨어져 버렸다"(같은 곳 [같은 책 92~93]). 따라서 사회적으로 필요한 노동시간은 반드시 '체화된' 노동만을 가리키지 않는다. 하지만 그것은 새로운 표준을 따라잡으려고 하는 수직공의 정신적·육체적 노동을 이해할 수 있게 해준다. 자신의 시장을 지키기 위해서 수직(手織) 생산물은 이제 절반 가격(외적 척도)으로 팔아야 할 것이다. 이것은 생산자들의 삶과 살림살이에 직접적이고 간접적인 영향(내적 척도)을 끼친다.

'물질' 노동과 '비물질' 노동에 대한 자본의 측정

우리는 상이한 자본가들의 이 경쟁적 상호작용 과정의 일반적인 특징을 〈그림 7〉에서처럼 피드백 과정들의 절합으로 그릴 수 있다. A 부문(장난감 산업)의 개별 축적 단계는 사회적으로 필요한 노동시간, 즉 생산 표준을 형성하는 역할을 한다. 판매 단계(C-M′)에서 각 기업은 시장 평균을 검토하고 그에 따라 결정을 내릴 것이다. 그와 동시에 기업은 자신의 투입에 관해 시장에서 정보를 얻을 것이고 동일한 노동자 집단을 계속 고용하는 것이, 또는 동일한 공급업체에서 계속 구매하는 것이 괜찮은지 아닌지도 숙고할 것이다. 순환의 두 시기(M-C와 C-M′)에서 일어나는 가격 편차에 대한 이러한 검토들은 상이한 전략을 요구할 것이고 실제로 상이한 결과를 초래할 것이다. 이것은 그 산업의 독점 또는 수요독점의 정도에 달려 있다. 그러나 이 측정 과정을 구성하는 가치 실천은 시장 구조와 관련하여 바뀌지 않는다. 그러므로 순환 과정에서 수집된 정보는 특유의 전략 집합을 낳는 방식으로 평가된다. 이 모든 전략은 노동 구성의 변화를 통해서든, 임금과 권리에 대한 효과를 통해서든, 공급업체의 변화를 통해서든 아니면 노동자들의 노동 패턴에 대한 직접 개입을 통해서든 가깝거나 먼 공동체에 영향을 끼칠 것이다.

그러면 공동체는 [그 영향을] 보완해야 할 것이다. 새로운 노동 패턴에 대처하는 투쟁이든, 임금 노동과 비임금 노동 사이에서 중첩되는 책임들을 곡예 하듯 처리하는 것이든, 조직을 이루어 그 경주에 집합적으로 한계를 설정하는 투쟁이든 보완은 언제나 모종의 투쟁을 통해서 일어난다.

지금까지 개진된 논의는 적어도 두 가지 한계를 갖는 것처럼 보인다. 하나는 우리가 행위를 갈등의 계기로 강조함으로써 행위자를 자본

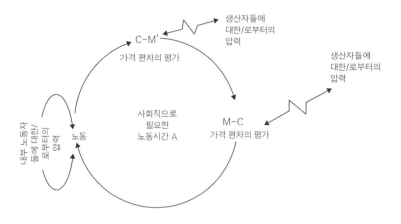

〈그림 7〉 항상성 과정과 사회적으로 필요한 노동시간

이 주도하는 계획의 피해자로, 그러므로 이 주도권에 저항하는 형태로 투쟁한다고 묘사하는 것처럼 보인다는 점이다. 나는 여기서 전통적인 맑스주의 서사를 따랐고 그것을 펼쳐 놓으려고 했을 뿐이다. 내가 보여 주었듯이 이 과정의 일반적인 특징의 관점에서 주도권은 행위자들 자신과 그들의 공동체에서 생겨날 수 있고 ─ 사실 대개 그렇다. 이 경우 자본의 소유주와 그 관리자에게 신호를 보내는 것은 이 주도권이다. 그러나 주도권이 후자[자본]에서 생기는 고전적인 사례에서조차 행위자들의 저항은 새로운 주체를 표현하는 새로운 조직적·관계적 형태를 취할 수 있고 대개 그러할 것이라는 점을 지적해야 한다.

지적할 수 있는 또 다른 한계도 있다. 우리의 논의가 특정한 형태의 생산 행위를 포함하지 않는 것처럼 보이는 것은 사실이다. 많은 관찰자들이 그 형태는 그들이 포스트포드주의라고 부르는 것 특유의 현대적 특징이라고 믿는다. 즉 새로운 것을 창조하고, 상상하며, 혁신하고, 행위자들 간의 팀워크와 조정 형태와 관계적 노동에 기초하는 행위의 특징이라고 믿는다. 이것은 조립라인에 매여 있는 고전적인 대중 노동자들이 보유한 것보다 개념화와 생산에서 행위자들에게 더 높은 자율성을 부여한다. 우리가 12장에서 본 것처럼 다른 이들 중에서도 하트와 네그리는 이것을 "비물질 노동"이라고 말하며, 이 노동 형태가 행위자들이 직접 정의하는 관계적·소통적 패턴에 의해 구성되는 (그러므로 행위자들이 직접 측정하는) 사회적 협력 형태이기 때문에 자본주의적 척도를 넘어선다고 주장한다. "인간 자신의 연속적인 혁신과 창조에 의해서만 가치가 결정되기 〔때문에〕 어떤 초월적 권력도 척도도 우리 세계의 가치를 결정할 수 없을 것이다."(Hardt and Negri 2000 : 356 [2001 : 455])라고 주장할 수는 있지만, 혁신하고 창조하는 특이한 생산자들이 무한경쟁에서 서로 대립할 때 이 계속되는 충돌에서 출현하는 가치는 자본이 측정할 수 있다는 것도 사실이다. 실제로 자본의 가치가 구성되는 것은 사회적 생산자들 간의 이 적대적 관계 양식을 통해서다.

따라서 사회적으로 필요한 노동시간의 계속되는 창출은 소위 '물질적'(자본주의적) 생산만이 아니라 이른바 '비물질적'(자본주의적) 생산, 즉 아이디어와 정동의 생산의 특징이기도 하다(〈그림 8〉을 보라). 여기서도 우리는 생산자들 사이에서 진행 중인 경쟁을 볼 수 있다. 이때 이들은 서로와의 무한 경쟁이라는 피드백 순환고리에 갇힌다. 여기서 차이를 만들어 내기 위해 계속 비교되는 것은 창조적인 광고 노동의 형태든 아니면 제품이나 과정 혁신을 산출하는 것이든 지각되는 아이디어의 질과 그 실행의, 즉 직무 이행의 효율성과 시간의 개선이다. 마찬가지로 정동의 측면에서 측정되는 것은 서비스의 속도뿐 아니라, 웃음, '소비자 만족도' 등 주어진 지표로 측정되어 파악되는 서비스의 질이다. 이 두 경우에서 일군의 체계적 압력들은 전통적인 '물질' 노동의 경우와 동일하다. 무례한 소비자 앞에서 웃어야 하는 웨이트리스나 "안

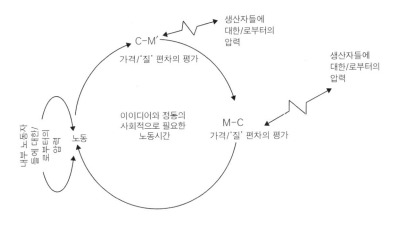

<그림 8> 아이디어와 정동의 사회적으로 필요한 노동시간

녕-하세요-적립-카드는-갖고-계신가요-좋은-하루-보내세요."라는 문
장을 말하도록 교육받는 출납원의 노동은 물질 노동자의 사례에서 우
리가 이야기했던 가치 실천들 간의 갈등을 행위 주체들 내에서 재생산
할 뿐 아니라 비물질 노동의 소통 범위와 형태에 특유의 한계를 부과
한다. 실제로 이러한 비물질 노동의 경우 행위자들의 자율성의 정도는
창조적 노동자들 자신이 아니라 자본주의적 측정 과정에 의해 규정되
는 명확한 한계를 갖는다. 행위 과정이나 생산물로 전환될 수 있는 새
로운 아이디어의 선별은 사회적으로 필요한 노동시간의 측정 과정과
관련하여 일어난다. 작업팀 내부의 소통 패턴은 그들의 고용주와 관리
자가 설정하는 우선 사항으로 제한된다. 고용주와 관리자는 가격·질·
이윤의 기준과의 편차의 측면에서 이 소통 패턴의 결과를 측정한다.
간호사, 의사, 교사는 다양한 정도로 자율성을 갖지만 그들 반대편의
외부에서 부과되는 척도에 점점 노출된다. 이것은 직원의 숫자와 재원이
줄어드는 상황에서 어떻게든 외적 기준과 관련된 특정한 질적 목표를 달
성하도록 그들에게 지시한다(Harvie 2005).

경쟁이 존재하지 않고 노동자들이 오랜 협력의 전통을 갖고 있는 많은 공공 서비스(교육, 보건)에서, 국가 기구는 [이제] 그런 것 대신 주어진 기준에 따라 성적 일람표를 구축함으로써 경쟁을 모의하며, 자금 지원은 이 기준의 충족과 연결된다. 예를 들어 영국에서는 최종적인 시장의 처벌 - 파산 - 이, 이 기준을 충족하는 데 '실패'했다고 이야기되는 학교와 병원에 '모의'되고 그 기관들은 폐쇄된다. 그에 따라 쫓겨난 아이들과 환자들은 재원에 굶주리는 다른 학교와 병원으로 갈 것이다. 따라서 일터에 남은 교사와 간호사와 의사 들의 임금 노동과 공동체의 비임금 노동은 강화된다. 이 공동체는 아이들을 좀 더 먼 학교로 보내고, 합리화하기 힘든 이유를 가진 반대편 세력들을 상대하는 감정 노동을 겪으면서 이제 삶의 균형을 유지해야 한다.

측정과 투쟁

우리는 자본주의적 생산양식 특유의 가치 형태를 탐구하는 것은 사람들이 화폐의 관점에서 자신의 행동의 중요성을 재현하는 방식과, 그들의 참조 체계를 구성하는 전체의 이 절합을 탐구하는 것임을 보았다. 그러나 사람들의 행동을 이끄는 가치에는 비화폐적 가치도 있기 때문에 상품 가치의 탐구란 그것들의 절합, 즉 사람들이 자신의 행동의 중요성을 재현하는 상이한 방식들과 의미들이 촉발하는 행동들의 절합을 탐구하는 것이다. 어떤 주어진 순간에 비화폐적 가치와 화폐적 가치는 모두 사람들의 행동을 이끈다. 그들은 상이한 방향들, 즉 텔로스들 혹은 코나투스들을 가리키면서 종종 상충하는 방식들로 그 행동을 한다. 내가 보기에 상이한 가치 실천들 간의 이 절합은 주체의 수준에서도, 그 실천들의 네트워크가 낳는 사회적 세력들의 수준에서도 우리가 계급투쟁이라고 부르는 것이다. 이 투쟁은, 비화폐적 가치가 이끄는 사회적 세력들이 어떤 규모의 사회적 행동에서건 주어진 맥락과 조건에서 스스로를 자본 축적에 대한, 화폐 가치의 추구와 축적에 대한 한계로 상정하는 한, 계급투쟁이다.[8]

　이러한 관점에서 말하자면 계급투쟁이 사회에 만연해 있는 건 분명하다. 그것은 임금 인상을 요구하는 노동자들 안에, 브랜드를 거부하는 '소비자들' 안에 있다. 그것은 새로운 공항 터미널 공사를 중지시키는 환경운동가들 안에, 전통적인 노동 분업과 그에 상응하는 관계들에 의문을 제기하는 여성들 안에 있다. 그것은 국경을 넘는 난민들 안에, 땅을 되찾는, 땅 없는 소작농들 안에, 존엄을 되찾는 원주민들 안에 있다. 그러나 그것은 모든 규모의 사회적 협력에서 일어나는 미시적인 갈등의 우주 안에도 있다. 이 모든 것들과 다른 많은 것들은 주어진 맥락과 환경에서 자본과 그 특유의 가치 실천에 한계를 부여하는 비화폐적 가치 실천들과 그에 상응하는 사회적 세력들의 사례다. 이 운동들이 상정하는 서로 다른 가치 실천들이 자본의 가치 메커니즘의 매개변수 중심과 그에 상응하는 관계 양식에 대안이 되는 자생적인 사회적 피드백 과정들로 스스로를 엮어 짜지 않는 한, 이 투쟁들은 자본

---

8. 이 '한계'의 표현은 아마도 홀러웨이의 이론적 출발점인 '절규', '아니요'의 가장 깊은 근거일 것이다. "글을 쓰거나 읽을 때, 우리는 그 일의 시작이 말이 아니라 절규임을 잊기 쉽다. 자본주의에 의한 인간 생명의 절단에 직면했을 때 나타나는 슬픔의 절규, 공포의 절규, 분노의 절규, 거부의 절규가 바로 '아니요'이다"(Holloway 2002:1 [2002:9], 홀러웨이의 책에 대한 논의는 De Angelis 2005를 보라). 나의 개입에 대한 그의 응답(Holloway 2005)에서도 드러나는, 홀러웨이의 접근법이 지닌 주된 약점은 자본에 대한 부정, 아니요, 한계만을 편파적으로 특권화하는 반면, 구성적 과정, 즉 '네들'(yeses)은 '혁명에 역시 중요하긴 하지만…' 같은 식으로 [그 가치를] 끌어내리면서 기술할 수 있는 것으로 판단한다는 것이다. 내가 이 책에서 강조하고자 노력한 것은 우리가 자본의 가치에 대한 아니요의 문제와 다른 가치들의 '네들'의 접합이라는 이 양자를 새로운 세계의 구성에서 상호보완적인 양상으로 파악할 수 있어야 한다는 것이다.

주의의 진화하는 형태로 흡수되거나 억압받을 위험이 있다. 우리는 우리가 풍요로움을 찬양하는 동안 종획과 무의미한 무한경쟁을 통해 결핍을 재생산하는 자본의 가치 실천에 마주하여 어떻게 새로운 사회적 생산 관계를, 우리의 개별 살림살이들과 그것들의 절합을 재생산하는 새로운 가치 실천들을 지속할 수 있는지를 전략적으로 문제화하는 가치의 정치를 통해 움직여야 한다.

　이 다양한 운동들이 상정하는 서로 다른 가치들이 자본의 가치 메커니즘과 그에 상응하는 관계 양식의 중심을 공격하는 피드백 메커니즘을 낳으면서 새로운 방식으로 절합되지 않는다면 이 투쟁들은 하나씩 자본에 포섭되거나 억압받을 것이다. 여기서 우리의 흥미를 끄는 것은 포섭, 즉 적을 최고의 동맹으로 전환하는 (또는 최고의 동맹으로 나타나는 이들이 적으로 전환되는 것을 막는) 교묘한 전략이다. 이렇게 되면 계급투쟁은 사라지는 것이 아니라 체계의 기초를 이루는 맥박으로 전환되어, 어떤 투자 은행의 컴퓨터 화면이나 일간 신문의 경제란에서 가격과 이윤과 금리 지표로 바뀐다. 예산 정책의 효과 혹은 재정 지출 및 세입의 규모와 구성의 효과는 말할 것도 없이, 모든 임금 인상이나 하락의 효과, 환경 규제나 탈규제의 효과, 기술적 변형의 효과, 재구조화와 그에 상응하는 생산성 향상의 효과, 사회적·문화적·기술적 혁신의 효과는 시장 체계로 구축된 사회적 신체에 파문처럼 번지며 새로운 가치(상대가격, 국채, 주식, 이윤 지표 등으로 표현되는 자본의 가치) 편차로 자본에 의해 코드화된다. 그러므로 그것은 행동(투자, 탈투자, 재구조화, 재규제 등을 모색하는 어떤 '경제' 행위자의 행동) 지침을 구성한다. 연결되지 않은 탓에 자본의 매개변수 중심, 자본의 가치 창출 양식에 이의를 제기할 수 없는 가치들과 더불어 진행 중인 투쟁들이 사회적 장에 분산되고 상대적으로 서로 고립되는 정도에 따라 그 투쟁들은 훈육 시장에 의해 체계적으로 절합될 수 있다. 즉 투쟁하는 주체들의 활동과 가치와 욕망 들은 서로 대결할 수 있고 그에 따라 자본의 가치를 창출할 수 있다. 우리가 본 것처럼 사회적으로 필요한 노동시간을 창출하는 과정이 바로 이 절합이다. 자본의 가치와 뒤따르는 행동을 측정하는 데 사용되는 활동 유형은 자본의 자기보전 관점에서 본 계급투쟁 과정이다. 직설적으로 말하면 많은 맑스주의 통설에서처럼 한편에는 자본들의 경쟁이 있고 다른 한편에는 계급투쟁이 있어서 하나가 다른 것의 원인이거나 두 가지 모두가 나머지의 원인이라고 말할 수 있는 것이 아니다. 그렇지 않다. (사회적 협력 과정과 양식으로서) 경쟁과 계급투쟁은 동일한 것을 두 개의 상이한 세계관과 그에 상응하는 가치에 따른 행동에서 바라보는 두 가지 방식이다.[9] 전자인 경쟁은 화폐 가치 편차들의 야드자로 사회적 협력을 측정하는 담론이다. 후자인 계급투쟁은 다양한 야드자들과 자본의 가치의 야드자 사이의 갈등으로 사회적 협력을 측정하는 담론이다. 이 갈등 지점에서 하나의 가치는 다른 가치 외부에 있다. 그러나 갈등 지점들이 (살림살이, 필요, 욕망, 필요 들을 서로 대결시키는) 훈육 시장 속으로 체계적으로 통합되면서 서로 대결하게 될 때 다양한 가치들은 자본의 자기보전에 포섭된다. 자본은 자신에게 대립하는 특이한 가치들과 그에 상응하는 행동들을 시장 관계의 망들 속으로 흘려보내면서 진화한다. 따라서 자본과 대립하는 특이한 가치들은 새로운 상품들과 그에 상응하는 사용가치들의 모습으로 나타날 수 있다. 혹은 환경 관련 목표 등과 그에 상응하는 규제 양식을 고려하는 새로운 양식의 생산 조직으로 나타날 수 있다. 그러나 이 다양한 가치들과 그에 상응하는 실천

---

9. Cleaver 1992 [1998]를 보라.

들은 자본의 가치 편차들로 포섭된다. 따라서 자본은 진화하고 자신의 사회 조직 형태를 바꾸며, 새로운 문화적 관습을 받아들이고 사회적 신체 속에 새롭게 획득된 자유를 상품 판매를 위한 새로운 창조적 아이디어로 전환한다. 그러나 그 역사적 변화는 자본주의적 생산의 모든 시대와 동일한 기본 특징을, 사회적 신체를 가로지르는 동일한 사회적 생산 관계들의 집합을, 동일한 무한경쟁과 그에 상응하는 결핍의 사회적 창출을, 동일한 승자와 패자의 흐름을, 동일하게 참혹한 통계를 재생산한다는 사실은 그대로 남아 있다. 단지 좀 더 큰 규모로, 상이한 상품들의 집합과 함께, 사회적 신체 및 상이한 사회문화적 관계 구조들 곳곳에서 상이한 정도의 '심화'와 함께 말이다.

실제로 포섭이 가능하려면 투쟁들이 사회적 장에 어느 정도 분산되어야 한다. 투쟁들이 분산되고 상대적으로 고립되면 자본주의적 시장으로 통합되기 쉽기 때문이다. 투쟁들이 순환하고 뭉치게 되면, 자본의 가치에 대립하는 이 모든 가치들을 절합할 수 있고, 유지할 수 있으며, 새로운 관계 양식으로서 그것들의 구성적constitutive 행동을, ― 자본의 가치 생산에 대한 한계라는 점에서 ― 절대적 한계를 자본에 강제할 수 있는 정치적 재구성recomposition이 출현한다.

이것에 대한 대안을 위한 투쟁은 그 투쟁을 넘어서 나아가는 방법을 찾아야 한다. 그러한 투쟁의 흡수는 앞 장에서 기술한 메커니즘을 산출한다. 그러니까 생산자들의 등 뒤에서 사회적 신체 곳곳에 생산 규범을 구성한다. 이것을 극복하는 것은 체계의 가치 산출력을 넘어서 새로운 가치들과 새로운 가치 절합 방식들에 기초하여 새로운 사회적 관계들을 제시하는 것이다. 그러나 새로운 가치 실천들의 탐색은 추상적으로 정의할 수 없다. 절합 양식에 대한 대안의 문제는 추상적인 원리와 규범을 적절하게 적용하여 다룰 수 있는 '윤리적' 문제가 아니다. 추상적인 원리는 상이한 맥락에서 자신의 구체적인 가치들을 정립하는 구체적인 주체들의 창발적 속성으로 이해해야 한다. 나는 이러한 가치들은 오직 자신의 척도를, 자신의 공통장을 구성하며 투쟁하는 공동체에서만 출현할 수 있다고 주장할 것이다.

14장

시장 자유와 감옥 : 하이에크와 벤담

방향 설정

7장에서 본 것처럼 우리는 생산 마디들 내에서의 훈육적 통합 과정과 생산 마디들 사이에서 일어나는 그 과정을 구별할 수 있다. 생산 마디들 내에 있는 그 과정은 시장 교환 관계가 일어나지 않는 특정 조직에서 출현하는 과정이다. 시장 교환 관계로 연결된 생산 마디들 사이의 관계는 다른 마디들을 특징짓는다. 우선 힘 관계, 감시, 정보는 모든 종류의 미디어(이메일, 카메라, 보도 기사, 직접적인 감독, 생산량과 성과의 통제, 관리 시스템)를 흘러 다닌다. 둘째, 동일한 흐름이 앞 장에서 논의한 것처럼 가격 체계의 피드백 과정을 통해 일어난다. 전체 훈육적 통합 체계의 관점에서 보면 이것은 가장 큰 차이로서, 훈육 근거와 효과의 측면에서가 아니라 훈육이 이용하는 소통 수단에서의 차이다.

이것을 명확히 하기 위해 나는 이 장에서 우리가 사는 곳과 같은 사회적으로 만연한 시장질서는 감옥과 유사한 조직적·훈육적 성격을 보여 준다고 주장한다. 이 감옥은 보통의 단순한 감옥이 아니라 제레미 벤담이 생각하는 '감시 시설'이다. 그는 18세기 말 수감자들로부터 노동을 추출하고 새로운 사회 통제 문제에 대응하기 위해 자신이 "파놉티콘"이라고 불렀던 것을 열정적으로 설계했다. 독자는 이 비교가 역설적이지는 않지만 이상하다고 여길지도 모른다. 어쨌든 시장과 파놉티콘은 서로 다른 두 세계에 있는 것처럼 보이기 때문이다. 전자는 그 옹호자들의 이야기에 따르면, 자유의 은하계, 코스모스의 질서이며 개인들이 자유롭게 내린 선택들의 상호작용이 빚어낸 의도되지 않은 결과로 출현한다. 후자는 지하 감옥들의 성좌, 계획가의 자유가 설계한 탁시스[1]이다. 계획가는 계획 대상들의 삶을 바이스[2]에 가두며, 하나의 기획을 염두에 두고 그것을 실행하기를 원한다. 시장 자유와 자생적 질서의 주창자인 하이에크는 설계된 질서를 가진 합리적 구성주의자인 제레미 벤담 및 그와 비슷한 인물들과는 매우 거리가 먼 것처럼 보인다.[3]

그러나 나는 이 장에서 하이에크의 관점에서 개별 계획들의 조정 메커니즘으로 이해되는 시장 메커니즘과, 노동의 추출 및 다중의 안전 관리를 위한 훈육 장치로 이해되는 벤담의 파놉티콘 원리 사이에 공통적인 이론적 평면이 있다고 주장한다. 하이에크와 벤담의 사고에서 찾을 수 없는 이 공통적인 이론적 평면은 분명히 각각의 메커니즘(하이에크의 시장과 벤담의 파놉티콘)의 원천이었다. 여기 있는 그 메커니

---

1. [옮긴이] 하이에크는 시장질서가 계획된 것이 아니라 인간 행동의 산물임을 강조하기 위해 자생적 질서와 계획된 질서를 구분하여 전자를 코스모스(cosmos), 후자를 탁시스(taxis)라고 불렀다.
2. [옮긴이] vice. 사물을 가공하기 위해 고정시키는 장치.
3. 하이에크(Hayek 1988:52)는 이렇게 쓴다. "초자연적으로 '계시된 윤리'에 대해 유일하게 가능한 대안으로서 (말하자면 이성이 입증하는) '입증된 윤리'를 제시하는 견해에 대해 꽁뜨가 '실증주의'라는 용어를 도입하기 오래전에 ⋯ 벤담은 우리가 현재 법 실증주의와 도덕 실증주의라고 불리는 것의 가장 일관성 있는 기반을 발전시켜 왔다. 그것은 법과 도덕 체계에 대한 구성주의적 해석이다. 이것에 따라 법과 도덕의 타당성과 의미는 설계자의 의지와 의도에 전적으로 좌우되게 된다. 벤담 자신이 이 발전의 후기 인물이다. 이 구성주의는 존 스튜어트 밀과 이후 영국 자유당에 의해 대표되고 이어지는 벤담주의공리주의 전통뿐 아니라 자신을 '자유주의자'라고 부르는 사실상 현대의 모든 미국인까지 포함한다."

즘들은 분명 다르다. 벤담의 파놉티콘이 설계되는 반면 하이에크는 시장질서가 자생적인 진화의 결과라고 믿는다. 그리고 하이에크는 예를 들어 다양한 종획을 통한 소유권의 출현에서 힘과 투쟁과 국가의 중요한 역할을 인정하지 않는다.[4] 우리가 시장의 자생적 진화에 대한 하이에크의 형이상학적 관점에서 물러나 하이에크의 시장과 벤담의 파놉티콘을 일반적으로 이해되는 그것들의 계보보다는 원리를 고찰하면서 두 개의 주어진 메커니즘으로 고려하면, 시장질서의 역할에 대한 하이에크의 생각과 파놉티콘에 대한 벤담의 생각을 비교하는 것이 가능하다.

그러나 일반적으로 인지된 계보학적 차이에서 물러나더라도, '감시 시설'로 아주 느슨하게 정의되는 감옥은 시장과 여전히 다르다. 그것들이 공통으로 무언가를 공유할 수 있다는 사실이 그것들을 유사하게 만드는 것은 아니다. 소나무는 분명히 오크나무와 다르다. 이 차이는 그 나무들이 기본적인 광합성 과정을 공유한다는 것을 주목하더라도 극복할 수 없다. 후자[광합성 과정]가 식물이라는 일반 분류를 위한 기초임에도 말이다. 그러므로 어떤 의미에서 내가 이 비교에서 관심을 두는 것은 언뜻 보기에 매우 다른 이 사회 조직들 사이에서 공통의 지반을 발견하는 것이다. 서로 다른 나무의 경우처럼 우리가 그것들을 동일한 것의 두 가지 다른 형태들로 인식할 수 있는 것은 이 공통 지반 때문이다. 이것의 함의는 중요하다. 자본주의적 시장과 '감시 시설'(계획)이 동일한 것의 두 가지 형태이며, 내가 보여 줄 바와 같이 이 [동일한]

---

4. 이 점에 대해서는 Gray 1998:151를 보라. 국가가 시장 형성에서 맡은 역할에 대해서는 폴라니의 대표적인 서술(Polanyi 1944 [2009])을 보라. 자생적 질서에 대한 하이에크의 믿음과는 정반대로 권력과 수탈을 강조하는, 자본주의적 시장의 출현에 대한 역사적·이론적 논의는 맑스의 『자본』 [1권](Marx 1976a [2008])의 26~33장 [2008:24~25장]을 보라.

것이 궁극적으로 개인들의 자유를 주어진 메뉴의 선택으로 제한하고 개인들이 상호작용의 맥락을 정의하는 것을 금지하는 훈육 메커니즘이라면, 해방의 정치 이론과 실천은 이 이분법을 넘어서는 길을 찾아야만 한다. 이것은 시장이나 감옥의 훈육적·조직적 특징으로 축소될 수 없는 사회적 상호작용 형태들을 발견하는 것이다.

내가 아는 한 시장질서와 파놉티콘의 공통 지반은 한 번도 비교 분석으로 강조된 적이 없다. 물론 여기에는 합당한 이유가 있다. 두 저자는 자유주의 사상의 두 가지 상이한 가닥에 속한다. 하이에크는 벤담을 데카르트와 홉스, 루소와 더불어 사회가 어떤 고귀한 정의의 원리에 따라 스스로 "법"을 부여할 수 있다는 식의 "잘못된 개념"을 가진 합리주의적 구성주의자로 간주했다(Hayek 1973 : 95 [2018]). 공리주의에서 쾌락의 최적화는 인간 행위를 통치하는 제도들의 판단 근거가 되는 유일한 규칙을 규정한다("최대 다수의 최대 행복"). 하이에크에게 이 규칙은 완전한 지식이라는 전제에 기대고 있다. 이것은 하이에크의 모든 주요 이론적 기여의 토대에 도전하는 전제다.

그러나 벤담의 공리주의 철학 일반과는 달리 그의 파놉티콘에서 완전한 지식은 미리 주어진 전제가 아니며 파놉티콘이 조직한 사회적 상호작용의 결과도 아니다. 대신 감시 메커니즘으로서 파놉티콘의 필요는 말하자면 '중심 계획가'의 무지에 대한 인정에서 생겨난다. 하이에크의 시장처럼 벤담의 파놉티콘은 이 무지의 극복을 위한 메커니즘을 제공한다. 파놉티콘의 질서에는 결코 권력이 "모든 것을 안다."는 가정은 없다. 감시 대상, 이 질서에 마지못해 참여한 사람이 권력이 완전한 지식을 갖고 있다고 여길 뿐이다. 다른 한편 이 질서의 권력은 이 '감시 대상에 대한 지식'의 '전술적' 측면을 인정하며 파놉티콘 질서는 바로 이것을 자본화하기 위해 설계된다. 그러므로 하이에크의 체계와 벤담의 체계 사이에 존재하는 중요한 유사성을 언뜻 볼 수 있다. 피상적인 첫 비교에서 출현하는 이 유사성은 두 체계를 자세히 분석하면 더 분명해진다고 생각한다.

이 장에서 나는 시장질서에 대한 하이에크의 관념과 벤담의 파놉 티시즘panopticism이 지닌 광범위한 특징을 검토한다. 그런 다음 두 체계가 부분적으로 겹치는 지점을 논의하고, 다음 장에서는 대립하는 것처럼 보이는 이 두 체계의 공통적인 이론적 평면이 지닌 함의를 간략하게 논의한다. 여기서 나는 오늘날의 지구적 시장질서는 '프랙털 파놉티콘'이라는 용어로 이론화될 수 있다고 제시한다. 이것은 일련의 중첩되고 상호 관련된 가상의 '감시 시설들'이며 여기서 경쟁과 소유권의 짜임이 결합하여 시장 자유라는 형태로 전 지구적인 훈육 메커니즘을 구성한다.

시장질서

하이에크의 자생적 질서 대 설계된 질서

자생적 질서에 대한 하이에크의 일반 이론은 자본주의가 어떤 '설계되지 않은', 계획되지 않은 규범을 널리 따르면서 생겨난 의도되지 않은 결과라고 말한다. 하이에크는 설계된 질서와 자생적 질서의 중요한 이원론, 즉 "설계된 제도의 목적과, 진화하는 질서에서 생겨난 자생성의 깊은 긴장"을 식별한다(Sciabarra 1995 : 31).[5] 전체 체계 내에서 개별

---

5. 다른 한편 질서는 "여러 가지 다양한 요소들이 서로 관련되어 있어서 전체의 공간적 혹은 시간적 일부에 대한 지식으로 나머지에 관한 정확한 예상을, 혹은 적어도 정확한 것으로 입증될 가능성이 높은 예상을 할 수 있는 상황"으로 정의된다. "모든 사회가 이러한 의미에서 질서를 보유한다는 점, 그러한 질서가 보통 의도적으로 만들어지지 않은 채 존재할 것이라는 점은 명확하다"(Hayek 1973 : 36 [2018]).

활동들을 질서화하는 두 가지 극단적인 원리의 이 긴장은 하이에크의 학술적·정치적 작업의 개입 지평을 구성한다.

질서의 문제를 중심에 두고 그것의 자생적 출현을 언급하는 것은 개인을 사회적 개인으로 개념화한다는 것을 뜻한다. 이것은 "사회의 구성원으로 살아가는〔우리가〕… 우리의 대부분의 필요를 충족하기 위해 타인들과의 다양한 협력 형태에 의존하기" 때문인 것만은 아니다 (Hayek 1973 : 36 [2018]). 애덤 스미스는 이미 이 생산의 사회적 차원을 인식한 바 있다. 그러나 스미스와 신고전주의 경제학자들의 방법론적 개인주의와는 달리 하이에크의 전체는 부분들의 합계 이상이다. 전체는 구성원들 간의 관계들을 포함하기 때문이다. 이 질서에서 "각각의 요소는 공동으로 전체를 구성하고 전체에 의해 구성되면서 다른 요소에 영향을 미치고 영향을 받는다"(Sciabarra 1995 : 31). 이 관계들 때문에 전체는 종관적綜觀, synoptic 이해를 통해 파악할 수 없다. 사회 질서의 구조는 특정한 시점에서만 포착될 수 있다(같은 곳).

우리는 하이에크의 사회적 개인에 매혹되어서는 안 된다. 후자〔하이에크의 사회적 개인〕은 사후에 정의되는, 소유권의 주어진 짜임이 개인을 사적 개인으로 상정한 이후에 정의되는 특정한 종류의 사회적 개인이다.

질서의 문제는 이렇게 개인을 사적이라고 (맑스〔Marx 1975 [2006]〕적 의미에서 소외되었다고) 정의하는 것에서 출현한다. 사적 개인들은 파편화되어 있기 때문에 그들의 기대와 계획은 조화를 이루지 않는다. "서로 다른 개인들의 행동을 결정하는 의도와 기대의 조화는 질서가 사회적 삶에서 발현하는 형태다"(Hayek 1973 : 36 [2018]).

이러한 사적 개인들의 기대의 조화는, 하이에크에 따르면 두 가지 질서화 원리의 결과일 수 있다. 이 중 하나는 "질서가 체계 외부의 세력들에 의해서만 (즉 '외생적으로') 만들어질 수 있다는 믿음에서 전적으로…파생된다"(같은 곳). 이것은 권위주의적인 질서화 원리다. 다른 원리에서 질서는 일반적인 시장 이론이 설명하려고 애쓰는 것처럼 "내부에서 (즉 '내생적으로') 설정된다. 이러한 자생적 질서는 만들어진 질서와는 많은 측면에서 다른 속성을 갖는다"(같은 곳).

설계된 질서와 비교해서 자생적 질서의 우월한 점은 이 질서가 사회의 지식을 활용하는 그 사용법에 있다(Gray 1998 : 28). "지식은…모든 분리된 개인들이 보유한, 불완전하고 흔히 모순적인 지식의 분산된 조각들로만…존재하기" 때문에(Hayek 1945 : 77) 따라서 사회의 경제적 문제는 그저 '주어진' 자원을 할당하는 방법의 문제가 아니다. 만일 '주어진'이, 이 '자료'에 의해 설정된 문제를 의식적으로 해결하는 단일한 개인에게 주어진다는 의미라면 말이다. 오히려 그것은 사회의 구성원 누구에게나 알려진 자원의 최선의 활용법을, 오직 이 개인들만이 그 상대적 중요성을 알고 있는 목적을 위해 확보하는 방법의 문제다. 간단히 말해서 그것은 누구에게도 전적으로 주어지지 않은 지식을 활용하는 문제다(같은 책 : 77~8).

따라서 사회적 질서의 문제는 어떻게 사회적 지식이 사적 개인들 사이에서 만들어지고 분배되는지, 어떤 규칙이나 패턴이 그들의 독립적인 계획들을 연결하고 조화시키기 위해 만들어지는지의 문제다.[6] 따라서 지식은 개별 계획, 즉 사적 목적의 형태를 취할 뿐 아니라 실천

6. 개별 계획들의 조정 문제가 보통 상충하는 계획들의 조정 문제인 것은 바로 출발점이 사적 개인들이기 때문이라는 점을 주목하라. 대표적 사례인 자본가와 노동자의 조정 문제를 예로 들어보자. 노동자는 임금을 받는다는 하나의 계획을 갖는다. 그들은 임금 없는 삶이 얼마나 빈곤한지 알고 있다. 고용주는 시장의 조건을 알고 있다. 사회 내의 상충하는 관점들에 뿌리를 둔 상충하는 지식을 조정하는 메커니즘은 그들이 그들의 행동의 기초에 있는 전제에 도전하지 않고 그들의 행동을 조정할 수 있게 해 준다.

의 형태, 상호작용하는 사적 개인들이 따르는 규칙의 형태를 취한다.[7]

사적 개인들은 세 가지 종류의 규칙을 따르며, "주로 부정적인(즉 금지하는)" 이 "행동 규칙들은 … 사회적 질서의 형성을 가능하게 한다." 첫째 "실제로는 그냥 관측되지만 한 번도 말로 진술되지 않은 규칙"이 있다. 둘째 "우리가 적용할 수 있지만 명확하게 알지 못하는 규칙"이 있다. 두 번째 규칙은 "말로 진술되었지만 오래전에 보통 행동에서 관측되어 왔던 것을 대략적으로 계속 표현할 뿐이다." 마지막으로 "의식적으로 도입되었고 따라서 필연적으로 문장으로 정리된 글로 존재하는 규칙"이 있다. 모든 구성주의적 접근법의 문제는 "첫 번째와 두 번째 군의 규칙을 거부하고 세 번째 규칙 군만 정당한 것으로 받아들인다."는 것이다(Hayek 1970:8~9).

첫 번째와 두 번째 규칙 군은 전술적 지식을 구성한다. 하이에크에 따르면 중앙 기관이 조정 문제를 해결할 수 없는 건 바로 전술적 지식 때문이다. 전자[중앙 기관]는 개별 행위자들로부터 전술적 요소를 비롯한 모든 정보를 수집해야 하는 불가능한 과제에 직면할 뿐 아니라, 중앙 기관의 종합 계획에 따라 개별 계획을 조정하는 데 필요한 정보를 행위자들에게 제공해야 한다. 이 문제는 개인 지식을 사용하지만 동시에 각 개인이 전체 결과를 알지 못하는 메커니즘을 통해서만 풀 수 있다. 해결책은 (전술적 요소를 포함하는) 사적 영역 및 목적에 대한 개인의 절대적 앎(과 참여)과, 그들의 상호작용의 형태와 결과에 대한 개인들의 절대적 무지(와 무관심) 사이의 이중성에 있다. 그 모델은 완전히 체계적인 기회주의의 전형적인 모델이다. 하이에크의 개인은 이렇게 말한다. "나는 내 일을 할 뿐이야." 그 '일'의 사회적 의미에 대해서

---

7. 그러므로 하이에크에게 사회적 질서의 문제는 사회의 생산력 문제와 우연히 겹친다.

는, 즉 그 일이 전체 안에서 절합되는 방식에 대해서는 결코 깊이 생각하지 않는다.

시장

이제 시장질서로 이해되는 '자생적 질서'의 특질을 살펴보자. 하이에크에 따르면 시장 체계는 이 진화하는 일군의 제도들의 가장 좋은 사례다. 그것은 개별 지식과 계획들의 조정이라는 문제를 해결해야 하는 비인격적인 메커니즘이다. 이 문제를 인식하려면 균질한 상품을 공급하는 무한한 숫자의 공급자들이 있을 때에만 경쟁의 이점을 보여줄 수 있다는 신고전주의 경제학의 비현실적인 가정을 기각해야 한다.[8] "만일 현실 세계와 일치한다면 경쟁을 완전히 지루하고 무용한 것으로 만들" 가정을 사용하여 경쟁을 논의하는 신고전주의 경제학과는 달리, 모든 사람이 모든 것을 알고 있다면 경쟁은 개인들을 조정하는 쓸모없는 방법이 되어버릴 것이기 때문에, 하이에크는 경쟁을 하나의 "발견 절차"로 간주하자고 제안한다(Hayek 1978 : 179).

주류 경제학 이론은 그 출발점으로 주어진 것이 희소 재화의 공급이기 때문에 경쟁의 참된 기능을 이해하지 못한다(같은 책 : 181). 그러나 무엇을 얼마나 생산할지, "어떤 재화가 희소 재화인지, 아니면 어떤 사물이 재화인지, 그것은 얼마나 희소하고 가치 있는지"(같은 책 : 182), "최소 생산 비용"이나 알려지지 않은 소비자의 욕망과 태도를 발견(Hayek 1946 : 100~1 ; Hayek 1978 : 182)[하는 것], 이 모든 것은 바로 시

---

8. 따라서 "두 생산자의 생산물은 공장을 떠나면 다른 장소에 있게 된다는 점에서라도 결코 완전히 같지 않다는 것은 말할 필요도 없다. 이 차이들은 우리의 경제 문제를 만드는 사실의 일부다. 그 차이가 없다고 가정하고 경제 문제에 답하는 것은 별 도움이 되지 않는다"(Hayek 1946 : 98).

장이 발견해야 하는 것이다. 시장에 의한 이 '발견'은 동시에 하나의 물질적 힘이라는 것을 주목하라. 희소성은 시장 상호작용의 전제가 아니라 그것이 만들어낸 결과다. 시장에서의 경쟁 과정이 필요와 욕구를 만들어내기 때문이다. 고전적인 정치경제학 전통과는 달리 가격은 지난 활동의 표현일 뿐 아니라 미래 활동을 자극하는 정보 신호다. 이것을 통해 개인들은 어떤 것이 생산할 가치가 있는지 어떤 것이 그렇지 않은지에 집중할 수 있다. 가격 체계는 소통 체계다. 따라서 사회 전역에 널리 확산된 지식은 개별 상품의 생산에 필요한 노하우로서만이 아니라 특정한 방식으로 특정한 목적을 위해 생산하는 것을 불가피하게 만드는 사회적 세력으로서 효과적으로 활용될 수 있다(Hayek 1978 : 181~182, 188).

자유에 대한 하이에크의 자유주의 철학에 내포된 이 강제적인 측면은 체계적 성격을 획득하며, 사적 개인들은 자신의 자유를 행사할 수 있다는 그의 주장의 맥락에 스며들어 있다. 이 공통 지표의 지도를 받음으로써(같은 책 : 60) 사적 개인들은 "알고 있는 사람의 필요"와 강압적으로 부과된 목적을 추상적인 규칙으로 대체하는 법을 배웠다(같은 책 : 61). 이러한 조건에서 "타인"과 개인의 관계는 직접적이지 않으며 "추상적 관계 체계"로 매개된다. 이 체계에서 "개인은 그의 지각 범주 바깥에 있는 타인의 필요에 대한 지식이 아니라 자신의 목적에 대한 사적인 지식의 지시를 받는다"(같은 책 : 268).

시장이 야기하는 질서는 신고전주의 경제학자들이 말하는 평형 상태에 결코 도달한 적이 없으며 오직 근접할 뿐이다. 이것은 개별 계획들이 ― 시장에서 가격을 조절하는 '보이지 않는 손'의 범주에서 스미스가 정의하는 것과 동일한 ― 일련의 부정적인 피드백 신호를 통해 상호 조정을 결코 완료하지 못하기 때문이다(같은 책 : 184). 기대의 상호 조정은 시장질서의 의도치 않은 결과 중 하나일 뿐이다. 또 하나는 효율성이다. 시장은 "생산되는 모든 것은 그것을 생산하지 않는 누군가보다 좀 더 저렴하게(또는 적어도 그것만큼 저렴하게) 만들 수 있는 사람들이 생산할 것이라는 점을… 그리고 각각의 생산물은 실제로 그것을 생산하지 않는 누군가가 그것을 공급할 수 있는 가격보다 더 저렴하게 판매된다는 것 또한 담보한다"(같은 책 : 185).

그러므로 경제학 분석의 이러한 총 수요 및 공급 곡선은 실제로 미리 주어지는 것이 아니라 "언제나 일어나는 경쟁 과정의 결과"다(같은 책 : 187). 따라서 가격의 형성은 맑스(Marx 1976a [2008])가 언급하는 사회적으로 필요한 노동시간의 끊임없는 그리고 연속적인 형성 과정과 비슷하다(13장과 De Angelis 2004b를 보라). 여느 훈육 과정(Foucault 1977 [2003])처럼 이것 역시 보상과 처벌의 역동적인 이중성을 통해 구축된다. 따라서 하이에크는 사회적 환경을 피와 살의 힘 관계의 채색을 기다리는 그림으로 제시한다. 사회적 변화의 세력들은 그 세력들의 전략적 환경에서 그려지지만 이 세력들이 내포되어 있는 힘 관계는 완전히 비가시적이다. 힘은 암묵적인 문제로만 남아 있다. "새로운 방법을 실험할 의지와 능력이 있는 소수가 그 방법을 따르는 것을, 그와 동시에 그 길을 보여 주는 것을 다수에게 불가피한 것으로 만들 수 있을" 때만 변화는 일어날 수 있다(Hayek 1978 : 187, 강조는 인용자의 것). 물론 "습관과 관습에서 요구되는 변화들"을 "불가피한 것으로 만드는" 방식은 원리상 무한하며 그것은 모두 힘 형태와 관련이 있다. 그러나 궁극적으로 두 진영이 있다는 점, 즉 변화를 옹호하는 사람들이 있고 변화가 득이 되지 않기 때문에 옹호하지 않는 사람들이 있다는 점은 하이에크의 주장에서 암묵적이다. 경쟁은 끊임없는 강제를 만들어 내고 이 강제에 대한 저항을 만들어 낸다.

다수가 소수로 하여금 전통적인 방식을 고수할 수 있게 한다면, 필수적인 발견 과정은 지연되거나 중지될 것이다. 물론 경쟁을 싫어하는 주된 이유 중 하나는 그것이, 사태가 어떻게 좀 더 효과적으로 이루어질 수 있는지를 보여 주는 데 그치지 않고, 자신의 소득을 시장에 의존하는 이들로 하여금 좀 더 성공적인 것의 모방이냐 아니면 소득의 일부 혹은 전부를 잃어버리느냐의 양자택일에 직면하도록 만들기 때문이다. 경쟁은 이런 식으로 일종의 비인격적인 강제를 생산한다. 이 강제로 인해 많은 개인들은 계획적인 지시나 명령이 일어날 수 없는 방식에 자신의 삶의 방식을 적응시켜야 한다(Hayek 1978 : 189).

그러나 왜 끊임없는 '변화'가 불가피한가? 인간 사회들을 평가하는 '목적의 위계'를 하이에크가 거부한 상황에서, 이 끊임없는 강제를 정당화하는 하이에크가 제시한 기준은 추상적으로 정의된 '진보' 자체를 하나의 목적과 동일시하는 것이다. "진보는 운동 그 자체를 위한 운동이다"(Hayek 1960 : 41). 운동의 방향, 그것의 사회적 결과, 생산되는 것과 필요가 형성되고 충족되는 방식, 사회적 상호작용의 본성과 무관하게 운동을 위한 운동을 이렇게 이상화하는 것은 하이에크를 전형적인 자본주의 옹호론자로 만든다.[9]

이것은 두 가지 함의가 있다. 첫째, "경쟁은 오로지 그것의 결과가 예측불가능하고 전체적으로 볼 때 누군가가 의식적으로 겨냥했거나 겨냥했을지도 모르는 결과와 다르기 때문에, 그리고 그러한 한에서만 가치가 있다."는 것이다. 둘째, "일반적으로 경쟁의 유익한 효과란 어떤 특

---

9. 이러한 철학적 입장은 실제로 맑스가 자본주의적 운동의 본성으로 간주하는 것, 즉 '생산을 위한 생산'이나 '축적을 위한 축적'과 유사하다. 끊임없는 축적 과정은 개별 사적 행위자들이 그 운동에 끊임없이 맹목적으로 적응해야 할 필요가 있음을 함의한다.

정한 기대나 의도를 좌절시키거나 무산시키는 일을 포함한다."는 것이다(Hayek 1978 : 180). 후자가 뜻하는 것은 시장질서의 기능에서(같은 책 : 185) "기대가 높은 수준으로 들어맞는 일은 어떤 기대들이 체계적으로 좌절됨으로써 일어난다."는 것이다. 시장질서는 어떤 것은 보상하고 어떤 것은 처벌한다. 연속적인 강제 과정과 '늘 일어나는' 일련의 보상과 처벌, 즉 경쟁 과정은 푸코(Foucault 1977 [2003])가 '훈육 메커니즘'의 속성으로 간주한 것이다. 벤담의 파놉티콘도 이 도구들 중 하나다.[10]

파놉티시즘

'힘을 획득하는 새로운 양식'

벤담은 분명 파놉티콘이 창발적 질서라고 주장하지 않는다. 분명히 그의 '감시 시설' 모델에는 자유의 진화에 대한 수사가 거의 없다. 파놉티콘은 명백한 감금 제도이며, 노동의 추출을 용이하게 하려는 의도를 갖고 있다. 그것은 바로 이 이중 목적을 위해 설계된 것이다.

파놉티콘은 큰 창이 달린 감시탑이 중앙에 있는 원형 건물이다. 바깥 원은 감방으로 쪼개져 있고 각 감방에는 바깥으로 난 창문과 감시탑으로 난 창문이 있다. 그래서 바깥 창문에서 들어오는 빛 때문에 각 감방의 재소자들은 마치 수많은 작은 그림자 극장에 있는 것처럼 보인다(Foucault 1977 [2003]). 한편 중앙의 탑에 있는 감시자는 블라인

---

10. 진보를 위한 진보에 대한 하이에크의 강조가 "계승된 사회 형태에 대한 보수적인 애착과 끝없는 진보에 대한 자유주의적 헌신"(Gray 1998 : 156) 사이의 중요한 모순 또한 내면화하고 있다는 것은 올바른 주장이다. 이 모순은 '끝없는 진보'가 가령 가부장적 관계의 침식을 통해 사회 결속을 파괴함으로써, 그 운동의 전제를 확립하는 데 이바지했던 권위주의적인 기반을 실제로 파괴할 때 주로 드러난다.

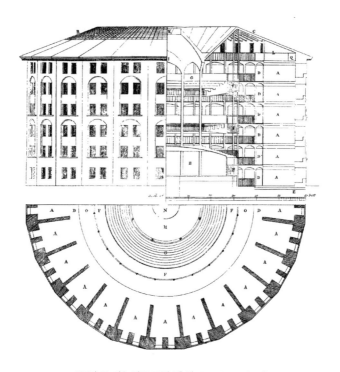

〈그림 9〉 파놉티콘 도면 (출처 : Bentham 1787)

드와 반대쪽 광원의 보호를 받으며, 각 감방의 재소자의 눈에는 언제나 보이지 않는다.

1787년 계획안의 표지는 파놉티콘의 일반 원리(푸코[같은 책]를 좇아 여기서 파놉티시즘이라 부르는 것)를 자랑한다. 벤담은 파놉티콘이, 하이에크의 용어를 빌리자면 개별 계획들이 조화를 이루지 않는 어떤 환경에도 일반적으로 적용될 수 있다고 이야기한다(물론 파놉티콘의 경우 조화를 이루지 않는 계획들은 감시자의 계획에 대한 개별 재소자들의 계획이다). 그 앞표지에 기술된 것처럼 파놉티콘은 [아래를] 담고 있다.

온갖 종류의 사람들이 감시를 받는 어떤 종류의 시설에도 적용할 수 있는 새로운 건설 원리 방안. 특히 감화원, 감옥, 산업시설, 구빈원, 빈민원, 공장, 정신병원, 병원, 학교를 위해.

죄수, 노동자, 가난한 사람, '미친' 사람, 환자, 학생의 공통점은 감시를 받아야 한다는 사실이다. 그들의 개별 '계획들'은 그들을 염두에 둔 벤담의 계획과 조화를 이루지 않기 때문이다. 그들은 모두 자신이 당하는 특정한 감금에서 벗어나려는, 그리고 수행할 것을 요구받는 노동에 힘을 덜 들이려는 동일한 욕망을 다양한 정도로 공유한다. 감시는 보안의 최대화와 태만의 최소화라는 이 이중 역할을 이행한다. '온갖 종류의 사람들'이 주어진 규범과 맞지 않는 계획을 따르거나 세우는 경향이 있어서 감시가 필요한 어떤 상황에도 파놉티콘의 원리가 일반화될 수 있다는 벤담의 생각에서 혁신이 일어난다. '감화원'은 정확히 파놉티콘의 원리를 적용한 것으로, 사실 '가장 복잡한' 적용 사례다. 여기서 "자기 감독, 감금, 고독, 강제 노동, 지시의 대상은 시선에 노출된 그들 모두다"(Bentham 1787 : 3). 서문에서 벤담은 "간단한 건축 아이디어"의 적용을 통해, 즉 신체들을 공간에 배열하는 신체들 간 관계의 공간적 직조를 통해 상이한 영역(보건, 교육, 생산, 경제, 범죄 관리, 재정)에 속하는 모든 문제의 해결을 약속한다. "도덕 개혁 − 건강 유지 − 산업 활성화 − 명령 확산 − 공적 부담 경감 − 흡사 바위 위에 있는 듯 굳건한 경제 − 잘라내는 것이 아니라 풀 수 있는, 구빈법이라는 고르디오스의 매듭 − 이 모든 것이 단순한 건축 아이디어로!"(같은 책 : iii).

이것은 힘 관계의 관리를 위한 원리일 뿐 그 밖의 어떤 것도 아니다. 특히 그것은 '감시받는' 자에 대한 '감시자'의 힘을 증진하며, 따라서 전자의 '유용한 사용'을 가능하게 하는 원리다. 감시받는 신체의 유용함이 기준norm이다. 파놉티콘 원리를 적절히 적용하지 않으면 "온갖 종류의 사람들"은 주어진 규범을 따르지 않으려고 할 것이므로 감시를 받을 필요가 있다. 파놉티콘이 제공하는, 이 "정신에 대한 정신의, 힘[권력]을 전례가 없는 정도로 획득하는 새로운 양식"은 단순한 원리에 기초한다. "감시자들의 중심적인 위치"가 바로 그것으로, "이는 보이지 않으면서 보기 위해 잘 알려져 있고 가장 효과적인 계략과 결합되어 있다"(같은 책 : 21).

이것은 힘 관계에 하나의 특질을 즉각 도입한다. 힘은 감시자가 감시받는 자에 대해 실제로 존재함으로써만 행사되는 것이 아니다. 감시받는 자는 감시받는 것에 대해 완전한 지식을 가질 필요가 없으며 감시자는 감시받는 자의 계획과 행위에 대해 완전한 지식을 갖고 있지 않다. 사실 이 "이상적인 완전함"은 가능하지 않다. 그것은 "각 개인이 실제로 … 끊임없이 … 자신을 감시하는 사람들의 시선 아래에 있어야 하기" 때문이다. 따라서 "이것은 불가능하다. 다음으로 요망되는 것은 매 순간 그럴 거라고 믿으면서, 그 반대를 생각하지는 못한 채 자신이 그렇게 있다고 여기는 것이다"(같은 책 : 3).

이 상황은 "감시자의 실제 존재를 극대화시켜 … 감시자가 편재하는 것처럼 보이게" 해준다(같은 책 : 25). 항상적인 감시라는, 실재라기보다 그 개념은 감시자에게 신과 같은 성격(편재)을 부여한다. 하이에크의 말을 바꾸어서 말하면 벤담은 권한을 가진 개인 – 감시자 – 이 감시 대상과 그의 행동 및 계획에 대해 완전한 지식을 가질 수 없음을 알고 있다. 그러나 벤담은 건축 설계를 이용하여 이 잠재적 무지를 뒤집고, 그것을 감시자에게 유리한 잠재적 지식으로 바꾼다.

모듈화와 힘의 생산성

일반화할 수 있는 파놉티콘 원리의 성격이 지닌 또 다른 측면은 그 구성 요소들의 모듈화modularisation에 있다. 외곽의 원, 중앙의 [감시]탑, 그것들 사이의 관계. 이것은 파놉티콘의 원리가 "어떤 크기의 구역"도 다룰 수 있음을 뜻한다. 예를 들면

원형 건물의 숫자가 네 개로 늘어나면 평상시에 다루지 못한 구역을 그런 방식으로 에워쌀 수 있을 것이다. 그리고 지붕이 덮인 통로로 둘러싸인 것은 한쪽에서만 통솔되는 것이 아니라 이런 식으로 사방에서 통솔될 것이다.

이와 같이 에워싸인 구역은 그 건물들처럼 원형이거나 정사각형 혹은 직사각형일 수도 있다. 그 형태들 중 어느 하나가 지배적인 미적 관념이나 지역의 편의에 가장 적합하다면 말이다. 동일한 혹은 상이한 목적에 적용되는 감시소들로 구성된 어떤 길이의 사슬도 이런 식으로 어떤 크기의 구역도 감당할 수 있을 것이다(같은 책 : 18).

그러므로 파놉티콘은 단일 **중심**을 필요로 하지 않는다. 일련의 중심들이 **통합**되어 있는 한 파놉티콘은 그 중심들로 구성될 수 있다.

파놉티콘의 또 다른 측면은 창발적 속성을 낳는다는 점이다. 감시의 생산에서 규모의 경제라는 속성, 즉 "감시력"이 그것이다.

그러한 계획의 경우 한 명의 감시자가 둘 이상의 원형 건물에서 일할 수도 있고, 만일 한 건물당 한 명씩 있다면, 내가 이런 표현을 쓸 수 있다면, 감시력은 건물이 몇 개든 따로따로 구성된 곳보다는 그러한 복합 건물에서 더욱 증대될 것이다. 각 감시자가 가끔씩 서로 도움을 받을 수 있기 때문이다(같은 책 : 19).

이러한 감시의 생산성 증대는, 더 많은 "원형 건물들"이 통합되면 증가하는 파놉티콘 원리 - 보이지 않고 보기 - 의 침투성에 기대고 있다는 점을 지적해야 한다. 다시 말해서 통합된 원형 건물의 숫자가 늘어날수록 힘은 파놉티콘 원리를 통해 더욱 효율적으로 조직될 수 있다. 그러므로 감시에 있어 이 파놉티콘이 지닌 "규모의 효율성"은 파놉티콘이 단일 시설의 감금을 넘어 확장될 수 있게 하는 중요한 특질이다.

비임금 감시 노동

감시 효율성 증대의 일환으로서 파놉티콘은 또한 감시자 가족의 비임금 노동을 흡수할 수 있게 한다.

> 주요 감시자와 … 그의 가족을 위해 … 관리 사무소에 방이 배정된다면, … 가족은 구성원이 많을수록 … 더 좋다. 이를 통해 사실상 가족을 이루는 개인들의 숫자만큼 감시자들이 있게 되기 때문이다. 그 일에 대한 보수를 받는 건 한 명뿐이지만 말이다(같은 책: 23).

벤담은 이것이 왜 당연한 결과인지, 감시 책임자의 가족 구성원들이 왜 가장의 의무를 수행하려고 하는지 분명하게 알고 있다. 그 의무의 수행은 완전히 자유로운 선택이다. 그러나 전적으로 조작되고 계획되고 설계된 맥락에서 발생하는 선택이다.

> 감시자 자신의 지시도, 그의 의무를 정기적으로 수행하면서 그들[가족 구성원들]이 느끼거나 느끼지 못하는 어떤 흥미도 그 목적에 적합한 동기를 그들에게 제공하는 필요조건이 아니다. 그들의 상황 때문에 다른 모든 대상으로부터 보통 격리되어 있는 그들은 자연적으로 그리고

어느 정도 불가피하게 일상적으로 거주하는 모든 순간에 그 목적에 들어맞는 방향으로 시선을 돌릴 것이다. 그들에게 그것, 창문 밖을 바라보는 것은 도시에서 늘 앉아서 멍하게 있는 이들에게 거대하고 끊임없는 오락의 보고를 공급하는 일이 될 것이다. 그 장면은 갇혀 있음에도 매우 다양할 것이고 그러므로 완전히 지루한 것은 아닐 것이다(같은 책: 20).

여기서 가족 구성원들의 관점에서 여가, 오락으로 나타나는 것은 파놉티콘 메커니즘의 관점에서 감시 노동으로 전환된다. 이 감시자 가족이 수행하는 노동의 자유선택 흡수는 우리가 이후 재소자의 노동의 자유선택 흡수로 보게 될 것과 맥락상 매우 유사하다.

나머지 세계

파놉티콘의 모듈화 원리는 다른 측면에서도 이해할 수 있다. 하나의 분리된 건물인 파놉티콘은 행정 장치와 부기, 회계 발행을 통해 외부 세계와 연결될 수 있다. 편지 9[11]에서 벤담은 파놉티콘을 관리할 이들에게 높은 보상을 예상한다. 선정된 계약자는 "최고의 조건"을 제공하는 계약자일 것이다. 계약자는 "그가 계약을 최대한 활용할 수 있도록, 몇몇 조건만 남겨둔 채 자신의 이익을 위해 그가 바라는 모든 힘을" 부여받을 것이다(같은 책: 39). 계약자는 "자격 박탈이나 다른 적절한 처벌을 각오하고 … 서약을 한 뒤" 파놉티콘의 회계, "자신이 관리하는 전체 과정과 상세한 내역"뿐 아니라 "감옥의 모든 내용"을 공개해야

---

11. [옮긴이] 저자가 참고문헌으로 사용하는 벤담의 『파놉티콘 혹은 감시 시설』(*Panopticon or the Inspection-House*)은 21통의 편지로 구성되어 있다.

할 것이다(같은 곳).

이것의 이점은 하나의 메커니즘을 제공한다는 점이다. 이 메커니즘은 이윤과 손실을 나머지 세계에 알리고 그에 따라 경쟁 형태가 일어날 수 있게 한다. 나쁜 관리는 이윤의 손실로 입증된다. "이 계획의 이점 중 하나는, 손해가 얼마나 나더라도 그것이 나에게 미치기 이전에 그의 이윤을 모조리 해치워야 한다는 것이다"(같은 책 : 41). 회계 발행은 감시의 생산성, 즉 효율성을 증대시키고 파놉티콘의 원리를 극대화하는 방법이다. 채택된 훈육 메커니즘이 효율적으로 작동할 수 있는 건이 수단 때문이다.

그 발행 이후 나는 누구와 거래할 수 있을까? 나는 모든 이들과 거래할 수 있을 것이다. 운, 경험, 판단, 성향에 의해 자신이 그런 사업에 종사할 수 있다고 생각하고 그럴 의향이 있다는 것을 알게 된 모든 이들과 말이다. 그리고 어떤 이익이 어떻게 생겼는지 깨달은 사람들 각각은 기꺼이 그에 비례하여 신청할 것이다. 어떤 경우[12]가 최상의 조건을 만드는 데 좀 더 유리할까?(같은 책 : 42)

부수적인 이점과 '상승효과'

파놉티콘은 일련의 중요한 '부수적인' 이점도 제공한다. 첫째 필요한 감시자의 숫자가 비슷한 시설보다 상대적으로 적다(같은 책 : 25). 둘째 파놉티콘의 원리는 감시력을 형성하는 모든 단계의 직원에게도 적용된다.

---

12. [옮긴이] 벤담은 저자가 인용한 본문에서 회계 발행을 하는 경우와 그렇지 않은 경우를 비교한다.

하위 관리자나 감시자, 모든 종류의 하인과 하급자는, 통치받는 재소자나 다른 이들이 그들로부터 통제받듯이, 책임 관리자나 감시자로부터 저항할 수 없는 동일한 통제를 받게 될 것이다(같은 책 : 26).

이로 인해 파놉티콘은 수감자들뿐 아니라 [하위] 감시자들에 대한 훈육의 극대화라는 점에서도 유익하게 된다. "어떤 경우에도"(같은 책 : 26) [하위] 감시자들은 "자신의 임무를 수행하며 그것에서 벗어날 수 없지만" [[책임] 감시자]는 "그들이 그렇게 행동하는 시간과 정도와 방법을 알아야 하기" 때문이다(같은 책 : 26). 그러므로 파놉티콘은 "가장 곤혹스러운 정치적 문제들 중 하나인 감시자를 누가 감시할 것인가에 대한" 만족스러운 해답을 제공한다. 감시자와 감시받는 자가 모두 감시 메커니즘에 가둬진다. 파놉티콘은 "불가피한 강압에 못지않게 소위 자유에도 이롭다. 그것은 범죄를 억제하는 데 있어서뿐 아니라 하급 권력을 통제하는 데 있어서도 강력하다. 죄에 가해지는 채찍이라기보다 무죄[무해함]를 위한 방패13다"(같은 책 : 27). 파놉티콘 원리는 모든 사람을, 자유와 비자유를 훈육한다.

　세 번째 이점은 감시 직무를 비인격적인 메커니즘으로 대체함으로써 대면 상호작용으로 인한 감염의 위험과 '혐오감'을 제거하여 힘의 살균된 행사가 가능하다는 점이다. 이 장치를 통해 힘을 행사하는 이들은 하급자와의 접촉을 최소화할 수 있다.14

---

13. [옮긴이] 벤담의 원문에는 "방패"(shield)로 되어 있으나 저자의 인용문에는 "장"(field)으로 되어 있다. 인용 과정에서 생긴 오기로 보인다.

14. "또 다른 이점은 … 이따금씩 찾아오는 판사와 기타 치안판사 같은 상급 감시관들이 짊어진 골치 아프고 혐오스러운 커다란 짐을 덜어준다는 점이다. 높은 지위의 삶에서 이 번거로운 일에 불려간 그들은 그에 비례하여 그 일에 반감을 가질 수밖에 없다"(Bentham 1787 : 27). 파놉티콘이 제공하는 권력 기술은 그들을 감시하기 위해 감방

마지막으로 넷째, 파놉티콘은 감시 체계를 낳기 위해서 방문객에게 열려 있어야 한다. 여기서 벤담은 다시 방문객의 행동이 가져오는 의도되지 않은 결과들을 자본화하는 체계의 능력을 언급하고 있다. 방문객들은 "자신의 방문이 가져오는 다른 어떤 효과를 의도하지 않으면서 혹은 생각조차 하지 않으면서, 자신의 특별한 호기심을 채우기보다" 경쟁 체계에 기여한다. "감독관이 성실하다면" "이 자발적인 방문객들"이 감독관의 "보조, 대행인"이라는 의도되지 않은 역할을 하는 다층화된 감시 체계가 출현할 수 있다. "감독관이 성실하지 않다면 그의 신임에 대한 증인과 심판관"이 될 것이다. 이러한 용도에서 방문객들의 동기는 "전혀 중요하지 않다.〔지속적으로〕그렇게 갇혀 있는 각자의 친구들과 친척들을 애처롭게 바라보면서 자신의 근심을 더는 것이든, 단순히 일반적인 호기심을 채우는 것이든 말이다. 인간의 감정에 대한 아주 흥미로운 여러 해석에 따르면 시설이라는 건 자연적으로 흥미를 불러일으킬 수 있다"(같은 책 : 29).

개별 행위자들의 동기는 무관하다. 중요한 것은 감시 체계 내에서 그들의 역할이다. 시설을 방문하는 그들의 의도와 동기가 무엇이든, 그들은 그렇게 함으로써 감시 체계의 목적에 통합된다.

시장과 파놉티시즘 : 중첩되는 두 질서들

하이에크와 벤담의 체계는 눈에 띄게 유사하며 상호보완적이다. 이것은 〈상자 1〉에 요약되어 있으며 아래에서 논의한다.

에 차례로 들어갈 필요가 없도록 만들어 준다. 따라서 "이 새로운 계획으로 인해 그 혐오스러움은 완전히 제거된다. 그리고 소굴 같은 방에 들어가는 일이 지닌 어려움은 다른 어느 방에 들어가는 어려움과 다를 게 없게 된다"(같은 책 : 27~8).

기원

첫째, 아주 간단히 말해서 매우 놀랍게도 두 메커니즘의 발생에는 어떤 유사한 점이 있다. 벤담에게 이 메커니즘의 구축이 정확히 파놉티콘 계획가의 독창성에 속한다면, 하이에크에게 시장은 만일 시장의 진화에 한계를 부여하는 케인시언과 사회주의자 같은 이들이 없다면 창발적 질서일 것이다. 그러나 하이에크에게 정책의 영향은 벤담의 경우와 동일하다. 국가의 역할은 개별 행동들을 조정하는 것이 아니라 개별 행동들이 자생적으로 조정되는 질서의 출현을 가능하게 하는 것이다. 마찬가지로 시장이 자생적 질서라는 믿음은 국가가 사적 개인들이 활동하는 조건으로서 시장을 창출하고 후원하는 정책을 촉진해야 한다는 것을 뜻한다.[15]

비인격적인 조정 메커니즘

두 체계는 모두 개별 주체성들을 조정하는 비인격적 메커니즘이며 사회적 노동에 형태를 부여한다. 벤담이 열렬히 권고하는 조정 메커니즘의 비인격적 측면은 그 메커니즘을 감시가 필요한 모든 상황에 파놉티콘의 원리를 일반화할 수 있다는 벤담의 생각으로부터 혁신이 생겨난다. 우리가 본 것처럼 하이에크의 시장에서 강조되는 것은 추상적인 행동 규칙이다. 이것이 사적 개인들을 결속시키기 때문에 그들은 공통

---

15. 예를 들어 "합리적 행동은 공정한 질서가 있는 세계에서만 가능하기" 때문에 "어떤 특정 목적이 선호되고 또 선호되지 않는지 예측할 수 없다고 하더라도 임의로 선택된 어떤 개인에게 가능한 효과적으로 그의 목적을 달성할 수 있는 기회가 아주 높은 조건들을 생산하려고 하는 것은 의심의 여지 없이 타당하다"(Hayek 1978 : 183). 하이에크의 세계에서 이 조건들의 생산은 국가의 시장 창출이다. 그러므로 자생적 질서의 구성이라는 시장의 역사는 자기충족적인 예언으로 바뀐다. 시장은 자생적으로 출현한다고 여겨지기 때문에 국가는 시장의 출현을 위한 조건들을 촉진해야 한다. 자생적 질서라는 명제가 그릇된 것으로 입증되더라도 어쨌든 이것은 시장의 창출로 이어질 것이다.

〈상자 1〉 시장과 파놉티시즘 : 중첩되는 두 질서들

1. 기원. '계획가'는 질서/메커니즘의 매개변수들의 설계에서 중요한 역할을 한다.

2. 비인격성과 효율성. 개별 주체성들을 조정하는 비인격적 메커니즘(계획)은 노동 추출의 극대화(벤담) 혹은 효율성의 극대화(하이에크)를 위해 기능한다.

3. 확장과 통합. 질서/메커니즘은 새로운 삶의 영역의 상품화 혹은 파놉티콘의 모듈적 속성(벤담)에 의해 사회적 장에 일반화될 수 있다.

4. 불완전한 지식. 힘[권력](벤담의 파놉티콘의 감시자 혹은 하이에크의 시장의 국가)은 개별 계획들에 대해 불완전한 지식을 갖고 있다고 인정된다.

5. 사회적이지 않은 사적인 개인들의 자유. 질서/메커니즘은 사적 개인들의 자유(주어진 메뉴)에 의존한다. 그에 따른 힘[권력]의 전략적 의도는 개별 자유의 의도되지 않은 결과의 흡수에 중점을 둔다.

6. '종획'의 역할. 개인의 감금은 개인 자유의 조건이다. 벤담에게 감금은 감방의 벽에 의해 만들어진다. 반면 하이에크의 경우 개인을 사적 개인으로 전환하는 소유권을 통해 만들어진다.

7. 훈육 질서. 조정 메커니즘(감시탑 혹은 경쟁)은 처벌이나 보상을 분배하며 개인에게 '보이지 않는다.' 벤담의 경우 이것은 감시탑 이면에 있는 힘이며, 하이에크의 경우 그것은 경쟁 과정의 창발적이며 진행 중인 강제다.

8. 물신주의와 신호 보내기. 두 메커니즘은 모두 실제 삶 활동에 대한 '어슴프레한 투영'을 통해 기능한다. 파놉티콘에서 이것은 빛 신호이며 경쟁 시장에서는 가격 신호다.

의 목적을 개발할 필요가 없다.[16] 비인격적 메커니즘으로서 시장은 개인들을 '알고 있는 동료의 필요'로부터 해방시키지만 그들이 노동을 하면서 사회적으로 협력할 수 있도록 한다. 이 비인격적 메커니즘의 '목적'에도 어떤 중요한 유사점이 있다. 벤담의 경우 우리는 노동의 추출과 이윤의 극대화라는 목적을 가진 메커니즘에 대해 분명하게 그리고 명시적으로 이야기한다("노동 추출 수단"을 다룬 편지 13과 개인의 자유를 다룬 그 아래의 논의를 보라). 시장질서의 최종 결과보다 그것의 과정, 기능 양식을 살펴본다면 우리는 하이에크에게서 동일한 집착을 파악할 수 있다.

하이에크의 경우 시장질서의 최종 결과(말하자면 특정한 소득 분배 또는 다른 어떤 특정한 사회경제적 상태의 "단편")는 "주어진 목적의 위계에 기여하는 조직된 단일 공동체에만 적절한 기준으로" 판단할 수 없다. 그러한 목적의 위계는 "무수히 많은 개별 경제 배열들로 구성된 복잡한 구조"와 무관하기 때문이다(Hayek 1978 : 183). "경제"라는 단어는 다양한 개별 목적들을 묘사하기에 실제로 적합하지 않다. 그것은 "누군가가 의도적으로 자원을 통일된 목적의 질서로 할당하는 조직 또는 배열"을 가리키기 때문이다. 대신 시장질서 혹은 시장 경제 catallaxy는 어떤 특정한 목적을 갖지 않는다. 그러나 이것이 만일 사실이라면 "〔그것이〕 어떤 의미에서 최대 혹은 최적을 생산한다고 우리가 주장할 때 우리가 의미하는 것은 무엇인가?" 시장질서가 목적을 갖는다고 이야기할 수 없다면,

그래도 그것은 어떤 개인이나 비교적 작은 개인들의 집단에 전체적으

---

16. 하이에크의 추상 개념에 대해서는 Gamble 1996 : 44~6을 보라.

로 알려지지 않은 수많은 상이한 개별 목적들의 성취에 크게 도움이 될지도 모른다. 실제로 합리적 행동은 공정한 질서가 있는 세계에서만 가능하다. 그러므로 ― 어떤 특정 목적이 선호되고 또 선호되지 않는지 예측할 수 없다고 하더라도 ― 임의의 어떤 개인이 가능한 한 효과적으로 그의 목적을 달성할 수 있는 기회가 아주 높을 조건들을 생산하려고 애쓰는 것은 의심의 여지 없이 타당하다(같은 책:183).

하이에크에게 시장의 교환학적 질서는 개인의 자유가 조직될 수 있는 최적의 조건이다. 이 발견 과정의 결과를 예측하는 것은 불가능하다. "우리가 사회social affairs를 질서화하는 이 기법을 선택함으로써 추구할 수 있는 유일한 공통의 목적은 저절로 형성될 질서의 일반적인 패턴 혹은 추상적인 성격이기" 때문이다(같은 책:184).

시장질서를 그것의 목적에 의해서 판단할 수 없다면 우리는 사회적 노동이 포획되는 부단한 과정을 고찰함으로써 그것의 원리에 대한 이해를 발전시킬 수 있다. 우리가 본 것처럼 이 과정은 신고전주의 경제학자들이 말하는 평형 상태에 결코 도달하지 않는다. 도달할 예정된 평형이 없기 때문이다. 정통 후생경제학에서 시장의 역할은 ― 완전한 정보가 주어지면 예정된 은폐 가격을 계산하는 ― "사회적 계산 장치"(Kirzner 1973)인 반면 하이에크에게 시장의 역할은 정보를 소통하는 발견 메커니즘으로서 실재를 창조하는 것이다.

시장이 '통일된 목적의 질서'를 갖는다고 말할 수 없다고 해도 그것은 인간의 사회적 상호작용을 위한 통일된 원리를 우선시한다. 끝없는 효율성 촉진, 끝없는 무제한적 '진보', 결코 끝나지 않을 무한경쟁, '언제나 벌어지는' 경쟁의 강제[가 그것이다]. 이것은 하이에크의 시장질서의 외적 '최종 생산물'이 아니라 그것의 존재 이유다.

체계의 확장가능성

또 다른 유사점은 두 메커니즘의 잠재적인 공간적 영역에 있다. 언뜻 보기에 벤담의 파놉티콘이 명확한 공간적 경계를 가진 닫힌 체계인 반면, 하이에크의 시장질서는 내적 한계 없이 사회적 장을 가로지르는 열린 체계라는 것은 사실이다. 그러나 벤담의 미시적인 힘[권력] 테크놀로지는 파놉티콘의 모듈적 속성을 통해 일반화될 수 있다. 이 속성으로 인해 일련의 감시탑들은 더 넓은 영역을 통제하기 위해 통합될 수 있다(Bentham 1787 : 18). 다른 한편 하이에크의 시장은 한 사회적 유기체의 재현이지만 개인들이 '알고 있는 동료의 필요'를 느끼지 않는 사적 개인들로 전환되는 한, 그 재현에서 나타나는 개인들의 상호작용 역학은 사회적 장의 어떤 영역에도 특수화될 수 있다. 지난 3세기 동안 사회적 삶의 많은 영역이 상품화된 것은 명확히 하이에크의 시장 원리가 확장된 것이다. 그러므로 두 체계가 처음 적용된 영역이 상이함에도 두 체계의 '수렴'을 상상하는 것은 가능하다.

권위가 개별 계획들에 대해 완벽하게 알지는 못함

벤담뿐 아니라 하이에크의 질서에서 개별 행동과 계획 들에 대한 힘[권력]의 지식은 완전하지 않으며 두 질서의 원리는 사적 개인들이 보유한 인간의 지식을 이용하는 것이다. 두 사례에서 지식과 암묵적인 계획들의 이 흡수는 체계의 효율성을 극대화하는 기반이다. 각각의 질서 내에서 자신의 불완전한 지식을 힘[권력]이 인정하는 것은 개별 행동들을 질서의 효율성으로 흘려보내는 기회가 되며, 그렇게 함으로써 ─ 그 질서에 내포된 힘 관계들의 구조를 감안하면 ─ 이윤을 촉진하는 기회가 된다.

사적 개인들의 자유

앞서의 논의로부터 두 질서 모두, 주어진 메뉴의 자유로운 선택으로 이해되는 사적 개인들의 자유에 의존한다는 결론이 도출된다. 이 것은 하이에크의 시장질서에서는 명백하지만 벤담의 경우에는 그렇게 즉각적이지 않다.

우리는 벤담이 감시자의 가족과 방문객의 자유 선택 및 의도를 어떻게 파놉티콘 체계의 감시 노동으로 흡수하려 했는지 논의했다. 가족 구성원들과 방문객들의 이 비임금 노동은 [자신들의] 의도로 인한 것이 아니며, 감시와 노동 추출이라는 목적을 위해 설계된 맥락 내에서 활동하는 자유로운 개인들이 행사하는 것이다.

편지 13은 "노동 추출 수단에 대하여"라는 제목을 달고 있다. 이 수단은 재소자들을, 선택을 행사하고 그에 따른 보상을 받는 조건 속에 집어넣는 것에 기초한다.[17] 하이에크의 경우와 마찬가지로 여기서 개인의 선택의 자유는 그 선택의 제약을 선택할 수 있는 집합적 자유와 연결되어 있지 않다. 이 선택은 노동 추출 수단이나 마찬가지다![18] 이 얼마나 효율적인 노동 추출 메커니즘인가!

나의 공장주가 자신의 노동자에게 행사하는 것과 동일한 것을 다른 공장주가 자신의 노동자에게 할 수 있을까? 노동자가 나태할 때 다른

---

17. "한 사람이 일을 하지 않겠다고 하면 아침부터 밤까지 그가 해야 하는 일은 없다. 그러나 그는 이야기할 상대도 없이 형편없는 빵과 물을 먹고 마셔야 한다. 그가 일을 하겠다고 하면 그의 시간이 소요된다. 그리고 그는 고기와 맥주 또는 자신의 벌이로 감당할 수 있는 건 무엇이든 먹는다. 그는 파업을 하지 않고 무언가를 얻는다. 이것은 다른 방법으로는 그가 얻을 수 없는 것이다"(Bentham 1787 : 67).

18. 영국 국립도서관에 있는 1787년 판 사본에는 "노동 추출 수단에 대하여"라는 이 편지의 제목 바로 위에 '특허청'의 도장이 찍혀 있다. 이 '지적재산권'의 역사를 밝히는 것은 흥미로운 일이 될 것이다.

곳으로 가게 내버려 두지 않고 거의 굶주리게 할 수 있는 주인이 또 있을까? 주인의 결정이 아니면 결코 노동자들이 술에 취할 수 없을 그런 주인이 있을까? 그리고 단결하여 자신들의 임금을 올리기는커녕 수당이 얼마나 적든 그것이 자신에게 허락된 최대의 이익이라고 여기면서 받아들이는 노동자가 있을까?(Bentham 1787 : 76)

하이에크에게 자유의 문제는 그의 연구의 핵심을 차지하며 그것은 도덕 이론보다는 정치학을 함축하고 있다(Gamble 1996 : 41). 자유의 개념은 그의 유산의 전략적 지평을 이룬다. 예를 들어 그는 [이렇게] 쓴다.

나의 목적은 상세한 정책 프로그램을 제시하는 것이 아니라 특정 척도가 자유 체제에 적합한가를 판단하는 기준을 서술하는 것이다…. 그런 프로그램은… 오늘날의 문제에 공통의 철학을 적용하는 것에서 나와야 한다(Hayek 1960 : 5).

여기서 하이에크의 전략적 지평이 명확하게 전개된다. 그의 자유의 철학은 하나의 무기로서, 판단을 내리고 구체적인 사례들을 측정하며 그 사례들이 자유주의적 용어로 이해된 '자유의 체제'를 따르는지 살피기 위해 그 사례들을 평가하는 척도로 기능한다. 요컨대 그것은 자유주의적 한계선이다. 이러한 의미에서 하이에크는 유연하고 융통성 있는 개념 격자를 제공하는 경제학자에 속하며 이러한 역할을 알고 있다. 이 개념 격자는 상이한 맥락과 시대의 자유주의 경제학자와 신자유주의 경제학자들이 실재와 환경과 역사적 맥락을 걸러 내고 정책을 통해 그들의 기본 원리를 이 실재에 적용시킬 수 있는 안경으로 나타난다.

이 거름막은 자유를, 사적 소유로 정의되는 개인들의 관계로 이해한다. 하이에크의 자유는 자신들의 상호작용 조건을 정의할 수 있는 사회적 개인들과는 아무런 관련이 없다. 자유는 부정의 방식으로, 그러니까 "다른 사람의 자의적 의지로부터 독립된" 상태로 정의된다(Hayek 1960 : 12). "더 큰 악을 피하기 위해 자신의 일관된 계획이 아니라 다른 사람의 목적에 봉사하도록 강제될"(같은 책 : 12) 때 자유는 개인에게서 달아난다. 이러한 의미에서 자유는 주어진 메뉴에서 자유롭게 선택하는 것이다. 여기서 중요한 것은 메뉴에 나열된 선택의 범위가 아니라 그 메뉴의 '주어진 성격'이다.

> '자유'는 오직 사람과 다른 사람의 관계를 말한다. 그것에 대한 유일한 침해는 사람들에 의한 강압이다. 이것은 특히 한 개인이 주어진 순간에 선택할 수 있는 물적 가능성의 범위는 자유와 관련이 없다는 뜻이다(같은 책 : 12).

하이에크에게 강압은 특정 개인이 다른 사람을 자신의 의지에 따르게 할 때 존재한다. 이러한 정의에 따르면 비인격적인 시장의 힘에 의해 그러한 일이 일어날 때 그것은 강압이 아니다. 그러나 메뉴의 '주어진 성격'은 강압의 한 형태다. 어떤 선택은 - 예를 들어 사회적 상호작용 규칙의 종류를 선택할 수 있는 자유, 추상적인 규칙이 아니라 상호인정이나 연대에 의한 통치를 선택할 수 있는 자유 같은 것은 - 고려되지 않는다는 사실은 사람들이 남아 있는 선택지를 선택하도록 강제하는 것이다. 이것을 간략하게 살펴보자.

하이에크에게는 재산의 소유를 비롯하여 다섯 가지 근본적인 자유가 있다. 이것은 "공동체의 구성원으로서의 법적 지위, 자의적인 억류로부터의 면제, 어떤 거래도 할 수 있는 권리, 자유 정부에 대한 권리, 재산 소유의 권리"다(Steele 1993 : 33). 갬블(Gamble 1996)과 다른 이들은 재산 소유로 표현된 자유는 부정적인 방식보다 긍정적인 방식으로 정의된다는 것에 주목했다.[19] 이것은 재산에 관한 한 자유의 부정적, 관계적 정의는 재산의 독점에서 생겨난다는 것을 뜻한다. 다시 말해서 제약은 생존 수단의 독점에서, 즉 그가 자주 언급하는 "사막의 봄"이 보여 주듯이 독점 사례에서 생겨난다(Hayek 1960 : 136).[20] 이러한 사례에서 강압은 생존 수단의 소유가 타인들에게서 생존 수단에 대한 접근권을 박탈하는 수준에 도달할 때 생겨난다.

하이에크와 벤담은 모두 주어진 매개변수나 규칙에서 비롯되는 의도치 않은 결과의 출현을 강조하는 것을 알 수 있다. 이것이 설계된 건축물에 내포되어 있든(벤담) (순진무구하게 믿은) 진화하는 질서의 산물이든(하이에크) 두 사람의 흥미를 끄는 지점은 그 결과로 발생한 유사 체계적인 조정 메커니즘이다. 유사 체계적인 조정은 개인들에게 그들이 활동하는 자유의 영역이 허용될 때에만 출현할 수 있다. 벤담뿐 아니라 하이에크에게 이 메커니즘은 개인의 자유 선택 체계에 뿌리를 두고 있다. 그러나 개인의 자유 선택에는 언제나 엄격하게 주어진 일군의 '제약들'이 딸려 있다. 벤담의 파놉티콘이라는 소우주에서 이 제약은 정교한 기획의 결과다. 하이에크의 시장이라는 유기적 체계에서 제약은 자연적으로 진화한 결과로 여겨진다. 그러나 두 사례 모두 개인적 자유는 체계가 최대한의 효율로 작동하고 '개별 계획들'을 사회적 효율성으로 전환하기 위한 주요 조건이다.

---

19. 갬블(Gamble 1996 : 42)은 수사적으로 [이렇게] 묻는다. "재산을 소유하고 획득할 기회가 통치자의 자의적인 결정이 아니라 소수 집단의 구성원들만 재산을 보유할 수 있게 하는 법에 의해 제한되는 사회에서 자유의 총계를 증가시키는 재산의 재분배를 옹호하는 것이 정당한가?"
20. Gamble 1996 : 42를 보라. Kuhathas 1989의 논의도 보라.

개인적 자유의 체계적 조건으로서 개인적 감금

또 다른 유사점은 두 사례 모두 감금이 개인들의 자유의 범위에 대한 전제된 기초라는 점이다. 파놉티콘의 개인들의 경우 감방의 벽은 감금을 만들어 내는 물리적 장벽이다. '안전한 감금'의 목적은 탈출을 막고 노동을 강제하는 것이다. 안전한 감금은 재소자들의 희망과 ― 재소자들이 경비원들을 제압할 수 있게 해줄 수도 있는 ― 위험한 "정신들의 제휴"를 꺾기 위해 그들을 서로 고립시킨다(Bentham 1787 : 32). 하이에크의 경우 장벽은 사회적이며 소유권의 형태로 구축된다. 그러나 두 사례 모두 이 장벽들의 존재 자체가 자연화된다.

조정 메커니즘은 개인에게 '보이지 않는'다

또 다른 유사점은 개별 특이성들에게 처벌과 보상을 분배하는 조정의 힘[권력]은 보이지 않는다는 개념이다. 두 사례 모두 개별 주체성들을 조정하는 자동 메커니즘이 존재하며, 두 사례 모두 개별 주체성들은 서로 직접 관계 맺는 것이 아니라 다른 사물의 매개를 통해 관계 맺는다. 파놉티콘의 경우 개인들을 매개하고 따라서 다수의 노동 분업을 조정하는 것은 감시자의 장치가 지닌 중앙 힘[권력]이다. 하이에크의 경우 매개 역할을 하는 것은 상대가격을 표현하는 화폐다.

'어슴프레한 투영'의 역할

마지막으로 이 두 가지 메커니즘은 현실 활동의 투영을 통제 및 조정 메커니즘에 입력하는 자료로 이용한다. 벤담의 파놉티콘에서 이것은 정교한 건축적 설계의 기계적 산물이다. 하이에크의 경우 가격이 동일한 역할을 한다. 물론 두 메커니즘 사이에는 중요한 차이가 있다. 하이에크에게 시장 가격 결정에 내포된 지식은 원리상 모든 개인이 사용할 수 있는 지식이다(Gray 1998 : 38). 반면 파놉티콘의 어슴프레한 투영이 산출하는 것은 그렇지 않다. 그러나 이 차이는 궁극적으로 '감시탑'이 두 체계에서 구성되는 방식의 차이다. 우리는 감시탑을 훈육 힘[권력]의 중심으로, 처벌과 보상을 분배하는 기구로 이해해야 한다. 벤담의 감시탑은 개별 주체성들 외부에 전제되고 정립되어 있는 물질적인 물리적 존재인 반면, 하이에크의 시장질서에서 훈육 힘[권력]의 중심은 개인의 경쟁적 상호작용에서 출현하는 속성[창발적 속성]이다. 벤담의 어슴프레한 투영에 내포된 지식이 감시탑의 감시자들에게 제공하는 것은 시장 가격이 시장에서 경쟁하는 행위자들에게 제공하는 것과 동일하다. [그것은] "체계적 혹은 전체론적 지식, 시장 체계의 어느 요소들에도 알려지지 않고 파악될 수 없는 지식, 그러나 체계 자체의 작용으로 그들 모두에게 주어지는 지식"이다(같은 곳).

15장

프랙털 파놉티콘과 편재하는 혁명

시장질서와 파놉티시즘

사회적 노동을 조정함에 있어서, 외관상 반대로 보이는 벤담과 하이에크의 체계들의 중첩은 현재 건설 중인 전 지구적 시장질서가 파놉티시즘의 속성으로 물들어 있다는 인식을 연다. 들뢰즈에 따르면 이것은 파놉티콘에서 생겨나는 추상적 공식으로서, 훈육 힘[권력]이 지닌 별개의 성격을 함의한다. 힘[권력]은 보이지 않으며 다중이 파편화되는 메커니즘을 통해 작동한다는 것이다. 파놉티시즘은 "더 이상 '보이지 않으면서 보는 것'이 아니라 특정한 다양체에 특정한 행동을 부과하는 것"이다(Deleuze 1998 [2003:61]). 그러나 행동이 자연화될 만큼 다양체가 이 행동에 빠져버리는 그런 방식으로 [이루어진다고] 덧붙일 수 있다. 그리고 행동이 자연화되면 그 이면의 힘[권력]은 보이지 않는다. 물고기는 바다를 볼 수 없다(McMurtry 1998).

파놉티시즘과 신자유주의적 지구화

파놉티시즘은 공간을 통해 활동과 신체를 배열함으로써 자본의 힘[권력]의 자동적 작용을 확립하고자 하는 원리다. 여기서 개인들은 자신들의 상호관계 규범을 명시하는 주체가 아니다 — 그들은 소통의 주체가 아니다. 전체에 대한 그들의 관계를 지배하는 규범은 미리 주어지며 메커니즘 속에 내포되어 있다 – 개인은 정보의 대상이다.

파놉티콘은 건축적 장치다. 즉 분류를 통해 다수를 통제하기 위한 공간의 배열이다. 신자유주의적 경제 지구화와 눈에 띄게 유사하다. 자본주의적 경제 지구화도 공간의 배열이다. 그것의 장벽은 오래된 그리고 새로운 소유권이며, 외국인 직접투자와 자본 그리고 상품의 흐름은 다른 것들(산업, 도시, 지역, 국가)과 경쟁하는 전 지구적 공장의 한 마디가 자신의 시민들의 모든 활동을, 대응하는 마디들의 그것과 비교해서 얼마나 효율적으로 조직했는지 알려 주는 정보 신호다. 사랑, 정동, 사회적 유대, 신뢰, 자연 같은 관계적 특징은 경쟁을 통해 사회적 자본, 인적 자본, 물적 자본, 금융 자본처럼 비교와 축적의 대상이 된다. 파놉티콘처럼 전 지구적 공장에도 이 정보가 수집되고 분석되는 중심이 있다. 우리가 12장에서 살펴본 것처럼 이 중심은 실제로 두 가지 유형이 있다. 전략적 중심과 매개변수 중심[이 그것이다]. 두 가지 모두 결국 복수의 중심들로 구성된다. 첫째, 하트와 네그리(Hardt and Negri 2000 [2001])에게 이 복수의 중심들 – 이것을 통해 주권은 제국에 절합된다 – 은 다양한 수준의 국가적·초국가적 정치권력들(중앙 정부들, IMF, 세계은행, WTO)로 이루어진다. 이것은 종획을 강제하고 새로운 영역에 시장을 도입하며 도시 재생이나 개발 프로젝트에서 재생산 혹은 생산 순환고리들을 결합함으로써 상충하는 가치 실천들을 절합하려 한다. 그러므로 생명정치적 결합 과정은 세계의 상이한 지역들의 유사한 결합들과 대결하게 되며, 결국 전 지구적 사회적 신체 내부의 생명정치적 경쟁으로 귀결된다. 우리가 본 것처럼 이 계속되는 경쟁은 실제로 일어나고 있든 위협에 처해 있든 사회적으로 필요한 노동시간의 형성 과정을 구성한다. 이것이 시장에 의해 화폐 조건으로 번역되면 그것은 결국 매개변수 중심을 구성한다. 공동 생산하는 특이성들은 이것을 중심으로 전 지구적인 무한경쟁 내에서 자신의 행동을 정의하기 위한 참조 조건을 구축한다.

푸코는 파놉티콘이 경이로운 기계라고 말한다. 그것은 일반화될 수 있는 기능 모델이며, 사람들의 일상생활에서 권력 관계를 정의하는 방식이다. "그것은 아주 다양한 욕망으로부터 균질한 권력 효과를 생산한다"(Foucault 1977 : 220 [2003 : 313]). 전 지구적 시장은 이 파놉티콘의 약속을 실현할 수 있다. 시장은 모든 것의 상품화를 통해 모든 것이 동일한 훈육을, 동일한 보상과 처벌의 체계를 통과하게 한다. 이러한 방식으로 근대성과 탈근대성은 서로를 보완한다. 전자의 거대서사(시장 규범)가 후자가 촉진하는 "다양성"(상품으로 전환되는, 계속 팽창하는 삶 실천들의 우주)을 통해 강화되는 것처럼 말이다.[1]

권력의 이 균질화 효과를 [수행하는] 이 일반화될 수 있는 기능 모델은 시장 규범 원리의 내면화를 통해 획득되는 행위의 자동성의 촉진을 수반한다. 이 내면화는 결국 큰 사회 기계의 다양한 주변부로 ─ 여기서는 주어진 예산 제한에 따라 선택하는 권력으로 이해되는 ─ '권력을 전개하는' 길을 연다. 노동의 사회화 메커니즘이 지닌 훈육적 성격이 커질수록 생산과 재생산의 결합들 간의 생명정치적 경쟁은 더욱 만연한다. 생산과 재생산의 사회적 노동을 구성하는 사회적 상호작용의 망이 시장의 행위 규범에 의해 결합될수록, 권력은 더 보이지 않게 되고 전 지구적 기계 내의 개별 마디들에게 양도될 수 있는 자유는 커진다. 여기서 자유란 사례에 대한 개별 선택을 뜻하지만 그들의 상호작용을

---

1. 근대성과 탈근대성의 이 대립은 물론 상품 형태에, 구체적으로 말하면 가치의 일반적인 형태에 내포되어 있다(Marx 1976a [2008]).

규제하는 규범에 대한 정의를 뜻하지는 않는다.

삶의 모든 영역에 대한 시장 원리의 침투는 사회적 파편화, 즉 사회적 직조fabric의 소멸의 위험을 가져온다. 개인의 상호작용이 점점 시장 규범과 조화를 이루게 되면, 모든 것이 상품화됨에 따라 시장이 모든 곳에 존재하게 되면, 호혜, 신뢰, 정직함, 충의, '사회적 안정' 같은 가치 실천들은 아무리 문화적으로 그리고 맥락적으로 정의된다 해도 점점 사라진다. 그러므로 시장은 사회적 협력을 향상시키기 위해 자신이 가장 의지해야 하는 그 직조를 파괴한다. 이러한 시점에서 다양한 경제 행위자들의 협력을 위한 결속력으로 작동하는 "사회적 자본"(Fukuyama 1995)이라는 문제계가 등장한다. 사회적 자본은 "집합적 이익을 촉진하기 위한 협력적 시도에 기꺼이 참여하려는 순수한 마음"(Dunning 2000 : 477)에 기반을 두는 가치에 대한 완곡어법이다. 그러나 그것은 자본의 한 형태로서 모호한 측면을 지닌다. 우리가 자본주의적 시장에 의해 재생산되는 가치 실천들에 도전할 수도 있는 가치 실천들을 통해 사회 결속을 재구축하거나, 사회적 자본의 개념이 경쟁적 전투에 참여하려는 목적을 가지고 사회 결속을 일반적으로 지적 자본 및 노동을 동원하는 도구로만 바라보기 때문이다. 후자의 경우 사회적 자본은 "사회 경쟁력"[2] 강화라는 목적, 즉 다른 누군가의 '협력적 시도'와 사회 결속의 위협이라는 목적을 위해 대립을 피하고 좀 더 협력하는 사회적 태도를 가리킬 뿐이다. 이 모순적인 의미에서 '사회적

---

2. 한 정식화에 따르면 경쟁 사회는 "한편에서의 부 창출과 다른 한편에서의 사회 결속 간의 동적 균형에 이른 사회"다. "경쟁 사회는 기반시설부터 교육까지 경쟁력의 모든 양상을 식별하고 적극적으로 관리하는 사회다"(Prokopenko 1998 : 3). 이 사회의 요구 사항을 충족시키지 못한 비용(위협적인 처벌)은 임금 약화이며 "생존"의 조건은 전체 사회의 관리와 동일시된다. 정부 정책은 여기서 중요한 역할을 한다. "사회적 자본"에 대한 투자는 이 전략에서 무엇보다 중요하다.

자본'이라는 수사는 자본을 위한 진부한 변명에 지나지 않는다.

전 지구적인 경쟁적 투쟁이 한 국가가 자신의 국경 안에 얼마나 많은 자본을 유치하고 유지할 수 있는가의 측면에서 부분적으로 일어남에 따라 — 산업 경쟁력이나 분야 경쟁력이 아니라 — 사회 경쟁력이 점점 전략적 중요성을 획득한다. 세계경제포럼의 연례 〈세계경쟁력보고서〉(www.weforum.org)는 외국인 직접투자 유치에 도움이 되는 공공 정책의 핵심 영역을 제시한다. 제도 효율성 개선이나 교육 및 인프라 투자가 그 사례이며, 금융 훈육과 공공 지출 절제라는 전통적인 방안도 물론 함께 제시한다.

유연한 노동 시장의 맥락에서 '교육'과 지속적인 훈련에 대한 강조는 기러기식 성장 모델에 의해 포획된 그리고 훈육 장치로서의 무역에 내포된 끊임없는 재구조화 과정을 유지할 능력과 의지, 이 양자를 갖춘 노동력을 양성하려는 시도다. 칼레츠키(Kalecki 1943)가 완전고용에서 나타난다고 보았던 정치적 문제는 이런 식으로 불식된다. 물가안정을 목표로 하는 통화 정책과 결합한 현대 노동 관행의 유동성과 '유연한' 노동 시장으로 인해 완전고용에 근접한 상황에서도 국민경제(전 지구적 공장의 한 마디)의 인플레이션은 발생하지 않을 것이다.

신규 고속도로든 댐, 고속철도, 공항의 형태든 지구 전역에서 기반시설의 끊임없는 개선과 확장을 향한 충동은 대부분 새로운 종획 패턴과 그것에 반대하는 투쟁과 결부되어 있다. 그리고 그 충동은 사회적 생산성의 관리와 자본주의적 생산관계의 심화라는 맥락에서 독해되어야 한다. 궁극적으로 이러한 기반시설 프로젝트는 시장 주도 개발이 필연적으로 수반하는 환경 및 사회적 비용에 따른 갈등을 관리하고 저항을 극복하는 것에 달려 있다. 일반적으로 이 비용은 또다시 비임금 재생산 노동이 지불한다.

유사한 전 지구적 상품 사슬을 가진 비슷한 산업과 서비스 사이에서 경쟁이 일어나면서 이 상품 사슬들의 마디들은 (사회적으로 경제적으로 그리고 생태적으로 정의된) 인근 영토를 공장의 일부로 포섭하고 있다. 생산 및 재생산 노동은 이 마디들 내에서 그리고 마디들을 가로지르며 통합되고, 생산 및 유통 시간을 가속화하기 위해 기반시설이 필요하게 되며, '환경'은 이 마디들에서 경쟁 관리에 종속되는 자원으로 전환된다. 이러한 방식으로 — 본래 자본의 성장에 대한 하나의 대안으로 표현되는 — '지속가능한 개발'조차 자본 자신의 지속가능성을 위한 패러다임이 된다. 그뿐 아니라 전 지구적 상품 사슬들 내의 이 마디들이 자신의 경쟁력을 개발하고 종획이 수백만 인구의 생계를 위협함에 따라, 동일한 마디들이 국제 경쟁력을 강화하기 위해 '세심한' 관리와 규제가 요구되는 이주 노동자를 끌어들인다(Mittelman 2000).

프랙털 파놉티콘

만일 벤담을 따라 파놉티시즘을 '보이지 않으면서 보는' 원리에 의존하고, 실제 주체와 활동 들을 자료로, 즉 실제 주체들의 어슴프레한 투영으로 전환하는 정보 흐름에 의해 가능하게 되는 힘[권력]의 양상으로 간주한다면, 우리는 모듈화의 속성을 지닌 이 파놉티시즘의 원리와 사적 개인들의 행동을 조정하는 메커니즘으로서의 시장이라는 하이에크의 정의를 결합하여, 신자유주의적 기획의 원리를 상관적인 가상 '감시 시설들'로 이루어진 체계 구축을 목표로 하는 원리라고 이해할 수 있다. 우리는 그 체계를 '프랙털 파놉티콘'이라고 부를 수 있다.

사회적 행동의 규모로 정의되는, 통제와 저항의 상관성의 개별 집합인 각각의 파놉티콘은 결국 일련의 특이성들 내부의 한 특이성이다. 이 특이성들은 그들의 행동이 그들 외부에 있는 '감시탑'을 구성하는 방식으로 서로 관계를 맺으며, 따라서 더 큰 파놉티콘을, 잠재적으로 무한한 연쇄를 이루면서 형성한다. 〈그림 10〉에서 각각의 특이성(한 개인 또는 개인들의 집합, 예를 들어 사회적 공동생산의 조직적 위계에 따라 '기업', 분야, 도시, 국가, [세계] 지역 등)은 '감시탑'과 관계를 맺는다. 이 감시탑은 시장의 양상에 따라, 혹은 많은 공공 서비스에서와 같이 시장들, 시장을 모의한 것들의 양상에 따라 파악하고 분류하며 행동하고 처벌하며 보상한다. 이 '감시탑들'은 보이지 않는다. 그러나 그것의 효과는 감지할 수 있으며 이전 장들에서 기술한 경쟁 과정을 통해 출현한다. 어떤 규모의 사회적 행동에서도 각각의 특이성은 훈육 메커니즘을 통해 다른 특이성들과 관계를 맺는다. 이렇게 함으로써 그것은 자신을 더 크고 더 만연하는 훈육 메커니즘의 한 마디로 구성한다. 개인들의 집합들은 유연한 노동 시장에서 서로 경쟁한다. (그 경쟁하는 개인들로 이루어진) 기업들의 집합들은 산업 부문 내에서 서로 경쟁한다. (그 기업들, 부문들, 개인들로 이루어진) 도시들/국가들의 집합들은 [세계] 지역3 내에서 서로 경쟁한다. [세계] 지역들의 집합들은 지구 전역에서 서로 경쟁한다.

전 지구적 시장의 파놉티콘은 사회적 집적의 각 수준이나 각각의 마디 혹은 특이성이 다른 수준들과 '자기유사'self-similar하다는 점에서 '프랙털'이다. 프랙털의 기하학 이론에서 자기유사성이라는 속성은 프랙털 도형의 모든 특징이 상이한 규모에서 동일한 비율로, 즉 축소되거나 확대된 그림으로 재생산되는 것을 말한다. 이러한 방식으로 경쟁의 훈육 과정은 사회적으로 만연하게 되고 아직 시장이 조직하지 않은 지역과 접촉한다.

---

3. [옮긴이] 〈그림 3〉 참조.

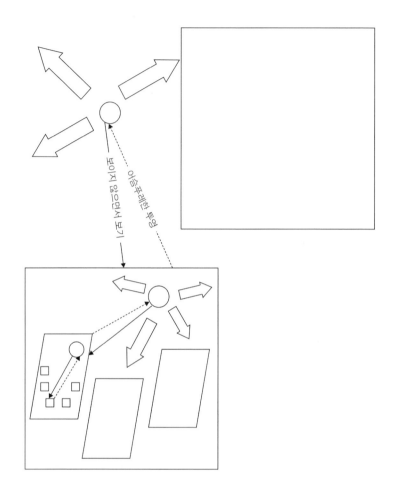

<그림 10> 프랙털 파놉티콘

　신자유주의 시대의 이 프랙털 파놉티콘의 감시탑은 분산되어 있기 때문에 역시 보이지 않으며 만연한 시장 같은 상호작용들로 구성된다. 그러나 그것의 효과는 감지할 수 있고 앞 장들에서 기술한 경쟁의 훈육 과정을 통해 작동한다. 이러한 의미에서 감시탑은 경쟁 시장들의 창발적 속성이다. 여기서 하이에크의 '언제나 일어나는 경쟁'은 벤담의

감시탑의 체계적 강제 기능을 내포한다.

벤담의 파놉티콘과 같이 프랙털 파놉티콘 계획가의 역할은 메커니즘을 설계하는 것이라는 점을 지적해야 한다. 그런 다음 이 메커니즘은 감시자와 감시받는 자 사이의 내적 힘 논리로부터 작동하도록 맡겨진다. 따라서 신자유주의 정책은 종획의 영역과 경쟁적인 상호작용을 확장하고 보호함으로써 사적 개인들이 상호 작용하는 조건들을 정의하기 위한 시도라고 볼 수 있다.

사회적 생산 집계의 각 '규모'(개인, '기업', 도시, 지구, 국가, 대규모 지역 또는 자유무역지대)는 각각의 '나머지 세계'와 맞서는 하나의 마디로 전환하라는 강한 압력에 직면한다. 개인 대 다른 개인들, 기업 대 다른 기업들, 도시 대 다른 도시들, 국가 대 다른 국가들, 자유무역지대 대 다른 자유무역지대들. 경쟁적인 경주에 참여한다는 의미에서 각각의 사회적 마디, 생산 순환고리와 재생산 순환고리 들이 결합한 각각의 장은 다른 것들과 자기유사한 것으로 나타난다. 이 규모 각각에서 혹은 집적의 각 수준에서 각각의 마디는 제한된 자원(예산의 제약)에 대처해야 하고, 자신의 '나머지 세계'와 마주하여 경쟁적 충동의 규칙을 따라야 한다. 결핍은 사회적 유기체가 구조화되는 방식에 고질적인 것이다. 이 제한된 자원들은 물론 소유권에 대한 정의를 전제로 하며 벤담의 안전 감금과 기능 면에서 유사한 종획 전략을 나타낸다. 신자유주의 정책의 목적은 경쟁 게임에 굴복하지 않는 사회적 공동생산 형태들을 제한하고 가로막는 것이다.

프랙털 파놉티콘의 주요 속성들 중 일부는 아래의 항들로 논의할 수 있다.

1. 권력의 작동 양식 : 보이지 않으면서 보기

2. ‘어슴프레한 투영’으로 재현되는 실제 인간 활동

3. ‘내부’와 ‘외부’의 맥락상 관계

4. 개인의 자유와 사회적으로 구축된 감방

5. ‘감시탑’의 침투성

6. 통제 메커니즘과 훈육 메커니즘의 절합

1. 보이지 않으면서 보기

각각의 특이성과 감시탑의 관계는 ‘보이지 않으면서 보기’라는 원리로 구성된다. 벤담에게 이것은 “감시자의 실제 존재를 극대화시켜 … 감시자가 편재하는 것처럼 보이게” 해준다(Bentham 1787 : 25). 감시자가 편재하는 것처럼 보이는 이유는 특이성이 그 감시자가 편재한다고 ‘여기는’ 상상 행위 때문이다. 편재에 대한 두려움은 파놉티콘의 통제 메커니즘이 지닌 지도력이다. 다른 한편 두려움은 본보기 행동으로 양성될 필요가 있다. 따라서 권력은 자신의 실제 존재의 극대화된 기능을 보여주어야 한다. 노동시장의 유연화 및 권리 삭감과 결합된 경쟁 과정은 위협이 만연해 있다는 생각의 형성과 두려움의 현실화에 기여한다.

2. 어슴프레한 투영(‘데이터’)으로 재현되는 실제 인간 활동

권력은 감시 능력을 갖고 있을 때 행동 능력을 갖는다. 어슴프레한 투영은 ‘감시탑’이 활용할 수 있는 정보 흐름을 재현한다. 벤담의 파놉티콘에서 감시탑에 있는 감시자는 주체들의 실재에 대한 정확하고 포괄적인 지식이 아니라 권력을 행사하기에 충분한 지식을 갖고 있다. 어슴프레한 투영은 삶 활동에 대한 편집된 정보이며, 그 정보를 형성하는 그와 같은 선별은 통제 메커니즘에 충분하다.

어슴프레한 투영은 많은 형태를 띨 수 있다. 벤담의 파놉티콘에서 그 형태는 중국의 그림자극과 같이 건물 중앙의 감시탑에서 보면 외부 광원에 의해 투영된 인간 형상의 형태를 띤다. 현대 자본주의에서 그것은 하이에크에서와 같이 가격 형태를 띤다. 이것이 가능하지 않을 때는 보건과 교육 같은 분야에서 작동하는 제도가 점점 채택하도록 요구받는 다양한 종류의 성과 지표 형태를 띤다. 가격 및 다른 성과 지표들은 그러한 편집된 정보를 내포하며 이로 인해 단일 파놉티콘 외부에 위치한 '행위자'agent는 비교하고 통제하고 행동할 수 있으며 따라서 판단을 내리고 동시에 가상의 편재하는 감시자처럼 행동한다. 그림자와 마찬가지로 가격 및 다른 성과 지표들의 가시성은 전적으로 실제 주체에 달려 있으며 그것들의 삶 경험은 숨겨져 있다. 실제 삶 활동에 대한 편집된 정보만 제공하기 때문이다. 가격 밖에 남겨진 것은 살아 있는 피와 살의 노동 경험이다. 가격과 성과 지표 들은 실제 삶에 침투하여 활동 중인 시뮬라크라이다. 그리고 하나의 파놉티콘과 또 다른 파놉티콘 사이의 접점을 재현한다. '가시성'의, 재현의, '열림'의 도구로서 그것들은 특이성 내부의 삶 활동을 외부의 훈육력에 투영한다. 이 훈육의 효과는 행위자들doers의 활동으로 되돌아가서 그들의 노동 리듬을 조형하며 무한경쟁의 압력을 유지해가는 것이다. 18세기 말 벤담(Bentham 1787 : 40)도 파놉티콘에서 '열린 통치'의 장점을 깨닫고 장부의 공개를 요구했다. 만일 다른 관리자가 재소자에게서 노동을 추출하는 좀 더 효율적인 방식을 꾀할 수 있다면 파놉티콘은 [그에게] 인계될 것이었다.

3. '내부'와 '외부'의 맥락상 관계

외부에 있는 '감시탑'과 비교하여 ─ 노동시장, 학교, 작업장, 지역 등에서 개인들 간의 ─ 경쟁 메커니즘은 각 특이성 내부에서 훈육 및 통제 메커니즘과 공존한다. 따라서 각 특이성은 상호 관련된 '감시탑들'의 집합과 비교하여 체계의 일부이며, 그와 동시에 '감시탑', 즉 그 특이성에 특유한 내적 훈육 메커니즘을 포함하는 특이성이다. 외적 또는 내적 '감시탑들'이 구체적인 사례에서 두드러지는 정도는 맥락에 따른 경험적인 문제다.

4. 개인의 자유

벤담의 파놉티콘의 자유와 달리 프랙털 파놉티콘에서 개인의 자유는 원리상 ('빵과 물'과 대조적인 보상에 상응하는) 노동과 비노동 사이가 아니라 다양한 임금 및 비임금 직업들 사이의 선택에 국한된다. 그러나 여기서 모든 것은 노동으로 전환되는 경향이 있는데 그것은 모든 것이 프랙털 파놉티콘의 전체 메커니즘 내에서 규제되고, 외부에서 부과된 자본주의적 측정을 계속 겪기 때문이다. 벤담의 파놉티콘에서 감시받는 개인들도 그들의 특정한 감금 장소를 떠날 선택권을 갖고 있는 것 같지만 정문에서 걸어 나가자마자 또 다른 파놉티콘에 들어선다. 이러한 맥락에서 우리는 유연성이라는 수사와 그에 상응하는 ― 학생들에게 시장의 요구에 대처하는 법을 가르치는 것을 목적으로 삼는 ― 교육 재구조화를 연구해야 한다. 물론 우리가 살펴본 것처럼 여기서 개인의 자유는 하나의 맥락에서 출현한다. 프랙털 파놉티콘에서 장벽은 사회적이며 소유권과 권리 그리고 종획의 지속적인 성격에 의해 주어진다.

5. '감시탑'의 침투성

프랙털 파놉티콘의 가장 은밀한 측면은 '감시탑'의 물질적 현존이 비물질성처럼 보이는 것과 결합되어 있다는 점이다. 우리가 그 단어를 주의환기용 인용부호 속에 넣은 것은 이러한 이유 때문이다. 이것은 시장의 속임수다. 일단 우리가 종획 과정으로서의 소유권의 계보와 보전을 망각한다면, 사회적 장들의 상이한 마디들 내에서 그리고 그 사이에서 경쟁적인 상호작용이라는 맥락을 끊임없이 창출하는 계보를 망각한다면, 그와 동시에 프랙털 파놉티콘의 틀에 참여하는 모든 '행위자들'은 '감시 대상'일 뿐 아니라 벤담이 '감시자의 힘'이라고 불렀던 것을 구성하는 요소들이다. 벤담의 파놉티콘에서 이것은 감시자의 경우 사실이다. 감시자들은 결국 구역에 찾아온 방문객들의 감시를 받게 된다. 그러나 더 낮은 지위의 감시받는 자도 경쟁 과정에 적극 참여함으로써 감시력을 구성하는 것은 오직 프랙털 파놉티콘에서뿐이다.

이러한 이유 때문에 노동 부과 메커니즘인 자본의 프랙털 파놉티콘으로부터의 급진적 해방 과정은 '감시탑'의 극복에만 있을 수 없다. 벤담의 파놉티콘에서와 같이 이것[프랙털 파놉티콘]은 감시받는 자의 행동과 무관하게 구성되지 않기 때문이다. 감시받는 자가 감시 체계와 그것이 가져오는 끝없는 결핍의 생산을 넘어서길 원한다면 자신을 감시력의 일부로 인식해야 하고 새로운 공통장과 새로운 공동생산 형태를 상정해야 한다.

6. 통제 메커니즘과 훈육 메커니즘의 절합

푸코(Foucault 1977 [2003])는 훈육 메커니즘에 내포된 처벌-보상의 양극단이 윤리의 공장이라고 지적했다. 보다 최근에는 여러 저자들이 1960년대와 1970년대 공장, 가정, 학교, 농촌에서 일어난 투쟁으로 훈육 제도들이 위기에 빠짐에 따라 자본은 훈육을 탈영토화하고 훈육 사회를 통제 사회로 전환함으로써 이 욕망의 탈주를 재포획해야 했다고 주장해 왔다(Deleuze 1990 [1993]; Hardt and Negri 2000 [2001]). 훈육 사회에서 개인 주체성들이 일련의 분리된 감금 제도들과 마주했다면, 통제 사회의 흡수 메커니즘은 제도들 사이의 구별이 흐려지면서 연속적인 기반 위에서 전개된다.

가정, 학교, 군대, 공장은 더 이상 하나의 소유주 ― 국가 혹은 사적 권력 ― 로 수렴되는 별개의 유사한 공간들이 아니라 ― 변형될 수 있고 변환될 수 있는 ― 코드화된 형상들이다…예술조차 은행의 열린 회로로 진입하기 위해 종획의 공간을 떠났다. 시장의 정복은 더 이상 훈육이 아니라 통제를 움켜쥐는 것으로 이루어진다. 비용 절감보다는 환율을 고정함으로써 훨씬 더, 생산의 전문화보다는 [오히려] 생산물의 변형에 의해서 이루어진다…마케팅은 기업의 중심, 즉 '영혼'이 되었다…시장의 작동은 이제 사회 통제의 도구이며 뻔뻔스러운 주인 종족을 형성한다…인간은 이제 종획된 인간이 아니라 빚진 인간이다(Deleuze 1990 : 181 [1993 : 203]).

그러나 물론 부채는 그와 동시에 종획의 형태다. 물리적 감금의 측면에서가 아니라 사회적 부로부터의 분리라는 의미에서, 활동을 추상 노동으로, 그에 따라 축적으로 전환하는 물질적 힘으로서 작동하는 분리라는 본래적인 의미에서 그렇다. 매한가지로 화폐 경제 정책의 도구는 화폐 흐름을 통제하려고 할 뿐 아니라 사회적 장 위에 생산 비용을 재직조하려고 하며, 따라서 훈육력으로 작동한다. 전 지구적인 프랙털 파놉티콘에서 전 지구적인 생산 사슬의 연속적인 재직조는 주체성들의 흐름을 지휘하려는 시도일 뿐 아니라 고전적인 축적 매개변수를 따라 그들을 훈육하고 그들의 투쟁에 맞서 작동하려는 시도이다.

다시 말해서 우리가 9장에서 이미 논의했듯이 훈육과 통제는 말끔하게 구별되지 않는다. 반대로 그것들은 상호보완적이며 자본주의적 생산양식의 역사에서 늘 그래왔다. 이 역사 내에서 변하는 것은 그 것들이 절합하는 형태다. 우리가 본 것처럼 사이버네틱스에서 모든 통제 메커니즘은 주어진 매개변수에 기초한다. 즉 규범이나 또는 사회적인 의미에서 '윤리', '가치', 정상[규범]화된 작동 양식에 기초한다. 물론이 매개변수들이 설정되는 방식에는 차이가 있다. 외부에서 설정되거나 아니면 '학습 체계'에서와 같이 통제 메커니즘 내부에서 설정된다 (Skyttner 1996). 프랙털 파놉티콘 내에서 이상적인 것은 맥락적 매개변수들만이 별개의 정책들, 즉 자유화 정책과 새로운 종획으로 설정되는 것이다. 그런 다음 '법과 질서'의 집행에 힘입어 경쟁 시장 메커니즘이 이 매개변수들에 의해 자리를 잡고, 훈육적 방식으로 투쟁에서 출현하는 균열들을 정상화해야 한다.

파놉티시즘을 넘어서

그러나 벤담은 더 깊은 통찰을 준다. 그의 파놉티콘은 안전한 구류의 장소, 즉 탈출을 막는 안전한 감금의 장소이며 노동의 장소다 (Bentham 1787 : 31). 안전한 감금은 수감자들이 서로 고립되어 있고 그들 사이의 소통이 막혀 있다는 사실에서 기인한다. 우리가 본 것처럼 권력의 소통 통제라는 벤담의 전략적 선택에는 두 가지 연관된 이유가 있다. 이것은 수감자들이 자신의 조건에서 탈출하려는 희망을 좌절시킬 수 있는 능력이며, 위험한 "정신들의 제휴"를 피하려는 권력의 시도다.[4] 신자유주의적 프랙털 파놉티콘의 조건에서 우리 시대의

---

4. "경비를 제압하려면 사람들의 단결과 정신들의 제휴가 필요하다. 그러나 [감옥에] 들어선 이후 누구도 보지 못할 텐데 사람들 사이에서 어떤 단결이나 제휴가 있을 수 있을까? 담장 아래에 땅굴을 파고 철봉을 뜯어내리면 보통 협조가 필요하고 상당한 시간

유일사상이 야기한 희망의 감소는, 조정 메커니즘으로서의 경쟁에 의문을 던지고 대신 새로운 소통 형태와 "정신들의 제휴"를 탐구하기 시작한 새로운 대안지구화 운동으로부터 첫 번째 타격을 받은 것 같다. 정치적 쟁점과 주체성들 사이에 다리를 놓으면서 여성, 불안정 노동자, 노동, 환경론자, 농부, 원주민 그리고 기타 운동들은 하이에크의 시장 질서와 벤담의 파놉티콘의 조합이 고취한 것을 넘어서는 생산 및 재생산에 대한 새로운 방식의 사회적 조정을 탐구하고 생각하는 문제에 점점 직면한다. 그러나 그렇게 하기 위해서 이 운동들은 다른 무엇보다 가장 큰 도전에 직면할 것이다. 이것은 자유의 실천을 스스로 재정의하는 것이며, 이는 주어진 메뉴에서 자유롭게 선택하는 예산 제약과 더불어 사람들을 이기적인 개인들로만 바라보는 것과 단절하는 것이다. 역사의 시작은 자신의 사회성을 인식하는 사회적 개인들이 자유를 행사하고, 대안적인 가치 실천들을 통해 사회적 힘들을 재절합함으로써 자본의 가치 실천에 자신의 삶이 종속되는 것을 거부하는 모든 순간에 존재한다. 프랙털 파놉티콘 내에서 혁명은 편재한다. 이것은 혁명이 공통 감각의 특징을 띤다고 말하는 또 다른 방식이다. '정신들의 제휴'는 '신체들의 제휴'와 뭉쳐야 할 것이다. 이것은 투쟁하는 상이한 특이성들이 자본과는 다른 것이 되고 공동 생산하는 공통장이 됨

동안 방해받지 않아야 한다. 그러나 그 일을 시작하는 것조차 눈에 띄지 않게 할 수 있다는 웬만한 전망도 없는 상태에서 누가 몇 날 며칠이 걸리는 일을 시작하려고 하겠는가?"(Bentham 1787 : 32). 편지 8에서 벤담은 이 감금이 "처벌, 교정, 금전적인 경제라는 공동의 목적에" 어떻게 적용가능한지의 문제를 다룬다. 독거가 교정에 도움이 되는지가 논란의 여지가 있을 수 있기 때문이다. 그러나 "우리의 재소자들의 조건에서 … 당신은 혼자 있을 때보다도 혼자가 아닌(nunquam minus solus quam cum solus) 학생의 패러독스가 새로운 방식으로 실현되는 것을 볼 수 있을 것이다. 간수에게 그들은 하나의 무리는 아니지만 다수(multitude)이며, 그들 자신에게는 홀로 있는 고립된 개인들이다"(Bentham 1787 : 35).

으로써 구체적인 분할을 극복해야 할 것이라고 말하는 또 다른 방식이다. 어떻게? 글쎄, 그것은 투쟁에 참가한 사람들만이 제기할 수 있는 정치-소통적 질문이다. 다음 두 장에서 나는 몇 가지 일반적인 성찰만 내놓을 수 있을 뿐이다.

4부

'물으면서 걷기' : 탈구의 문제

역사의 시작

이 책은 우리가 자본주의라고 부르는 사회적 관계들의 체계를 탈
구축하는 사고에 양분을 제공했을지도, 어쩌면 자본의 힘[권력]이 무엇
에 입각하고 있는지를 명확하게 밝히는 데 기여했을지도 모른다. 내가
이 체계 내부의 파열을 지적했던 표현 양식뿐 아니라 논의 내용에서도
그것이 명확했기를 바란다. 그렇지만 ─ 우리가 보았듯이 자본주의가 사회
적 공동 생산의 하위체계에 불과하다고 해도, 우리가 기술했듯이 유사 체계적
방식이 균열과 파열과 투쟁으로 가득 차 있다고 해도 ─ 우리가 유사 체계적
방식으로 사태에 접근할 때마다 우리는 항상 절망과 자포자기에 여지
를 줄 위험을 무릅쓴다. 체계가 아주 강력하고 투쟁에 대항할 수 있어
서 그 투쟁을 자신의 변증법에 통합할 때, 우리란 결국 누구인가?

이 장과 다음 장에서 나는 이 질문을 다루고 문제화하려고 한다.
그러나 물론 '역사의 시작'을 (많은 전통 맑스주의자들이 그랬듯이) 체
계의 내적 모순으로 인한, '진보'를 향한 우리의 행진의 필연적인 운명
으로 묘사하거나, 아니면 (자율주의적 맑스주의의 네그리 버전이 그렇
듯이) 우리의 노동의 비물질성에서 출현하는 이미 주어진 현실로 묘사
하는 식으로 이 책의 제목을 사용할 수도 있었고 그렇게 논의를 진행

할 수도 있었다는 점을 유념할 필요가 있다. 우리는 그 대신 중간 지대를 선택했다. 이것은 전쟁과 평화, 자본주의와 코뮤니즘, 종획과 공통장, 무한경쟁과 공동체, 자본의 척도와 수평적인 관계적 과정에서 출현하는 척도, 화폐 축적 및 사회적 신체의 파편화에 맞춰진 가치 실천과 삶·양육·공생공락의 즐거움에 맞춰진 가치 실천의 동시적 현존을 인식하는 지대다. '역사의 시작'에 대한 우리의 이해는 이 접합점에 위치한다. 그곳에는 충돌, 갈등이 있으며 이것이 경험되는 형태와 정도는 임금 위계와 배경 내의 위치성에 의해 분명히 영향을 받는다. 그럼에도 그것은 일반적인 갈등이다.

우리가 체계 속에서 살고 있다는, 더 잘 표현하자면 우리의 삶과 살림살이 들이 체계적 세력을 통해 절합된다는 인식 때문에 절망에 빠질 필요는 없다. 이 세력들에 대한 앎은 우리를 더 약하게 만들지 않는다. 반대로 그것은 우리를 더 강하게 만든다. 그 체계가 생존하기 위해 해야만 하는 것을 보여줌으로써 체계의 아킬레스건을 노출하기 때문이다. 그 체계는 종획을 촉진해야만 하고 임금 생산자뿐 아니라 비임금 생산자 들을 서로 대결시켜야만 하며 그에 따라 풍부함의 외관을 창출하지만 대신 결핍을 재생산한다. 우리는 또한 사회적 신체 내의 투쟁들이 모든 곳에 있다고 주장했고 자본 순환 내의 투쟁들을 가치 투쟁들로 해석했다. 우리는 자본이 이 투쟁들을 회수하고 치환하기 위해 시도하는 항상성 과정들을 논의했다. 이 과정의 결과는 재생산 장들의 전 지구적 위계가 계속 재생산되는 것이다. 마지막으로 서로 다른 특이성들에 대한 자본의 체계적 절합의 작동은 또한 이른바 '전 지구적 경제'가 프랙털과 유사하다는 것을, 사회적 행동의 각 규모에서 자본의 가치 실천은 자기유사적인 방식으로 종획과 훈육적 통합이라는 두 가지 좌표를 재생산하는 경향이 있다는 것을 보여 준다.

이 조건들 내에서 우리는 자본주의의 극복이라는 문제화를 사고해야 한다. 이 조건들은 우리의 일상적 실천들 외부에 있는 것이 아니다. 그것은 우리의 행동과 일상적 투쟁 들을 통해 그것들이 회수될 때까지 재생산하는 것이다. 자본이 항상성 메커니즘을 통해 투쟁을 회수하는 것에 기대고 있다는 사실은 우리가 싸움을 포기해야 한다는 뜻이 아니다. 이것은 불가능하다. 가치 투쟁들로 이해된 사회적 갈등은 우리의 존재론적 출발점이었기 때문이다. 고립 속에서 우리의 생존과 온전함을 위한 투쟁에 직면하는 개인이든, 집합적 행동을 하는 네트워크의 일부든 우리는 사회적 갈등의 행위자다. 그리고 우리가 체계의 재생산에 자신이 연루되어 있음을 인식한다는 사실이, 소외시키고 착취하는 형태로 살림살이가 재생산되는 조건들을 설계하고 촉진하며 강제하는 그들(국가, 초국적 기업, 경제적·정치적·이데올로기적 힘을 가진 다른 엘리트들)에 대한 비난을 중단해야 한다는 뜻은 아니다. 우리의 연루에 대한 인정이 뜻하는 바는 오로지 그리고 단순히 이러한 것이다. 우리 자신의 삶을 바꾸지 않으면 세계는 바뀌지 않으며, 타인들과의 관계 양식을 바꾸지 않으면 우리 자신의 삶은 바뀌지 않는다는 것이다. 복수의 기존 투쟁들은 자본의 발달을 추동하는 엔진이 되기보다는 자본의 가치 실천을 넘어서는 사회적 변형의 세력으로 재직조되고 재코드화되어야 한다. 우리는 자본의 자기보전 메커니즘에서, 즉 자본이 산소를 공급받는 항상성 메커니즘에서 탈구되어야 하고 우리 살림살이의 재생산의 기초를 다른 지형 위에 두어야 한다. 이 탈구와 구성의 과정은 외부의 문제화와 동시에 일어난다. 요컨대 우리는 반복해서 질문해야 한다. 우리는 자본의 가치 실천에 대한 외부를 어떻게 (재)생산하고 유지하고 확장할 것인가?

'외부'

'외부'는 학술적 범주가 아니다. 그것은 코나투스들의 충돌의 전선에서 구체적인 삶 실천과 투쟁 들에 의해 삶, 결texture, 타당성을 부여받은 이론적 구축물이다. 세계 전역에서 일어나는 물, 전기, 토지, 사회적 부에 대한 접근, 삶, 존엄을 위한 무수히 많은 공동체 투쟁들을 성찰해 보면, 이 투쟁들에 삶과 형체를 부여하는 관계적·생산적 실천들이 사회적 공동 생산에서의 행위와 관계 맺기의 가치와 양식(즉 가치 실천들)을 낳는다고 느끼지 않을 수 없다. 그것만이 아니라 이 가치 실천들은 그에 대응하는 것으로서, 자본, 즉 우리가 종획과 훈육적 통합의 측면에서 기술한 것에 속하는 행위 및 관계 맺기의 양식과 가치 실천들 외부에 있는 것으로 나타난다. 자본주의적 생산양식에 대한 '외부'는 우리가 어느 정도 긴급하게 부딪혀야 하는 문제다. 투쟁하는 실천들의 접속망에 영향을 미치고 그것을 해독하며 강화하는 데 이바지하는 차원으로 대안에 대한 우리의 논의를 밀고 나가고 싶다면 말이다.

우리의 많은 운동들이 상정하는 가치 실천들을 수축시키고 흡수하려고 하는 신자유주의적 협치의 행위자들의 밀실공포증적·기만적·보편적 수용에서 벗어나기 위해 전 지구적 정의 및 연대 운동의 지역적 물결과 관지역적 강물에 참여하는 수많은 활동가들의 욕망에서도 긴급성을 감지할 수 있다. 예를 들어 폴 월포위츠의 말을 들어보자. 그는 바그다드 학살을 일으킨 자들 중 한 명이며 지금은 세계은행 총재로 존경받고 있다. 2005년 9월 IMF와 세계은행의 연례회의 첫 연설에서 그는 [이렇게] 말했다.

우리는 오늘날 역사상 비상한 시기를 겪고 있다. 빈곤과의 싸움의 성과가 이보다 더 긴급하게 필요했던 적은 한 번도 없었다. 전 지구적 공동체의 행동이 이보다 더 강하게 요구된 적은 한 번도 없었다. 내가 참가한, 글렌이글스에서 열린 G8 정상회담 전날 밤〔원문 그대로임[1]〕, 5만 명의 청년들이 라이브8 콘서트의 마지막을 위해 에든버러 축구 경기장에 모였다. 잔뜩 흐린 날이었지만 비는 청중의 열기를 꺾지 못했다. 모든 시선이 대형 비디오 화면에 나타난 남자 ─ 남아프리카 공화국의 자유의 아버지 ─ 에게 쏠려 있었다. 넬슨 만델라가 빈곤을 역사로 만들기 위한 새로운 투쟁 ─ 우리 시대의 소명 ─ 에 동참할 것을 요청하자 청중들은 동의하는 함성을 질렀다(Wolfowitz 2005).

세계은행 총재의 언어에서 빈곤과의 '싸움'이란 스펙터클한 이벤트다 ─ 신자유주의적인 초국적 기관과 신자유주의적 국가 정부 들이 착취공장에서 생산된 손목 밴드를 착용한 청년들과, 멋진 선글라스를 쓴 록스타들과 함께 행진하면서 '좋은 협치'가 실제로 그러한 재앙에 대한 실천적인 해결책이라고 CNN 시청자들에게 고한다.[2] '빈곤'은 더 이상 구체적인 삶과 투쟁의 조건이 아니므로 그것은 추상적인 적으

---

1. [옮긴이] "원문 그대로"라는 저자의 삽입구는 에든버러의 〈라이브8〉 콘서트 마지막 행사가 G8 정상회담 전날 밤이 아니라, 정상회담 개막일에 열렸음을 지적하기 위한 것으로 보인다.

2. [2005년] 7월 글렌이글스에서 열린 G8 회담이 끝나고 2005년 12월 24일 세계은행 회의가 열리기 전 CNN은 〈CNN 커넥트〉라고 불린 프로그램, 〈전 지구적 정상회담〉(*Global Summit*)을 만들었다. 이 프로그램은 CNN과 세계은행이 "우리 시대의 주요 과제 ─ 빈곤, 부패, 기후변화, 종교 갈등 ─ "라고 묘사한 것에 초점을 맞춘 것이었다. 이 프로그램에서 "세계은행 총재 폴 월포위츠는 이 쟁점들과 그것을 다루는 실천적 방안을 논의한 여섯 명의 토론자 중 한 명이었다. 월포위츠 씨는 전 미국 대통령 빌 클린턴, 록스타이자 활동가 보노, 요르단 왕비 라니아, 새천년개발목표를 다루는 코피 아난의 특별 자문관 제프리 삭스, 노벨 평화상 수상자 왕가리 마타이와 함께 했다." 보노와 월포위츠는 "부패가 개발 과정에 끼치는 영향을 우려했다." World Bank 2005a와 www.worldbank.org의 "office of the president"[총재실] 링크에 있는 자료를 보라.

로, 상응하는 추상적 정책들로 싸워야 하는 외부로 전환된다. 다시 말하면 그것은 남아프리카 공화국의 투자 환경, 즉 "거시경제와 규제 정책, 소유권과 법치의 보장, 물리적·금융적 인프라와 같은 지원 제도의 질"(World bank 2005c:5)을 평가하는 최근 세계은행의 문서를 낭송해야 하는 외부로 전환된다. 이 추상적인 '외부'의 정의와 함께, 빈곤을 공동체와 사회적 협력, 존엄의 생산을 위한 조건으로 전환시키는 빈자의 구체적인 투쟁은 지역적으로 범죄화될 수 있다. 어쨌든 그 투쟁은 거시 경제의 안전성을 위협하고, '소유권과 법치'를 위협하며, 자본 축적 수단으로서 기반시설의 역할을 위협하면서 대신 그 시설이 공동체의 필요의 재생산에 복무할 것을 요구하기 때문이다. 빈곤을 [우리가] 맞서 싸울 외부로 선포함으로써, 폴 월포위츠와 그가 주재하는 기관이 촉진하는 담론은 빈자에 대한 전쟁을 선포할 수 있고 돌 하나로 세 마리 새를 잡을 수 있다. 첫째, 더 많은 종획과 훈육 시장 및 그것의 항상성 메커니즘의 촉진을 통해 빈자를 빈자로 재생산하는 신자유주의 정책을 계속 촉진함으로써. 둘째, 빈자들이 신자유주의적 담론을 반대하고 공통장을 되찾을 때마다 빈자의 투쟁을 범죄화하는 맥락의 창출을 보전함으로써. 셋째, 투쟁하는 신체를 선과 악으로 분할함으로써, 폴 월포위츠 등과 손을 잡은 '책임감 있는' 운동은 선한 존재가 되는 반면 '무책임한' 나머지 우리는 악한 존재가 된다. 신자유주의적 협치의 기반은 이와 같은 게임과 선택 원리에 달려 있다.[3]

대신 비판 문화기술지학의 빈자 투쟁에 대한 해석을 들어보자.

---

3. 신자유주의적 협치와 선택 원리의 역할에 대한 비판적 분석은 7장의 신자유주의적 협치에 대한 논의를 보라.

이것은 〔남아프리카 공화국 더반의 채츠워스에 있는〕 연립주택 거주자들의 투쟁에서 또 다른 결정적 순간이었다. 원주민 여성들은 어머니가 없는 아프리카인 가족을 보호하기 위해 사선射線에 섰다. 그들이 패배했다면, 믈롱고Mhlongo 가족은 인근의 오지로 쫓겨났을 것이다. 의회도 자신의 속셈을 드러냈다. 아래로부터 비인종적인 공동체를 건설하는 것이 지닌 의미에 대한 광범한 이슈는 그들에게 아무런 의미가 없었다. 믈롱고가 공동체의 존중을 받았고 그의 가족에게 삶의 기회를 선사하기 위해 기계처럼 힘들게 일했다는 사실도 마찬가지로 아무런 의미가 없었다. 의회는 도덕적 용어로 싸우는 빚 수금업자였다. 도덕에 대한 그들의 감각은 놀라울 정도로 확고했다. 믈롱고는 (아파르트헤이트의) 빚 수금에 방해가 되었기 때문에 달갑지 않은 존재였다(Desai 2002:53).

여기서도 우리는 '외부'에 대한 암묵적인 문제화를 파악할 수 있지만 여기서 외부는 좀 더 복잡한 차원으로 나타난다. 그것은 추상적 원리로 상정되지 않고 구체적이고 감각적인 과정으로 구성된다. 이 과정에서 '외부성'과 그에 상응하는 '타자성'의 회복은 외부 척도, 즉 외부 가치 실천의 거부에서 출현하며, 그것들은 살아있는 관계적 실천의 질로서 회복된다. 자본의 척도에 대한 이 '외부'의 구성에서 우리는 자신의 역사를 거듭 시작함으로써 빈곤을 역사로 만드는 빈자의 방식을 발견한다. 여기서 외부가, 도발적으로 우리의 외부라고 부르는 것이 출현하며 전선에 모습을 드러낸다. 이곳은 자신의 규칙을 부과하는 '저기 바깥'에 맞선 충돌의 장소다. 개머리판으로 문을 두드리며 찾아오는 빚 수금업자에 맞서, 또는 다른 규모에서 보면 전 지구적 시장 신호가 산업과 그에 상응하는 공동체를 파괴하기로 했다는 메시지를 전달하는 정부와 기업 관리자들에 맞서 반대가 전개될 때처럼 말이다. 투쟁이 창출하는 '외부'는 내부에서 출현하는 외부다. 그것은 자본의 관계적 실천과는 다르며 양립할 수 없는 관계적 패턴의 창출에 의해 만들어진 사회적 공간이다. 이것이 우리의 외부, 즉 자본의 가치 실천 외부에 있고 실제로 그것과 충돌하는 가치 실천의 영역이다. 아프리카인 가족을 방어하는(따라서 공통장의 창출과 정체성의 재정식화에 기여하는)[4] 인디언 여성들의 가치 실천 대^對 '소유권, 법치, 계약의 존중'이라는 명목으로 또 다른 아프리카인 가족을 내쫓는 빚 수금업자의 가치 실천.

우리의 외부는 자본과 다른 것이 되기의 과정이며 따라서 무한한 축적 과정과 그중에서도 종획 과정들이 극복해야 하는 장벽으로 나타난다. 이 외부가 구체적인 투쟁들과 주체성들의 구체적인 관계 맺기에서 출현하기 때문에 우발적이고 맥락적이라는 것은 말할 필요도 없다. 그리고 이 외부의 출현이 그것의 지속과 재생산을 보장하지 않는다는 점 또한 명백하다. 내가 말하는 요점은 간단히 다음과 같다. '우리의 외부'는 공통장의 생산 영역이다. 종획과 강탈의 문제를 다시 논의하기 위

---

4. 분할 지점에서 공통장의 창출은 정체성을 재직조한다. 예를 들어 데사이(Desai)의 책에서 다른 에피소드를 살펴보자. 여기서 공동체는 지역 의회가 집을 매각하고 위계적 선을 따라 공동체를 분할하는 것을 막는 데 성공했다. "의회 의원들이 도망갈 때 채츠워스의 투쟁에서 결정적인 순간이 발생했다. 유명 브랜드로 치장한 (아프리카인) 의원들 중 한 명이 군중을 비난하기 시작했다. 한때 판잣집에 살았던 그녀가 소리를 질렀다. 왜 원주민들은 퇴거에 저항하고 개선을 요구하는가? 원주민들은 너무 많은 특권을 누렸다. 한나이 든 여성인 아모드(Girlie Amod)가 다시 소리를 질렀다. '우리는 원주민이 아니다. 우리는 가난한 사람들이다.' 의원들이 차로 뛰어갈 때 그 후렴구는 사람들 사이에 널리 퍼졌다. 그들은 떠나면서 만클리(Bongiwe Manqele)가 그 슬로건을 해학적으로 바꾸어서 '우리는 아프리카인이 아니다. 우리는 가난한 사람들이다.'라고 외치는 것을 들었을 것이다. 정체성은 투쟁의 맥락에서 재고되고 있었고, 이 정체성들의 담지자들은 권위를 존중하지 않았다"(Desai 2002:44).

해 우회한 다음 곧바로 이 문제로 돌아올 것이다.

종획, 강탈 그리고 외부

외부의 문제는 함축적으로든 아니면 분명하게든 그것을 다루었던 맑스주의 문헌에서 언제나 모호했다. 한편에서 자본 자신의 '혁명'은 주어진 맥락과 주어진 규모에서 축적에 적합하지 않은, 그러므로 자본의 가치 실천 '외부에 있는' 조건들의 극복에 달려 있다. 이 조건들의 극복은 (예를 들어 월피[Wolpe 1972]가 남아프리카 공화국에서 생산양식의 절합을 다룬 연구에서 논의하듯이) '전前자본주의적' 생산 순환을 자본의 순환에 단순히 결합시키는 것일 수도 있다. 아니면 맑스가 '이른바 시초 축적'을 논의하며 지적한 것처럼 토지와 다른 자원들의 종획에 의한 이 '전前자본주의적' 공동체들의 파괴일 수도 있다. 다른 한편에서 급진적 사유는 자본주의적 생산양식 외부의 문제화와 탐색에 전적으로 몰두한다고 여겨진다. 전통적인 방식으로 말하자면 자본주의의 관계들 '외부에 있는' 사회적 관계들의 장을 우리에게 인도하는 거대한 사건이 아니라면 '혁명'의 상징적 가치란 무엇인가?

좀 더 일반적으로 보면 전통적인 맑스주의 담론 내부에서 우리가 '외부'를 개념화할 때 핵심적인 문제에 직면한다. 이것은 역사상의 전前 자본주의적 사전事前으로 혹은 신화 속의 혁명적인 탈자본주의적 사후事後로 나타나는 것처럼 보인다. 그 가운데에는 자본주의적 생산양식의 밀실공포증적 수용이 존재한다. 그 안에서 외부란 존재하지 않는 것처럼 보인다. 이러한 점에서 한 곳에서 다른 곳으로 움직이는 역사적 과정이, 대중의 의식을 깨우치는 당이라는 레닌의 데우스 엑스 마키나5의 관점에서 어떻게 구상되어 왔는지는 명확하다… 어디에서부터?

바로 물신화된 '외부'에서부터.

　최근 비교조적인 맑스주의 내에서 '외부'를 개념화하는 몇몇 문헌을 간략하게 검토해 보면 많은 전통들이 자본과 외부의 관계를 밝히는 것에는 강점을 보이지만 그와 동시에 '우리의 외부'를 구성하는 과정들을 문제화의 중심으로 가져오는 것에는 약점을 드러난다.

　룩셈부르크의 방식으로 이루어진 해럴드 월피(Wolpe 1972)의 연구는 산업화 및 아파르트헤이트와 함께 남아프리카 공화국에서 종말을 맞이했던 전前자본주의적 생산양식을 외부로 파악한다. 월피는 [인종] 분리와 아파르트헤이트가 남아프리카 공화국에서 자본주의적 체제의 구별되는 두 측면이었다고 주장하면서, 전前 아파르트헤이트 체제에서 보호구역reserves의 역할이 '전前자본주의적' 외부였다고 명확하게 말할 수 있었다. 이것은 노동시간의 재생산 비용을 줄이는 도구였다. 여기서 (다른 것 외부에 있지만 결합된) 생산양식들의 절합이라는 개념이 개발되었다. 이것은 토지 수탈과 연관된 과소투자와 성인 인구의 이주로 인한 보호구역의 빈곤화 과정으로 종말을 고했다. 그러므로 증가하는 강압적 요소와 더불어 아파르트헤이트 체제는 점점 더 반체제적으로 되는 도시의 흑인 노동 계급의 예속이라는 자본주의적 전략으로 탈코드화되어야 했다. 다시 말해서 아파르트헤이트와 더불어 우리는 이중 생산양식에서 단일 생산양식으로 이동한다. 그러므로 결국 월피의 연구에서는 이 역사적 과정의 끝에 자본주의적 생산양식의 외부는 존재하지 않는 것처럼 보인다. 적어도 남아프리카 공화국에서는 말이다.

---

5. [옮긴이] Deus ex machina. 라틴어로 '기계 신'이란 뜻이며, 이야기 속에서 해결될 수 없는 것처럼 보이는 문제를 예기치 못한 초자연적인 존재의 출현으로 갑작스럽게 해결하는 플롯 장치를 가리킨다.

'전 지구적 다중' 내에서 재생산되는 위계를 문제화하고 설명할 능력을 제대로 갖추지 않은 완전히 다른 관점에서, 하트와 네그리(Hardt and Negri 2000 [2001]; 2004 [2008])는 동일한 결론에 도달하고 그것을 명시적으로 언급한다. 외부는 근대성에 속하는 '내부-외부' 변증법의 일부이며, 탈근대성과 제국에서 외부란 존재하지 않는다는 것이다. 우리는 신자유주의적 지구화라는 현 국면에서 자본주의적 생산관계의 외부란, 즉 특정한 본성을 지닌 '내부-외부' 관계란 존재하지 않는다는 측면에서 이것을 독해할 수 있다. 그러나 하트와 네그리에게 자본주의적 생산관계의 전형적인 과정 – 직접 생산자들 외부에서 인간 활동을 측정하고 그것을 노동으로 전환하는 과정, 즉 '가치법칙' – 은 비물질 노동으로 인해 종말을 향해 가는 것으로, 아니면 적어도 이러한 '경향'이 있다고 여겨진다는 점을 알고 나면 이러한 해석 또한 문제가 된다. 우리가 12장에서 살펴본 것처럼 이것은 사실과 거리가 있다. 그리고 (자본의 척도는 종획에 직면한 공동체뿐 아니라 임금을 받는 '물질' 및 '비물질 노동' 양자에게도 적용되기 때문에) 자본의 척도라는 문제를 이론적 탐구에 되돌려 놓으면 그 척도가, 계속되는 시장의 훈육 과정들에서 출현하므로 우리는 재생산과 위계를 설명할 수 있다.

나는 이제 조금 더 멀리 벗어나서 데이비드 하비의 『신제국주의』(Harvey 2003 [2005])를 논하려고 한다. 이 책에서 그는 룩셈부르크의 입장에 서서, 과소소비의 위기보다는 과잉생산의 위기를 극복하기 위해서 자본이 필요로 하는 "강탈에 의한 축적"의 대상이 외부라고 주장한다. 그의 관점에서 "강탈에 의한 축적이 행하는 것은 (노동력을 비롯한) 일군의 자산을 매우 낮은 비용으로 (그리고 어떤 경우에는 공짜로) 방출하는 것이다. 과잉축적된 자본은 그런 자산을 취득하여 그것을 즉시 이윤 창출이 가능한 방식으로 사용할 수 있다"(같은 책: 149

[같은 책:145]). 따라서 외부는 자본의 순환고리에 의해 즉각 내부화된다. 이 고리는 더 낮은 비용으로 이득을 취하면서 다음 종획이 요구될 때까지 과잉축적 위기를 극복할 것이다.

'종획'의 문제를 '강탈에 의한 축적'의 문제로 바꾸는 하비의 [논의에는] 이론적인 약점이 있다. 이 용어는 공동체의 해체와 토지 및 다른 삶의 수단의 수탈이라는 참혹함을 상기시키지만 근본적인 이론적 취약점을 지닌다. 그것이 '강탈'을 축적의 핵심이라기보다 축적의 수단으로 상정하기 때문이다. 사실, 계속되는 (그리고 공간화된) 종획과 시장 훈육 과정 양자가 두 가지 구성적 계기인 축적의 맥락에서 생산자와 생산수단의 분리가 본질적으로 의미하는 바는 "산 노동의 객체적 조건들이 주체적 존재로서의 산 노동 능력에 대하여 분리된, 독립적인 가치들로 나타나고, 따라서 단지 다른 종류의 가치로서 현상할 뿐"(Marx 1974:461 [2007:85])이라는 것이다. 사무실이나 공장에서, 대규모 퇴거의 위협을 받는 전 지구적 남South의 마을이나 저임금 일자리를 받아들이지 않는 미혼모들의 살림살이를 가지고 노는 북North의 복지 사무소에서, 자본의 척도에 종속된 많은 이들은 그들이 자신의 힘으로 무엇을 어떻게 얼마나 언제 행사할지를 정하는 이 반대편 척도의 우선순위에 따라 그들의 삶 활동을 [특정한 방향으로] 돌리려고 시도하는 (즉 그들의 활동을 자본을 위한 '노동'으로 전환하는) 전략의 대상이 된다. 사회적 관계로서 축적의 모든 계기들에 공통적인 것은 사물에 대한 척도다. 전통적인 맑스주의는 이것을 '가치법칙'의 관점에서 개념화했지만 그 과정에서 그것을 순수한 '객관적' 법칙으로 물신화했다. 자본의 척도 외부에서 사물에 대한 다른 척도를 상정하는 투쟁 주체들에 의해 끊임없이 경합이 벌어지는 객관성이 아니라 '객관적' 법칙으로 말이다.

사물에 대한 자본의 척도가 주체들의 삶과 실천을 장악하는 만큼,

즉 그들의 살림살이가 시장의 훈육 메커니즘이 그들에게 요구하는 게임에 의존하는 만큼, 강탈은 일어난다. 임금 노동자와 비임금 노동자 모두에게서 추출한 '잉여 노동'과 그에 상응하는 '잉여 가치'는 일어나고 있는 강탈의 일면에 지나지 않는다. 다른 면은 사회적 신체의 행위와 그들의 삶 활동에 자본의 척도가 작용함으로써 신체들과 그들의 환경에 기입된 디트리터스[6]이다. 주체들 주위에 그리고 주체들 내부에 있는 이 디트리터스는 우리가 강탈을 저기 바깥에서 일어나는 일이 아니라 임금 위계의 상이한 수준에서 다양한 정도로 자본 순환과 결합되어 있는 삶 실천들의 조건으로 독해할 수 있도록 도와준다. 디트리터스는 사회적 재생산의 문제를 가리킨다.

실제로 조지 카펜치스(Caffentzis 2002 [2018]), 샤라드 차리(Chari 2005), 질리언 하트(Hart 2002 ; 2005)가 서로 다른 방식으로 지적했듯이, 강탈 이후 '방출된' 노동력이 자본 순환에서 재생산 수단을 발견할 것이라는 보장은 없다.[7] 이것이 뜻하는 바는 종획이 언제나 사회적 재생산과 그것을 둘러싼 투쟁이라는 문제를 의제로 삼는다는 것이다. 따라서 외부는 수탈의 대상에서 디트리터스로 바뀐다. 나는 신체와 환경에 기입된 쓰레기 층을 디트리터스로 이해한다. 그것은 자신의 코나투스를 따르는 삶 실천들이 자본의 순환고리(와 그것의 코나투스)에 접합되면서 출현한다. 이러한 의미에서 디트리터스는 (상이한 맥락에서 다양하며 임금 위계를 가리키지만) 공통적인 물질적 조건이다. 여기서 사회적 재생산의 문제는 특이하게도 '강탈된' 임금 노동자와 비임금 노동자의 수중에 그리고 그들의 조직 범위에 있다. 다시 말해서 자

---

6. 나는 이 용어를 Chari 2005에서 빌려 왔다.
7. 조지 카펜치스(Caffentzis 2002 [2018]), 샤라드 차리(Chari 2005), 질리언 하트(Hart 2002 ; 2005)는 이것을 서로 다른 방식으로 지적해 왔다.

본 외부의 사회적 재생산은 투쟁의 효과성, 조직 범위, 공동체적 구성에 그리고 디트리터스의 조건에서 공통장을 회복하고 구성하는 능력에 크게 달려 있다.[8]

내가 간략하게 검토한 다양한 접근법에서는 내가 이 절을 시작하며 언급한 '외부'에 대한 논의에서 나타나는 모호함을 극복하려는 어떤 경향도 감지하기 어렵다. 프롤레타리아트의 임금에 대한 의존 증가 때문에(월피) 혹은 실질적 포섭의 국면에의 도달과 비물질적으로 되는 노동의 헤게모니화 경향 때문에(하트와 네그리) 외부가 종말을 맞이했든, 아니면 외부의 존재가 여전히 축적의 필수적 요소로 우리와 함께 있든(하비), 이 모든 경우 외부의 현존 혹은 부재의 관점에서 본 외부는 사전에 창출된 어떤 기능으로 정의되며, 이러한 방식으로 자본주의적 과정의 발달을 통해 종말을 맞이하거나(월피, 하트와 네그리) 진행 중인 강탈에 의해 종말로 향하는 과정에 있다(하비).

여기서 암묵적으로 배제되어 있는 것은 투쟁의 과정들이 끊임없이

---

8. 이 디트리터스와 그 안에서 출현하는 투쟁들 그리고 그들이 상정하는 대안의 문제화는 '강탈에 의한 축적'이 공동체 투쟁을 불러일으킨다는 사실에 대한 빈약한 언급을 제외하면 하비의 틀에서 거의 찾기 어렵다. 이 투쟁하는 공동체의 자기보전 코나투스와 자본의 자기보전 코나투스의 상관적인 피드백 패턴의 경우도 마찬가지다. 그래서, 예를 들면 질리언 하트(Hart 2002; 2005)는 '토지의 강탈'을 급속한 산업 축적의 필요조건으로 이해하면 안 된다고, 적어도 같은 지역 내에서는 안 된다고 지적한다. 대만의 대(對)남아프리카 공화국 투자에 대한 그녀의 분석이 주장하듯이, 대만의 산업화는 시골의 봉기가 촉발한 1940년대 말과 1950년대 초 토지 재분배 개혁의 의도치 않은 결과였다. 이것은 사회적 임금으로 작용했고 이후 대만 자본의 대(對) 남아프리카 공화국 투자의 전제 조건이 되었다. 1980년대가 되자 대만에서는 임금 압력이 발생했고 대만 자본가들은 남아프리카 공화국에서 환영받았다. 레이디스미스-에자크헤니(Ladysmith-Ezakheni) 같은 인종화되고 분산된 산업 지역에 입주하는 국내 및 국제 투자자들에게 대규모 보조금을 제공하는 아파르트헤이트 체제뿐 아니라 예전에 토지를 수탈당하고 농촌 지역의 흑인 거주지역을 가득 메운 수백만의 흑인 남아프리카 공화국인들이 이후 사회적으로 폭발적으로 늘어나는 노동집약 산업 기술과 노동 실천을 위한 투자의 기회를 제공했다.

외부를 생성시키고 있다는 점이다. 우리의 외부, 혹은 복수일 수 있는 우리의 외부들은 그 그림에서 배제되어, 적어도 세 가지 차원에서 문제화되지 않은 채 남겨진 것처럼 보인다.

1. 그 외부들의 구성적인 공동체주의적 특징에서. 즉 공통장과 가치 실천의 생산, 젠더나 인종 혹은 다른 위계들의 재생산/도전/극복의 정도 ― 요컨대 상이한 맥락들에서 공통장의 생산 형체 및 형태

2. 전 지구적 훈육 시장들과 ― 맥락 특정적 장소들에서 출현하는[9] ― 이 공통장의 절합의 과정들에서. 즉 자본의 훈육 과정들 속으로 포섭된 정도와 형태.

3. 이 구성적 과정들이 더 광범한 자본의 순환고리와 전 지구적 시장의 훈육 과정에 제기하는 도전의 본성과 효과에서. 즉 사회적 안정의 위기에 대한 문제

요컨대 투쟁에 참여하는 많은 이들과 문화기술지적 설명을 제공하는 이들이 보기에 배제되어 있는 것은 매우 명백하다. 자신의 특유함으로 자신을 활력화하는 특유의 담론들을 전개하면서 투쟁하는 사람들만이 대안의 공동생산자들이라는 것이다.[10] 그리고 이것이 사실이라면, 우

---

9. 나는 여기서 장소에 대한 소박하며 비지리적인 직관적 해석을 사용하고 있다. 그러나 좀 더 엄밀하게 말하면 나는 질리언 하트(Hart 2005 : 21)가 제안한 정의에 동의한다. 그에게 "장소란 사회적으로 생산된 공간의 더 넓은 네트워크들에서 접속의 마디점으로 가장 유용하게 이해된다."

10. 『우리는 가난한 자들이다』에서 공동체에 대한 문화기술지학의 말미에 있는 애쉬윈 데 사이의 소견은 나의 투쟁 경험과 공명한다. "사람들의 실제 요구들이 거의 언제나 가능한 것, 성취될 수 있는 것 안에 있다는 점이 눈에 띈다. 문제는 ― 그것이 주어지지 않을 것이고, 정신없이 빼앗길 거라는 점이다. 이것은 이 공동체 운동들이 가진 힘이다. '현실적으로 말해서' 그들은 자신의 즉각적인 목표를 성취할 수 있지만 투쟁을 통해서만

리가 다른 누군가의 살림살이를 위협하는 경주(그들은 이것을 '시장'이라고 부른다)에 다행히도 참여하지 않는다면, 수없이 존재하는 혹은 잠재적인 투쟁의 문화기술지학을 '장대한 계획'과 결부시키기 위해 필요한 것은 아주 많다. 즉 전 지구적인 사회적 신체를 강탈하고 측정하고 분류하고 훈육하는, 그리고 특이성들의 생활 수단을 빼앗아 버림으로써 그들을 서로 대결시키는 무한한 충동에 의존하는 자기보전 코나투스를 가진 사회적 세력과의 싸움이라는 일반적 문제와 결부시키려면 말이다.

제국주의로의 아주 짧은 우회

나는 오늘날 아주 많이 논의되는 '제국주의'의 문제를 다루기 위해 지금 우회하지 않을 수 없다. 사실 우리가 다룬 '외부'에 대한 급진적인 접근들은 대부분 어떻게든 제국주의의 문제와 연결되어 있다. 로자 룩셈부르크, 월피, 하비(이 둘은 모두 룩셈부르크에게서 영감을 받았다) 그리고 하트와 네그리에게 외부의 문제는 상이한 방식으로 '저

가능하다. 일정 수준의 사회적 선(善)에 대한 기대와 의도적으로 주어지지 않거나 빼앗기고 있다는 느낌, 이 두 가지 요인을 감안하면 사람들은 통합 [더반] 시의 지불 요구에 기꺼이 저항할 거라고 생각한다. 그리고 그렇게 함으로써 아무리 철저히 보충 설명을 하더라도 자본의 논리는 실제적으로 점증적으로 붕괴한다. 그건 단순한 논쟁이 아니다"(Desai 2002 : 143). 담론이 '좌파' 이데올로기와 얼마나 동떨어져 있으며 때로 대립되는지에 대한 논의는 투쟁의 의미와 실천을 위한 수단으로서 오순절주의(pentecostalism)를 다룬 Chari 2005를 보라. 사람들의 투쟁 과정에 근거한 이 문화기술지학적 접근들은 데이비드 하비가 제공하는 것과 같은 합리주의적 접근과는 날카로운 대비를 이룬다. 하비는 "강탈에 대항하는 모든 투쟁이 똑같이 진보적인 것은 아니다"(Harvey 2003 : 177)라고 말한다. 투쟁하는 주체성 자신들 말고 누가 그들의 투쟁의 '진보적인' 정도를 판단하는가? 가치 실천들 간의 소통, 협상 그리고 투쟁이라는, 맥락에 근거한 정치적 과정에 주체성들이 참여하는 것을 통해서가 아니라면 이 '판단'은 어떻게 이루어지는가?

기 바깥'을 식민화하는 문제, 또는 하트와 네그리의 경우 제국과 함께 종말을 맞이한 문제다. 레닌의 고전적인 논의에서 제국주의는 자본주의 최고의 단계였다. 여기서 국가 부르주아지들의 상충하는 이해관계는 전쟁으로 이어졌다. 오늘날 운동들의 운동 내부의 논의에서 제국주의라는 수사는 미국과 그 동맹국들의 이라크 점령 이후 가속화되었다. 나는 이 논의들을 상세하게 검토할 수는 없지만 우리의 목적을 위해 제국주의에 대한 다양한 갈래의 현대 담론이 대개 (국가의 이해관계, 미국의 이해관계 등) '이해관계'의 측면에서 제시되고, 자본의 가치 실천, 종획과 훈육적 통합, 또는 가치 실천들의 충돌이라는 측면에서는 문제화되지 않는다는 것을 지적하는 것은 중요하다. 나는 운동들 내부에서 출현하는 담론에 사태를 문제화하는 이 두 가지 방식들 사이의 긴장이 존재한다는 인상을 받는다. 이 긴장은 가령 폴 월포위츠의 세계은행 임명 행사처럼 이따금씩 문헌에서 출현한다. 예를 들어 한 논평에 따르면 그 임명은 "미국이 자신의 경제적·지정학적 이해관계를 계속해서 지킬 수 있도록 하기 위해 계산된 움직임이었다"(Guttal 2006 : 80~1). 그러므로 이러한 점에서 그 움직임은 '제국주의'의 전통적인 틀, 즉 국가의 이해관계 안에서 독해할 수 있다. 동일한 논평의 다른 부분에서, 우리는 "세계은행"에게 "전후 재구축은 전쟁이나 자연재해에서 출현하는 국가, 폭력적인 내부 갈등을 겪고 있는 국가, 외국의 점령 아래에 있는 국가 그리고/또는 공산주의에서 자본주의로의 '이행'을 경험하고 있는 국가에게 가장 지독한 형태의 구조조정을 적용할 수 있는 기회다."라는 사실을 배운다(같은 글 : 86). 지금 이 후자는 문제를 자본의 가치 실천 측면에서 틀 짓는다. 월포위츠의 세계은행 총재 임명은 (그 국적이 무엇이든) 자본이 자신의 가치 실천을 ─ 자신의 보전을 위해 의지하는 ─ 사회적 신체에 더욱 침투시키고 확장시키는 데 있어 총재 임명이 어떻게 도움이 되는가, 라는 관점에서 독해해야 한다. 이것은 '국가의 이해관계', 즉 이 경우 미국의 지정학적·경제적 이해관계가 자본의 가치 실천 촉진과 무관하다는 것을 의미하지 않는다. 이 연결을 회피하기란 매우 어렵다. 미국은 세계에서 가장 큰 군대를 보유하고 있다. 그러므로 하트와 네그리(Hardt and Negri 2000 [2001])가 주장하는 현대 제국의 네트워크 주권이라는 명제를 받아들인다고 해도, 미국의 역할로 돌아가지 않고서는 전 지구적 자본의 보전을 위해 필요한 사회적·정치적 조건들의 팽창을 이해할 수 있는 방법이 없기 때문이다.

그러나 우리는 가치 실천들의 충돌이라는 관점에서 역사의 시작과 우리의 외부의 구성이 의지하는 것들에 관심이 있다. 우리가 대치하고 있는 것은 미국이나 다른 국가들의 '이해관계'가 아니다. 세계은행과 그 자매기관들이 하는 일은 미국의 이해관계 수호라기보다는, 그러한 유형들의 이해관계(제한 없는 화폐의 추구)는 가치화되는 반면 다른 유형들의 '이해관계'(존엄, 식량, 자유, 공통장 등)는 가치화되지 않거나 전자에 종속되는 맥락을 촉진하는 것이다. 다시 말해서 사회적 재생산의 전선에서 충돌이란 서로 다른 가치 실천들에 대한 것이다.

따라서 자본이 아니라 제국주의에 대한 담론을 추구할 때 우리가 직면하는 위험은 전선에서 투쟁이 지닌 의미, 그것에 대한 감각을 잃어버리는 것이다! 물론 '이해관계'와 '가치 실천'이 관련되어 있다고 지적하는 것은 가치 있는 일이다. 그러므로 자본의 특정한 가치 실천(예를 들어, 종획이나 훈육적 통합)에 반대하는 투쟁들은 그 가치를 추구하는 누군가의 이해관계도 반대한다. 그러나 우리는 그 둘 사이의 차이가 그것들이 나타내는 시간의 차원이라는 측면에서 제시됨을 유념해야 한다. '이해관계'는 이해관계자의 목표에서, 성취되어야 할 목적에서 현실화되기 때문에 직선시간으로 제시된다. 그러나 가치 실천은 사회적 상호작용과 공동생산의 맥락에서 행위와 관계 맺기의 규범과 양식들의 형성을 나타내기 때문에 순환시간으로 제시된다.

디트리터스-코나투스

이 장의 첫 절에서 나는 외부란 자본과 다른 것이 되는 과정이라고 주장했다. 따라서 우리 앞에 있는 문제는 자본의 자기보전을 위협하는 동시에 다른 유형의 코나투스와 다른 유형의 가치 실천에 입각하여 자신의 자기보전을 상정하는 사회적 세력을 구성하기 위해서, 우리가 매우 다양하고 장소 특정적인 투쟁들 사이에서 어떻게 공통장을 생산할 수 있는가이다. 그러나 이것은 너무나도 큰 문제이다. 그러한 이유로 나는 해답을 갖고 있지 않으며, 어디를 보아야 할지에 대해 제안할 뿐이다. 공통장의 생산 조건으로서 디트리터스 그리고 그것을 추동하는 에너지로서 디트리터스-코나투스의 긴장[이 그것이다].

자본과 다른 것이 되는 이 디트리터스-코나투스 과정은 우리가 생각하는 것보다 평범하다. 그 과정은 보통 많은 문화기술지학이 이야기하는 투쟁들의 '상_想시간' 차원을 통해 새로운 것이 출현하는 영웅적인 분출로 보이지만, 그것의 근본적인 성격은 순환시간 속에서 표현되는 매일매일의 몰두에 그리고 특이성의 자기보전 코나투스에 형태를 부여하며 삶의 재생산에 필수적인 일과에 뿌리를 둔다. 그리고 이것은 우리의 자기보전 코나투스를 자본의 그것에 절합하는 조건 속에 우리 모두를 몰아넣는 세계 안에 있다. 예를 들어보자.

한 여성이 '포스트모던' 런던의 지하철에서 쓰레기를 치운다. 그녀는 아마도 동유럽이나 서아프리카 출신일 것이다. 그녀의 피부색만이 말해줄 수 있다. 지구에서 가장 사치스러운 도시 중 하나인 이곳에서 그녀는 밤이든 낮이든 휴일이든 아니든 상관없이 시간당 5.05파운드를 받는다. 그녀는 심지어 객차를 청소할 역까지 지하철로 이동할 때에도 요금을 내야 한다. 매일 드는 왕복 요금은 자신의 일일 노동의 약한 시간 분에 해당할 것이다. 금요일과 토요일 밤이면 그녀는, 사무실에서 정한 목표를 달성하지 못한 좌절감을 달래는, 혹은 승진(자본의 눈으로 사회적 신체들을 구별 짓는 임금 사다리에서 한 걸음 올라서는 것)을 기념하는, 혹은 공식적인 비즈니스 환경에서 자신의 성격을 규정하는 코드와 척도에서 풀려나 단순히 자신의 감각을 회복하려고 시도하는, 스트레스로 지친 '비물질 노동자들'이 토해낸 주황색 구토물을 치워야 할 것이다.

그녀와 그녀의 공동체 ― 어쩌면 세계의 다른 어딘가에서 아이와 동생과 어머니가 토지나 집의 '강탈'의 위협에 시달리며 그녀가 돈을 얼마간 보내주기를 기다리고 있을지도 모른다 ― 의 자기보전 코나투스 외에 그 여성으로 하여금 형편없는 임금을 주는 형편없는 일자리를 받아들이게끔 하는 건 무엇인가? 아니 어쩌면 그렇게 해서 자신이 태어나고 자랐던 공동체의 폭력적인 조건 ― 폭력적인 남성, 남편, 아버지, 형제 ― 에서 벗어날 수 있었기 때문에 그녀의 자기보전 코나투스가 집에서 멀리 떨어진 형편없는 일자리를 받아들이도록 그녀를 이끈 것일까? 그리고 '비용 최소화', '쓰레기 최소화'를 끝없이 시도하면서, 그에 따라 이 여성과 그녀와 비슷한 이들의 신체에 기입되는 디트리터스를 '최대화하면서' 그녀의 행위를 계속해서 측정하는 굴욕적인 과정을 마주하며 그녀가 일터에 나가고 온전한 정신을 유지하기 위해 벌이는 그녀의 일상적인 투쟁은 무엇인가? 그리고 이 여성과 그녀와 비슷한 이들이 더 나은 노동 조건, 임금 혹은 무료 교통 카드를 위해 투쟁하면서 자신들의 삶을 절합하기 위해 모였을 때, 이 투쟁은 공통으로 생산한 부를 되찾고 존엄을 주장하기 위한 조건으로 디트리터스를 바꾸는 것이 아니라면 무엇이란 말인가? 그리고 만일 이 투쟁이 성공한다면 사회적 부의 재점유뿐 아니라 투쟁하는 주체들 사이에서의 새로운 공동체와 새로운 관계적 실천들의 구성이라는 이중의 성격으로 나타나는 이 공통의 부의 생산은 모든 투쟁에서 출현하는 공통장의 일부가 아니라면 무엇일까?

내가 여기서 말하고자 하는 것은, 디트리터스는 자본의 자기보전 코나투스에 절합된 삶 실천들과 그에 상응하는 코나투스들의 공통의 조건이라는 것이다. 왜냐하면 자본의 그 코나투스가 분명 사용료를 요구하고 그에 따라 우리의 신체와 우리의 환경에 디트리터스를 생산하기 때문이다. 이러한 점에서 디트리터스는 공통적이지만 계층화된 땅 또는 조건이다. 그 땅의 거름을 통해, 그것으로부터 욕망이 번성하며, 들뢰즈의 표현을 빌리자면 그 욕망이 실재를 생산한다. 그러나 그 욕망은 상이한 조건으로 실재를 생산한다. 이 욕망 중의 일부는 전 지구적 순환고리의 훈육 및 종획 과정들과의 접속을 통해 그리고 상품 교환을 통해 자본의 순환으로 다시 흡수된다. 일부는 강제적으로 이 순환에 다시 흡수되고, 다른 일부는 '자유로운 소비자' 또는 '시민'의 자유의지에 의해 흡수된다. 또 다른 일부는 마케팅 기관의 성공적인 전략의 결과로 흡수되고, 다른 일부는 이러한 것들이 계속 뒤섞이면서 흡수된다. 이러한 흡수가 일어나는 한, 그리고 그 흡수가 점점 늘어나는 한 우리가 자본이라고 부르는 사회적 세력은 자신을 보전할 수 있다.

그러나 디트리터스에서 출현하는 다른 욕망들은 자본의 순환이라는 실재를 재생산하지 않는다. 내가 2장에서 주장한 것처럼 사회적 재생산은 '자본주의' 및 그 순환보다 더 큰 집합이다. 그것은 관계적 실천들의 망에 근거한다. 이것은 자본의 척도가 구성하는 것들과 자본이 자신의 코나투스에 성공적으로 절합하는 외부(예를 들어 노동력으로 재생산되는 신체)를 훨씬 초과한다.

이 욕망이 창조하는 실재의 일부는 자연과의 직접적인 관계를 상정한다. 이것이 토지와의 생산적 관계 속에서, 훈육 시장과 관련하여 가능한 한 자율적으로 공동체의 살림살이를 재생산하는 것이든, 아니면 단순히 임금 위계의 여러 수준에서 자연과 재창조된 관계를 맺는 것이든 말이다. 후자에서 재생산은 독특하게도 '노동력' 상품이 아니라 자본과 다른 가치와 관점의 재생산이다. 다른 욕망들은 여전히 사회적 신체 내의 충돌과 갈등으로 구성된다. 이 경우 디트리터스는 인종과 젠더, 다른 위계들이 재생산되는 조건이다. 여기서 푸코를 통해 행동에 미치는 영향력으로 이해된 힘(권력)은 이 위계들의 희생자들이 자신들이 속해 있다고 주장되는 그 '공동체'의 의미에 (소통, 협상, 투쟁을 통해) 도전하도록 압박한다. 디트리터스는 탈출의, 엑소더스의 조건이기도 하다. 사실 정체성의 자기보전 코나투스는 때때로 위험한 게임을 유발한다. 특히 문제의 정체성이 그 담지자들로 하여금 '성차별주의자', '인종주의자', '동성애 혐오자' 등으로 불릴 수 있는 행위로 추궁당하는 입장에 처하게 할 때 그렇다.

결국 디트리터스의 조건에서 출현하는 다른 욕망들은 여전히 공생 공락적이고 수평적인 공통장을 창출한다. 이것이 자기보전과 필수품의 재생산을 위한 일상적 투쟁의 맥락에서 일어나든, 아니면 자본의 코나투스의 제한 및 새로운 공통장의 지형으로서 투쟁을 구성하는 집합적 활동의 영웅적이고 강렬한 분출로 일어나든 말이다. 외부, 더 적절하게 말하자면 우리의 외부들은 모두 여기에 있다. 공통장을 구성하는 다양한 과정들 속에 그리고 더 큰 규모의 사회적 행동으로 그 과정들을 절합하고 보전하고 재생산하고 정치적으로 재구성하는 문제계

속에 있다.[11] 이것은 외부가 살아 있는 관계적 실천들에 의해, 그 실천들의 전략적 문제화 속에서, 분할의 지점에서 공통장을 생산하는 주체들의 참여 속에서 구성됨을 뜻한다.

---

11. 공통장(자본주의적 생산양식의 외부)의 창조와 생존에 대한 급진적 분석은 문화기술지학자들 ─ 투쟁하는 공동체와 함께 살아가고 투쟁하는 사람들 ─ 의 작업일 수밖에 없다. 비전문적인 문화기술지학자인 ─ 투쟁에 참여하고, 평균적인 (자기)성찰 능력을 갖고 있으며, 이 성찰을 비판 정치경제학의 관심사에 연결하려고 노력하는 사람인 ─ 나의 경험으로부터 나는 다음과 같은 가설에 도달했다. 투쟁을 진정으로 이해하는 ─ 수많은 투쟁의 맥락들을 통해 풍성해질 수 있는 맥락상의 경험에서 통찰을 이끌어내는 ─ 문화기술지학자는 (코나투스와 디트리터스의 긴장이라는 관점에서) 자신의 투쟁 경험을 그 공동체들의 경험에 결합하려고 노력해야 한다. 그 공동체들 사이에서 무엇이 공통적이고 무엇이 그렇지 않은지를 문제화하기 위해서 말이다.

17장

공통장

공통장의 생산

　정치적 재구성recomposition에 대해 말하는 것은 단순히 투쟁하는 신체 내의 분할 극복이라는 쟁점을 제기하는 것만은 아니다. 그것은 이 분할이 추상적이고 이데올로기적인 통일의 요구로 극복될 수 없다는 혹은 자본의 가치 실천과 그 척도의 적용을 통해 계속되는 그 분할의 재생산을 묵살하는 이론적 틀로 털어낼 수 없다는 완전한 자각 속에서, 이 분할을 우리의 극복의 대상으로 문제화하는 것이다. 분할의 극복이라는 문제계는 공통장의 생산이라는 문제계와 같다.

　공통장이라는 문제/문제계가 출현하고 있으며, 모든 규모의 사회적 행동에서 투쟁하는 신체의 분할 지점/순간에 제기되는 것으로 보인다. 그 국면에서 공통장을 문제화하고 그 새로운 지형 위에서 투쟁을 재구성하는 능력으로 인해 투쟁은 새로운 평면으로 나아가고, 프랙털 파놉티콘의 사다리를 한 걸음 올라가며, 투쟁들의 절합을 확장하는 데 기여할 수 있다. 이것은 물론 사회주의자들이 늘 그렇듯 통일을 요구하는 것이 아니다 — 투쟁하는 다양한 주체들이 위계적이고 분할된 사회적 신체를 넘어서 생산할 수 있는 구체적인 현실의 공통장이 아니라, 형이상학적인 외부(당)에서 가져온 이데올로기에 뿌리를 둔 통일을 요구하는 것이 아니다. 분할 지점에서 투쟁하는 주체들이 공통장의 생산을 시도해야 한다고 말하는 것은 지시하는 것이 아니다. 저자가 그것을 요구하든 그렇지 않든 공통장은 대개 투쟁으로 생산된다. 오히려 그것은, 투쟁이 동력을 상실해서 투쟁을 분쇄하는 외부 압력이 증가하는 동안 공통장을 생산하지 못하면 투쟁하는 주체들을 결속시키는 구조는 산산조각 나고 운동은 수천 개의 잔물결로 흩어진다고 경고하는 것이다. 물론 이 모든 것은 맥락을 따를 때 완전히 이해될 수 있을 것이다. 만일 운동의 한 부문이 공통장을 발견하는 대가가 욕망과 필요의 소멸이라면, 최대한의 자율성을 유지하는 것이 더 나을지도 모른다. 아직 그러한 유형의 공통장을 생산할 때가 아닌 것이다. 이 맥락에서 투쟁하는 주체들을 가로지르는 조건과 욕망 들의 절합이 가능하지 않거나 넘을 수 없는 한계를 지니고 있을 때, 그러므로 상이한 주체들을 절합하는 새로운 가치 실천들이 구축될 수 없을 때, 시장은 심지어 해방의 경험까지 제공할 수 있다. 많은 여성들에게 가부장제에 맞선 투쟁은 일자리를 갖는 것, 그러므로 남성에 대한 재정적 자율성을 획득하는 것을 포함했다. 우리가 5장과 6장에서 보았듯이, 자본은 물론 그것을 수용해 왔고, 가부장제를 신국제 노동 분업으로 재코드화했으며 새로운 지형에서 가부장제에 맞선 투쟁의 재구성을 불가피하게 만들었다.

그러나 공통장의 생산이 투쟁하는 신체 내의 분할 지점에서 일어난다는 점을 유념해야 한다. 그것은 바로 공통장이 직접적인 물질적 이해관계를 바탕으로 한 사회적 신체의 분할에 저항하는 예방적 창조물이기 때문이다. 공통장의 생산은 이 분할을 무시하는 것이 아니라 새로운 가치 실천들을 중심으로 분할을 재절합함으로써 분할을 극복할 수 있다. 사실 분할된 투쟁하는 신체를 재구성하는 공통장의 생산은 이른바 **절합**, 즉 의미의 생산과 동시에 일어난다.[1] 다양하고 서로 연결된 투쟁들이 어떻게 함께 절합될 수 있는가라는 맥락 특정적 질문에 대한 답은 **공통의 의미**가 어떻게 출현할 수 있는가라는 질문이다. 우리가 2장에서 논의했던 것, 가치는 사람들이 행동에 부여하는 사회적으로 생산된 의미라는 점을 유념한다면, 투쟁 순환에 대한 문제, 투쟁의 효과성과 조직적 범위에 대한 문제는 자본의 가치 실천과 대비되는 공통의 가치 실천을 생산하는 문제와 같다.

새로운 가치 실천들이 출현하고, 그것이 물질적 이해관계를 바탕으로 사회적 신체를 분할하는 **분할통치** 전략들을 대치할 수 있는 것은 공통장의 생산을 통해서다. 특정한 우발적 공통장을 식별하고 만들고자 하는 성찰/소통/협상의 그 과정은 투쟁에서 태어난 철학이며, 투쟁의 생산 자체가 지닌 필연적인 계기다. 그것은 투쟁이 직면하고 있는 것을 명확하게 보여 주는 데 도움이 되는 전략적 시선에 근거하지만 또한 그것을 열망하며, 따라서 발전시키는 철학이다. 그러므로 그것은 '대중들을 사로잡는' 물질적 세력이 될 수 있는 잠재력을 갖고 있다. 그 동일한 투쟁하는 '대중들'(즉 '모든' 관련 주체들)이 이 철학의 생산자들이자 생산물이기 때문이다. 그뿐 아니라 더 깊은 수준으로, 사태의 근원으로 이동하는 공통의 수단을 식별하고 생성하는 능력 − 이것의 효과는 '더 높은' 조직적 범위를 획득하는 것 − 이 꼭대기에 있는 '놈들을 걷어차 버리는' 것임을 알아야 한다!

종획을 생산하는 사회적 세력과 공통장을 생산하는 사회적 세력 사이의 관점에서 본 충돌이란 다음을 의미한다. 자본은 종획을 통해 자신을 산출하고, 반면 투쟁하는 주체들은 공통장을 통해 자신을 산출

---

1. 예를 들어 Stuart Hall 1980을 보라.

한다. 그러므로 '혁명'은 공통장을 위한 투쟁이 아니라 공통장을 통한 투쟁이며, 존엄을 위한 투쟁이 아니라 존엄을 통한 투쟁이다. 우리가 다른 유형의 사회적 관계들을 살아가는 그 만큼 — 충분히 문제화되지 않은 현재의 슬로건을 사용하면 — "다른 세계는 가능하다." 자본주의 이후의 구성된 미래 상태로서가 아니라 자본주의에도 불구하고 구성적인 과정으로서의 삶이 그것이다.

자유, 공동체 …

사실 역사의 시작은 살아져야be lived 한다. 오직 살아 있는 주체들만이 상호 관계 양식의 구성에 참여할 수 있기 때문이다. 그리고 개별 특이성들/파편들과 전체 사이의 관계 양식은 역사의 시작이라는 문제계의 가장 중요한 핵심이다. 오직 살아 있는 주체들만이 자본의 가치 실천과 그 훈육 시장 외부로 나가는 것의 의미를 그들 사이에서 파악할 수 있다.

자본주의적 시장을 훈육 시장으로 논의하는 것은 그 자체를 '선'이나 '악'으로 만드는 것이 아니라 자유와 민주주의라는 문제계를 '부르주아' 담론과는 다른 평면에서 재구성하는 것뿐이다. 우리의 논의는 시장이, 임금을 받는 혹은 받지 않는 실제 행위자들 뒤에서 사회적 관계의 특정한 형태와 그에 상응하는 특정한 행위 과정들, 반대편의 척도를 상정하는 특정한 형태, 사회적 규범을 협상하는 특정한 형태를 함축한다는 사실을 문제화했을 뿐이다. 개별 특이성들에게 자본주의적 시장들은, 그 시장들이 자신을 파멸시키는 재구조화 과정을 당하는 입장에 있든, 빠르게 번영하는 경력을 시작할 수 있게 해주는 혁신적인 과정의 첨단에 있든 단지 있는 그대로일 뿐이다. 내가 자본주의적 시장에 대해 강조했던 근본적인 지점은, 시장은 필요와 욕망을 가진 특이성들로부터 그들 사이에서 사물을 절합할 필요를 제거하는 사회적 관계 체계라는 것이다. 왜냐하면 시장이 그들을 위해 절합을 하고, 주어진 형태 속에서 서로 관계 맺도록 그들을 밀어 넣으며, 따라서 '가치법칙'의 코드 아래에서 피드백 과정의 반복을 통해 사회적 생산 규범을 낳기 때문이다. 직접적이고 자유로운 절합, 즉 의미, 가치를 생산하고 궁극적으로는 공통장을, 공동 생산을 기반으로 하는 매개변수 중심을 창출하면서 타인과 능동적으로 교류하는 일은 생산자들의 삶 실천에 대한 시장 척도의 침투성에 반비례한다. 그러므로 자유와 민주주의는 사회적 개인들의 자유와 민주주의로 이해되어야 한다. 외부, 우리의 외부는 자유와 민주주의가 — 완전한 의미에서 그것들은 살아져야 하고 실천되어야 하기 때문에 — 현 사회 질서를 매우 불안정하게 만드는 공간이다.

또 다른 짧은 인용문에서 맑스는 공통장에 기초한 자유와 민주주의의 문제를, 그 용어의 이러한 전복적인 의미에서 '역사의 시작'을 제기하는 것으로 다룬다. "기분 전환을 위해 마지막으로, 공통으로 보유하는 생산수단으로 노동하면서 각자의 많은 상이한 형태의 노동력들을 하나의 사회적 노동력으로 완전히 자각하며 지출하는 자유로운〔개인들〕의 연합을 생각해보자"(Marx 1976a : 171 [2008 : 142] ; 강조는 인용자의 것). 이 문장에는 맑스가 '인류의 전사'와 대조적으로 이해하는 '인류의 역사'를 정의하는 세 가지 요소가 있다고 생각한다. 첫째, 연합의 구성원인 자유로운 개인들. 둘째, 그들의 삶의 조건들을 생산하고 재생산하는 전체의 일부라는 자각으로 더욱 자격을 얻는 자유. 그러므로 이 문장에서 언급된 '노동'은 좀 더 일반적인 의미의 사회적 행위로 더 적절하게 개념화할 수 있다. 이 행위가 양육과 관련이 있든 다리 건설과 관련이 있든 말이다. 그러나 요지는 14장에서 논의한 하이에크의 시장질서 옹호와는 달리, 이것은 부르주아 사적 개인들이 시장에서 누리는 자유가 아니라는 점이다. 이 시장에서의 선택은 주어진 메뉴에 있는 항목들을 고르는 것으로 제한된다. 오히려 개인의 자유 그리고 전체의 일부라는 자각이 함의하는 것은 개인들이 사회적 개인들, 즉 공동체의 구성원들이라는 것이며, 그리고 자신들이 그러하다는 것을 인식한다는 것이다. 그것은 또한 그들의 자유가 그들의 개인 영역뿐 아니라 그들이 상호작용하는 맥락의 정의에도 적용됨을 함의한다. 요컨대 메뉴는 시장 메커니즘의 맹목적인 상호작용이나 자칭 노동자 국가의 권위주의적 부과에 따라 주어지는 산물이 아니라 그들의 자각하는 자유의 결과다. 마지막으로 셋째, 이 사회적 개인들의 자유는, 그들의 삶의 조건들을 생산하는 데 사용되는 수단들이 정확히 인간 존재의 열망과 필요를 충족하는 그러한 수단으로 여겨질 때에만 행사될 수 있다. 이 생산·지식·소통 수단이 종획되어 있다면 이 자유는 행사될 수 없다. 그 수단들이 사적 축적을 위한 수단이라면 이 자유는 행사될 수 없다 — 이 사적 축적은 농경 사회에서처럼 빈궁기에 대비한 안전장치로서 혹은 '석기시대'의 관행처럼 포틀래치potlatch의 전제조건으로서의 축적이 아니다. 이라크의 인구를 위협하여 시장 개혁에 굴복시키는 것을 정당화하는 제왕 조지 부시 2세의 말을 빌리자면, 그 축적은 오히려 "삶의 방식으로서의" 축적, 즉 사회적 신체를 분할하고, 생산과 소비를 분리하며, 무한함의 저주와 함께 이 소외된 활동들을 겨냥하는 방식으로서의 축적이다. 한계가 설정될 수 있는 것은 공유된 것의 영역에서다. 그러므로 사회적으로 생산되든, 인간 생활환경의 자연 재산(예를 들어 물, 공기, 토지 등)의 일부든 맑스에게 생산수단은 **공통**으로 보유된다. 그러나 이것이 사실이라면 무엇을 사용하고 무슨 목적을 위해 사용할지 결정하는 것은 누구인가? 원점으로 돌아간다. 결정을 내리는 것은 자유로운 개인들의 연합이다. 이들은 자유로운 동시에, 그들이 전체의 일부라는 것을, ─ 사회적 삶의 기술art이 구성되는 ─ 관계망, 결정 과정, 피드백 순환고리를 구성한다는 것을 자각하고 있다. 이 순환 논리는 맑스의 주장이 지닌 결함이 아니라 그 반대다. 나는 이 논리가 인간의 자유를 집합적 참여 과정으로 상정하는 것이라고 이해한다. 이것은 뿌리와 창조성 사이에서, 조건과 극복 사이에서 균형을 유지한다. 그것은 주인 서사에 대한 추상적 관념으로도 파편에 대한 배타주의적 관념으로도 이해할 수 없는, 인간의 자기 의존과 자기 결정의 선언이다.

"유토피아로군!" 이렇게 말할지도 모른다. 실제로 몇 가지 묘한 이유 때문에 하이픈은 영어에서 기적을 행할 수 있다. 살아 있는 세력이 되기 위해서 유토피아는 자신의 이중 차원을 절합할 수 있어야 한다. 우리는 어디에도 없음no-where 2에서 현실, 즉 지금 여기now-here로 돌아온다. 그리고 지금 여기에, 살림살이 재생산이라는 우발적인 문제가, 구체적인 투쟁이, 구체적인 지평이, 구체적인 디트리터스 조건이, 우발적인 쟁점, 필요, 요구, 열망이 있다. 지금 여기에서 어디에도 없음에 대한 이론적 고찰이 우리에게 말해 줄 수 있는 것은 없다. 그러나 우발적으로 정의된 디트리터스가 있고, 욕망하는 코나투스가 있으며, 자본과 가부장제가 사회적 신체에 침투하는 한 적대적인, 벌거벗은 사회적 협력이 있다. 여기서 생산 공동체는 그 영향이 다른 공동체들의 살림살이를 위협하고 파편화하는 결정을 내리고 관행을 따른다. 지금 여기에

---

2. [옮긴이 주]지하다시피 유토피아(utopia)는 그리스어 οὐ("not")와 τόπος("place")가 합쳐진 말로서 어디에도 없다(no-place)는 뜻이다.

서 역사의 시작이라는 문제계는 서로 다른 가치 실천들에 입각한 사회적 협력의 공동체들을 재구성하는 일상적 실천이다.

이 문제계는 열려 있다. 앞서 인용한 문장에서 맑스는 그가 "자유로운 생산자들"이라고 부른 것이 어떻게 스스로 결정하는지, 그들의 상호작용 양식은 무엇인지, 그들의 사회적 협력 양식의 조직적 형태는 무엇인지를 상정하지만 명시적으로 논의하지 않는다. 사실 그는 그 문제를 결론짓지 않은 채 열어 둔다. 그리고 이 문장 뒤에 나오는 다음 몇 쪽에서 그는 노동시간에 따른 노동 생산물의 대안적 분배 양식에 관해서만 명시적으로 가정한다(Marx 1976a : 172 [2008]). 그러나 분명한 것은 여기에서 공동체 ─ 나는 이것으로 관계적 양식의 영역을 의미한다 ─ 의 문제, 서로 관계 맺고 있는 사회적 신체의 일부로 자각하는 자유로운 개인들이 그들의 공동 생산을 어떻게 절합하는가의 문제계가 맑스의 사고에 숨겨져 있고 상정되어 있다는 것이다. 맑스도 다른 어느 누구도 이 문제에 답할 수 없을 것이다. 오직 투쟁하고 협력하는 살아 있는 사회적 주체들만이 공동체의 문제를 역사의 시작, 그들의 역사의 시작이라는 문제계의 일부로 제기할 수 있다.

그러나 우리가 말할 수 있는 건 지난 수십 년간 세계의 많은 지역에서 벌어진 수많은 주체의 투쟁들이 공동체의 문제계를 재정식화하는 새로운 맥락을 창출했다는 것이다. 소위 '단일 이슈' 캠페인은 '공동체'에게 배제, 위계, 억압, 몽매주의를 의미했던 규범, 가치, 제도를 사회 전반에서 문제에 빠뜨렸고 약화시켰다. 생산, 재생산, 대인 관계 전선에서 투쟁하는 여성들은 의미와 역할을 문제화하고 다시 쓰면서 자각과 포용성을 정치화했다. 1960년대와 70년대에 확산된 반권위주의는 존중을 갈망했고 위계를 무너뜨렸다. 게이와 레즈비언은 '자신을 드러내고'[커밍아웃] 섹슈얼리티에 대한 사람들의 확신을 무너뜨리면서 [새로운]

지평을 열었고 '타자'와의 관계에 대한 문제를 제기했다. 반인종주의 투쟁은 사회적 신체 내부의 평등권, 존중, 존엄의 문제를 던지며 사회 전체와 맞섰다. 원주민 투쟁은 존엄, 자율, 자립에 대한 요구를 증폭시켰고 비주류, 비서구 형태의 지식에 대한 존중 문제를 강제했다. 유럽의 메트로폴리스 내부 이민자들에 의한 현대의 투쟁은 '인권'을 참전이유로 내세우면서도 이민자들이 노동 시장에 접근하지 못하도록 수용소에 구금하는 정부의 위선뿐 아니라 제1세계 안의 제3세계를 폭로하고 있다. 수십 년간 이어진 환경 투쟁은 우리의 자연적 맥락을, 우리가 자연의 일부라는 것을, 그리고 우리가 서로에게, 다른 종들에게, 생태계에 책임을 져야 한다는 것을 깨닫게 해 주었다. 우리가 그 '책임'을 문제화하길 원한다고 하더라도 말이다. 토지를 되찾는, 존중을 요구하는 전 세계의 농부들은 우리가 먹는 것과 우리가 생산하는 방식을, 그리고 어떻게 이것이 바로 우리의 기초를 이루는지를 연결할 수 있도록 도움을 주었다.

돌이켜 보면, 얼마 전까지 많은 '혁명적 사회주의자들'이 최악의 경우에는 부차적인 문제로 묵살했고 최선의 경우에는 자기 기만적인 지도자들이 설정한 우선순위에 종속시키고 흡수하려고 노력했던 이 모든 투쟁들은 하나의 문화적 환경을 생산해 왔다. 이 환경은 디트리터스를 뒤덮고, 자본의 가치 실천 외부의 지역적·관지역적 공동체들의 개념뿐 아니라 그 새로운 실천들까지 가능하게 만든다. 전체에 대한 책임뿐 아니라 자신들의 척도를 자율적으로 상정하는 것으로 이해되는 부분들에 대한 존엄, '타인'에 대한 신뢰뿐 아니라 전체 내에서의 그 지위에 대한 비판, 필요와 열망의 포괄성뿐 아니라 다른 목소리에 대한 존중, 정치적 과정의 참여적 수평성뿐 아니라 우선순위의 정의, 행동의 긴급성뿐 아니라 소통을 위한 시간. 나의 경험에서 이것들은 모두 공동체의 수많은 관계적 장에서, 그리고 대안지구화 운동들의 우주로부터 분출하는 네트워크와 망에서 출현하고 있는 역동적인 원리들이다.

… 그리고 공통장

공동체들이 다양한 투쟁들에 내포된 가치 실천들로 열리는 것은 모든 규모의 사회적 행동에서 생산자들의 공동체에 대한, 우리가 어떻게 사회적 재생산에 참여하는지에 대한, 우리가 어떻게 서로 관계 맺는지에 대한 문제를 우리가 제기하도록 돕는 전제조건을 창출한다. 그러나 이 공동체의 관계적 장은 주체들의 활동이 절합되는 공통장을 늘 상정하며, 사회적 실천을 통해 그것을 창출한다. 모든 행위 양식은 공통장을 필요로 한다. 사실 공통장의 문제를 제기하는 것은 요컨대 우리의 행위가 지닌 사회적 성격, 즉 개인들은 사회적이며 따라서 그들은 (언어, 토지, 바다, 공기, 가치 등) 무언가를 공유해야만 한다는 사실을 인식하는 것이다. 그와 동시에 공유되는 것은 사회적 공동 생산의 결과다. 상이한 생산양식들은 공통장이 어떻게 재생산되는지 무엇이 공통장이고 무엇이 아닌지, 다시 말해서 생산자들의 공동체들이 어떻게 서로 관계 맺는지에 따라 구별된다. 예를 들면 자본주의적 생산에서 (민영이나 국영 기업의 또는 협동조합의) 생산자들의 각 '공동체'는 시장에서 성공하고/거나 살아남기 위한 무한경쟁에서 다른 공동체와 대결한다. 이 적대를 통해서 그들은 그들의 살림살이의 공통 조건을 재생산한다. 그들은 또한 화폐를 향한 구조적 충동에 갇혀 있다. 그들은 모두 그들의 적대를 재생산하는 규칙과 관행을 공유한다. 화폐 또는 화폐를 향한 욕망은 그들의 공통장이다. 그것은 모든 공통장들이 그렇듯이 여전히 공동체의 행동에 의해 재생산되지만 인간 행동의 생산물(화폐)이 공동생산자들의 행위를 명령하는 방식으로 재생산되는 공통장이다. 그와 동시에 이 물구나무선 세계 ― 이것의 이면은 일반적으로 상품 물신주의, 소외, 추상 노동의 측면에서 분석된다 ― 는 공통장과 공동체의 관계가 탈구된 세계다. 자본에게는 공통적인 것(사회적 생산의 산물)이 오로지 사적인 것으로, 전유 가능한 것으로, 축적 수단으로, 어떤 생산자 공동체가 다른 생산자 공동체를 이용하기 위한 조건으로 나타날 뿐이기 때문이다.

공통장에 대한 다른 이해가 대안지구화 운동의 망과 네트워크 들에서 다시 출현하고 있다. 실제로 전 지구적인 신자유주의 자본에 맞서 전개되는 오늘날의 많은 투쟁들은 **공통장**에 대한 여러 요구를 담고 있다. 토지, 물, 지식, 전기, 사회적 권리, 교육, 보건, 자연, 주거 등의 쟁점에 대한 아주 다양한 투쟁들은 같은 지역 내에서 그리고 전 세계에서 다른 투쟁들과의 절합과 재구성을 갈망한다. 신자유주의 자본의 대안이라는 일반적 문제는 종획의 (역전뿐 아니라) 종말의 어떤 형태와 그에 따른 공통장의 확립을 수반해야 한다는 깨달음이 이 네트워크된 운동들 안에서 커져 가고 있다. 그러나 지난 수십 년간 다양한 사회운동들로 이루어진 투쟁들은 '공통장'과 '공동체'가 서로 연결되어 있다는 것을, 즉 무엇이 공유되고 어떻게 공유되는지의 차원이 함께 가야 한다는 것을 명확하게 보여 준 것 같다. 그러므로 주의를 끄는 많은 운동 부문에서는 직접 민주주의의 문제, 수평적 의사 결정의 새로운 양식에 대한 탐구를 특별히 강조하며, 토착적인 합의의 의사결정 실천에, 일반적으로는 진행 중인 공동 생산의 실험실로서의 수평적 실천에 매혹되어 있다.

이 운동에는 공통장이 반드시 '국가'를 뜻하는 것은 아니라는 일반적인 인식도 존재한다. 다시 말해서 시장이라는 적대적이고 소외된 공동체의 대안이 맑스가 '환상의 공동체'라고 부르는 국가가 아니라는 인식이 존재한다. 새로운 공통장에 대한 요구는 이데올로기적 구축물에서 벗어나 의사 결정에 대한 폭넓은 참여를 요구하며 나아갈 길을 찾는 것에서 싹튼다.

그러므로 이러한 해석에서 역사의 시작은 두 가지 주요 좌표, 즉 공통장과 공동체를 따라 정의되는 문제계로 보인다. 이러한 의미에서 역사의 시작은 세계의 파편들을 자유롭고 존엄을 갖춘 목소리로 보는, 그리고 그들의 상호작용 전체를 – 주체와 독립적인 – 객관objective이 아니라 – 객체의 형태 아래에 있는 – '대상objectal으로 보는 사고 및 실천의 구성의 시작이다.3 신자유주의적 지구화의 옹호자들은 상호주관적인 전 지구적 상호작용을 객관으로, 즉 개별 파편들이 받아들여야만 하는, 주체와 독립적인 실재인 것처럼 말한다 – 이것은 물론 거짓이다. 국가, 초국적 기업, 지구적 경제 기관 등이 바로 이 객관성의 창조주이기 때문이다. 반면 파편들의 상호작용을 대상objectal으로 여기는 것은 파편들/특이성들이 그들의 상호작용 형태를 자각하는 문제를 제기하는 것만은 아니다. 그것은 기존의 착취적, 억압적, 소외적인 사회적 상호작용 형태들의 극복이라는 문제를 제기하는, 하나의 문제화하는 자각이다.

아나키즘, 코뮤니즘, 사회주의

자각. 자각의 여정을 시작하는 것은 교리, 신조, 신념을 낭송하는 것이 아니다. 오히려 그것은 우리의 실천을 타인의 실천과 절합할 때

---

3. 'objectal'이라는 용어는 세르주 라투슈(Latouche 1984)가 도입한 신조어다.

우리가 동원하는 의미와 맞서는 것이며 그 의미를 문제화하는 것이다. 이 자각의 여정의 예를 들기 위해 시위를 하러 가는 필자의 상상의 고향에서 출발해 보자(독자들은 물론 자신의 상상의 고향에서 출발하여 그 안에 얼어붙어 있는 정체성들을 유사 과정적인 의미의 측면에서 측정하여 용해시키는 방식으로 직접 예를 들 수 있을 것이다). 세계 여러 지역에서 벌어진 수많은 행진과 집회에서, 사회 센터와 서점의 논쟁에서 우리는 다른 문구와 상징과 색을 가진 깃발을 흔든다. 세 가지 고전적인 용어가 이 국면에서 떠오른다. 세 가지 개념이 자본을 극복하기 위한 전투와 관련되어 있는 세 가지 방식을 기술한다. 아나키즘, 코뮤니즘, 사회주의[가 그것이다]. 이 용어들은 우리의 충성을 요구하고 그에 따라 투쟁하는 신체를 분할하는 정체성의 벽을 생산하는 상표로 흔히 간주되어 왔다. 나는 그 대신 이 용어들을 이데올로기나 모델 또는 상표가 아니라, 실천의 지평과 탈구의 과정을 기술하는 것으로 이해한다.

아나키즘은 반권위주의에 관한 것이다. 그것은 우리가 시장이나 국가의 강요에 의해서가 아니라 자발적 기초 위에서 공동 생산을 조직할 수 있다는 믿음, 그리고 우리가 함께 수평적으로, 민주적으로, 비폭력적으로 의사결정을 할 수 있다는 믿음이다. 아나키즘은 우리가 우리의 삶에 적용하길 바라는 통치 양식에 형태를 부여하는 원리로서, 이것은 자치, 자율 그리고 자유다. 아나키즘은 우리의 외부들이 지닌 흥미로운 요소다. 그것의 주체는 복수複數이며 다양한, 다수의 주체들이다.

코뮤니즘은 자치의 실천에 관한 것이다. 말하자면 공동체(혹은 공동체들)의 구성원들 사이에서 공통으로 보유하는 자원의 공유를 수반하는 공동 생산 과정에 관한 것이다. 이 구성원들은 이런 이유로 그들의 규범과 가치를 형성하는 관계적 과정에 참여한다. 코뮤니즘은 서로에 대한 그리고 자연에 대한 관계적 요소이며 우리의 외부들 되기를 구성한다. 그것의 주체들은 지역적인 그리고 관지역적인 공동체들이다.

사회주의는⋯예를 들면 차베스처럼⋯우리들 사이에서 아나키즘과 코뮤니즘의 정도가 증가하게끔 한 뒤 무슨 일이 일어나는가를 살피는 방식으로 국가를 통해 자본주의를 통치하는 일에 관한 것이다. 사회주의는 우리 대부분에게 연극적인 요소다 ― 그것은 소극^{笑劇}이나 드라마, 비극 혹은 희극일 수도 있다. 환상이 어떤 때는 좋은 결과를 또 어떤 때는 파괴적인 결과를 가져온다는 것을 떠올려 볼 때 사회주의의 주체는 언제나 환상의 공동체다.

코뮤니즘적 실천이 없는 아나키즘적 실천은 개인주의적이거나 게토화된다. 아나키즘 없는 코뮤니즘은 위계적이고 억압적이다. 사회주의 없는, 즉 국가 내에서/에 대항하여/를 넘어서는 투쟁이 없는 아나키즘과 코뮤니즘은 판타지다(유토피아라고 말하지 않는 건 나에게 유토피아는 판타지가 아니기 때문이다). 코뮤니즘과 아나키즘 없는 사회주의는 신자유주의적이다.

나는 대안지구화 운동을 구성하는 많은 운동들 내에 아나키즘적, 코뮤니즘적, 사회주의적 실천들을 절합하고, 반자본주의의 역사를 특징지었던 이데올로기적 분할을 극복하는 방법을 찾고자 노력하는 이들이 많다고 믿는다. 회합^{encuentros} 같은 공간-공통장의 또는 사회포럼 내의 공동 생산 실천들 또한 이 세 가지 지평이 함께 모여서 공통의 공간과 공통의 의미와 가치를 창출할 수 있음을 보여 준다.

그렇지만 그들이 맞서고 있는 적의 척도(자본의 가치 실천들)와 관련하여 이 지평들을 성찰할 때, 전선에서 일어나는 일을 포착하는 것처럼 보이는 것은 '코뮤니즘'이라는 점에 나는 주목한다. 내가 이 낡고 공격받는 용어를 사용하는 방식은 이데올로기로서가 아니라 가치 실천들의 망으로써 사용하는 것이다. 이것은 자치라는 아나키즘적 영향 덕분에 정의될 수 없고, 개인, 당, '위대한 지도자'에 의한 정의를 벗어나며, "현재의 상태를 폐지하는 현실적 운동"(Marx 1976c : 49 [1991 : 215]) 이다. 그러므로 그것은 자본의 가치 실천들을 폐지한다. 그리고 후자 [자본의 가치 실천]는 조직된 정치적 폭력(국가)을 통해 구성되기 때문에, 그 운동은 국가 내에서(사회주의), 국가에 맞서서(아나키즘), 국가를 넘어서(코뮤니즘) 투쟁하는 법을 찾아야만 한다. 그러나 우리가 말하는 가치 실천은 살림살이, 즉 공동 생산 형태에 대한 것이기 때문에 대안적 공동 생산 형태를 동시에 상상하지 않으면 현재의 공동 생산 형태의 폐지를 상상할 수 없다. 그러므로 나는 내가 자본주의를 상상하는 것과 동일한 일반적인 방식으로, 즉 진행 중인 과정과 특이성들의 절합 ― 이것은 물론 대립하는 가치 실천들에 입각해 있다 ― 으로 코뮤니즘을 상상할 수 있을 뿐이다. 이러한 의미에서 코뮤니즘은 자신의 살림살이의 재생산을 스스로 해결하며 그에 따라 사회적 공동 생산의 새로운 규범과 가치를 상정하는 개인과 공동체 들이 진행 중인 자기 정의定義의 실천이다. 코뮤니즘은 자본의 가치 실천들 외부로 나가서 살아 있는 민주주의와 자유의 영역으로 가려고 분투하는 공통인들이 생성하는 영역이다.

그러므로 코뮤니스트는 마치 코뮤니즘이 우리가 그것을 위해 싸울 수 있는 고정된 사물, 고정된 규칙, 규범의 집합이기라도 한 것처럼 '코뮤니즘을 위해 싸우는' 사람이 아니다. 사회적 세력으로 이해되는 코뮤니즘에 정적인 것은 없다. 그 모든 것은 역동적이고 유동적이며 관계적이다. 공통인들이 그것을 창조하기 때문이다. 코뮤니스트는, 우리의 특정한 투쟁과 다른 이들의 투쟁을 연결하는 대안은 오직 종획과 훈육적 통합을 넘어서 구축될 수 있을 뿐이라는 자각을 가지고, 우리 모두가 관련되어 있는 가치 투쟁들에 참여하는 사람이다. 우리가 본 것처럼 실제로 종획과 훈육적 통합은 우리가 자본이라고 부르는 사회적 세력과 우리가 자본주의라고 부르는, 상충하는 가치 실천들을 절합하는 사회적 체계를 보전하기 위한 핵심이다. 이러한 점에서 코뮤니스트는 개혁이나 혁명의 우화에 매료되지 않는다. 이 중 어떤 것도 역사의 시작의 핵심이 아니기 때문이다. 핵심은 다른 가치 실천들을 통해 타인과 자연에 연결된 다른 유형의 삶을 살아가는 것이다.

어떤 정체성을 갖고 있든 여느 다른 투쟁하는 주체들과 코뮤니스트의 유일한 차이는 코뮤니스트는 자신의 손에 거울을 들고 자본과 맞선다는 점이다. 사회적 행동의 어떤 규모에서건 자본에 대한 대안은 그 뒤집힌 이미지 - 종획과 시장의 훈육적 통합 대신 공통장과 민주적 공동체들의 이미지 - 로 정의되는 공간 내에서 세계를 창조하는 사회적 세력이다. 코뮤니스트는 사회적 행동의 어떤 규모에서든지, 어디에 있든지 필요를 충족하고 욕망을 따르는 대안적인 방식을 창조하려고 시도하는 사람이며,[이를 위한] 수단은 공유될 수 있고, 그 수단이 가능하게 만드는 행위의 목적과 양식은 타인과의 직접적인 관계 속에서 출현할 수 있다는 점을 알고 있다. 우리가 자본이라고 부르는 사회적 세력이 종획과 시장 영역을 확장하고 보호함으로써 자신을 보전하려고 하는 것과 마찬가지로, 우리가 코뮤니즘이라고 부르는 사회적 세력은 공통장의 영역과 풀뿌리 민주적인 과정 및 실천을 확장하고 보호함으로써만 자신을 보전할 수 있다. 내가 생각하기에 대안을 문제화하는 핵심 토양, 즉 역사의 시작은 모두 여기에 있다.

그러나 종획과 훈육적 통합의 장소가 거의 모든 곳에 있기 때문에 우리가 역사의 시작이라고 부른 그것의 거울 이미지 역시 모든 곳에 있다. 당신이 그것을 체계적으로, 피드백 메커니즘으로 고려한다면, 개인과 사회, 행위자와 구조 사이에 더 이상의 분열은 존재하지 않기 때문이다. '여기'와 '저기' 사이에 분열은 없다. 우리가 자본의 척도를 충족시키라는 명령 아래에서 일할 때 이 척도가 우리 자신의 사물에 대한 척도와 충돌한다는 것을 알고 있듯이, 우리의 분열된 인격들, 우리가 맡도록 요구받는 모순된 역할들, 지킬 박사와 하이드를 오가는 행위 양식의 정신분열증적 동요, 이 안에서 동일한 신체가 상충하는 가치 실천들을 따라 행동할 것을 요구받는다. 이것은 맑스가 계급투쟁이라고 부르는 것이 사회 내 집단들 간의 투쟁인 만큼이나 개인 내에서의 투쟁임을 드러낸다. 이러한 의미에서 코뮤니즘은 자본의 화폐 순환에서 탈구되어 전진하는 사회적 세력이며, 이것은 공통장과 그에 상응하는 공동체들의 점진적 확장을 통해서만 이루어질 수 있다. 역사의 시작은 모든 곳에 있고 공생공락과 풍부함을 약속한다. 우리가 그것의 일원이 되지 못하도록 막는 유일한 것은 그것을 향한 우리의 필요와 욕망 그리고 우리의 힘들의 효과다. 즉 우리의 필요와 욕망의 조직적 범위다. 그러나 이 점에 대한 논의는 이 책에 담을 수 없다. 타인과의 구체적인 절합, 구체적인 구성 과정의 문제가 논제일 때, 저자는 침묵해야 한다. 이것들은 오히려 특정한 맥락에서의 전략, 네트워킹, 정동 그리고 공동체의 문제다. 그것들은 자신의 삶의 생산과 재생산의 조건을 장악하는 자유로운 개인들의 문제이며, 아름답고 자유로운 주체들이 살아가는 삶의 흐름이 궁극적으로 어떤 것인지를 기술하기에 이론적 일반화는 적절하지 않다. 역사의 시작은 살아져야 한다. 그렇지 않으면 그것은 역사의 종말이다.

이 책의 저자인 데 안젤리스가 국내에 잘 소개되어 있지 않으므로 여기서는 그가 중요하게 다루는 공통장을 중심으로 그의 논의를 간략하게 살펴보는 것이 좋을 것 같다.[1]

뜨론띠는 자율주의의 핵심 원리라고 할 수 있는 노동의 우선성과 관련하여 이렇게 이야기한다. "우리조차 자본주의의 발전을 우선시하고, 노동자를 부차적으로 여기는 개념을 가지고 연구해왔다. 이는 잘못된 일이다. 이제 우리는 문제를 처음으로 되돌려야 하며, 정반대로 역전시켜 출발점에서 다시 시작해야 한다. 노동자 계급의 투쟁이 그 출발점이 될 것이다."[2] 이러한 자율주의의 관점은 자본의 축적 논리가 사회를 일방적으로 지배하는 힘이라고 보았던 서구 맑스주의의 관점을 완전히 뒤집어 놓았다. 맑스가 자본의 힘에 초점을 맞췄다면 자율주의 이론에서는 이 강조점이 역전된다. 데 안젤리스는 이렇게 노동자들의 투쟁에서 시작하는 자율주의의 관점을 일관되게 유지해 왔으며 공통장에 대해서도 그러하다.

이 책에서 계속 언급하듯이 데 안젤리스는 공통장을 자본의 외부

---

1. 이어지는 글은 옮긴이의 박사논문(『도시 공통계의 생산과 전유』, 2019) 일부를 발췌하여 재구성한 것이다.

2. Mario Tronti, "Lenin in England," *Working Class Autonomy and the Crisis*, ed. Red Notes Collective, Red Notes, 1979, pp. 1~6 (닉 다이어-위데포드, 『사이버-맑스 : 첨단기술 자본주의에서의 투쟁주기와 투쟁순환』, 신승철·이현 옮김, 이후, 2003, 148쪽에서 재인용).

로 이해한다. 이 외부란 "자본과 다른 것이" 되는 과정이다.[3] 그에 따르면 투쟁의 과정들이 끊임없이 외부를 생성하며, 그곳에서 공통장이 발견된다.

공통장은 자본이 점거하지 않은 사회적 공간 안에서 작동한다. 이 공간이 자본의 조직 내부에 있든 외부에 있든 그렇다. 따라서 우리는 공동체 조직과 협회, 사회 센터, 마을 조직, 토착적 실천, 가정, 사이버 공간의 P2P 네트워크, 그리고 공동체 활동의 재생산에서 공통장을 발견한다. 우리는 또한 공장의 작업장과 사무실의 구내식당에서 공통장을 발견한다. 점심을 나누고 연대와 상호부조 형태를 개발하면서 서로를 돕는 동료들 사이에서 공통장을 발견한다. 우리는 자본이 언제나 "혁신적인" 자신의 관리 전략에도 불구하고 통제하지 못하는 사회적 노동의 "구멍"에서 공통장과 공통화commoning를 발견한다.[4]

이처럼 공통장은 어디에나 존재할 수 있다. 그러나 공통장은 "자본이 점거하지 않은 사회적 공간"에 그냥 존재하는 것이 아니다. 공통화의 실천들이 그 공간을 채우는 만큼 가능하다. 우리가 삶의 재생산을 위해 필요한 것을 스스로 해결하기 위한 방안을 모색하고 실천하는 그만큼 공통장은 존재할 것이다. 따라서 "많은 공통장들이 이미 사회 내에 잠재해 있으며, 우리가 우리의 삶과 지식을 재생산하기 위해 필요한 도움과 자원의 많은 부분을 공급하는 수로 역할을 한다. 우리는 일

---

3. 맛시모 데 안젤리스, 『역사의 시작』, 권범철 옮김, 갈무리, 2019, 418쪽.

4. Massimo De Angelis, "Crises, capital and co-optation : Does capital need a commons fix?", *The Wealth of the Commons : A World Beyond Market and State*, Levellers Press, 2013, http://wealthofthecommons.org/essay/crises-capital-and-co-optation-does-capital-need-commons-fix [갈무리, 근간].

반적으로 하나의 공통장에서 태어난다."[5] 우리가 공통장에서 태어난다는 말은 "모든 행위 양식이 공통장을 필요로 한다"[6]는 것을 뜻한다. 심지어 자본 역시 그러하다. 이러한 맥락에서 데 안젤리스는 공장 역시 하나의 공통장이라고 주장한다. 그는 공통장the commons을 공통재common goods와 구별하면서 공통장을 공통재, 공동체(와 공통인), 공통화 등으로 이루어진 하나의 체계로 이해하는데, 공장 역시 이 세 가지 요소를 갖추고 있기 때문이다.

공장에 일을 하러 가는 개인들은 상품 생산이 일어나도록 하기 위해서 자연의 요소들과 그리고 다른 사람들과 서로 재결합되어야 한다. 여기서 우리는 모든 공통장을 구성하는 세 가지 요소들과 마주친다. 첫째, 자원의 공동 이용 : 노동자들은 도구와 정보에 접근할 때 서로 상품교환에 관여할 필요가 없다. 둘째, 노동의 사회적 협력 : 조립라인에서 각 노동자의 노동은 그녀 앞 누군가의 행동에 의존한다. 셋째, 규칙과 규제를 만들고 출입할 사람을 정의하는 '공동체' : 공장 출입문은 누구에게나 열려 있지 않으며 그 안에서 모든 행동이 허가되는 것은 아니다. 그러나 우리는 모든 공통장의 이 세 가지 구성적 특징 ─ 공동 이용되는 자원, 노동의 사회적 협력, 공동체 ─ 이 아주 특정한, '비뚤어진' 방식들로 자본주의적 공장에 적용된다는 점 또한 알고 있다. 자원의 공동 이용과 노동의 사회적 협력이 상품 생산에 실용적이라는 사실은 인간 재생산에 결정적인 다른 측면들(존엄, 연대, 생태적 지속가능성, 행복)이 하나의 궁극적인 목적 ─ 자본의 축적 ─ 에 종속됨을 뜻한다.[7]

---

5. Massimo De Angelis, *Omnia Sunt Communia : Principles for the Transition to Postcapitalism*, Zed Books, 2017, p. 12 [갈무리, 근간].

6. 데 안젤리스, 『역사의 시작』, 443쪽.

이처럼 공장은 그 내부에서 보았을 때 자원을 공동으로 이용하고, 규칙과 규제를 부과하는 조직이 존재하며, 협력적 노동이 존재한다는 점에서 하나의 공통장이다. 그러나 그곳의 활동이 자본 축적에 종속된다는 점에서 데 안젤리스는 공장을 "비뚤어진" 공통장의 사례로 파악한다.[8]

이렇게 자본주의적 생산이 공통장에 기대는 방식은 공장 안에서만 일어나지 않는다. 데 안젤리스는 사회적 안정의 위기라는 교착상태에 빠진 자본이 이를 해결하기 위해 공통장 조정commons fix을 필요로 한다고 주장한다.[9] 가령 영국에서 2010년 이후 공공 지출이 대거 삭감된 이래 시행된 "빅소사이어티"Big Society 비전은 공공 기관의 역할을 공동체에 전가한다. 공동체를 활력화empowerment한다는 그 비전은 예산 삭감으로 줄어든 공적 지원을 공동체의 공통화에 떠넘기는 방식에 다름 아니었다. 이러한 점에서 자본에게 공통의 부란 "오로지 사적인 것으로, 전유 가능한 것으로, 축적 수단으로, 어떤 생산자 공동체가 다른 생산자 공동체를 이용하기 위한 조건으로 나타날 뿐"[10]이다.

이처럼 데 안젤리스는 공통장을 자본의 외부로 설정하는 한편, 그것이 자본과 관계 맺는 방식을 중요한 문제로 다룬다. 그런데 그가 보기에 "공통장이라는 사고는 점점 자본주의적 사회관계에 대한 대안이라기보다는 그것의 구원자로서 기능하는 것처럼 보인다."[11] 그가 "운동

7. Massimo De Angelis, "The tragedy of the capitalist commons," *TURBULENCE* #5, 2009, http://www.turbulence.org.uk/turbulence-5/capitalist-commons/index.html.

8. 같은 글.

9. De Angelis, "Crises, capital and co-optation : Does capital need a commons fix?", *The Wealth of the Commons*.

10. 데 안젤리스, 『역사의 시작』, 444쪽.

11. De Angelis, "The tragedy of the capitalist commons," *TURBULENCE* #5.

공통장	공통장이 의존하는 자본의 복합적 산물
위키피디아	중앙컴퓨터, 케이블, 사적으로 생산된 전기 등을 비롯한 분산된 인프라
공동체 기반 농업 네트워크	트럭, 연료, 전기, 도로 네트워크

자본/국가	자본/국가가 의존하는 공통장의 복합적 산물
대규모 이벤트	자원봉사자와 그들을 뒷받침하는 가정
경찰	마을 감시에서 비롯한 정보, '시민' 행동
노동력	가정의 재생산 노동

출처: De Angelis, *Omnia Sunt Communia*, p. 333의 표를 수정

내부의 다른 많은 접근"에서 발견하는 공통장이 자본에 대한 대안적인 실천이라기보다 그 역사적이고 특수한 형태 – 신자유주의 – 에 대한 대안적인 '정책'이 되고 있기 때문이다.[12]

최근 수년간 세계은행은 공통장 관리의 몇 가지 양상들, 가령 공동자원, 공동체 참여 그리고 사회적 자본으로서의 "신뢰"가 갖는 중요함을 설파했다. 공동체는 신용조합을 만들어 "금융 화폐 공통장"을 통해 저축을 공동으로 이용하고 그것의 분배를 스스로 관리할 수 있지만, 개발 기관은 동일한 원리에 의존하면서 공동체를 은행과 마이크로크레디트microcredit 제도에 묶어두고 이를 통해 그들이 전 지구적인 시장 회로에 더욱 의존하도록 만든다. 이러한 방식으로 공통장에서 양성되는 연대와 협력의 유대는 시장 이익에 복무하는 상호 통제와 수치심의

---

12. 데 안젤리스, 『역사의 시작』, 277쪽.

위협으로 바뀐다.[13]

요컨대 공통장은 신자유주의를 비판하지만 자본 자체를 거부하지는 않는 학계와 기관의 새로운 출구 전략으로 흡수되고 있다. 그러나 이러한 고려가 축적 전략으로서 종획의 기각을 뜻하는 것은 아니다. 그것은 여전히 세계 각지에서 진행되고 있는 중요한 문제다. 그에 따라 데 안젤리스는 종획과 흡수를 "새로운 자본주의적 전략의 두 가지 상호보완적인 좌표"[14]로 이해해야 한다고 주장한다.

자본이 상호보완적인 전략 – 종획(공통장의 강탈)과 흡수(공통장의 자본주의적 이용) – 을 갖는다는 것은 공통장과 자본의 관계가 대립적인 것만이 아니라 좀 더 복합적이라는 것을 뜻한다. 데 안젤리스는 그 양자 간 관계의 예를 간단한 표로 정리한다.

이 표는, 자본과 공통장이 모두 자신의 외부에서 생산된 자원들에 의존한다는 것을 보여 준다. 공통장이 자본주의적 산업의 생산물을 필요로 한다면, 자본은 사이버 공간의 P2P 네트워크에서 창조된 자원에, 가정에서 재생산된 노동력 등에 의존한다. 즉 자본과 공통장은 공생 관계에 있다. 그러나 두 체계가 서로를 이용하는 방식에는 차이가 있는데, 자본/국가가 공통장의 이용에 대가를 지불하지 않는 반면 공통장은 보통 직접적으로 혹은 간접적으로(세금 등) 자본/국가에 대가를 지불한다는 것이다. 따라서 우리는 공통장과 자본/국가가, 후자가 전자에 기생하는 공생 관계에 있다고 말할 수 있다.[15]

---

13. De Angelis, "Crises, capital and co-optation : Does capital need a commons fix?", *The Wealth of the Commons*.

14. 같은 글.

15. De Angelis, *Omnia Sunt Communia*, pp. 334~5.

공통장을 체계로 이해하는 그의 논의 속에서 공통장과 자본/국가의 관계를 좀 더 살펴보자. 앞서 언급했듯이 데 안젤리스는 공통재와 공통화, 공동체가 공통장이라는 체계를 이루는 세 가지 요소라고 설명한다.

우선 공통재는 다수를 위한 사용가치를 가리킨다. 그러나 이것은 탈자본주의적인 의미에서 공통재를 정의하기에는 충분하지 않은데, 대량 생산되는 상품 역시 다수를 위한 사용가치이기 때문이다. 따라서 어떤 재화가 공통재가 되려면 소유권property rights과는 다른 의미에서 그 재화에 대한 책임감ownership을 주장하는 공통인들의 집합이 형성되어야 한다. 이런 의미에서 공통재는 이중적인 성격을 띠게 되는데 그것은 사용가치를 제공하는 재화라는 의미에서 하나의 객체이면서 다수의 주체들의 책임감을 요한다는 측면에서 주체적 성격을 띤다. 이러한 지점이 바로 공통장을 사회적 체계로 이해하기 위한 길을 열어 준다.[16] 사적소유권에 기초를 둔 체계는 재화를 대상으로서 소유한다고 생각하지만, 공통장은 그 대상과 분리될 수 없는 관계를 이룬다. 데 안젤리스는 지구 전역의 토착 문화를 사례로 들면서 이 문화에서 "동물과 물과 땅은 주체성의 한 유형을 표현하는 것으로, 우리가 균형 잡힌 그리고 공정한 방식으로 관계 맺어야 하는 살아 있는 존재의 일부분으로 간주된다"[17]고 설명한다.

다음으로 공통화는 공통의 행위로서, "공통장 영역 내에서 일어나는 사회적 행위(사회적 노동)의 형태"[18]를 가리킨다. "이를 통해 공통의 부와 공통인들의 공동체는 사물, 사회적 관계, 정동, 결정, 문화의 (재)

---

16. 같은 책, pp. 29~32.
17. 같은 책, p. 133.
18. 같은 책, p. 121.

생산과 더불어 (재)생산된다."[19] 라인보우는 이와 유사하게 공통화가 "노동 과정에 심어져 있다"[20]고 설명한다. 소작인들이 들판, 고지, 삼림, 습지, 해안을 활용하는 특정한 방식 안에 공통화가 내재되어 있다는 것이다. 그러므로 공통화는 어떤 정리된 원리가 아니라 우리가 함께 특정한 과제를 수행하거나 문제를 해결하는 순간에 출현한다.[21]

마지막으로 공동체는 "다수의 공통인들과 그들의 정동적·사회적 관계"를 가리킨다. 이것의 진정한 성격은 "공통화의 많은 순간 속에서 출현한다."[22] 이러한 공동체가 반드시 공통의 문화적이거나 정치적인 혹은 이데올로기적인 친밀감에 근거하는 것은 아니다. 그러한 동일성이 반드시 삶의 재생산에 필요하지는 않기 때문이다. 따라서 공동체는 어떤 동일성을 바탕으로 상상된 집단이 아니라 현실의 상호교류 속에서 출현하는 사회적 관계다. 즉 "공통장의 인식론에서 공동체는 공통인으로서, 즉 그 자원을 공유하고 돌보고 개발하고 만들고 재창조하는 사람으로서의 주체들과 그들의 상호관계들의 집합"[23]을 가리킨다.

그렇다면 공통장을 하나의 사회적 체계로 파악한다는 것은 무엇을 의미하는가? 데 안젤리스에 따르면 우리가 사는 세계, "우리의 사회적 관계들의 체계는 자본주의가 아니다."[24] 우리의 세계는 자본주의보다 훨씬 더 거대하며, 자본주의는 "훨씬 더 광범위하고 모든 것을 아우르는 어떤 것, 즉 사회적 재생산 체계에 속한 하나의 하위체계에 불과

---

19. 같은 책, p. 119.
20. 피터 라인보우, 『마그나카르타 선언 : 모두를 위한 자유권들과 커먼즈』, 정남영 옮김, 갈무리, 2012, 75쪽.
21. "공통인들은 먼저 권리증서에 대해서 생각하는 것이 아니라 인간의 행동에 대해서 생각한다. 이 땅을 어떻게 경작할 것인가?"(라인보우, 『마그나카르타 선언』, 75쪽).
22. De Angelis, *Omnia Sunt Communia*, p. 124.
23. 같은 책, p. 126.
24. 데 안젤리스, 『역사의 시작』, 81쪽(강조는 원문의 것).

하다."[25]

공동체 관계, 선물 교환, 서로 다른 유형의 가족 및 친족 관계, 연대와 상호부조 관계, 존재하는 것뿐 아니라 상상할 수 있는 것까지, 이 모든 것들은 사회적 협력과 생산 체계들을 이룬다. 이것들은 함께 있고, 다양한 정도로 종종 교차하며, 우리가 자본주의라고 여기는 사회적 협력과 생산 체계에 흡수되거나 그것과 직접적인 갈등을 빚는다. 이 모든 체계들의 집합뿐 아니라 그 체계들의 절합이 우리가 지구에서 살림살이를 재생산하는 방식을 정의한다. 그러므로 자본주의는 전체가 아니다.[26]

즉 자본주의는 "우리의 세계의 부분 집합"[27]이며, 공통장도 역시 우리의 세계를 이루는 하나의 하위체계, 부분 집합이다. 앞서 언급한, 공통장이 자본주의의 외부에 있다는 말은 바로 이러한 의미에서다. 이 사회적 체계는,

사회적 행동의 어떤 규모에서건 자신의 작용을 통해 자신의 재생산을 추구하면서, 다른 사회적 체계들에 영향을 미치고, 그것들과 충돌하며, 어지럽히고, 포섭하고, 결합하며, 변형시키거나 파괴한다. 이를 통해 사회적 체계는 다른 사회적 체계들을 자신의 개발 수단으로 만든다. 따라서 하나의 사회적 체계는 특정 유형의 가치 실천들을 중심으로 한 복수의 사회적 힘들의 응집 혹은 합성이다.[28]

---

25. 같은 책, 87쪽.
26. 같은 곳.
27. 같은 책, 86쪽.

따라서 자본주의는 '축적을 위한 축적'이라는 가치 실천을 중심으로 다른 사회적 체계들을 포섭하는 하나의 사회적 체계라고 할 수 있다. 그렇다면 공통장은 공생공락, 연대와 호혜의 관계 등 다른 대안적 가치들을 중심으로 하는 사회적 체계라고 할 수 있을 것이다. 요컨대 이 책에서 저자가 그리는 것은 이 두 체계가 부딪히는 전선에서 일어나는 다양한 양상들이다. 역사가 '종말'을 맞이했다고 말하는 이들의 생각과 달리 그 전선은 사라진 적이 없다. 수많은 투쟁들이 계속해서 전선을 긋고 있기 때문이다. 우리의 삶은 그 전선에서 부딪히는 힘들의 관계에 좌우된다. 그러므로 역사는 끝난 적이 없다. 역사는 언제나 다시 시작한다.

나는 이 책을 오래전 다중지성의 정원 세미나에서 처음 접했다. 그리고 한참 시간이 지난 뒤 옮긴이로 다시 만나게 되었다. 좋은 책을 만날 기회와 옮길 기회를 주신 다중지성의 정원/갈무리 식구들에게 감사드린다. 거친 번역문을 꼼꼼히 읽고 의견을 주신 프리뷰어 분들께도 감사드린다. 끝으로 작업의 물질적·심리적 토대가 되어 준 썬과 세람에게도 고마운 마음을 전한다.

2019년 2월
권범철

---

28. De Angelis, *Omnia Sunt Communia*, p. 108.

:: 참고문헌

Abramsky, Kolya. (ed.) (2001) *Restructuring and Resistance, Diverse Voices of Struggle in Western Europe*, resresrev@yahoo.com.

American Friends Service Committee. (2004) *Military Recruitment*, http://www.afsc.org/youthmi1/Military-Recruitment/default.htm (last accessed 5 May 2005).

Amin, Samir. (1974) *Accumulation on a World Scale : a Critique of the Theory of Underdevelopment*, London and New York : Monthly Review Press. [사미르 아민, 『세계적 규모의 자본축적』 1~2, 김대환·윤진호 옮김, 한길사, 1986.]

Anderson, Bridget. (2000) *Doing the Dirty Work? the Global Politics of Domestic Labour*, New York : Zed Books.

Anderson, Terry L. and Randy T. Simmons. (eds) (1993) *The Political Economy of Customs and Culture : Informal Solutions to the Commons Problem*, Lanham, Md. : Rowman & Littlefield.

Anheier, Helmut and Nuno Themudo. (2002) 'Organisational Forms of Global Civil Society : Implications of Going Global', in Marlies Glasius, Mary Kaldor and Helmut Anheier (eds) *Global Civil Society 2002*, Oxford : Oxford University Press, pp. 191~216. [헬무트 안하이어 외, 『지구시민사회 : 개념과 현실』, 조효제·진영종 옮김, 아르케, 2004.]

Aristotle. (1948) *The Politics*, Oxford : Oxford University Press. [아리스토텔레스, 『정치학』, 천병희 옮김, 도서출판 숲, 2009.]

_____. (1985) *Nicomachean Ethics*, Indianapolis, Cambridge : Heckett Publishing. [아리스토텔레스, 『니코마코스 윤리학』, 천병희 옮김, 도서출판 숲, 2013.]

Balakrishnan, Gopal. (ed.) (2003) *Debating Empire*, London : Verso.

Bales, Kevin. (2004) *Disposable People : New Slavery in the Global Economy*, Berkeley : University of California Press. [케빈 베일스, 『일회용 사람들 : 글로벌 경제 시대의 새로운 노예제』, 편동원 옮김, 이소, 2003.]

Barratt Brown, Michael. (1974) *The Economics of Imperialism*, Harmondsworth : Penguin Books.

Bataille, Georges. (1988) *The Accursed Share*, New York : Zone Books.

Becker, Gary S. (1993) *Human Capital : a Theoretical and Empirical Analysis, with Special Reference to Education*, London : University of Chicago Press.

Bell and Cleaver (2002) 'Marx's Crisis Theory as a Theory of Class Struggle', reproduced in *The Commoner*, 5, Autumn, http://www.commoner.org.uk/cleaver05.pdf and http://www.commoner.org.uk/cleaver05_pr.htm. Originally published in *Research in Political Economy*, 5, 1982, pp. 189~261.

Bentham, Jeremy. (1787) *Panopticon : or the Inspection-House*, Dublin : Thomas Byrne.

Bologna, Sergio. (1991) 'The Theory and History of the Mass Worker in Italy', *Common Sense* 11, pp. 16~29;12, pp. 52~78. [쎄르지오 볼로냐, 「이딸리아에서 대중 노동자의 이론과 역사」, 『이

딸리아 자율주의 정치철학 1』, 이원영 옮김, 갈무리, 1997.]

Bonefeld, Werner. (2001) 'The Permanence of Primitive Accumulation : Commodity Fetishism and Social Constitution', *The Commoner*, 2, September, http://www.commoner.org. uk/02bonefeld.pdf.

———. (2002a) 'History and Social Constitution : Primitive Accumulation is not Primitive', *The Commoner*, Debate on Primitive Accumulation, http://www.commoner.org.uk/debbonefeld.pdf.

———. (2002b) 'Class and EMU', *The Commoner*, 5, Autumn, http://www.thecommoner.org. uk/bonefeld05.pdf.

Boutang, Yann Moulier. (2002) *Dalla schiavitu' al lavoro salariato*, Rome : Manifestolibri.

Branford, Sue and Jan Rocha. (2002) *Cutting the Wire : The Story of the Landless Movement in Brazil*, London : Latin American Bureau.

Braudel, Fernand. (1982) *The Wheels of Commerce : Civilization and Capitalism 15th-18th Century*, vol 2, London : Collins. [페르낭 브로델, 『물질문명과 자본주의 II-1 : 교환의 세계 上』, 『물질문명과 자본주의 II-2 : 교환의 세계 下』, 주경철 옮김, 까치글방, 1996.]

———. (1984) *The Perspective of the World : Civilization and Capitalism 15th-18th Century*, vol 3, London : Collins. [페르낭 브로델, 『물질문명과 자본주의 III-1 : 세계의 시간 上』, 『물질문명과 자본주의 III-2 : 세계의 시간 下』, 주경철 옮김, 까치, 1997.]

Brookings Institution, The. (1998) *What Nuclear Weapons Delivery Systems Really Cost*, http://www.brook.edu/fp/projects/nucwcost/delivery.htm (last accessed 6 May 2005).

Burnham, Peter. (1996) 'Capital, Crisis and the International State System', in Werner Bonefeld and John Holloway (eds) *Global Capital, National State and the Politics of Money*, Basingstoke : Macmillan. [피터 버넘, 「제5장 자본, 위기 그리고 국제적 국가체제」, 『신자유주의와 화폐의 정치』, 이원영 옮김, 갈무리, 1999.]

Caffentzis, George. (1983/2004) 'Freezing the Movement : Posthumous Notes on Nuclear War', *The Commoner*, 8, Autumn/Winter, http://www.commoner.org.uk/08caffentzis.pdf.

———. (1995) 'The Fundamental Implications of the Debt Crisis for Social Reproduction in Africa', in Mariarosa Dalla Costa and Giovanna F. Dalla Costa (eds) *Paying the Price : Women and the Politics of International Economic Strategy*, London : Zed Books.

———. (1999) 'The End of Work or the Renaissance of Slavery? A Critique of Rifkin and Negri', *Common Sense*, 24, pp. 20~38. Also available at www.autonomedia.org. [조지 카펜치스, 「노동의 종말인가, 노예제의 부활인가? 리프킨과 네그리 비판」, 『탈정치의 정치학』, 김의연 옮김, 갈무리, 2014.]

———. (2002) 'On the Notion of a Crisis of Social Reproduction : a Theoretical Review', *The Commoner*, 5, Autumn, http://www.commoner.org.uk/caffentzis05.pdf. [조지 카펜치스, 「사회적 재생산의 위기 개념에 대하여 : 이론적 개관」, 『피와 불의 문자들』, 서창현 옮김, 갈무리, 2018.]

———. (2005) 'Immeasurable Value? An Essay on Marx's Legacy', *The Commoner*, 10, http://www.commoner.org.uk/10caffentzis.pdf.

Camdessus, Michel. (1997) 'Managing Director's Opening Address : Camdessus Calls for Responsibility and Solidarity in Dealing with the Challenges of Globalization', *IMF Survey*, 26,

18, 6 October.

Cannon, Walter B. (1932) *The Wisdom of the Body*, New York : Norton. [월터 캐논, 『인체의 지혜』, 정해영 옮김, 동명사, 2003.]

Capra, Fritjof. (1997) *The Web of Life : A New Synthesis of Mind and Matter*, London : Flamingo.

Cassin, Barbara. (2002) 'The Politics of Memory : How to Treat Hate', *Quest : An African Journal of Philosophy / Revue Africaine de Philosopy*, 16, 1~2. Available at http://www.questjonrnal.net/vol_XVI/QUEST%20XVI%20FINALFINALFINAL4TXT.txt (last accessed 10 March 2006).

Castells, Manuel. (2000) *The Rise of the Network Society*, vol 1. Cambridge, Mass. : Blackwell Publishers. [마누엘 카스텔, 『네트워크 사회의 도래』, 김묵한·박행웅·오은주 옮김, 한울, 2003.]

Caufield, C. (1998) *Masters of Illusion : The World Bank and the Poverty of Nations*, London : Pan.

CCHD, Catholic Campaign for Human Development. (2004) Poverty Tour, http://www.nccbuscc.org/cchd/povertyusa/tour2.htm (last accessed 5 May 2005).

Center for Arms Control and Non-Proliferation. (2005) 'Highlights of the FY05 Budget Request', http://64.177.207.201/static/budget/annual/fy05/ (last accessed 5 May 2005).

Chandhoke, Neera. (2002) 'The Limits of Global Civil Society', in Marlies Glasius, Mary Kaldor and Helmut Anheier (eds) *Global Civil Society 2002*, Oxford : Oxford University Press, pp. 35~53.

Chari, Sharad. (2005) 'Political Work : the Holy Spirit and the Labours of Activism in the Shadow of Durban's Refineries', in *From Local Processes to Global Forces*, Centre for Civil Society Research Reports, vol. 1 , Durban : University of Kwazulu-Natal, pp. 87~122.

Clancy, Michael. (1998) 'Commodity Chains, Services and Development : Theory and Preliminary Evidence from the Tourist Industry', in *Review of International Political Economy*, 5, 1, Spring, pp. 122~48.

Cleaver, Harry. (1979) *Reading Capital Politically*, Austin : University of Texas Press. [해리 클리버, 『자본을 어떻게 읽을 것인가』, 조정환 옮김, 갈무리, 2018.]

_____. (1984) 'Introduction', in Antonio Negri (1984) *Marx beyond Marx : Lessons on the Grundrisse*, South Hadley, Mass. : Bergin & Garvey.

_____. (1992) 'The Inversion of Class Perspective in Marxian Theory : from Valorisation to Self-Valorisation', in W. Bonefeld, R. Gunn and K. Psychopedis (eds) *Open Marxism*, Pluto Press. [해리 클리버, 「마르크스주의 이론에 있어서의 계급 관점의 역전」, 『사빠띠스따』, 이원영·서창현 옮김, 갈무리, 1998.]

_____. (2005) 'Work, Value and Domination : on the Continuing Relevance of the Marxian Labor Theory of Value in the Crisis of the Keynesian Planner State', *The Commoner*, 5, http://www.commoner.org.uk/10cleaver.pdf.

Coase, Ronald H. (1988) 'The Problem of Social Cost', in Ronald H. Coase, *The Firm, the Market and the Law*, Chicago and London : University of Chicago Press.

Cohen, G. A. (1988) *History, Labour and Freedom*, Oxford : Clarendon Press.

Costello, Anne and Les Levidow. (2001) 'Flexploitation Strategies : UK Lessons for Europe',

The Commoner, 1, May, http://www.commoner.org.uk/Flex3.pdf.

Crozier, M., Samuel P. Huntington and Jdju Watanuki. (1975) *The Crisis of Democracy: Report on the Governability of Democracies to the Trilateral Commission*, New York : New York University Press.

Dalla Costa, Mariarosa and G. F. Dalla Costa. (eds) (1999) *Women, Development and the Labor of Reproduction: Struggles and Movements*, Trenton; N.J. and Asmara, Eritrea : Africa World Press.

Dalla Costa, Mariarosa and Dario De Bortoli. (2005) 'For Another Agriculture and Another Food Policy in Italy', *The Commoner*, 10, Spring/Summer, http://www.thecommoner. org/10dallacostadebortoli.pdf.

Dalla Costa, Mariarosa and Selma James. (1972) 'The Power of Women and the Subversion of the Community', in E. Malos (ed.) *The Politics of Housework*, Bristol : Falling Wall Press.

Damasio, Antonio. (2003) *Looking for Spinoza: Joy, Sorrow and the Feeling Brain*, London : William Heinemann. [안토니오 다마지오, 『스피노자의 뇌』, 임지원 옮김, 사이언스북스, 2007.]

Davis, Mike. (1990) *City of Quartz: Excavating the Future in Los Angeles*, London : Verso.

De Angelis, Massimo. (1996) 'Social Relations, Commodity-Fetishism and Marx's Critique of Political Economy', *Review of Radical Political Economics*, 28, 4, pp. 1~29.

_____. (2000a) *Keynesianism, Social Conflict and Political Economy*, London : Macmillan.

_____. (2000b) 'Globalization, New Internationalism and the Zapatistas', *Capital and Class*, Spring, 70, pp. 9~35.

_____. (2001a) 'Marx and Primitive Accumulation : the Continuous Character of Capital's "Enclosures"', *The Commoner*, 2, September, http://www.commoner.org.uk/02deangelis.pdf.

_____. (2001b) 'Hayek, Bentham and the Global Work Machine : the Emergence of the Fractal-Panopticon', in Ana Dinestern and Michael Neary (eds) *The Labour Debate: An Investigation into the Theory and Reality of Capitalist Work*, Ashgate : Aldershot.

_____. (2002) 'The Market as a Disciplinary Order : a Comparative Analysis of Hayek and Bentham', *Research in Political Economy*, 20.

_____. (2003) 'Reflections on Alternatives, Commons and Communities', *The Commoner*, 6, Winter, http://www.commoner.org.uk/deangelis06.pdf.

_____. (2004a) 'Separating the Doing and the Deed : Capital and the Continuous Character of Enclosures', *Historical Materialism*, 12, 2.

_____. (2004b) 'Defining the Concreteness of Abstract Labour and its Measure', in Alan Freeman and Andrew Kliman (eds) *Current Issues in Marxian Economics*, Cheltenham : Edward Elgar.

_____. (2004c) '"Opposing Fetishism by Reclaiming our Powers" : the Social Forum Movement, Capitalist Markets and the Politics of Alternatives', *International Social Science Journal*, 182, December.

_____. (2005a) 'The Political Economy of Global Neoliberal Governance', *Review*, 28, 3, pp. 229~57.

_____. (2005b) 'How?!?! An Essay on John Holloway's Change the World without Taking Power', *Historical Materialism* 13, 4, pp. 233~49.

De Angelis, Massimo and Dagmar Diesner. (2005) 'The "Brat Block" and the Making of Another Dimension', in David Harvie et al. (eds) *Shut Them Down! The G8, Gleneagles 2005 and the Movement of Movements*, Leeds : Dissent! and Brooklyn, N.Y. : Autonomedia, 207~12. Also available at http://www.shutthemdown.org (last accessed 18 April 2006).

De Angelis, Massimo and David Harvie. (2004) 'Globalisation? No Question : Foreign Direct Investment and Labour Commanded', paper presented at the Heterodox Economics Conference, July, City University, London.

_____. (2006) 'Cognitive Capitalism and the Rat Race : How Capital Measures Ideas and Affects in UK Higher Education', paper presented at the conference Immaterial Labour, Multitudes and New Social Subjects : Class Composition in Cognitive Capitalism, April, King's College, Cambridge.

Deaton, Angus. (2003) 'Counting the World's Poor : Problems and Possible Solutions', *The World Bank Research Observer*, 16, 2, Fall.

De Filippis, Vittorio and Christian Losson. (2005) 'Référendum 29 mai. Toni Negri, figure alter-mondialiste, appelle à approuver la Constitution : "Oui, pour faire disparaître cette merde d'Etat-nation"', *Liberation*, 13 May 2005, http://www.liberation.fr/page.php?Article=296227#.

Dejours, Christophe. (1998) *Souffrances en France : la banalisation de l'injustice sociale*, Paris : Seuil.

Deleuze, Gilles. (1990) 'Postscript to the societies of control', *L'autre journal*, 1, May. Available at http://www.watsoninstitute.org/infopeace/vy2k/deleuze-societies.cfm (last accessed 5 February 2005) [질 들뢰즈, 「통제 사회에 대하여」, 『대담 1972~1990』, 김종호 옮김, 솔, 1993.]

_____. (1998) *Foucault*, Minneapolis and London, University of Minnesota Press. [질 들뢰즈, 『푸코』, 허경 옮김, 동문선, 2003.]

Deleuze, Gilles and Felix Guattari. (1988) *A Thousand Plateaus : Capitalism and Schizophrenia*, London and New York : Continuum. [질 들뢰즈·펠릭스 가타리, 『천 개의 고원 : 자본주의와 분열증 2』, 김재인 옮김, 새물결, 2001.]

De Marcellus, Olivier. (2003) 'Commons, Communities and Movements : Inside, Outside and Against Capital', *The Commoner*, 6, Winter, http://www.commoner.org.uk/demarcellus06.pdf.

Democracy Now. (2004) 'A New Poverty Draft : Military Contractors Target Latin America for New Recruits', 23, December, http://www.democracynow.org/article.pl?sid=04/12/23/1541224#transcript (last accessed 10 March 2006).

Desai, Ashwin. (2002) *We are the Poors : Community Struggles in Post-Apartheid South Africa*, New York, Monthly Review Press.

Dicken, Peter. (2003) *Global Shift : Transforming the World Economy*, London : Sage. [피터 디켄, 『세계경제공간의 변동』, 안영진·이승철·구양미·정수열·이병민 옮김, 시그마프레스, 2014.]

Dobb, Maurice. (1963) *Studies in the Development of Capitalism*, London : Routledge.

Dobuzinskis, Laurent. (1987) *The Self-Organizing Polity : An Epistemological Analysis of Political life*, Boulder : Westview Press.

DOR. (1996) 'First Declaration of la Realidad', EZLN, http://www.actlab.utexas.edu/~zapatistas/declaration.html.

Duffield, Mark. (2001) *Global Governance and the New Wars: The Merging of Development and Security*, London: Zed Books.

Dunning, John H. (2000) 'The Future of the WTO: a Socio-Relational Challenge?', *Review of International Political Economy*, 7, 3, pp. 475~83.

Dyer-Witheford, Nick. (1999) *Cyber-Marx: Cycles and Circuits of Struggle in High-Technology Capitalism*, Urbana: University of Illinois Press. [닉 다이어 위데포드, 『사이버-맑스』, 신승철·이현 옮김, 이후, 2003.]

Dyer-Witheford, Nick. (2002) 'Global Body, Global Brain/ Global Factory, Global War: Revolt of the Value-Subjects', *The Commoner*, 3, January. http://www.commoner.org.uk/03dyer-witheford.pdf.

Economist, The. (2003) 'Special Report: Pots of Promise: the Beauty Business', *Economist*, 22 May.

Ehrenreich, Barbara and Arlie Russell Hochschild. (2002) *Global Woman: Nannies, Maids and Sex Workers in the New Economy*, New York: Metropolitan Books.

Elster, Jon. (1985) *Making Sense of Marx*, Cambridge: Cambridge University Press. [욘 엘스터, 『마르크스 이해하기』 1~2, 진석용 옮김, 나남, 2015.]

Elliott, Larry. (2003) 'Lost Decade', *Guardian*, 9 July.

Engen, Darel. (2004) 'The Economy of Ancient Greece', EH.Net *Encyclopedia*, edited by Robert Whaples, August, http://eh.net/encyclopedia/article/engen.greece.

Escobar, A. (1994) *Encountering Development: the making and unmaking of the third world*, Princeton, N.J.: Chichester, Princeton University Press.

Esteva, Gustavo. (1992) 'Development', *The Development Dictionary*, London: Zed Books.

Esteva, Gustavo and Madhu Suri Prakash. (1998) *Grassroots Post-Modernism: Remaking the Soil of Cultures*, London: Zed Books.

FAO. (2005) 'Food Trade Deficits Threaten Poorest Countries', Food and Agriculture Organization of the United Nations, http://www.fao.org/newsroom/en/focus/2005/89746/index.html (accessed December 2005).

Federici, Silvia. (1992) 'The Debt Crisis, Africa and the New Enclosures', in Midnight Notes, reproduced in *The Commoner*, 2, September 2001, http://www.commoner.org.uk/02federici.pdf.

_____. (2002) 'War, Globalisation and Reproduction', in Veronika Bennholdt-Thomsen, Nicholas Faraclas and Claudia von Werlhof (eds) *There is an Alternative: Subsistence and Worldwide Resistance to Corporate Globalization*, London: Zed Books. [실비아 페데리치, 「전쟁, 세계화, 재생산」, 『혁명의 영점』, 황성원 옮김, 갈무리, 2013.]

_____. (2004) *Caliban and the Witch: Women, the Body and Primitive Accumulation*, New York: Autonomedia. [실비아 페데리치, 『캘리번과 마녀』, 황성원·김민철 옮김, 갈무리, 2011.]

Fine, Ben. (2001) *Social Capital versus Social Theory: Political Economy and Social Science at the Turn of the Millennium*, London: Routledge.

Finley, Moses I. (1973) *The Ancient Economy*, London: Chatto & Windus.

Fortunati, Leopoldina. (1981) *L'arcano della riproduzione. Casalinghe, prostitute, operai e capi-*

tale, Venice : Marsilio [레오뽈디나 포르뚜나띠, 『재생산의 비밀』, 윤수종 옮김, 박종철출판사, 1997.]

Foucault, Michel. (1977) *Discipline and Punish : The Birth of the Prison*, translated by A. Sheridan, London : Penguin Books. [미셸 푸코, 『감시와 처벌』, 오생근 옮김, 나남, 2003.]

_____. (1981) *The History of Sexuality, vol. 1*, London : Penguin. [미셸 푸코, 『성의 역사 1 ― 지식의 의지』, 이규현 옮김, 나남, 2010.]

_____. (1991) *Remarks on Marx : Conversations with Duccio Trombadori*, New York, Semiotext(e). [미셸 푸코·둣치오 뜨롬바도리, 『푸코의 맑스』, 이승철 옮김, 갈무리, 2004.]

_____. (2002) 'Governmentality', in James D.Faubion (ed.) *Power : Essential works of Foucault 1954-1984*, London : Penguin. [미셸 푸코, 「통치성」, 『푸코 효과』, 심성보·유진·이규원·이승철·전의령·최영찬 옮김, 난장, 2014.]

Freeman Alan and Guglielmo Carchedi. (1996) *Marx and Non-Equilibrium Economics*, Cheltenham and Brookfield : Edward Elgar.

Freeman, Alan, Andrew Kliman and Julian Wells. (eds) (2004) *Current Issues in Marxian Economics*, Cheltenham : Edward Elgar.

Friends of the Earth. (2002) *The Other Shell Report*, http://www.foe.org (last accessed 4 June 2005).

Fukuyama, Francis. (1992) *The End of History and the Last Man*, London : Hamish Hamilton. [프랜시스 후쿠야마, 『역사의 종말』, 이상훈 옮김, 한마음사, 2003.]

_____. (1995) *Trust : The Social Virtues and the Creation of Prosperity*, London : Hamish Hamilton.

Furedi, Frank. (2006) 'What's wrong with cheats : The cooption of parents as unpaid teachers is at the root of Britain's plagiarism epidemic', *Guardian*, 28 March, p. 28. Available at http://education.guardian.co.uk/higher/comment/story/0,,1741131,00.html (last accessed 10 April 2006).

Gamble, Andrew. (1996) *Hayek : The Iron Cage of Liberty*, Cambridge : Polity.

George, Susan. (1988) *A Fate Worse than Debt : A Radical New Analysis of the Third World Crisis*, London : Penguin.

Gereffi, Gary and Miguel Korzeniewicz. (eds) (1994) *Commodity Chains and Global Capitalism*, Westport, Conn. : Greenwood Press.

Giddens, Anthony. (1990) *The Consequences of Modernity*, Cambridge : Polity Press. [안토니 기든스, 『포스트 모더니티』, 이윤희·이현희 옮김, 민영사, 1991.]

Glyn, Andrew and Bob Sutcliffe. (1992) 'Global but Leaderless? The New Capitalist Order', in Ralph Miliband and Leo Panitch (eds) *New World Order : The Socialist Register*, London : Merlin Press.

Godbout, Jacques. (2000) *Le Don, la Dette et l'Identité : Homo Donator vs Homo Oeconomicus*, Paris : La Découverte / MAUSS.

Gordon, David. (1998) 'The Global Economy : New Edifice or Crumbling Foundation?', *New Left Review*, 168, pp. 24~65.

Gottlieb, Roger S. (1984) 'Feudalism and Historical Materialism : a Critique and a Synthesis', *Science and Society*, 48, 1, pp. 1~37.

Graeber, David. (2001) *Toward an Anthropological Theory of Value : The False Coin of our Dreams*, New York : Palgrave. [데이비드 그레이버, 『가치이론에 대한 인류학적 접근 — 교환과 가치, 사회의 재구성』, 서정은 옮김, 그린비, 2009.]

Graeber, David. (2005) 'Value as the Importance of Action', *The Commoner*, 10, Spring/Summer, http://www.commoner.org.uk/10graeber.pdf (last accessed 10 March 2006).

Gray, Anne. (2004) *Unsocial Europe : Social Protection or Flexploitation?* London : Pluto Press.

Gray, John. (1998) *Hayek on Liberty*, London : Routledge.

Guttal, Shalmali. (2006) 'Reconstruction's Triple Whammy : Wolfowitz, the White House and the World Bank', in *Destroy and Profit : Wars, Disasters and Corporations*, Bangkok : Focus on the Global South. Available at http://www.focusweb.org/pdf/Reconstruction-Dossier.pdf (last accessed 10 April 2006).

Haffner, Friedrich. (1973) 'Value, Law of Value', in C. D. Kernig (ed.) *Marxism, Communism and Western Society : A Comparative Encyclopedia*, New York : Harder & Herder.

Hall, Stuart. (1980) 'Race, Articulation and Societies structured in Dominance', in *Sociological Theories : Race and Colonialism*, Paris : UNESCO.

Hansen, Tom and Jason Wallach. (2002) 'Plan Puebla-Panama : The Next Step in Corporate Globalization', *Labor Notes*, April, http://www.labornotes.org/archives/2002/04/a.html (last accessed December 2003).

Hardin, Garrett. (1968) 'The Tragedy of the Commons', *Science*, 162, pp. 1243~8. Reproduced in Garrett Hardin and John Baden, *Managing the Commons*, San Francisco : W.H. Freeman, 1977.

Hardt, Michael and Antonio Negri. (1994) *Labor of Dionysus : A Critique of the State-Form*, Minneapolis : University of Minnesota Press. [안토니오 네그리·마이클 하트, 『디오니소스의 노동 I·II — 국가형태 비판』, 이원영 옮김, 갈무리, 1996, 1997.]

_____. (2000) *Empire*, Cambridge, Mass. : Harvard University Press. [안토니오 네그리·마이클 하트, 『제국』, 윤수종 옮김, 이학사, 2001.]

_____. (2004) *Multitude : War and Democracy in the Age of Empire*, New York : Penguin Press. [안토니오 네그리·마이클 하트, 『다중 : 제국이 지배하는 시대의 전쟁과 민주주의』, 조정환·정남영·서창현 옮김, 세종서적, 2008.]

Hart, Gillian. (2002) *Disabling Globalization : Places of Power in Post-Apartheid South Africa*, Pietermaritzburg : University of Natal Press.

_____. (2005) 'Denaturalising Dispossession : Critical Ethnography in the Age of Resurgent Imperialism', in *From Local Processes to Global Forces*, Centre for Civil Society Research Reports, 1, Durban : University of Kwazulu-Natal, pp. 1~25.

Harvey, David. (1989) *The Condition of Postmodernity : an Enquiry into the Origins of Cultural Change*, Oxford : Basil Blackwell. [데이비드 하비, 『포스트모더니티의 조건』, 구동회·박영민 옮김, 한울, 2013.]

_____. (1999) *The Limits to Capital*, London : Verso. [데이비드 하비, 『자본의 한계 : 공간의 정치경제학』, 최병두 옮김, 한울, 2007.]

_____. (2000) *Spaces of Hope*, Edinburgh : Edinburgh University Press. [데이비드 하비, 『희망의 공간 : 세계화, 신체, 유토피아』, 최병누·이상률·박규백·이보녕 옮김, 한울, 2001.]

_____. (2003) *The New Imperialism*, Oxford : Oxford University Press. [데이비드 하비, 『신제 국주의』, 최병두 옮김, 한울, 2005.]

_____. (2004) 'Commons and Communities in the University : Some Notes and Some Examples', *The Commoner*, 8, Autumn/Winter, http://www.commoner.org.uk/08harvie.pdf.

_____. (2005) 'All labour produces value for capital and we all struggle against value', *The Commoner*, 10, Spring/Summer, http://www.commoner.org.uk/10harvie.pdf.

Harvie, David and Keir Milburn. (2006) 'Moments of Excess', edited version of a paper presented at Life Despite Capitalism, November 2004, London;available at http://www.le.ac. uk/ulmc/doc/dharvie_excess.pdf (last accessed 10 June 2006).

Hayek, Friedrich. (1945) 'The Use of Knowledge in Society', *American Economic Review*, 4, pp. 519~30, reprinted in Friedrich Hayek, *Individualism and Economic Order*, Chicago : Chicago University Press, 1948.

_____. (1946) 'The Meaning of Competition', in Friedrich Hayek, *Individualism and Economic Order*, Chicago : Chicago University Press, 1948.

_____. (1960) *The Constitution of Liberty*, London : Routledge.

_____. (1970) 'The Errors of Constructivism', in Friedrich Hayek, *New Studies in Philosophy, Politics, Economics and the History of Ideas*, Chicago : Chicago University Press, 1978/1985, pp. 8~9.

_____. (1973) *Law, Legislation and Liberty*, vol. 1 : Rules and Order, Chicago : University of Chicago Press. [프리드리히 A. 하이에크, 『법, 입법 그리고 자유 : 자유주의의 정의원칙과 정치 경제학의 새로운 시각』, 민경국·서병훈·박종운 옮김, 자유기업원, 2018.]

_____. (1978) *New Studies in Philosophy, Politics, Economics and the History of Ideas*, Chicago : Chicago University Press.

_____. (1988) 'The Fatal Conceit : the Errors of Socialism', in W. W. Bartley III (ed.) *The Collected Works of F. A. Hayek*, vol. 1, Chicago : University of Chicago Press.

Held, David et al. (1999) *Global Transformations : Politics, Economics and Culture*, Cambridge : Polity.

Helleiner, Eric. (1995) 'Explaining the Globalization of Financial Markets : Bringing States Back In', *Review of International Political Economy*. 2, 2, pp. 315~41.

Henderson, Jeffrey et al. (2002), 'Global Production Networks and the Analysis of Economic Development', *Review of International Political Economy*, 9, 3, pp. 436~64.

Herold, Conrad M. (2002) 'On Financial Crisis as a Disciplinary Device of Empire : Emergence and Crisis of the Crisis', *The Commmoner*, 5, Autumn, http://www.commoner.org.uk/herold5.pdf.

Hildyar, Nicholas. (1998) 'The Myth of the Minimalist State : Free Market Ambiguities', *The Corner House*, Briefings 5, http://www.thecornerhouse.org.uk/item.shtml?x=51960 (last accessed 10 March 2006).

Hill, Christopher. (1972) *The World Turned Upside-Down : Radical Ideas during the English Revolution*, London : Penguin.

Hilton, Rodney. (ed.) (1978) *The Transition from Feudalism to Capitalism*, London : Verso.

Hirst, Paul and Graham Thompson. (1999) *Globalization in Question : The International Econo-*

my and the Possibilities of Governance, 2nd edn., Cambridge : Polity.

Hodkinson, Stuart. (2005) 'Is this History?' *Independent*, 26 October.

Holloway, John. (1996) 'Global Capital and the National State', in Werner Bonefeld and John Holloway (eds) *Global Capital, National State and the Politics of Money*, Basingstoke : Macmillan. [존 홀러웨이, 「제6장 지구적 자본과 민족국가」, 『신자유주의와 화폐의 정치』, 이원영 옮김, 갈무리, 1999.]

_____. (1998) 'Dignity's Revolt', in J. Holloway and E. Pelaez (eds) *Dignity's Revolt : Reflections on the Zapatista Uprising*, London : Pluto Press.

_____. (2002) *Change the World Without Taking Power*, London : Pluto Press. [존 홀러웨이, 『권력으로 세상을 바꿀 수 있는가』, 조정환·번역집단 @Theoria 협동번역, 갈무리, 2002.]

_____. (2005) 'No', *Historical Materialism* 13, 4, pp. 265~85.

Holloway, John and Eloína Peláez. (1998) *Zapatistas : Reinventing Revolution in Mexico*, London : Pluto Press.

Hoogvelt, Ankie. (1997) *Globalization and the Postcolonial World : The New Political Economy of Development*, London : Macmillan.

_____. (2001) *Globalization and the Postcolonial World : The New Political Economy of Development*, Baltimore, Md. : Johns Hopkins University Press.

Hopkins, Terence and Immanuel Wallerstein. (1986) 'Commodity Chains in the World Economy Prior to 1800', *Review*, 10, 1, Summer, pp. 157~70.

Hudson, Michael. (1992) *Trade, Development and Foreign Debt : A History of Theories of Polarisation and Convergence in the International Economy*, London : Pluto Press.

IFG. (2002) 'A Better World is Possible : Alternatives to Economic Globalization. Summary', *International Forum on Globalization*, http://www.ifg.org/alt_eng.pdf (last accessed December 2003).

Illich, Ivan. (1981) *Shadow Work*, London : Marion Boyers. [이반 일리치, 『그림자 노동』, 노승영 옮김, 사월의책, 2015.]

Irigaray, Luce. (1997) *Tra oriente e occidente. Dalla singolarità alla comunità*, Rome : Il manifesto libri. [뤼스 이리가라이, 『동양과 서양 사이』, 이은민 옮김, 동문선, 2000.]

Jameson, Fredric. (1991) *Postmodernism, or The Cultural Logic of Late Capitalism*, London : Verso.

Johansson, Claes and David Stewart. (2002) 'The Millennium Development Goals : Commitments and Prospects', New York : Human Development Report Office. Working paper, 1, 7 October.

Kalecki, Michael. (1943) 'Political Aspects of Full Employment', in Osiatynski (ed.) *Collected Works of Michael Kalecki, vol. 1*, Oxford : Clarendon Press.

Kirzner, Israel M. (1973) *Competition and Entrepreneurship*, Chicago and London : University of Chicago Press.

Klein, Naomi. (2001) 'Reclaiming the Commons', *New Left Review*, 9, May/June, pp. 81~99. [나오미 클라인, 「공통재를 되찾기」, 『자본의 코뮤니즘, 우리의 코뮤니즘 : 공통적인 것의 구성을 위한 에세이』, 난장, 2012.]

_____. (2003a) *Bush to NGOs : Watch Your Mouths, appearing in the Global and Mail*, 20

June 2003, http://www.globeandmail.com.

_____. (2003b) 'Fences of Enclosures, Windows of Possibilities', http://www.nologo.org/ (last accessed December 2003).

Kliman, Andrew. (2001) 'Simultaneous Valuation vs. the Exploitation Theory of Profit', *Capital and Class*, 73.

_____. (2004) 'Marx vs. the "20th-Century Marxists" : a reply to Laibman', in Alan Freeman, Andrew Kliman and Julian Wells, *The New Value Controversy*, Cheltenham : Edward Elgar.

Kleinknecht, Alfred and Jan ter Wengel. (1998) 'The Myth of Economic Globalisation', *Cambridge Journal of Economics*, 22, 5, pp. 637~47.

Knight, Chris. (1991) *Blood Relations : Menstruation and the Origins of Culture*, New Haven and London : Yale University Press.

Koestler, Arthur. (1967) *The Ghost in the Machine*, London : Hutchinson.

Kovel, Joel. (2002) *The Enemy of Nature : The End of Capitalism or the End of the World?* London and New York : Zed Books.

Kuhathas, Chandran. (1989) *Hayek and Modern Liberalism*, Oxford : Clarendon Press.

Laclau, Ernesto and Chantal Mouffe. (1985) *Hegemony and Socialist Strategy : Towards a Radical Democratic Politics*, London : Verso. [에르네스토 라클라우·샹탈 무페, 『헤게모니와 사회주의 전략 : 급진 민주주의 정치를 향하여』, 이승원 옮김, 후마니타스, 2012.]

Laing, Ronnie D. (1960) *The Divided Self : A Study of Sanity and Madness*, London : Tavistock. [로널드 랭, 『분열된 자기 : 온전한 정신과 광기에 대한 연구』, 신장근 옮김, 문예출판사, 2018.]

Latouche, Serge. (1984) *Le procès de la science sociale. Introduction à une théorie critique de la connaissance*, Paris : Anthropos.

_____. (1993) *In the Wake of the Affluent Society : An Exploration of Post-Development*, Atlantic Highlands, N.J. : Zed Books.

_____. (2001) *L'invenzione dell'economia*, Bologna : Arianna editrice.

Lawrence, Felicity. (2002) 'Fowl Play', *Guardian*, G2, July 8, p. 2.

Leibman, David. (1984) 'Modes of Production and Theories of Transition', *Science and Society*, 48, 3, pp. 257~94.

Levidow, Les. (2002) 'Marketizing Higher Education : Neoliberal Strategies and Counter-Strategies', *The Commoner*, 3, January, http://www.thecommoner.org.uk/03levidow.pdf.

_____. (2003) 'Trans-Atlantic Governance of GM Crops', seminar paper presented at the University of East London, 7 June.

Linebaugh, Peter. (1991) *The London Hanged : Crime and Civil Society in the Eighteenth Century*, London : Allen Lane Penguin Press.

_____. (2007) *The Magna Carta Menifesto : Liberties and Commons for All*, Berkeley : University of California Press. [피터 라인보우, 『마그나카르타 선언 : 모두를 위한 자유권들과 커먼즈』, 정남영 옮김, 갈무리, 2012.]

Linebaugh, Peter and Marcus Buford Rediker. (2000) *The Many-Headed Hydra : Sailors, Slaves, Commoners, and the Hidden History of the Revolutionary Atlantic*, Boston : Beacon Press. [피터 라인보우·마커스 레디커, 『히드라 : 제국과 다중의 역사적 기원』, 정남영·손지태 옮김, 갈무리, 2008.]

Luxemburg, Rosa. (1963) *The Accumulation of Capital*, London : Routledge & Kegan Paul. [로자 룩셈부르크, 『자본의 축적』 1~2, 황선길 옮김, 지식을만드는지식, 2013.]

Lyotard, Jean-François. (1984) *The Postmodern Condition : A Report on Knowledge*, Manchester : Manchester University Press. [장 프랑수아 리오타르, 『포스트모던적 조건 : 정보사회에서의 지식의 위상』, 이현복 옮김, 서광사, 1992.]

Mariscal, Jorge. (2005) 'Fighting the Poverty Draft : Protests Move to Recruiting Offices', *Counter Punch*, 28 January, http://www.counterpunch.org/mariscal01282005.html (last accessed 5 May 2005).

Martin, Brendan. (2000) *New Leaf or Fig Leaf? The Challenge of the New Washington Consensus*, London : Bretton Woods Project and Public Services International.

Marx, Karl. (1969) [1905~10] *Theories of Surplus Value*, Part 1, London : Lawrence & Wishart. [칼 맑스, 『잉여가치학설사』 1, 아침, 1989.]

_____. (1971) *Theories of Surplus Value*, vol. 3, Moscow : Progress Publishers.

_____. (1974) [1858] *Grundrisse*, NewYork : Penguin. [칼 맑스, 『정치경제학 비판 요강』 1~3, 김호균 옮김, 그린비, 2007.]

_____. (1975) [1844] 'Economic and Philosophical Manuscripts', in *Early Writings*, New York : Vintage Books. [칼 마르크스, 『경제학-철학 수고』, 강유원 옮김, 이론과 실천, 2006.]

_____. (1976a) [1867] *Capital*, vol. 1, New York : Penguin Books. [칼 마르크스, 『자본 I』 1~2, 강신준 옮김, 길, 2008.]

_____. (1976b) [1863~6] 'Results of the Immediate Process of Production', in *Capital*, vol. 1, New York : Penguin Books.

_____. (1976c) [1847] 'German Ideology', in Karl Marx and Frederick Engels, *Collected Works*, vol. 5, London : Lawrence & Wishart. [칼 맑스·프리드리히 엥겔스, 「독일 이데올로기」, 『칼 맑스 프리드리히 엥겔스 저작 선집 제1권』, 최인호 외 옮김, 박종철출판사, 1991.]

_____. (1978) [1885] *Capital*, vol. 2, New York : Penguin Books. [카를 마르크스, 『자본 II』, 강신준 옮김, 길, 2010.]

_____. (1981) [1894] *Capital*, vol. 3, New York : Penguin Books. [카를 마르크스, 『자본 III』 1~2, 강신준 옮김, 길, 2010.]

_____. (1983) [1881] 'Reply to Vera Zasulich', in Teodor Shanin (ed.) *Late Marx and the Russian Road*, New York : Monthly Review Press.

_____. (1987) [1859] 'Preface', *A Contribution to the Critique of Political Economy*, in Karl Marx and Frederick Engels, *Collected Works*, vol. 29, London : Lawrence & Wishart. [칼 맑스, 「정치 경제학의 비판을 위하여. 서문」, 『칼 맑스 프리드리히 엥겔스 저작 선집 제2권』, 최인호 외 옮김, 박종철출판사, 1993.]

McLennon, Gregor. (1986) 'Marxist Theory and Historical Research : Between the Hard and Soft Options', *Science and Society*, 50, 1, pp. 157~65.

McMurtry, John. (1998) *Unequal Freedoms : The Global Market as an Ethical System*, Toronto and Westport, Conn. : Garamond & Kumarian Press.

_____. (1999) *The Cancer Stage of Capitalism*, London : Pluto Press.

_____. (2002) *Value Wars : The Global Market versus the Life Economy*, London : Pluto Press.

Meillassoux, Claude. (1981) *Maidens, Meal and Money : Capitalism and the Domestic Commu-*

nity, Cambridge : Cambridge University Press.

Midnight Notes Collective. (1992) 'New Enclosures', in *Midnight Notes*, reproduced in *The Commoner*, 2, September 2001, http://www.commoner.org.uk/02midnight.pdf.

_____. (2001) *Auroras of the Zapatistas : Local and Global Struggles of the Fourth World War*, Jamaica Plaine, Mass. : Autonomedia.

Mies, Maria. (1998) *Patriarchy and Accumulation on a World Scale : Women in the International Division of Labour*, London : Zed Books. [마리아 미즈, 『가부장제와 자본주의 : 여성, 자연, 식민지와 세계적 규모의 자본축적』, 최재인 옮김, 갈무리, 2014.]

Mittelman, James. (2000) *The Globalization Syndrome : Transformation and Resistance*, Princeton : Princeton University Press.

Mohanty, Chandra Talpade. (2003) *Feminism Without Borders : Decolonizing Theory, Practicing Solidarity*, Durham, N.C. and London, Duke University Press. [찬드라 탈파드 모한티, 『경계없는 페미니즘』, 문현아 옮김, 여이연, 2005.]

Mun, Thomas. (1664) *Englands Treasure by Forraign Trade*, http://socserv2.socsci.mcmaster. ca/~econ/ugcm/3113/mun/treasure.txt (last accessed 10 March 2006).

Naidoo, Prishani. (2005) 'The Struggle for Water, the Struggle for Life : the Installation of Prepaid Water Meters in Phiri Soweto', Centre for Civil Society *RASSP Research Report*, 1, pp. 1~23.

Negri, Antonio. (1968) 'Keynes and the Capitalist Theory of the State Post-1929', in *Revolution Retrieved : Selected Writings on Marx, Keynes, Capitalist Crisis and New Social Subjects 1967-83* (1988), London : Red Notes, pp. 5~42. [안또니오 네그리, 「1장 케인즈 그리고 1929년 이후의 자본주의적 국가이론」, 『혁명의 만회』, 영광 옮김, 갈무리, 2005.]

_____. (1984) *Marx beyond Marx : Lessons on the Grundrisse*, South Hadley, Mass. : Bergin & Garvey. [안토니오 네그리, 『맑스를 넘어선 맑스』, 윤수종 옮김, 중원문화, 1994.]

_____. (1994) 'Oltre la legge di valore', *DeriveApprodi* 5~6, Winter.

Nord, Mark, Margaret Andrews and Steven Carlson. (2003) 'Household Food Security in the United States', Food Assistance and Nutrition Research Report No. 35, October, Economic Research Service, United States Department of Agriculture, http://www.ers.usda.gov/ publications/fanrr35/ (last accessed 10 March 2006).

Nugroho, Yanuar. (2002) 'Essential Services in 2003', *Jakarta Post*, Business and Investment, 30 December.

Offe, Claus. (1985) 'Work : The Key Sociological Category?' in C. Offe (ed.) *Disorganized Capitalism*, Cambridge, Mass. : MIT Press. pp. 129~50.

Oxfam. (2002) *Rigged Rules and Double Standards : Trade, Globalisation and the Fight against Poverty*, http://www.marketradefair.com (last accessed 10 May 2004).

Palloix, Christian. (1975) 'The Internationalization of Capital and the Circuit of Social Capital', in Hugo Radice (ed.) *International Firms and Modern Imperialism*, Harmondsworth : Penguin.

Parreñas, Rhacel Salazar. (2001) *Servants of Globalization : Women, Migration and Domestic Work*, Stanford, Calif. : Stanford University Press. [라셀 살라자르 파레냐스, 『세계화의 하인들 : 여성, 이주, 가사노동』, 문현아 옮김, 여이연, 2009.]

Peng, D. (2000) 'The Changing Nature of East Asia as an Economic Region', *Pacific Affairs*, 73, 2, pp. 171~92.

Perelman, Michael. (2000) *The Invention of Capitalism : Classical Political Economy and the Secret History of Primitive Accumulation*, Durham, N.C. and London : Duke University Press.

Petty, William. (1690) *Political Arithmetick*, http://socserv2.socsci.mcmaster.ca/~econ/ugcm/3113/petty/poliarith.html (last accessed 10 December 2005).

Piven, Frances Fox and Richard Cloward. (1972) *Regulating the Poor : The Functions of Public Welfare*, New York : Vintage.

Polanyi, Karl. (1944) *The Great Transformation : The Political and Economic Origins of our Time*, Boston : Beacon Press. [칼 폴라니, 『거대한 전환 : 우리 시대의 정치·경제적 기원』, 홍기빈 옮김, 길, 2009.]

_____. (1968) 'Primitive, Archaic, and Modem Economies', in G. Dalton (ed.) *Essays of Karl Polanyi*, New York : Anchor Books. [칼 폴라니, 「낡은 것이 된 우리의 시장적 사고방식」, 『전 세계적 자본주의인가 지역적 계획경제인가 외』, 홍기빈 옮김, 책세상, 2002.]

_____. (1977) *The Livelihood of Man*, New York : Academic Press. [칼 폴라니, 『인간의 살림살이』, 이병천·나익주 옮김, 후마니타스, 2017.]

Potts, Lydia and Terry Bond. (1990) *The World Labour Market : a History of Migration*, London : Zed Books.

Prokopenko, Joseph. (1998) 'Globalization, Alliances and Networking : a Strategy for Competitiveness and Productivity', Enterprise and Management Development Working Paper, EMD/21/E.http://www.ilo.org/dyn/empent/docs/F1 11PUB105_01/PUB105_01.htm (last accessed 15 March 2006).

Reddy, Sanjay G. and Thomas W. Pogge. (2003) 'How *not* to Count the Poor', Institute of Social Analysis, http://www.socialanalysis.org (last accessed 5 May 2005).

Richter, Judith. (2002) 'Codes in Context : TNC Regulation in an Era of Dialogues and Partnerships', the *Corner House*, Briefing 26, http://www.thecornerhouse.org.uk/ (last accessed 15 September 2005).

Rifkin, Jeremy. (1995) *The End of Work : The Decline of the Global Labor Force and the Dawn of the Post-Market Era*, New York : G.P. Putnam's Sons. [제러미 리프킨, 『노동의 종말』, 이영호 옮김, 민음사, 2005.]

Rikowski, Ruth. (2002) 'The Capitalisation of Libraries', *The Commoner*, 4, May, http://www.thecommoner.org.uk/04rikowski.pdf.

Robbins, Lionel Charles. (1984) *An Essay on the Nature and Significance of Economic Science*, 3rd edn., New York : New York University Press.

Rodney, Walter. (1972) *How Europe Underdeveloped Africa*, London : Bogle-L'Ouverture Publications.

Rose, Steven. (1998) *Life-Lines : Biology beyond Determinism*, New York : Oxford University Press.

Rowling, Nick. (1987). *Commodities : How the World Was Taken to Market*, London : Free Association Books.

Roy, Arundhati. (2003) 'Instant-Mix Imperial Democracy (Buy One, Get One Free)', *Terra In-*

cognita, http://www.terraincognita.50megs.com/roy.html (last accessed 5 May 2005).

Schmid, Estella, Rochelle Harris and Sarah Sexton. (2003) *Listen to the Refugee's Story: How UK Foreign Investment Creates Refugees and Asylum Seekers*, co-published by Ilisu Dam Campaign Refugees Project, the Corner House and Peace in Kurdistan, http://www.the-cornerhouse.org.uk/document/refinves.html (last accessed 15 March 2006).

Scholte, Aart and Albrecht Schnabel. (2002). 'Introduction', in Aart Scholte (ed.) with Albrecht Schnabel, *Civil Society and Global Finance*, London : Routledge.

Sciabarra, Chris Matthew. (1995) *Marx, Hayek and Utopia*, New York : State University of New York Press.

Sen, Amartya Kumar. (1999) *Development as Freedom*, New York : Knopf. [아마티아 센, 『자유로서의 발전』, 김원기 옮김, 갈라파고스, 2013.]

Shiva, Vandana. (2002a) *Water Wars : Privatization, Pollution, and Profit*, Cambridge, Mass. : Southend Press. [반다나 시바, 『물전쟁』, 이상훈 옮김, 생각의 나무, 2003.]

_____. (2002b) *Protect or Plunder? Understanding Intellectual Property Rights*, London : Zed Books.

Sidebottom, Harry. (2004) *Ancient Warfare : a Very Short Introduction*, Oxford : Oxford University Press.

Silver, Beverly J. (2003) *Forces of Labor : Workers' Movements and Globalization since 1870*, Cambridge : Cambridge University Press. [비버리 J. 실버, 『노동의 힘 : 1870년 이후의 노동자 운동과 세계화』, 백승욱·윤상우·안정옥 옮김, 그린비, 2005.]

Simondon, Gilbert. (2002) *L'individuazione psichica e collettiva*, Rome : Derive e Approdi [질베르 시몽동, 『형태와 정보 개념에 비추어 본 개체화』., 황수영 옮김, 그린비, 2017.]

Sklair, Leslie. (2002) *Globalization : Capitalism and its Alternatives*, Oxford : Oxford University Press.

Skyttner, Lars. (1996) *General Systems Theory*, London : Macmillan.

Smith, Adam. (1970) *The Wealth of Nations*, Books 1~3, Harmondsworth : Penguin [애덤 스미스, 『국부론』. 상·하, 김수행 옮김, 비봉출판사, 2007.]

Smith, Cyril. (1996) *Marx at the Millennium*, London : Pluto Press.

Spinoza, Benedictus De. (1989) *Ethics*, London : Dent. [B. 스피노자, 『에티카』, 황태연 옮김, 비홍, 2014.]

Steedman, Ian. (1977) *Marx after Sraffa*, London : NLB.

Steele, G.R. (1993) *The Economics of Friedrich Hayek*, London : Macmillan.

Stoker, G. (1998) 'Governance as Theory : Five Propositions', *International Social Science Journal*, 50, 155, March, pp. 17~28.

Strange, S. (1996) *The Retreat of the State : The Diffusion of Power in the World Economy*, Cambridge : Cambridge University Press.

Sweezy, Paul. (1950) 'The Transition from Feudalism to Capitalism', *Science and Society*, 14, 2, pp. 134~57.

_____. (1986) 'Feudalism to Capitalism Revisited', *Science and Society*, 50, 1, pp. 81~95.

Tabb, William. (2001) 'Globalization and Education as a Commodity', Professional Staff Congress, http://www.psc-cuny.org/jcglobalization.htm (last accessed 15 March 2006).

Thompson, Edward P. (1991) *Customs in Common*, New York : The New Press.

Tronti, Mario. (1966). *Operai e capitale*, Turin, Einaudi.

_____. (1972) 'Workers and Capital', *Telos*, 14, Winter, pp. 25~62; originally 'Poscritto di problemi,' in Mario Tronti, *Operai e Capitale*, Turin : Einaudi, 1966/1971, pp. 267~311.

_____. (1973) 'Social Capital', *Telos*, 5, 17, pp. 98~121.

Tymieniecka, Anna-Teresa. (1976) 'Man the Creator and his Triple *Telos*', in Anna-Teresa Tymieniecka (ed.) *The Teleologies in Husserlian Phenomenology*, vol. 3, London : D. Reidel Publishing, pp. 3~29.

U. S. Census Bureau. (2003) *Income, Poverty and Health Insurance Coverage in the United States : 2003*, Current Population Reports, August, www.census.gov/prod/2004pubs/p60-226.pdf (last accessed 5 May 2004).

United Nations. (2000a) *Global Compact Handbook*, http://www.unglobalcompact.org/Portal/ (last accessed 5 May 2005).

_____. (2000b) *Global Compact Primer*, http://www.unglobalcompact.org/Portal/ (last accessed 5 May 2005).

_____. (2003) *Human Development Report 2003. Millennium Development Goals : A Compact among Nations to End Human Poverty*, New York : United Nations; available at http://hdr.undp.org/reports/global/2003/ (last accessed 5 May 2005).

_____. (2004) *Human Development Report 2004. Cultural Liberty in Today's Diverse World*, New York : United Nations; available at http://hdr.undp.org/reports/global/2004/ (last accessed 5 May 2005).

UNCTAD. (1993) *World Investment Report 1993 : Transnational Corporations and Integrated International Production*, New York : United Nations.

_____. (1996) *Trade and Development Report 1996*, New York : Unit ed Nations.

Virno, Paolo. (1996a) 'The Ambivalence of Disenchantment : Radical Thought and Italy. A Potential Politics', in Paolo Virno and Michael Hardt (eds) *Radical Thought in Italy : a Potential Politics*, Minneapolis and London : University of Minnesota Press.

_____. (1996b) 'Virtuosity and Revolution : The Political Theory of Exodus', in Paolo Virno and Michael Hardt (eds) *Radical Thought in Italy : a Potential Politics*, Minneapolis : University of Minnesota Press.

_____. (2004) *A Grammar of the Multitude : for an Analysis of Contemporary Forms of Life*, Los Angeles and New York : Semiotext(e). [빠올로 비르노, 『다중 : 현대의 삶 형태에 관한 분석을 위하여』, 김상운 옮김, 갈무리, 2004.]

Walker, Christopher. (2004) 'Bush builds his Versailles as the poor go to ruin', *Independent on Sunday*, Business Section, 26 September, p. 10.

Wallerstein, Immanuel M. (1979) *The Capitalist World-Economy : Essays*, Cambridge : Cambridge University Press/Maison des Sciences de l'Homme.

Walton, John and David Seddon. (1994) *Free Markets and Food Riots : The Politics of Global Adjustment*, Cambridge, Mass. : Blackwell.

Wesselius, Erik. (2002) 'Behind GATS 2000 : Corporate Power at Work', *TNI Briefing Series*, 6, http://www.tni.org/reports/wto/wto4.pdf (last accessed December 2003).

Weiss, Linda. (1997) 'Globalization and the Myth of the Powerless State', *New Left Review*, 225, pp. 3~27.

_____. (1998) *The Myth of the Powerless State*, New York : Cornell University Press. [린다 위스, 『국가 몰락의 신화 : 세계화시대의 경제운용』, 박형준 · 김남줄 옮김, 일신사, 2002.]

Went, Robert. (2002) *The Enigma of Globalisation : A Journey to a New Stage of Capitalism*, London : Routledge.

Wiener, J. (2001) 'Globalisation and Disciplinary Neoliberal Governance', *Constellations*, 8, 4, December, pp. 461~79.

Williams, Eric. (1964) *Capitalism and Slavery*, London : Deutsch.

Williamson, John. (1990) 'What Washington Means by Policy Reform', in John Williamson (ed.) *Latin American Adjustment : How Much Has Happened?* Washington, D.C. : Institute for International Economics.

_____. (2000) 'What Should the World Bank Think about the Washington Consensus?', *The World Bank Research Observer*, 15, 2, August pp. 251~64.

Wolfowitz, Paul. (2005) 'Charting a way Ahead : The Results Agenda', 2005 Annual Meeting Address, World Bank, Washington, D.C., September 24. Available at http://www.worldbank.org/ (last accessed 25 February 2006).

Wolpe, Harold. (1972) 'Capitalism and Cheap Labour-Power in South Africa : from Segregation to Apartheid', *Economy and Society*, 1, pp. 425~56.

World Bank. (2001) *Global Development Finance*, Washington, D.C. : World Bank ; available in electronic format at http://www.worldbank.org/data/onlinedbs/onlinedbases.htm (last accessed 15 March 2006).

_____. (2005a) 'CNN connects a global summit' ; transcript and video available at http://web.worldbank.org/WBSITE/EXTERNAL/NEWS/0,,contentMDK:20649995~pagePK:64257043~piPK:437376~theSitePK:4607,00.html (last accessed 16 November 2005).

_____. (2005b) *Global Development Finance*, Washington, D.C. : World Bank ; available in electronic format at http://www.worldbank.org/data/onlinedbs/onlinedbases.htm (last accessed 15 March 2006).

_____. (2005c) *South Africa : an Assessment of the Investment Climate*, New York ; available at http://www1.worldbank.org/rped/documents/ICA008.pdf (last accessed 15 March 2006).

World Trade Organisation. (2003) '10 Benefits of the WTO trade system' ; available in electronic format at http://www.wto.org/english/res_e/doload_e/10b_e.pdf (last accessed 25 March 2006).

Wright, Steve. (2005) 'Reality Check : Are we Living in an Immaterial World?', in J. Slater (ed.) *Underneath the Knowledge Commons*, London : Mute.

Zarembka, Paul. (2002) 'Primitive Accumulation in Marxism, Historical or Trans-historical Separation from Means of Production?' *The Commoner*, debate on primitive accumulation, http://www.commoner.org.uk/debzarembka.pdf.

:: 다른 웹 문헌

〈웹 1〉 India's Greatest Planned Environmental Disaster: The Narmada Valley Dam Projects, http://www.umich.edu/~snre492/Jones/narmada.html (last accessed December 2003).

〈웹 2〉 One World Campaign: Narmada Valley, http://www.oneworld.org/campaigns/narmada/front.html (last accessed December 2003).

〈웹 3〉 GATS Campaign, Stop the GATSastrophe! WDM's campaign on the General Agreement on Trade in Services, http://www.wdm.org.uk/campaign/GATS.htm (last accessed December 2003).

〈웹 4〉 GATSwatch.org: Critical Info on GATS, http://www.gatswatch.org (last accessed December 2003).

〈웹 5〉 'Globalization and War for Water in Bolivia', published by Jim Shultz and Tom Kruse, Cochabamba, Bolivia, http://www.americas.org/News/Features/200004_Bolivia_Water/Shultz_and_Kruse.htm (last accessed December 2003).

〈웹 6〉 'Jubilee plus' material at http://www.jubileeplus.org/. Jubilee South, a radical network from the South, at http://www.jubileesouth.org/ (last accessed December 2003).

〈웹 7〉 Human Rights and the Environment, international campaigns, Nigeria ERA Monitor Report, 8: 'Six-Year-Old Spillage in Botem-Tai', http://www.sierraclub.org/human-rights/nigeria/background/spill.asp (last accessed December 2003).

〈웹 8〉 Trade Environment Database (TED) Projects, *Oil Production and Environmental Damage*, http://www.american.edu/ted/projects/tedcross/xoilpr15.htm. On international grassroots campaigns, see *Oilwatch, A Southern-based activist network takes on petroleum dependency*, http://www.newint.org/issue335/action.htm (last accessed December 2003).

:: 인명 찾아보기

ㄱ

겔도프, 밥(Geldof, Bob) 54
고든, 데이비드(Gordon, David) 212
기든스, 앤서니(Giddens, Anthony) 289

ㄴ

네그리, 안토니오(Negri, Antonio) 26~28, 30, 38, 74~77, 96, 97, 101, 167, 176, 237, 240, 255, 257, 272, 294, 295, 311~322, 335, 352, 394, 405, 411, 421, 424, 426~428

ㄷ

다마지오, 안토니오(Damasio, Antonio) 94, 158, 159
달라 코스따, 마리아로사(Dalla Costa, Mariarosa) 82, 117, 119, 121, 127, 131, 214
대처, 마거릿(Thatcher, Margaret) 178, 203
데이비스, 마이크(Davis, Mike) 282
데카르트, 르네(Descartes, René) 363
들뢰즈, 질(Deleuze, Gilles) 26, 167, 237, 238, 393, 405, 406, 431

ㄹ

라인보우, 피터(Linebaugh, Peter) 20, 105, 110, 458
라클라우, 에르네스토(Laclau, Ernesto) 310, 311, 323
레닌(Lenin, V. I.) 31, 255, 419, 427
레이건, 로널드(Reagan, Ronald) 178, 203
루소, 장-자크(Rousseau, Jean-Jacques) 174, 363
룩셈부르크, 로자(Luxemburg, Rosa) 83, 255, 420, 421, 426
르 귄, 어슐러(Le Guinn, Ursula) 25
리프킨, 제레미(Rifkin, Jeremy) 249, 302, 303

ㅁ

맑스, 칼(Marx, Karl) 30, 31, 35, 43, 46~49, 64, 70, 81, 86, 88, 90~92, 98~100, 103, 104, 111, 112, 114, 117, 120, 123, 124, 145, 148, 163, 166, 169, 170, 172, 216~218, 249, 252, 253, 256~264, 266~270, 274, 288, 293, 294, 297~302, 304, 311~314, 317, 325, 333~335, 337, 339, 342, 343, 348, 349, 362, 365, 370, 371, 395, 419, 422, 438~441, 445, 448, 450, 451
맥머트리, 존(McMurtry, John) 20, 63~66, 69~71, 254, 255, 276, 393
무페, 샹탈(Mouffe, Chantal) 310, 311, 323

ㅂ

바이스, 린다(Weiss, Linda) 212
벤담, 제레미(Bentham, Jeremy) 49, 120, 291, 360~364, 372~375, 377~384, 386~388, 390~393, 398, 400~405, 407, 408
벨, 피터(Bell, Peter) 99, 116, 128, 170, 247
보노(Bono) 54, 415
보르트키에비치, 라디슬라우스 폰(Bortkiewicz, Ladislaus von) 299
볼로냐, 쎄르지오(Bologna, Sergio) 244, 245
볼커, 폴(Volker, Paul) 204
뵘바베르크, 오이겐 폰(Böhm-Bawerk, Eugen von) 299
부시, 조지 W.(Bush, George W.) 56, 180, 221, 222, 439
브로델, 페르낭(Braudel, Fernand) 81, 233, 234

ㅅ

사로-위와, 켄(Saro-Wiwa, Ken) 194
스미스, 시릴(Smith, Cyril) 31, 81, 256
스미스, 애덤(Smith, Adam) 135, 161, 216, 217, 259, 262, 365, 369

스티드만, 이안(Steedman, Ian) 299
스피노자, 베네딕트 데(Spinoza, Benedictus
De) 94

o

아리스토텔레스(Aristotle) 101, 102, 103
아카마쓰(Akamatsu, K.) 242
에런라이크, 바바라(Ehrenreich, Barbara)
129
엘스터, 욘(Elster, Jon) 299
오페, 클라우스(Offe, Claus) 304~306, 308~
310, 318, 322
월포위츠, 폴(Wolfowitz, Paul) 44, 54, 414~
416, 427
월피, 해럴드(Wolpe, Harold) 419, 420, 424,
426
웨이크필드, 기븐(Wakefield, Gibbon) 236
이리가라이, 뤼스(Irigaray, Luce) 26, 104,
133, 134, 161, 198

ㅈ

제임스, 셀마(James, Selma) 82, 117, 119, 121,
127

ㅊ

차리, 샤라드(Chari, Sharad) 21, 423, 426

ㅋ

카스텔, 마누엘(Castells, Manuel) 155, 175,
222, 238, 323
카터, 지미(Carter, Jimmy) 204
카펜치스, 조지(Caffentzis, George) 20, 82,
83, 99, 145, 221, 273, 281, 293, 297, 298,
301, 303, 304, 314, 423
칼레츠키, 미하우(Kalecki, Michael) 397
코헨, G. A.(Cohen G. A.) 299
크루그먼, 폴(Krugman, Paul) 37
클라인크네흐트, 알프레드(Kleinknecht, Al-
fed) 213
클리버, 해리(Cleaver, Harry) 28, 95, 97, 99,
111, 112, 116, 117, 122, 128, 170, 176, 247,
296, 297, 306, 307, 334, 349, 357

클린턴, 빌(Clinton, Bill) 54, 222, 415

ㅌ

테르 벵겔, 장(ter Wengel, Jan) 213
톰슨, 그레이엄(Thompson, Graham) 212,
213

ㅍ

파트카르, 메다(Patcar, Meda) 40
페데리치, 실비아(Federici, Silvia) 20, 105,
106, 111, 113, 125, 182, 236, 255, 273, 281
폴라니, 칼(Polanyi, Karl) 43, 83, 101, 102,
106, 186, 193, 195, 231, 257, 267, 273, 362
푸레디, 프랭크(Furedi, Frank) 120
푸코, 미셸(Foucault, Michel) 26, 27, 48, 71,
121, 166, 170~172, 174, 182, 186, 237, 238,
264, 291, 312, 314, 326, 370, 372, 373, 395,
405, 432

ㅎ

하딘, 개럿(Hardin, Garret) 253
하비, 데이비드(Harvey, David) 118, 166, 171,
222, 229, 232, 249, 421, 422, 424, 426
하이에크, 프리드리히(Hayek, Friedrich)
49, 161, 167, 170, 172, 241, 292, 340, 348,
360~373, 375, 381~393, 398, 400, 403, 408,
439
하트, 마이클(Hardt, Michael) 26~28, 30, 38,
74~76, 237, 240, 255, 257, 272, 294, 295,
311~318, 320~322, 335, 352, 394, 405, 421,
424~428
하트, 질리언(Hart, Gillian) 423~425
허스트, 폴(Hirst, Paul) 212, 213
헬드, 데이비드(Held, David) 211
혹실드, 알리 러셀(Hochschild, Arlie Russell)
129
홀러웨이, 존(Holloway, John) 30, 88, 214,
255, 258, 261, 281, 288, 326, 355
홉스, 토마스(Hobbes, Thomas) 217, 363

:: 용어 찾아보기

ㄱ

가격 체계(price system) 339, 360, 369
가부장제(patriarchy) 6, 17, 78, 82, 104, 105,
111, 126, 127, 131, 134, 136, 166, 435, 440
가치 실천(value practices) 6, 7, 27, 29, 31,
32, 37, 44~49, 61~64, 67, 71~75, 77, 78, 81,
84, 85, 87, 88, 90, 96, 98, 100, 103, 104,
106~109, 112, 115~119, 121, 123, 124, 126,
131~136, 138, 140~142, 146, 149, 150, 156,
158, 159, 161, 163, 164, 168, 170~177, 182,
186, 189, 198, 199, 210, 211, 216, 220, 230,
240, 257, 258, 266, 271, 273, 285, 287, 294,
296, 297, 300, 301, 306, 308, 316, 319~321,
330, 333, 336, 337, 342, 343, 345, 350,
353~356, 358, 394, 396, 408, 412~414,
417~419, 425~429, 434~437, 441~443, 447~
450, 459, 460
가치 투쟁(value struggles) 45, 47, 51, 74, 75,
80, 121, 140, 141, 146, 147, 156, 222, 226,
227, 244, 261, 302, 337, 412, 413, 449
가치법칙(law of value) 48, 117, 172, 285~287,
290~299, 301, 304, 311~313, 322, 335, 421,
422, 438
강탈(dispossession) 148, 418, 419, 421~424,
426, 430, 456
경쟁(competition) 17, 23, 37, 38, 42, 43, 55,
68, 79, 83, 93, 96, 102, 117, 119, 120, 122,
125, 131, 132, 140, 142, 150, 151, 155, 156,
166, 169, 171, 178, 202, 209, 210, 223, 228,
229, 234~236, 239~243, 247, 248, 250, 253,
276, 283, 286, 289, 290, 300, 305, 307~309,
317~319, 322, 334, 337, 340, 342~344,
346~348, 352, 354, 356~358, 364, 368~372,
379, 381, 385, 392, 394, 395, 396, 398~403,
405, 407, 408, 412, 443
경제(the economy) 17, 19, 30, 36, 37, 40,
42~44, 48, 58, 61, 64, 65, 68, 69, 80~84,

95, 101, 102, 105, 106, 108, 113, 119, 121,
129, 150~152, 154, 161, 163, 174, 175, 178,
180~182, 185, 187, 193, 200~203, 205, 209,
212~215, 219, 221, 229, 231, 233~235, 243,
247~249, 252, 253, 255, 263, 264, 268, 269,
276, 278, 283, 288~290, 294, 302, 327, 339,
356, 368, 374, 376
경합적 민주주의(agonistic democracy) 310
계급투쟁(class struggle) 36, 39, 103, 117,
122, 127, 163, 176, 247~249, 257, 269, 294,
295, 297, 298, 302, 306, 311, 320, 334, 336,
355~357, 450
공동체(communities) 17, 28, 29, 39, 40, 57,
67, 68, 70, 78, 82, 83, 85, 87, 90, 102, 104,
109~112, 120, 123, 125, 141~144, 146~148,
152, 155, 156, 160, 179, 180, 185, 205, 227,
231, 235, 236, 242, 244~247, 249, 250, 252,
253, 274, 280, 284~286, 289~291, 332, 339,
343, 345, 347~351, 354, 359, 384, 389, 412,
414~419, 421, 422, 424, 425, 430~433, 437,
439~442, 444~450, 452~455, 457~459
공리주의(utilitarianism) 361, 363
공통장(commons) 6, 20, 23, 29, 38, 45, 49,
51, 60, 61, 69, 78, 82, 84, 85, 96, 105, 106,
110, 125, 132, 148, 154, 160, 164, 186, 191,
210, 252~254, 257, 258, 265, 266, 271,
273~277, 282~284, 310, 319, 320, 332, 359,
405, 408, 412, 416, 418, 424, 425, 428, 429,
431~438, 443~445, 449~460
구조조정(structural adjustment) 23, 42, 54,
55, 59, 93, 111, 125, 151, 155, 167, 177, 201,
205, 214, 220, 221, 254, 258, 275, 283, 348,
427
국가(state) 15~17, 30, 31, 42, 43, 55, 67, 70, 77,
83, 84, 86, 93, 95, 101~107, 110~112, 114,
122, 128, 129, 131, 137, 142, 150, 151, 154,
160, 162, 164, 169, 174, 175, 177~181, 184,

187, 191, 193, 197, 201, 203~206, 208, 209,
212~214, 216, 219~222, 225, 228, 229, 235,
236, 242, 243, 246, 247, 248, 249, 264, 267,
269, 274, 275, 280, 282, 285, 286, 288, 289,
292, 295, 304, 307, 308, 310, 320, 323, 326,
337, 339, 348, 354, 362, 382, 394, 397, 399,
401, 406, 413, 415, 427, 428, 439, 444~448,
456, 457

국민국가(nation state) 76, 213, 219, 220, 225

국제 노동 분업 113, 139, 143, 150, 154, 155,
216, 233, 236, 247, 249, 306, 435

균형 경제학(equilibrium economics) 300

그릇된 양극단들(false polarities) 39

금융 자본(financial capital) 150, 202~204,
394

기러기식 발전 패러다임 242

ㄴ

나르마다 계곡(Narmada Valley) 댐 건설 40,
218, 254

나이키(Nike) 191

남아프리카 공화국 78, 191, 205, 415~417, 419,
420, 424

네트워크 76, 84, 90, 118, 142, 149, 151, 155,
175, 179, 181, 182, 184, 186, 206, 207, 219,
222~224, 226, 228, 230, 232, 234, 237, 290,
294, 321~323, 325~327, 329, 330, 333, 340,
342, 346, 354, 413, 425, 428, 443, 444, 452,
456

노동가치론 299, 302, 313, 334

노동력의 재생산 113, 117, 120, 142, 147, 150,
236

'노동의 종말' 249, 302

노예 101, 102, 108~110, 112~114, 129, 152, 207,
231, 233, 242, 268, 303

노조(trade unions) 77, 122, 175, 192, 197,
204, 209, 246, 248

ㄷ

다국적 기업 206, 280, 284

대안지구화 운동(alter-globalisation move-
ment) 33, 81, 287, 408, 443, 444, 447

디트리터스(detritus) 148, 210, 211, 227, 423,
424, 429~433, 440, 442

디트리터스(detritus)-코나투스 과정 429

ㅁ

마그나카르타(Magna Carta) 105, 458

마키아벨리주의 31

맑스주의(Marxism) 23, 28, 30, 47, 49, 76, 83,
97, 111, 112, 115, 118, 120, 140, 150, 237,
254~259, 277, 284, 293, 294, 299, 301, 311,
314, 323, 324, 326, 334, 335, 351, 357, 411,
419, 420, 422, 451

무역 자유화(trade liberalisation) 37, 44, 156,
169, 178, 208~211, 226, 229, 241, 249, 250,
254, 283

무역(trade) 17, 28, 37, 43, 44, 47, 101, 102,
106, 107, 109~113, 154~156, 163, 169, 178,
180, 202, 204, 205, 208~215, 221, 222,
224~226, 228~236, 239~244, 248~250, 254,
276, 283, 397, 401

무한한 축적(boundless accumulation) 104,
418

미국(United States) 6, 36, 37, 41, 44, 56, 67,
69, 77, 109, 121, 152, 162, 180, 184, 197, 203,
204, 208, 213, 215, 216, 220, 222, 233, 283,
314, 415, 427, 428

민주주의(democracy) 20, 22, 23, 41, 48, 163,
202, 208, 211, 290, 292, 310, 324, 437, 438,
444, 448

ㅂ

반자본주의 운동(anti-capitalist movement)
299, 301

보이지 않는 손(invisible hand) 161, 369

보호무역주의(protectionism) 43, 44, 209,
210

봉건제(feudalism) 23, 105, 112, 255

부채 위기(debt crisis) 95, 151, 177, 178, 203,
204, 205, 233

북한 221

비교우위 변화(shifting comparative advan-
tage) 249

비물질 노동(immaterial labour) 29, 48, 149, 151, 285, 294, 304, 311~322, 335, 352, 353, 421, 430

비용 외부화 226, 227

비임금 노동 82, 83, 117, 119~122, 124, 127, 135, 142, 151, 161, 202, 214, 217, 229, 236, 240, 326, 350, 354, 377, 387

비정부기구(NGOs) 179, 180, 184, 193, 197, 209

빈곤과의 싸움 414

ㅅ

사빠띠스따(Zapatistas) 28, 49, 69, 111, 182, 229, 281, 319, 320

사유화(privatisation) 17, 23, 160, 178, 203, 205, 210, 229, 252~254, 265, 274~276, 278~280, 283, 284, 305

사회적 공동생산(social co-production) 23, 24, 62, 399, 401

사회적 안정(social stability) 92, 170, 173~176, 196, 202, 288, 396, 425, 454

사회적 자본(social capital) 43, 89, 145, 146, 170, 181, 394, 396, 455

사회적 재생산(social reproduction) 56, 87, 99, 148, 179, 180, 266, 277, 312, 423, 424, 428, 431, 443, 458

사회적 협력(social cooperation) 36, 45, 47, 51, 71, 86, 87, 92, 96, 120, 122, 136, 142, 163, 164, 166~169, 286, 314, 325, 330, 333, 338, 348, 352, 355, 357, 396, 416, 440, 441, 453, 459

사회적 힘들(social powers) 36, 88, 90, 96, 315, 329, 408, 459

사회적으로 필요한 노동시간(SNLT) 48, 172, 227, 293, 294, 300, 313, 334, 335, 346, 348~353, 357, 370, 394

사회주의(socialism) 22, 30, 31, 221, 286, 382, 434, 442, 445~448

산업혁명 108~110, 112, 233

산업화(industrialisation) 125, 130, 279, 420, 424

삼자 위원회(Trilateral Commission) 202

상시간(phase time) 23, 24, 26, 27, 32, 51~53, 78, 429

상품 가치(commodity values) 217, 294, 312, 333, 334, 336~338, 354

생명권력(bio-power) 237

생명정치(biopolitics) 76, 121, 122, 183, 229, 312, 319, 394, 395

생산 사슬 72, 152, 224~226, 228, 229, 346, 406

생산과 재생산 21, 65, 101, 111~114, 118, 124, 139, 149, 152~154, 161, 167, 206, 207, 214, 227, 229, 242, 334, 395, 450

생성하는 실천(generative practices) 164

서비스 노동 215, 304~306

서비스 무역에 관한 일반협정(GATS) 276, 254

〈세계경쟁력보고서〉(Global Competitiveness Report) 397

세계무역기구(WTO) 28, 180, 208, 210, 225, 254, 394

세계은행(World Bank) 28, 44, 54, 58, 66, 125, 178, 182, 189, 193, 197, 204, 218, 221, 274, 327, 394, 414~416, 427, 428, 455

소외된 노동 262

수출가공지구(EPZs) 206

순환(circular)/주기(cyclical)시간 24~28, 31, 32, 38, 39, 51, 52, 57, 58, 78, 134, 139, 296, 429

쉘(Shell) 191~195, 280

스털링 캠프(Stirling camp) 51, 53, 58, 60, 64, 69

시공간 압축(time-space compression) 222, 229, 232, 249

시민사회(civil society) 77, 178~182, 184~190, 192, 194, 197, 277

시장 22, 24, 26, 27, 29, 34, 37~39, 42~46, 48, 49, 51, 53~57, 61, 63~67, 70~73, 77, 81~84, 87, 91~93, 95, 99~102, 104, 106, 110, 114, 115, 118, 122, 128, 132, 136, 146~148, 151, 152, 155, 160, 161, 163, 166~173, 176~181, 186, 188, 190~193, 195~198, 200~212, 215, 217, 219~221, 223, 225~227, 235, 236, 239,

242, 243, 250, 252~254, 256, 257, 259, 266, 267, 273, 276, 277, 279, 281, 283, 285~293, 300, 303, 306~308, 310, 317, 319, 325, 327, 329, 335~342, 344~350, 354, 356~358, 360~364, 366, 368~372, 381, 382, 384~387, 389~400, 402~408, 416, 417, 421~423, 425, 426, 432, 435, 437~439, 442~444, 446, 449

시장질서(market order) 49, 161, 166, 167, 172, 360~364, 368, 370, 372, 384~387, 392, 393, 408, 439

시점 간 단일 체계 해석(TSSI) 300

시초 축적(primitive accumulation) 30, 43, 47, 70, 120, 255, 256, 258~260, 263, 264, 266~271, 274, 419

신식민주의(neocolonialism) 233, 236

신자유주의적 지구화 163, 200, 202, 221, 222, 241, 317, 339, 393, 421, 445

신자유주의적 협치 47, 175, 176, 186, 190, 196, 197, 414, 416

ㅇ

아나키즘(anarchism) 445~448

아웃소싱(outsourcing) 120, 128, 131, 189, 207, 226~228, 345

아이들(children) 14, 15, 23, 41, 51, 53~60, 110, 119, 120, 123, 130, 131, 137, 188, 190, 191, 307, 309, 354

아파르트헤이트 체제(apartheid system) 78, 417, 420, 424

악의 축(axis of evil) 221

여성(women) 15, 17, 26, 34, 55, 58, 60, 109~111, 114, 119, 121, 125~129, 131, 132, 136~138, 149, 156, 168, 231, 355, 408, 417, 418, 429, 430, 435, 441

역사(history) 13, 14, 18, 22, 23, 26, 28~33, 35~39, 43, 46, 49, 54, 63, 65, 69, 75~77, 81, 87, 91, 108, 112, 133, 137, 152, 154, 163, 167, 189, 190, 196, 199, 201, 235, 238, 240, 257, 267, 274, 284, 286, 292, 293, 295~297, 301, 306, 309, 311, 318, 321, 382, 387, 407, 408, 411, 412, 414, 415, 417, 419, 428, 437, 438, 441, 445, 447, 449, 450, 460

역사의 시작 18, 22, 23, 26, 28~33, 35~39, 49, 133, 196, 238, 240, 286, 295, 301, 321, 408, 411, 412, 428, 437, 438, 441, 445, 449, 450

역사의 종말 22, 23, 28, 76, 77, 189, 190, 196, 450

오고니족(Ogoni people) 194

오염(pollution) 253, 279~281, 349

외국인 직접투자(FDI) 212~219, 230, 243, 244, 246, 248, 394, 397

'외부'(outside) 11, 45, 78, 141, 269, 402, 403, 411, 414, 416~420, 424, 426

우루과이 라운드 208

워싱턴 컨센서스(Washington consensus) 177, 178, 181, 283

위계(hierarchy) 15, 31, 38, 39, 43, 48, 86, 87, 93, 111, 112, 120, 126, 128, 132, 141, 148, 151, 152, 154, 155, 167, 168, 171, 185, 235, 247, 248, 295, 318~320, 325, 371, 384, 399, 412, 418, 421, 423, 425, 432, 434, 441

위계(hierarchy) 15, 31, 38, 39, 48, 86, 87, 93, 111, 112, 120, 126, 128, 132, 141, 148, 151, 152, 154, 155, 167, 168, 171, 185, 235, 247, 295, 318~320, 325, 371, 384, 399, 412, 421, 423, 425, 432, 434, 441

위기(crises) 16, 84, 92, 95, 99, 105, 106, 108, 115~117, 121, 128, 143, 144, 151, 154, 155, 167, 170, 173~178, 180, 183, 196, 202~205, 209, 221, 222, 233, 236, 248, 256, 288, 293, 300, 301, 304, 307, 314, 319, 342, 405, 421, 422, 425, 454

위기(crises) 16, 84, 92, 95, 99, 105, 106, 108, 115~117, 121, 128, 143, 144, 151, 154, 155, 167, 170, 173~178, 180, 183, 196, 202~205, 209, 221, 222, 233, 236, 248, 256, 288, 293, 300, 301, 304, 307, 314, 319, 342, 405, 421, 422, 425, 454

위험 평가(risk assessment) 58, 184

유럽연합(European Union) 23, 37, 44, 67, 184, 213, 283

유엔(UN) 55, 57, 183, 184, 186, 187, 189, 193, 194, 222, 230, 233

유엔글로벌콤팩트(UN Global Compact)

183, 184, 186, 187

유엔무역개발협의회(UNCTAD) 230, 233

유연성 207, 226, 242, 348, 404

유전자 조작(genetic modification) 184

유토피아(utopia) 44, 303, 440, 447, 468

이라크(Iraq) 15, 41, 54, 56, 77, 107, 181, 210, 220, 221, 427, 439

이란(Iran) 221

이윤(profit) 27, 38, 56, 66, 68, 73, 78, 86, 89~93, 98, 99, 102, 103, 108, 111, 115, 116, 123~127, 130, 134~136, 140, 146, 151, 152, 188~190, 192, 205, 248, 249, 269, 281, 284, 300, 301, 303, 305, 331, 336, 338, 339, 341, 342, 344, 346, 347, 353, 356, 379, 384, 386, 421

이해관계(interests) 36, 37, 183, 184, 188, 287, 427, 428, 435, 436

인도(India) 40, 41, 70, 152, 215, 216, 218, 248, 274, 278, 280, 295, 419

일시적 시공간 공통장 51, 60, 61

임금 노동 83, 121, 122, 124, 127, 135, 139, 146, 147, 161, 202, 229, 236, 240, 246, 324, 326, 350, 354

임금(wages) 15, 16, 28, 37~39, 45~48, 68, 70, 74, 78, 82, 83, 95, 96, 102, 106, 107, 110~114, 116, 117, 120~122, 124, 125, 127~133, 135, 137, 139, 141, 142, 146~148, 150~152, 154, 156, 201~205, 207, 216~219, 227~229, 236, 240, 246, 248, 260, 263, 269, 294~298, 305, 317, 318, 321, 324, 326, 339, 345, 347, 349, 350, 354~356, 366, 388, 396, 404, 412, 421, 423, 424, 430, 432, 437

잉여 노동(surplus labour) 103, 105, 107, 135, 262, 301, 303, 423

잉여가치(surplus value) 124, 127, 217, 262, 263, 293, 300, 301

ㅈ

자각(self-awareness) 136, 275, 309, 434, 438~441, 445, 446, 449

자기보전 코나투스(conatus of self-preservation) 88, 90, 94, 98, 104, 141~144, 170, 173,

202, 230, 296, 342, 424, 426, 429~432

자기보전(self-preservation) 79, 94, 96, 98, 124, 141, 146, 147, 340, 357, 413, 429, 432

자본(capital) 6, 7, 22, 23, 27~29, 32, 33, 38, 39, 43, 45~49, 57, 61, 65, 66, 68, 69, 73, 75~77, 80, 81, 83~85, 88~101, 104~108, 110~112, 114~128, 131, 133, 135, 137~151, 153~156, 158, 159, 161, 163~165, 168~177, 180, 181, 183, 186, 189, 190, 195, 196, 198~207, 210~212, 214~219, 223, 224, 227~233, 236, 239~241, 245, 247~250, 252, 255~279, 285~290, 292, 294~298, 304, 306~320, 322~325, 327, 328, 333~335, 338~343, 350~352, 355~358, 393, 394, 396~398, 405, 408, 411~414, 416~425, 427~432, 434~437, 440, 442, 444, 446~457

자본주의(capitalism) 18, 23~27, 33~35, 37, 43, 45, 46, 59, 80~88, 92, 99, 105, 112, 114, 119, 121, 122, 124, 130, 131, 134, 145, 148, 159, 161, 162, 164, 170, 172, 182, 198, 200, 202, 204, 231, 236, 239, 255~257, 259, 264, 265, 277, 286, 293, 295~298, 301~303, 306, 309, 311~314, 316, 319, 328, 336, 355, 364, 371, 403, 411~413, 419, 427, 431, 437, 447~449, 451, 458~460

자연(nature) 25, 29, 87, 115, 123, 130, 135~137, 141, 143, 144, 147, 148, 164, 173, 189~191, 276, 279, 284, 285, 291, 312, 394, 432, 439, 442, 444, 447, 449, 453

자원 고갈 253, 279

자유(freedom) 22, 28, 31, 41, 43, 44, 48, 69, 70, 78, 79, 129, 181, 210, 220, 222, 241, 250, 253, 290, 292, 330, 358, 360, 361, 363, 364, 369, 372, 380, 384, 385, 387~391, 395, 401, 404, 408, 415, 428, 431, 437~440, 446, 448

자율주의적(autonomist) 맑스주의 28, 97, 237, 314, 411

재분배(redistribution) 101, 168, 203, 216, 347, 390, 424

재생산 장들(fields) 152~155, 206, 207, 235, 344, 412

재생산(reproduction) 6, 18, 20~23, 28, 29,

32, 34~38, 43, 45~48, 56, 57, 59, 61, 63, 65,
69, 70, 75~77, 80~83, 86, 87, 90, 96, 98~101,
108, 110~125, 127~132, 135~137, 139~143,
145~156, 158, 161~164, 167~171, 173, 176,
179~191, 196, 199, 201~203, 206, 207, 209,
213~215, 217~220, 227~229, 232, 235, 236,
240, 242, 244~246, 249, 252, 260~264,
266~268, 275, 277, 285~287, 290, 291,
293~296, 298, 300, 301, 303, 307, 308, 312,
318, 319, 321, 322, 324, 325, 327, 328, 330,
334, 336, 337, 339, 342~347, 349, 353, 356,
358, 394~399, 401, 408, 412, 413, 416, 418,
420, 421, 423~425, 428, 429, 431, 432, 434,
438, 440, 441, 443, 444, 448, 450, 452, 453,
456, 458, 459

적대(antagonism) 34~39, 44, 46, 97, 232, 443

전 지구적 생산 네트워크 206, 207, 223, 224,
228, 230, 232

전쟁(war) 15, 23, 26, 41, 51, 54, 56, 77, 106,
107, 163, 167, 181, 184, 197, 210, 229, 236,
241, 258, 281, 285, 412, 416, 427

전체(holon) 86

전형 문제(transformation problem) 299~301

정상[표준](norms) 26, 78, 129, 139, 171, 172,
238, 348, 407

정상화(normalisation) 26, 29, 32, 42, 71, 76,
77, 93, 102, 109, 124, 134, 136, 161, 163,
172, 176, 196, 215, 235, 236, 237, 241, 264,
265, 268, 269, 278, 295, 332, 407

정치(politics) 30, 40, 46, 63, 82, 85, 95, 105,
106, 174, 179, 182, 191, 198, 219, 258, 275,
311, 318, 321, 324, 326, 327, 330, 356, 363

제3세계 28, 39, 40, 42, 56, 112, 151, 152, 178,
180, 182, 202, 283, 442

"제국"(empire) 272, 313

제국주의(imperialism) 11, 118, 257, 272, 421,
426~428

종획(enclosures) 23, 25, 36, 38, 70, 76, 77,
106, 110, 118, 120, 121, 125, 126, 128, 131,
133, 134, 151, 158~161, 164, 169, 173, 174,
179, 183, 190, 205, 214, 219, 220, 246, 248,
252~261, 265, 266, 268, 271~285, 292, 297,

317, 319, 320, 327, 348, 356, 362, 383, 394,
397, 398, 401, 404~407, 412, 414, 416, 418,
419, 421~423, 427, 428, 431, 436, 439, 444,
448, 449, 455

중상주의자(Mercantilists) 106, 107

지구화(globalisation) 6, 24, 33, 34, 47, 76, 77,
81, 93, 109, 113, 128, 143, 149, 153, 159, 163,
180, 200, 202, 211~215, 218, 221~224, 229,
234, 236, 240, 241, 249, 286~288, 290, 291,
308, 311, 317, 319, 339, 393, 394, 408, 421,
443, 444, 445, 447

지배된 노동(labour commanded) 19,
215~219

지속가능한 개발(sustainable development)
194, 195, 398

지식(knowledge) 85, 89, 93, 110, 125, 126,
137, 215, 254, 265, 276, 283, 284, 290, 298,
363, 364, 366~369, 375, 386, 391, 392, 402,
439, 442, 444, 452

직선시간(linear time) 24, 31, 32, 37, 38, 51,
52, 58, 139, 295, 296, 429

질서(order) 30, 49, 51, 74, 77, 88, 92, 126, 135,
148, 158, 160, 161, 166, 167, 168, 172, 222,
340, 360~366, 368, 369, 370, 372, 381, 382,
384~387, 390, 392, 393, 407, 408, 438, 439

ㅊ

척도/측정(measure/measurement) 15, 18,
20, 21, 25~29, 31, 32, 40, 48, 49, 57, 58,
61, 62, 64, 65, 71, 78, 84, 109, 119, 120,
131, 133, 134, 137, 142, 161, 166, 191, 195,
212~219, 234, 236, 250, 286, 294, 296~298,
304, 306~322, 325, 327~338, 341, 342, 346,
347, 349, 350, 352~354, 357, 359, 388, 404,
412, 417, 421~423, 426, 430, 431, 434, 437,
438, 442, 446, 447, 450

초국적 기업(TNCs) 67, 152, 188, 206, 219,
223~228, 234, 243, 413, 445

초순환 144, 149

초지구화론자 219

축적(accumulation) 12, 23, 30, 38, 45, 46,
77, 82, 88, 92, 95, 96, 98~101, 104~106,

108, 112, 114, 116~119, 122, 128, 146, 153,
155, 158, 164, 170, 173~176, 181, 196, 198,
204, 216, 217, 231~233, 246~248, 255, 256,
258~264, 266~269, 271, 273, 279, 281, 284,
293, 296, 319, 325, 330, 350, 355, 371, 394,
406, 412, 416, 418, 419, 421, 422, 424, 439,
444, 451, 453~455, 460
충동(drive) 33, 90, 92~94, 104, 108, 136, 140,
164, 173, 226, 256, 262, 265, 267, 271~273,
277, 288, 303, 397, 401, 426, 443

ㅋ
칸쿤, WTO 각료 회담(2003) 208
케인스주의(Keynesianism) 96, 122, 175, 176,
204, 236, 295, 296
코뮤니즘(communism) 27, 30, 97, 315, 412,
445~450

ㅌ
탈근대성(postmodernity) 24, 395, 421
테러와의 전쟁(war on terror) 197, 220
테일러주의(Taylorism) 31, 306
텔로스(telos) 26, 38, 45, 74, 79~92, 94, 99,
100, 103, 123, 133, 137, 164, 320, 354
토지 수탈 274, 420
토지의 혁신적 이용 66
통제 사회(control society) 235, 237~240, 314,
405, 406
통치성(governmentality) 164, 172, 174~176,
182, 183, 186, 239, 273
투자(investment) 36, 41, 58, 65~68, 102, 116,
136, 178, 187, 191, 202, 208, 212~230, 233,
243, 244, 246, 248, 284, 286, 289, 309, 343,
356, 394, 396, 397, 416, 420, 424
투쟁(struggle) 12, 17, 19~22, 26, 28, 29,
32~35, 39, 40, 45~49, 51, 59, 64, 70, 74~76,
78~80, 83, 84, 93~96, 98, 105, 110, 111,
116, 117, 121, 122, 126~128, 130, 131, 133,
135, 140~142, 146~150, 154~156, 158~161,
163, 164, 166, 168, 170, 172, 173, 175, 177,
178, 181, 196, 198, 201, 202, 205, 207, 209,
222, 226, 227, 230, 236, 244, 245, 247~249,

252, 254, 255, 257, 258, 261, 265, 267, 272,
274~276, 281, 283, 285, 295~297, 301~303,
309~312, 314, 316, 317, 319~326, 330, 334,
335, 337, 338, 342, 349~351, 354~359, 362,
397, 405~409, 411~418, 422~426, 428~437,
440~444, 446~452, 460

ㅍ
파놉티콘/파놉티시즘(panopticon/panopti-
cism) 12, 46, 49, 120, 166, 228, 291, 322,
360~364, 372~383, 386, 387, 390~395,
398~408, 434
포드주의(Fordism) 112, 129, 201, 314
포스트포드주의(post-Fordism) 48, 112, 121,
129, 151, 200, 306, 351
푸에블라-파나마 계획(Plan Puebla-Panama)
76, 254
피드백(feedback) 25, 37, 46, 62, 71, 72, 78,
82, 94, 137, 142, 144, 146, 149, 150, 158, 239,
292, 325, 326, 328, 329, 333, 335, 336, 338,
345, 347, 349, 350, 352, 355, 356, 360, 369,
424, 438, 440, 450

ㅎ
항상성(homeostasis) 27, 45, 47, 81, 82, 88,
94~96, 115, 141, 143, 144, 147, 158, 159,
161~163, 201, 240, 279, 318, 319, 326, 340,
348, 351, 412, 413, 416
행위자(agency) 34, 35, 48, 58, 68, 72, 73, 91,
93, 95, 100, 124, 134~137, 151, 155, 158, 170,
179, 182~184, 186~190, 192, 207, 225, 248,
267, 279, 280, 292, 297, 311, 320, 328, 331,
332, 338~343, 346, 347, 350~353, 356, 367,
371, 381, 392, 396, 403, 405, 413, 414, 437,
450
행위자의 생생한 경험(lived experience of do-
ing) 134, 135
혁명(revolution) 14~16, 23, 24, 28, 31, 32, 85,
127, 149, 150, 175, 207, 236, 255, 258, 302,
303, 314, 355, 393, 408, 419, 437, 449
홍콩, WTO 각료 회담(2005) 208
환경(environment) 17, 20, 23, 28, 52, 67,

68, 73, 78, 82, 96, 100, 116, 122, 123, 130,
143, 147, 148, 151, 158, 162, 172, 173, 176,
177, 183~191, 193~196, 198, 206~208, 210,
227~239, 242, 253, 263, 266, 276, 280,
281, 287, 288, 296, 310, 313, 323, 332, 349,
355~357, 370, 373, 388, 397, 398, 416, 423,
430, 431, 439, 442

회합(encuentros) 102, 447

훈육 무역 102, 229, 231, 234, 242

훈육 사회(disciplinary society) 228, 237~239,
314, 405

훈육적 통합(disciplinary integration) 47,
146, 158, 159, 161, 206, 287, 327, 360, 412,
414, 427, 428, 448, 449

흐름의 공간(space of flows) 155, 156, 238,
323

흡수(co-optation) 33, 84, 85, 87, 96, 104, 120,
143, 149, 159, 171, 172, 174, 196, 227, 262,
273, 277, 295~297, 305, 325, 356, 358, 377,
378, 383, 386, 387, 406, 414, 431, 442, 455,
459

희소성(scarcity) 169, 369

힘[권력] 관계(power relations) 77, 81, 105,
132, 166, 169, 226, 227, 244, 360, 370, 374,
375, 386, 395

힘의 중심(centre of power) 285, 322, 323,
326

기타

2차 세계대전 55, 197

G8 19, 28, 51, 53~55, 57, 59, 197, 415

IMF 28, 66, 95, 125, 178, 182, 185, 197, 204,
205, 221, 225, 327, 394, 414

M-C-M 순환 99, 104~112, 118, 139, 140,
146, 150, 151, 158, 164, 170, 173, 176, 214,
223, 271, 275, 339, 343, 344